U0541477

L'Empire *des* Steppes

草原帝国

〔法〕勒内·格鲁塞 著

蓝琪 译

项英杰 校

René Grousset
L'EMPIRE DES STEPPES

目　　录

前言 …………………………………… 彼得·查拉尼斯　1
序言 …………………………………………………………　3
导言 …………………………………………………………　9

第一编　13世纪前的亚洲高原

第一章　草原的早期历史：斯基泰人与匈奴 …………… 23
  1. 上古时期的草原文明 ………………………………… 23
  2. 斯基泰人 ……………………………………………… 28
  3. 斯基泰艺术 …………………………………………… 35
  4. 萨尔马特人及西西伯利亚 …………………………… 41
  5. 阿尔泰地区的前突厥文化 …………………………… 44
  6. 匈奴的起源 …………………………………………… 48
  7. 匈奴艺术 ……………………………………………… 54
  8. 匈奴的首次出击和月氏的迁徙 ……………………… 58
  9. 匈奴首次出击产生的影响和希腊在阿富汗地区
     统治的崩溃 …………………………………………… 62
  10. 匈奴与西汉的冲突和西匈奴的分裂 ………………… 68
  11. 后汉（东汉）时期中国与匈奴的斗争；南匈奴的分裂 …… 75

12. 丝绸之路 …………………………………………… 76
13. 班超对塔里木盆地的征服 ………………………… 79
14. 上古末期和中世纪初期的塔里木绿洲文化 ……… 87
15. 鲜卑人在蒙古帝国取代了北匈奴 ………………… 94
16. 公元4世纪的大入侵;匈奴和鲜卑对中国北部的
    征服 …………………………………………………… 96
17. 拓跋突厥人的国家和柔然人的蒙古汗国 ………… 102
18. 米努辛斯克后期文化 ……………………………… 110
19. 呎哒匈奴人 ………………………………………… 111
20. 欧洲的匈人:阿提拉 ……………………………… 118

第二章 中世纪初期:突厥、回鹘和契丹 …………………… 128
1. 突厥帝国 …………………………………………… 128
2. 突厥帝国的分裂 …………………………………… 138
3. 唐太宗灭东突厥汗国 ……………………………… 142
4. 西突厥汗国的瓦解 ………………………………… 144
5. 唐朝初期塔里木绿洲上的印欧各族 ……………… 147
6. 唐朝在塔里木地区的属国 ………………………… 151
7. 唐朝——中亚的主人 ……………………………… 155
8. 突厥汗国的回光——默啜可汗 …………………… 157
9. 阙特勤和默棘连 …………………………………… 164
10. 东突厥的灭亡;回纥帝国的兴起 ………………… 167
11. 唐朝鼎盛时期;西突厥斯坦各国的内附 ………… 170
12. 中国和阿拉伯人在帕米尔西部的竞争 …………… 172
13. 在帕米尔的中国人(747—750年) ………………… 175

目　录

　14. 唐朝在中亚统治的崩溃 …………………………… 176
　15. 回纥突厥帝国 ………………………………………… 177
　16. 沙陀突厥人 …………………………………………… 185
　17. 契丹 …………………………………………………… 187
　18. 女真人 ………………………………………………… 195

第三章　13 世纪前的突厥人与伊斯兰教 …………… 204
　1. 10 世纪抵御突厥势力的伊朗屏障：萨曼王朝 ……… 204
　2. 喀什噶尔和河中地区的突厥化：哈拉汗朝 ………… 209
　3. 塞尔柱克人在突厥史上的作用 ……………………… 214
　4. 桑伽苏丹和阿姆河防线 ……………………………… 229
　5. 喀喇契丹帝国 ………………………………………… 234
　6. 花剌子模帝国 ………………………………………… 237

第四章　6 至 13 世纪的南俄罗斯草原 ……………… 243
　1. 阿瓦尔人 ……………………………………………… 243
　2. 保加尔人和马扎尔人 ………………………………… 250
　3. 可萨人 ………………………………………………… 255
　4. 佩切涅格人和钦察人 ………………………………… 259

第二编　成吉思汗蒙古人

第五章　成吉思汗 …………………………………… 269
　1. 12 世纪的蒙古 ………………………………………… 269
　2. 蒙古人中统一的初次尝试 …………………………… 281
　3. 成吉思汗青年时代 …………………………………… 283
　4. 成吉思汗，克烈部人的臣仆 ………………………… 286

5. 与王罕决裂:征服克烈部 …………………… 297
  6. 征服乃蛮部;蒙古的统一 …………………… 302
  7. 成吉思汗:皇帝 ………………………………… 307
  8. 新兴的蒙古帝国:国家与军队 ……………… 311
  9. 征服中国北部 ………………………………… 320
  10. 蒙古人征服原喀喇契丹国 ………………… 329
  11. 花剌子模帝国的灭亡 ………………………… 333
  12. 者别和速不台侵入波斯和俄罗斯 ………… 345
  13. 成吉思汗的最后岁月 ………………………… 348
  14. 成吉思汗:性格与成就 ……………………… 350

第六章 成吉思汗的三位直接继承者 …………… 356
  1. 成吉思汗儿子们的封地 ……………………… 356
  2. 窝阔台的统治(1229—1241年) …………… 360
  3. 蒙古灭金 ……………………………………… 361
  4. 蒙古征服西波斯 ……………………………… 364
  5. 拔都和速不台在欧洲的战役 ……………… 370
  6. 脱列哥那的摄政(1242—1246年) ………… 376
  7. 贵由的统治(1246—1248年) ……………… 377
  8. 斡兀立·海迷失的摄政 ……………………… 382
  9. 蒙哥的统治(1251—1259年) ……………… 385
  10. 卢布鲁克的旅行 …………………………… 387
  11. 蒙哥征宋 …………………………………… 393

第七章 忽必烈与元朝 …………………………… 396
  1. 忽必烈与阿里不哥的争位 ………………… 396

目 录

2. 征服南宋 ·· 398

3. 忽必烈对日本、印度支那和爪哇的战争 ·········· 401

4. 忽必烈与海都的斗争 ·· 405

5. 忽必烈的统治：蒙汉政策 ································· 410

6. 元朝的佛教 ··· 413

7. 忽必烈及其继承人的宗教政策：聂思托里安教 ········ 417

8. 马可·波罗的旅行 ··· 423

9. 元朝经济的繁荣 ·· 429

10. 元朝的天主教 ·· 434

11. 忽必烈家族的后裔和蒙古人被逐出中国 ········ 443

第八章 察合台家族统治下的突厥斯坦 ············ 450

1. 察合台汗国：起源与一般特性 ·························· 450

2. 阿鲁忽的统治：察合台人独立的尝试 ·············· 456

3. 海都宗主权下的察合台汗国 ······························ 458

4. 察合台汗国的第一次鼎盛时期：都哇、也先不花和怯别
   ·· 463

5. 察合台汗国内的教派：河中和蒙兀儿斯坦 ······ 469

6. 迦兹罕统治下的河中 ··· 471

7. 察合台汗国的重新统一 ····································· 473

第九章 蒙古人统治下的波斯和旭烈兀家族 ········ 477

1. 初期蒙古人在波斯的统治：绰儿马罕、拜住和
   野里知吉带 ·· 477

2. 阔儿吉思和阿儿浑的统治 ·································· 482

3. 旭烈兀的统治 ··· 485

4. 旭烈兀对基督教的同情 ························ 489
5. 旭烈兀对叙利亚的征伐 ························ 492
6. 旭烈兀的晚年 ································ 501
7. 阿八哈的统治 ································ 503
8. 阿鲁浑的统治 ································ 509
9. 列班·扫马出使欧洲 ···························· 511
10. 海合都与拜都的统治 ·························· 516
11. 合赞的统治 ································· 517
12. 完者都的统治 ······························· 524
13. 不赛因的统治 ······························· 528
14. 波斯蒙古汗国的肢解 ·························· 530

第十章 钦察汗国 ·································· 535
1. 金帐、白帐和昔班兀鲁思 ······················ 535
2. 拔都和别儿哥 ································ 537
3. 那海和脱脱 ·································· 547
4. 月即别和札尼别 ······························ 551
5. 马麦和脱脱迷失 ······························ 553

第十一章 帖木儿 ·································· 557
1. 帖木儿夺取河中 ······························ 557
2. 帖木儿与迷里忽辛的斗争 ······················ 561
3. 帖木儿帝国 ·································· 564
4. 征服花剌子模 ································ 570
5. 远征蒙兀儿斯坦和回鹘地区 ···················· 573
6. 征服东伊朗 ·································· 579

7. 征服西伊朗 584
8. 帖木儿与钦察汗国 592
9. 远征印度 603
10. 帖木儿与马木路克 607
11. 帖木儿与奥斯曼帝国 610
12. 远征中国 616
13. 沙哈鲁的统治 617
14. 卜撒因 623
15. 最后一批帖木儿人 627

第三编 最后一批蒙古人

第十二章 罗斯的蒙古人 635
1. 金帐汗国的结束 635
2. 克里米亚汗国、喀山汗国和阿斯特拉罕汗国 638

第十三章 昔班家族成员 645
1. 从昔班到阿布海儿 645
2. 穆罕默德·昔班尼和河中的昔班尼汗国 649
3. 阿斯特拉罕汗朝和曼吉特部统治下的布哈拉汗国 655
4. 希瓦汗国 657
5. 浩罕汗国 659
6. 西伯利亚的昔班家族成员 660

第十四章 察合台王室的末代后裔 662
1. 蒙兀儿斯坦的复兴:歪思汗与也先不花 662
2. 羽奴思和察合台后裔对帖木儿家族的报复 665

3. 察合台后裔被赶回天山东部地区;帖木儿王朝文艺
   复兴在喀什噶尔的影响;历史学家海达儿·米儿咱 …… 669
4. 末代察合台后裔 …… 673
5. 喀什噶尔的和卓们 …… 675

第十五章 15至18世纪蒙古境内的最后一批帝国 …… 678

1. 1370年后蒙古的混乱 …… 678
2. 第一个卫拉特帝国:脱欢 …… 683
3. 成吉思汗系最后的复辟国:达延汗和阿勒坦汗 …… 687
4. 达延帝国的分裂:鄂尔多斯人与喀尔喀汗国 …… 691
5. 东蒙古人皈依喇嘛教 …… 693
6. 满族对中国的征服 …… 696
7. 17世纪的西蒙古人 …… 702
8. 卡尔梅克人的迁移 …… 704
9. 柴达木和青海地区的和硕特汗国,西藏教会的
   保护者 …… 706
10. 绰罗斯王朝下的准噶尔王国:巴图尔洪台吉的
    统治 …… 709
11. 噶尔丹的统治(1676—1697年):准噶尔帝国的
    建立 …… 712
12. 策妄阿拉布坦统治下的准噶尔汗国(1697—1727年)
    …… 718
13. 噶尔丹策零的统治(1727—1745年) …… 723
14. 清朝合并准噶尔地区 …… 724
15. 西蒙古人的厄运 …… 727

16. 清朝合并喀什噶尔 ……………………………………	729
索引……………………………………………………………	732
译后记…………………………………………………………	820

插 图 目 录

1. 匈奴的第一次出击及月氏的迁徙 …………………… 52
2. 汉朝时期的中亚 …………………… 67
3. 第一批蒙古帝国：公元 500 年的柔然和哒 …………………… 124
4. 阿提拉帝国 …………………… 145
5. 6 世纪末—7 世纪初期的突厥帝国 …………………… 158—159
6. 745—840 年间的回鹘帝国 …………………… 181
7. 约 1150 年的金国 …………………… 196
8. 约 1094 年的塞尔柱克苏丹国 …………………… 225
9. 13 世纪初期的花剌子模和喀喇契丹 …………………… 232—233
10. 10 世纪的俄国草原 …………………… 261
11. 1230—1255 年间的蒙古帝国 …………………… 388—389
12. 忽必烈王朝统治下的中国 …………………… 446
13. 1230—1365 年间的察合台汗国 …………………… 464
14. 旭烈兀家族的蒙古王朝 …………………… 528—529
15. 帖木儿帝国 …………………… 620—621
16. 15 世纪的帖木儿帝国 …………………… 640—641
17. 金帐汗国图 …………………… 644
18. 17—18 世纪的北亚 …………………… 720—721

前　言

　　阿提拉与匈人①，成吉思汗与蒙古人，帖木儿与金帐汗国，这些近乎传奇中的名字，对于不是专门从事历史研究的知识分子来说也不陌生。当然，你也许还看过有关匈牙利人、保加尔人和奥斯曼土耳其人的书籍。如果你对古代史感兴趣，你或许还具有辛梅里安人、斯基泰人甚至萨尔马特人的知识。你或许还听说过阿瓦尔人和哈扎尔人②。但是，你未必了解在南俄罗斯草原上可以碰到的、属保加尔人的各部，即乌基尔人、库特利格尔人和乌特格尔人，你未必了解佩切涅格人和库蛮人，以及与塞尔柱克人和奥斯曼土耳其人有关系的乌泽人。

　　上述这些民族都是游牧民族，生息在欧亚大草原上，在历史上是一股巨大的力量。他们的历史重要性主要不是在于他们所建立的帝国，草原上大量的事例已经证明这些帝国都是昙花一现。他们的历史重要性在于他们向东、向西运动时，对中国、波斯、印度和欧洲所产生的压力，这种压力不断地影响着这些地区历史的发展。草原游牧民族的早期历史仍处于模糊不清的状况，只有当他们与

---

① Huns，中国史书上的匈奴，欧洲称匈人。——译者
② Khazars，即《唐书》中的可萨人。——译者

那些有文字历史的文明接触时，这种模糊不清的状态才稍微明朗了一些。然而，即使是在有关他们的资料相当丰富时，语言的复杂性又给翻译带来了很大的困难。因此，当数量极少的专著和专门性研究给人们留下深刻印象时，囊括多学科的一般性著作，或者是对这些民族的漫长历史作较大范围论述的综合性文章就尤其珍贵了。而在这些屈指可数的专著中，格鲁塞的不朽著作《草原帝国》可算首屈一指。

格鲁塞的这一经典著作首次出版是在1939年，后来曾多次重印，没有重大改动。1952年版（当时正值作者逝世前夕）增加了1939—1951年针对草原艺术问题所发表的讨论稿的附录。然而，书的主体保持了原样，这本巨著中最有趣味和最重要的一般性论述乃保留至今。

本书是英文版的首版，是沃尔福德根据1952年法文版译成。拉特格斯大学历史系教授特雷恩·斯托亚诺维奇对译文作了校对，并协助统一了专业术语和音译名词。已故小詹姆斯·F.麦克雷完成了本书的编辑印刷工作。有关草原艺术问题讨论的附录，由于过时而未收入，本书引入了适用于今天学术研究的大量注释。编辑了综合性的索引和备有19幅地图。其宗旨始终是使该书的英文版除了适用于专业研究外，也适用于普通读者，此外，该译本不仅驾驭了原著的知识，而且还保持了原著开阔的视野和雄浑的气势。

拉特格斯大学沃里斯历史学教授
彼得·查拉尼斯

序　言

阿提拉、成吉思汗和帖木儿，他们的名字广为人知。西方的编年史家和中国的或者波斯的编年史家们对他们的叙述使他们名扬四海。这些伟大的野蛮人闯入了发达的历史文明地区，几年之内，他们使罗马、伊朗或者中国瞬间被夷为废墟。他们的到来、动机及消失似乎都是极难解释的，以致使今天的历史学家们还倾向于古代著作家们的结论，视他们为上帝之鞭，他们是被派来惩罚古代文明的。

然而，同这些人一样，人们也不是大地之子，更多的倒是他们所处环境的产物。不过，随着我们逐渐了解了他们的生活方式，他们的行为方式和动机就变得清楚了。他们敦实而灵活的身躯（由于他们在如此恶劣的环境下能幸存下来，因此是不可战胜的）是草原的产物。高原上凛冽的寒风和严寒酷热，勾画出他们的面貌：多褶皱的眼睛、突出的颧骨、卷曲的头发，也练就了他们强壮的体格。逐牧草而作季节性迁徙的放牧生活的需要，决定了他们特有的游牧生活；游牧经济的迫切需要决定了他们与定居民族之间的关系；这种关系由胆怯的仿效和嗜血性的袭击交替出现所形成。

这三四位伟大的亚洲游牧民划破了历史之网突然逼近我们，

使我们感到十分意外，这仅仅是由于我们自己的无知罢了。对于成为世界征服者惊人形象的这三个人来说，有多少个阿提拉，多少个成吉思汗失败了呢？失败，也就是说，他们要做的不仅仅是建立一个领土包括四分之一亚洲，疆域从西伯利亚到黄河、从阿尔泰山到波斯的有限的帝国——然而，人们必须承认，这是已经具有某种重要性的一项成就。我愿向你们介绍以阿提拉、成吉思汗和帖木儿这三位巨人统领的这支伟大的野蛮人——因为他们在历史上行进了10个世纪，他们的活动从中国边界抵达欧洲边境。

我们对野蛮人这一问题应该作出严格的定义。古典世界接触到各种各样的野蛮人，也就是说，被其邻居者如此命名的人民。对罗马人来说，在长时间内，克尔特人是野蛮人，正像日耳曼人对高卢人，以及斯拉夫世界对日耳曼地区一样。同样，日后被称为中国南部的地区，对中国人的起源地黄河流域来说，曾长期被视为蛮夷之地。但是，由于上述所有地区的地理条件使生活在这些地区内的居民采取了农耕生活的方式，他们摆脱了落后，逐渐与农耕生活融为一体，以致到中世纪后期，几乎整个欧洲、西亚、伊朗、印度和中国都达到了相同的物质文明阶段。

然而有一个重要的地带没有经历这一变化过程，即从中国东北边境到布达佩斯之间、沿欧亚大陆中部的北方伸展的一个辽阔地带。这是草原地带，西伯利亚森林从它的北缘穿过。草原上的地理条件只容许有很少几块耕地存在，因此，居民只得采取畜牧的游牧生活方式，正像几千年前在新石器时代末期的其他人类的生活一样。其中的一些部落（即森林地带的那些部落）确实还停滞在马格德林狩猎者的文化阶段。因此，草原和森林地带仍处于野蛮状态——这儿不是说,生活在这里的人们比其他地区的人低能,而是说,由于这一地区的自然条件,这儿长期保留了其他地区早已抛弃了的那种生活方式。

当亚洲的其余地区已步入先进的农业阶段时,这些畜牧民族残存下来,这一事实在历史剧中是一种非常重要的因素。毗邻各族之间产生了一种时代的移位。公元前第 2 千纪的人们与公元 12 世纪的人们共存。游牧民族从一支到另一支,只要是从蒙古高原北部南下的民族就到北京;或者是从吉尔吉斯草原来的就登上伊斯法罕。突变降临了,并且充满着危险。对于中国、伊朗和欧洲的定居民族来说,匈奴人、土库曼人和蒙古人确实是未开化的,他们被展示出来的武器所吓住,被玻璃球和封官赐爵所吸引,恭敬地与耕地保持着一定的距离。游牧民的态度是容易想象的。这些可怜的突厥—蒙古牧民在干旱的岁月里越过一个又一个干涸的水沟,冒险穿过荒芜的草原,来到耕地边缘,在北其里(河北)或河中地区的大门边,吃惊地凝视着定居文明的奇迹:成熟的庄稼、堆满粮食的村庄和豪华的城镇。这一奇迹,或者说,它的秘密——维持人类的繁荣所需要的辛勤劳动——是匈奴人所不能理解的。如果他受到蛊惑,他就会像他的图腾"狼"一样,在雪天潜入农庄,窥视着竹篱笆内的猎物。他还怀有闯进篱笆、进行掳掠和带着战利品逃跑的古老的冲动。

幸存在农业公社旁边的牧猎公社,或者换一种说法,在可以看到和接触到那些仍处于畜牧阶段的各民族(他们忍受着在干旱时期草原所固有的骇人听闻的饥荒)的地区内,不断繁荣的农业公社在发展,它们之间不仅呈现出突出的经济悬殊差别,而且还呈现出更加残酷的社会差别。再说一遍,人类地理学上的问题变成了一个社会问题。定居民族与游牧民族之间的相互态度,使我们回想起同处于一个现代城市的资本主义上流社会与无产阶级之间的感情。耕耘着中国北部优质黄土地的农业公社,种植着伊朗的田园,或基辅的肥沃黑土地的那些农业公社,被一条贫瘠的牧地围住,牧地上常常是恶劣的气候条件,那儿十年一次的干旱,水源干枯,牧草枯萎,牲畜死亡,随之而来的是游牧民本身的死亡。

在这种条件下,游牧民族对农耕地区的定期性推进成了一条自然规律。加之这些游牧民,无论是突厥人或者蒙古人,都属于理解力很强、头脑冷静和注重实际的人,由于所处环境的严酷现实的训练,他们随时准备服从命令。当定居公社,通常是处于衰败中的公社,在其猛攻下屈服时,他们进入了这个城市,在最初几小时的屠杀结束之后,他们不费大的周折就取代了被打败的统治者的地位,毫不害羞地亲自登上了像中国的大汗、波斯的国王、印度的皇帝和罗姆的苏丹这些历史悠久而受尊崇的王位,并采取适合于自己的相应的称号。在北京,他成了半个中国人,在伊斯法罕和剌夷,他成了半个波斯人。

草原与城市之间持久的调和是最终的结果吗?绝不是。人类地理学上不可抗拒的规律继续发生作用。即令中国化或伊朗化的可汗没有被一些本地区的反抗(无论是缓慢的,或是突发的)所推翻,那么,来自草原深处的新的游牧部落,即饥饿的部落,将会出现在他的边境上,把他们这位暴发的堂兄弟只看成是又一位塔吉克人或拓跋族人,即波斯人或中国人,他们重复着这种冒险,使他处于不利的地位。

这种冒险怎么大多都能成功呢？同一旋律怎么会在从匈奴进入洛阳到满人进入北京的整整 13 个世纪中反复发生呢？答案是：游牧者尽管在物质文化上发展缓慢些，但他一直有很大的军事优势。他是马上弓箭手。这一专门化兵种是由具有精湛的弓箭技术和具有令人难以置信的灵活性的骑兵组成，这一兵种，赋予了他胜过定居民族的巨大优势，就像火炮赋予近代欧洲胜过世界其他地区的优势一样。事实上，中国人和伊朗人都没有忽视过这支骑兵。中国人从公元前 3 世纪起就采用了他们的骑马服装。波斯人从帕提亚时代起就领略了骑兵撤退时所射出的雨一般的箭的威力。但是，在这一领域里，中国人、伊朗人、罗斯人、波兰人和匈牙利人从未能与蒙古人相匹敌。他们从孩提时代就受到训练，在一望无垠的大草原上奔跑着追逐鹿子，习惯于耐心的潜步追踪和懂得捕捉猎物（他们赖以生存的食物）的各种诡计，他们是不可战胜的。并不是说他们常常遇上敌人，相反，他在对他的敌人发动突然攻击之后，就消失了，然后又出现，紧紧追随敌人，而不让自己被捉住，像追逐猎物一样，他折磨对方，拖垮对方，直到他们的对手筋疲力尽。这支骑兵蒙蔽人的灵活性和无处不在的假象，一经被成吉思汗的两员大将者别（哲别）和速不台所掌握，就赋予了它一种共同的智慧。普兰·迦尔宾和卢布鲁克曾亲眼目睹过战斗中的这支骑兵，他们被它决定性的技术优势所震惊。马其顿方阵和罗马军团都消亡了，因为它们产生于马其顿和罗马政体，它们是有组织的国家部署的产物，像所有国家一样，它们兴起、发展、消亡。而草原上的马上弓箭手们统治着欧亚达 13 个世纪之久，因为他们是大地的自然产物，是饥饿和欲望的产物，是熬过了饥荒岁月幸存下来的游牧民。当成吉思汗成功地征服了世界时,他是能够这样做的,因为当他还是一个被遗弃在克鲁伦草原上的孤儿时,就与弟弟老虎术赤一起每天带回了足够的野味,而没有被饿死。

对古代和中世纪来说,马上弓箭手们投射和飞驰的箭是一种不直接交锋的武器,在当时是具有战斗力和摧毁敌人士气的作用,几乎与今天枪手们的子弹的作用一样。

什么因素使这一优势结束了呢?16世纪以来游牧民族怎么不再任意地支配定居民族了呢?理由是后者用大炮来对付他们。于是,一夜之间,他们突然获得了压倒游牧民的人为的优势。长期以来的位置颠倒过来了。伊凡雷帝用炮声驱散了金帐汗国的最后一批继承者;中国的康熙皇帝用炮声吓倒了卡尔梅克人。大炮的隆隆声标志着一个世界历史时期的结束。军事优势第一次、也将是永远地变换了阵地,文明变得比野蛮强大。几小时之内,游牧民的传统优势已成为似乎是不真实的过去。在1807年的战场上,浪漫的沙皇亚历山大召集来打拿破仑的卡尔梅克弓箭手们,就像是马格德林时代的猎人一样过时了。

然而,自从这些弓箭手们不再是世界征服者以来,仅仅才过了三个世纪。

导　言

草原及其历史

在自然外观上,亚洲高原表明在地球史上曾经演出过最壮观的地理戏剧。这一巨大的大陆块的隆起和与周围地区的隔离,是由于在两个不同时期内形成的两大褶皱山系集中碰撞而成,两大褶皱山系分别是天山和阿尔泰山的海西褶皱(天山以西域陆块为界,阿尔泰山以安加拉大陆的古西伯利亚高原为界)和喜马拉雅山褶皱山系。喜马拉雅山褶皱在中新世时期取代了欧亚大陆的"古地中海"。天山和阿尔泰山朝西北方突出的弓形和与之相对的、喜马拉雅山朝南突出的凹形合起来把突厥斯坦和蒙古利亚包围起来并使之与其他地区隔离,似乎让它们悬在四周的平原之上。这些地区由于海拔较高,又远离海洋,属典型的大陆性气候,夏季酷热、冬季严寒。在蒙古的库伦(乌兰巴托),气温变化幅度是从零上38℃到零下42℃。西藏高原海拔很高处几乎都能生长普通植物,天山与阿尔泰山的半弧形山区也是这样,由于同样的原因,它们属高山气候,植物分布各有特征,有山脚的森林,有山峰的稀疏植物。除西藏高原和天山与阿尔泰山的弧形山区外,几乎整个亚洲大陆被一条纵向的草原带覆盖着,草原上,冬季万物休眠,夏季万物枯萎。这片大草原在灌溉地区仍是肥沃的,但在中部,肥沃的土地逐渐枯萎变成了沙漠,这片大草原从中国东北部起一直延伸到克里米亚,从蒙古高原北部的库伦延伸到马里和巴尔赫地区,欧亚北部草原在此让位于更富有地中海特征的伊朗和阿富汗的亚热带干草原。

在北部,这条纵向的欧亚草原地带分别与俄罗斯中部和西伯利亚的北部大森林地带,以及蒙古北缘和中国东北部会合。在草原地带中部的三个地区,草原不知不觉地让位于沙漠:河中地区的克齐尔库姆沙漠和阿姆河以南的卡拉库姆沙漠;包围着塔里木盆地的塔克拉玛干沙漠;最后是从西南贯穿东北的大戈壁滩,它从罗布泊(戈壁滩在此与塔克拉玛干沙漠相接)起,到中国东北边境上的兴安岭止。这些沙漠像癌细胞一样吞噬着草原地带,在有文字记载历史以前时期它们就不断蚕食着草原。戈壁沙漠北面是北蒙古、贝加尔湖畔的森林、鄂尔浑河和克鲁伦河畔草原,南面是南蒙古、阿拉善、鄂尔多斯、察哈尔草原和热河,这一中间位置是妨碍突厥—蒙古族帝国(无论是古代的匈奴人的帝国,还是中世纪的突厥人的帝国)幸存下来的持续因素之一。

在沙漠边上的草原之路,给今天中国的塔里木盆地的历史带来了决定性的转变。这一地区摆脱了草原上的游牧生活(尽管总是受到北方游牧部落的威胁或控制),使商路上的这些绿洲具有都市的、商业的特征,通过这些链条式排列的绿洲,这一地区形成了西方几大定居文明即地中海世界的文明、伊朗文明和印度文明与远东的中国文明之间的交通线。在干涸的塔里木河南北的两条凹形河岸上形成了两条道路:北道经过敦煌、哈密、吐鲁番、焉耆、库车、喀什、费尔干纳盆地和河中地区;南道经过敦煌、和田、莎车、帕米尔山谷和巴克特里亚。这条纤细的双线,交替着穿过沙漠,越过山峦;它如忙于越野的蚂蚁的蜿蜒而漫长的队伍般脆弱,然而,它已足以使我们的地球形成一个整体,而不是彼此分离的两个世界,足以维持中国的"蚁穴"与印欧的"蚁穴"之间的最低限度的联系。这就是丝绸之路和朝圣之路,沿着它,进行着贸易交往和宗教传播;沿着它,传来了亚历山大后继者们的希腊艺术和来自阿富汗地区的传播佛教的人。经过这条路,托勒密曾提到过的希腊—罗马商人们争着控制那些易于获得到来自"塞里卡"大捆丝绸的地方,中国东汉王朝的将军们试图与伊朗世界和罗马帝国东部建立交往。维持这条伟大的世界商路的畅通是中国从汉代到忽必烈可汗时期的一贯原则。

然而,在这条狭窄的文明小径以北,草原为游牧民提供了一条完全不同的路:一条由无数条道组成的无边无际的路,即蛮族之路。在鄂尔浑河或克鲁伦河畔与巴尔喀什湖之间的地区内,浩浩荡荡的蛮族大军畅通无阻,因为尽管阿尔泰山和天山北部山嘴在朝着巴尔喀什湖方向似乎已经合拢,然而实际上两山之间在楚固恰克方向,在塔尔巴哈台的额敏河处,空隙仍十分宽阔,裕勒都斯河、伊犁河和伊塞克湖之间朝着西北方向的空隙也很宽,来自蒙古利亚的牧马人在这里看到了远方一望无际的吉尔吉斯草原和俄罗斯草原。塔尔巴哈台、阿拉套和穆扎尔特通道上不断有从东方草原向西方草原迁徙的游牧民通过。在有文字记载的历史时期以前,这种运动可能更多地是采取相反的方向,人们的印象是伊朗种(印欧种人)的游牧民,即希腊历史学家们称之为斯基泰人和萨尔马特人,伊朗碑文证实为萨加人,必定朝东北方向深入了很长的路程,到帕兹雷克和米努辛斯克地区;而另一些印欧种人在塔里木诸绿洲上定居,分布在从喀什到库车、焉耆和吐鲁番,甚至远至甘肃。然而,可以肯定的是从公元初年起这种流动就是从东向西进行的。在以后的中国新疆地区的各绿洲上不再盛行印欧方言即"东伊朗语"、库车语或吐火罗语。相反,是匈奴人,他们以匈人一名,在南俄罗斯和匈牙利建立了前突厥帝国(匈牙利草原是俄罗斯草原的延伸部分,正像俄罗斯草原是亚洲草原的延伸部分一样)。在匈人之后来的是阿瓦尔人,阿瓦尔人是在6世纪的突厥人的压力之下从中亚逃出来的蒙古族部落。它将先后统治着俄罗斯和匈牙利。7世纪的哈扎尔突厥人,11世纪的佩切涅格突厥人,12世纪的库蛮突厥人,他们都是沿同一条路而来。最后,在13世纪,成吉思汗的蒙古人统一了草原,可以说,他们成了从北京到基辅的大草原的化身。①

草原秘史是突厥-蒙古各部落为争夺肥沃牧场,彼此吞并的历史;是主要受牧群的需要所驱使,从一个牧场到另一个牧场进行无休止迁徙的历史。在某些情况下,由于迁徙路途非常遥远,往返迁徙一次需要几个世纪才能完成,这些游牧民的种种条件,即身体状况和生活方式,都已经变得适应了这种迁徙。在黄河和布达佩斯之间的这些不停流荡的历史,由定居国家的人们保留下来,但是很少,仅仅是当时对他们有影响的那些事件。他们记录了在长城脚下,或者是在多瑙河要塞下,即在大同或者是锡利斯特拉爆发的波涛汹涌的猛烈攻击。但是,关于突厥-蒙古各族之间的内部

---

① 关于把蒙古帝国的历史看成人类地理学的研究范围,参看欧文·拉提莫的"蒙古史上的地理因素"(《地理学杂志》XCI,1938年1月)。

骚动,他们谈了些什么呢?在可以称为帝国地区的鄂尔浑河源处的哈喇巴喇哈森和哈拉和林,我们发现了其目标是要统治其他游牧部落的所有的游牧部落:在公元纪年以前有突厥族的匈奴人;在公元3世纪有蒙古族的鲜卑人;在5世纪有也属于蒙古族的柔然人;在6世纪有突厥族的突厥人;在8世纪有回鹘突厥人;在9世纪有黠戛斯人;在10世纪有蒙古族的契丹人;在12世纪有可以假定是突厥族的克烈人,或乃蛮人;最后是13世纪的成吉思汗的蒙古人。尽管我们可以识别这些对其他部落施加过霸权、交替出现的突厥部落和蒙古部落,但是,我们不知道突厥、蒙古和通古斯这三大母族的最初分布情况。今天,通古斯人无疑地不仅占有北蒙古,还占有东西伯利亚的大部,以及中西伯利亚叶尼塞河中游东岸地区;而蒙古人则聚集在历史上的蒙古利亚;突厥人分布在西西伯利亚、西突厥斯坦和今新疆南部。然而应该记住,在西突厥斯坦和今新疆南部,突厥人是后来者,他们在阿尔泰山的影响是直到公元1世纪才为人们所察觉,他们在喀什噶尔和河中的影响分别在9世纪以后和11世纪以后才被人们察觉到。撒马尔罕和喀什两城的市民基本上仍是突厥化的伊朗人。然而历史表明,在蒙古利亚本土上,成吉思汗的后代们明显地使许多突厥部落蒙古化,这些部落是阿尔泰山的乃蛮人,戈壁滩的克烈人,察哈尔的汪古特人。在成吉思汗把所有这些部落统一在青蒙古人的旗帜下以前,今天蒙古利亚的一部分仍是属于突厥族的,甚至今天确实还有一支突厥人,即雅库特人,占据着通古斯人以北的西伯利亚东北部,在勒拿河、因迪吉尔卡河和科雷马河流域。这支突厥人离白令海峡如此之近,在蒙古人以北,甚至在北冰洋上的通古斯人以北,因此,在企图确定"最初的"突厥人、蒙古人和通古斯人的相对位置时必须谨慎。① 以上所表明的是突厥—蒙古人和通古斯人的主体最初可能是定居在相当远的东北部,因为不仅是今天的喀什地区,而且在萨彦岭北坡(米努辛斯克)和大阿尔泰(帕兹雷克)当时都是由来自印欧种人的共同摇篮南俄罗斯的印欧人居住。这一假设与像伯希和②、纪尧姆·德·埃维西等这些语言学家的观点是一致的,这些语言学家们拒绝考虑阿尔泰语系(突厥语族、蒙古语族和通古斯语族)与集中在乌拉尔山区的芬兰-乌戈尔族所使用的那些语言之间存在着最初的联系,直到进一步的证据即将发现。再则,且不管突厥语、蒙古语和通古斯语之间的最初联系,今天它们之间存在的相当大的差异③使我们考虑,在有史时期内曾联合在一个共同统治下的这三个种族(因此,他们之间常常发生文明术语所说的互相仿效)可能彼此之间一度保持着一定的距离,分布在亚洲东北的辽阔地区。

---

① 然而,如果雅库特人是朝北迁徙的移民的话,那么,他们的起源地似乎应该在贝加尔湖一带去寻找。尽管在他们现在占据的地区内,他们只使用驯鹿,但在某些仪式上他们使用马形面具,以纪念他们旅居过蒙古草原边疆。这一现象与在帕兹雷克墓所发现的现象相反。参看上引书,第 1 页和第 8 页。

② 伯希和说:"至少就目前我们所达到的研究阶段而言,我们明智地放弃了这种论点,即乌拉尔-阿尔泰语除了包括芬兰-乌戈尔语和萨莫耶特语外,还包括突厥语、蒙古语和通古斯语。"伯希和("Les mots à H initiale, aujourd'hui amuie, dans le mongol des XIII et XIV siècles",《亚洲杂志》1925 年,第 193 页)。

③ 波佩假设有一种原始的阿尔泰语,原始突厥语、蒙古语和通古斯语都是源于它,但他又补充道:"原始突厥语时期不可能晚于公元前 1 世纪。"他和巴托尔德还断言:"一般来说,突厥语比蒙古语处于更高的发展阶段。蒙古世界中,无论哪一个地区的蒙古语都比已知的最古的突厥语还要古体。从语音学的观点来看,书写蒙古语几乎与原始阿尔泰语处于同一发展点上。"参看波佩(《乌拉尔-阿尔泰学年刊》VI,98;)。关于"一致性"问题,参看让·德尼的文章"Langues turques, mongoles et tongouzes",载梅勒特和卡洪的《世界语言》,巴黎,1924 年,第 185 页。

如果突厥－蒙古族游牧部落的历史仅限于他们的远征,或者仅限于在寻找新牧地中发生的尚不清楚的那些小冲突的话,那么,它们的历史简直没有多大意义,至少就目前的利益而言。人类史上重要的事实是这些游牧民对南方的文明帝国所施加的压力,这种压力反复出现,直到征服成功。游牧民的袭击简直是一种自然规律,是由盛行于他们土生土长草原上的各种条件所决定的。

　　当然,那些留在贝加尔湖畔森林地带和黑龙江的突厥－蒙古人仍然是未开化的人,靠渔猎为生,如到12世纪时期的女真人和直到成吉思汗时代的"森林蒙古人",他们被森林隔离地带严严实实地封锁住,不可能想象还有其他的、令人羡慕的地区。这与草原上的突厥－蒙古人不同,草原牧民靠饲养牲畜过活,因此,他们由于需要成了游牧民:牧群追逐牧草,他们跟随牧群。

　　加之,草原是马的故乡①。草原之子是牧马人出身。无论是西方的伊朗种人,或者是东方的突厥－蒙古种人,是他们发明了骑马服,正像在博斯普鲁斯出土的辛梅里安人时期希腊花瓶上所看到的斯基泰人所穿的服装一样,或者像我们从中国人那里听到的那样,中国人于公元前300年在骑兵交战时仿效匈奴人,以裤子取代了长袍。闪电般突然袭击的牧马人是能在远距离射中敌人的马上弓箭手,他们在撤退时能发射出箭(即帕提亚之箭,实际上是指斯基泰人和匈人之箭),他们在交战时所使用的武器,同他们捕捉

---

① 以马取代了西伯利亚的驯鹿,在帕兹雷克墓群(唐努－图瓦,西伯利亚的阿尔泰,大约在公元前100年)中发现用作祭祀的马伪装成驯鹿,为此提供了证据,这是从森林狩猎人生活的部落向游牧的畜牧生活过渡的生动写照。参考欧文·拉提莫上引书,第8页。

野味或母马时所用的一样,都是箭和套索。

在这些袭击的门槛边(此处是草原的尽头和耕地的起点),他瞥见了与他完全不同的另一种生活方式,这是一种将唤起他的贪婪的生活方式。在其土生土长的草原上,冬天是寒冷的,冬季的草原是西伯利亚泰加森林气候的延续地带;夏季十分炎热,因为夏季的草原是戈壁滩气候的延伸地。为牲畜寻找牧场,游牧民必须爬上兴安岭、阿尔泰山或塔尔巴哈台山脉。唯有春季把草原变成了一片草木茂盛的平原,五颜六色的花朵点缀其中,对牧群和牧民来说,春季是最美好的季节。一年中的其余时间,特别是冬季,游牧民的目光都是转向南方温暖的土地,在西南方是向着伊塞克湖,即"热海";在东南方是向着黄河流域肥沃的黄土地。并不是说他要尝试着像对待耕地一样地耕种土地,当他占有耕地时,他本能地让它处于不生产的休闲状态,土地变成了草原,为他的羊群和马群生产牧草。

这就是13世纪的成吉思汗的态度。征服北京地区以后,他的真正欲望是使河北平原上肥沃的玉米地上升到牧地的地位。然而,尽管这位来自北方的人对耕耘一无所知(直到14世纪,突厥斯坦和俄罗斯的成吉思汗后裔们仍是纯游牧民,他们愚蠢地洗劫着已属于他们自己的城市和改变灌溉渠道使土地荒芜——就农民说,至少是不要按时付钱),但是他对都市文明中的机械产品和令人愉快的事情赞叹不已,并作为掠夺和洗劫的目标。他被温和的气候所吸引,在很大程度上来说是相对的温和,因为对成吉思汗来说,北京令人难受的气候似乎也令人松懈,每次战役之后,他就返回北方,在贝加尔湖附近度夏。同样地,他打败了札兰丁之后,故意避开就在他脚下的印度,因为对于从阿尔泰山来的成吉思汗来说,印度好像是魔窟。无论如何,他对舒适的文明生活的怀疑是正确的,因为当他的曾孙子们住进北京和大不里士宫殿时,他们随即开始堕落。但是,只要游牧民还保持游牧精神,他就把定居者只看成是他的农人,把城市和耕地看成他的农场,对农人和农场进行公开勒索。他骑在马背上沿着古老帝国的边境巡游,检查从那些比较欣然地按规定行事的人们上交来的定期贡赋,或者当受害者鲁莽地拒绝支付时,在突然袭击中掠夺不设防的城市。这些人像狼群——狼不正是古代突厥人的图腾吗①?——徘徊在鹿群周围,扑向它们的咽喉,或者只是拾起那些迷途的和受伤的野兽。凶猛掠夺和勒索定期贡赋(就天子而言,定期贡赋被委婉地说成是表示亲善关系的礼物)交替出现,大体上已成为公元前2世纪到公元17世纪中突厥—蒙古人与中国人之间关系的固定模式。

然而,从游牧民中有时也会产生杰出的人物,他及时得知定居帝国的腐朽状况(这些狡猾的野蛮人像公元4世纪的日耳曼人一样非常熟悉中国帝国宫廷内的拜占庭式的阴谋)。他将与中国的一派或者一个王国签订盟约以反对另一派,或者与篡位失败者签订盟约。他将宣布自己及其部落是帝国的盟邦,在保卫帝国的借口下进入帝国边境地区,在一代或两代之后,他的孙子们已充分具备了中国人的外表,采取了大的行动,泰然自若地登上天子的王位。在这一方面,13世纪的忽必烈的功绩只不过是4世纪的刘聪

---

① 突厥—蒙古人神秘的祖先,在《秘史》的蒙古人中,是带白色花斑的黄褐色狼,即 Börte—cino;在《乌古思名》的突厥人中,是灰狼,即 kök—böri,"从一束光中,来了一只穿着灰外套和鬃毛的,似狗的大狼"。

和5世纪的拓跋人的重复。又过二三代后(如果不被某次民族起义赶出长城的话)这些中国化的蛮族们除了丧失蛮族性格的坚韧和吸收了文明生活的享乐腐化外,从文明中一无所获,现在轮到他们成为蔑视的对象,他们的领土成为那些还留在他们土生土长的草原深处的、仍在挨饿的其他游牧蛮族垂涎的战利品。于是,上述过程又重复出现。在5世纪,拓跋人站在匈奴人和鲜卑人的肩上消灭了他们,并取代了他们的位置。在12世纪,在契丹人(一支完全中国化的蒙古人,自10世纪以来他们就是北京的和平的君主)的北面,女真人崛起,他们是通古斯人,几乎还处于原始状态,在几个月之内他们夺取了北京城,结果轮到他们受到中国的影响,并一直处于停滞状态,直到恰好一个世纪以后被成吉思汗灭掉。

欧洲也与亚洲一样。在俄罗斯草原(它是亚洲草原的延伸部分)上,也经历了类似的连续性:在阿提拉的匈人之后,接踵而来的是保加尔人、阿瓦尔人、匈牙利人(他们属芬兰-乌戈尔种人,具有匈奴贵族的强硬)、哈扎尔人、佩切涅格人、库蛮人和成吉思汗的后裔。同样地,在伊斯兰境内,在伊朗和安纳托利亚的突厥征服者中,伊斯兰化和伊朗化的过程与上述征服"天朝"的突厥人、蒙古人和通古斯征服者的中国化过程一一对应,在这里可汗成了苏丹和国王,正像在东方他成了天子一样;像在中国一样,他很快就让位给另一些来自草原的、更加粗野的可汗们。在伊朗也可以看到征服、继承和毁灭这一类似的过程,伽色尼突厥人之后,紧接着是塞尔柱克和花剌子模的突厥人,成吉思汗的蒙古人,帖木儿王朝的突厥人和昔班尼王朝的蒙古人,更不用说奥斯曼土耳其人,他们以箭一般的速度来到了穆斯林地区的外缘,取代了在小亚细亚的、垂死的塞尔柱克人的残余,由此迅速地取得了空前的胜利——征服拜占庭。

因此,比约丹勒斯描述的斯堪的纳维亚更高一级,大陆亚洲可以被看成各民族的策源地和亚洲的日耳曼尼亚,在民族大迁徙中注定要把苏丹和天子呈献给古文明帝国。草原游牧部落的这些定期性袭击成为历史上的一种地理规律,草原游牧部落的可汗们登上了长安、洛阳、开封或北京的王位,登上了撒马尔罕、伊斯法罕或大不里士的王位,登上了科尼亚或君士坦丁堡的王位。但是,还存在着相反的另一种规律,它通过古代文明地区使游牧入侵者发生缓慢的同化过程。这种现象与所期望的一致,具有双重性。首先存在着人口统计学方面的因素。这些野蛮的牧马人作为相当分散的贵族被淹没在这些密集的居民中,即远古的人口稠密地区。其次有文化方面的因素。中国和波斯文明,尽管被征服,但反过来征服了野蛮的和未开化的胜利者,令他们陶醉,使他们麻痹沉睡,最后消灭了他们。在征服之后常常只需要 50 年,生活继续着好像什么也没有发生。中国化和伊朗化的蛮族首先起来保卫文明,反对来自蛮族之地的新攻击。

公元 5 世纪,洛阳的拓跋族君主把自己看成是中国耕地和文化的卫士,反对所有的蒙古人:鲜卑人或者是希望重建业绩的柔然人。12 世纪,正是塞尔柱克人桑伽"密切注视着"阿姆河和锡尔河,反对来自咸海或伊犁地区所有的乌古思人或喀喇契丹人。克洛维和查理曼的故事再现于亚洲历史的每一页。正像罗马文明在奋力抵抗撒克逊和诺曼日耳曼主义时,在被它同化的法兰克人中发现了后备力量一样,中国文明在 5 世纪的这些拓跋人中发现了它最好的支持者；而阿拉伯－伊朗的伊斯兰国家也知道上文提到的勇敢的桑伽是最忠实的拥护者。这些中国化和伊朗化的突厥－蒙古人作出了更好的榜样，他们完成了古代王中之王或者是天子们的事业。库思老或哈里发未能取得的胜利，即获得巴昔留斯王位和正式地进入圣索菲亚，被他们的意外继承者、15世纪的奥斯曼国王，在伊斯兰世界的欢呼声中完成了。同样，汉唐两代希望建立"泛亚洲统治"的梦想，是由13世纪和14世纪的元朝皇帝忽必烈和铁穆耳·完泽笃为了古老中国的利益，通过使北京成为俄罗斯、突厥斯坦、波斯和小亚细亚、高丽、西藏和印度支那的宗主国都城而实现了。因此突厥－蒙古人在为他们效力中只是挥舞他的剑就征服了这些古文明地区。担负起统治之后，他像古代诗人笔下的罗马人一样统治着这些具有古文明的各族人，与他们的传统和他们长期的抱负保持一致。从忽必烈到康熙和乾隆，这些统治者在他们的中国政府里，执行了中国在亚洲的帝国主义纲领；在伊朗－波斯世界，实现了萨珊朝和阿拔斯朝向君士坦丁堡的金色圆屋顶的进军。

实施过统治的民族、取得过帝位的民族是很少的。像罗马人一样，突厥－蒙古人是其中的成员。

第一编

13 世纪前的亚洲高原

第一章　草原的早期历史：
斯基泰人与匈奴

1. 上古时期的草原文明

现在已知最早的欧亚之路是北方的草原之路。在旧石器时代，奥瑞纳文化沿着这条路经西伯利亚——在安加拉河上游、离伊尔库茨克不远的马利塔地区曾经发现了一尊属奥瑞纳时期的维纳斯雕像——进入中国北方，泰亚尔·夏尔丹注意到，在华北甘肃宁夏附近的水洞沟黄土坡和陕北榆林地区西南的萨拉乌苏河都有奥瑞纳式文化遗址。同样，马格德林文化似乎在西伯利亚（叶尼塞河上游）、在中国东北（多伦诺尔、满洲里和海拉尔），以及在河北省都有它的代表物。河北省北京附近的周口店山山顶洞内发现了人骨架和人体装饰品，还发现了骨针、钻有小孔的动物犬齿、骨制的垂饰物、带孔的贝壳、珠母碎片和赤矿石的堆积遗址。[1]

---

[1]　参看泰亚尔·夏尔丹的《中国史前史速写》（载《辅仁大学学刊》第9册，1934年）。参看《北京史前期的发掘》（载《科学问题杂志》，1934年3月刊，第181—193页）。参看托尔马切夫的文章"Sur le paléolithique de la Mandchourie"（载《欧亚大陆北部古迹》第4期，1929年）。参看 M.C.伯基特，"旧石器时代文化的反映及其女性小雕像"（载《欧亚大陆北部古迹》第9期，1934年，113）。参看 J.G.安德森的《远东古物博物馆手册》1929年。

在新石器时代,或更确切地说,是将近新石器时代末期,西伯利亚草原之路还成为一种梳形陶器向亚洲传播的途径。这是一种饰有平行直线纹的陶器,它于公元前第 3 千纪上半叶在俄罗斯中部地区发展起来,并由此传入西伯利亚的部分地区,逐渐对甘肃齐家坪的中国原始陶器产生了影响。在随后而来的一个时期,即公元前第 2 千纪初期,一种饰有螺旋纹的优质陶器——其风格最初形成于基辅附近的特里波利耶,在布科维纳的斯奇彭尼兹、比萨拉比亚的彼特里尼和摩尔达维亚的库库特尼——可能同样是经过西伯利亚、从乌克兰传入中国,大约公元前 1700 年在中国河南省仰韶村重新蓬勃发展起来,以后又在甘肃的半山地区发扬光大。最后,按塔尔格伦推算,西西伯利亚的青铜时代约开始于公元前 1500 年左右,并与同时期多瑙河地区的伟大的青铜文化(奥涅提兹文化)有联系;而在西伯利亚中部的米努辛斯克,青铜时代是在 300 年之后(约公元前 1200 年左右)才开始的。西西伯利亚的青铜斧和长矛头在中国被仿造出来,以致使马克思·劳尔推测,中国大约在此时期(大约公元前 1400 年)模仿了西伯利亚的青铜技术[①]。

草原古代史上一个突出的特征是发展了一种日益风格化的动物艺术,这种艺术显然是独创的,是为装饰镶嵌在马具和装备上的铜片、银片和金片而设计的,是游牧民的一种奢侈品。在库班的迈科普墓地中出土的金银合金花瓶和一些明显反映亚述—巴比伦风

---

① 参看 L. 巴赫霍夫的文章"Der Zug nach dem Osten, einige Bemerkungen zur prähistorischen keramik Chinas"(*Sinica*,〔1935〕,pp.101—128);M. 劳尔"Beiträge Zur Chronologie der älteren chinesischen Bronzen"(《东亚杂志》〔1936〕,3—41);L. 巴赫霍夫,"Zur Frühgeschichte Chinas", *Die Welt als Geschichte*, III〔1937〕,4。

格影响的纯金银制成的动物形象(公牛、狮子等)是这种艺术的代表。据塔尔格伦推算,这些艺术品的年代大约是公元前1600—前1500年①,与米诺安中期文化同时。这种最初的亚述—巴比伦的影响一直持续到有史时期(公元前第6世纪),这一点在著名的克勒姆斯青铜斧上可以看到。

塔尔格伦倾向于认为,大约从公元前1200年起,一支印欧种的辛梅里安人(Cimmerians)②开始居住在黑海以北的俄罗斯草原上。辛梅里安人被认为是属于色雷斯-弗里吉亚人种(Thraco-Phrygian)③,他们或者是"来自"匈牙利和罗马尼亚,或者,更少假设性,他们原来"就住在"匈牙利和罗马尼亚④。这位著名的芬兰考古学家把最近在第聂伯河流域和库班发掘出来的这一时期的大量古物,至少是把其中的一部分,归属于这些辛梅里安人。在古物中,最重要的有博罗季诺珍品(公元前1300? —前1100年左右),包括青铜镰刀在内的斯特科夫珍品(公元前1400? —前1100年),尼科拉耶夫的青铜铸器(公元前1100年?)和阿布拉莫威卡的青铜镰刀(公元前1200年?),它们都是在多瑙河下游与第聂伯河下游之间的地区发现的。此外,在库班还发现了金片和一尊纯银制的斯特拉米沙斯托夫卡雅公牛像(公元前1300年?)。最后,在捷列克

---

① 参看 A.V.施密特推测的迈科普比较年表图(载《欧亚大陆北部古迹》第4期〔1929〕,18)。关于各种年代的不确定性和它们之间的不一致,参看塔尔格伦"高加索古迹"(载上引杂志第5期〔1930年〕,189)和"北高加索青铜器",(第6期〔1931〕,144)。

② 又译作西密利安人。——译者

③ 色雷斯一名保留在希罗多德记载的关于斯基泰人的某些传说中(E.邦弗尼斯特:《对亚洲社会的陈述》,1938年4月7日)。甚至保留希腊—罗马时期的辛梅里安人的博斯普鲁斯国时(M.I.罗斯托夫采夫《在南俄的伊朗人与希腊人》,牛津,1922年,第39页)。

④ 参看塔尔格伦的文章 "La Pontide préscythique après l'introduction des métaux",载《欧亚大陆北部古迹》第2期,1926年,220页上。

河畔,有皮亚蒂戈尔斯克棺椁(公元前1200年?)和科本初期的棺椁(属纯青铜时代,大约是公元前1200年?—前1000年)。南俄地区的所有这种辛梅里安艺术都与甘扎-卡拉巴克赫地区的外高加索文化有联系。在甘扎-卡拉巴克赫已经发现饰有几何纹动物图案的优质青铜纽扣(外高加索文化开始于公元前1400—前1250年,最迟在公元前第8世纪结束)。辛梅里安艺术还与塔里锡文化有联系,塔里锡青铜艺术大约在公元前1200年达到繁荣[①]。

波克罗夫斯克(今恩格尔斯)木棺的年代可以推至公元前1300—前1200年,它反映出前辛梅里安文明,或者说辛梅里安的青铜文明,是从伏尔加河传播到乌拉尔山区和突厥斯坦的。在下诺夫哥罗德(今高尔基)附近的色玛,一批珍品使我们看到了处于低级阶段的铜器和青铜器文化,尤其是一些带孔的战斧(公元前1300—前800年)。在哈萨克地区,一种类似的文化,即安德罗诺沃文化,传到了米努辛斯克,大约在公元前1000年时由卡拉苏克文化延续下来。这是最早的西伯利亚青铜时代,其中有带孔的斧子(它可能对商朝中国安阳地区的青铜斧有影响),扁平的匕首,色玛式的矛头和带有纯几何纹的装饰。高加索的动物艺术似乎没有传入这一地区。再往北,在叶尼塞河河畔的克拉斯诺亚尔斯克,我们于相当晚时才发现了铜石并用时期的艺术,其中产生了一些著名的麋形和马形的石刻。

从公元前1150—前950年,辛梅里安文化继续在黑海北岸发展。这似乎是诺沃格里格鲁夫斯克文物(带孔的青铜手斧)和布格

[①] 弗朗兹·汉卡把甘扎-卡拉巴克赫、勒尔瓦尔和塔里锡文化的外高加索文化群定在公元前14—前8世纪。他记道,这些文化都是源于同时代的西亚文化。在斧子的造型上、在带状的饰片上和在陶瓷品上都可以看到("高加索-卢里斯坦",载《欧亚大陆北部古迹》第9期,〔1934年〕,107)。

河畔的尼古拉耶夫的青铜铸器时代(约公元前1100年?)。在捷列克草原上,科本的纯青铜时代与格鲁吉亚的、名为勒尔瓦尔的文化显示出有趣的相似,勒尔瓦尔文化是草原上较先进的文化(由于该地发现了铁),它产生了饰有人和动物形象的奇特的青铜带,这些形象在风格上是呈几何图形的,表现了打猎和耕种场面(约公元前1000—前900年)。此外,在萨马拉和萨拉托夫之间的波克罗夫斯克(今恩格尔斯)可以看到一种地区性青铜文化,它继续在这一地区发展,这可以从赫瓦伦斯克墓群得到证实;据塔尔格伦估计,这些墓的年代是在公元前1200—前700年。塔尔格伦还断定,这一文化是属于斯基泰人[①],即当时第一次出现在俄罗斯的北伊朗人的,他们继辛梅里安人之后将统治黑海北岸草原。

辛梅里安文化的最后阶段处于公元前900—前750年。这是加利西亚地区的米海洛夫卡文物时期,其中有著名的金王冠,它反映了这一时期的辛梅里安文化与高加索文化和奥地利的哈尔希塔特文化(公元前800—前700年?)有相似之处。在基辅南部,带有高加索影响的波德戈尔扎文物也属这一时期;敖德萨东部科布勒沃的带孔的青铜斧也属这一时期;一般而言,当时在南俄罗斯大量存在的、矛端上有两个槽口的矛头都属于这一时期(约公元前900—前700年)。辛梅里安的青铜文化还流传到罗马尼亚,在摩尔达维亚采取了波德-希拉斯特安和穆列什文化的形式;在瓦拉几亚采取瓦尔托普文化的形式。然后,辛梅里安青铜文化继续传入匈牙利。有理由认为(正如塔尔格伦的观点),当东南部的高加索文化和奥地利的哈尔希塔特文化已经进入铁器时代时(哈尔希塔特I期文化大约处于

---

① 又译西徐亚人。——译者

公元前900—前700年),辛梅里安人和色雷斯人仍逗留在青铜时代。在别处,处于伏尔加河与乌拉尔山之间、属于斯基泰人先驱的哈瓦伦斯克文化群同样也发展缓慢了,该文化群大约在公元前900年时曾产生过索斯诺瓦雅·马扎青铜铸器。在这段时期内,在西伯利亚的米努辛斯克,青铜时代的第二阶段发展起来,根据塔尔格伦的观点,这一时期是处在公元前1000—前500年,以带有两个眼的有孔青铜斧为代表,其装饰仍以几何图形为主,尽管也有少数珍贵的动物形象,它们无疑是装饰在刀、剑的把柄上①。

应该记住,俄罗斯草原上的辛梅里安人的青铜时代在它的最后阶段是处于与两种铁器文化(奥地利的哈尔希塔特文化和高加索文化)的交流之中。在辛梅里安文化的较晚地层上发现了来自哈尔希塔特的铁刀,正像在斯基泰人早期地层所发现的一样。②

2. 斯基泰人

根据希腊历史学家们提供的证据,并得到亚述王国编年史的补充,在公元前750—前700年,来自突厥斯坦和西西伯利亚的斯基泰人从辛梅里安人手中夺走了南俄罗斯草原。希腊人称之为"斯基泰"(Scyths, skythai)的民族,亚述人称之为"阿息库兹人"

---

① 此处简要摘录了塔尔格伦关于辛梅里安文化的小结(《欧亚大陆北部古迹》第2期,1926年)。关于辛梅里安人的迁徙,参看汉卡《高加索-卢里斯坦》第47页。在这篇文章中作者企图把高加索以北的科本的动物艺术与随公元前7世纪的辛梅里安人和斯基泰人的迁徙而产生的卢里斯坦青铜器联系起来。汉卡对该课题另有一研究文章("Problem des Kaukasischen Tierstils", *Mitteilungen der Anthropologischen Gesellschaft in Wien*, LXV,〔1935〕,276)。

② 参看 N. 马卡连科:"斯基泰与哈尔希塔特文化"(载《欧亚大陆北部古迹》第5期〔1930年〕,22)。

(Ashkuz),波斯人和印度人称之为"萨迦"(Saka)①。从名称上推断,斯基泰人属于伊朗种人②。他们是在今俄属突厥斯坦草原上"最早的伊朗国家"内保持着游牧生活的北伊朗人,因此,他们在很大程度上免受亚述和巴比伦的物质文明的影响:这种文明强烈地影响了他们的定居兄弟、在南方伊朗高原上的米底人和波斯人。斯基泰人与同他们有血缘关系的萨尔马特人一样,对历史上的马兹达克教和对其后不久逐渐转变了米底-波斯人信仰的琐罗亚斯德改革还一无所知。

这些斯基泰人的生动形象保留在库尔奥巴和沃罗涅什的希腊-斯基泰式花瓶上。他们留着胡须,戴着如同在帕赛波里斯浅浮雕上他们的萨迦兄弟一样的帽子,即防御草原寒风的护耳尖顶帽,穿着萨迦人以及他们的堂兄弟米底人和波斯人都很普遍的宽松服装——束腰上衣和大裤子。草原上的骏马再现于切尔托姆雷克古坟出土的两耳细颈银酒罐上,马是斯基泰人须臾不可分离的伴侣,斯基泰人爱用的武器是弓③。这些马上

---

① 波斯阿赫门尼德王朝在名称上区别了两种萨迦人:(a)豪马瓦尔喀萨迦(Saka Haumavarka),在严格意义上说相当于我们所说的萨迦人,他们必定是分布在费尔干纳和喀什噶尔附近地区。(b)提格拉豪达萨迦(Saka Tigrakhauda)分布于锡尔河下游的咸海地区。(c)达拉塔喀萨迦(Saka Taradraca),意为来自海那边的萨迦人,分布在南俄罗斯,他们构成了历史上的斯基泰人。

② 参看米勒的文章"Die Sprache der Osseten"(载 *Grundriss der iranischen Philologie* I)。在南俄罗斯发现的斯基泰人的碑文的分类上,米勒发现了随地区而变化的、程度不一的(从10%到60%)伊朗成分。据希罗多德的记载(IV.5),贝文利斯特也发现,与阿维斯塔的阿赫门尼德的伊朗人一样,在斯基泰人中也存在着同样的阶级——武士、牧师和农人(参看《亚洲社会的陈述》1938年4月7日)。

③ 参看明斯的《斯基泰人与希腊人》,剑桥,1913年,第48—49页。罗斯托夫采夫的《南俄的伊朗人与希腊人》插图XXI和XXII。关于斯基泰-匈奴草原上马的喂养和它们在艺术上的代表物,参看安德森"兽纹中的狩猎魅力"(载《远东古物博物馆手册》第4期,1932年,第259页)。

弓箭手们"无城郭",只有人们称之为"旅行城市",即伴随他们作季节性迁徙的篷车,这种习惯一直保持到一千九百年以后,在13世纪,即迦儿宾和卢布鲁克村的威廉的时代[①],穿越同一片俄罗斯草原的成吉思汗蒙古人跟随着的就是与之类似的大篷车。在这些篷车里他们安顿妻子和堆积财产:金制装饰品、马具和装备上的饰片,无疑地还有地毯——因装饰这些用具的需要,产生了斯基泰艺术,并决定了它的形式和总的发展方向。斯基泰人在公元前7至前3世纪期间也如以往一样仍是俄罗斯草原上的主人。

今天的语言学家们认为,斯基泰人应该归属于伊朗种人——印欧家族,属印-伊种或雅利安种。然而,正像刚才提到的那样,他们的生活方式与突厥-蒙古种的匈奴各部的生活方式非常相似,大约在同一时期,这些匈奴部落活跃在草原的另一端,即中国边境上。草原上游牧生活的条件,无论是在黑海和里海以北还是在蒙古,确实是非常相似的,尽管蒙古草原上的条件更加艰苦。因此,毫不奇怪,每当我们读到希腊史家们笔下描述的斯基泰人和看到希腊-斯基泰式花瓶上的斯基泰人时(除去体态和语言),就文化和一般生活方式而言,我们总想起中国编年史家和画家们描绘的匈奴人、突厥人和蒙古人。我们发现这两个种族中有许多习俗是共同的,这或者是由于他们类似的生活方式迫使他们得出了解决问题的一致的答案(例如,斯基泰人和匈奴马上弓箭手们都是穿裤子和靴子,而地中海各族或早期中国人是穿长袍。还有他们都

[①] 迦儿宾和卢布鲁克的威廉是访问过蒙古汗国的两位欧洲人,后面有专门叙述。——译者

使用马镫^①),或者是由于他们在地理位置上的实际接触,使处于同一文化阶段上的斯基泰人和匈奴人产生了相同的习惯(殉葬即是一例,在斯基泰人和突厥－蒙古族人中,殉葬风俗流传到很晚时期;而在西亚和中国,这种风俗很早就不存在了,甚至自乌尔墓和安阳墓以后就不再看到)^②。

于是,在公元前 750—前 700 年,斯基泰人(确切地说,是斯基泰－塞人中的一部分,因为塞种人中的大多数仍留在天山附近,在费尔干纳一带和喀什噶尔)从图尔盖河和乌拉尔河进入南俄罗斯,在那里他们赶走了辛梅里安人[3]。一些辛梅里安人似乎不得不逃

---

① 马镫问题是很重要的。马镫的发明使北方游牧民在很长时期内对定居人民的骑兵保持一种绝对优势。我们在切尔托姆雷克出土的著名的希腊－斯基泰式花瓶上似乎可以看到"一个从马肚带下引出来的、扣紧的带子做成的马镫。"(W. W. 阿伦特:"Sur l'apparition de l'etrier chez les scythes",《欧亚大陆北部古迹》第 9 期,1934 年,208)。阿伦特补充说,这是从研究美利托波尔地区的新亚力山德罗夫卡附近的科泽尔古坟遗物中得到证实的。科泽尔古坟遗物现存莫斯科历史博物馆。据说从公元前 3 世纪起匈奴人已大量使用马镫。然而,在汉朝的遗物中几乎看不到马镫。在公元前 1 世纪,Oirotin(即阿尔泰)的马鞍上发现了马镫。在欧洲,希腊人和罗马人都不知道马镫,似乎只是公元 6 世纪的阿瓦尔人才使马镫在欧洲普遍使用起来。

② 关于斯基泰人的葬俗,参看希罗多德的《历史》(IV,71)。为纪念死者,在自己的臂部、前额和鼻子上划一些伤痕,在死人的周围埋葬其奴仆和马匹。关于匈奴(或者说蒙古的匈奴)的葬礼,参看《前汉书》,在首领墓前的牺牲者,其数目达到 100 或 1000 名妇女和奴仆。最后,关于 6 世纪的突厥人(或者说蒙古的突厥人),即匈奴后裔,参看儒莲的"突厥史料"(载《亚洲杂志》1864 年,第 332 页),"他们用刀划破面颊,以致人们可以看见血与泪一起流下来。"

③ 据希罗多德(IV,13),斯基泰人朝欧洲迁徙是来自东方(或东北方)迁徙浪潮的反响,斯基泰人受到伊赛多涅斯人的驱逐,而后者又是受到阿里玛斯波伊人的驱逐。从希罗多德的描述来看,伊赛多涅斯人可能是芬兰－乌戈尔种人。贝文尼斯特企图在乌拉尔山附近,例如在叶卡捷林贝格山峡寻找他们古典时期的遗迹。阿里玛斯波伊人很可能住在更远的东方,在额尔齐斯河和叶尼塞河附近,似乎与斯基泰人一样属于伊朗种人,这一点已由他们的名字得到证实。贝文尼斯特认为其名来自 Ariamaspa,即"马的朋友"(《对亚洲社会的陈述》1938 年 4 月 7 日)。关于咸海东南岸的马萨革泰人,希罗多德称他们为斯基泰人(I,201)。况且他们的伊朗名字(Massyagata)是"捕鱼者"的意思(马迦特《夏德纪念文集》柏林,1927 年,第 292 页)。一些古代作家如狄奥卡修斯和阿里安认为,马萨革泰人是萨尔马特人中的阿兰人的祖先。"关于农业斯基泰人"无疑是切尔诺柔姆的居民,游牧的(或真正的)斯基泰人向该地征税。参看舍尔巴基夫斯基"Zur Agathyrsenfrage"(载《欧亚大陆北部古迹》第 9 期,1934 年,208)。

到匈牙利避难,匈牙利可能已经由与色雷斯人有亲缘关系的一些民族居住着;人们认为正是这些难民留下了舍拉吉附近的米赫埃尼文物,赫维什附近的富库鲁文物和加利西亚的米海洛夫卡文物。其余的辛梅里安人经色雷斯(据斯特拉波记),或者是经科尔奇斯(据希罗多德记)逃入小亚细亚。在小亚细亚,他们先游荡在弗里吉亚(约公元前720年),后又到卡帕多细亚和西里西亚(约公元前650年),最后到达彭蒂斯(约公元前630年)。一些斯基泰人跟踪其后(公元前720—前700年),但是,据希罗多德记述,他们走错了路,他们从打耳班关隘穿过高加索,与亚述帝国发生遭遇。斯基泰王伊斯卡帕进攻亚述帝国,但是,没有成功(约公元前678年)。另一个斯基泰小王巴塔图亚要精明些,他与亚述人建立了友好的关系,他们有共同的敌人:辛梅里安人,他们正在西里西亚和卡帕多细亚地区威胁着亚述国边境。一支斯基泰军配合亚述的行动方针,进入彭蒂斯,打垮了最后一批辛梅里安人(约公元前638年)。大约10年以后,亚述受到米底人的侵扰,巴塔图亚的儿子,希罗多德名为马代斯者,应亚述的要求亲自入侵和征服了米底(约公元前628年)。然而,米底人不久起来反抗,其王奇阿克撒列杀斯基泰人的首领们,斯基泰余部穿过高加索返回南俄罗斯。这些只是斯基泰入侵事件中的一小部分,却是最值得注意的部分。斯基泰的入侵威胁西亚近70年,在这70年中,这批印欧种的野蛮人成了令东半球害怕的人。他们的骑兵奔驰于卡帕多细亚到米底、高加索到叙利亚之间,寻找掠夺物。这次民族大动荡,甚至在以色列的先知中也可以觉察到它的反响,它标志着北方草原上的游牧民进入南方古文明地区的历史时期中的第一次入侵:这种入侵运动在以后大约 20 个世纪中将反复出现。

当波斯人取代亚述人、巴比伦人和米底人成为西亚的主人时，他们致力于使定居的伊朗保持安全，免受来自外伊朗的新的入侵。据希罗多德记载，居鲁士领导的最后一次战争正是对付马萨革泰人(Massagatae)，即希瓦以东的斯基泰人(约公元前 529 年)。大流士发动的第一次远征是反对欧洲的斯基泰人(约公元前 514—前 512 年)。他取道色雷斯和今天的比萨拉比亚进入草原，在那里斯基泰人又采用了他们游牧民的惯用计谋，不是与大流士交战而是在他到来之前撤退，诱他深入到更远的荒野。大流士明智地及时撤退了。希罗多德认为这次"远征俄罗斯"是专制君主的愚蠢；然而，这位阿赫门尼德王朝的君主实际上是打算以此实现一种很自然的政策，即外伊朗的波斯化，或者说是建立起泛伊朗联盟。这一事业没有成功，斯基泰人避开了波斯的影响，在南俄草原上又平静地生活了 300 年。大流士远征的结果至少是使西亚得以长期免受游牧部落的骚扰。[①]

斯基泰艺术的发现使我们看到了(与塔尔格伦的看法一致)斯基泰人占据俄罗斯的进展情况[②]。最初，从大约公元前 700—前 550 年，斯基泰的文化中心仍在东南方，在库班地区和塔曼半岛。这时斯基泰人肯定已经在第聂伯河下游和布格河下游之间的乌克兰南部处于统治地位，这从在马尔托罗查和麦勒古罗夫两地所发

[①] 关于以后斯基泰人的历史，主要是它与希腊世界的关系，参看马克思·埃伯特的著作 *Süd—Russland im Alterthum*(莱比锡,1921 年)。

[②] 塔尔格伦(《欧亚北部古迹》第 11 期,1937 年,123)。参看 K. 舍福尔德"Skytische Tierstil in Süd-Russland"(同前,第 12 期,1938 年)。

现的古物可以得到证实,尽管古物明显地是以零星分散的方式存在。据塔尔格伦,直到大约公元前550—前450年,斯基泰文化才大量地在现今的乌克兰地区涌现出来,并于大约公元前350—前250年达到了顶峰,这从第聂伯河下游的切尔托姆雷克、亚历山大里亚、索罗克哈、德勒夫等地的王室大坟墓中可以看到。斯基泰人在西方的扩张所达到的最北面是沿森林草原的北缘一带,即稍微偏向基辅南部,在沃罗涅什地区。斯基泰人在东北方的扩张是溯伏尔加河而上,直达萨拉托夫,在此已有重要发现。塔尔格伦把该地的斯基泰人,或者说具有斯基泰特征的人(无论哪一种伊朗人)都认定是萨尔马特人。

南俄罗斯的斯基泰人很可能只是一支对辛梅里安人(即一支色雷斯-弗里吉亚种人)下层实行过统治的贵族而已。贝文尼斯特指出,在希罗多德书中(IV,5—10)被说成是有关斯基泰人起源的资料表明斯基泰一名是纯伊朗人的名字,而同样是关于这些斯基泰人的另一些资料却认定他们起源于希腊,他们的名字仍是色雷斯-弗里吉亚人的名字[1]。残存下来的语言由考古遗物得到证实。塔尔格伦说:"甚至当斯基泰主义和希腊主义正在确立时,辛梅里安青铜时代的哈尔希塔特文化作为一种农耕文化仍继续在乌克兰存在。"[2]

最后,在斯基泰地带的北部是与大约是辛梅里安下层住在一起的非斯基泰野蛮人,希罗多德称他们为安德罗法吉人、米兰克尼

---

[1] 参看邦弗尼斯特的《对亚洲社会的陈述》,1938年,4月7日。
[2] 塔尔格伦(《欧亚大陆北部古迹》第11期〔1937年〕,128)。

勒斯人、伊赛多涅斯人,他们可能属芬兰－乌戈尔种。塔尔格伦认为,安德罗法吉人应该住在切尔尼戈夫以北,米兰克尼勒斯人在沃罗涅什以北。已经知道这两种民族都加入了斯基泰人反抗大流士的入侵。至于伊赛多涅斯人,贝文尼斯特在乌拉尔地区、叶卡特林贝格附近搜寻他们的遗迹。塔尔格林把所谓的摩尔达维亚文化归于斯基泰人的邻居、即属芬兰－乌戈尔种的安德罗法吉人和米兰克尼勒斯人。摩尔达维亚文化遗迹已经在德斯纳河和奥卡河的考古发掘中发现,其特征是只有相当低级的几何纹图案,毫无斯基泰人的动物形象的风格[1]。

3. 斯基泰艺术

公元前第7世纪斯基泰人对高加索、小亚细亚、亚美尼亚、米底以及亚述帝国的大举入侵所产生的后果超出了政治史的范畴。斯基泰人是亚述的同盟者,这种亲密关系几乎持续了一个世纪,他们与亚述社会的这种最初的接触,对草原艺术的研究是一个至关重要的事实。首先,很可能正是在公元前第7世纪穿越西亚的漫游期间,他们完成了从青铜时代到铁器时代的过渡。

斯基泰艺术的初期并非没有受到克尔特－多瑙河流域的哈尔希塔特铁器技术的影响(哈尔希塔特文化处于公元前1000或前900年至公元前500或前400年,斯基泰文化处于公元前700—前

---

[1] 塔尔格伦《欧亚大陆北部古迹》第11期〔1937年〕,127)。

200年)①。但是,在公元前第7世纪的民族动荡中,首先是高加索和米底国家(此处指卢里斯坦)与斯基泰人发生了十分密切的联系。弗朗兹·汉卡同意他在维也纳的同事F.W.库利格的意见,认为与古代米底西南部的卢里斯坦的一些青铜器一样,高加索的科本青铜器中的大部分确实是属于公元前第7世纪的。按汉卡的观点,科本的青铜器,以及甚至卢里斯坦的那些青铜器部分地是属于辛梅里安人②。明显的是两种青铜文化与这一时期的斯基泰艺术的早期阶段之间有联系,斯基泰和辛梅里安入侵者的铁骑此时正席卷着同一地区。

亚述—巴比伦的美索不达米亚对斯基泰艺术的早期作品所产生的直接影响有着不可辩驳的证据:即库班的克勒姆斯铁和金铸成的斧子(约公元前6世纪)。这把斧子上展示了古代亚述—巴比伦(即卢里斯坦)的题材:两只长着大弯角的野山羊与一些美丽的鹿一起站在生命之树旁边。动物的描绘采用现实主义手法,艺术形式明显地受到亚述动物艺术的影响。然而,它所采用的装饰手法是典型的斯基泰式的。

从这一起点开始,我们可以看到整个斯基泰动物艺术的兴起,斯基泰动物艺术可以被认为是将亚述(或希腊)的自然主义转向以装饰为目的的艺术。在科斯特罗马斯卡雅墓中的金鹿上,这种艺术似乎有了它的固定形式,金鹿的角是程式化的螺旋形。几乎可

---

① 参看N.马卡连科的"斯基泰与哈尔希塔特文化"(载《欧亚大陆北部古迹》第5期,〔1930年〕,22)。
② 汉卡(《欧亚大陆北部古迹》第7期,1931年,146)。汉卡《高加索—卢里斯坦》(上引书,第9期,1934年,47)。

以肯定在公元前第6世纪库班也出现了这种艺术。

草原美学以这种方式在南俄罗斯草原上存在了长达几个世纪之久,并具有明显的向东发展的倾向,我们将会看到这种发展一直抵达蒙古和中国。从一开始便可以注意到有两种趋势:一种是自然主义的倾向,无疑地,它一方面从亚述－阿赫门尼德王朝的泉源中,另一方面从希腊的泉源中周期性地得到补充;而另一种是装饰艺术的倾向,如上所述,它转移和改变了前一种倾向,朝着以纯装饰为目的的方向发展①。结果,草原牧民们和猎手们从未忽略过的动物风格的现实主义只不过成了程式化装饰艺术的遁词和借口。

这种艺术倾向可以从游牧的生活方式得到解释,无论是西方的斯基泰－萨尔马特人的,还是东方的匈奴人的。他们既无固定住地,又无地产,对于只需要现实主义的雕塑、浅浮雕和绘画都不甚了解。他们的奢侈只限于服装的华丽和个人的修饰,以及各种装备和马具等物品的装饰方面。这类装饰品——各种带子的挂钩和金属片,马具上的装饰片,剑带扣,篷车的壁板,各种用具上的把柄,更不用说地毯,像在诺恩乌拉发现的一样——似乎都是为了程式化的处理,甚至是纹章学的处理。

如上所述,无论是像斯基泰人似的伊朗族,还是像匈奴人似的突厥－蒙古族的北方游牧民,都是在马背上过着草原生活,从事追猎鹿群和野驴,观看狼群在广阔的草原上捕捉羚羊。由于他们所接受的亚述－巴比伦的影响,其生活方式和财产特点使他们保留

---

① 在罗斯托夫采夫的《南俄和中国的兽纹》(普林斯顿,1929年)和《中亚、俄国、中国与动物风格》(布拉格,1929年)中可以看到具有代表性的复制品。参看 G. I. 波罗夫卡的《斯基泰艺术》(纽约,1928年)。

下来的只是纹章式主题和对争斗动物程式化描绘是很自然的。最后,正如安德森指出的那样,这些动物画像似乎具有一种特殊的魔力效果[①]。就像马格德林时期的壁画和骨雕一样。

除了金匠们制作的希腊－斯基泰式艺术品外——这些艺术品仅在主题上是斯基泰人的,是由那些或者为克里米亚的希腊殖民者工作,或者直接为草原诸王工作的希腊艺术家们制作的——在几乎所有的斯基泰艺术中,动物形象按装饰效果,以规则的几何图形风格制作出来。据舍夫德,其例证有:属于公元前5世纪在科斯特罗马斯卡雅发现的文物;属于同一时期,在伊里扎威托夫斯卡亚发现的文物;属于公元前450—前350年间,在克里米亚的库尔奥巴所发现的文物;属于萨尔马特人时期(公元1世纪)、源于西西伯利亚的、彼得大帝收藏的珍品;在外贝加尔省的上乌金斯克出土的、属于大约公元初年匈奴艺术的文物。在以上文物中都发现了呈弯曲状和螺旋形展开的鹿角、马鬃,甚至野猫的爪子,它们有时使动物的身高增加了一倍。马的上唇像蜗牛的外壳一样卷曲。在西西伯利亚的斯基泰－萨尔马特艺术中,正像受到同样灵感激发而产生的、由在鄂尔多斯的匈奴人精心制作的艺术一样,动物形式的仿效有时是非常彻底的——它们复杂地相互缠绕、交错在一起,其分支难以想象地丰富——尽管在处理鹿和马,或熊和虎的头部

[①] 安德森的"兽纹中的狩猎魅力"(载《远东古物博物馆手册》第4期〔1932年〕),第259页及以下。有一篇论述草原上马、鹿及其他动物的分类,以及这些动物与鄂尔多斯青铜器上表现的各类进行比较的文章。关于草原艺术中具有魔力的装饰图案的起源,参看让斯的"Le cheval cornu et la boule magique",载《史前期及人种学艺术年鉴》第1期〔1935年〕,66。参看波塔波夫的文章"Conceptions totémiques des Altaiens"(载《亚洲艺术评论》)〔1937年〕,第208页)。

第一章　草原的早期历史：斯基泰人与匈奴

时仍然保留着现实主义，可是，要把这些动物从装饰图中区分出来是困难的。动物的角和尾形成叶状，或形成鸟的形状。动物艺术的现实主义消失在由它自己产生的装饰艺术之中①。

于是草原艺术与邻近的定居民族的艺术形成了直接的对照——斯基泰艺术与阿赫门尼德朝人的艺术相对，匈奴艺术与中国人的艺术相对——正是在描绘狩猎和动物搏斗的场面这方面，他们有许多共同之处。与草原艺术中的扭曲、旋卷和模糊的画法最不相同的，一方面是亚述或阿赫门尼德的，另一方面是汉朝的动物古典风格，即快速敏捷和刻画简朴。像汉朝时期的中国一样，亚述和阿赫门尼德王朝的作品描绘了在简单、虚构的背景中潜行觅食的动物在互相追逐或挑战的场面。草原艺术家们，无论是斯基泰人或是匈奴人，都表现了动物之间殊死搏斗的扭打场面，常常像盘根错节的蔓藤一样缠绕在一起。他们的艺术是一种戏剧性的艺术，或表现断肢少翅的鸟，或表现被豹子、黑熊、灰色大鸟（格立芬）②捕捉住的鹿和马，牺牲者的躯体常常是完全卷成圆形。图中没有疾速，没有逃避，而是胜利者有耐心、有条理地撕扯那些被猎物的脖子。如上所述，牺牲者表现了至死拖住凶手的情景。如果不是为了华丽的风格，尽管表现得"慢条斯理"，仍具有可以达到悲剧高度的内在动力。通过这种风格，动物的形态交织在一起，并且是精心制作出来的，这通常便从屠杀中抹去了所有的现实主义。

---

① 参看 J. 齐坎"Der Tierzauber"(*Artibus Asiae*，V〔1935〕,202)。
② 格立芬(griffin)，是一种鹰头狮身有翼的怪兽。在兽纹图中常见。——译者

草原艺术中的各种要素和倾向参差不齐地分布在从敖德萨到满洲和黄河的巨大地带内。斯基泰人的草原艺术在向伏尔加河上游的森林地带传播时影响了喀山附近的安纳尼诺文化（大约公元前600—前200年），安纳尼诺文化无疑属芬兰－乌戈尔人种的文化。在喀山附近发现了具有丰富文物的葬地，除有通常所见的尖头青铜斧和青铜匕首外，还有动物像，在这些动物像中，动物的身体都呈卷曲状，尽管这些艺术品在制作上有某些不足和简单化之处，但它们都与斯基泰艺术有联系。然而，据塔尔格伦的观察报告，在安纳尼诺只是部分地采用了斯基泰的动物艺术风格，装饰仍然以几何图案为主①。

在西伯利亚中部的米努辛斯克，情况并非完全相同。在青铜文化最繁荣的时期（公元前6—前3世纪），阿尔泰地区的这个重要的金属加工中心仍在生产一种饰有纯几何纹的有孔手斧（例如，在克拉斯诺亚尔斯克的尖角式装饰品）。然而，从此时期起，该地出现了一种质朴的、风格简单的青铜动物像，与其他地区复杂而精巧的青铜器形成对比。因此，该地正是波罗夫卡想要寻找的草原艺术在地形及年代学上的发源地。

问题的重要性是明显的。阿尔泰山区的古代工匠们锤打出来的第一批动物像正是在草原艺术的地理中心，即位于黑海和直隶湾之间中点的米努辛斯克吗？这些仍处于初级的和缺乏艺术感染力的动物像是否是由于得到了西南方斯基泰人捐助的亚述－阿赫

---

① 参见塔尔格伦的文章"Sur l'origine des antiquités dites mordviennes"（载《欧亚大陆北部古迹》第11期〔1937年〕，第133页）。

门尼德王朝艺术和东南方匈奴人给予的中国艺术而变得丰富多彩呢？或者像罗斯托夫采夫认为的那样，米努辛斯克的动物形象的贫乏可以解释为，由于斯基泰艺术在向西伯利亚森林地带传播时衰落了，就像它要向帕姆森林地带传播时，在安纳尼诺发生的情况那样呢？如果真是如此，那么，米努辛斯克和安纳尼诺不过是俄罗斯草原艺术的微弱反响罢了。

还应该指出，在南俄罗斯草原上最初（即从公元前7世纪—前6世纪）只发现了一些朴素无华的动物风格的例子，如在七兄弟墓和库班的克勒姆斯、乌尔斯基和科斯特罗马斯卡雅，基辅附近的奇吉林和克里米亚的刻赤和库尔奥巴（它们都是早至公元前5世纪—前4世纪的作品）等地发现的青铜器上。在公元前5世纪和前4世纪时，这种风格明显地变得更加复杂了，正像在亚速海岸边的美利托波尔附近的索罗克哈的动物图案那样。在一件由希腊金匠按斯基泰题材制作的精美艺术品旁边，有一些扭曲的动物像，它们具有独特的分支，制作精细。在亚速海附近的伊里扎威托夫斯卡亚，情况也是如此。该地区内，青铜器上刻的花纹和枝纹没有别的目的，就是为图纹本身而制作。

4. 萨尔马特人及西西伯利亚

在乌拉尔山附近奥伦堡地区的普罗霍罗夫卡发现了属于公元前第4世纪的一种地区文化，其重要的收集物是矛。由于这种矛是萨尔马特人独特的武器，据罗斯托夫采夫，普罗霍罗夫卡墓群标志着萨尔马特人首次出现在欧洲的俄罗斯①。然而，萨尔马特人（他们与斯基泰人同源，都属于在北方游牧的伊朗种人，他们当时已经立足于咸海北岸）可能于公元前3世纪后半叶渡过伏尔加河，侵入俄罗斯草原，把斯基泰人赶回克里米亚②。波里比阿（XXV，I）于公元前179年第一次提到他们，认为是一支需要认真对付的力量。

这两个民族在种族上是有联系的，他们都是游牧民③。然而，新来者明显地不同于他们的前辈。上文已经提到过，斯基泰人是马上弓箭手，他们戴萨迦帽，穿宽松的外套；他们是懂一点希腊文化的野蛮人，他们发展了一种动物艺术，这种艺术通过其风格仍然保留了对更有可塑性的自然主义形式的记忆。萨尔马特人实质上是持长矛者，他们头戴圆锥形帽，身披铠甲。他们的艺术基本上仍是动物风格，对程式化和几何图形装饰表现了比斯基泰艺术更加独特的爱好，他们喜欢采用在金属品中镶嵌彩色瓷的表面装饰。简言之，他们的艺术显示了一种极明显的"东方"反应，即在希腊—罗马的造型艺术的基础上的、以程式化的花纹装饰。这是在欧洲第一次出现的中世纪前的艺术，萨尔马特人后来把这种艺术传给哥特人，

---

① 然而，希罗多德（IV，116）提到"公元前5世纪在顿河河口以东的撒乌罗玛泰伊（Sauromatians），把他们看作是斯基泰人和亚马逊人的混合种人，说斯基泰语。他们跟在斯基泰人之后，是当时仍在里海北岸游牧的萨尔马特人的先锋吗？"（参看M.埃伯特的著作 *Süd—Russland im Alterthum*，pp.339—340）。罗斯托夫采夫指出，这种母权制的基本特征（希腊人断定在撒乌罗玛泰伊人中盛行母权制）在萨尔马特人中的任何地方都没有发现过。他认为这两种人没有共同之处（《伊朗人与希腊人》，第113页）。

② 在这个时期，斯基泰人发现他们正处于两个民族之间，即来自亚洲的萨尔马特人和正在扩张势力的、属色雷斯—弗里吉亚人种的盖特人（未来的达西亚人），盖特人在匈牙利和罗马尼亚割地为王。

③ 斯特拉波，XI，2。

再后又由哥特人传给民族大迁徙中的日耳曼各部落。

斯基泰艺术向萨尔马特艺术的过渡发生在公元前3世纪初，这一点可以从埃卡特林罗斯拉夫附近的亚历山大堡的大量发掘物推断出来。在公元前3—前2世纪，萨尔马特艺术已经在南俄罗斯确立，这一点已经从库班的布诺瓦、莫吉拉、阿赫坦尼诺夫卡、阿纳帕、斯塔夫罗波尔、卡西斯科耶和库尔德泽普斯等地出土的宝石首饰上反映出来。也可以从亚速海附近伊里扎威托夫斯卡亚的、属于萨尔马特时期的地层上反映出来，也反映在著名的迈科普镶釉的银质带上，带上刻有"格立芬"正在撕啮着一匹马的图案。据说迈科普银带是公元前2世纪萨尔马特艺术的代表作。在以后一个时期的萨尔马特饰片上，同样的风格仍然存在，在顿河河口附近的塔甘罗格和费杜罗沃，以及库班河口附近的锡韦尔斯卡亚都发现了同样风格的艺术品（属公元前2—前1世纪），属公元后1世纪的文物发现于亚速海附近的新切尔卡斯克，库班的乌斯季拉宾斯卡亚、祖波夫农场和阿尔马维尔[①]。

这一批文物，特别是迈科普银带上的饰片，与西西伯利亚的金、银饰片，即与今天收藏的彼得大帝的部分珍品有联系，它们是

[①] 关于其他一些具有特征的青铜器，虽然无疑是在芬兰—乌戈尔人的地区内而不是在萨尔马特人的地区内发现的，但读者可以参看南乌拉尔河以西发古墓中的遗物和乌发与帕姆之间的埃卡特罗夫卡珍品中的遗物，塔尔格伦将它们的年代都定在公元前300—100年间（塔尔格伦的文章"Etudes sur la Russic orientale durant l'ancien age du fer"，载《欧亚大陆北部古迹》第7期，1932年，7）。具有卷曲动物纹的饰片在帕姆东北的格里亚德罗夫发现，似乎也是受萨尔马特的影响，塔尔格伦把它们的年代定在公元初年。彼得一世珍品中，在西西伯利亚发现的大量饰片似乎可以看到从斯基泰人（或者说是未来得及走的斯基泰人）向萨尔马特人的过渡。然而，它们是属于斯基泰时期的，与内罗和加尔巴钱币有联系。参看J.维尔纳的文章"Zur stellung der Ordosbronzen"（载《欧亚大陆北部古迹》第9期〔1934年〕，第260页）。

以格立芬与马群之间、虎与马之间、格立芬与牦牛之间、鹰与虎之间，以及诸如此类的搏斗场面来装饰的，是以非常程式化的枝状方式来处理的。波罗夫卡把所有这些西伯利亚饰片确定在显然是太早的时期（公元前3—前2世纪）；麦哈特确定在公元前1世纪；罗斯托夫采夫较为可靠地认为属于公元后1世纪[1]。

有一种看法更倾向于把西西伯利亚的金、银饰片归属于同萨尔马特人有姻亲关系的各族，因为据近年来苏联的发现，在米努辛斯克附近的俄格拉克提村——也就是说，还要向东些，在西伯利亚的中部——发现了这一时期的人类头盖骨，它似乎不像是突厥－蒙古种人。另一方面，他们很有可能是属于居住在与斯基泰人、萨尔马特人和塞种人有往来的地区的印欧种各族[2]。

5. 阿尔泰地区的前突厥文化

位于叶尼塞河上游米努辛斯克地区的金属加工中心大约从公元前5世纪初期起是一种新的活动的所在地[3]。据塔尔格伦认为，正是这个时期出现了长方形的石槽坟墓，恰好与称为"青铜第三期"，即麦哈特的"全青铜时代"（约公元前500—前300年或前

---

[1] 参看罗斯托夫采夫的《伊朗人和希腊人》图25。波罗夫卡的《斯基泰艺术》第46—48页，第7和8图

[2] 塔尔格伦的"俄格拉克提村"（载《欧亚大陆北部古迹》第11期〔1937年〕，第71页）。

[3] 参看塔尔格伦的《吐沃斯丁收藏》（赫尔辛基，1917年）。J.梅哈特的著作（*Bronzezeit am Ieuissei*）（维也纳，1926年）。捷普卢夫的文章"Essai de classification des anciennes civilisations métalliques de la région de minoussinsk"（*Materialy po Etnographii*，列宁格勒，1929年，IV）。

200年)的时期一致。这一时期的特征是出现了大量的动物图纹，尤其是那些斜卧着、直立着、回首翘望的各种鹿和卷曲着身体的动物的图纹，塔尔格伦认为，它们起源于南俄罗斯。

也正是在公元前500—前300年，第一批西伯利亚青铜匕首和小刀生产出来，还生产了一种"杯状大锅"①，它后来从米努辛斯克向匈奴时期的鄂尔多斯和大入侵时期的匈牙利两个方向传播。米努辛斯克和塔尔斯科耶生产的小刀，刀身薄而形状稍弯曲，刀柄柄端上有一精致的鹿头，这种小刀在整个蒙古地区，乃至在匈奴时代的鄂尔多斯都普遍地见得到。

大约在公元前330—前200年，在米努辛斯克，铁器时代获胜，生产了一种部分是铁、部分是青铜制作的尖形斧，还有一组大型集体墓地。除此而外，在米努辛斯克还发掘出一些青铜装饰片，据麦哈特，它们无疑是公元前2—前1世纪的产物。青铜饰片上表现着头对头挑战的公牛，或者是处于战斗中的马；饰片上动物的耳、蹄、尾、肌肉，以及它们身上的毛都画得像"空心三叶草"式的。这一画法显然与南俄罗斯和西伯利亚的萨尔马特艺术有关系，许多考古学家认为这种画法经米努辛斯克传给鄂尔多斯地区的匈奴人，影响了他们的艺术。

米努辛斯克位于萨彦岭北坡。再往西南，在大阿尔泰山北面、鄂毕河和卡通河两河源附近的帕兹雷克，格里亚兹诺夫使团于1929年发现了公元前100年，或者稍早一些的埋葬地，葬地中有

---

① 这种锅的锅身呈圆柱体，带有笔直的、呈直角状的耳，在切尔努施博物馆(巴耶使团在米努辛斯克发现的)和布达佩斯博物馆都可以看到。参看Z. 塔卡奇的文章"弗朗西斯·霍普纪念展览"《大亚洲艺术》布达佩斯〔1933年〕，第17和68页)。

"戴着像驯鹿一样面具"的马的尸体(顺便说一下,这似乎可以证明该地居民已经用马取代了驯鹿)[1]。在这些马面具上,以及在一些用皮、木、金制的马具上都有以程式化的动物图案的装饰:飞奔着的野山羊和牡鹿,正在撕啮着一只野山羊的带翼的"格立芬"、猛扑向鹿和野山羊的黑豹,朝地上的鹿子俯冲的鹰,互相对斗的鸡。所有这些题材仍与斯基泰的、甚至是与希腊—斯基泰的动物艺术的现实主义有相当密切的关系,而没有它后来的复杂的装饰。这种工整、严谨的风格产生了极好的装饰效果。

在帕兹雷克,还发现了明显是源于希腊—罗马人的、有胡须的怪状面具,这些面具无疑是受到在辛梅里安人时期博斯普鲁斯境内的希腊王国的影响。大约处于同一时期(即公元前2—前1世纪)的类似的希腊—罗马面具,在米努辛斯克文化群中也有发现:在特里波利耶、巴捷尼、别亚、卡里和兹纳缅卡等地[2]。除帕兹雷克外,阿尔泰文化群还包括:希柏、克拉科尔和奥罗丁的棺椁,它们大都可以追溯到公元前1世纪,并与萨尔马特人有姻亲关系。希柏文化群的文物展示了同样的动物艺术,采用离现实主义还不太远的、拘谨的风格。可以追溯到公元前86—前48年间的一件在希柏发现

---

[1] 关于斯基泰墓中首领尸体旁边的殉葬马,参看希罗多德《历史》(IV,72)。关于驯鹿,参看 Acad. Cult. Matér,(1931年2月)。

[2] 关于包括帕兹雷克、希柏、卡坦塔等在内的文化群,参看 M.P.格里亚兹诺夫的文章(载《美国考古学杂志》1933年,第32页)。S.谢列夫的文章(《亚洲艺术评论》X,4,1937年,206)。L.莫根施特恩的文章(上引书,第199页)和著作(*Esthétiques d'Orient et d'Occident*,巴黎,1937年)。J.维尔纳(《欧亚大陆北部古迹》IX,1934年,265)。关于帕兹雷克面具,参看扎尔莫尼"Chinesésche Schmuckform in Eurasien"(上引书,第329页)。关于博斯普鲁斯的钱币,在准噶尔地区发现的,属公元前3世纪的,参看上引书249页。

的中国漆器有利于确定该文化中心的年代①。

公元1世纪,阿尔泰文化是以卡坦塔棺椁为代表,棺椁中有熊和鹿搏斗的木雕,鹿的角长成了鸟头。还有一些饰有程式化动物图案的青铜片和织物碎片,图中格立芬与鹿的搏斗使人想起了在蒙古诺恩乌拉发现的同时期的匈奴图案。正像在诺恩乌拉出土了一块可以肯定是源于辛梅里安人时期的博斯普鲁斯国的希腊织布一样,米努辛斯克附近的特斯棺椁中的遗物提供了直到大入侵时期来自同一地区的希腊-罗马影响的证据,在受黑海地区影响的耳环上表现得尤为突出。

在公元1世纪和2世纪中,处于过渡文化中的动物图案继续在米努辛斯克地区盛行。特普鲁科夫称之为塔锡蒂克文化,特别是位于土巴河和叶尼塞河合流处下游、米努辛斯克以北37英里的俄格拉克提村的发现就归属于这一文化。其年代是由一块东汉时期的中国丝绸而确定,其中还有一些精致的动物岩画。

其后不久,在阿尔泰山和米努辛斯克发现的那些与斯基泰-萨尔马特人有关系的文化中心似乎绝迹了,或者更准确地说,发生了变化。米努辛斯克地区在公元7世纪初期还在生产青铜装饰品,其年代可以由唐朝初期的中国钱币来确定。但是,在两种文化的间歇期内,该地区显然是遭到黠戛斯人的祖先、中国历史学家们在公元5世纪时曾经提到过的突厥各部的征服②。据

---

① 参看格里亚兹诺夫(载《美国考古杂志》〔1933年〕,第32页);塔尔格伦的"俄格拉克提"(载《欧亚北部古迹》XI〔1937年〕,69)。

② 当时这些人种可能已经混合。迦尔迪齐记述,在他那个时代黠戛斯人仍然是白皮肤和红头发。然而叶尼塞河畔的这些黠戛斯人最初并不是一个说突厥语的民族(拉德洛夫:《蒙古古代碑文》,圣·彼得堡,〔1895—1899年〕,第425页)。

特普鲁科夫认为,在公元3世纪以后,黠戛斯人在米努辛斯克接替了与萨尔马特人有联系的印欧贵族①。但是,米努辛斯克、帕兹雷克和卡坦塔这些文化中心在消失之前,在向蒙古和鄂尔多斯的匈奴各族传播程式化动物艺术(即草原艺术)的过程中起到了很大的作用。

6. 匈奴的起源

当伊朗人种的游牧民(斯基泰人和萨尔马特人)占据着草原地带西部即南俄罗斯时,无疑地还包括图尔盖河流域和西西伯利亚;草原地带的东部是处于突厥—蒙古种民族的统治之下。其中在古代史上占统治地位的民族是以"匈奴"一名而被中国人所知。匈奴一名与后来罗马人和印度人称呼同一蛮族的名称(Huns〔Hunni〕和Huna)是同词源的②。可能这些匈奴人(直到公元前3世纪的

---

① 有可能把在西伯利亚,甚至在蒙古的俄格拉克提村(即克孜勒卡亚,"红岩"之意)、在米努辛斯克附近的苏拉克、在叶尼塞河上游乌梁海地区的摩罗索瓦,最后在鄂尔浑河畔的杜尔伯斤和伊勒克—埃里克所发现的奇特岩画中的一部分归属于萨尔马特人的艺术。在乌梁海(唐努乌拉)壁画中发现了明显是用现实主义手法表现的鹿和熊的速写,作品以其线条的运动使人想起了最优秀的希腊—斯基泰人的作品(布鲁克、卡德拉拉、柴汗沟)。另一方面,以画有头戴无檐圆锥形帽子和手持弓与长矛的骑士为代表的一些苏拉克(米努辛斯克附近)岩画,也并完全不像克里米亚地区刻赤的罗马—萨尔马特人的壁画,事实是,在苏拉克已经发现了"鲁尼"文碑,它使某些人将这些岩画定在晚至7世纪。例如塔尔格伦的"内亚和西伯利亚岩画"(载《欧亚大陆北部古迹》Ⅷ〔1933年〕,175—197页)。在其他书中,弗蒂奇指出了7世纪的后期米努辛斯克文化与列维底亚时代的前匈奴文化之间的关系。参看N.费蒂奇的文章"Die Reiternomadenkutur von Minussinsk"(*Metallkunst der Landnehmenden llngarn*,载《匈牙利考古》〔1937年〕,第202页)。

② "Hsiung-nu, Hans 和 Huna 这些名字互相之间能够没有联系吗?这不可能"。伯希和(《亚洲杂志》,1920年,第141页)。

秦朝,才在中国编年史上清楚地记载了匈奴一名)在公元前第9和前第8世纪时已经被中国人称为猃狁。更早一些的时候,他们可能被称为"荤粥",或更含糊地被叫作"胡人"。在历史的黎明时期,中国人所知的胡人是指那些当时居住在中国边境上,即在鄂尔多斯、山西北部和河北北部的那些民族。马斯佩罗推测:所谓北戎即"北部之戎",分布在今天的北京西部和西北部,是一支胡人部落。其他的部落在公元前第4世纪时已经归降于赵国的中国人。赵武灵王(大约公元前325—前298年在位)甚至从他们那里夺取了山西最北部(大同地区),实际上还夺取了今鄂尔多斯北部地区(约公元前300年)。正是为了有效地防范这些游牧民的进攻,秦国(陕西)和赵国(山西)的中国人都改他们的重车兵为灵活的骑兵。这一军事改革带来了中国服装上的彻底变化;弓箭时代的长袍被从游牧民那里学来的骑兵裤子所取代。从游牧民那里,中国武士们还模仿了羽毛装饰的帽子、"三尾服"和后来对名为"战国时期"的艺术起到很大作用的"带扣"①。也正是为了防御匈奴,赵国及其邻近诸国的中国人开始沿其北部边境垒起最初的城墙,后来秦始皇统一和完成了城墙的建筑,成为了长城。

据中国史家司马迁记述,正是在公元前3世纪后半叶,匈奴似乎成为一支统一的、强大的民族,他们由一位名叫单于的首领统帅着,单于的全名汉文译音是撑犁孤涂单于,中国人把这些词解释为"像天子一样广大的首领"。在这些词中可以发现突厥—蒙

---

① 据司马迁记,这次服装改革的官方促进者是赵武灵王,时间是公元前307年。参看《史记》43《赵世家》。

古语词根，特别是"撑犁"是突厥－蒙古语词（Tängri，天国）的译音①。在单于之下，有两个最大的官职，即屠耆王，意为左右贤王。汉文译音"屠耆"与突厥字（doghri）有关系，意思是"正直的""忠实的"。就基本上以游牧生活为主的民族所能谈到的固定居住地而言，单于住在鄂尔浑河上游的山区，以后成吉思汗蒙古人的都城哈拉和林就建在这儿。左贤王——原则上是单于的继承人——住在东面，可能在克鲁伦高地。右贤王住在西面，可能像阿尔伯特·赫尔曼认为的那样②，在杭爱山区、今乌里雅苏台附近。接下去，匈奴统治集团内依次有：左右谷蠡王、左右大将、左右大都尉、左右大当户、左右骨都侯，然后是千夫长、百夫长，十夫长③。这个游牧民族，在行进时被组织得像一支军队。一般行进的方向是朝南，这在突厥－蒙古种各民族中已成为习惯；类似的现象在匈奴的后裔、6世纪的突厥人中，以及成吉思汗的蒙古人中都可以看到。

中国人描绘的匈奴肖像上的特征，我们在他们的继承者突厥人和蒙古人身上也可以看到。威格尔概括道："他们的身材矮而粗壮，头大而圆，阔脸，颧骨高，鼻翼宽，上胡须浓密，而颏下仅有一小撮硬须，长长的耳垂上穿着孔，佩戴着一只耳环。头部除了头顶上留着一束头发外，其余部分都剃光④。厚厚的眉毛，杏眼，目光炯

---

① 白鸟库吉用中文词源解释"单于"一词，意思是"广大"（《可汗和可敦称号考》载《东洋文化研究所纪要》I，II。"论匈奴的疆域"，载《东洋文化研究所纪要》V.71）。
② 阿尔伯特·赫尔曼（《地理学年鉴》1935年第131页）。
③ 《史记》卷110《匈奴传》。
④ 白鸟库记，匈奴留发辫，这一习俗由他们传给以后的突厥－蒙古各族，拓跋、柔然、突厥、契丹和蒙古人。看"北亚各族中的辫子"（《东洋文库研究系专刊》，IV，1929年）。

炯有神。身穿长齐小腿的、两边开衩的宽松长袍,腰上系有腰带,腰带两端都垂在前面,由于寒冷,袖子在手腕处收紧。一条短毛皮围在肩上,头戴皮帽。鞋是皮制的,宽大的裤子用一条皮带在踝部捆扎紧。弓箭袋系在腰带上,垂在左腿的前面,箭筒也系在腰带上横吊在腰背部,箭头朝着右边。"

上述服装的一些细部,特别是裹齐踝部的裤子,对匈奴人与斯基泰人来说都是共同的。有许多习惯也是相同的:如葬礼上的牺牲。匈奴和斯基泰人都是在酋长(或首领)的墓上,割开其妻子及随从们的喉咙,至于匈奴人,其人数达到上百或者上千。希罗多德(IV.65)记载,斯基泰人将敌人的头盖骨在沿眉毛平处锯开,在外面用皮套蒙上,里面嵌上金片,作为饮器使用。《前汉书》证实了匈奴人中有同样的习惯。这一习惯特别是从老上单于用月氏王的头盖骨来饮酒的例子中可以看到。确实,匈奴和斯基泰人都是把头看作战利品的。希罗多德(IV.64)曾提到斯基泰人在战利品中展示他们砍下的敌人的头颅以及拴在马缰绳上的头皮,以示夸耀。

在匈奴的后裔,即公元第 6 世纪的突厥人中,一个战士坟墩上的石头,其数目是与他一生中所杀敌人的数目成比例[①]。这种嗜血性的风俗也同样盛行于印欧种和突厥—蒙古种的游牧民中。斯基泰人用敌人的血洒在插在一个小土堆上的神圣的短弯刀上,以及喝一杯被他杀死的第一个敌人的血[②]。匈奴人在订盟约时,要用人头盖骨制成的容器喝血[③]。 在悼念死者时,斯基泰人和匈奴

---

① 儒莲:"突厥史料"(《亚洲杂志》1864 年,第 332 页)。
② 希罗多德(IV,62,64)。
③ 《前汉书》。

匈奴的第一次出击及月氏的迁徙

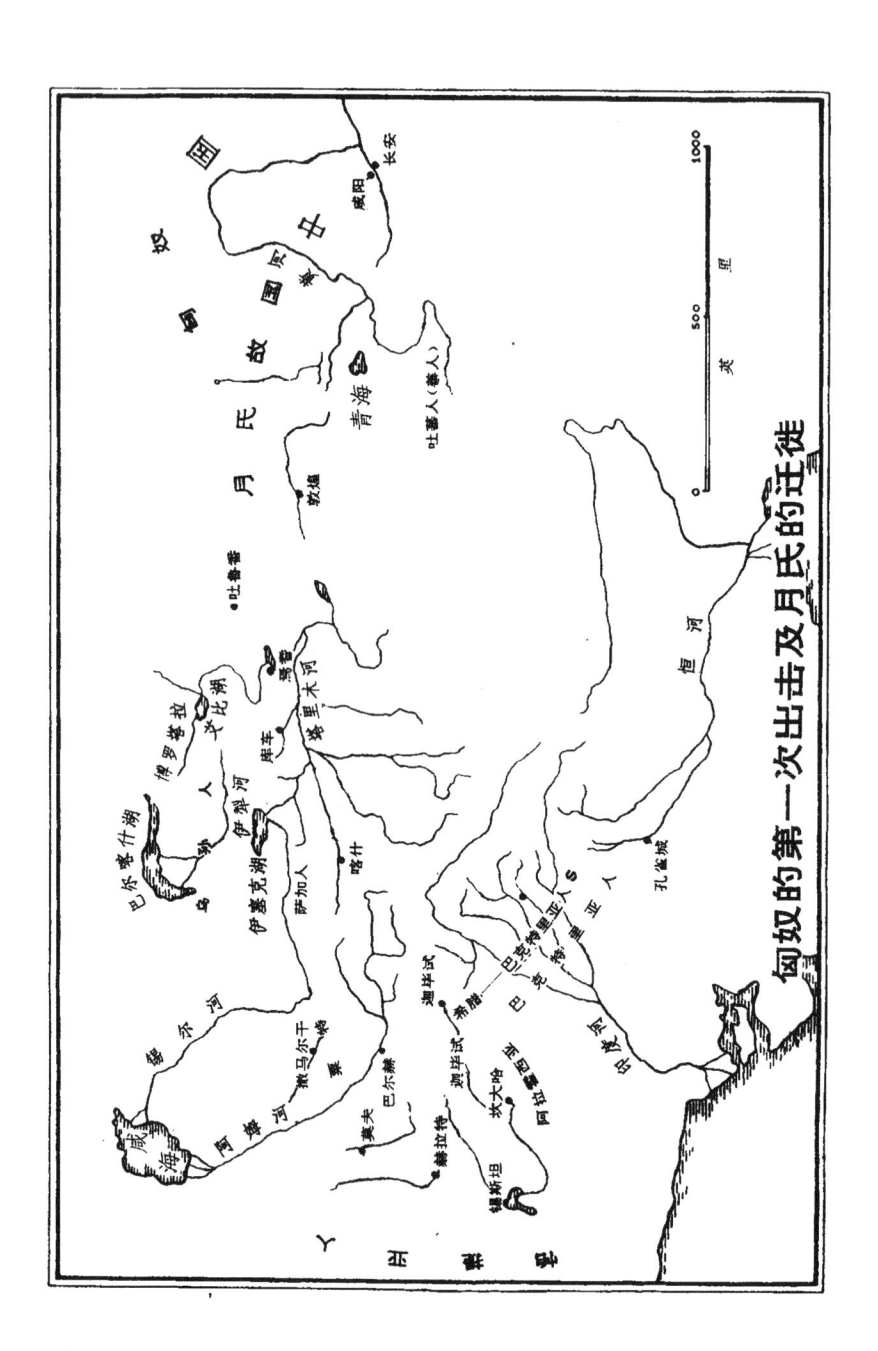

人用小刀把脸划破,"让血和泪一起流出来"。

像斯基泰人一样,匈奴人基本上是游牧民,他们生活的节奏也是由他们的羊群、马群、牛群和骆驼群而调节。为寻找水源和牧场,他们随牧群而迁徙。他们吃的只是畜肉(这一习惯给更多是以蔬菜为食的中国人很深的印象),衣皮革,被旃裘①,住毡帐。他们信奉一种以崇拜天(腾格里)和崇拜某些神山为基础的、含混不清的萨满教。他们的单于或者最高君主,在秋季召集全体匈奴人(这个季节马最壮)课校人畜。所有的中国著作家都把这些野蛮人描述成顽固的掠夺者,他们会出其不意地出现在耕地边缘,侵袭人畜和抢劫财产,然后在任何还击可能来到之前带着战利品溜走②。当他们被追赶时,他们的战术是引诱中国军队深入大戈壁滩或是草原荒凉之地,然后在自己不遭埋伏的情况下,以雷雨般的箭惩罚追赶者,直到他们的敌人被拖垮,被饥渴弄得精疲力竭,他们才一举而消灭之。由于他们的骑兵的机动性以及他们的弓箭技术,这些方法相当有效。在从最初的匈奴到成吉思汗时期的所有草原居民中,这些方法都很少变化。对于所有那些由马上弓箭手组成的部落,无论是东方的匈奴人或是西方的斯基泰人,这些方法都是共同的。正如希罗多德所陈述的,斯基泰人对付大流士就是采用同样的策略。大流士及时地意识到这种危险,并且在这种"退出俄罗斯"可能终止灾难的来临之前就撤退了。有多少中国将领后来因

---

① 参看 J. J. M. 德格罗特的著作 *Die Hunnen der vorchristlichen Zeiten* 第 2 页及其下。

② 在公元前 7 世纪大入侵之后,斯基泰人不再像匈奴那样在掠夺上名声显赫,无疑是因为他们的地区较富裕,还因为他们在黑海边游牧的骑兵靠在乌克兰黑土地上耕耘的"农业斯基泰人"为生。

为缺乏这种谨慎，他们受到匈奴人佯装逃逸的蒙蔽而进入沙漠荒凉之地，在那儿遭到了屠杀呢？

至于匈奴在突厥－蒙古种各民族中的语言位置，一些作者，如白鸟库吉倾向于把他们归入蒙古种人[①]。相反，伯希和从汉文译本所提供的反复核对的几次巧合中，认为全面来看，这些匈奴人应该属于突厥种，特别是他们的政治领导人。

7. 匈奴艺术

匈奴人有富于特征性的艺术，主要是以一些青铜制成的、上面饰有程式化动物纹的带状的或者是其他形态的饰片，马具或装备上的座架、钩和饰钉，或者是以末端刻有牝鹿形状的棍棒为代表。这种艺术常常被称为"鄂尔多斯艺术"。其名来自蒙古种的鄂尔多斯部落，自16世纪以后，该部一直占有从黄河河套到陕北之间的地区，该地区的发现物特别丰富。它是草原风格化动物艺术的一个分支。草原风格化动物艺术在南俄罗斯带有亚述－伊朗和希腊影响的色彩。在米努辛斯克，草原风格化动物艺术是相当简单的，无论是把它看成这种艺术的最初形式，还是衰亡形式。在鄂尔多斯，草原风格化动物艺术与中国美学发生接触，它与中国艺术互相影响，互相作用。鄂尔多斯艺术特别令人想起米努辛斯克艺术，尽管它是更加富于想象力的，在它的饰片上装饰着马的搏斗图，马或

[①] 白鸟库吉："匈奴的起源"（《亚洲杂志》I，1923年，71）。但是该作者在另一次语言学的争论中也谈到匈奴的突厥族性，参看"匈奴及东胡诸族语言考"（《学士院杂志》，第17期，1902年，2）。

第一章 草原的早期历史：斯基泰人与匈奴

鹿与虎、熊、怪兽搏斗的图案，也有些矛或箭的柄端，在一个圆节疤处用牡鹿和红鹿形象装饰。

据考古学的研究，蒙古和鄂尔多斯地区的匈奴艺术似乎与斯基泰艺术一样的悠久。1933年，瑞典考古学家T.J.阿恩认为，滦平和宣化的鄂尔多斯青铜器可以追溯到公元前第3世纪初期，甚至可以追溯到公元前第4世纪后半期①。1935年，日本考古学家梅原末治认为，鄂尔多斯艺术对名为"战国时期艺术"的中国风格产生了很深的影响，战国艺术至少是从公元前第5世纪开始繁荣的。梅原末治认为，鄂尔多斯的第一批青铜器始于这一时期。② 最近，瑞典汉学家卡尔格林把战国艺术风格更往前推到公元前650年，由此证明鄂尔多斯艺术形式的草原艺术当时也已经存在了，后来，它给被称为"中周时期"的中国装饰艺术风格带来了变化。③ 考古学家们一致同意：鄂尔多斯艺术的影响是引起古代中国青铜器从"中周式"向"战国式"变化的因素之一④，这一因素是同社会内部演变的规律相合的，并且明显地如这些规律那样是在同一方面起作用的。

匈奴古物的主要遗址分布在从贝加尔湖到河北、山西和陕西的边境地区内。现列举如下：(1)在北方，外贝加尔省的赤塔墓地，据麦哈特确定，属于公元前第3—前第2世纪，同时在蒙古高原恰克图北，特罗伊茨科沙夫斯克附近的德瑞斯特斯克墓地，

---

① 阿恩："滦平和宣化的文物"(《远东古物博物馆馆刊》第5期，V，1933年，166)。
② 梅原末治的著作 Shina kodo seikica (日本，山中版，1935年)Ⅲ。
③ 卡尔格林："中国青铜器初探"(《远东古物博物馆馆刊》IX，1937年，97)。
④ 参看O.让斯(《亚洲艺术评论》Ⅷ，1934年，159)。至于从年代学的观点出发所建立起来的全面评述，参看J.维尔纳(《欧亚大陆北部古迹》IX，1934年，259)和H.屈恩："中国-西伯利亚青铜器编年史"(《史前期及人种学艺术年鉴》1934年)。

发现了西伯利亚饰片和中国汉代钱币,是公元前118年以后发行的[1]。(2)在蒙古高原北部,库仑附近的诺恩乌拉,科兹洛夫使团在此发现了一位匈奴王子的坟墓,墓中有表现草原艺术的青铜器和以同样风格(格立芬正与一只麋搏斗,以猫为图腾的氏族中的一个成员正在捕捉一头牦牛)装饰的、华丽的毛织品,每一主题都是以最好的萨尔马特－阿尔泰的风格进行处理的,还有一块希腊织布上描绘着一个上唇留着胡须的男人,其胡须长度是人体长度的四分之三,无疑是辛梅里安时期博斯普鲁斯的某位艺术家的作品。以上所有古物的年代根据其中公元2年制成的一件中国漆器得以确定[2]。离该匈奴王子墓不远,即鄂尔浑河岸上的杜尔伯斤和伊勒克－埃里克发现的壁画可能属于同一个墓葬群,但它们的年代未能确定,尽管画中鹿的优美姿态似乎又反映出萨尔马特－阿尔泰的影响[3]。(3)在鄂尔多斯,即今绥远、察哈尔和热河三省的残余地区,在许多遗址上都发现了鄂尔多斯青铜器,特别是在热河附近的滦平,多伦西部和张家口北部的哈屯森和贺垅·欧沙,在张家口以南、通往北京途中的宣化,绥远附近的归化城,在陕北和鄂尔多斯边境上的榆林。我们注意到,在宣化所发现的一些古物的年代可以根据其中的一枚中国"刀币"确定,

---

[1] 与鄂尔多斯风格有密切联系的、同类的另一些文物已由塔科－林塞维奇在赤塔下游河岸的吐尔吐附近和色楞格流域希洛克的比楚尔斯科雅附近发现。参看维尔纳《欧亚大陆北部古迹》第9期,1934年,261)。

[2] 波罗夫卡的《科兹洛夫蒙藏探险队之外蒙探险报告书》(列宁格勒,1925年)。特雷弗的《1924—1925年北蒙古利亚的发掘物》(列宁格勒,1932年)。维尔纳《欧亚大陆北部古迹》第9期,1934年,264)。

[3] 参看安德森的"兽纹中狩猎场面的魅力"(《远东古物博物馆馆刊》第4期,页308)。塔尔格伦:"内亚与西伯利亚岩画"(《欧亚大陆北部古迹》第8期,1933年,175)。

刀币上刻有"t'u"的字样,是战国时期于公元前 480—前 250 年间在中国通用的一种钱币①。

总的说来,尽管相当大比例的鄂尔多斯青铜器,即是说内蒙古的匈奴人的青铜器,是与中国的战国时期(公元前 5—前 3 世纪)同时代的,然而,在整个汉朝时期(从公元前第 2 世纪初到公元后第 3 世纪初),同一艺术继续在蒙古高原北部和南部繁荣,这一点已经由下列发现所证实:诺恩乌拉注明年代的部分古物;在鄂尔多斯存在着刻有多头兽图案的大量的青铜饰片,这些饰片可以较准确地断定是属于这一时期;最后是在收藏品中(即塞努斯奇博物馆的收藏,考弗尔德收藏品和卢收藏品),有汉朝艺术家们明显地仿照鄂尔多斯原物复制的、具有匈奴题材的中国青铜钩②。在下一个时期,即在中国被称为"六朝"(公元 4—5 世纪)时期,在某些不断增加的大量动物题材装饰的青铜钩上,鄂尔多斯艺术的影响并未减少,动物形体都是弯曲、互相缠绕在一起的。在同一时期内,同样的草原艺术可以在大入侵时的欧洲的扣子、饰片和马的座架上辨别出来。此外,阿恩提到了直到 9 世纪仍保留着原草原动物艺术风格特征的西西伯利亚青铜器③。同样的艺术也许一直在成吉思汗时期的汪古部(Öngüt)中继续着,在聂思脱里安教所用的小青铜器,即十字架、鸽子、圣灵等物上仍保持着这种艺术,在鄂尔

---

① 参看《远东古物博物馆展品指南》(斯德哥尔摩,1933 年 9 月 10 日)第 40 页。
② 参看 S. 勒梅特尔的文章"les agrafes chinoises"(《亚洲艺术评论》第 11 期。1938 年)。
③ 阿恩"Västsibirisk kultur för 1000 àr sedan"(*Etuder archéologiques dédiées au prince Héritier Gustace Adolphe*,斯德哥尔摩〔1932 年〕,第 351—367 页)。

多斯及其毗邻地区的泥土中出土了大量这种青铜器[①]。此外,纯鄂尔多斯式饰片在西夏国中期(公元11—12世纪)还在制造,除非引起沙尔莫尼注意的西夏文字是当时重新刻上去的,或者,除非这些饰片是不作通用的西夏的仿制品[②]。

8. 匈奴的首次出击和月氏的迁徙

匈奴作为一支令人畏惧的势力第一次出现在历史上是在公元前第3世纪末,正是此时中国在秦朝(前221—前206年)的统治下完成了国家的统一[③]。秦朝建立者秦始皇(前221—前210年在位)预见到这一危险,与将军蒙恬完成了修建长城的工作。从公元前215年起,长城一直起着保卫中国领土免受匈奴侵犯的作用,约在公元前214年蒙恬把匈奴赶出了今天称之为鄂尔多斯的地区,即黄河河套内的地区。然而,与此同时,匈奴人在头曼单于(死于约前210—前209年)的率领下,以攻月氏而开始了他们的扩张,月氏人直到当时一直居住在甘肃西部。在东方,头曼之子、继承者冒顿(约公元前209—前174年在位)打败了满洲边境上的另一支蛮族——东胡。冒顿利用秦亡汉兴(前206—前202年)之间爆发的削弱中国势力的

[①] 伯希和的文章"sceaux—amulettes de bronze avec croix et colombes"(载《亚洲艺术评论》第7期,1931年)。

[②] 沙尔莫尼《卢芹斋收藏的中国—西伯利亚艺术品》(巴黎,1933年)第93—94页。关于鄂尔多斯艺术,有一本V.格里斯迈尔的书 *Sammlung Baron von der Heydt*, *Ordos Bronzen*(维也纳,1936年)和一篇文章"Entwicklungfragen der Ordos—kunst"(《亚洲艺术》〔1937年〕,122)。

[③] 关于这一时期,参看J.J.M.德格罗特 *Die Hunnen der corchristlichen Zeiten* 和O.弗朗克(《东方杂志》1920—1921年)。参看G.哈隆《大亚细亚》(1926年)。

内战,于公元前201年入侵中国山西省,围其首府太原。汉朝的建立者高帝①奔赴太原,驱赶匈奴,然而反被匈奴围困在平城附近的白登山,即今山西边境的大同地区。后经谈判,方得解围,协议中,汉高祖给予匈奴优惠。把一位中国公主或者是宫女嫁给单于为妻,正如以后的中国诗人们所吟:可怜的"鹧鸪"嫁给了"蒙古的野鸟"。

大约在公元前177或前176年,冒顿第一次给甘肃西部的月氏人带来了灾难,他声称已经征服了月氏。冒顿之子,继承者老上单于(约公元前174—前161年在位)后来结束了月氏的威胁,用月氏王的头盖骨做了饮器,把月氏人驱逐出甘肃,迫使他们向西迁徙,由此产生了发端于亚洲高原的有史记载的第一次各民族大迁徙②。

月氏一名(至少是以这种形式)仅以它的汉文译音而流传下来③。然而,许多东方学专家长期倾向于把月氏人与吐火罗人(他们于公元前2世纪从突厥斯坦迁往巴克特里亚,希腊历史学家们从这次迁徙中了解到了他们)以及与希腊历史学家们称呼的印度—塞人等同起来。按此分类,吐火罗人与印度—塞人是一个民族在两个时期内采用的两种称呼,人们认为这个民族与斯基泰人有姻亲关系,或者说它属于印欧种人,这一确认主要基于以下事实,即在今甘肃西部的中国境内——按中国史家们的记载,该地区在公元前第2世纪初期已经是月氏人的地盘——地理学家托勒密最迟

---

① 指汉高祖。——译者
② 关于"月氏"参看《史记》卷123《月氏》:"始月氏居敦煌、祁连间,以为匈奴所败,乃远去,过宛,西击大夏而臣之。"
③ G.哈隆企图从通用的Yüeh-chih一名中发现其古音读Zgudja,与亚述语中的斯基泰人(即Ashkuzai)一名等同。参看哈隆《论月氏》(《德国东方学会杂志》Vol. 91,2,1937年,316)。在该文中(第258页)有早期月氏在甘肃北部和西部活动的大概位置图。

在公元后 2 世纪提到了一支塔沟里人(Thagouri)、一座塔沟里峰和一个塔沟拉城镇①。此外,斯特拉波提到在从希腊人手中夺取巴克特里亚的诸族中有吐火罗人(Tokharoi)②,正好是这时候,中国史家们表明月氏人到达了其迁徙终点大夏,也就是巴克特里亚的边境。两种发展进程如此一致,似乎形成了强有力的论据,支持那些把中国编年史上的月氏人看成是希腊史家笔下的"吐火罗"、梵文抄本中的"Tukhara"和以后罗马时期的"印度—塞人"③的历史学家们。此外,迟至公元第 5 和第 8 世纪,塔里木北缘绿洲上的居民仍说印欧语,塔里木北缘如果不是月氏人早些时候的地盘的话(因为这些月氏人被证明是甘肃的土著居民),那么,当时其中部分地盘至少是属于在吐鲁番、焉耆和库车的、与月氏人或多或少有些亲属关系的部落。直到最近,语言学者们还称这些印欧语为吐火罗语,尽管今天他们满足于将这些语言标明为库车语、焉耆语等等。然而,在历史黎明的时期,印欧语部落向远东前进了很大一段路是有可能的。这一假设使人们易于接受,因为西西伯利亚、也许甚至是米努辛斯克地区,似乎在公元纪年以前,已经有与斯基泰—萨尔马特人有亲属关系的各族居住,以及费尔干纳和喀什噶尔一

---

① 托勒密(VI,16)。9 世纪的粟特语写本仍把别失八里、吐鲁番、焉耆等标明为"四塔沟里",参看 W.B. 亨利"焉耆与吐火罗人"(《亚洲研究院院刊》,1938 年,第 560 页)。

② 斯特拉波(XI,8,2)。《前汉书》羽田亨译本(载《日法会馆公报》,IV I,东京,1933 年,7—8)。

③ 关于吐火罗问题最清楚的评论和各种推测,及有关它的参考书目,参看 S. 法伊斯特的文章"Der gegenwärtige stand des Tocharerproblems"(《夏德纪念文集》第 74—84 页)。关于以后对此观点的纠正,参看格鲁塞《历史学杂志》《评论手册》CLXXXI,fase, I,1937 年 1—3 月)。该文涉及贝利的"吐火罗"《亚洲研究院院刊》第 8 期,1936 年)和伯希和的"谈吐火罗"(《通报》)。参看塔恩的《巴克特里亚和印度的希腊人》(剑桥,1938 年)。

带的天山南北两麓在阿赫门尼德时期就有说东伊朗语的塞人居住。因此,今突厥斯坦的大部分地区就该是布满了印欧种人,喀什噶尔附近的那些印欧种人属东伊朗人,在酒泉的①、库车的印欧种人属吐火罗人。月氏人相当于后一种人。

然而,中国历史地理书所提供的早期资料都涉及"印欧主义"在这些前哨地区所遭到的第一次倒退。这一点我们已经看到,冒顿单于(约前209—前174年在位)率领下的匈奴人严重地挫败了月氏。继任的老上单于(约前174—前161年在位)杀月氏王,并让人把他的头盖骨制成一个杯子②。他迫使这些月氏人离开甘肃,穿过北部戈壁向西逃亡③。其中小部分月氏人,中国人称之为小月氏,在南山南部地区的羌人或吐蕃人中间定居下来,正如两个半世纪以后成书的《前汉书》所记,他们使用羌或吐蕃人的语言④。其余的月氏部落,中国人称为大月氏,企图在伊犁河流域和伊塞克湖盆地定居,但很快被乌孙(其音为Oo—Soon)人赶走⑤。中国史家们描写这些乌孙人是蓝眼红须。查尔彭蒂尔把乌孙一名与"阿息"(Asioi)一名联系起来——阿息是萨尔马特人中被称为阿兰人这一支的另一个名字——他认为乌孙人是阿兰人的祖先或亲属。⑥

---

① 法文本是从甘肃到库车。——译者
② 希罗多德在谈到斯基泰人时,也报道了同样的习俗(IV,65)。
③ 参看司马迁《史记》卷123《月氏》。
④ 伯希和《亚洲杂志》I,1934年37)。
⑤ 乌孙人似乎也像月氏人一样,是被匈奴从中国西北部边境逐出,迁往伊犁地区的。阿尔伯特·赫尔曼的《中国地图集》第17图认为他们可能是从肃州北部的索波湖和索戈克湖被赶走。参看白鸟库吉《匈奴休屠王的领域及其祭天金人》。关于月氏西迁是否引起萨尔马特人西侵浪潮的问题已经有人提了出来,这些萨尔马特人从斯基泰人手中夺取南俄罗斯。编年史几乎与此说法不一致。参看罗斯托夫采夫 *Recueil Kondakov* (布拉格,1926年)第239页。N.费蒂奇《匈牙利考古》1937年,第142页。
⑥ J.查尔彭蒂尔的文章"吐火罗人种问题"(载《德国东方学会杂志》第71期,1917年)。

如果这一假设正确的话,那么,在类似月氏和匈奴的压力之下,成群结队地向南俄方向迁移的必定是这些乌孙人,尽管比我们所谈到的时期确实要早一些,但斯基泰人正在不断地被萨尔马特民族所取代。

然而有可能,月氏被匈奴从甘肃逐出之后,他们向西迁徙的浪潮曾冲击着伊犁河附近的乌孙人。乌孙人暂时被新来者征服,但在匈奴的帮助下随即进行了反扑。后来月氏人重新向西进发,来到锡尔河(希腊地理学家们的亚克苏斯河)上游的费尔干纳地方(中国人称大宛),《前汉书》记载他们大约在公元前160年到达该地。在那里,他们处在巴克特里亚的希腊王国边境上,希腊-巴克特里亚王幼克拉蒂斯在巴克特里亚的统治必定已接近了尾声。

9. 匈奴首次出击产生的影响和希腊在阿富汗地区统治的崩溃

塔什干、费尔干纳和喀什噶尔这些地区是由中国人称之为"塞人"(古音是 Ssek),波斯人和印度人称之为"萨迦"("Saka"或"Shaka"),希腊人称之为"萨迦伊"(Sakai,"即我们的萨迦人")的人居住。事实上,他们是"亚洲的斯基泰人"。他们组成了斯基泰-萨尔马特大家族中的一支,即他们是来自西北草原的游牧的伊朗人。由于吕德斯的著作,似乎有理由把塞语归属于他们,奥瑞尔·斯坦因使团在和田①发现了属于中世纪初期的大量塞语手

---

① 汉代的于阗,清朝为和阗,今名和田。——译者

稿,塞语是一种东伊朗语方言。西迁的月氏对塞人的撞击在塞人中引起了总的反响,导致了他们入侵由亚历山大的继承者、希腊王公们所建立的巴克特里亚王国。根据到 W. W. 塔恩时代普遍能够接受的理论,在月氏的压力下,塞人越过索格底亚那地区,然后进入了巴克特里亚,在此取代了希腊人。在公元前 140—前 130 年间,游牧部落实际上已经从希腊国王赫利克勒斯手中夺取巴克特里亚,据斯特拉波记述,其中最有名的游牧部落是阿息人、帕夏诺伊人、吐火罗伊人和萨迦劳赖人,他们都是来自锡尔河北岸地区。要准确地识别这些部落,在任何情况下都是困难的。如上所述,查尔彭蒂尔把阿息人(彭沛乌斯·托古斯称为阿息洛伊人)看成是中国史家们曾提到的伊犁河畔的乌孙人[1]。萨迦劳赖或萨迦卡伊似乎暗示一支古代塞人部落。至于吐火罗人,根据 H. W. 贝利所坚持的假设,他们是月氏人最核心的部分[2]。

公元前 128 年,当中国使者张骞访问月氏时,中国史家司马迁提到他们,把他们当作为已经征服和占领索格底亚那地区(指"妫水"以北,即阿姆河以北)的人。《前汉书》记道,他们已经在该地的监氏城建都。羽田亨认为该城名字在发音上与坎塔(kanda)城一致,kanda 是马尔干达(markanda)或撒马尔罕的缩写[3]。《史记》

---

[1] 由于 Asioi 一名与突厥-蒙古名 Alans 有某种关系(在蒙古语中,As 词根的复数形式是 Asod),查尔彭蒂尔推断乌孙人是阿兰人的祖先,阿兰人是萨尔马特人的一支(即北伊朗人)。参看"吐火罗人种问题"(《德国东方学会杂志》第 71 期,1917,357—361)。

[2] 贝利的"吐火罗",载《亚洲研究院院刊》VIII,4,1936 年,916。塔恩的《巴克特里亚和印度的希腊人》第 290 页。

[3] 羽田亨的"谈大月氏与贵霜",《日法会馆公报》TV,I(东京,1933 年)13。

和《前汉书》都还记道,月氏已经臣服大夏(即巴克特里亚),虽然他们似乎没有占领其地,至少在当时还未占领①。塔恩怀疑(错误地)被月氏人征服的巴克特里亚君主们可能仍是希腊人,而不是塞人,按此情况,塞人未能把希腊人从巴克特里亚赶跑。许多东方学者认为,无论如何在其后不久,即大约公元前126年,月氏人不再满足于对巴克特里亚的宗主权,他们越过阿姆河,实实在在地占领了该省。这种观点是以《后汉书》的一段记载为根据的,该书明确记道,月氏人移居大夏,由五位首领或翕狐侯(she—hu即叶护)瓜分了其地。事实上,与这些事件的时间比较接近的《前汉书》在这一点上似乎却不太清楚。它只记道:"大夏民(即巴克特里亚人),本无大君长,臣民往往置小长,民弱畏战(当时这些人不可能还是粗暴的希腊冒险家们,而只能是某种蛮族),月氏徙来,皆畜臣之。"②此文的意思含混不清,模棱两可。但有另一本不含糊的史书,即《后汉书》,它记道,公元84年,中国将军班超曾请求月氏王规劝索格底亚那地区王(康居王)③。这意味着在当时索格底亚那地区与月氏国是完全区别开的,因此必须在索格底亚那以外的其他地方去寻找月氏人,很可能往南朝着巴克特里亚。在阿姆河北岸稍稍逗留之后,他们渡过河,取代了巴克特里亚的塞人。据塔恩(他的观点我们不能接受),他们几乎是直接从希腊人手中夺取了

---

① O.弗朗克的文章"Das alte Ta—hia der chinesen, ein Beitrag zur Tocharer Frage"(《夏德纪念文集》第117页)。
② 《汉书》卷96上《西域传》。
③ 沙畹的文章"Les pays d'occident d'aprés le Heu—Han chou"(载《通报》,1906年,第230页)。

巴克特里亚[①]。无论如何,月氏人的迁徙是各族大混乱和横扫东伊朗的游牧民浪潮的标志。在南方,塞人受到月氏人在后面的攻击,占领了德兰吉亚那(即锡斯坦)和阿拉霍希亚(即坎大哈)。这一占领是永久性的,因为,从此以后,这些地区成了"塞人的地区",按伊朗语名称是"萨迦斯坦纳",近代波斯语称之为"锡斯坦"。

所有这些游牧部落从锡斯坦猛扑向帕提亚帝国,几乎摧毁了它。帕提亚国王弗拉亚特斯二世在米底受到叙利亚国王安提珂七世的威胁,他企图进行塞硫古王朝式的再征服(公元前129年),这种轻率的举动引起一些野蛮人前来救援。这些野蛮人来了,但是不久就倒戈,弗拉亚特斯兵败被杀(公元前128年或前127年)。据彭沛乌斯·托古斯说,帕提亚新王阿特班努斯二世于公元前124或前123年在对吐火罗人进行反攻中受重伤。这似乎可以证明,中国史上的月氏——如果像推测的那样,就是希腊史上的吐火罗人的话——从那时起就一直定居在巴克特里亚,后来他们使巴克特里亚成了"吐火罗斯坦"。帕提亚王密特里达提二世(前123—前88年)继位,他确实阻止了游牧部落对帕提亚的入侵,甚至将他的宗主权强加于在锡斯坦的塞人。然而,在公元前77年,萨迦劳赖人在伊朗已经十分强大,他们自己挑选了他们的保护者阿尔萨息家族的辛剌特拉克斯或称沙拉特洛伊克斯,把他拥上帕提亚王位,后来辛剌特拉克斯企图反对他们,被他们乱箭射死(大约公元前70年)。

---

① 塔恩的《巴克特里亚和印度的希腊人》第283页。在斯特拉波书(XI,8,4)中只提到塞人对巴克特里亚的征服,说的是第7世纪,而不是第2世纪。参看J.普尔济卢斯基的文章"Nouveaux aspects de I'histoires des Scythes"(*Recue de L'llnicersites de Bruxelles*,2—4,1937,p.3)。

这些地区的塞人和月氏人以后的命运构成了伊朗和印度历史的一部分。在此回忆以下事实就足够了。塞人从锡斯坦和坎大哈扩张至喀布尔和旁遮普；然后，当这些地区被月氏人占领时，他们又扩张到马尔瓦和吉莱特，在那里，塞人的总督维持统治直到公元第4世纪。至于巴克特里亚的月氏人，中国史表明他们在公元1世纪建立了大贵霜王朝。[1]《前汉书》说，这些贵霜人是大约在公元前128年瓜分巴克特里亚的五部落中的一部。

《后汉书》记载了贵霜人的首领邱就却[2]（古钱币上是 kujula kadphises）如何降服其余的月氏部落，由此建立起贵霜帝国的，希腊人和罗马人是在印度－塞人帝国的名称下知道该国的。贵霜皇帝：库久拉·卡德菲斯或称卡德菲斯一世（公元 30—91 年或 92 年）；维马·卡德菲斯或卡德菲斯二世（92—大约 132 年）[3]；迦腻色迦（大约 144—172 年）；胡韦斯迦（大约 172—217 年）和韦苏特婆（大约 217—244 年）[4]。他们将其统治从喀布尔扩张到北印度的部分地区[5]（旁遮普和马图拉[6]）。迦腻色迦在佛教向中亚传播

---

[1] 《后汉书》卷 88《西域传》记："月氏自此之后，最为富盛，诸国称之皆曰贵霜王。汉本其故号，言大月氏云。

[2] 伯希和的"吐火罗语与库车语"（《亚洲杂志》1934 年，I, 30）中有订正。

[3] 卡德菲斯二世，汉译阎膏珍。

[4] 胡韦斯迦，汉译名伊存；韦苏特婆，汉译名波调，亦译作世天。——译者

[5] 由 R. 吉尔施曼提出了新的编年（《亚洲杂志》1943—1944 年 页 70—71）。参看 L. 拉瓦莱－普森的著作 *L'Inde aux temps des Mauryas et des Barbares*（巴黎，1930 年）343 页。在 S. 科诺的文章"Beitrag zur kenntniss der Indosky then"（《夏德纪念文集》220 页）中进行了大量的语言学上的比较和种族学上的推测。摘录了拉瓦莱－普森的怀疑论和贝利（《亚洲研究院院刊》VIII, 4, 1936 年）的批判性文章，特别（912 页）对 Arshi 一名进行了争论，认为与 Asioi 等同，被用来指吐火罗人。参看亨利"焉耆和吐火罗人"（《亚洲研究院院刊》1938 年，545 页）。

[6] 即孔雀城。——译者

汉朝时期的中亚

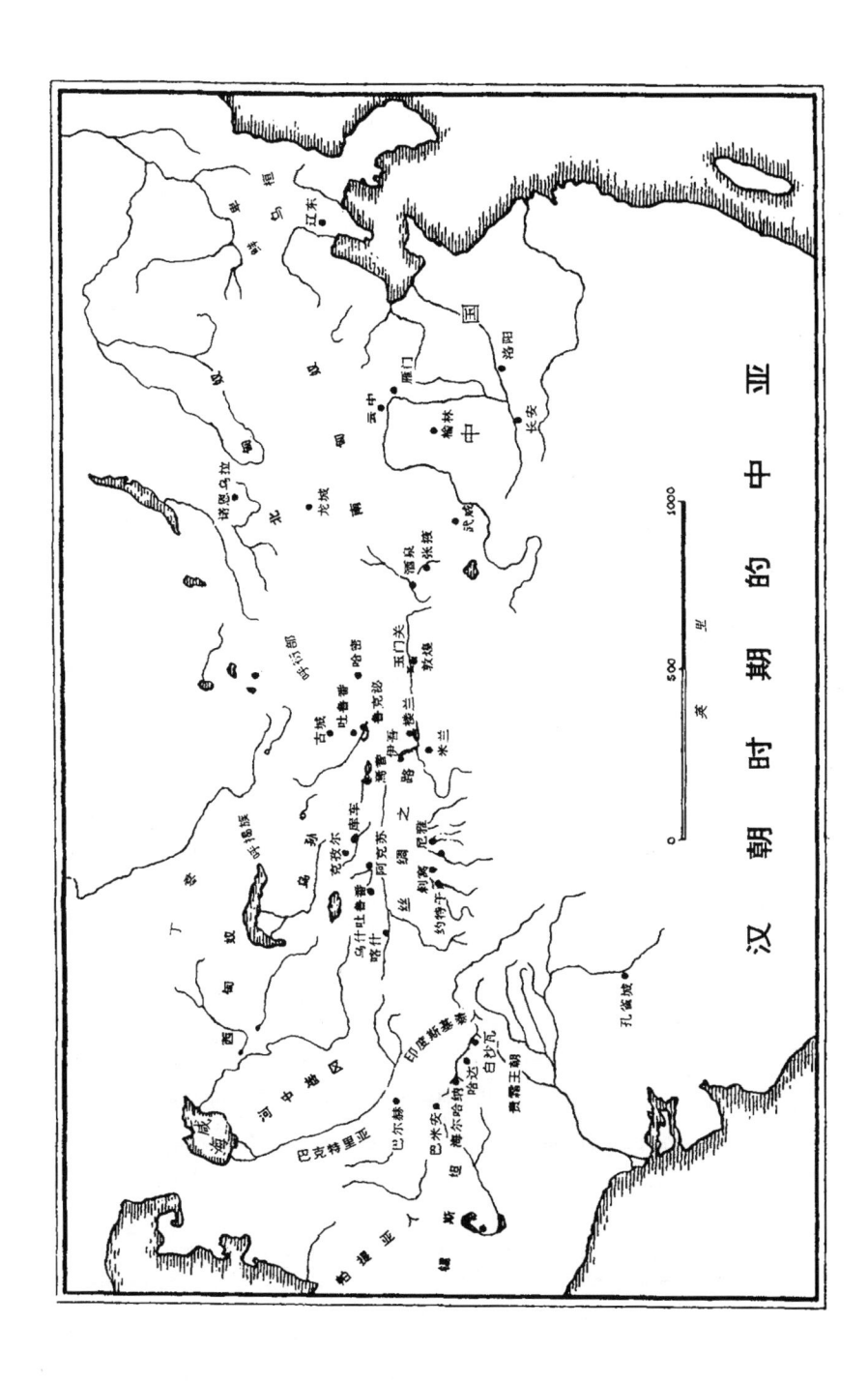

过程中所起到的巨大作用也为人所知。此处提及此事的目的是要表明匈奴首次出击给亚洲的命运带来的巨大影响。匈奴在把月氏逐出甘肃的过程中，引起了一连串的反应，这些反应在远至西亚和印度都能被感受到。阿富汗地区丧失了希腊化特征，亚历山大远征在这些地区所留下的最后的遗迹被消除了；帕提亚的伊朗暂时承受了震动；从甘肃被赶走的部落已经在喀布尔和印度西北部建立起一个意想不到的帝国。同样的进程继续贯穿于我们现在所研究的历史。在草原一端发生的一个轻微的搏动，不可避免地在这条巨大的迁徙地带的每一个角落都产生了一连串意想不到的后果。

10. 匈奴与西汉的冲突和西匈奴的分裂

月氏的西迁增强了匈奴的重要性。从此，他们控制了东戈壁的南北两面：在蒙古高原北部地区，单于在鄂尔浑河地区，即后来被称为哈拉和林的附近建起一座单于庭帐。在内蒙古地区，他们是在万里长城的脚下[①]。现在他们的骑兵已经敢攻入中国境内。公元前167年，他们进入陕西，直至彭阳[②]（中国都城长安以西），放火烧了这里的一座皇宫。公元前158年，他们返回渭河以北，直接威胁着长安。公元前142年，他们进攻山西北部大同附近雁门方向的长城。在汉武帝（前140—前87年在位）登基时，中国边境各处

---

① 赫尔曼《〈地理学年鉴〉1935年 第130页》。
② 应是彭阳城的回中宫。——译者

第一章 草原的早期历史:斯基泰人与匈奴

正受到他们的威胁①。

当时,亚洲大陆的帝国是属于匈奴的。其单于的主要驻地(就游牧民有一固定驻地而言)或者至少是他的一个夏季大本营,是在上面提到过的鄂尔浑河河源处。被中国人称为"龙庭"的另一个中心地被认为是在更南面的戈壁滩上,靠近翁金河下游地区。武帝拟定了一个计划要把他们赶回老巢去。在行动之前,他设法与当时定居在索格底亚那的月氏人联合,企图从后方进攻匈奴。抱此目的,他派使者张骞出使月氏。张骞于公元前138年离开中国,几乎立刻就被匈奴俘虏,匈奴将他送往军臣单于处②。他在那里被迫待了10年之久。最后,他逃到费尔干纳(大宛)王那里,并由此到达索格底亚那(康居)。但是,月氏人满足了新占领的、地域,对戈壁地区的事情不再感兴趣。张骞只好重返归途。他再次成了匈奴的俘虏,匈奴拘留他一年多,最后,他于公元前126年回到了中国③(公元前115年④,张骞被派往伊犁地区的乌孙,由于乌孙人不敢与匈奴开战,张骞几乎没有收获)。

由于月氏人拒绝给予汉武帝希望得到的对匈奴的牵制,汉武帝在无援的情况下开始了对匈奴的战争。当时匈奴正在今北京方向发起习惯性的袭击(前129年)。中国将军卫青从山西北部地区出发,穿过戈壁,远征至翁金河畔的龙庭,把匈奴赶跑。公元前

---

① 关于汉武帝的战争,参看司马迁的《史记》和阿凡提的《前汉史》(1938年)。《史记》卷110《匈奴传》记:"汉孝文皇帝十四年,匈奴单于十四万骑入朝那、萧关……遂至彭阳。使奇兵入烧回中宫。"
② 军臣单于是于公元前161年继其父、著名的老上单于为匈奴单于。
③ 《史记》卷123《大宛列传》。
④ 张骞第二次出使西域为公元前119年。——译者

127年，中国在鄂尔多斯和阿拉善之间、地处黄河岸边的朔方进行了军屯，以保卫河套地区。公元前124年，匈奴侵入朔方边境，卫青把他们赶跑。公元前121年，卫青的外甥、年轻的英雄霍去病，率领1万骑兵把匈奴从原月氏人和乌孙人占领的、离今凉州、甘州和瓜州不远的甘肃部分地区赶走。占据着这些地区的两支匈奴小部落（甘州附近的浑邪部和凉州附近的休屠部），不再臣事单于，归附汉朝，作为汉朝的盟邦被安顿在南山以北[①]。公元前120年，在鄂尔多斯形成了一个坚实的中国移民区。公元前119年，卫青和霍去病——前者从山西北部的库库河屯地区出发，后者从北京西北、今宣化附近的上谷出发——横穿戈壁，而至今蒙古高原北部，来到匈奴帝国的中心。正像阿尔伯特·赫尔曼推测的那样，卫青似乎还远至翁金河下游。他出其不意地袭击了伊稚斜单于，迫使他在猛烈的南风中逃遁，风沙吹打着匈奴人的脸孔。卫青消灭或俘虏1.9万人。霍去病进行了一次更大胆的远征，深入蒙古高原北部约600英里，一直到达土拉河上游和鄂尔浑河上游。他俘虏匈奴头目80余人，并在其境内的山头上举行了庄严的祭神典礼。霍去病回国后不久，于公元前117年去世。在咸阳（陕西）有这位伟大的骠骑将军的坟墓，墓上塑着雄伟有力的高浮雕雕塑，描绘一匹马踩着一个野蛮人。[②]

匈奴一经被赶回蒙古高原北部，汉武帝就于公元前127—前

[①] 《史记》，白鸟库吉《匈奴休屠王的领域及其祭天金人》(《东洋文化研究所纪要》I, 5, 7—21页)。

[②] 《史记》。赫尔曼《中国地图集》图17, 2。拉蒂格的《在中国的考古使团》（巴黎，1923—1924, I, P1.1）和《汉朝的葬仪艺术》（巴黎，1935年，第33页）。Z.塔卡奇的《霍去病墓碑》（布达佩斯，马赫尔版，1937年）。

111年间,着手在甘肃建立了一系列郡和军府,以防匈奴卷土重来。从兰州延伸到玉门关,有武威郡(凉州附近)、张掖郡(甘州附近)、酒泉郡(肃州附近)和敦煌郡,可以观月氏故地动静和保证丝路的畅通。① 公元前108年,中国将军赵破奴向西北更远地区进军,直至罗布泊地区的楼兰国和今吐鲁番地区的车师国。36 他监禁楼兰王,并打败车师王②。几年之后,中国与费尔干纳(中文称大宛)建立了商业关系,当时费尔干纳无疑是居住着东伊朗人和塞人,他们为中国提供产于河中地区的优良马种。大约在公元前105年,由于不满中国的这种索求,费尔干纳人暗杀了中国使者。公元前102年,中国将军李广利进行了一次空前大胆的行军,率兵6万,从敦煌出发,直奔费尔干纳。当他抵达费尔干纳时,只剩下3万人。他采取引水改道的方法降服该国的都城——可能是苏对沙那,即今乌拉秋别——直到他获得3千匹马作为贡赋后才退兵。③

与此同时,北方的匈奴并未偃旗息鼓,武帝统治末期是以类似

---

① 《史记·西域传》。
② 《史记》卷111《赵破奴传》。
③ 《史记》。耶茨已经论述,中国在费尔干纳的战役并非只是炫耀示威,中国在处理与难以对付的匈奴牧马人中碰到了很大的麻烦,这些可怕的马上弓箭手,骑着蒙古小马,定期袭击中国边境。中国人骑着同种的马,但是射骑技术较差,处于不利地位,费尔干纳像其毗邻的粟特地区一样,拥有优质战马,河中地区的骏马;也许像米底亚的希腊人所称的尼沙马一样。中国人打算获取这种外国良马以补充他们的骑兵,他们认为这种良马必定优于匈奴人的长满粗毛的矮种马。因此,对费尔干纳进行了远征,以获得对游牧民的军事优势(确实,在后汉时期的浮雕中,例如在小汤山的浮雕,人们可以看到在小动物旁边,有河中地区的大马)。对费尔干纳是否已经不属于后期的希腊-巴克特里亚国的疑问已经有人提出来了,因为费尔干纳的汉文名"大宛"被认为与希腊人的印伊名(Yacana,即 Ionians)有关。参看耶茨的著名文章"马,早期中国历史上的一个因素"(《欧亚大陆北部古迹》第9期,1934年,231)。

于瓦鲁斯(Varus)之难①的一次灾难为标志的,尽管远远不如瓦鲁斯之难那么严重。一位名叫李陵的中国年轻军官计划对蒙古高原北部发动一次远征。他随身带领5千步兵从额济纳河北部支流上的居延出发。朝正北向翁金河方向行军30天,在到达浚稽山——无疑地是在称为吐帕施山附近的某地——之后,他发现自己已处于8万匈奴的包围之中,匈奴中的马上弓箭手们开始驱逐这支小小的队伍。李陵朝中国边境方向撤退,游牧骑兵紧追不舍。"一日,五十万矢皆尽。即弃车去,士尚余三千余人,徒斩车辐而持之,军吏持尺刀"。然而,撤退的军团来到离中国边境30英里内的地方,悲剧发生了。"单于遮其后乘隅下垒石。士卒多死,不得行。"时至黑夜,李陵企图在黑暗笼罩下偷袭匈奴中心地,杀单于,但他失败了。只有各自逃命。仅有400人突围生还,其余的人,包括李陵在内,都成了俘虏。武帝闻之,勃然大怒。史学家司马迁曾企图为勇敢的李陵挽回名声而受到残酷的刑罚。"李陵之难"使汉朝中国在一段时期内放弃了在蒙古高原北部进行反攻的政策。但是,这次灾难并未危及甘肃边境②,因为受它拖累的不过是一支分遣队。

---

① 瓦鲁斯(?—公元9年),古罗马将军。得奥古斯都宠幸,娶其甥女为妻。公元前7—6年,任阿非利加总督,后出使叙利亚,曾南下镇压犹太起义,以残忍和贪婪闻名。后统率莱茵河地方军队。公元9年,日耳曼人在阿尔米亚的率领下反罗马,瓦鲁斯率三个军团和若干辅助军前往镇压,被诱入莱茵河以东的条托堡森林,全军覆没,本人自杀。——译者

② 《史记》卷109《李将军列传》记此事:"……天汉二年秋,贰师将军李广利将三万骑击匈奴右贤王於祈连天山,而使陵将其射士步兵五千人出居延北可千余里,欲以分匈奴兵,毋令专走贰师也。陵既至期还,而单于以兵八万围击陵军。陵军五千人,兵矢既尽,士死者过半,而所杀伤匈奴亦万余人。且引且战,连斗八日,还未到居延百余里,匈奴遮狭绝道,陵食乏而救兵不到,虏急击招降陵。陵曰:'无面目报陛下。'遂降匈奴。其兵尽没,余亡散得归汉者四百余人。"《史记》卷10《匈奴传》记载与《李将军列传》大致相同。——译者

第一章 草原的早期历史：斯基泰人与匈奴

从这一时期起，匈奴的古物都是在外贝加尔省发现的。如上所述，有最近在特罗伊茨科沙夫斯克附近发现的德瑞斯特斯克墓地，墓中的西伯利亚青铜饰片可以由自公元前118年以后发行的一些中国钱币确定其年代，而赤塔墓地的发现，据麦哈特确定，属于公元前第2至第1世纪。外贝加尔省成了匈奴的物资供应地，当游牧民们在秋季开始进攻鄂尔多斯环状地区时，就从这里提取补给。

在以后的一个时期里，匈奴和中国在长城脚下或是在蒙古地区都没有发生过公开的冲突，彼此为争夺塔里木北缘诸绿洲，也就是说为控制丝绸之路展开了斗争。公元前77年，罗布泊的楼兰王被杀，楼兰国与匈奴联合，起来反对中国的宗主权，中国在该地区的伊循屯民。在汉宣帝的统治下（公元前73—前49年），中国在塔里木盆地的扩张取得了决定性的进展。汉宣帝宣称："汉家自有制度，本以霸王道杂之"[①]。公元前71年，中国校尉常惠去帮助伊犁河流域的乌孙对付匈奴。公元前67年，吐鲁番国（车师）加入了匈奴的追随者之列，被中国将军[②]郑吉降服。公元前65年，另一位中国将军冯奉世推翻了叶儿羌王的统治，使该绿洲成为中国的属土。次年（前64年），事实上吐鲁番国在中国驻军撤离后立刻倒向匈奴，但是，在公元前60年，郑吉又重新占领其国。郑吉在焉耆南的渠犁建立了一个重要的军营之后，他本人作为塔里木的保护者驻扎在焉耆和库车之间的乌垒，从他那里监视

---

① 引文与英译文略有出入，英原文是："汉朝有它自己的法典，那是一部征服者的法典。"——译者
② 此时郑吉不是将军，是侍郎。——译者

着整个塔里木地区。

于是,中国从匈奴手中夺取了对丝绸之路的控制权。匈奴人本该进行一些徒劳的抵抗,但由于从公元前60年起他们就被一系列内战削弱的事实,他们没有进行抵抗。匈奴的两位野心家,呼韩邪和郅支,都要求得到单于称号。公元前51年,呼韩邪亲自到长安宫廷表示归顺,企图得到宣帝的支持。从公元前49年起,由于中国的保护,他战胜了对手,于公元前43年以胜利者的姿态在其家族的鄂尔浑河营地住定下来。公元前33年,这位驯服的匈奴人到长安觐见天子,得到了当时所有蛮族垂涎的最高报酬:与中国公主联姻。

被打败的郅支,把蒙古故地留给了那位依附中国的呼韩邪,向西到今天俄属突厥斯坦去碰碰自己的运气(公元前44年)。途中他打败了伊犁河畔的乌孙人,把额敏河畔的呼揭人和咸海草原上的坚昆人纳入他的统治之下,使他们成为他的盟邦,他甚至侵犯曾经轻率地帮助过他的索格底亚那人(康居人),他在楚河和怛逻斯河畔的草原上扎营。这是西方大匈奴帝国的一个胚芽。但是中国人没有给他巩固地位的时间,因为在公元前36年,中国副校尉陈汤在一次异常大胆的袭击中直抵楚河畔,袭击郅支,并砍掉他的头(前36—前35年)。在这一突然的戏剧性事件之后,跟随郅支迁到咸海边的这些匈奴人消失了。西部的这些匈奴人没有记下自己的历史,因为他们缺乏与可以把他们的情况保留下来的任何文明大国的接触,如中国记下了东匈奴人的历史。直到公元第4世纪末,约370—375年间,当他们的后裔渡过伏尔加河和顿河入侵欧洲时,这些匈奴人以及他们的首领巴拉米尔和阿提拉才再现于古典历史上。

11. 后汉(东汉)时期中国与匈奴的斗争；南匈奴的分裂

西匈奴的出走和东匈奴被排挤出塔里木盆地的事务确保了中国对中亚的霸权。然而,这一形势因以西汉覆灭为标志的中国内战(公元8—25年)而被破坏了。匈奴单于利用这些内战夺取了对吐鲁番国的保护权(公元10年),并袭击中国边境。科兹洛夫使团在库伦附近的诺恩乌拉发现了属于该时期的一个匈奴首领的坟墓,[①]使我们可以目睹匈奴文化,其中有绣着程式化动物图案的织品,它们展示了西伯利亚—萨尔马特草原艺术和阿尔泰艺术特征;同样也有来自中国和希腊—罗马化的克里米亚的外来物,即一件属于公元2年制造的中国漆器和来源于辛梅里安人的博斯普鲁斯国的一块希腊式织品。[②]

当第二个汉朝,即后汉,在中国王位上登极时(公元25年),中国对塔里木地区的保护关系还需要重新恢复。中国十分幸运,此时匈奴内部产生了分裂。公元48年,南方的8个匈奴部落在首领比的率领下起来反对蒲奴单于,并归附中国。光武帝把他们作为盟邦安置在内蒙古,在戈壁南部边境,以及山西与甘肃的边境上。

---

① 参看科兹洛夫等著《蒙藏探险队之外蒙探险报告书》(列宁格勒,1925年)。
② 应该记住来自潘蒂卡派(刻赤)的属公元前3世纪的希腊钱币是1918年在准噶尔地区的博罗塔拉河口发现的。参看维尔纳(《欧亚大陆北部古迹》第8期,1933年,249)。

于是,南匈奴国建立起来,只要汉朝保持强盛,他们就继续是汉朝可信赖的支持者,直到第 4 世纪[①]汉朝衰落时,他们成了汉朝的摧毁者。这一故事与那些住在罗马帝国郊区、并成为帝国联邦的日耳曼民族中所发生的许多故事相似。

此时,中国唯一的敌人是在蒙古高原北部鄂尔浑河畔的原匈奴王国所在地的北匈奴。大约公元 49 年,抱着从侧面攻击北匈奴的目的,中国辽东太守祭肜怂恿靠近匈奴的两个部落反对他们,这两个部落是在满洲辽河上游流域的乌桓部落和鲜卑人部落,鲜卑部很可能属于蒙古种,他们在更北方的大兴安岭和嫩江河畔过着游牧生活。由于南匈奴的脱离和乌桓、鲜卑的侧击,北匈奴遭到削弱,不再成为中国的严重威胁。

12. 丝绸之路

中国由于成功地恢复了对塔里木绿洲的保护关系而受益。正如我们已经看到的那样,这些绿洲沿着塔里木盆地的南、北两缘形成了两条弧。北面的绿洲有吐鲁番(当时中国人称为车师)、喀拉沙尔(焉耆)、库车、阿克苏(姑墨)、乌什·吐鲁番(温宿)和喀什(疏附)。在南面有罗布泊旁边的楼兰、于阗(和田)和叶尔羌(莎车)[②]。在公元第 7 世纪,在焉耆和库车,无疑地还有喀什仍然是说印欧语方言,这使人产生了以下推测,即塔里木盆地的居民至少有一部分必定是属印欧家族的。库车语,按其第 7 世纪的形式,显

[①] 东汉亡国应该在 220 年。——译者
[②] 后汉时期的诸国志已由沙畹从《后汉书》译成法文(《通报》1907 年,168—221)。

示出与印度－伊朗语、赫梯语、亚美尼亚语和斯拉夫语类同。尽管还未能确定(这一点得到了德国西格和西格林学派的赞同)吐火罗语一名是否适用于库车方言和喀什方言,但是,它们属印欧语系是无可争辩的①。没有理由假设中世纪初期曾发生过印欧人对塔里木的任何入侵。因此合乎逻辑的假设是一支古印欧居民就生活在塔里木,无疑与斯基泰－萨尔马特人穿过西西伯利亚抵达叶尼塞河上游的扩张同时,与塞人向喀什和费尔干纳之间的天山南、北两麓的扩张同时。除了西部的喀什噶尔的东伊朗语和北部的库车语所提供的语言学上的证据外,人类学家们引用了中国史学家们提供的证据,即对库车西北、伊犁河畔的乌孙人"红发蓝眼"的陈述。

塔里木盆地上的这些小王国在经济上具有相当大的重要性,因为联系中国与印伊世界和希腊世界之间的伟大商路——丝绸之路——穿过这些绿洲②。地理学家托勒密已经证实了这条路的存在。托勒密引用其前辈提尔的马里努斯的记载,他陈述道:在公元第1世纪(我们现在正叙述到这一时期),一位名叫马厄斯·梯梯安洛斯的马其顿商人派他的代理人去勘察此路及其主要路标。丝绸之路是从罗马帝国叙利亚行省的首府安条克城开始,在海俄拉城(即门比杰)渡过幼发拉底河,进入帕提亚帝国,然后经过埃克巴

---

① 西格和西格林的著作 Tocharische Grammatik (Göttingen, 1931); S. 莱维的报告《库车语写本残卷》(巴黎,1933年)。关于库车语与其他印欧方言的有关位置,参看 H. 佩德森的文章"Le groupement des dialectes indo—européens",载 Kgl. danske Vid. sel. hist. fil. meddelelser, XI, 3, 1925。

② A. 赫尔曼《中国和叙利亚之间的古代丝绸之路》, Quell. u. Vorsch. Z. alten Gesch. u. Geoz (1910); "Die Seidenstrassen Von China nach dem Römischen Reich", (Mitt. der Geogr. Ges〔1915〕, 472)和"Die altesten chinesischen karten von Zentral—und. Westasien"(《夏德纪念文集》185页)。

坦那（哈马丹）、今德黑兰附的刺夷（或雷伊）、赫卡托姆皮洛斯（和椟城）[1]和莫夫，进入巴克特拉（巴尔赫），巴尔赫城在这一时期属于印度－塞人，很可能是属于中国人说的月氏，或印度人说的吐火罗人，从此，丝绸之路进入了帕米尔山区。托勒密记载道，在帕米尔山区的一个山谷中，即在拘谜陀山脚，有一石塔，地中海东岸各地来的商队与赛里斯商队（带着丝绸）彼此在塔附近交换商品。阿尔伯特·赫尔曼将塔的位置定在阿赖山与外阿赖山的纵向山脉之间，在克孜尔河流经的帕米尔山谷中，克孜尔河是从阿姆河上游流向喀什谷地的。哈辛曾在这些地区旅行过，他认为，正像较早时期推测的那样，这一石塔应该在瓦罕（小帕米尔山）与叶尔羌河河源之间、明铁盖达坂之北，即今天塔什库尔干附近去寻找。

在喀什，丝绸之路分成两道。北道到库车，据阿尔伯特·赫尔曼记述，库车是亚历山大时期的地理学家们笔下的伊塞顿·斯基卡，再到喀拉沙尔（他们称达蒙纳），再到罗布泊的楼兰（他们称伊塞顿·塞里卡 Issedon Serica），最后到达敦煌以西的玉门关（他们称达克沙塔）。我们已提到过南道，从喀什起，过叶儿羌、于阗、尼雅和楼兰国内的最后一座城市米兰[2]到罗布泊。两条道又在敦煌（希腊－罗马地理学家认为是塞洛亚那）重新会合。然后丝绸之路进入中国本土，经酒泉（希腊地理学家们称为的德罗萨克？）和张掖，最后达到长安（西安）和洛阳（河南），长安常被认为是托勒密所

---

[1] 赫卡托姆皮洛斯（Hecatompylos），希腊语，意为"百门之城"，其遗址在今伊朗东北呼罗珊达姆甘西南，地处厄尔布尔士山脉东段南坡，处于古道中心，应是中国史料中的和椟城。——译者
[2] 米兰在今罗布泊西南。——译者

记的大城市塞拉(Sera),洛阳他另有称谓(Saraga 或 Thinae)。

13. 班超对塔里木盆地的征服

无论对这些希腊文地名及汉文地名之间所作的鉴定的正确性如何,可以肯定的是,自从这条一端是罗马和帕提亚帝国,另一端是汉帝国的、横跨亚洲大陆的丝绸之路开通起,沿塔里木南北两缘绿洲上排列的印欧诸小国就开始有了相当大的商业重要性。事实上,匈奴与中国人为控制这些国家而互相争夺,前者从这些王国以北的阿尔泰山高地窥视塔里木,后者从这些王国以东的敦煌地区边境控制着出口点。

东汉对塔里木盆地的征服——或者是再征服——是在明帝(58—75年)、章帝(76—88年)、和帝(89—105年)在位时有步骤地进行着的一项事业。对此事业的功绩应归于几位伟大的战士。公元73年,中国将领耿秉(驸马都尉)和窦固发动了对北匈奴的初征,北匈奴在汉军到达之前就逃走了①窦固的副将、中国出现过的最杰出的首领之一,假司马班超受命进攻在巴里坤的一支匈奴部落呼衍部,班超打败其部后,"多斩首虏而还"。② 同年(即73年),中国在伊吾屯兵,沙畹认定伊吾是哈密,而阿尔伯特·赫尔曼认为伊吾地处罗布泊以北,在楼兰和今营盘之间。③ 74年,耿秉和窦固

---

① 《后汉书·耿秉传》。
② 《后汉书·班超传》。
③ 《后汉书》。韩儒林在《汉代西域屯田与车师伊吾的争夺》一文的注释中说赫尔曼的观点是不可信的。详见该文注释。——译者

出发进攻吐鲁番地区，当时该地分为两个小国，由同一个王朝的成员们统治着：吐鲁番周围的南车师和在天山北麓接近古城的北车师。耿秉通过大胆的行军，首先进攻较远的古城车师，其王安得在汉军发动猛攻之前投降："他出城，脱帽，抱住耿秉的马蹄，表示归附。"①吐鲁番王安得之子受其父的影响也投降了。两支中国驻军分别留在北部车师（古城）和吐鲁番的鲁克沁②。与此同时，班超的看法是"不入虎穴，焉得虎子"，他派出一支带有侦察员的小分队进入地处楼兰和罗布泊西南的鄯善国，他施展一计谋而得知鄯善国王正在与一位匈奴使者密谋反对中国。夜幕降临时，他召集部下开会。照例他应该征求派给他的中国文官的意见，但是，他谨慎地没有这样做，他说："吉凶决於今日。从事文俗吏，闻此必恐而谋泄，死无所名，非壮士也！"在沉寂的夜晚，班超率小队人马放火烧了匈奴使者们住的小屋，进而还以喊叫声和锣鼓声恐吓附近的人，然后他们把这些野蛮人烧死或砍头。事后，班超召见鄯善王，把匈奴使者的头拿给他看。这位已经处于叛逆边沿的鄯善王，战战兢兢地又恢复了对中国的臣属地位③。接着班超把注意力转到喀什噶尔的事务上。

在中国和匈奴都未干涉塔里木盆地上诸印欧小王国的事务期

---

① 《后汉书·耿秉传》。
② 《后汉书》。
③ 《后汉书·班超传》，原文是："班超怒曰：'吉凶决於今日。从事文俗吏，闻此必恐而谋泄，死无所名，非壮士也'。众曰：'善'。初夜，遂将吏士往奔虏营。会天大风，超令十人持鼓藏房舍后，约曰：'见火燃，皆当鸣鼓大呼。'余人悉持兵弩夹门而伏。超乃顺风纵火，前后鼓噪。虏众惊乱，超手格杀三人，吏兵斩其使及从士三十余级，余众百许人悉烧死。……班超于是召鄯善王广，以虏使首示之，一国震怖。"——译者

第一章　草原的早期历史:斯基泰人与匈奴

间,这些国家互相争吵不休。中国人称之为"贤"的叶儿羌王(公元33—61年),由于征服库车(46年)、费尔干纳和于阗,暂时获得了该地区的霸权,但他在一次大叛乱中去世。[①] 当于阗王在公元61年推翻贤时,库车接受了匈奴的保护。塔里木南部的霸权转入中国名为"广德"的这位于阗王手中,他成了叶儿羌的主人。在北方,控制权落到中国名为"建"的库车王手中,建在保护者匈奴人的支持下于73年夺取喀什[②]。在这关键时刻,汉明帝任命处理该地区事务的班超到达喀什噶尔。他先到于阗,于阗王广德[③]因最近取得的胜利冲昏头脑,偏向于听从匈奴的指挥,对班超十分冷淡。班超随即亲手砍下作为于阗王首要顾问的一位巫师的头。于阗王惊恐万状,重新归附汉朝,并杀匈奴使者以示忠诚。然后,班超前往喀什。库车王建是匈奴的属从,他已经征服喀什并且派他的亲信,一位库车人登上喀什王位。班超不畏艰险(他只带很少几个人)捉住这位库车王,废黜了他,恢复了原喀什噶尔王朝,以一位汉文译名为"忠"的人为王[④](公元74年)。

公元75年,明帝死前不久,在匈奴的支持下,塔里木爆发了一次反对中国保护权的大叛乱。焉耆王暗杀了中国都护陈睦。库车和阿克苏人开始包围在喀什的班超,被围一年多后,这位英雄开始反攻。与此同时,匈奴侵扰北车师(古城)王国,杀中国的封臣——北车师藩王安得,包围了中国的戊校尉耿恭在一个地区的堡垒。

---

① 《后汉书》。
② 同上。
③ 该名可能是还不清楚的和田语的汉译名。
④ 《后汉书》。

耿恭像他的同事班超一样，奋起英勇抵抗。在没有供给的情况下，被迫把他们装备上的皮带煮熟为食。他同与他待在一起的一小部分人一直坚持到最后。① 然而，新皇帝汉章帝的朝廷命令班超和耿恭撤离塔里木盆地，因为这些不断的叛乱和维持中亚保护关系所需要的代价使朝廷灰心丧气。但是，班超意识到，这种撤退就是把该地区拱手交给匈奴。在撤回途中，他一到于阗就改变了主意，他违抗已经接到的朝廷命令，重返喀什。在他离开的短暂期间，喀什自然已落入库车人手中，也就是说，落入了匈奴一派的人手中。班超把库车集团的头目们斩首之后，恢复了他在喀什的住所，并决定不再离开。更有利的是，在78年，由于得到在喀什和于阗召集的或者是在远至粟特地区征募的辅助军的补充，班超夺取了阿克苏和吐鲁番，"斩首七百级"。② 与此同时，中国在甘肃的驻军从匈奴手中重新夺取了吐鲁番的车师王国，斩首3800人，获取牲畜37000头。北面的蛮族惊恐四逃。③ 在班超和耿恭这些对手面前，匈奴算是碰到了他们的师傅。

班超在呈报给皇帝的奏章中，通过列举自己在西域的经验极力说服胆小的朝廷。他陈述道，那些被文人学士们谴责为无用的边区战争，实际上是最现实的防卫措施，很可能使中国领土免受匈奴人定期性的入侵，"取（中亚）三十六国，号为断匈奴右臂"。至于他采用的方法，可以简括为一个著名的公式："以夷制夷"。确实，由于他用每一块新征服的绿洲为他提供的小分队来对付那些还处

---

① 《后汉书·班超传》。
② 同上。
③ 同上。

于叛乱中的绿洲,他完成了对塔里木盆地的征服。真正的中国人不过是一小伙冒险家或充军者,他们是为了在边疆多事的生活中获得新荣誉而来的。他们靠该地区的给养生活,他们保卫这一地区,以免匈奴游牧部落再来。班超解释说:"臣见莎车(叶儿羌)、疏勒(喀什)田地肥广,草牧饶衍、兵可不费中国而粮食自足"①。这位与达西亚的征服者图拉真同时代的人也具有图拉真的军事观点。

主要目的是把匈奴人赶回蒙古高原北部,让他们远离他们获取食物和财富的丝绸之路。班超胸怀此大略,粉碎了在喀什(80年、87年)和叶儿羌(88年)发生的新叛乱,并使伊犁河畔的乌孙人成了他的盟友。班超从他派出的探子们那里获得情报,以及他对蛮族心理了如指掌,每次他总是大胆地、出其不意地打击敌人,在喀什,受他保护的傀儡王忠,于84年伙同莎车人、粟特人(索格底亚那人)和月氏人(或称印度塞人)一起叛乱。喀什王忠在被班超从喀什赶跑之后,于公元87年佯装自愿归附班超,并要求班超接见,在接见时,他随身带来了一支强悍的骑兵,用意是企图发起突然攻击。班超假装不知并相信拜访者的诚意,设宴款待。然而,当"酒一巡之后",他捉住其王并砍下他的头。与此同时,中国军队从隐蔽处出来,猛扑向敌人,并把他们全部杀掉。② 公元88年,班超在攻莎车之前,只有一小支军队(汉军与于阗的援军一样多)去出击已经得到库车及邻近城市来的、大约有5万援军支持的居民们。

---

① 《后汉书·班超传》。
② 同上。

在夜间,班超佯装撤退,后来又急行军返回来猛攻该城,杀 5 千人,迫使城民投降。①

现在,只有库车和焉耆还处于叛乱之中,这些地区正在四处收罗反中国的盟友,从蒙古种的匈奴人到月氏人或称印度—塞人。印度—塞人国王——也就是统治着阿富汗地区和北印度的强大的贵霜王朝的皇帝,可能当时是卡德菲斯一世——未能与中国公主联姻,心怀不满,于公元 90 年,向帕米尔山区东北部派出一支远征队去协助库车反对班超。班超阻截了该军与库车人(他们可能为这支援军储备食物)之间的一切通道后就消失了。这些印度—塞人在没有给养的情况下,在喀什噶尔无边无际的许多小路中间冒险行进,未遭惨败地得以撤退已是值得庆幸的了。库车朝廷,在这次几乎酿成灾难的经历之后聪明起来,于公元 90 年重新与中国建立起友好的关系②(这是月氏人中的传统政策)。

在北方的蒙古,窦宪和耿秉将军取得了对北匈奴的伟大胜利(89—90 年)。北车师和南车师(古城和吐鲁番)的两位国王立即恢复了他们与汉朝的联系。公元 91 年,中国将军耿夔使匈奴再次遭到决定性的失败。他进军至蒙古高原北部,很可能达到鄂尔浑河,俘虏了单于的母亲及其家庭的全体成员,立单于的弟弟於除鞬为继承人。93 年,当新单于反叛中国时,中国派遣一支来自满洲边境的蒙古族部落鲜卑人对付他,他们打败并杀死新单于,北匈奴再也没有从这次灾难中完全恢复过来。

---

① 《后汉书·班超传》。
② 同上。

于是,在失去了匈奴和印度－塞人两方面的援助之后,塔里木北缘四个反叛国中的三个——库车、阿克苏和吐鲁番——向班超投降(91年)。这位中国的胜利者接受了朝廷赐予的"都护"称号,实际上是中亚的总督。他在库车附近的一个小城乾城建立住所,而另一位中国将军住在喀什。只有焉耆还未被征服。公元94年,班超率领来自库车和鄯善(罗布泊地区)的辅助军向焉耆进军。焉耆居民徒劳地毁掉了架在裕勒都斯河上的桥。班超趟过深齐腰部的河水,进入焉耆城前面的沼泽地。一些居民渡过博斯腾湖逃跑,但焉耆王被迫投降。班超为了报仇,就在19年前陈睦被害的地方砍下他的头。班超"因纵兵钞掠,斩首五千级,获生口万五千人,马畜牛羊三十余万头"。① 塔里木盆地全境至此全部征服。班超于97年命令其副将甘英出发,穿过安息——即过阿尔萨息朝的帕提亚帝国——去大秦,即中国对罗马帝国的称呼。但是,甘英被帕提亚人的谎言吓住,没有越过帕提亚人的领地,大概没有达到罗马的边境就回来了。②

班超于102年告老回国,同年去世。他的后继者们未能仿效他的灵活而现实的土著政策,塔里木地区在106和107年爆发了大叛乱。中国将军梁懂在库车被当地居民包围。③ 他在一次大胜仗之后解围,但是,汉朝廷因这些连续不断的叛乱丧失了信心,于107年召回了在塔里木的全体驻军,甚至包括在鲁克沁和伊吾的驻军。次年,羌人(或称吐蕃人)攻打甘肃的中国据点,有截断通往

---

① 《后汉书·班超传》。
② 同上。
③ 同上。

敦煌之路的危险,吐蕃人当时还是一个完全处于野蛮状态的民族,他们在青海以西和以南地区过着游牧生活。梁慬以几次激战为代价把他们阻住(108年)。最后,内蒙古的南匈奴于109年对中国边界发起进攻。中国度辽将军耿夔鼓动一些鲜卑部落反对他们。然而,南匈奴一直骚扰着山西北部,直到梁慬于110年迫使他们讲和。

总的说来,在119年当中国重建工作开始时,她在保卫自己的边界中面临着许多困难。重建了伊吾(哈密或罗布泊?)的移民军团;鄯善和吐鲁番王再次归附。但其后不久,北匈奴单于和古城车师出其不意地杀了伊吾驻军。最后,班超的儿子班勇恢复了其父所取得的一切成就。他于123年在吐鲁番附近的鲁克沁重新屯兵;124年,他费力地支持鄯善王对中国的效忠。被吓倒的库车王和阿克苏王开始归附中国,并派一支军队给班勇,任其调遣,班勇用这支军队把匈奴匪帮赶出了吐鲁番。126年,他甚至在短时期内臣服了生活在巴里坤湖东北地区的北匈奴的呼衍部,并赶走企图插手的北匈奴的主力部队。[①] 127年,中国人进入焉耆,从而完成了对塔里木盆地的再征服。130年,喀什王的儿子和一位来自费尔干纳王的使者一起到达东汉都城洛阳,觐见汉顺帝。

在以后的若干年中,除了南匈奴的左支,或称东支的一位首领在140—144年进行过短期叛乱外[②],中国的麻烦主要来自巴里坤的呼衍部匈奴人。131年,呼衍部攻北车师(古城),并蹂躏

---

① 《后汉书·班超传》。
② 参看P.布德伯格:"中国边疆史两则"(《哈佛大学亚洲研究杂志》3—4,1936年9月,286)。

当地居民;151年,他们几乎摧毁了汉朝在伊吾的军屯区,该区在付出了巨大的努力后才得以保住。然而,北车师在153年时还是中国的属国。151年,一位汉朝官员愚蠢的残暴行为激起了于阗人的反抗,他们杀死了他,虽然此后该城居民作了公开的道歉①。170年,中国的将军们利用来自吐鲁番、焉耆和库车的小分队,以地区纠纷仲裁人的身份进行了一次警告性的远征,直到喀什;168—169年间,中国护羌校尉段颎击退了沿甘肃边境入侵的羌人(或吐蕃人)。

14. 上古末期和中世纪初期的塔里木绿洲文化

由于确保了沿塔里木盆地南、北两缘绿洲链上贯穿大陆的贸易的自由畅通,中国在东汉时期对丝绸之路的控制有利于佛教在塔里木河流域的传播,随之也带来了印度文学和希腊艺术。或者,更确切地说,沿着丝绸之路(也是来喀什噶尔和中国布教的印度佛教徒们所走的路),贸易和宗教一起把希腊-罗马艺术带来了。马厄斯·梯梯安洛斯的代理商们的活动与佛陀使者们的活动大多是具有同样目标的。

当时最繁华的商路似乎是南道,即经过莎车和于阗的那条路。在约特干,即古于阗,奥瑞尔·斯坦因探险队发现了瓦伦斯皇帝统

---

① 《后汉书》卷155下记有在龟兹(称库车)进行军屯。布德伯格认为这不是中亚穆扎尔河岸边的库车,而是由库车的流放者们或是陕西东北的,很可能是榆林北部的移民们所建的库车。参看《哈佛大学亚洲研究杂志》3—4,1936年9月,286。

治时期（公元364—378年）的罗马钱币，在于阗东部的剌窝，探险队偶然地发现了一组纯犍陀罗式风格的希腊－佛教式浅浮雕，上面刻有精致的希腊服饰。稍稍再往东，在尼雅境内一个3世纪末期废弃的遗址上，发现了罗马图章、凹雕和印度－塞人的钱币。在罗布泊西南的米兰，即在原鄯善国境内，这支探险队发现了一些美丽的希腊－佛教式壁画，主要画的是佛陀及其僧侣和明显具有罗马－亚洲外貌的、带翼的天使。这些壁画都注有印度字"Tita"——已经认定"Tita"一名就是Titus[1]——显然，它们全都是属于公元第3和第4世纪[2]。

在中国和平时期，大批的佛教使者正是经过这条丝绸之路纷纷来到中国的。帕提亚人安世高于148年抵达中国并于170年在中国去世。印度人竺朔佛和月氏人（即印度－塞人）支谶大约在170年同到中国，在都城洛阳建立了一个宗教社团。一个月氏使者的儿子支曜在公元223—253年把一些佛经译成汉文。提到这些月氏人是很有趣的，因为它表明，正是这个当时地跨阿富汗、犍陀罗和旁遮普的贵霜帝国，利用丝绸之路，对塔里木盆地和中国的佛教宣传作出了很大贡献。除了这些贵霜或印度的使者们外，还有许多帕提亚的皈依佛教者继续进行在亚洲高原和远东地区的改宗工作，了解这些并非没有价值。在中国的佛经《三藏》上，录有那些经过塔里木到中国工作的佛教使者和翻译家的名册。在塔里

---

[1] Titus，提多，使徒保罗的门徒。——译者
[2] 参看斯坦因的《古于阗》（牛津，1907年）Ⅱ中的复制品，图第14页以下，XLIX和LXXI；《西域艺术》（牛津，1921年）Ⅳ，图XL—XLII和134、136以下，517、520以下。《论古代中亚遗迹》（伦敦，1933年）图54、57。参看安德鲁斯的"中亚壁画"（《印度艺术与字母》Ⅷ，1，1934年）。

木地区,来自东伊朗和西北印度的另一群僧侣从事翻译工作,将神圣的梵文写本译成从东伊朗语到库车语的各种方言。著名的鸠摩罗什(344—413年)的例子就很突出,在此值得回顾一下。

鸠摩罗什生于定居在库车的一个印度人的家庭。其祖辈在库车享有很高地位。其父是一位虔诚的佛教徒,希望抛弃世俗的高官厚禄,投身于寺院生活,但是库车王强迫他继续担任世俗官吏,并嫁其妹与之为妻。这次婚姻生下了鸠摩罗什。鸠摩罗什自幼随母到克什米尔学习印度文学和佛教。在他返回塔里木时,访问了喀什,他在此逗留了一年,继续研究《论藏》。在他的传记写本[①]中表现出当时的喀什像库车一样,是印度思想活跃的中心——以至于两城的统治者争夺把像年轻的鸠摩罗什一样有学识的僧侣留在自己宫中的荣耀。当鸠摩罗什回到库车时,汉译音名为帛纯的库车王很欢迎他,莎车王的两个孙子成了他的门徒。他与他的印度老师卑摩罗义(Vimalaksha,其祖籍是克什米尔)一起住在库车,直到382—383年。正如我们将要看到的,在382—383年中国将军吕光入侵库车后,他带着鸠摩罗什一起返回中国。吕光的故事为库车宫殿的辉煌壮观提供了证据,该宫殿令这位中国的征服者吃惊。吕光的惊讶致使人们推测他在库车所见到的建筑物和艺术品是印度和伊朗传统式的,而不是中国式的,也就是说,正像哈辛断言的那样,最古老的克孜尔画必定是这一时期前后的作品。

---

① 他的传记已由列维从《三藏》中译成法文,参看"库车的吐火罗语"(《亚洲杂志》II,1913年,355)。

亚洲大陆的文明,正像这些例子所反映的那样,明显地分成两个长形地带。在北方,从黑海地区的俄罗斯到满洲地区和鄂尔多斯,属草原艺术:精致的游牧艺术,以刻在青铜烛台和工具柄端上的、具有明显装饰性的程式化动物艺术为特征。在南方,从阿富汗到敦煌的丝绸之路,经过围绕塔里木盆地的两条绿洲链,在这些商路绿洲上的定居民族中,存在着直接受到希腊、伊朗和印度艺术的激发而产生的绘画和雕塑,这三种艺术都是沿丝绸之路传播的,并且由于佛教的需要,与佛教掺和在一起。

上古末期和中世纪初期的这种塔里木艺术的起源必须在阿富汗的地区寻求。在阿富汗的喀布尔谷地中,第4世纪的贵霜朝中的最后几位国王已经受到萨珊波斯的强烈影响,并被纳入它的轨迹,这一点可以从赫兹菲德和哈辛所研究的贵霜——萨珊钱币上看到。① 萨珊佛教文明和萨珊佛教艺术产生在这些印伊边境上,这一点由创造于公元第3世纪末和整个第4世纪的巴米安和卡克拉克的伟大壁画得到说明。在这些壁画中,无论是在描绘的图案和服装上,还是在人物的处理上,萨珊影响都十分明显。最近哈辛在喀布尔附近的海尔哈纳发现的一尊萨珊—婆罗门雕塑(属公元第4世纪末),还有地处从喀布尔到巴尔赫途中的拉伊附近的杜克塔—依—奴细尔汪的纯萨珊式壁画群(其代表是一个萨珊王族的王子、5世纪的巴克特里亚总督)都提供了进一步的例证。所有这些都是哈辛—哥达德和哈辛—卡尔探险队发现的。在这些壁画

---

① 参看赫兹菲德的"贵霜萨珊钱币"(《印度考古记》No.38,1930年)。哈辛的"阿富汗古钱币分类"(《亚洲杂志》1935年4—6月刊,页287)。

中,我们可以把当时的阿富汗地区看成是一个印度宗教和印度文学与萨珊王沙普尔和科斯洛埃斯时代的波斯物质文明紧密结合的场所。①

这就是萨珊-佛教的混合物,佛教使者们,即鸠摩罗什的热心的模仿者们,已经把这种混合物种植在塔里木各绿洲之上和沿丝绸之路的各落脚点之上,由于他们,丝绸之路成为传授宗教之路。克孜尔(库车略微往西)壁画的早期风格,正是与巴米安壁画有联系:具有造型准确、高雅和用色谨慎的特点,即多是灰色、深褐色、红棕色、浅绿色、深棕色等。哈辛确定了这些壁画的不同时期的年表,他把这种风格的艺术确定在大约450—650年间。② 印度影响在这种早期的壁画中还占有优势,其中的还有旃陀毗罗婆王后舞,它使人想起阿旃陀石窟中的优美的印度裸体画像。萨珊影响也很明显,特别是在孔雀洞和画师洞中——画家把自己画成年轻的伊朗君主,身穿精致的浅色紧身上衣,在腰部收紧,其衣领是库车式的大翻领(参看哥达德夫人复制的巴米安壁画)、下身穿裤子和高筒靴,整套服装都是仿效伊朗的。后来,1937年哈辛和卡尔在喀布尔以西的法杜克斯坦发现精美的灰墁,由一枚萨珊王库思老二世时期(590—628年)铸造的钱币可以确定其年代,这些灰墁使我们确信,直到阿拉伯征服前夕,受伊朗——佛教影响的阿富汗地区

---

① 参看哥达德和哈辛的《巴米安古代佛教》(巴黎、1928年)。哈辛和卡尔的《巴米安考古新探》(巴黎、1933年)。哈辛和卡尔的《凯尔哈奈峡地的考古发现》(巴黎,1936年)。

② 参看哈辛"中亚印度和伊朗艺术"(《艺术史》Ⅳ,253)和"中亚的佛教艺术"(《中国艺术及其印度影响的研究》,伦敦,1928年,第12页)。

继续使库车社会产生男性式的服饰①。

哈辛把具有第二期风格的克孜尔壁画定在650—750年间,据他认为,其特征是缺乏固定的造型和色彩明快(多采用天青石色和浅绿色),萨珊服式占优势地位。现存柏林的克孜尔和库姆吐拉佛教壁画中就画着男、女施主的队伍,他们重现了5—8世纪库车国王们的宫廷。这批穿着华丽的贵族——显然属于印欧种人——正像他们在宗教和文学上是印度的一样,在服饰上和物质文明的各个方面也都是伊朗的。除了这种宫廷服饰外,克孜尔壁画还反映了军事场面——例如,正像在"瓜分圣物"中的场面——一位库车"骑士",身着盔甲,头戴圆锥形头盔,身穿锁子甲服,手持长矛,使人想起萨珊骑兵和克里米亚地区刻赤(潘蒂卡派)的萨尔马特牧人②。

这种伊朗—佛教的混合物在塔里木南部地区也有发现,特别是在位于于阗东北的丹丹乌里克绿洲发现的一块木版画上(属7世纪末)可以看到。画中,一个挨一个地排列着纯印度式的裸体的龙女画,与阿旃陀壁画中最精致的裸体像相似;一位牧马人和赶骆驼者都具有伊朗特征;还有一尊菩萨,留着胡须,戴着古波斯人头巾、穿绿色长上衣、裤子和一双萨珊贵族式的靴子。最后,同样的伊朗影响还可以在吐鲁番地区的壁画和小塑像上看到,例如在伯子克力克和穆尔吐克的壁画中。在伯子克力克壁画中,身穿胸甲的神似的人物使我们联想起克孜尔和库姆吐拉壁画中一位身着萨

---

① 参看《亚洲艺术评论》第12期,1936年。
② 勒柯的《中亚文化史美术图录》(柏林,1925年)图32、33、50。罗斯托夫采夫的《南俄的伊朗人与希腊人》(牛津,1922年)图29。

珊式甲胄的那些库车牧马人,而据哈辛记述,某座观世音像还保留着纯印度的风度。在穆尔吐克的壁画中,在一些完全是印度面孔的佛像旁边,施者们穿着像在克孜尔所见的同样的甲胄,戴着有展开的翅膀装饰的头盔,这些又清楚地表明了与萨珊王朝的联系①。在雕塑方面,奥瑞尔·斯坦因在焉耆发现了精致小巧的泥塑像,它们酷似一个代表种族类别的画廊。它们与阿富汗地区哈达的希腊－佛教式雕塑(现存纪麦特博物馆)极为相像。

于是,在8世纪后半期突厥各部落征服该地区以前,塔里木南、北的印欧绿洲,从莎车和于阗到罗布泊;从喀什、库车、焉耆到吐鲁番,他们的文化不是来自阿尔泰文明和草原文明,而是来自伟大的印度和伊朗文明。他们形成了一直延伸到中国边境的外印度和外伊朗地区。此外,渗入中国本土的印度和伊朗文明应归功于这些绿洲,②这一点已由伯希和和斯坦因探险队在敦煌(丝绸之路在此进入今天的中国甘肃省)附近发现的佛教壁画和幡

---

① 我认为很可能库车壁画的影响一直传播到北部很远的地方,进入了西伯利亚。应该指出在"克孜尔骑士"画中的人物形象可以在米努辛斯克附近的卡拉攸斯(即皮沙那亚戈拉)谷地的苏拉克岩画中看到。该地区发现了身着盔甲、头戴圆锥形头盔、手持长矛的牧马人,与克孜尔"瓜分圣物"中的牧马人类似(勒柯《中亚文化史美术图录》页54,图50)。塔尔格伦认为苏拉克牧马人的"飞马"可以看成萨珊和唐朝时期的飞马,属于公元7世纪。甚至在额尔齐斯河上游(卡曼纳帕·巴巴)巴尔喀什湖的谢米巴拉金斯克的石柱上,那些粗糙的、拟人的图案,及其所描绘人物的上衣的大翻领也令人想起库车是萨珊化影响的中心。参看塔尔格伦的"内亚和西伯利亚岩画"(《欧亚大陆北部古迹》第8期,193)。

② 斯坦因的大量著作,如《古代于阗》(1907年)、《沙漠契丹废址记》(伦敦,1912年)、《西域考古记》(1921年)、《亚洲腹地考古记》(牛津,1928年),都摘录在他编的、有插图的著作《古代中国遗迹》(1933年)中。勒柯的图册《中亚晚古佛教》(柏林,1922年—1923年,7卷本)中的一些摘录在以后他的两书中,即《中亚文化史美术图录》和 *Bilderatlas and Buried Treasures of Chinese Yurkeston*(伦敦,1928年)。还可参看瓦尔德施米特的《犍陀罗、库车和吐鲁番》(莱比锡,1925年)和哈辛"中亚考古研究"(《亚洲艺术评论》,1936和1938,1)。

旗上表现出来。

15. 鲜卑人在蒙古帝国取代了北匈奴

当希腊－佛教和伊朗－佛教文化未受干扰地在塔里木绿洲的定居民中茁壮地成长时,突厥－蒙古族的游牧部落却在北部草原上互相残杀。约155年,北匈奴(他们可能属突厥种,住在蒙古高原北部的鄂尔浑河流域)被另一些游牧部落,即鲜卑部落降服。鲜卑人[①]起源蒙古和满洲边境上的兴安岭,他们长期以来被认为是通古斯人,据伯希和和托利的研究,似乎更有可能属蒙古种人。于是,蒙古人的统治接替了突厥人的统治。中国人称之为檀石淮的鲜卑首领征服了北匈奴之后,向西蒙古进军,远至伊犁河畔的乌孙人,他打败了这些乌孙人。中国编年史家们提到,在166年,他的统治从满洲到乌孙国,远至巴尔喀什湖。无疑地,这一记载多少有些夸张;鲜卑人的统治几乎没有超出过今天的博格达汗(土谢图汗)和车泽尔里克曼达勒(即赛音诺颜)的领土。取得这一重要权力以后,鲜卑首领开始重蹈前辈匈奴的覆辙,贪婪地把目标对准中国。156年,檀石淮进攻今天称为辽东省的地区,但被击退。接着他转攻内蒙古的南匈奴,当时南匈奴已归顺中国,后来他与南匈奴

---

① 参看托利(《日本帝国大学、科学院杂志》东京,XXXVI,9和19)。据他认为,鲜卑人仍处于极落后的阶段,使用新石器和青铜工具。直到公元后2世纪,中国难民才把铁器引入他们中(70和96页)。伯希和认为汉译名"鲜卑"一定是源于Särbi,sirbi或sirvi("吐火罗语与库车语"载《亚洲杂志》I,1934年,35)。

达成协议,诱使南匈奴和他一道攻击陕西和甘肃的中国边境,但是,联合起来的这些游牧部落在中国军队面前被迫撤退了(158年)。鲜卑人又对辽西(即对满洲西南部,辽河下游西部的中国地区)发起新攻击,也于177年被中国将军赵彪击溃。最后在公元207年,中国将军曹操在今热河地区彻底击溃乌桓,乌桓是在大兴安岭南达赉诺尔(即呼伦池)和西拉木伦河(辽河)地区放牧的游牧部落。公元215—216年间,曹操把南匈奴余部安置在今陕西省、山西省和河北省以北的人烟稀少的边境地区,并把他们分成五部,每部派一位中国驻外政治代表〔司马〕监督各部首领的统治。南匈奴的合法单于被软禁在中国宫廷内。①

公元220年,当汉朝在内战中消亡时,在前一段时期被中国军队严重击败了的北方草原游牧部落,或者是心怀恐惧,或者是衰弱不堪而未能利用这一形势。尽管汉朝的继承者,即"三国"之间在进行着内战,但印欧人的塔里木绿洲还继续忠于三国之首、华北的主人魏国(220—265年)。因此,在224年,鄯善(罗布泊)、库车和于阗向魏王曹丕表示效忠。当晋朝(司马家族)取代了魏国和其他两国,重新统一中国时,库车王派其子入侍宫廷(公元285年)。鲜卑人大胆攻击凉州(武威)附近的甘肃边境,于279年被中国将领马隆击退。

匈奴大帝国已经消失,占据其位置的鲜卑人已表明他们无力恢复对中国边境的攻击。正是在中国似乎不再受到来自草原的威

---

① 《三国志》,布德伯格摘录在他的"中国边疆史两则"中(《哈佛亚洲研究杂志》3—4,1936年9月,292)。

胁的时候，4世纪的蛮族大入侵开始了，这次入侵类似于欧洲5世纪的民族大迁徙。然而，与之不同者，这些入侵似乎并不是由蛮夷之地的骚乱而触发，也不是由某个阿提拉的行动而产生，仅仅是由于中国力量的衰落而引起，中国的衰落像用一根真空管，把直到当时仍沿中国边境扎营的、作为中国盟邦的这些野蛮人吸入中国。

16. 公元 4 世纪的大入侵；匈奴和鲜卑对中国北部的征服

我们已经谈到过那些使匈奴遭到削弱的接连不断的分裂。自公元前 3 世纪起，在单于的统治下，匈奴人控制着蒙古高原，单于驻地选择在鄂尔浑河流域。公元前 44 年，当一位名叫郅支的首领被对手赶出父辈之地蒙古向巴尔喀什湖地区（即今哈萨克共和国）迁徙时，匈奴中出现了第一道裂缝。于是东、西匈奴间产生了分离；在蒙古的东匈奴仍然是中国的敌人，在巴尔喀什湖和咸海草原上的西匈奴，在匈人（阿提拉的先辈们）的名称下后来成为罗马世界的敌人。

公元 48 年，东匈奴帝国内部分裂；在南方的，或者说在内蒙古的 8 个匈奴部落，从那些仍忠于鄂尔浑地区单于的匈奴人中分裂出来。于是形成了明显的新集团：蒙古高原北部鄂尔浑河流域的北匈奴和长城以北内蒙古的南匈奴。正如刚才我们所看到的那样，北匈奴大约在公元 155 年已经被鲜卑人降服，鲜卑人是起源于蒙古东部、满洲边境的兴安岭地区的蒙古族游牧部落。如上所述,鲜卑人当时控制着从满洲边境到接近哈密和巴里坤地区之间的地带。

接近汉末时,南匈奴(从现在起我们将专门论述南匈奴)在鲜卑人的压力之下进一步南进,正如已经提到的那样,他们逃入黄河河套、鄂尔多斯草原和阿拉善附近地段,在三国时期(220—265年),他们居住在这些地区内。在此,他们作为中国的盟邦,发挥了某种与4世纪时罗马帝国郊区许多日耳曼部落相类似的作用。鄂尔多斯草原上的这些匈奴盟邦的首领与魏朝(220—265年)和北晋王朝(265—316年)的皇帝之间的关系很像公元4世纪的哥特人、法兰克人和勃艮第人的酋长与君士坦丁或狄奥多西家族的罗马皇帝们之间的关系。在两方面,常去帝国都城——长安或洛阳,米兰或君士坦丁堡——的蛮族首领们都被承认是这些衰败朝廷的亲密朋友,他们从其所见中受益后回到自己的部落中去。

当时,作为盟邦的南匈奴——为皇帝效劳的部队——进一步向南推进,在长城内定居下来[①]。呼厨泉单于(195—216年在位)在山西腹地平阳居住下来。是时正值汉朝崩溃前夕,内战迭起。呼厨泉及时地想起他的一位远祖曾是汉朝公主,采用大汉帝国的父姓:刘氏。于是,当皇室的正统性由于一系列篡政在中国被取消时,而在匈奴庭帐中却得到了恢复。304年,一位采用汉朝姓氏、名叫刘渊的匈奴首领,盘踞在山西太原,他从中国晋朝获得了五

---

① 这一时期与欧洲5世纪一样混乱,关于这一时期,参看《十六国疆域志》(米切尔斯译本,页304—407)。P.布德伯格已试图清理和重编3、4世纪的匈奴单于的编年和世系(《哈佛亚洲研究杂志》3—4,1936年9月,298)。

部落单于的称号。308年，他率领5万匈奴军，借口是汉朝的合法继承人在太原称帝。这位匈奴统治者建立的王朝确实被称为"北汉"，即在北部的汉朝，或者是早期赵朝，即前赵。

刘渊之子、继承人刘聪（310—318年在位）是中国的阿提拉。311年，其部队占领中国都城洛阳，火烧帝国宫廷，俘获晋怀帝，然后向长安逼近，在长安屠杀了一半居民（312年）。被俘的晋怀帝被送往刘聪驻地平阳，强迫他作为刘聪的斟酒侍者，直到313年被杀。在匈奴返回平阳后，中国的新皇帝晋愍帝（312—316年）在长安建立朝廷，但是，匈奴于316年卷土重来，又包围了长安城，迫使软弱的统治者投降。这位登上皇帝宝座的匈奴王又一次地在平阳接见了被俘虏的中国皇帝，迫使他在宴会上洗刷碗碟，最后，于318年把他处死。晋朝丧失了使中国北部免受蛮族入侵的全部希望，一位皇族成员逃到南京（当时名建康），以长江为屏障，在南京建立了第二个晋朝，称为"南晋"或"东晋"（317年）。同样情况，公元5世纪的最后一批罗马人把他们的西部各省让给日耳曼入侵者，逃到帝国东部。在近3个世纪中（317—589年），正像君士坦丁堡后来取代罗马一样，南京取代了长安和洛阳的位置。

中国北部的胜利者匈奴人刘聪一度成了一位赫然耸现的人物。他作为古都长安和洛阳的主人（朝廷设在山西平阳），对山西中部和南部、陕西（除汉水流域）、河南北部（除开封）、河北南部和山东北部地区进行统治。这一匈奴王国的首领刘聪尽管过着蛮族的生活方式，但仍然保留了中国文化的某些外表（他是在中国宫廷中长大的）。但是，具有纯蛮族特征的其他游牧部落涌向这一匈奴王国的北部。可能属突厥种的拓跋部①（Tabgatch），大约于260年在长城以北的山西北端扎营。其后数年间，拓跋人移到长城以南，进入了山西北部的原中国在雁门（朔平）地区的驻军地和代郡（在右玉附近），即在大同地区，310年，他们已在这些地区内牢固地定居下来。② 最后，蒙古种鲜卑族的慕容部在今满洲西南的辽东和辽西之地建立了一个新王国。

公元4世纪在中国北部兴起的这种突厥－蒙古族国家的大多数像5世纪的欧洲罗马的第一批日耳曼国家一样是不稳固的，由于同样的原因，即游牧部落之间进行着无休止的斗争。中国北部的征服者、匈奴人刘聪于公元318年死后，他的后裔们能够保住的不过是北汉疆域的西北部分，以长安为其中心。然而，刘渊的将领石勒，满怀征服热情在河北南部的襄国（今顺德）周围割地为王，建立国家。329年，石勒废刘聪皇室（即前赵或北汉王朝），建立名为"后赵"的新匈奴王朝，后赵存在时间大约是330—350年。石勒住在襄国稍偏南的邺城（今彰德），以洛阳为他的第二都城。编年史家们记道，这位相当无知的匈人喜欢别人给他讲解中国古典著作。他在语法和神学上的兴趣使人联想起文法家和神学家狄奥多里或查尔帕里克。

但是，他的游牧观念并未因此而减弱其作用，特别是在他的匈

---

① 今中文拓跋一词的发音可能是古汉语音"Tak_b'uat"，参看伯希和（《通报》1912年，第732页）。

② 关于拓跋的起源，参看伯希和（《通报》1915年，第689页）《亚洲杂志》1925年第254—255页注4和《通报》1925—1926年，第79和93页。还可参看布德伯格的"拓跋魏的语言"（《哈佛亚洲研究杂志》2，1936年7月，167—185)，文中对以中文名流传下来的少数拓跋词汇，用突厥语词根作了推测性的解释。

奴人后裔的身上。石勒(死于333年)的第二代继承者石虎(334—349年在位)是一位放荡不羁的粗野人,他的儿子企图暗杀他,后被他处死。应该提一下,他的这个儿子是一位十足的坏蛋——留着灰黑胡须的鞑靼人,他竟让人把他最漂亮的妃子烤熟,端上餐桌[①]。由于在初次与文明接触而受到感化下的蛮族所产生的普遍的反常情况,石虎是最热心的佛教保卫者之一。他的统治区(河南北部的彰德仍然是帝国都城)很大,包括陕西(除汉中属于中国的南朝外)、山西(除了大同属于拓跋人外)、河北、山东、河南,甚至江苏北部和淮河流经的安徽。

这一庞大的匈奴国正像它迅速地崛起一样,又迅速地崩溃了。349年石虎死后,他的后裔和将军们之间发生了争吵,彼此残杀。已在辽东建国的鲜卑慕容人(如上所述,很可能是蒙古人种)趁乱夺取了整个河北(350年,352年)、山西和山东。获取胜利的首领慕容儁(349—360年)以燕(或蓟),即今天的北京,为其都城,后来又以邺(彰德,357年)为都。他的王朝,以中国名"前燕",即早期燕国(349—370年)而为人所知。364年,其继承者占领洛阳(时在东晋军队对该城进行了短时的再征服之后),接着又占领了淮河北岸(366年)。但是,慕容人的统治比在他们之前的匈奴人的统治更短。

一个为匈奴王石虎服务的军官名叫苻洪。他可能是蒙古人,尽管人们常常以为他属唐兀惕人(Tangut,即藏族的一支)。他于350年以长安为都在陕西建立了独立的统治。由于所有的这些突

---

① L.维格(*Textes historiques*,II,943)。

厥—蒙古族的小首领们都宣布他们建立了真正的中国皇室家系，他的王朝被称为早秦，即前秦（350—394年），苻洪的孙子苻坚（357—385年）是这些突厥—蒙古族统治者中最杰出者。他真正地赞同中国文化，并表明自己是一位仁慈之主和佛教的坚定卫士。他从慕容氏，或前燕手中先后夺取了洛阳（369年）、太原和他们的都城邺城（彰德），慕容氏国王成了他的俘虏（370年）。因此，慕容人的全部地盘——河北、山西、山东和河南——转入苻坚手中（370年）。由于苻坚已经占有陕西，现在他成了整个北部中国的主人。376年，他吞并了另一个蛮族小国，即甘肃的凉国。382年，他派部下吕光去征服塔里木盆地。吕光接受了鄯善（罗布泊）王、吐鲁番（南车师）王和喀拉沙尔（焉耆）王的归附。被中国人称之为帛纯的库车王企图抵抗，结果被打败，并于383年被逐出库车。吕光占领了库车，前面已经提到过，在吕光回国时，带回了著名的佛教僧侣鸠摩罗什，鸠摩罗什作为一位将梵文经典译成汉文的翻译者，其贡献将是巨大的。

苻坚在征服了中国北部的所有蛮族国以后，似乎要征服南部的东晋王朝，建立在他一人统治之下的统一国家，像8个世纪以后的另一位蒙古征服者忽必烈要做的那样。383年，他确实进攻淮河沿岸的东晋帝国，但是，他在淮河上游遭到惨败，从此一蹶不振。他的部下、原鲜卑慕容氏后裔慕容垂叛变，并获得河北和山东，于是建立了"后燕"国。后燕国从384年将延续至407年，其都城中山，即今河北省保定南部的定州。与此同时（384年），慕容氏的另一成员在山西建立了"西燕"国，但于394年被慕容垂并入后燕。最后，曾经是苻坚下属的姚苌（他可能是吐蕃人）从苻坚手中窃取陕西和河南部分地区。姚苌在他夺取的地区内，建后秦国，后秦在长安建都，当时称为京兆府，后秦存在的时期是从384年至417年。另外两位将军（或者是蒙古人，或者是突厥人）在甘肃建立了两个小国，即以兰州（苑川）为都的西秦国（385—400年和409—431）和吕光所建的后凉国（386—403年）。

17. 拓跋突厥人的国家和柔然人的蒙古汗国

与这些昙花一现的游牧部落（他们的王国在短期内一个接一个地崩溃了）同时兴起的有一个拓跋部，它的力量不断增强，由于吸收其他部落的力量，它成功地在中国北部建立了较持久的统治。在这方面，他们很像法兰克人。法兰克人比勃艮第人、西哥特人和伦巴德人存在的时间更长，并在他们的废墟上建立了加洛林帝国，该帝国注定要把罗马的过去与日耳曼民族的今天联系起来。拓跋人的成就与之类似；因为当他们统一了中国北部的其他突厥－蒙古族国家以后，他们中国化的程度很深，使他们能够把拓跋人及其王朝与中国主体融合在一起。此外，他们对佛教事业的热忱也使我们想起墨洛温王朝和加洛林王朝的人们对基督教的狂热。最后，正像法兰克人把自己看成是罗马传统的保卫者以反对日耳曼人的新的入侵浪潮一样，拓跋人也像"注视莱茵河"一样守卫着黄河，以对付那些来自草原故乡深处的、仍处于原始状态的蒙古游牧部落。如上所述，在公元3世纪末，可能属于突厥种的拓跋人定居于山西最北部的大同地区。拓跋珪（386—409年在位）是一位有魄力的首领。他从后燕慕容氏手中先后夺取了晋阳(396年,今太原)、中山(397年,今保定南部的定州),最后夺取邺城,今彰德(398年,安阳),由此给其部落带来了好运。① 后来他为其家族采用中国王朝名称"魏",以大同东部的平城(代)为他的固定都城。于是,拓跋氏的魏国形成,其疆域囊括了山西和河北,一直抵达黄河边。

拓跋突厥人的中国受到新的蛮族入侵浪潮的威胁,即柔然,或是中国人带有蔑视的双关语称谓"蠕蠕",意为"令人生厌的蠕动的昆虫"。根据语言学家们的意见,这些柔然人像古代鲜卑人一样是一支真正的蒙古种游牧部落,有些人认为他们与鲜卑人之间有过联系。约402年,柔然首领社仑由于征服了敌对部落高车而确定了该族的命运,有人认为高车地处科布多和乌伦古河附近,并被推测是铁勒和回鹘突厥人的祖先。当时柔然统治着整个北戈壁,其疆域东起高丽边境上的辽河,西至额尔齐斯河上游和焉耆附近地区。正是在这些柔然统治者中,我们第一次发现了汗(khan),或可汗(khagan)的称号;因此,这些称号必定是蒙古语的称号,它取代了原匈奴的"单于"称号,因而"单于"可以被假定是突厥语称号②。

---

① 燕王之地,或者说慕容氏之地,被拓跋魏的突然扩张分成两部分,由该家族的两支分占:(1)北燕,在今热河,以在热河边境地,一度是满洲国的朝阳附近的龙城为中心,北燕持续到436年。(2)南燕,在山东,其中心在青州附近的广固,其国存在时间是398—410年。

② 马迦特(*Historische Glossen*),196页和《伊兰考》(柏林,1910年)53页以下。沙畹《西突厥史料》(圣彼得堡,1903年)221页和229页。伯希和《亚洲杂志》1920年,第144页和《通报》1915年,第688页,1920年,第328页)。白鸟库吉,"汗与可汗"《日本学院会刊》,1926年6月)。

面对这个新游牧帝国的威胁，中国北部的拓跋，或者说北魏的统治者们决心采取攻势，发动了一系列穿越戈壁的反击。拓跋珪（386—409年在位）通过一次胜仗作出了榜样，在这次大捷中他把柔然可汗社仑从黄河河套地区逐出（402年）。当拓跋嗣（409—423年在位）在北方继续保卫通往长城的地区时，又夺取东晋王朝的大城市洛阳（423年），以及隶属于洛阳的河南全部地区，由此增加了他在南方的势力。拓跋焘（423—452年在位）继承其父拓跋嗣，他刚一继位就受到柔然的威胁，他击溃了柔然（424年）。425年他对柔然发起反击，反击过程中，他率骑兵由南向北穿过戈壁（因为柔然可汗的司令部肯定是设在鄂尔浑附近）。然后他转向另一个蛮族王国，即赫连氏匈奴人在陕西建立的夏国，拓跋焘对他们的都城（或者称王庭）、陕北保安（志丹县）附近的统万城发起了突然袭击（427年）。而此时他的将军们正在掠夺长安城（426年）。到431年时，赫连部被灭，陕西归并入拓跋领土。436年，拓跋焘军对慕容氏最后残存的领地北燕（今热河）进行了类似的入侵，并夺取该地。439年，拓跋焘继续征服甘肃的北凉国（从姑臧或甘州夺取）。北凉王室——自397年后定居于此的一支匈奴家族，保持其父姓沮渠——逃到吐鲁番，占据其地，统治时间是442—460年。

随着北凉领土的归并，拓跋人完成了对中国北部境内所有突厥-蒙古人建立的王国的征服[①]。现在所有这些国家都构成了大拓跋国，即中国人称呼的魏国的一部分，除了以南京为拜占庭的

---

① 山东的南燕国除外，南燕是慕容氏的残存国，它于410年被东晋灭亡。

中国南朝外,它是唯一留下来的王国。实际上,8世纪的罗马世界也类似地在法兰克人和拜占庭帝国之间被瓜分了;前者因灭了其他蛮族王国而征服了西欧,后者仍是欧洲的东方君主。

这些征服对中亚诸民族的影响很大,以致后来在他们中间中国北部被称为拓跋国。甚至拜占庭人也用同样的名字,即突厥语 Tabgatch,阿拉伯语 Tamghaj,中世纪希腊语 Taugast〔桃花石〕,来称呼中国北部①。

拓跋焘统一中国北部以后,对柔然发动了一次深入戈壁的大规模骑兵远征,杀了大批柔然人(429年)。443年他再战再胜。445年,拓跋军对鄯善(罗布泊)采取了报复行为,因为鄯善曾阻断了他们从西方归来的道路。448年,拓跋将军万度归向焉耆和库车定期征收贡赋。449年拓跋焘为追赶柔然,进行了深入戈壁的第三次远征。

公元5世纪统治着中国北部的拓跋突厥人(或桃花石)的历史特别有趣,因为它提供了半中国化的突厥-蒙古族游牧部落的完美例子——它完全保留着优于中国人的独有的军事优势,同时,又从中国人那里获得了优于仍处于原始状态的北方游牧部落的组织能力——429年,当"桃花石"王拓跋焘决定在东戈壁组织反蒙古族柔然人的反攻时,他的几员辅臣指出,南朝(南京)的中国人可能会趁此作出牵制我们的行动。他回答的要点是:"中国人是步兵,而我们是骑兵。初生牛犊怎么能对付老虎和狼群?至于柔然,他们夏季在北方放牧,秋季南下,冬季袭击我们的边境。我

---

① 伯希和(《通报》1912年,第792页)。

们只有夏季在他们的牧场上攻击他们。此时,他们的马是无用的,雄马忙于与雌马交配,母马正忙于产小马驹。如果我们在那儿袭击他们,使他们与牧场和水源分离,在数日之内,他们就会被捉住或消灭"。

这种双重的优势后来使成吉思汗裔忽必烈能够成功地对付宋朝的中国人和海都的蒙古人;使第一批满族人成功地对付最后一批中国人的反抗和最后一批蒙古人的敌对行为。但是,这种双重优势只是短时的,拓跋氏、忽必烈王室和满族人完全中国化的时候总会到来。那时,他们会被北方游牧部落打败;或者被中国人消灭或同化。这就是中国-蒙古人历史的基本规律。

在这支能干的突厥家族中(该家族勇敢地保卫古代中国文化不受他们那些仍过着游牧生活的亲属们的侵害)拓跋焘是最有个性的人。他具有非凡的勇气,并使柔然人胆战心惊。如果拓跋人受到来自中国腐朽王朝的反对,这些柔然人就会毫不犹豫地进攻他们的边境地区。于是,他结束了大举入侵,正像克洛维为了高卢的利益,在托尔比阿克所做的那样①。他吸取了大量的中国文化,但是不愿十分深入地中国化,以免会使他的部落的性格变得松散起来。因此,他拒绝把建在草原边缘,即山西最北部大同附近平城的旧营帐迁到他已用武力夺取的原中国历史都城洛阳和长安去。他还保留着突厥-蒙古族的一种深谋远虑的风俗,即在新王登基前,新王的母亲要被处死,以消除今后她以王太后的身份而产生的

---

① 托尔比阿克城为古代高卢的城市,在今西德的科隆附近。公元496年,克洛维为了援助里普埃尔法兰克人,在此赶走了阿拉曼人,此次大捷之后,他改信基督教。——译者

野心、嫉妒和贪婪。抱有这些思想,不用说拓跋焘是深深地厌恶佛教的,在这一方面,这位蛮族武士的宗教感情又因周围信奉道教的亲信们的怨恨而加剧了。他于438年下令佛教僧侣还俗,并于446年正式颁布法令迫害佛教僧侣。

然而,随着他的孙子拓跋濬的继位,对佛教徒的迫害停止了。[64]拓跋濬是在一次宫廷政变后继位的,在位时间是452—465年。在大同附近的云冈佛教石窟中,414—520年艺术家在此雕刻,最好的凹雕和那些为魏国艺术赢得名声的作品都属于拓跋濬统治时期。① 拓跋人的宗教热情使他们从传统的希腊-佛教形式(它是从犍陀罗沿着塔里木各道传来)中创造出如此深奥的神秘主义的作品,以致它们几乎就像是罗曼蒂克和哥特式雕塑的原型。确实,很可能真正的中国人的王朝由于民族偏见和儒家学说的强烈干扰而不会完全放弃自己的信仰去追随印度的神秘教义。与此同时在南京的各王朝(甚至梁朝)的佛教雕塑都缺乏这种激情。拓跋人(这些远东的法兰克人)先后在云冈和龙门创造出与夏尔特尔和兰斯一样的石窟,他们把他们的才能主要归功于他们的蛮族起源,这也许是草原游牧部落征服古代中国后所产生的最令人惊奇的结果之一。此外,5世纪欧洲的大入侵(此时蛮族社会已经充分地受到基督教的影响),在经历了黑暗时代之后将分娩出中世纪光辉的几百年。4世纪亚洲的大入侵也产生了类似的结果;尽管更加迅速,因为在不到一百年以后,魏朝的中国就完全接受了佛教,产生出伟大的云冈和龙门石窟。

---

① 参看P.德米埃维尔的"云冈石刻"(《法国远东学院学报》3—4,1925年,449)。

经过一段时间之后,拓跋人的突厥活力才因受到中国的影响和皈依佛教而被削弱。在拓跋濬统治时期(452—465年),拓跋人占领了哈密绿洲(456年),并对戈壁地区的柔然发动了一次反击(458年)。柔然自己则占领了吐鲁番,推翻了该地的沮渠王朝而以一个臣属王室(460年)取代之。在拓跋弘的统治(465—471年在位)下,拓跋人以牺牲南方中国王朝为代价,又取得了许多胜利。466年占领彭城(今江苏),467年征服淮河流域,469年占领山东。470年拓跋人惩罚了一支鲜卑部落(即蒙古种吐谷浑),吐谷浑自5世纪初就居住在青海湖地区。

　　拓跋弘是一位佛教徒,他是那样的虔诚以致于471年让位给他尚年幼的儿子而出家为僧。其子拓跋宏(471—499年在位)在成年之后对佛教也表示出同样的感情,在佛教的影响下,他采用了一部较人道的法规。494年,他把都城从热河的平城迁到洛阳①,由此完成了拓跋人的中国化,正是在这一时期,在他的发起下洛阳南部著名的龙门佛教石窟开始动工。这些石窟里的雕塑都是在494—759年的不同时期内完成。但是,拓跋人在毫无保留地采用中国文化和佛教信仰时,失去了他们突厥祖先所具有的坚韧和英勇的品质。他们的打算是通过征服南部中国王朝在他们的统治下完成中国的统一,结果失败了。拓跋恪(499—515年在位)作了最后一次努力,但是,他们的将军们未能攻克标明两国边界的淮河防线,在防线后的钟离(安徽凤阳)要塞挡住了拓跋人的各次进攻

---

① 在拜占庭和叙利亚书上,洛阳有时是与 Taugast 有关,Taugast 一名来自 Tabgatch 或 Toba。

(507年)。

拓跋恪于515年死后,其遗孀胡后统治着魏国直到528年止。古拓跋人的这位后裔是能够表现古突厥人力量的魏朝的最后一位人物。她是具有特殊活力的女人,在必要时采取血腥手段,权欲熏心,然而,崇尚佛教。她使龙门石窟的圣殿增色不少,她派遣佛教朝圣者宋云出使印度西北,宋云对这一时期中亚的情况留下了有趣的报导。宋云取道鄯善国(罗布泊)、于阗、帕米尔,以及我们将要看到的,访问了住在巴达克山的哒哒匈奴人的可汗。然后,抵达乌阇衍那和犍陀罗(喀布尔河下游),他从该地为他的君主带回了使她感兴趣的佛经(518—521年)[①]。

拓跋人至此已完全中国化,免不了在他们自己的宫中爆发宫廷革命、王室分裂和内战。534年,他们分裂成两支:东魏和西魏。东魏拥有河北、山西、山东、河南,以今天的彰德为都城(534—550年);西魏拥有陕西、甘肃,以长安为都城(534—557年)。东、西魏后来都被他们的大臣们推翻,于是,在彰德建立了北齐王朝(550—577年)以取代东魏;而在长安的北周王朝(557—581年)取代了西魏。但是,这些王室已经是中国人的,他们的历史不再是草原历史的组成部分。然而,对草原历史有影响的事是突厥活力(在第一批拓跋统治者中这种活力是如此明显)逐渐被削弱、淡化和淹没于中国主体之中。这是在几个世纪中一再反复出现的模式,其中有契丹人、女真人、成吉思汗的蒙古人和满族人。正是佛教的这种影

[①] 沙畹:"宋云对乌阇衍那和犍陀罗游记"(《法国远东学院学报》,1903年,第379页)。

响,在拓跋人柔弱化的过程中曾起了很大的作用,正像它以后在成吉思汗的蒙古人中和甚至在后来的喀尔喀人中所起的作用一样。这些凶猛的武士们一接触到菩萨的优雅姿态就易于受到沙门们博爱教条的感动,以至于他们不仅忘记了他们好战的本性,甚至还忽视了自卫。

18. 米努辛斯克后期文化

让这些完全中国化的突厥人听天由命去吧,我们现在再回到在亚洲草原上仍过着游牧生活的部落上来。在谈到拓跋人时,我们曾经谈到被假设是蒙古部落的柔然人,在整个5世纪和6世纪上半叶他们统治着蒙古高原北部。我们所了解的他们的政治史仅仅是从魏朝和隋朝的编年史中知道的,而在我们能够有效地讨论他们的文明之前,我们必须先对他们的原领地作一番系统地发掘。与此同时,让我们只注意大约这一时期繁荣在柔然西北境以外的西伯利亚叶尼塞河河岸、米努辛斯克附近的一种新文化。这种文化被称为"游牧的牧马人"的文化,它留下了许多装饰品、青铜带状饰片、纽扣、马具、马镫、马嚼子、小刀、匕首、马刀、矛头、马鞍等物。在米努辛斯克博物馆和赫尔辛基(吐沃斯丁收藏)[①]都有丰富的代

[①] 参看塔尔格伦《吐沃斯丁收藏》(赫尔辛基,1917年)。这一时期米努辛斯克艺术的典型遗址有阿纳什、阿约什卡、奥伊什卡亚、拜什卡尔、哥罗切斯卡亚、卢戈伊什科耶、马尔义特列克、普罗托什洛沃、阿什克什洛岸、克孜尔河右岸的秋兹塔村和阿巴坎草原各处。同样风格的兵器在俄国的东蒙古利亚、贝加尔湖以东,在上乌金斯克附近的比丘拉,在色棱金斯克和特洛伊茨克都有发现。参看费蒂奇"米努辛斯克的游牧艺术的复制品"(《匈牙利考古》1937,第202页)。

表物。这一文化似乎与柔然人同时,必定在柔然人之后还存在了一段时间,因为在秋兹塔村发现该文化与唐初(7世纪)的一枚中国钱币有联系,似乎到9世纪才结束。在这一阶段上,该文化具有特殊意义,因为,正像南朵尔·费蒂奇指出的那样,它呈现出与公元6—8世纪匈牙利的阿瓦尔文化异常相似,还与9世纪的原始匈牙利文化或者称列维底亚文化相似①。尽管这不可能成为认定柔然人就是欧洲阿瓦尔人的直接祖先的确凿材料,至少它证明了两种文化都曾被吸引在同一文化中心的周围。

在柔然之后,该论述一个与柔然有亲缘关系的哌哒部落了,在同一时期内,他们是西突厥斯坦的主人。

19. 哌哒匈奴人

哌哒匈奴人是一支突厥－蒙古族部落,按这种假设,他们似乎更像蒙古人而不是突厥人,②据宋云记述,他们似乎起源于金山(即阿尔泰山),由此南下到今俄属突厥斯坦的草原上。他们的名字拜占庭历史学家们称作厌带夷粟陀(Ephthalites),波斯历史学家米尔空称作哈亚蒂拉陀(Hayathelites),中国的史学家们则称作哌哒,该名似乎来自王室氏族(Ephtha,或 ye－ta)③。拜占庭史家们多少错误地又以匈奴一名称呼他们。

---

① 《匈牙利考古》,第205页。
② 马迦特的"关于库蛮的民族性"(Osttürkische Dialektstudien,柏林,1914年)。伯希和的《库蛮》(《亚洲杂志》1920年,第140页)。
③ 沙畹:《西突厥史料》第223页。阿尔伯特·赫尔曼《《大亚细亚》II,3—4,1925年,564—580页)。

在公元5世纪初期,哦哒人不过是一支中等规模的游牧部落,是统治着蒙古的大部落柔然(也属蒙古族)的臣属部落。在5世纪25—50年中,这支哦哒人由于他们的领土向西扩张而具有了相当大的重要性。他们的统治从东方的裕勒都斯河上游(焉耆西北)起,越过伊犁河流域到巴尔喀什湖,再到楚河和怛罗斯河草原、锡尔河地区,一直达到咸海,据一些史书记载,他们的一个汗庭建在怛逻斯城附近。大约到440年时,他们已经占领了索格底亚那,或者说河中地区(撒马尔罕),似乎还占领了巴尔赫地区,即巴克特里亚或称吐火罗斯坦。

几位东方学学者,特别是诺尔德克,认为正是在波斯王巴赫拉姆·哥尔统治期间(420—438年),哦哒人定居在巴克特里亚。据猜测他们曾侵入萨珊王朝的呼罗珊省,巴赫拉姆·哥尔在莫夫附近的库什麦罕战役中把他们从该省赶回去。另一方面,马迦特认为巴赫拉姆·哥尔及其后继者耶斯提泽德二世(438—457年)对付的不是哦哒人的侵略,而是在莫夫北部过着游牧生活的另一支匈奴部落希奥尼特人。[①] 然而,无论如何,在萨珊王卑路支统治时期(459—484年),进攻呼罗珊并打败和杀死卑路支的就是这些哦哒人。赢得这次胜利的哦哒首领被阿拉伯-波斯史学家们称作阿克希瓦,显然相当于粟特语称号"王"的讹误[②]。

战胜卑路支王以后,哦哒匈奴人不仅占有了直到当时为止一直是萨珊帝国东北部的边境城市塔里寒地区(西塔里寒,在巴尔赫

[①] 诺尔德克的《波斯古代史》第161、163页。马迦特的《伊兰考》第57页。A.克里斯唐桑的《萨珊王朝时期的伊朗》(巴黎,1936年,第284页)。

[②] F.W.K.穆勒的《粟特语写本》I,108页。

和莫夫之间),而且还占领了莫夫和赫拉特。① 此外,他们还参与了波斯萨珊王朝的宫廷斗争。正是这样,萨珊王朝的喀瓦德在被赶下泰西封王位后逃到他们中避难,并与哌哒可汗的侄女结婚,从可汗那里得到一支军队,在这支军队的援助下,喀瓦德重新获得了王冠(498 或 499 年)。到这时候,哌哒人已经成为亚洲中部必须认真对付的一支力量。《梁书》记道,516 年哌哒王叶太伊里窦曾派使者到南京宫廷。

尽管波斯王卑路支战败了,但萨珊波斯防卫森严,以致哌哒人未能实现他们对波斯的征服愿望。他们又转向东南的喀布尔方向。在向喀布尔逼近时,他们获得的第一个印象是:似乎在大约公元 5 世纪中期,贵霜王朝已经被从巴克特里亚分离出来的另一支月氏人(或称吐火罗人)取代。伊朗史料谈到了与萨珊王朝交战的"基达里王朝"(显然是建在阿姆河以南,在巴尔赫和莫夫之间)②。根据同一史料,萨珊王朝卑路支王(459—484 年在位,他后来死于哌哒人的打击之下)曾经先后同基达里王朝的首领、与该王朝同名的英雄基达拉和其子孔加士发生战斗。人们认为,孔加士正是在被卑路支打败之后离开了巴克特里亚(哌哒人迅速地占领了该地),越过兴都库什山进入喀布尔,在此取代了贵霜王朝的末代君主们。③ 这些事件得到中国人的证实,尽管中国人把这些事件归于较早的时期和与之不

---

① 马迦特的《伊兰考》,第 60—63 页;克里斯唐桑的《萨珊王朝时期的伊朗》(巴黎,1936 年,第 289 页)。

② 这是克里斯唐桑确定的位置,得到了马迦特的赞同。参看《萨珊王朝时期的伊朗》第 287—288 页。

③ 马迦特的《伊兰考》第 55—57 页。克里斯唐桑的《萨珊王朝时期的伊朗》287—288 页。

同的某些原因。在中国史料中,该事发生的日期被上溯至436—451年,它记载道,"来自'薄罗'(这儿无疑是指巴尔赫的吐火罗人)的'月氏王',在哒的压力下,离开巴克特里亚迁往犍陀罗,他们定居在该地的白沙瓦,将他们的堂兄弟、喀布尔的月氏人(即最后一批贵霜人)置于他们的统治之下。"中国人称其王为寄多罗,此名与我们说的"基达拉"正好一致[①]。因此,必定是这些哒人而不是萨珊王朝人使基达里人离开巴克特里亚到喀布尔避难。然而,哒人不久就追赶而来,并及时地沿着同一条道路越过了兴都库什山。于是,原月氏国全境——巴克特里亚、喀布尔和坎大哈——转入了哒人手中。此外,哒人的前锋,如同他们之前的贵霜人已经做过的一样,从喀布尔山谷高地上出发去征服印度。

当时印度的大部分地区——整个恒河流域、马尔瓦、吉莱特和北部德干高原——在印度人的笈多王朝皇帝们的统治下形成了一个大帝国,笈多王朝在鸠摩罗笈多统治时期(约414—455年)达到鼎盛,后来其子塞建陀笈多继位(约455—470年)。正是在鸠摩罗笈多统治末期,或者是塞建陀笈多统治初期,哒匈奴人(印度人以梵译文〔Huna〕称呼他们)在征服了喀布尔之后南下到旁遮普,在多阿布或马尔瓦附近,他们突然被迫停下来对付笈多王朝的边境部队,这次他们被塞建陀笈多击溃,此事发生在塞建陀笈多继位后不久,或者是在继位前夕[②]。如果此事是发生在他继位前夕的

[①] 伯希和的"吐火罗语与库车语"(《亚洲杂志》I,1934年,42)。沙畹(《通报》1907年,第188页)。(《魏书·大月氏传》:"其王寄多罗勇武,遂兴师越大山,南侵北天竺"。——译者)

[②] 该史料有些不清楚,普森提出了争论,参看《印度的王朝和历史》第52—54页。

话,那么第二次嚈哒入侵就恰好与他统治初期同时,同样,这次入侵又被他赶跑。此后,正如一块刻于460年的碑文①所记,该国重新处于和平之中。

与此同时,嚈哒人已经扎根于兴都库什山北、南两麓的巴克特里亚和喀布尔。520年,宋云朝圣时,其王住在兴都库什山北,从他度冬之地巴克特里亚到他的夏季驻地巴达克山之间作季节性的迁徙。在喀布尔,在原希腊-佛教省迦毕试和犍陀罗是较低一级的嚈哒首领特勤的驻地,特勤在该地建立了一个王朝,520年是该王朝的第二代统治时期。犍陀罗是希腊文化与佛教结合产生的一个新的希腊-佛教圣地,在犍陀罗的高度文化中,嚈哒人的行为像野蛮人,他们屠杀居民,特别是迫害佛教社团,洗劫寺院和艺术品,摧毁了直至当时已有5个世纪之久的灿烂的希腊-佛教文明。中国与波斯文献一致描述了②这支游牧部落的暴虐和破坏行径。

在《北史》和宋云的"行纪"中——回顾一下,宋云于520年先后访问了在夏季驻地巴达克山的嚈哒可汗和在犍陀罗的特勤——所有这些匈奴人都被描写成纯粹的游牧民:"居无城郭,游军而治。以毡为屋,随逐水草。夏则随凉,冬则就温。王居大毡帐,方四十步,周围以毡数为壁。王著锦衣,坐金床,以金凤凰为床脚。嚈哒国王妃亦著锦衣,垂地三尺,头戴一角,长八尺,以玫瑰五色装饰其上。"③

---

① 指朱纳格尔石刻铭文。——译者
② 塔巴里的《编写史》,措滕伯格译本(巴黎,1867—1874年)II,131。
③ 宋云行纪,沙畹译本(《法国远东学院学报》1903年,第402,417页)。(文中"头戴一角,长八尺"在《洛阳伽蓝记》中记:"……头戴一角。长八尺,奇长三尺。"张星烺编注的《中西交通史料汇编》第四册(1978年版)第70页中记道:"头戴一角。长八尺",可见指衣长八尺。——译者)。

宋云还记载他们有兄弟共妻的习惯,以及他们对佛教的仇视:"不信佛法,多事外神,杀生血食"。据玄奘的证明,哒人曾割断了犍陀罗人中三分之二人的喉咙,其余的被贬为奴隶,毁大部分寺院和佛塔。①

哒人从喀布尔窥视到印度的富饶。他们被印度皇帝塞建陀笈多赶跑后,只好伺机而行。当印度帝国在塞建陀笈多死(约470年)后走向衰落时,他们的时机来到了。印度的衰落很可能是笈多王朝内部两派分裂的结果,以佛陀笈多(约476—494年)和巴奴笈多(约499—543年)为代表的一派统治着马尔瓦地区;另一派统治着比哈尔和孟加拉。普罗笈多和纳罗新哈笈多先后在该地区掌握着权力。这些匈奴人从笈多王朝的衰落中获利,他们恢复了对印度的入侵。领导这些匈奴人的匈奴首领在印度文献中被称作头罗曼(死于502年),他并不是哒人的可汗,对此,时有争论。正如我们所见,哒可汗是住在兴都库什山北的巴克特里亚和巴达克山。这位首领是较低一级的王子,或特勤,无疑是喀布尔的特勤。在旁遮普西北大盐山的库腊,在瓜廖尔和在伊兰发现的有关他的三块石碑,石碑证明他不仅征服了印度河流域,而且还征服了马尔瓦。他的钱币是模仿与他同时代的印度皇帝佛陀笈多的钱币铸造的②。

头罗曼之子,继位者摩醯逻矩罗在古典梵文中仅以颂扬性的印度名"太阳的家族"而为人所知,他似乎在520—530年统治着他的部落,他堪称印度的阿提拉。他在旁遮普东部的锡尔科特建立住所,他肯定是520年宋云见到的犍陀罗的特勤。征服克什米尔

---

① 参看富歇的《犍陀罗的希腊-佛教艺术》(巴黎,1905—1951年)II,第589页。
② 关于哒的钱币学,参看容克尔的"门茨的哒文书"(《普鲁士科学院会议录》1930年,柏林,641页)。摩根(*Num. Or.*)(1936年),第446—457页。

之后,摩醯逻矩罗回到犍陀罗,并在此进行了骇人听闻的大屠杀。佛教作家们都把他描写成佛教的恐怖的迫害者。玄奘记载摩揭陀或比哈尔的笈多王朝统治者桀罗迭多(也许就是上面提到过的纳罗新哈笈多)是唯一敢抗拒摩醯逻矩罗的人。摩醯逻矩罗在搜寻这位对手时进入了恒河流域。最初,据说桀罗迭多在摩醯逻矩罗来到之前就撤退了,后来他发动突然进攻,似乎打败甚至俘虏了摩醯逻矩罗。这个故事以一个具有道德性的传说作为结尾。除了这一记载之外,注明年代是510年的马尔瓦伊兰石碑记载着笈多王朝的另一位王子巴纳·笈多的战绩,现在已经确信,这些战绩也是对付嚈哒入侵者的。最后,第三个印度王亚琐德哈尔曼(假设是马尔瓦的曼达索尔王公家族中的一员)在他的碑文中夸口已于533年征服了匈奴人,并迫使摩醯逻矩罗向他表示效忠①。摩醯逻矩罗遭到这些失败后似乎退往克什米尔,在克什米尔,由于一些尚不知道的原因,他对犍陀罗的臣民们进行了令人震惊的报复,中国朝圣者们对此也作了报导。佛教写本上宣传说,对此暴行的惩罚是以后他遭到了惨死。

我们现在还不知道摩醯逻矩罗死后在旁遮普扎营的匈奴部落的变化。如果他们不是危险的邻人的话,他们也必定仍然是令人烦恼的。因为在6世纪后半期,塔内瑟尔②邦主波罗羯罗(死于605年)在与他们的战斗中获得了权力和荣誉。605年,他的长子罗伽伐弹那还在与他们作战。后来,他们的继承者、伟大的印度皇

---

① 该课题在普桑的《印度的王朝和历史》一书中有讨论,参看第62—68页。
② 塔内瑟尔国在德里西北。其兴起应归于它在使恒河流域免遭匈奴入侵中所发挥的前哨作用。

帝戒日王(606—647年在位)，由于他战胜了这些匈奴人而受到诗人们的歌颂。然而，从7世纪下半叶起印度的匈奴人从历史上消失了，无疑地，他们或者是被旁遮普人所消灭，或者是被他们所同化了。其中的一些氏族很可能被允许加入印度的贵族阶级中，与瞿折罗人中的拉其普特氏族的方式一样，瞿折罗人也许与匈奴同源。

20. 欧洲的匈人：阿提拉

从公元前35年起我们就不再见到西匈奴的踪迹。持异议的郅支单于带着蒙古高原北部的一些匈奴部落来到咸海和巴尔喀什湖以北草原后，就是在此时被一支中国远征军打败和杀死的。他带到这一地区来的匈奴部落的后裔们在此停留几个世纪。但是，由于他们周围没有文化较高的邻邦把他们的活动和冒险记录下来，我们对他们的历史一无所知。直到公元4世纪，当他们进入欧洲，与罗马世界发生联系时，我们才又听人说起他们。[①]

自公元前第3世纪起，黑海北岸的俄罗斯草原一直由萨尔马特人占据，萨尔马特人取代了斯基泰人，他们与斯基泰人一样属北伊朗种人。他们的主体是游牧民，活动于伏尔加河下游和德涅斯特河之间。一些萨尔马特部落已经开始过一种独立的生活。在它们之

---

① 对于亚洲的匈人与欧洲匈人之间的早期分裂，突厥语学可以提供一些证据。据N.波佩，占据着伏尔加河岸、萨迈拉和喀山之间地区的今天的楚瓦什人是西匈奴的后裔。楚瓦什语与其他突厥语有区别。波佩和巴托尔德认为这一区别产生于公元初期。参看波佩的《大亚细亚》I, 775和《匈牙利年报》VII, 151和巴托尔德在《伊斯兰百科全书》中的"突厥"条目，第948页。

中有在捷列克草原上游牧的阿兰人①，其游牧范围一直远到库班；有自62年以后就在顿河下游西岸居住的罗克索兰人；还有雅齐基人，他们从50年起就占据着蒂萨河和多瑙河之间的平原，也就是在达西亚人与罗马帝国班诺尼亚行省之间，在今匈牙利中部。一支东日耳曼人巴斯塔尔尼，把萨尔马特人与罗马帝国分开——甚至在图拉真吞并达西亚（106年）后也如此，巴斯塔尔尼人从公元200年起就顺着喀尔巴阡山北坡之路来到德涅斯特河，一直抵达该河河口：这次迁移代表了已知的日耳曼人第一次"向东方的压迫"。大约公元200年，来自维斯杜拉河下游的新的日耳曼入侵（即哥特人的入侵，他们起源于瑞典）威胁着萨尔马特人在南俄草原的权力。230年，哥特人到达了他们迁徙的极限，进攻黑海边的罗马帝国的奥尔比亚城。

当时南俄罗斯在第聂伯河下游西部的哥特人和该河东方的萨尔马特各族（阿兰人等）中被瓜分了。另一方面，克里米亚仍是臣属于罗马皇帝们的希腊－罗马国。哥特人内部分为东哥特人（在顿河下游和德涅斯特河下游之间）和西哥特人（在德涅斯特河下游到多瑙河之间）。第三支哥特部落吉别达伊人，自罗马皇帝奥列里安于270年撤出达西亚后，他们就占有其地。这是基辅南部的切尔尼亚霍夫哥特墓地时期，也是第聂伯河下游刻松城附近的尼古

---

① 阿兰人是具有特殊意义的，他们将以"阿速"一名重现于成吉思汗蒙古史上。关于他们，参看托马施克的《阿兰尼》（波利－维索瓦编 Real Encyclopädie）。巴托尔德，《伊斯兰百科全书》"阿兰"条目，第315页。米诺尔斯基《世界境域志》中的阿兰，第444页。马克思·埃伯特写道："近公元前2世纪末，阿兰人仍在咸海－里海之间的草原上过着游牧生活。他们由此向顿河迁徙。在斯特拉波时代，他们在里海和顿河之间扎营，并由此开始对帕提亚的阿塞拜疆省发动掠夺性袭击。"（*süd-Russland im Alterthum*，第375页）。参看马迦特的《东欧东亚之间的往来交涉》（莱比锡，1903年）第164页以下。

拉耶夫卡墓地时期(3世纪)。在萨尔马特人一边库班的古冢群时期(第比利斯卡亚、沃兹德维任斯科耶、阿尔马维尔和雅罗斯拉夫斯卡亚),其中发现了表现萨尔马特艺术特征的饰片和饰针。向北,在俄罗斯东部和中部的大森林里——当时该地区无疑地是由芬兰－乌戈尔种各民族居住着——在喀山附近的皮亚诺波尔文化(约100－300年,或400年)中,萨尔马特人的影响仍很明显,皮亚诺波尔文化是继承安纳尼诺文化的地区性文化。再往西,卡卢加文化群发现了受日耳曼－罗马影响的(3和4世纪)饰针。以上是在匈奴到达时南俄草原上种族和文化的情况。

至于是什么原因使这些历史上的匈人——西匈奴的后裔——离开咸海北部草原进入欧洲的呢?我们还不知道。大约374年,他们渡过伏尔加河下游以后,在约丹勒斯称之为巴拉米尔,或者是巴拉贝尔的首领的率领下奋力向前,渡过顿河,打败并臣服了库班河和捷列克河畔的阿兰人,进攻第聂伯河以西的东哥特人,打败东哥特人年迈的国王亥耳曼纳奇,亥耳曼纳奇在失望中自杀。其继承人威塞米尔也被匈人打败和杀死。大多数东哥特人屈服于匈人的统治,而西哥特人逃避了匈人的入侵,渡过多瑙河进入罗马帝国(376年)。库班河和捷列克河畔的大多数阿兰人被迫暂时屈从于匈人的统治而继续留在其地,大约10世纪,他们在该地皈依了东正教。他们是今奥塞梯人的祖先。另一些阿兰人开始向西迁徙,加入了西日耳曼人的大入侵。其中一些部落后来在卢瓦尔河下游的高卢定居[①],

---

① 参看L.弗朗歇的文章"Une colonie scytho－alaine en Orléanais au Ve siècle. Les bronzes caucasiens du Vendmois"(《科学评论》,1930年2月8－22日)。

第一章 草原的早期历史:斯基泰人与匈奴

另一些进入西班牙,与在西班牙加利西亚的苏尔维人混合,或者与西哥特人混合,形成了混合种族的人,可以想象这种混合种的人有了加太罗尼亚(Catalonia,即哥特—阿兰人)一名。

匈人对罗马和日耳曼世界的入侵所产生的恐惧已经由阿米安努斯·马塞尼努斯和约丹勒斯充分地表达出来。阿米安努斯写道,"匈奴人的凶猛和野蛮是难以想象的。他们划破他们的孩子们的面颊,使他们以后长不出胡子。他们身体粗壮、手臂巨长,不合比例的大头,形成了畸形的外表。他们像野兽般地生活,食生食,不调味,吃树根和放在他们马鞍下压碎的嫩肉。不知道犁的使用,不知道固定住处,无论是房屋,还是棚子。常年游牧。他们从小习惯了忍受寒冷、饥饿和干渴。其牧群随着他们迁徙,其中一些牲畜用来拉篷车,车内有其妻室儿女。妇女在车中纺线做衣,生儿育女,直到把他们抚养成人。如果你问他们来自何方,出生于何地,他们不可能告诉你。他们的服装是缝在一起的一件麻织内衣和一件鼠皮外套。内衣是深色,穿上后不再换下,直到在身上穿坏。头盔或帽子朝后戴在头上,多毛的腿部用羊皮裹住,是他们十足的盛装。他们的鞋子,无形状和尺码,使他们不宜行走,因此他们作为步兵是相当不适合的,但骑在马上,他们几乎像铆在他们的丑陋的小马上一样,这些马不知疲乏,并且奔驰时像闪电一样迅速。他们在马背上度过一生,有时跨在马上,有时像妇女一样侧坐在马上。他们在马背上开会、做买卖、吃喝——甚至躺在马脖子上睡觉。在战斗中,他们扑向敌人,发出可怕的呐喊声。当他们受到阻挡时,他们分散,又以同样的速度返回,砸碎和推翻沿路所见到的一切。他们不知道如何攻下一个要塞或一个周围挖有壕沟的营帐。但是,他们的射箭技术是无与伦比的,他们能从惊人的距离射出他们的箭,其箭头上装有像铁一样硬得可以杀死人的骨头"。①

西多尼斯·阿波林纳里斯把匈人的体形归结于孩提时代慢慢形成的畸形。他不无一种厌恶地谈起这些短头型的人们,他们有扁平鼻子(毫无轮廓),高颧骨,眼睛陷在洞似的眼眶中(锐利的目光时刻警觉地注视着远方),游牧民鹰一般的眼睛习惯于环视广阔的草原,能够分辨出现在远处地平线上的鹿群或野马群。该作者还吟诗歌颂这些草原上永恒的牧人:"当他们站在地上时,他们确实矮于一般人,当他们跨上骏马,他们是世界上最伟大的人。"

把这些人的外貌与中国编年史家们留下来的、对匈奴的描述比较一下是很有趣的,匈奴在形体和生活方式上都与他们一致,也与中国和基督教世界两地所留传下来的13世纪蒙古人的肖像相同。草原上的这些短头型人,无论是匈人、突厥人或蒙古人——他们头大,身壮,腿短,是常年骑马的游牧民,这些来自亚洲高原上的"马背上的弓箭手"们沿耕地边缘徘徊——在15个世纪中几乎没有变化地袭击定居文明社会。

阿兰人与东哥特人的臣服和西哥特人的离去,把乌拉尔山和喀尔巴阡山之间的整个草原留给了匈奴主人们。接着他们经喀尔巴阡山豁口或瓦拉几亚平原占据了匈牙利平原,匈牙利平原上的

---

① 阿米亚努斯·马尔克利努斯,XXXI,2。西多尼斯·阿波林纳里斯补充说:"匈奴人用巨大的弓和长箭武装起来,总是可以达到目标。他的目标对准谁就打败谁,因为他的箭带去了死亡!"

第一章 草原的早期历史：斯基泰人与匈奴

吉别达伊人成了他们的臣民，他们由此扩张到多瑙河右岸(405—406年)。此时他们似乎已经分裂成由三个首领统治下的三支部落，大约在425年，卢噶斯、蒙杜克和鄂克塔三兄弟同时掌权。434年，这些部落由蒙杜克的两个儿子布勒达和阿提拉统治，前者很快被后者除掉。

阿提拉就是在这时开始了他的征服。他于441年向东罗马宣战。他渡过多瑙河，沿今塞尔维亚境内的摩拉瓦河逆流而上，占领了尼什，掠夺菲利普波利斯(即普罗夫迪夫)，然后劫掠色雷斯，直抵卢累布尔加兹(阿卡迪奥波利斯)，洗劫了该城。在448年的和约中，东罗马帝国只好割让多瑙河以南地带给他，其长度从今贝尔格莱德到今斯维什托夫，其宽度从多瑙河一直到尼什。

451年1—2月，阿提拉把军队集中在匈牙利草原之后向高卢进军，聚集在他一边的有莱茵河右岸的日耳曼各族。渡过莱茵河后，他攻击仍属罗马帝国的高卢的部分地区，该地区由罗马行政长官埃提乌斯统治。4月7日，阿提拉火烧梅斯，接着围困奥尔良[①]。6月14日，埃提乌斯的罗马军和狄奥多里克王率领的西哥特军赶来解除了对奥尔良的围困。阿提拉朝特鲁瓦撤退。正是在特鲁瓦以西的"莫里亚库斯驻地"[②]，他在一次激战中受到罗马人和西哥特人阻截，这一仗几乎算不上一次决定性的战役，然而它拯救了西方(451年6月底)。

[①] 451年4月7日的这次著名战役，以往历史学家们认为在法国东北部马恩河北的沙龙郊区故称沙龙战役。近年来的研究表明，这次战役是发生在远离沙龙城南的特洛伊(塞纳河北)，已成定论(参看吉本《罗马帝国衰亡史》伯利本，第三册，附录28，第507—508页)。——译者

[②] 指今法国香槟。——译者

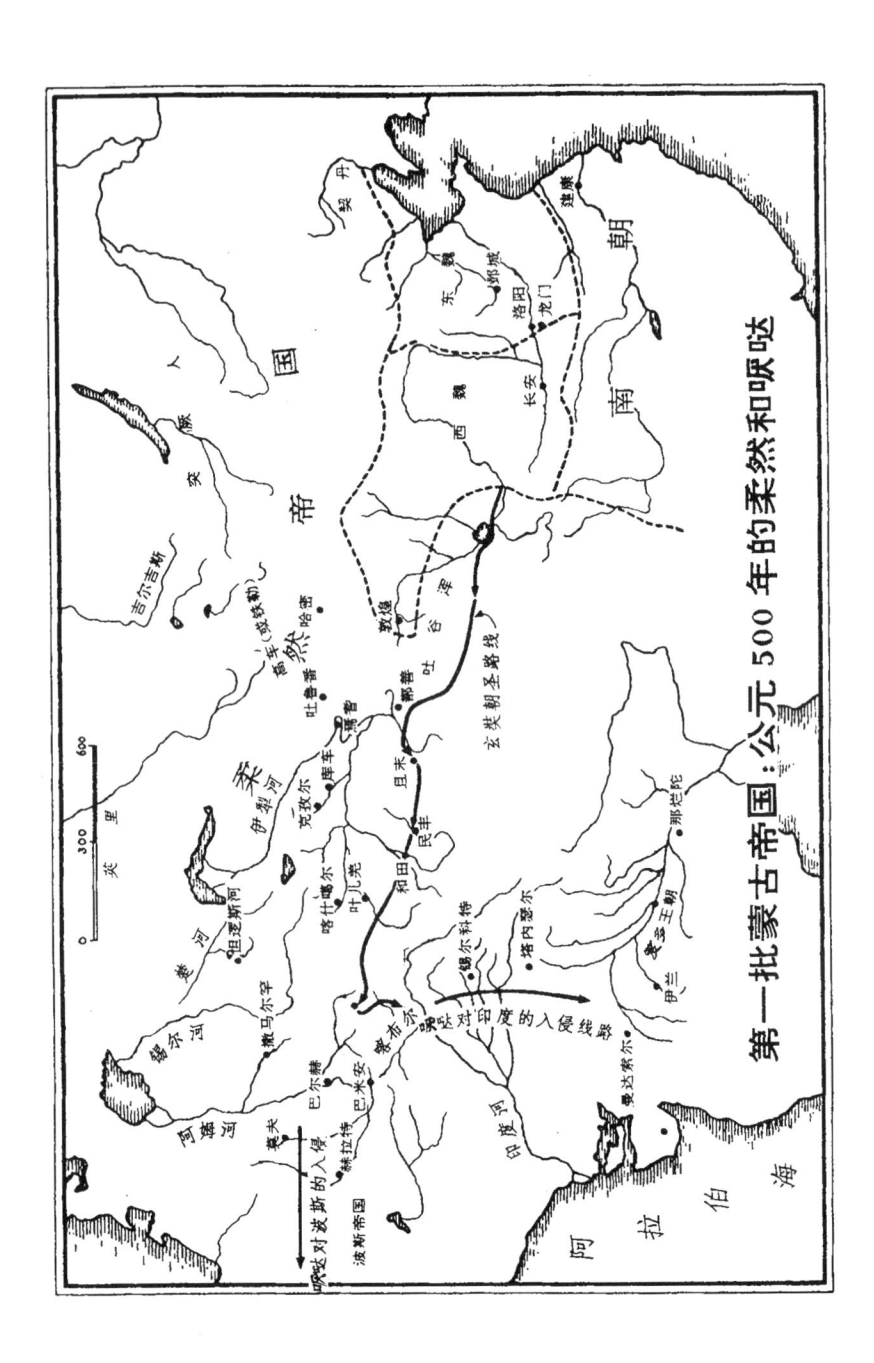

第一批蒙古帝国：公元500年的柔然和哒

第一章 草原的早期历史：斯基泰人与匈奴

经过这次较量之后，阿提拉退回到多瑙河畔，在那儿度过了冬天。他于452年春入侵意大利，但在围攻阿奎莱亚时拖延了很长时间，最后他终于攻陷并摧毁该城。他还占领了米兰和帕维亚，并声称他的目标是向罗马进军，罗马皇帝瓦伦丁三世刚从罗马逃走。然而，阿提拉没有向世界之都罗马挺进，而是听从罗马主教利奥一世的劝阻（452年7月6日），利奥一世答应交纳贡赋，并把罗马皇族公主荷罗丽娅嫁给他。他再次退回班诺尼亚，并于453年死于该地。

哥特人的历史学家约丹勒斯给我们留下了一幅使人印象很深的阿提拉画像。他是位典型的匈人：矮个子、宽胸部、大头颅、小而深的眼睛、扁鼻梁。皮肤黝黑，几乎近于全黑，留着稀疏的胡须。他发怒时令人害怕，他用他给别人产生的这种恐惧作为政治武器。确实在他的身上有着与中国史学家们所描述的六朝时期的匈奴征服者一样的自私和狡猾。他说话时，故意带着重音或者含混不清的威胁性语调，是他战略的第一步；他所进行的系统征服（阿奎莱亚被夷为平地，在阿提拉通过之后再没有恢复过来）和大屠杀的最初目的是想教训一下他的对手们。约丹勒斯和普里斯卡斯描述了他的另一方面，在他的人民中，他是公正和廉洁的法官，对其臣民慷慨大度，对那些真正臣服于他的人很和气。在他那些过奢侈生活的蛮族同伴中，他仍过着简朴的生活，用木制的浅盘子，而其余的同伴们使用金碟子的食具。除了这些特征外，同一史料对他的其他方面作了补充：他很迷信，并对他的萨满们盲目轻信，他对烈酒的喜爱使典礼在酩酊大醉中结束。但是，对他身边的大臣和书吏们，像奥尼吉斯这样的希腊人和像奥里斯特斯这样的罗马人，以及像埃德科这样的日耳曼人,他则是十分谨慎的。最令人惊奇的,这位游牧部落领袖的特征是常常选用灵活多变的政治策略,而不使用战争。就是在战争中,他首先是一位指挥官而不是一员大将。所有这些品质加上他那奇特的、墨守法规的特点(这一特点使他为他的行为去寻找外交借口)与符合习俗的举止,以至于似乎在任何时候正义都在他一边。这些品质使人不由自主地想起游牧帝国的另一位建立者,草原的又一个儿子:成吉思汗[①]。

成吉思汗的帝国,虽然代表着蒙古人,但在其旗帜之下不仅吸引了蒙古游牧民,也吸引了来自亚洲高原的突厥人和通古斯人;阿提拉的帝国也像成吉思汗帝国一样,以匈奴——即可以假设是突厥族——为核心,吸收了和纳入了萨尔马特人、阿兰人、东哥特人、吉别达伊人和分布在乌拉尔山和莱茵河之间的其他各族。这里面本身就存在着衰亡的因素。当阿提拉于453年过早地去世时,他那个由各族组成的帝国瓦解了。东哥特人和吉别达伊人立刻反叛,在班诺尼亚的一次大战中打垮了匈人,在这次战争中,阿提拉的长子埃拉克被杀(454年)。

---

① 伊斯坦布尔大学教授、突厥学家 R.萨费博士概括了对阿提拉的有趣的颂词 *Contribution à une histoire sincére d'Attila*(巴黎和伊斯坦布尔,1934年)。关于中亚和匈牙利的匈奴艺术,参看 A.阿尔弗迪(《匈牙利考古》1932年)、Z.塔卡奇的"欧亚大迁徙时期艺术之间的一致性"(载 *Artibus Asiae* V,第2,3,4部分,1935年第177页)。在该书中,作者完成了他以往的著作见"Chinesische Kunst bei den Hunnen",(《东亚杂志》1916年,第174—186页),"Chinesisch-hunnische Kunstformen"(*Bulletin de L'Institut Archéologique Bulgare* 1925年,第194—229页),"Sino-Hunnica"(*Alexis Petrouics Annicersary Volume*,1934年),"L'art des grandes migrations en Hongrie et en Extreme-Orient"(《亚洲艺术评论》1931年,第32页)。关于同一时期的俄罗斯东部的艺术,参看施米特(《亚洲大陆北部古迹》I,1927年,18)。关于匈牙利的萨尔马特、匈奴和阿瓦尔问题的概述,参看费蒂奇 *Metalikunst*(《匈牙利考古》1937年,附有一卷插图)。

第一章 草原的早期历史：斯基泰人与匈奴

后来，匈人在阿提拉之子、名叫顿吉兹奇或丁兹吉克者的率领下朝南俄撤退。阿提拉的其余的几个儿子向罗马人要求土地，罗马人把其中之一的埃尔纳克安置在多布罗加，其余的两个儿子恩勒德扎尔和乌金杜尔安置在麦西亚。顿吉兹奇又率领匈人在多瑙河下游附近进攻东罗马帝国，但是兵败被杀。其头颅——阿提拉之子的头颅——于468年在君士坦丁堡的一次马戏表演中示众。

残留在黑海北岸的另一些匈人部落分成了两大部分：库特利格尔匈人，在亚速海西北过着游牧生活；乌特格尔匈人常在顿河河口放牧。两支部落不久成为敌人，他们的争吵是由拜占庭外交政策暗中挑拨引起的。大约在545年，查士丁尼皇帝煽动乌特格尔人的首领桑第克进攻敌对部落。库特利格尔人遭到桑第克十人抽一地杀害（548年）。库特利格尔人在其首领扎伯干的率领下起来对支持他们敌人的拜占庭进行报复。扎伯干于558—559年冬天率其部落越过结冰的多瑙河突然出现在君士坦丁堡城下。但是伯里沙留斯拯救了该城，扎伯干返回顿河草原，在那儿他对桑第克采取敌对行动。两个部落之间的自相残杀又重新开始，并一直持续下去，直到第三者，即来自亚洲的阿瓦尔部落打败双方并占据了俄罗斯草原。这一新的入侵是由于突厥（或历史上的突厥人）的出现而引起的亚洲大陆发生的一系列革命的反响。

第二章 中世纪初期：
突厥、回鹘和契丹

1. 突厥帝国

公元540年，草原帝国以突厥－蒙古族三大版图的形式而存在。明显地属于蒙古族的柔然人统治着蒙古地区，范围是从中国东北部边境到吐鲁番（可以肯定甚至达到了巴尔喀什湖的东端），从鄂尔浑河到万里长城。嚈哒人据推测也属于蒙古族，统治着今天的谢米列契耶、俄属突厥斯坦、索格底亚那[①]、东伊朗和喀布尔地区，其领域从裕勒都斯河上游（焉耆以北）到莫夫，从巴尔喀什湖和咸海到阿富汗腹地和旁遮普。统治着柔然人和嚈哒人的这两个氏族结成同盟。大约520年，嚈哒可汗与柔然可汗阿拉瓌的姑姑们结婚[②]。柔然是蒙古本土上的主人，他们好像对控制其西南边境地区的嚈哒人保持着某种支配权。最后，是上一章刚刚谈到的欧洲的匈人，他们无疑属于突厥族，统治着与亚速海和顿河河口毗邻的南俄草原，尽管他们的两支部落，即西部的库特利格尔人和东

[①] 希腊、罗马人称索格底亚那（sogdiana），中国史书名粟特或粟弋。——译者
[②] 阿拉瓌的叔叔婆罗门的三个妹妹都嫁给了嚈哒可汗。——译者

部的乌特格尔人之间的敌对削弱了他们的势力。

中国人说,突厥是柔然的一个臣属部落。它是突厥族的一个部落,它的名称为所有讲同种语言的民族所共有。伯希和认为,汉文"突厥"一名必定是代表蒙古语(柔然语)"Türk"的复数形式"Türküt"。按字意,是"强壮"的意思①。据中国编年史家记载,突厥的图腾是狼②。他们是古代匈奴的后裔,这一事实已由被伯希和认定属于匈人的原始突厥特征所证实。在6世纪初,突厥似乎已经居住在阿尔泰地区,他们在那儿从事金属冶炼:"工于铁作"。当时柔然的力量因新近发生的一场内战而被削弱,内战是520年发生的,双方是分别代表东、西部落的柔然可汗阿拉璝和他的叔叔婆罗门。

阿拉璝(522—552年在位)作为唯一幸存下来的汗国君主,他面临的是要平定突厥族各臣属部落的反抗。其中高车部曾于508年打败柔然。现在已经认定高车部是铁勒族,游牧于阿尔泰山南乌伦古河附近,看来好像是回纥人的祖先。但是,柔然于516年杀高车王,迫使高车部归顺。高车部于521年再次徒劳地企图利用柔然内乱重新获得自由。就在546年前不久,当高车正在酝酿新的起义时,他们被突厥挫败。突厥虽与高车人同族,却忠实地提醒

---

① 参看伯希和"汉译突厥名称的起源",载《通报》1915年,页687。汤姆森在《德国东方学会杂志》78,1924年,页122上的文章。缪勒《回鹘学》II,页67,97。马迦特的著作(*Untersuchungen zur Geschichte con Eran*) II, 1905年,252。巴托尔德《百科全书》"Türks"条目,页948。
② 突厥人的祖先是由母狼哺育长大。当他成人后,与母狼交配,在母狼的洞穴中生下十子。见《周书·突厥传》:"旗纛之上,施金狼头。侍卫之士,谓之附离。盖本狼生,志不忘旧。"

他们的共同宗主柔然可汗阿拉瓌注意高车人的阴谋。作为回报，突厥首领（其突厥名叫布明，汉文转写成"土门"）要求柔然公主嫁给他。阿拉瓌拒绝这一要求。① 后来布明与当时在中国西北部长安城实施统治的、拓跋人建立的西魏王朝联合，拓跋人很可能属突厥族，他们虽然已经完全中国化，但很可能与突厥社会仍保留着一种亲属感。无论如何，他们可能很乐意建立一种能报复他们的宿敌、柔然蒙古人的联盟，他们答应嫁一位公主给布明（551年）。于是，在对柔然蒙古人形成了包围之势后，布明彻底击溃了他们，并迫使阿拉瓌可汗自杀（552年）。柔然余部把蒙古地区让给了突厥人，逃到中国边境避难，东魏的继承者北齐朝廷把他们作为边境卫队安置在边境上。②

于是，蒙古地区的古代帝国领土从柔然手中传给了突厥，或者说，从蒙古族人手中传给了突厥族人。布明采用可汗这一帝王称号。③ 新帝国的位置仍然在鄂尔浑河上游，在自古代匈奴时期起一直到成吉思汗后裔时期止，常常被游牧部落选择为他们的大本营的鄂尔浑山区地带。④

突厥英雄布明可汗在其胜利之后不久去世（552年）。他死

---

① 沙畹：《西突厥史料》第221页。史料选自《北史》《周书》和《梁书》。
② 这一点已经得到拜占庭历史学家塞俄菲拉克特斯·西摩卡塔的证实。他认为阿瓦尔残余逃到桃花石人的国家避难，也就是说，逃到拓跋人的后裔中。参看沙畹《西突厥史料》（以下简称《史料》），第246页。
③ 塞俄菲拉克特斯·西摩卡塔的文章（Changanus magnus, despota seplium et dominus septen mondi climatum）VII,7。他指出可汗和汗的称号来自柔然，因此，这些称号是蒙古语的称号。就目前所知，突厥是首先使用可汗称号的突厥语民族。
④ 儒莲将有关突厥的中国史料（《隋书》《唐书》等）译成法文，特别是有关东突厥的部分（《亚洲杂志》1884年）。沙畹继续他的工作，将西突厥的史料译成法文（《史料》圣彼得堡，1903年，以及"史料补"，载《通报》1904年，第1—110页）。

第二章　中世纪初期:突厥、回鹘和契丹

后,他的帝国被瓜分。其子木杆得到蒙古地区和取得帝王称号(553—572年)。这样,东突厥汗国建立起来了。布明的弟弟突厥文,或称室点密(汉文转写),继承了王侯的叶护称号①,并获得准噶尔、黑额尔齐斯河和额敏河流域、裕勒都斯河流域、伊犁河流域、楚河流域和怛逻斯河流域。于是,建立起西突厥汗国。

西突厥首领室点密在怛逻斯地区与哌哒人发生冲突。为攻其后方,室点密与哌哒人的世仇波斯人订立和约,当时波斯人是在萨珊王朝最伟大的君主库思老一世阿奴细尔汪的统治之下。为巩固盟约,室点密把他的女儿嫁给了库思老一世。② 突厥人在北部进攻,萨珊朝人在西南部进攻,哌哒被彻底打败,从此消失了(大约565年)。其中在西北咸海地区游牧的那部分游牧民被迫向欧洲逃亡,可能正是他们,而不是柔然余部,以乌尔浑和阿瓦尔一名在匈牙利建立了一个新的蒙古汗国。③ 在其后的一个时期里,确有一支从亚洲被驱逐的、被希腊和拉丁语作家们称之为阿瓦尔人的部落对拜占庭帝国和日耳曼人的西欧造成了严重威胁,直到他们被查理曼打垮。

哌哒领土在西突厥人和萨珊波斯人之间被瓜分了。西突厥首

---

① "叶护"称号似乎是由古代贵霜人或印度-塞人传给了突厥语各族。贵霜统治者卡德菲斯一世曾将该称号铸于钱币上。参看富歇:《犍陀罗的希腊佛教艺术》II,299。马迦特:《伊兰考》204页。W.邦在《匈牙利年鉴》VI,102上的文章。

② 按西克《波斯史》(455页),库思老娶的是木杆可汗之女,并非室点密之女。作者持此观点主要是受法国史学家沙畹的影响。沙畹认为:"第木杆为东突厥可汗,又为西突厥之最高可汗,则得以其在位时之胜利属之,而不必为木杆本人。"(《史料》)据此,作者将西突厥初期的一切活动归于室点密名下,故说是娶室点密之女。——译者

③ 因为在巴尔喀什湖以南的科奇卡里出土的带状物与匈牙利出土的阿瓦尔青铜制品相似。参看费蒂奇"Metallkunst"(载《匈牙利考古》1937,页211和274。)

领室点密获得索格底亚那地区,而库思老一世阿奴细尔汪夺取了已经伊朗化的、应该归属于萨珊朝的巴克特里亚地区。于是,巴克特里亚在565—568年又归萨珊帝国所有。然而,这是短暂的,因为突厥人不久就夺取了巴里黑和昆都士,也就是说,同一个巴克特里亚又从萨珊王朝人手中转到了他们昔日的盟友手中。

这样,中世纪初期的东、西突厥汗国有了各自确定的形状:由木杆可汗在蒙古地区建立的东突厥汗国,中心是在鄂尔浑河上游、未来的哈拉和林附近;西突厥汗国在伊犁河流域和西突厥斯坦,其夏季扎营地是在焉耆和库车以北的裕勒都斯河上游,其冬季汗庭是在伊塞克湖沿岸或怛逻斯河流域。就游牧帝国基本上可以谈到的边界而言,这两个汗国的边界显然是以大阿尔泰山和哈密以东的山脉为标志。

从木杆统治(553—572年)开始,东突厥汗国很少碰到敌手。560年前后,木杆打败了契丹人,契丹是一支显然从5世纪中期起就已经占据着辽河西岸、今热河附近的蒙古族部落。在中国北部,长安的北周王谦卑地向木杆之女求婚。当时木杆可汗在拓跋人的这两个后继王朝中明显地起着仲裁人的作用(约在565年时)。①

西突厥可汗(或叶护)室点密在位时期是552—575年,塔巴里称之为叶护(Sinjibu),拜占庭历史学家弥南称之为室点密(Silzibul),这些名称都是同一称号(yabghu,叶护)的讹译。② 拜占

---

① 突厥人最初是与拓跋人的中国北部接触,他们仍用族名拓跋来称呼其国。即Tabgath或Toba,希腊语Taugast。塞俄菲拉克特斯这些拜占庭作家们正是通过Taugaust一名开始知道中国北部的。参看汤姆森"鄂尔浑碑文"(载《芬兰－乌戈尔学会纪要》赫尔辛基,1896年,V.26)。

② 关于叶护的各种写法,参看马迦特:*Historische Glossen zu den alttürkischen Inschriften*,185。马迦特:《伊兰考》,216。沙畹:《史料》226页以下。

庭人把室点密看成他们的同盟者。确实,既然在阿姆河畔突厥人已经成为萨珊波斯的近邻,那么,与突厥联合是对拜占庭有利的。在室点密方面(他似乎已经是一位具有高度理解力的人),他考虑到要利用他处在亚洲交叉口上的位置,以获得途经波斯的、从中国边境直达拜占庭边境的丝绸贸易的自由权。结果,一位名叫马利亚克的粟特人(在中亚,粟特人是当时人数最多的商队向导),以室点密的名义访问了库思老一世阿奴细尔汪,库思老为了维护对拜占庭丝绸贸易的垄断权,拒绝了马利亚克的提议。后来,室点密决定直接与拜占庭做买卖,以对付波斯。因此,他于567年又派马利亚克取道伏尔加河下游和高加索到君士坦丁堡。拜占庭皇帝查士丁尼二世想必对突厥使者的提议很感兴趣,因为当马利亚克于568年离开君士坦丁堡返回时,是由拜占庭使者蔡马库斯陪伴而归。室点密在埃克塔山北的夏季驻地接见了蔡马库斯。埃克塔山即是天山,①在焉耆西北的裕勒都斯河上游深谷。两国结成反对共同敌人萨珊波斯的牢固联盟。萨珊朝的一位使者恰好在这时来到,在怛逻斯附近见到了室点密,室点密极其粗暴地把他打发了。接着,这位突厥王向波斯宣战。572年,拜占庭人也亲自向波斯宣战,这一战争持续20年(572—591年)。在此期间,西突厥与拜占庭人之间保持着亲密的关系。当蔡马库斯取道伏尔加河下游、高加索和拉齐卡回君士坦丁堡时,室点密派第二位使者阿纳卡斯特随行。作为回访,拜占庭陆续派出攸提开俄斯、瓦伦丁、赫洛店和

---

① 此处不是天山,应是白山。参看沙畹《史料》,中华书局,1958年,211页的讨论。——译者

西里西亚人保罗作为使者到西突厥。

这几位使者使拜占庭获得了有关西突厥习俗和信仰的相当准确的资料。塞俄菲拉克特斯·西摩卡塔记道："突厥人拜火"。确实,伊朗马兹达克教的影响已经使突厥人崇拜阿马兹达或阿胡拉·马兹达神。"他们还崇拜空气和水",实际上,在成吉思汗后裔中,对流水的崇拜一直持续了很长时期,以致除了在一定条件下,穆斯林在流水中沐浴和洗衣是受到禁止的。"然而正是天、地的唯一创造者,他们尊称为神,向它奉献马、牛和羊。"确实,这些就是献给在他们神道中的天国,即腾格里的祭品,这对古代所有的突厥—蒙古族都是共同的。最后,塞俄菲拉克特斯所谈到的"那些似乎能预知未来的祭司们",也适合于突厥—蒙古族的萨满们,在成吉思汗时期,他们继续产生很大的影响。[①]

576年,拜占庭皇帝提比留斯二世再次派瓦伦丁作为使者出访西突厥。但是,在瓦伦丁到达裕勒都斯河上游汗庭时,室点密已去世。室点密之子、继位者达头(575—603年,中国历史学家们的称谓)很不高兴,因为君士坦丁堡宫廷已经与阿瓦尔人缔结了条约,也就是说与柔然的残部,或者更准确些,是与逃亡到南俄的哒哒人缔结了条约。因此,达头十分冷淡地接待了瓦伦丁。此外,作为对该条约的报复(达头认为这一条约撕毁了两国之间的联盟),他派出一支由某个名叫波汗的统帅率领突厥骑兵去攻打拜占庭在刻赤附近的博斯普鲁斯城或称潘蒂卡派(576年)。581年,突厥又

---

① 关于突厥人的文化和宗教,参看汤姆森"蒙古古突厥碑文"(载《德国东方学会杂志》n. s. Vol. 3 第二部分,1924年,页131。)

兵临刻松城下,直到590年,他们才完全撤出该地区。①

西突厥与拜占庭之间的争吵没有妨碍前者继续对波斯的战争。在588至589年期间,他们入侵了巴克特里亚,或称吐火罗斯坦,一直前进到赫拉特。如果西突厥人曾经被波斯英雄巴赫拉姆·楚宾打败过的话,那么,正像波斯传说中所坚持的观点,他们必定会利用590年发生在巴赫拉姆·楚宾和库思老二世帕维兹之间的内战。巴赫拉姆·楚宾在内战中处于最不利的地位,他最后确实逃到了西突厥人中,无疑地,正是此时西突厥人完成了对兴都库什山以北的吐火罗斯坦的征服。无论如何,在597—598年间,这一地区及其都城巴里黑和昆都士就不再属于波斯,而成为西突厥的属地。630年,当中国的朝拜圣地者玄奘途经该地时,吐火罗斯坦是昆都士的突厥王子(或特勤)的封地,他是西突厥可汗的儿子。②

于是,当远东的中国人在分裂了3个世纪之后即将由中国人的隋朝重新统一起来之时,而中亚发现它自己已分裂为两大突厥帝国:东突厥帝国,从中国东北部边境到长城和到哈密绿洲;西突厥帝国、从哈密一直延伸到咸海和波斯。阿姆河南岸以及阿姆河与莫夫河之间的边境地区把西突厥与波斯分开。于是,兴都库什山以北的整个吐火罗斯坦都囊括在突厥的政治疆域之内。

在一个世纪以后刻成的、立于和硕·柴达木的阙特勤碑碑文

---

① 拜占庭史料(弥南和塞俄菲拉克特斯)和中国史料是沙畹《史料》一书(页233—252)中进行比较研究的课题。

② 亚美尼亚史家塞贝奥斯记述,在597—598年间,波斯人在亚美尼亚将军森帕德·巴格拉德尼的率领下,向突厥领土发起进攻,一直打到巴里黑。参看马迦特:《伊兰考》65—66页。沙畹:《史料》251。以及《大慈恩寺三藏法师传》。

中,以史诗般的词句赞扬了处于鼎盛时期的突厥的伟大:

当上面的苍天和下面的黑土创立之时,人类的子孙即开始生存其间。"人类子孙之上,立有吾祖先土门可汗及室点密可汗,既立为君长后,彼等即统治及整顿突厥民众之国家及政制。世界四方之民族,皆其仇敌;但彼等征之,且克服世界四方一切民族,令守和平而点首屈膝,向东方,彼令其移殖远至喀迪尔汗山林,向西方,远至铁门。在此两极点间,彼等统治甚为广远,使蓝突厥之向无君长无任何部族者归于秩序。彼等是贤智可汗,彼等是强勇可汗;彼等之梅录亦贤智,亦强勇。诸匐及民众都能和谐。"①

这段著名的史诗所暗示的道德观是从构成突厥—蒙古族萨满教基础的古宇宙起源说中借过来的。根据汤姆森的摘要②,宇宙起源说的基本原理十分简单。宇宙由一层高于一层的若干层组成。上面的十七层,构成昊天,为光明之国;下部七层或九层构成下界,黑暗之地也。二者之间,为人类生存之地面,天与地,与生息于其中之一切,皆至尊所创,整个宇宙亦由至尊统辖,此至尊者,居于天之上层。被尊称为上帝,或腾格里。③ 天国是公正和正直灵魂的归宿地;地狱则是邪恶灵魂的归宿地。突厥神话还描写了许多其他神,其中之一是乌迈,保护儿童的女神。④ 此外,还描绘了

---

① 摘自岑仲勉的《突厥集史》下册,879—880页。——译者
② 汤姆森:"蒙古古突厥碑文"(载《德国东方学会杂志》1924年,130页。)
③ "Tangri"腾格里表示天和上帝。伯希和:"古突厥之於都斤山"(载《通报》4—5,1929年,第215—216页)。
④ 乌迈(Umai),肯定是指一种大地女神。是於都斤山山神的人格化,在13世纪的蒙古人中是地之女神,参看伯希和"古突厥之於都斤山"上引书,212—219。

第二章 中世纪初期:突厥、回鹘和契丹

许多住在"陆地上和海里"(它们是 yer－sub,或今突厥的 yär－su)的精灵。① 值得注意的是,在陆地上和水中,这些精灵多居住在被认为是秘密地方的小山和小溪边,在习俗上和在成吉思汗蒙古人的法律上,对它们的祭礼都是长年不断的。

中国的历史学家们对突厥人有实际描述。581 年的一位作者这样写道:②

其俗被发左衽,穹庐毡帐,随逐水草迁徙,以畜牧射猎为务,贱老贵壮,③寡廉耻,无礼义,犹古之匈奴。……大官有叶护,次没〔"没"为"设"之误〕、次特勒〔"勒"为"勤"之误〕、次俟利发,次吐屯发,及余小官,凡二十八等,皆世为之。兵器有弓矢、鸣镝、甲矟、刀剑,其佩饰则兼有伏突。旗纛之上,施金狼头;侍卫之士,谓之附离,夏言亦狼也;……死者停尸于帐,子孙及诸亲属男女各杀羊马,陈于帐前祭之,绕帐走马七匝,一诣帐门,以刀剺面且哭,血泪俱流,如是者七度乃止。……葬之日,亲属设祭及走马剺面,如初死之仪。葬讫,於墓所立石建标,其石多少,依平生所杀人数,……伯叔死,子弟及侄等妻其后母、世叔母及嫂,唯尊者不得下淫。……牙帐东开,盖敬日之所出也。敬鬼神,信巫觋,重兵死而耻病终。④

---

① yer－sub,突厥文 yär－su,指地与水。——译者
② 以下作者引用的是《周书》卷 50《突厥传》,但最后三句:"敬鬼神、信巫觋,重兵死而耻病终"是引自《隋书》卷 84《突厥传》。《周书》《隋书》成书于贞观十年(636 年),而不是 581 年。——译者
③ 暾欲谷的例子说明中国的某些指责是无根据的。(作者在此的含义是暾欲谷年迈仍受重视。——译者)
④ 摘自儒莲《史料》(载《亚洲杂志》1864 年,331 页)(摘自《周书·突厥传》和《隋书·突厥传》。——译者)

2. 突厥帝国的分裂

突厥人的这两个帝国没有长期保持鼎盛。和硕·柴达木碑文中赞扬的伟大的可汗们由一些缺乏前辈们的那种天才的人继承。"彼等之弟辈为可汗,彼等之子辈为可汗,惟弟辈今不类其兄辈,子辈不类其父辈。登位者皆庸可汗、恶可汗。致使突厥帝国解体。"①

真正摧毁突厥力量的是两汗国之间的敌对,即鄂尔浑的东突厥汗国和伊塞克湖、怛逻斯的西突厥汗国。这两个突厥帝国统治着从中国东北部到呼罗珊的半个亚洲,如果他们能够保持在552年基础上的统一,即以东突厥汗国统治者居首位,取帝王的可汗称号,而西突厥统治者满足于次位,取叶护称号的话,那么他们将不可战胜。但东突厥汗国的佗钵可汗,即木杆可汗的兄弟和继承者,是该家族中得到西突厥汗国承认的最后一位可汗。② 西突厥叶护达头是一位极端残暴的人,这一点已经由瓦伦丁的报道所证实。582—584年间,他摆脱了东方的新君主,自己称汗。在中国,强大的隋朝已经恢复了汉朝在中亚的全部政治活动,中国在这次反叛中是鼓励达头的,这次叛乱使突厥人的势力一分为二。此后,东、

---

① 汤姆森:《鄂尔浑碑文》98—99页。转自《突厥集史》下册,880页。——译者
② 575—585年,佗钵可汗善待他从中国带到东突厥汗国的犍陀罗三藏法师阇那崛多,并在他的劝导下皈依佛教。参看沙畹《通报》1905,页334,346)。(关于佗钵皈依佛教,《隋书·突厥传》记道:"齐有沙门惠琳,被掠入突厥中,因谓佗钵曰:'齐国富强者有佛法耳'。遂说以因果报之事。佗钵闻而信之,建一伽蓝,遣使聘于齐氏,求《净名》、《涅槃》、《华严》等经并《十诵律》。佗钵亦躬自斋戒,绕塔行道,恨不生内地"。——译者)

第二章　中世纪初期:突厥、回鹘和契丹

西突厥再也没有重新统一,并且在大部分时间内,二者之间确实是处于敌对状态。①

于是,当中国正处在重新统一之时,突厥人却在分裂。这种对立运动为隋唐王朝(7—9世纪)统治下的中国在中亚实行帝国主义政策提供了可能性。

东突厥不仅面临着西突厥的反叛,还被内部斗争弄得四分五裂。在蒙古本土上,新可汗沙钵略(581—587年在位)②的权力受到其堂兄菴罗和大逻便的争夺。同时,他在西方受到西突厥"新可汗"达头的攻击,在东方受到辽西契丹人的攻击。不过,这一形势的发展令中国人不安,因为对这样一个联合体来说,由于蒙古地区的东突厥被打倒,势必使达头变得太强大。绝不能让达头重新恢复对他有利的突厥的统一。于是,中国的君主、隋朝建立者杨坚迅速改变了联盟的对象,支持东突厥可汗沙钵略以对付达头(585年)。陷入内部纠纷的东突厥人无论如何不再令人生畏了。沙钵略的兄弟、继位者莫何可能杀死了反可汗的大逻便(587年),但不久他也去世了。继位的可汗是都蓝(587—600年在位),他发现自己遭到另一位反可汗者(即得到中国支持的突利)的反对。事实上,都蓝可汗于599年驱逐了突利,但杨坚皇帝赶紧欢迎突利及其部众,并把他们作为盟邦安置在鄂尔多斯。东突厥毫无希望地维持着分裂局面。

都蓝一死,西突厥达头可汗再次试图利用东突厥人的混乱使

---

① 在沙畹《史料》48页注①和241页中有关于达头生平的论述。
② 沙钵略是突厥名(Ishpara)的汉文转写形式?参看伯希和"中亚几个词名考"(载《亚洲杂志》1913年,211页)。

他们降服，以便建立起他对蒙古地区和突厥斯坦的统治，实现突厥人的重新统一。[①] 为防止中国的干涉，他采取恐吓手段。601年，他威胁隋朝都城长安；602年进攻驻在鄂尔多斯的、受中国保护的突利可汗。但中国的政策是在暗中进行活动。603年，一支西部的主要部落（这些部落是铁勒族，是回纥的祖先，它们似乎是在塔尔巴哈台、乌伦古和准噶尔地区过着游牧的生活）突然反叛达头。由于达头的势力甚至在他统治的区域内也已经遭到削弱，他就逃往青海避难，从此销声匿迹（603年）。达头的王国，即曾经令波斯和拜占庭战栗、并在几年前还威胁着中国都城的西突厥强国瞬时瓦解了。达头之孙射匮只获得了他应该继承领土的极西部分和塔什干，而某个反可汗的处罗成了伊犁地区的君主。处罗确实着手计划继续达头的事业，但中国人及时地阻止了他。隋臣裴矩暗中支持处罗的敌人射匮。[②] 处罗在战争中失败后，到中国宫廷供职（611年）。射匮把他的胜利归于中国的政策，看来他始终没有采取过背叛中国的行动。与此同时，东突厥的政权一直掌握在中国的被保护者突利手中（609年去世），后来权力又传其子始毕（609—619年）。在蒙古地区正像在西突厥斯坦一样，隋朝时期的

[①] 大约正是在此时期，达头于598年派遣使臣带了一封信给君士坦丁堡的毛里斯皇帝，信中明确地自称是"七姓大首领，世界七国之主人"。（参看沙畹书，246页中摘录的塞俄菲拉克斯的记载。）

[②] 关于隋臣裴矩暗中唆使射匮反处罗，《隋书·突厥传》记："帝将西狩，六年（610年）遣侍御史韦节召处罗，令舆车驾会于大升拔谷，其国人不从，处罗谢使者辞以佗故，帝大怒，无如之何，适会其酋长射匮使来求婚，裴矩因奏曰，处罗不朝，恃强大耳，臣请以计弱之，分裂其国，即易制也。射匮者，都六之子，达头之孙，世为可汗，君临西面，今闻其失职，附隶於处罗，故遣使来以结援耳，愿厚礼其使，拜为大可汗，则突厥势分，两从我矣。"——译者

中国不是通过一次大战争,而仅仅是采用其惯用的计谋,就成功地分裂了突厥势力,消灭了不顺从的可汗,使权力掌握在那些承认中国宗主权的可汗手中。

青海的情况亦如此。该地吐谷浑部的鲜卑人(可能是一支蒙古部落)的存在,三百年来一直令甘肃的中国驻军忧虑,608年他们被中国军队击溃,不得不逃亡西藏。① 同年,中国重新占领哈密绿洲。609年,吐鲁番王麴伯雅开始向隋炀帝表示归顺。

当隋炀帝在高丽进行的倒霉的战争(612—614年)使隋朝威信扫地时,整个结构瓦解了。东突厥始毕可汗起来反叛,在山西西北的雁门关几乎俘虏了隋炀帝本人(615年)。接着,中国爆发的内战(616—621年)彻底恢复了突厥人以往的勇气,这次战争导致了618年隋朝的覆灭。当争夺王位的竞争对手们被打败、新的唐王朝登上皇位时,隋朝所做的一切工作又必须重做。草原又把它的游牧部落推向山西中部。624年,东突厥可汗颉利(620—630年在位)利用中国内战带来的混乱,骑着马率领着他的骑兵队伍对帝国都城长安进行威胁。

幸运的是,唐朝有一位杰出的勇士,即太子李世民,尽管他还年轻,但他是唐朝的真正建立者。李世民勇敢地一直来到泾河畔的豳州,与蛮军对峙,他以坚定的姿态令对方慑服。游牧各部首领在一起协商片刻,然后一箭未发地撤退了。几小时后,一场大雨席卷该地区。李世民立即召集其部下谈话。据《唐书》记载他说道:"虏控弦鸣镝,弓马是凭,今久雨弥时,弧矢俱敝,突厥人众,如鸟铩

---

① 参看伯希和:"吐谷浑与鲜卑研究集"(载《通报》1920年,323页)。

翻,我屋宿火食,枪槊犀利,料我之逸,揣敌所劳,此而不乘,夫复何时?"唐军照此行动。黎明时,突厥营地被攻破,中国骑兵切断了通往颉利可汗营帐的道路。颉利求和并撤退到蒙古地区(624年)。[①]在这次惊人之举后,当时年仅27岁的李世民登上了中国皇位,从此,历史上以帝号称他为太宗(626年)。

3. 唐太宗灭东突厥汗国

唐太宗(627—649年)是中国在中亚的威势的真正建立者。他灭了东突厥汗国,促使西突厥的瓦解——后来太宗之子又完成了对西突厥人的征服——并把塔里木盆地的印欧族诸王国置于其保护之下。

太宗即位之年,东突厥颉利可汗再次发动骑兵远征,直抵长安城下。626年9月23日,他的十万人马出现在长安城北门外的便桥前。颉利可汗在城下以攻城相威胁,提出蛮横无理的纳贡要求。太宗似乎只有很少人马,他采取了大胆的行动。他召集了所有可用的人,把他们置于各城门前,而他亲自率领小部分骑兵沿着渭水向敌军行进。突厥诸首领见其勇皆惊,下马便拜。"俄而众军至,旗铠光明",太宗纵马到突厥营前,训斥其可汗及众首领背信弃义,破坏休战之约。颉利可汗羞愧。次日,太宗与颉利按传统习俗刑

[①] 中国史书以优美的史诗般的形式记录了此事。儒莲"突厥史料"(载《亚洲杂志》1864年,213—219页)。

参看《册府元龟》卷一九。——译者

白马设盟,言归于好。①

为削弱颉利的权力,太宗支持两个持不同意见的部落,即铁勒和薛延陀部的反叛。铁勒部(以后的回纥)分布在塔尔巴哈台;薛延陀部在科布多(627—628年)附近。② 同时,在东蒙古,太宗支持反可汗的突利可汗脱离颉利,突利已经起来反抗颉利了(628年)。伟大的唐太宗在颉利的周围布下了敌对的包围圈之后,于630年派出由李靖和李世勣率领的唐军猛攻颉利。中国的将军们在山西以北的内蒙古地区与颉利相遇,他们对他的营帐发起了突然攻击,击溃其部落。颉利本人被俘。在大约50年中(630—682年),东突厥汗国臣属于中国。和硕·柴达木的突厥碑文上记道:"贵族子弟,陷为唐奴,其清白女子,降作唐婢。突厥之匄,弃其突厥名称(或官衔),承用唐官之唐名(或衔),遂服从唐皇,臣事之者五十年。为之东征向日出之方,西征远至铁门。彼等之克国除暴,皆为唐皇出力也。"③

太宗在粉碎了蒙古的突厥人之后,以这些人为辅助军,在以后的20年中,使突厥斯坦的突厥人和戈壁上印欧种人的绿洲都纳入自己的统治之下。一个受到震惊的亚洲从他身上看到了一个陌生的、史诗般的中国。绝不向蛮族求和,也不以重金去收买他们撤兵,太宗扭转形势,战胜他们,使他们害怕中国。在突厥-蒙古族入侵的3个世纪里,中国人民已经把胜利的游牧民同化。由于吸

---

① 参看《旧唐书》卷二《本纪》。
② 参看《新唐书》卷二一七下《薛延陀传》。
③ 参看汤姆森《鄂尔浑碑文》99页。
引自《突厥集史》下册,880页。——译者

收了这些新鲜血液而坚强起来,现在中国人对这些草原牧民们翻脸,他们曾经从这些牧民中吸取力量,并把这种力量注入那种历史悠久的文明的巨大优越性之中。

4. 西突厥汗国的瓦解

太宗于630年重建了以鄂尔多斯和内蒙古为边境的疆域之后,把注意力转向西突厥。正像我们已经看到的那样,西突厥人在射匮可汗的统治之下又重新统一起来。射匮可汗使阿尔泰地区的薛延陀部归降于他,他住在特克斯河和裕勒都斯河上游一带,于611至618年间统治着从阿尔泰山到里海和兴都库什山之间的地区。射匮之弟、继位者统叶护(618—630年在位)进一步扩张势力。他已经征服了东北方的铁勒部,在西南方又重申了对吐火罗地区和巴克特里亚的统治,并取得了对塔里木盆地部分地区的霸权。

630年初,中国的朝拜圣地者玄奘旅行时,就在托克玛克附近见到过他,当时正值统叶护权盛时期。他在裕勒都斯河与伊塞克湖之间的地区内过着随季节迁徙的游牧生活,像其祖先一样,在裕勒都斯河上游一带度夏;伊塞克湖,即热海沿岸是他的度冬地。他也喜欢把营帐扎在更西边,即在怛逻斯附近的"千泉",今江布尔地区。吐鲁番王是他的一位藩属王;他的儿子达度设是吐火罗地区王,其住地在昆都士。《唐书》记道:"(统叶护)霸有西域,……西戎之盛未之有也。"① 此时唐太宗正集中力量摧毁东突厥,他认为应该

---

① 《旧唐书》卷一九四下《西突厥传》。

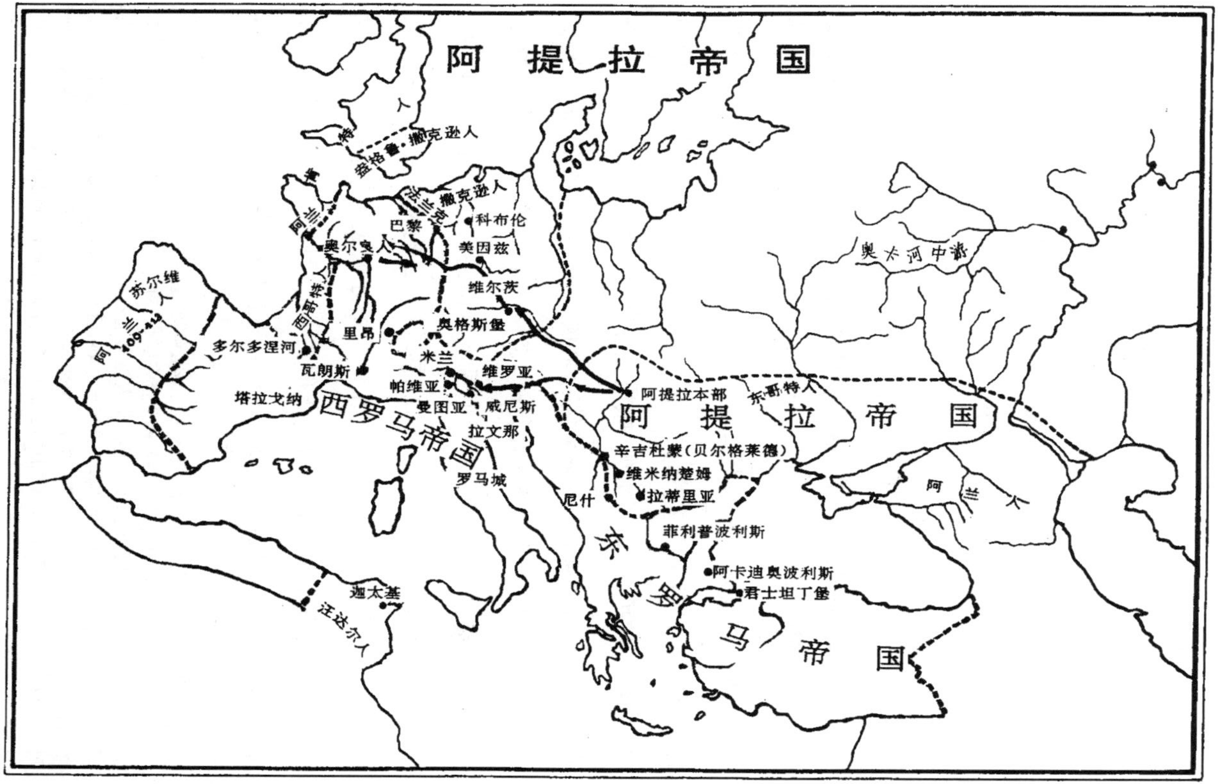
阿提拉帝国
撒克逊人
法兰克人
科布伦
巴黎
美因兹
维尔茨
奥格斯堡
米兰
维罗亚
帕维亚
曼图亚
威尼斯
拉文那
西罗马帝国
罗马城
里昂
瓦朗斯
多尔多涅河
塔拉戈纳
苏尔维人
阿兰
409-412
迦太基
汪达尔人
阿提拉本部
东哥特人
阿提拉帝国
奥卡河中游
辛吉杜蒙(贝尔格莱德)
维米纳楚姆
拉蒂里亚
尼什
菲利普波利斯
阿卡迪奥波利斯
君士坦丁堡
东罗马帝国
阿兰人

采取"远交近攻"之策,于是,他把统叶护视为同盟者。

玄奘留给我们的、关于统叶护的描述就是对某个阿提拉或某个成吉思汗的描述。"戎马甚盛。可汗身著绿绫袍,露发,以一丈许帛练,裹额后垂。达官二百余人,皆锦袍辫发,围绕左右。自余军众,皆裘毼毳毛槊纛端弓,驼马之骑,极目不知其表。"①

统叶护热情地接待了中国的朝拜圣地者。确实,他对佛教总是相当开放的。在几年前,他曾热情款待过名叫波罗颇迦罗蜜多罗的印度佛教使者。波罗颇迦罗蜜多罗在626年继续到中国布教前,把说服突厥人皈依佛教作为己任。② 统叶护在托克玛克牙帐中给予玄奘同样热情的款待。玄奘对其营地作了丰富多彩的描述:"(统叶护可汗)居一大帐,帐以金花装之,烂炫人目。诸达官于前列长筵两行侍坐,皆锦服赫然。余仗卫立于后,观之,虽穹庐之君,亦为尊美矣。"在读到这几行时,奇怪的是使我们回想起西欧旅行家们从成吉思汗的蒙古首领们身上所得到的、几乎相同的印象。在卢布鲁克对13世纪的蒙古人的描写中,我们又看到了欢迎外国使者的另一个狂欢场面。玄奘在统叶护牙帐逗留期间,统叶护曾接待过来自中国和来自吐鲁番王的使者。统叶护"令使者坐,命陈酒设乐。可汗共诸臣使人饮,……于是益相酬劝,窣浑钟碗之器,

---

① 摘自(唐)慧立撰《大唐大慈恩寺三藏法师传》卷二。
② 见《续高僧传》卷三:"波罗颇罗蜜多罗此云光智,中天竺人也,以北狄贪勇未识义方,法籍人弘,敢欲传化,乃与道俗十人辗转北行,达西面可汗叶护衙所,以法训勖,曾未浃旬,特为戎主深所信伏,日给二十人料,旦夕祗奉,同侣道俗咸被珍遇,生福增敬,日倍于前,武德九年(626年)高平王出使入蕃,因与相见,承此分化,将事东归,而叶护君臣留恋不许,王即奏闻,下勒征入,乃与高平王同来谒帝,以其年(626年)十二月达京。"——译者

交错递倾,傑休兜离之音,铿锵互举。虽蕃俗之典,亦甚娱耳目,乐心意也。少时,更有食至,皆烹鲜,羔犊之质,盈积于前。"①

在玄奘访问之后数月,强大的西突厥汗国崩溃了。同年(630年),一支西部部落,即游牧的葛逻禄部反叛并杀害统叶护,葛逻禄部似乎是在巴尔喀什湖东端和塔尔巴哈台的楚固恰克之间作季节性的迁徙。西突厥汗国分裂为两部,两部的名称都只是由汉文转写而被人们所知:弩失毕部在伊塞克湖的西部和西南部;咄陆部在该湖的东北部。两部在原因不明的战争中耗尽了力量。一位咄陆部可汗,他的名字也叫咄陆(638—651年在位),在一段时期内曾企图重新统一两部,此后,他大胆地进攻中国在哈密地区的屯军。但是唐将郭孝恪在古城和今天的乌鲁木齐之间的博格达拉山附近打败了他(约642年)。此外,唐太宗支持弩失毕部反对咄陆,这位疲惫不堪的可汗只好逃往巴克特里亚,不再出现于历史上(651年)。②

5. 唐朝初期塔里木绿洲上的印欧各族

唐太宗灭突厥后,能够在塔里木绿洲上重建其霸权,塔里木绿洲上至少有一部分居民是印欧人,特别是北缘上的吐鲁番,喀拉沙尔(焉耆),库车和喀什,以及南缘上的鄯善、于阗和叶儿羌。

古商道上的这些城市,作为沟通中国、伊朗和拜占庭之间的丝

---

① 引自《大慈恩寺三藏法师传》卷二,1983年版,28页。
② 《旧唐书》卷一九四下《西突厥传》:"乙毗射匮可汗立,乃发弩失毕兵就白水击咄陆,自知不为众所附,乃西走吐火罗国。"——译者

绸之路上的中转站的作用是重要的，它们作为佛教徒从中国到阿富汗和印度的取经路上的驿站，其作用也不是不重要的。中国朝拜圣地者玄奘对后一方面的作用作了很好的描述，玄奘于629年从甘肃出发，他出行时（629—630年）走的是北道，经吐鲁番、喀拉沙尔（焉耆）、库车、阿克苏，以后又经托克玛克（碎叶城）、塔什干和撒马尔罕。644年他返程时走的是南道，经帕米尔山、喀什、叶儿羌、于阗、鄯善、敦煌。他的记载表明塔里木盆地的这些小王国已经全部信仰佛教，随佛教还传播了丰富的印度文化，以致梵文已经与当地的印欧语——吐鲁番语、焉耆语、库车语（古吐火罗语A和B）和"东伊朗语"（显然在于阗是讲东伊朗语）——一起成为该地的宗教语言。①

由伯希和、斯坦因和勒柯考察团所发现的手稿也证明了佛经是从梵文翻译成各种印欧语方言的（在北方是两种吐火罗语，或者是像它们被称作的那样，库车语等；在西南方，是东伊朗语）。而另一种印欧语，即粟特语，是从布哈拉和撒马尔罕来的商队传入的，在从天山到罗布泊之间作短期旅行的扎营者中使用，伯希和在这一地区发现了一个7世纪的这类粟特移民遗址。② 正如上

---

① 参看伯希和《吐火罗语与库车语》（《亚洲杂志》1934年，I, 52）。不必深入钻研语言学，我们也能随意举出库车语中的具有印欧语特征的许多词：st 和 nessi＝to be（是）；ste＝he is（他是）；pater＝father（父）、màter＝mother（母）；pracer (frater)＝brother（兄弟）；se＝son（儿子）；tkacer＝daughter（女儿）；okso＝ox（公牛）；yakwe (equus)＝horse（马）；nem＝name（名字）；knan＝to know（知道）；klautke, kaklau＝circle（圆圈）；salyi＝salt（盐）；malkwe＝milk（奶）；wek＝voice（声音）；ek＝eye（眼睛）；trai＝three（三）；okt＝eight（八）；ikem＝twenty（20）；kante＝hundred（百）；mene＝moon（月亮）；pest＝after（在…之后）。

② 伯希和的文章"Le cha－tcheou Tou tou fou t'ou King et la colonie sogdienne du Lob－nor"（载《亚洲杂志》I, 1916年，120页）。

第二章 中世纪初期：突厥、回鹘和契丹

面所见，来自印伊边境的丝路上的行商和坐贾们，以及佛教使者们，他们共同把伊朗和印度艺术传入塔里木绿洲，在此，伊朗和印度艺术由于佛教的作用而形成了一个奇妙的综合体。在这种综合文化当中可以看到各种外来物：希腊－佛教的、印度－恒河的，或伊朗－佛教的，这可以从库车附近的克孜尔壁画中识别出来，它们或者属于哈辛命名的克孜尔 I 期（约 450—650 年）风格，或者是属于克孜尔 II 期（约 650—750 年）。① 在于阗以东的丹丹－乌里克的木简上（约 650 年）也有带典型萨珊特征的佛教画。最后，第 II 期具有萨珊－佛教风格的克孜尔壁画，与令人想起阿旃陀石窟的印度影响一起，一直渗入到吐鲁番壁画群，即伯子克力克、穆尔吐克和圣吉木壁画。除了印度、希腊和伊朗的影响外，还有中国的影响。正如哈辛所观察到的那样，中国的影响在库车附近的库姆吐拉壁画中被感觉到，当然，首先是在伯子克力克和离中国边境最近的吐鲁番壁画群的其他各处壁画中被感觉到。②

在玄奘旅行时（630 年），处于文明交叉口上的这一文化正处在极盛时期，特别是在库车。在戈壁滩上由印欧人居住的所有绿洲中，库车无疑是印欧文明表现得最明显的地区之一，这是从伯希和、斯坦因和勒柯考察团发现的、用库车语写成的大量佛教文学中知道的。库车一名的梵文转写 kuchi 和汉文转写库车都与 kütsi 的发音有着很紧密的联系。有人推测 kütsi 是当地居民说的一种

---

① 哈辛：《中亚的印度艺术和伊朗艺术》253 页和《中亚的佛教艺术》12 页。
② 哈辛："中亚考古研究"（载《亚洲艺术评论》1936 年）。

方言，或者是，像直到最近仍被称作的那样，叫吐火罗方言。① 在佛教的影响下，库车方言，也就是说，一度被某些东方学学者称之为吐火罗语 B 的一种特殊的印欧方言，今天简单地称为库车语——已经是一种文字语言。5—7 世纪，一部分梵文经卷已经被译成库车文。库车社会从它与佛教文明（印度文化遗产）的接触中受益，又从与伊朗（库车模仿伊朗的物质文明）有联系的那些商队中获利，正如手稿和克孜尔、库姆吐拉壁画中所揭示的那样，库车社会似乎是一件杰作，这在当时几乎是不可能的事。当库车表现出这种第一流的、完美无瑕的社会，中亚雅利安型的一朵鲜花，不是盛开在远离所有突厥－蒙古族游牧部落的地方，而正是盛开在蛮族社会的边缘，而且是处在即将被那些最不开化的原始公社灭绝的前夕时，这简直是一种梦想。地处只有以沙漠为防护的草原边缘和随时有遭受游牧民冲击危险的库车社会能够存在如此之久，这似乎是个奇迹。

在克孜尔壁画上复活了的光辉的库车骑士，似乎是来自波斯袖珍画像（不管它们的编年）的某一页。刻画细腻的面部呈卵形，除了稀疏的上唇须外，其余部分都细致地剃得很光洁，再配上长而直的鼻子和弯如弓的眉毛，身材苗条、挺拔，似乎是帖木儿朝《帝王

---

① 参看伯希和："有关库车、阿克苏和乌什名称的注释"（《通报》1923 年，127 页）和"库车语和吐火罗语"（《亚洲杂志》1934 年，86—87 页）。参看 H. 吕德斯的文章"Weitere Beiträge zur Geschichte und Geographie Von Osttürkistan"（*Sitz. der. preuss Akad. der Wissenschaften*；柏林，1930 年，17 页）。在所谓的吐火罗语 A 写本中，威格认为他识别出的 árçi 是表示一支吐火罗人，Asioi（阿速）、Wu－Sun（乌孙）、Al-ans（阿兰人）等名与此有关。但贝利证明了这是错误的翻译，árçi 只是古印度方言 árça 的吐火罗形式，指梵文 arya 一词。参看贝利"吐火罗"（《亚洲研究院院刊》VIII，4，1936 年，912）。

史记》中的某个人物——所有这些外貌特征集中表现了典型的伊朗体型。服饰也与伊朗的相同。首先,宫廷服装是:颀长笔挺的长袍,腰部由一条金属带系紧,大翻领在胸前翻开,如在阿富汗的萨珊式巴米安壁画中已经提到过这种装束,还有编带、珠联和绣花,这些装饰品都是仿古伊朗的装饰风格。其次是军服:萨珊朝波斯以及已经成为波斯人的那种优雅气质使人们想起了克孜尔壁画中骄傲的持长矛者,他们头着圆锥形头盔,身穿铠甲,手持长矛或砍、刺两用的长剑。最后是克孜尔和库姆吐拉壁画中的美女和施主,她们身穿齐腰部的紧身上衣和宽大多折皱的裙子,尽管她们都是佛教题材中的形象,然而,她们令人想起沿丝绸之路各停宿地内、塔里木地区各富裕的商旅城市中(库车就是以娱乐之城而驰名),以及远至中国,人们所谈起的乐师、舞女和妓女。

6. 唐朝在塔里木地区的属国

虽然库车和吐鲁番都是同样处于佛教的影响之下,但是,库车的物质文化仍主要是伊朗式的,而吐鲁番(高昌)在这方面则更多地表现出是受中国的影响①。把库车壁画(即克孜尔壁画)与吐鲁番壁画(即穆尔吐克、圣吉木、伯子克力克壁画)作一番比较,就可令人信服这一点。在吐鲁番,经库车传入的印度-伊朗文化的特征逐渐融入唐代美学。吐鲁番与中国在地理位置上的接近,以及

---

① 唐朝时期吐鲁番国的都城并不在今吐鲁番地区,而是在其东的亦都护沙里,即原哈剌火州,因此,并不完全与今高昌一致。参看伯希和"高昌、和州、火州和哈剌火州考"(载《亚洲杂志》I,1912年,579页)。

它的地区史,都可以解释这种文化的倾斜。507年以后,吐鲁番地区就由麴氏统治,这是一个中国人的王朝。609年,麴伯雅到中国向隋炀帝表示归顺。后继者麴文泰(约620—640年在位)曾热情接待过中国的朝拜圣地者玄奘,其热情之极,几乎不让他的客人继续赶路(629年底到630年初)。这一广为人知的故事至少表明了这位君主对中国文化的兴趣和对佛教的热诚。同年(630年),麴文泰前往唐朝向唐太宗表示归顺,但在麴文泰统治末期,他不承认唐朝的宗主权(640年)。唐太宗派侯君集将军讨伐之。在中国军队逼近的时候,麴文泰惊骇而死。吐鲁番被攻占和归并于唐朝,成为中国一个府的所在地,即以后的安西都护府(即"安抚西边"的中国政府)的所在地(640年)。

喀拉沙尔国(梵文 Agni,汉文焉耆)似乎与库车一样,已经成为显赫的印欧文化中心。[①] 正像在库车一样,由于佛教的原因焉耆的宗教文化是从印度模仿来的,物质文化部分是来自伊朗,大部分的艺术使人想起阿富汗地区的希腊—佛教艺术。现存柏林的焉耆墙壁涂饰与纪麦特博物馆的哈达墙壁涂饰有着惊人的相似。不过,唐朝也在焉耆施加军事力量。632年,焉耆承认了唐太宗的宗主权,但是,唐朝对吐鲁番的归并无疑使焉耆王(汉名突骑支)感到不安,他于640年与西突厥联盟,扯起了反叛的旗子。唐太宗派郭孝恪将军去平乱。郭孝恪巧妙地进军,于夜间从裕勒都

---

① kara-shahr 的吐火罗语和粟特语名(Arg 和 Ak?)在梵文中是 Agni,参看伯希和《谈吐火罗语》(载《通报》265页)。亨利"焉耆与吐火罗人"(载《亚洲研究院院刊》1938年,564页)。沙畹将有关焉耆的汉文史料译成法语,载入《西突厥史料》110—114页。列维《高昌写本残卷》中有摘языку,参看8—15页。把梵文 Agni 与 Kara-shahr 等同起来的文章,参看吕德斯的文章(Weitere Beiträge,20页)。

斯河方向靠近焉耆，黎明时攻占了这座处于惊恐之中的城市。郭孝恪在焉耆拥立亲中国的王子、前王之弟栗婆准登上王位（640年），几年之后，栗婆准被其堂兄弟薛婆阿那支废黜，薛婆阿那支得到了库车人和突厥人的支持。于是，唐太宗任命唐将阿史那社尔（为唐朝服务的突厥王子）去彻底平定这个反叛的城市。阿史那社尔向焉耆进军，砍下了篡位者的头，立另一王室成员为王（648年）。

平定焉耆之后，轮到了库车①。库车当时是由库车语称之为Swarna（梵文Suvarna，汉名苏伐）的家族统治着，苏伐的意思是金色的家族。618年，汉名为苏伐勃驶（梵文Suvarna pushpa，意为金色的花朵）的库车王向隋炀帝表示归顺。其子，中国编年史上的苏伐疊（库车名Swarnatep，梵文名Suvarna Deva，意为金色的神）是一位热诚的佛教徒，他于630年举行过盛大集会欢迎中国的朝拜圣地者玄奘，而不顾以下事实，即他和他的人民信奉的是小乘佛教，而玄奘信奉的是大乘佛教。② 同年，他宣称自己是唐太宗的属臣，但后来，由于不满唐朝的干涉政策，他与西突厥联合反对唐朝。644年，他拒绝纳贡，在焉耆反叛中国时，他援助焉耆人。在唐朝对他的惩罚还未来到之前他去世了。其弟，中国史学家们称之为诃黎布失毕（梵文Hari pushpa，意为神花）③者于646年继位。新即位的库车王明白即将来的风暴，赶紧声明效忠唐朝（647年）。100

---

① 沙畹将《唐书》中有关库车的史料译成法文，收入《西突厥史料》114—121页，列维在"库车语、吐火罗语书"一文中有摘录（《亚洲杂志》II，1913年）。
② 儒莲：《玄奘传及其印度之游》43页。
③ 库车语的花是pyapyo，参看列维《库车写本残卷》140页。

但为时已晚。在唐朝供职的突厥王子阿史那社尔率领一支由中国正规军和突厥、铁勒人组成的辅助军向西出发了。

阿史那社尔以打消库车所指望得到的支持而开始了行动,他粉碎了库车的两个同盟的突厥族部落:处月部和处密部,前者在古城附近过着游牧生活,后者在玛纳斯河流域。他从玛纳斯河流域袭击库车。库车王诃黎布失毕率军迎战,阿史那社尔采用游牧部落惯用的计谋:佯装退却,诱敌入沙漠,在沙漠中给敌人以毁灭性的打击。这次战役很可能是伊朗文化中表现光辉骑士精神的克勒西战役和阿让库尔战役,也即克孜尔壁画中表现那些勇敢无畏的战士的战役。受雇于唐朝的这位突厥人作为征服者进入库车,接着,追击库车王"神花"来到阿克苏(拨换城)的西部边区,阿史那社尔包围该地并捉住了他。与此同时,曾去西突厥求援兵的一位库车贵族(汉名那利)出其不意地归来,在一开始的突然袭击之下杀了中国将军郭孝恪。阿史那社尔进行了残酷的报复,砍 11000 人的头,"破五大城,男女数万,西域震惧"(647—648 年)。王室俘虏诃黎布失毕被带到长安,匍匐在太宗面前。中国人立王弟叶护为库车王,但是,是在中国的严格监督之下进行统治。

库车和克孜尔辉煌的印欧社会再也没有从这次灾难中恢复过来。经历了中国一个世纪的统治之后,在 8 世纪下半期,当中国再次失去了在库车的利益时,在库车掌握权力的不再是往日的印欧贵族,而像吐鲁番一样,是回纥突厥人。这一古代的印欧地区(即外伊朗地区)即新疆南部。位于塔里木西部的喀什王国(汉名疏附)无疑是由古代萨迦人的后裔居住,说的可能是本地语,即东伊朗语。中国朝拜圣地者玄奘记载,喀什人是蓝眼睛,或者像他写的

"绿眼珠"——这是对日耳曼作家们称之为雅利安型的喀什人所留下来的一则宝贵证据。玄奘还提到他们的文字是印度起源的,他们占支配地位的宗教是小乘佛教,尽管萨珊朝的马兹达克教也有它的信徒。另一方面,在叶尔羌国(汉名莎车),盛行的是大乘佛教。最后是于阗绿洲,该地因种桑养蚕、发展地毯织业和开采玉石而富裕,于阗也是一个重要的佛教中心,在那儿人们热心研究梵文,普遍讲授大乘佛教。统治王族的名称现在只知道汉文转写为尉迟。

自唐太宗登基后,这三个王国都向中国表示归顺:喀什和于阗是在 632 年,莎车在 635 年。635 年于阗遣子入侍宫廷。648 年,唐将阿史那社尔平定库车后,派轻骑兵护送他的副将薛万备到于阗。惊恐万状的于阗王(汉名伏阇信)被召入中国宫廷,在宫中受到封赏后被送回于阗。①

7. 唐朝——中亚的主人

在上述征服结束时,中国的直接统治已经伸延到帕米尔地区。中亚的征服者、太宗皇帝的自豪是可以理解的。《唐书》记载他说:"曩之一天下,克胜四夷,惟秦皇、汉武耳。朕提三尺剑,定四海,远夷率服。"在突厥人中,他的威信也非常高。如果说他征服了他们,那么他同时也团结了他们,他采取突厥-蒙古族的以对个人表示

---

① 《新唐书·于阗传》。S.科诺"和田研究"(载《皇家亚洲学会会刊》1914 年,339 页)。列维的文章"Les rois Fou—tou de khotan"(上引书,1020 页)。汤姆森:"古于阗语"(《大亚细亚》II,2,1925 年,251)。

效忠的方式,把他们吸引到自己周围。正如下一个世纪刻成的和硕·柴达木的突厥碑文所记,他很清楚如何成为"中国的可汗"。

唐太宗具有把突厥人笼络在自己身边的能力,最典型的例子表现在《唐书》所记的阿史那社尔的传记中。阿史那社尔属东突厥王室(他是颉利可汗的兄弟),于636年投降中国。成为唐太宗最优秀的将军之一,为奖赏他,唐太宗把一位唐朝公主许配给他。我们已经看到了他在中国的征服战争——夺取焉耆、库车等等——中所起的作用。他很忠诚,以致在太宗去世时,这位年迈的突厥雇佣兵要求按游牧民的方式,以身殉葬,"卫陵寝"。

对于所有参与中亚诸战役的身经百战的将士们,可以采用诗人李白在其《行行且游猎篇》中的著名诗句:①

> 边城儿,生年不读一字书,但知游猎夸轻趫。
> 胡马秋肥宜白草,骑来蹙影何矜骄。
> 金鞭拂雪挥鸣鞘,半酣呼鹰出远郊。
> 弓弯满月不虚发,双鸧迸落连飞髇。
> 海边观者皆辟易,猛气英风振沙碛。
> 儒生不及游侠人,白首下帷复何益。

太宗之子,继位者高宗统治(650—683年)初期,完成了其父业。他致力于打击西部突厥,即对付西突厥汗国当时已经分裂形成的两大部落:伊塞克湖西南的弩失毕部和湖东北的咄陆部。这一分割自然符合中国政策的需要。一位名叫贺鲁(651—657年)的咄陆部可汗在短时期内也得到弩失毕部的承认,因此,恢复了西

---

① 摘自《李白诗选》,人民文学出版社1961年版,第134—135页。——译者

部的突厥汗国,他立即叛反中国的宗主权。为反击这次叛乱,中国人与回纥突厥人(从前的铁勒)结成联盟,回纥游牧于杭爱山附近,其可汗婆闰可能赞成唐朝的政策。回纥的支持增强了中国的力量,唐将苏定方直入西北部不毛的荒凉之地。当时冬季来临,地上覆盖着两英尺厚的雪。苏定方对其部下说:"虏恃雪,方止舍,谓我不能进,若纵使远遁,则莫能禽。"① 他袭击了敌人,在准噶尔地区艾比湖附近的博罗塔拉河边与贺鲁相遇,后来又在伊塞克湖以西的楚河流域再次打败了他(657年),迫使他逃到塔什干。贺鲁末日到了,因为塔什干人民把他交给了中国。② 此后,唐朝宫廷任命忠心为中国效劳的突厥人阿史那弥射为咄陆部新可汗(657—662年),而立另一位依附于唐朝的突厥人阿史那步真为弩失毕部的可汗(659—665年)。

8. 突厥汗国的回光——默啜可汗

正当中国唐朝似乎已经实现了她在中亚的所有目标时,形势突然改变。在唐高宗统治的后半期(665—683年),这位由后宫阴谋所操纵的软弱的君主目睹了中国对中亚各地影响的大衰落。从665年起,西突厥的弩失毕和咄陆两部反叛中国指派的可汗们,重新获得独立。接着是吐蕃人(当时几乎还处于原始状态的民族)③闯入

---

① 《新唐书》卷一一一《苏定方传》,《旧唐书》卷八三《苏定方传》。——译者
② 《新唐书》卷二一五下《西突厥传》。
③ 参看伯希和从敦煌带回来的藏文写本(Bibliothéque Nationale, Pelliot Fund)。J. 巴科的研究证明,吐蕃人全体皈依佛教是以后的事,这要归结于七世纪的吐蕃诸王(《古代社会交通》1937年)。

了塔里木盆地,从中国人手中夺取了被称为"四镇"的焉耆、库车、于阗和喀什(670年)。更重要的是,在630年被唐太宗灭掉的东突厥汗国在原王室后裔骨咄禄(意为快乐)可汗的率领下重新建立起来。在和硕·柴达木碑文中,他叫颉跌利施可汗。

我们把和硕·柴达木碑归功于骨咄禄之子,碑文中说鄂尔浑突厥汗国的重建是符合一种民族感情似的热诚情绪:"皆为唐皇出力的突厥公众则说:我固自有己国之部族;吾国今安在哉?我固自有其可汗之民众;吾可汗安在哉?彼等说。彼等既如此说,遂起而抗唐皇。"①他们又重新燃起了建立自己国家的愿望。但中国人说:"吾人毋宁杀突厥人而绝其根株。"于是他们开始消灭突厥,然而突厥上天与突厥神圣水土有如下造作:谓突厥民众不当灭绝而当(复)成一部族。和硕·柴达木碑文记:"彼援立吾父颉跌利施可汗与吾母颉利毗伽可敦自天顶保佑之。吾父可汗与二十七人(汉译文是十七人)偕行,以后增加至七十人。因天赋以力,吾父可汗之军有如狼,敌人有如羊。当人数增加到七百人时,即已失其国及其可汗之民众,已降为奴隶婢妾之民众,彼遵照吾先人法制而整顿此民众,且鼓励之。南边唐人本吾仇敌、北方九姓乌鹊部族本吾仇敌;黠戛斯、骨利幹②,三十姓鞑靼、契丹,皆向来敌视吾人者也。吾父可汗出征四十七次,身经二十战。由天之意,吾人于有国者取其国,有可汗者俘其可汗;彼使仇敌维持和平,使彼辈屈膝点首。"③

---

① 引自《突厥集史》下册,881页。——译者
② 骨利幹(Quriqan),人们认为是生活在贝加尔湖西岸的一支民族。
③ 汤姆森:《鄂尔浑突厥碑文》101—102页。

6世纪末—7世纪初期的突厥帝国

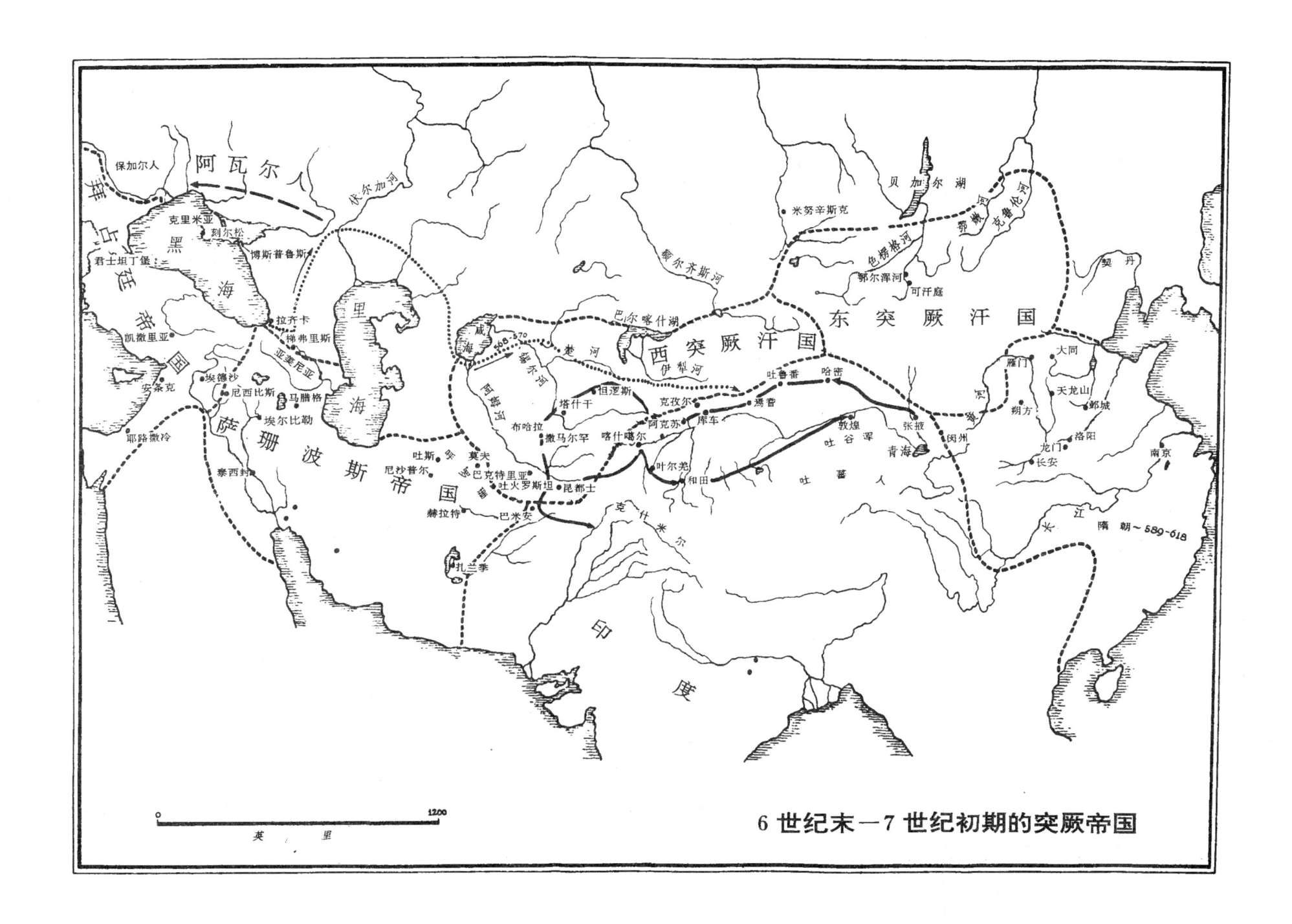

第二章　中世纪初期：突厥、回鹘和契丹

于是，东突厥汗国在其传统的中心地带，鄂尔浑河源边和于都斤山（可能是杭爱山脉）①重建起来。在创建中，骨咄禄得到一位精明的政治家暾欲谷的密切支持。暾欲谷是突厥人，其家族曾经在山西北部的云中（今归化城附近）边境地区世袭担任中国政府的行政官职。1897年在土拉河上游河谷发现了暾欲谷墓碑柱，碑铭文中记载着这位奇怪人物在重建汗国时对颉利的帮助，特别是来自《唐书》②的资料对他作了补充。自唐太宗统治以后，暾欲谷像其他的突厥贵族一样接受了中国教育。但是，当骨咄禄恢复突厥的独立时，他参加了这一行动，并成为骨咄禄的顾问和最好的代理人。他把在中国获得有关中国习俗、政治、思想的知识，特别是了解到唐高宗已被宫廷阴谋削弱的情况，都用来为新可汗服务。因此，682年，骨咄禄和暾欲谷对山西北部发起进攻，从而开始反对中国。683年3月，骨咄禄夷平妫州地区（北京西北，南口关北、怀来县）③。从此，每年进犯山西和河北边境。683年4月，骨咄禄和暾欲谷洗劫单于都护府，即今天的绥远。6月，杀幽州或蔚州刺史（蔚州、山西大同西南灵丘）④，俘虏了丰州（陕西北部的榆林）刺史，洗劫山西西北的岚州⑤。684年秋，攻朔州（朔平，现在的右玉，位于山西北部）。685年5月，攻入太原北部的忻州，大败唐军。

---

① 默棘连碑文说："汗国的政府所在地是于都斤山林。"（上引书，页116）。汤姆森对其位置作了推测（《德国东方学会杂志》Vol.78，1924年）。
② 拉德洛夫：《蒙古古突厥碑》II。（拉德洛夫：《暾欲谷碑》，希尔特：《暾欲谷碑跋》，巴托尔德：《古突厥碑与阿拉伯的征服》）。
③ 拉德洛夫《古突厥碑文》II，31。
④ 灵丘应该在大同东南。——译者
⑤ 希尔特《暾欲谷碑跋》56—58页。

687年4月,攻北京西北部的昌平。同年秋,攻山西朔平,然而最后遭到了失败。

与此同时,高宗皇帝去世(683年12月26日),其遗孀武后(或武则天)掌权。她是一个凶狠专横的女人,但很有才干,有统治天赋(684—705年)。尽管她在她自己的国内实行专制统治,但她仍恢复了以往中国的对外政策。例如,在塔里木盆地,她的将军们从吐蕃人手中夺回了四镇:692年夺取焉耆和库车,694年夺取喀什和于阗。① 然而,正如我们所看到的,她在对付东突厥时很少成功。东突厥可汗骨咄禄几乎每年都要劫掠山西、河北边境。她企图借助突骑施②的援助,从侧面打击骨咄禄。突骑施是一支居住在伊犁河下游的谢米列契耶的突厥部落。这种打算没有成功,因为骨咄禄打败并俘虏了突骑施可汗乌质勒,乌质勒被迫承认了骨咄禄的宗主权(689年)。③

骨咄禄于691年8—11月间去世。④ 他的汗位不是由其子继承,而是由他的兄弟默啜(Mo-ch'o,或Mo-cho,正如伯希和所确立的,该名是突厥语Bäk-chor的汉文转写名)继承。默啜在鄂尔浑碑文中是Qapagan-khagan,正是他给东突厥人带来了好运

---

① 《唐书》。
② 突骑施(Türgish)一名以回鹘文出现。参看哥本《玄奘传之回鹘译文》(《普鲁士科学院会议报告》柏林,1935年,24)。
③ 《唐书》,沙畹(《史料》43,74页),提到突骑施的两驻地,即大牙在托克玛克流域,小牙在伊犁水北的弓月城(上引书,283)。
《新唐书》卷二一五下记:"屯碎叶西北,稍攻得碎叶,即徙牙居之,谓碎叶川为大牙、弓月城伊犁水为小牙。"——译者
④ 伯希和:"中亚问题札记九则"(《通报》4—5,1929,206—207)。

气,使他们达到了鼎盛时期(691—716年)。① 在唐朝的宫廷戏剧中,他扮演着仲裁者的角色,他相当熟练地扮演着反对篡位的武后、维护唐朝正统的角色。在武后这一方,她提议让她的侄儿娶默啜的女儿,以此来拉拢他。但是,当这位年轻人来到可汗汗庭时(当时汗庭设在今天的赛音诺颜南的黑沙地),默啜轻蔑地拒绝了他(698年)。他宣布他的女儿不能嫁给武后的侄儿,只能嫁给合法的、被篡位的皇太后取消了(703年)的正统皇帝。他已宣称,如果武后废黜了李氏唐朝,他将率领他的所有部落入侵。

不过,在默啜举起保卫唐朝、反对可怕的武后的旗帜时,他继续进攻中国领土。694年,他蹂躏了宁夏附近的灵州。698年,他又蹂躏地处北京西部的宣化和灵丘之间的蔚州。在以上两次行动的间歇期间,他被说服与唐朝宫廷建立了短暂的合作,以反对在辽西和热河之间的一支蒙古族游牧民契丹,契丹人正在进攻永平附近的中国边境地区,以此开始向南扩张。696年,一位契丹首领李尽忠在永平附近打败了一支中国军队。李尽忠是默啜的盟友。其后不久,在李尽忠去世时,契丹人驱逐了他的儿子,并摆脱了与突厥的联盟。默啜曾抱着重新使流亡者(李尽忠之子)复位的目的进入契丹领地,但是没有成功。正是在此时,他与中国联合采取了反对契丹的共同行动。为此,他获得了许多蚕丝、稻米、武器、铠甲等等作为报酬。在默啜和中国人入侵的夹击下,契丹人被击溃(696—697年)。

---

① 儒莲"突厥史料"(《亚洲杂志》1864年,页413—458)。关于默啜和Bäk-chor,参看伯希和(《通报》1914年,页450)。

武后认为默啜已经永久地被争取过来了，于是，对他给予她的帮助大加褒奖。而默啜却以重新进攻宁夏附近的灵武作为回答。中国宫廷拒绝了他的蛮横要求，因此，他对宣化以南进行了可怕的远征，席卷了蔚州（这儿是指大同东南的灵丘），进攻河北中部保定和正定之间的定州，又取赵州。默啜转移了成千的俘虏后才撤退，在他离开时，他下令处死这些俘虏。① 702年，默啜攻山西北部的代州。706年，在敦煌东鸣沙山打败唐将沙吒忠义，围宁夏北部灵州的边境哨所。鸣沙山的胜利用史诗般的语言记入和硕·柴达木碑文中，它记载了默啜的侄儿阙特勤在其中所起的作用："彼等与沙吒将军交锋，初彼进击时乘灰马，此马死于是役。彼第二次进击，乘始波罗·雅蒙塔尔的灰马；马亦死焉。彼第三次进击，乘褐马，马又死焉。彼之甲胄暨其月钻石中敌矢逾百②，……彼等之攻战，汝突厥诸匐皆记及也。朕等歼其军焉。"③

默啜在每次攻入中国领土之后，都带着大批俘虏和战利品返回蒙古。和硕·柴达木碑文记道："于斯之时，本奴隶者自有奴隶，本婢妾者自有婢妾；……吾人所取得所组织之国家及领土如是其大也！"④

在对付突厥诸部中，默啜也同样是成功的。在东方，他战胜了克鲁伦河上游的拔野古部；在北方，他战胜了叶尼塞河上游地区的黠戛斯人。其侄儿阙特勤的墓碑上记道："吾等从高与枪等之积

---

① 儒莲《突厥史料》420页。
② 此处是按《突厥集史》（下册，页884）中所译的意思。按英译文应该是：他穿上甲胄，用箭射中了一百多个敌人。
③ 汤姆森《鄂尔浑碑文》109和105页。
④ 同上。

雪,开道通过,直前越由漫山林(今唐努乌拉)。与其可汗战于浚鸡山林。阙特勤乘拔野之白牡驰击之。彼发矢射一人,仍继续穿其二。是役也,拔野古白牡之足折焉。吾等杀吉尔吉斯可汗,有其国。"①在西方,默啜用武力使西突厥的两部,即咄陆部和弩失毕部暂时屈服于他(699年)。随着西突厥两部的归顺,突厥再次形成了令人畏惧的整体。550年之突厥大帝国几乎又重新建立起来。在巴尔喀什湖以南的伊犁河下游,突骑施娑葛可汗(706—711),即乌质勒之子及继承人,企图联合西突厥反默啜,但于711年失败,被默啜杀死。于是,默啜成了一个东起中国边境,西至河中地区的突厥各民族的唯一君主。②《阙特勤碑》中记道:"突骑施可汗,吾突厥族也,吾之民众也。因其愚鲁、因其对吾人满怀诈为,诛之,……吾等征突骑施,越金山,渡曳咥河。乘突骑施族睡梦中奄至。突骑施可汗军如火如风,吾等拒之。阙特勤乘灰马进攻,……吾人于是诛可汗而有其国。突骑施族全体投降。"在对付伊犁地区的另一支突厥部落、即葛逻禄时,阙特勤也取得了胜利。"与战于克拉科尔湖,阙特勤乘其白马驰击之,……我们征服了葛逻禄部。"③

但是,默啜渐渐衰老,突厥人开始不满他的残暴和专制。许多首领向中国表示效忠,克鲁伦上游的拔野古部反叛。默啜在土拉河两岸将他们击溃。但当默啜回归途中路过一片森林时,受到敌军攻击,被杀(716年7月22日)。拔野古人将他的首级交给中国

---

① 汤姆森:《鄂尔浑碑文》109页。
转引自《突厥集史》。——译者
② 马迦特《古碑文的编年史》(莱比锡,1898年,页17,53)。沙畹《史料》283页。关于娑葛,伯希和认为是突厥语 Sagal。参看沙畹《史料》43—44,79—81页。
③ 《突厥集史》下册,885页。——译者

9. 阙特勤和默棘连

默啜可汗死后，紧接着是突厥内部大乱。其侄子，即骨咄禄之子、杰出的阙特勤发动了一场真正的宫廷政变。由于他屡建功勋，特别是在给他的叔叔默啜可汗当副手时所起的作用，[1]使他获得了权威，并因此而增强了力量。他杀默啜之子匐俱及宗族和已故可汗的辅臣们，唯留下暾欲谷，他是阙特勤兄的岳父。

阙特勤本人没有夺取汗位，而是立其兄默棘连（汉名）为可汗，默棘连在鄂尔浑碑文中称毗伽可汗（bilgä khagan，意为"明智的皇帝"），他于716—734年统治着蒙古地区。[2]

其间，由于默啜的去世和随后的王族内乱，鼓舞了所有臣属部落反叛鄂尔浑王朝。阙特勤和默棘连在重新恢复秩序和使反叛部落归附的斗争中耗尽了精力。和硕·柴达木的碑文是默棘连为纪念阙特勤而立的。其中列举了一系列对付九姓乌古斯、九姓鞑靼[3]和对付回纥与葛逻禄[4]的血腥战争。九姓乌古斯和九姓鞑靼可能分别居住在克鲁伦河中、下游地区。"九姓乌护本我族也。当

---

[1] 伯希和《通报》1912年，301页。

[2] 默棘连在早些时候已经被其叔叔默啜任命为科布多地区的另一支突厥部落（Syr Tardush）的可汗。

[3] 三十姓鞑靼在稍远的地方。参看汤姆森《鄂尔浑碑文》140页。

[4] 回纥，或古铁勒，可能游牧于蒙古人的阿尔泰山西南、塔尔巴哈台；葛逻禄人肯定是在巴尔喀什湖东部一带游牧，回纥首领与葛逻禄首领一样，取颉利发称号。参看上引书，127、128页。

第二章 中世纪初期：突厥、回鹘和契丹

天地骚动时，彼等起而叛我，一岁中吾人战五次。阙特勤乘白马驰击之。以长枪洞贯六人，手足相搏，又毙第七人。吾等败其军，使彼族降服。突厥民众内叛，且失于怯懦。"然而，如果说在这些严酷无情的战争中，东突厥被迫取消了对西突厥的宗主权的话，那么，他们成功地保住了鄂尔浑的汗国。在阙特勤的碑文中，默棘连庆贺道："朕与朕弟阙特勤共图救之，为不欲民众之名誉由朕父暨朕叔获得者于斯销坠。"①

也许默棘连很想包扎内战遗留下来的最后创伤，他与当时已经70岁高龄的暾欲谷商议，企图入侵中国以巩固他的统治，但暾欲谷阻止了他。伟大的皇帝唐玄宗（713—755年）刚登基。新天子缺乏唐太宗的勇气，甚至很少离开宫廷生活（这是黄金般的时代，是长安宫廷中最好的时期），然而，他却好大喜功，盼望恢复中国对中亚的统治。暾欲谷对中国内政相当灵通，他向默棘连指明，突厥内乱犹尚疲羸，牲畜四散，马匹消瘦，民众饥寒，攻打正在复兴中的唐朝是草率的行为。以后，默棘连又走向另一个极端，企图让突厥人过定居生活，仿中国方式，在鄂尔浑河畔建筑有城墙的城市，建立道、佛教寺院。暾欲谷指出这又是错误的。突厥所拥有的主要优势是他们作为游牧民的灵活性，这使他们能在机会到来的时候突然出击，或在受挫时能躲避敌人，不被捉住。中国的编年史家记载了这位突厥老人的话："突厥众不敌唐百分之一，所能与抗者，随水草射猎、居处无常，习于武事，强则进取，弱则遁伏，唐兵虽多，无所用也。若城而居，战一败，必为彼禽、且佛老教人仁弱，非

---

① 汤姆森《鄂尔浑碑文》112页，125—126页，摘《突厥集史》下册，883页。

武疆术。"①

后来默棘连本人在和硕·柴达木碑中留给他的后代的就是给他们指出突厥人的这种潜力。他回忆了在上一个世纪中,中国习俗对东突厥的使人意志消沉的影响:"唐人富有银、粟、帛,往往用其甜言,且拥有致人衰弱之财富,供其挥霍。彼等方迷惑于其甜言及致弱之财富,又招引远方民族,与之接近。……尔辈被甜言及致弱之财富所迷惑者,数在不少,其已趋于沦亡矣。噫,吾突厥民众,尔等或有言。吾欲南迁,惟非居总材山林,乃入平原耳"。默棘连又告诫说:"噫,吾突厥民众,汝如往彼土,汝将沦亡,但汝如留在于都斤地,只遣发车队,汝将永不穷固。汝如留在于都斤山林,汝将长享一永远国家。……噫,吾突厥民众,…凡朕须告汝者,余已记于永保之贞石。"②

在暾欲谷的劝说下,默棘连向中国求和(718年)。然而,唐玄宗拒绝之,并下令出击。在古城(原北庭)的一支突厥部落拔悉密部和在辽西、热河一带的契丹人与中国联合,准备从西南方和东南方侧击突厥。默棘连可汗大恐,然而暾欲谷却消除了默棘连的恐慌,他指出,拔悉密、契丹及中国人,相去甚远,势必不能协调一致地攻击。后来,默棘连果然伺机在古城击溃了拔悉密部,之后,接着进犯甘州和凉州一带,即今甘肃边境地区(720年)。最后在721—722年,突厥与唐议和,两者之间建立了友好关系。③

默棘连之弟阙特勤死(731年)后(默棘连将其汗位的获得归

---

① 《新唐书》卷二一五下《突厥传》。
② 汤姆森:《鄂尔浑碑文》117—118页。(转自《突厥集史》下册。——译者)
③ 默棘连死时,玄宗对他与中国的友好和睦和真诚的友谊给予了高度评价。关于这些参看伯希和"毗伽可汗的中国碑"(载《通报》4—5,1929年238)。

功于阙特勤），默棘连写了一篇祭文刻在其墓碑上，该墓的位置在和硕·柴达木湖和鄂尔浑的科克沁之间，离哈拉和林北大约 40 英里的地方。祭文中的几段上文已经引用。它可以被视为古突厥人的民族史诗。732 年，玄宗补充了一篇汉文的碑文，以示两国间存在的友好关系①。

这些碑文——最早的突厥文碑——是用被错误地称之为"鲁尼"（Runic）文的字体写成。这些文字恰当地说应该是由古粟特字母（尽管像巴托尔德所主张的那样，这些鲁尼文有着不同的起源，是一种表意文字）变化而成，是来自阿拉米亚文（Aramaean）。用"鲁尼"突厥文书写的其他碑文在西伯利亚和叶尼塞河流域都有发现。巴托尔德断定，最早的突厥文字可以追溯到 7 世纪甚至 6 世纪。正如我们将要看到的，在 8 世纪，回鹘文即将取代它，回鹘文同样是通过粟特人，来自北部的闪米特字母。

10. 东突厥的灭亡；回纥帝国的兴起

根据突厥文化（突厥字母和鄂尔浑碑文已经提供了证据）和默棘连可汗相当温和的脾气来看，在默棘连被他的一位大臣毒害时（734 年），东突厥人已处在即将跨入伟大文明主流的时刻。默棘连的死引起了一系列动乱，在动乱结束时，突厥帝国崩溃了。不久，默棘连之子伊然可汗（汉名）也去世，由其弟登利可汗继位，年轻的登利可汗在默棘连遗孀的辅助下进行统治。然而 741 年登利

---

① 参看伯希和"毗伽可汗的中国碑"246 页。

被其部下左杀处死。人们认为左杀已经宣布自己为乌苏米施可汗。[1] 这一事件标志着突厥帝国的结束,因为乌苏米施可汗立刻就面临着三个主要的臣属突厥部落的反叛,它们分别是居住在今古城周围的拔悉密部,地处科布多和色楞格河之间的回纥部和巴尔喀什湖东端、额敏河附近的葛逻禄部。乌苏米施可汗于744年被拔悉密人杀害,其首级被送往长安宫廷。东突厥王室残余在743年时已经逃亡中国。[2]

蒙古的帝国成了各部的猎物。拔悉密部想夺取,但失败了(744年)。回纥部显然是在葛逻禄部的帮助下成功了。回纥可汗(汉文转写名是骨力裴罗),在鄂尔浑河上游的帝国地区称汗,名骨咄禄毗伽阙可汗。他的登基得到了唐朝的认可,唐玄宗册封他为怀仁可汗。唐朝的编年史记述,其统治疆域从阿尔泰山到贝加尔湖。根据一些史书记载,他于称汗的第二年去世(745年),而另一些史书记载他死于756年。他死后,他的帝国继续存在。

这样,回纥帝国取代了东突厥汗国。它将持续存在一个世纪(744—840年)。事实上,草原上所发生的一切,不过是由彼此关系密切的一支突厥人取代另一支获得了蒙古地区的霸权而已。不过,东突厥常常是唐朝的危险邻居,与之不同,回纥最初是唐朝相

---

[1] 按《旧唐书》卷一九四上《突厥传》记:"(左杀)勒兵攻登利,杀之,自立,号乌苏米施可汗。"《新唐书》卷二一五下《突厥传》记:"国人奉判阙特勒(即左杀)子为乌苏米施可汗。"《资治通鉴专异》十三上说,判阙特勒(勤)子为乌苏米施可汗,天宝初立。《唐会要》九四说:"左杀判阙特勒(勤)攻杀登利。"又说:"余众共立判阙特勒(勤)之子为乌苏米施可汗。"从各种记载来看,《旧唐书》将父子之事,混为一谈。此处是采用《旧书》之说,误。——译者

[2] 伯希和:《毗伽可汗的中国碑》(载《通报》4—5,1929年,229—246)。

当忠实的属臣,后来成为其有用的盟友,最后成为唐朝可贵的保卫者,尽管有时提出过苛刻的要求。

回纥可汗们的都城在哈喇巴喇哈森,当时称之为斡耳朵八里,即"宫廷之城",该城在鄂尔浑河上游河畔,靠近原匈奴单于和突厥可汗们的驻地,后来成为成吉思汗的哈拉和林的近邻。①

---

① 在突厥学上很值得讨论的问题是:回纥是否等同于乌古斯。对于这一众所周知的论战是以以下几点为基础的:

把回纥与乌古斯等同起来的论证得到了汤姆森和马迦特的支持(参看汤姆森《鄂尔浑碑文》137页和马迦特《古碑文的编年史》23页和《东欧东亚之间的往来交涉》91页)。巴托尔德反对这种理论(《九姓乌古斯》和《百科全书》中"Toghuz—ghuz"条目,848页;"Vorlesurgen"条目,53页)。争论较多的问题还有,8世纪的突厥碑文和9世纪的回鹘碑文中提到的九姓乌古斯人的准确位置。巴托尔德带着极大猜测性地将他们定在都斤山(杭爱山?)以北,另一些专家,以及他们的追随者阿尔伯特·赫尔曼把他们的位置定在克鲁伦河中游(赫尔曼《中国地图集》第35、39图)。主张回纥与乌古斯是同族的学者们提出了以下理由:(1)在Orgötü碑中,回纥可汗默延啜称其民为"十姓回纥与九姓乌古斯"(虽然这里可以指两个不同部落的联盟)。(2)在Oghuz—name中,与乌古斯人同名的英雄乌古斯可汗说:"我是回纥人的可汗。"(伯希和摘录,"Sur la légende d'Oghouz—khan en écriture ouigoure",载《通报》4—5,1930年,351。)但是,伯希和认为Oghuz—name一文是约1300年用吐鲁番的回纥文写成。因此,引用的章节只不过是地区文体上的附加语,是以后形成的。(3)马苏第、迦尔迪奇和雅库比记道,当时九姓乌古斯是摩尼教徒,这似乎可以把乌古斯与回纥等同起来,回纥人在763至840年间成了摩尼教徒。问题是这三位作者是否因为Ouigur与Oghouz在拼音上的类似,而弄混淆了。巴托尔德支持相反的论点,即九姓乌古斯并非回纥,而是古突厥人。实际上,突厥可汗默棘连在和硕·柴达木碑中称九姓乌古斯为"我的同族"。然而,同一块鄂尔浑碑表明九姓乌古斯至少有一部分已经独立,因为碑中提到由默棘连和阙特勤领导的、平息乌古斯叛乱的战争。因此,我们显然不能相信回纥与九姓乌古斯是同一族。我们甚至不知道8和9世纪的鄂尔浑碑文中提到的、蒙古地区的九姓乌古斯是否与10世纪波斯地理书《世界境域志》上提到的九姓古兹(Toquz—Ghouz)和古兹(Ghouzz)等同。据此书记,被称为九姓古兹的突厥当时确实是生活在巴尔喀什湖以南,在今谢米列契耶、伊犁河、察里恩河、特克斯河和穆扎尔特河地区(米诺尔斯基《世界境域志》263—279页,地图279页);另一些被称为古兹的突厥人分布在今吉尔吉斯—哈萨克人占据的地区:巴尔喀什湖以西、咸海以北,在萨雷苏河、图尔盖和恩巴河地区(上引书,311页,307页图)。吉尔吉斯草原上的古兹人似乎是谢米列契耶地区的九姓古兹人的一支,同样,可以肯定,11世纪在南俄出现的乌泽人和在波斯的塞尔柱人与今天的土库曼人都是来自古兹人,但我们所肯定的仅只这些。

11. 唐朝鼎盛时期；西突厥斯坦各国的内附

714年，唐朝雇佣的突厥将军阿史那献在伊塞克湖以西的托克玛克打了一场大胜仗，使准噶尔的咄陆诸部落以及额敏河畔和塔尔巴哈台的葛逻禄部突厥人都并入到中国的依附者行列之中。突骑施部突厥人可能游牧于谢米列契耶，巴尔喀什湖以南的伊犁河三角洲，他们似乎已经形成了坚强的实体。突骑施可汗苏禄（717—738年）在吐蕃人和阿拉伯人中寻找反唐的盟友，阿拉伯人是一支涌向伊朗－河中地区的、不期而至的新的入侵者。我们以后还要谈到中亚史上的这一新因素。在此只谈苏禄。苏禄趁穆斯林军团的攻击所造成的混乱入侵塔里木。自692—694年起，塔里木已处于中国的保护之下。苏禄包围阿克苏城（717年），数月之内，骚扰中国的四镇：焉耆、库车、喀什和于阗。虽然他未能攻陷四镇，但他仍占领了长期以来中国在突厥斯坦的前哨基地——伊塞克湖以西的托克玛克城（碎叶城），尽管唐将阿史那献在该地打了一仗（719年）。唐朝对保住这些冒险性的要塞丧失了信心，企图以封号和爵位羁縻苏禄（722年）。726年，劫掠成性的苏禄仍蹂躏了四镇。最后在736年，中国北庭（或吉木萨）都护盖嘉运在古城附近大破苏禄。此后不久，大约在738年，苏禄被处木昆部的阙律啜，即莫贺达干杀害，[1] 处木昆似乎是

---

[1] 《新唐书》卷二一五下《西突厥传》。正如马迦特的论述，莫贺达干在塔巴里的书中写作 Koùrçoùl(Koùrçoùl＝kul－chur)，见《古突厥碑文编年》38页，注1。巴托尔德《古突厥碑与阿拉伯征服》27页。

第二章 中世纪初期:突厥、回鹘和契丹

地处巴尔喀什湖东南、游牧于葛逻禄和突骑施两部之间的一支小突厥部落。

739年,莫贺达干与唐将盖嘉运联合阻止了突骑施觊觎王位者、苏禄之子吐火仙的复辟。然而,所有突厥小可汗们的经历几乎都是一样的,都是力求在对自己有利的条件下重新统一西突厥。莫贺达干很快与中国决裂,742年杀唐朝派往突骑施的都督、中国化突厥人阿史那昕[1]。然而,中国像往常一样,又获得了最终的决定权。744年,唐将夫蒙灵詧打败和杀死了莫贺达干[2]。由于这次胜仗,中国又成了伊塞克湖地区和伊犁河流域的主人。748年,唐将王正见在伊塞克湖西北、楚河上游地区的托克玛克城(碎叶城)建一寺庙。[3] 751年,唐朝大将,即著名的高仙芝入朝,呈献被俘的另一位突骑施首领。[4]

在塔里木盆地,唐朝军队占据的、被称为安西四镇的焉耆、库车、喀什和于阗四个小王国一直是唐朝忠实的藩属。728年,中国册封了喀什王(该王朝的王姓在汉文转写中称"裴氏"),又册立尉迟王朝的尉迟伏师(也是汉文转写名)为于阗王。[5] 塔里木绿洲上的原印欧种居民们,一度曾坚决抵制唐朝的宗主权,现在似乎乐于与唐结好,因为中国的保护是他们抵抗阿拉伯人和吐蕃人双重入侵的防线。

---

[1] 参看《资治通鉴》卷二一五,天宝元年。
[2] 参看《资治通鉴》卷二一五。
[3] 《新唐书》卷二一五下《西突厥传》。
[4] 《新唐书·西突厥传》。
[5] 《新唐书》卷二二一下《于阗传》。

12. 中国和阿拉伯人在帕米尔西部的竞争

自从萨珊波斯帝国在阿拉伯人的打击下崩溃后,大约一个世纪过去了。卡迪西亚战役(637年)和尼哈温战役(642年)的结果是强大的萨珊君主国家被推翻和西伊朗被征服。651年,赫拉特被阿拉伯人占领,萨珊王朝的末代君主叶斯德荀特三世[①]在莫夫去世;652年,阿拉伯人侵入巴里黑。侵略者满足于对包括呼罗珊在内的整个原波斯帝国的征服,暂时没有进一步向前进。他们重新开始向前挺进是在8世纪初期,在库泰拔·伊本·穆斯里姆的领导下进行的,库泰拔在705—715年以倭马亚哈里发的名义统治着呼罗珊。[②] 705年,库泰拔发起了对吐火罗地区的远征,吐火罗地区,即从前的巴克特里亚,当时由原西突厥王室幼支、佛教徒特勤们建立的突厥王朝统治,据玄奘记载,该王朝通常驻扎在昆都士附近。接着,库泰拔利用地区纠纷干涉花剌子模和索格底亚那。706—709年,库泰拔对伊朗—突厥族的布哈拉国发起战争,并于709年使之降为臣属国。然后他扶持王室的合法继承人吐格沙达登上王位,新国王从710年统治到739年。至少在其统治初期,他是阿拉伯人忠实的属臣,而且,表面上是伊斯兰教的追随者。[③]

709年,撒马尔罕的地区德赫干在纳贡和归还人质的条件下与库泰拔讲和,但是,后来他的臣民们被他的懦弱所激怒,起来推

[①] 《唐书》中称伊嗣俟,即位于632年。——译者
[②] 参看巴托尔德《蒙古入侵前的突厥斯坦》(伦敦,1928年,184—196页)。
[③] 同上书,184—185页,根据塔巴里和巴拉左里的记录。

翻了他的统治,以伊克谢德·胡拉克取代了他。库泰拔在长期围困撒马尔罕之后,迫使胡拉克投降,尽管塔什干的突厥人和费尔干纳人曾经前来解围,但都被打败了(712年)。

布哈拉人民和撒马尔罕人分别于707年和712年向东突厥强大的可汗默啜求援,当时默啜是整个蒙古地区的君主。每次默啜都派军队去解救这些粟特人,军队由默啜的一位侄子统领,无疑是著名的阙特勤。① 707年,在布哈拉和莫夫之间发生的一场战斗中,库泰拔似乎打败和赶跑了阙特勤。712年突厥人曾在短时间内占领过整个粟特地区,阿拉伯人只保住了撒马尔罕城。但最终库泰拔还是使突厥人撤退了(713年)。胜利的库泰拔仍让胡拉克在撒马尔罕作为藩属王,但在该城驻扎了一支阿拉伯军队。在他于712—713年驱逐突厥人以后,他又向塔什干发动了一次惩罚性的远征,并亲自从忽毡方向进入费尔干纳。714年,他在塔什干。715年,他正在费尔干纳发起第二次战争时,哈里发王朝内乱导致了库泰拔被其部队杀害。(根据塔巴里记,库泰拔已经到达过喀什,但这点很值得怀疑。)②

库泰拔是当时真正希望征服中亚的唯一的阿拉伯将领,他的去世,以及那些使倭马亚王朝末期的哈里发遭到削弱的内战,使粟特人有了喘息的机会。同时,唐玄宗恢复了中国在蒙古、伊犁河流域和塔里木地区的势力,鼓起了粟特人依靠这些地区支持的希望。

---

① 参看马迦特《古突厥碑编年》,8页。这一论点遭到巴托尔德的反对,他认为可汗的侄儿未必就是阙特勤。参看《古突厥碑与阿拉伯征服》,10页。
② 关于阿拉伯征服喀什地区说,参看吉布"阿拉伯在中亚的征服"(载《亚洲研究院院刊》II,1923年)。巴托尔德根据塔巴里和巴拉左里的记载,在《突厥斯坦》(185—188页)中,对有关事实进行了编制。

712年，被阿拉伯人驱逐的费尔干纳王①逃到库车避难，在库车他请求中国帮助他复位。715年，无疑地就是在库泰拔死后不久，唐将张孝嵩果然驱逐了阿拉伯人指定的费尔干纳王，使他复位。718—719年，布哈拉王吐格沙达，尽管是阿拉伯人巩固了他的王位，他仍称自己是中国的属臣，请求中国介入布哈拉事务，为达此目的，他于726年派其弟阿尔斯兰（突厥语"狮子"之意）到唐玄宗皇帝的宫廷。同样，撒马尔罕王胡拉克（约710—739年在位）尽管被迫承认阿拉伯人的宗主权，但也再三请求中国援助他反对新的阿拉伯主子（719年，731年）。再往南，吐火罗地区（指昆都士和巴里黑）的突厥统治者，或者称叶护，同样要求中国保护，免受阿拉伯人的侵害（719，727年）。②

尽管唐玄宗抱有扩张领土的希望，然而，中国对派出远征军到粟特或巴克特里亚，以及公开与倭马亚王朝交战还是犹豫不决。哈里发宫廷和长安宫廷之间的大冲突没有发生（至少在751年以前是这样），撒马尔罕、布哈拉、昆都士的突厥-伊朗族人都盼望这种冲突发生，并视之为把穆斯林侵略者赶回去的唯一途径。而玄宗只愿意通过授予粟特人和吐火罗人极高的特权，以加强他们对阿拉伯人的抵抗。一位突厥酋长，突骑施王苏禄（717—738年），由于靠近河中地区——他统治着伊犁河流域——真正支持了反穆斯林统治的地方叛乱。由于他的支持和鼓励，在728年爆发了反

---

① 费尔干纳在《唐书》中名宁远。
② 719年，称作帝赊的吐火罗地区总督派通晓天文学的摩尼教徒到中国宫廷。（沙畹和伯希和《摩尼教流行中国考》）。关于中国给予吐火罗地区叶护的保护权，参看《唐书》和《资治通鉴》。

阿拉伯人统治的大起义,布哈拉人民在突骑施突厥人的支持下,坚持斗争了一年(728—729年)。同样是在突骑施人的援助下,撒马尔罕王胡拉克在730至731年间起义。直到大约737年或738年,阿拉伯人才最后重新征服撒马尔罕。①

13. 在帕米尔的中国人(747—750年)

事实上,玄宗皇帝已经让阿拉伯人在不受干扰的情况下统治着布哈拉和撒马尔罕。其原因是,在甘肃和塔里木地区,中国人正在勉力对付更加邻近的敌人:藏民或称吐蕃人。

曾于700年被唐将唐休璟打败的吐蕃人,于702年求和,但几乎同时,战争又爆发。737年中国人在青海以西打败他们,赢得辉煌胜利,746年,唐将王忠嗣又在同一地方打败他们。双方争夺的与胜败攸关的是石堡城——该城在甘肃边境西宁附近,是唐将李祎从吐蕃手中夺过来的,不久后又被吐蕃夺回,749年,唐将哥舒翰再次夺过来。在西藏的另一端,居民们正在威胁着帕米尔地区的诸小王国:吉尔吉特(汉名小勃律)、巴蒂斯坦(汉名大勃律)和瓦罕(汉名护蜜国)。中国在塔里木地区的保护国与印度交通的道路经过瓦罕。由于贸易关系和佛教徒的旅行与印度有着联系,对唐朝来说维持穿越帕米尔高山谷地交通的畅通是基本的。克什米尔王真陀罗秘利(死于733年)和木多筚(733—769年)作为唐朝的忠实盟友反对吐蕃,唐朝册封他们为王(720,733年)。同样,在喀

---

① 巴托尔德《突厥斯坦》189—192页,根据塔巴里的记载。

布尔河谷上统治着迦毕试国（唐朝时称罽宾）的突厥王朝，即佛教的沙赫王朝，也分别于705、720、745年得到唐朝的册封。[①] 吐蕃人已经获得了对小勃律的宗主权，唐将高仙芝被任命为库车的副节度使，于747年越帕米尔，经巴罗吉尔山口到小勃律，监禁了吐蕃人的臣属王。749年，吐火罗地区的叶护，即昆都士的佛教突厥王朝的统治者，中国人称之为失里忙伽罗（来自梵文 Sri Mangala），试图得到中国的援助以对付一个小山国酋长（他是吐蕃人的盟友），该酋长切断了小勃律与克什米尔之间的交通。高仙芝又一次率中国远征军越过帕米尔山，驱散了吐蕃的党羽[②]（750年）。

高仙芝对帕米尔以西的两次战役，标志着唐朝中国在中亚的扩张达到了顶点。此时，中国已经成为塔里木地区、伊犁河流域和伊塞克湖地区的占有人和塔什干的宗主，她控制了帕米尔山谷地区，成了吐火罗地区，喀布尔和克什米尔的保护者。高仙芝在库车驻地上，其行为俨然是中国在中亚的总督。

然而突然间，一切都崩溃了。同样是由于这位将中国的胳膊伸到如此遥远地区的高仙芝的作用。

14. 唐朝在中亚统治的崩溃

塔什干的突厥王（或称吐屯[③]，汉名是车鼻施），曾多次（743

[①]《新唐书》卷二二一上《罽宾传》。
[②]《新唐书》卷二二一下《大小勃律传》。
[③] 吐屯，突厥官名，又名吐屯发。是可汗派往臣属国，负责监督行政和赋税。——译者

年,747年,749年)入唐表示归顺。然而当时库车的保护者高仙芝,即唐朝的总督或节度使,指责他没有尽到作为边境保护者之职。高仙芝到塔什干杀之,并占用其财产。这一暴行引起了西部的反叛。车鼻施之子向葛逻禄部突厥人求援。葛逻禄部的领地是塔尔巴哈台和乌陇古河畔,从巴尔喀什湖东端一直延伸到额尔齐斯河。其子还向粟特地区的阿拉伯驻军求援。阿拉伯将军齐雅德·伊本·萨里刚粉碎了布哈拉新近爆发的一次起义,他匆匆从南方赶往塔什干,而葛逻禄军从北方南下。751年7月,高仙芝在怛逻斯河两岸、今天的奥李－阿塔(江布尔)附近被这些联合部队彻底打败。齐雅德·伊本·萨里按传统带着数千名俘虏回撒马尔罕。[①]据巴托尔德认为,具有历史意义的这一天决定了中亚的命运。正如早期事件所预示的总趋势那样,中亚没有成为中国的,而是转向了伊斯兰世界。葛逻禄人在获胜之后,其领土似乎已经扩展到巴尔喀什湖以南和伊塞克湖以北的整个伊犁河流域。原西突厥汗庭几处驻地都处于葛逻禄人的统治之下,葛逻禄部首领满足于较低的"叶护"称号,无疑是避免冒犯回纥可汗。[②]

如果在唐玄宗统治后期没有发生内乱和革命的话,中国在怛逻斯所遭受到的灾难是有可能会得到恢复的。然而,中国成了长达8年(755—763年)内战的牺牲品,一举丧失了在中亚的帝国。

15. 回纥突厥帝国

几乎使唐朝覆没的这次叛乱是由在唐朝供职的一位名叫安禄

[①] 巴托尔德《突厥斯坦》195—196页,沙畹《史料》142、297页。
[②] 参看巴托尔德《百科全书》948—949页中"Türk"条目。

山的蒙古族契丹人发动的。这位冒险家迅速地接连占有了中国的两个都城:洛阳(755年)和长安,唐玄宗逃亡四川。玄宗之子肃宗皇帝(756—762年在位)担负起重新夺取国家的任务,因此,他向当时的蒙古君主、突厥族回纥人求援。[1]

如上所述,744年,回纥突厥人取代了东突厥在蒙古的帝国。回纥可汗,被中国人称为默延啜,[2]或者葛勒可汗(745—759年在位),很乐意接受肃宗的要求,反过来,肃宗答应将唐朝公主嫁给他。从蒙古来的回纥军队随即配合帝国军队,在从叛军手中夺取洛阳城的战斗中(757年)给予了积极的支持。肃宗对回纥首领大加感谢和封官。当回纥军返回蒙古时,肃宗答应每年给回纥绢帛两万匹。

但是,中国的内战并未平息,因为另一些起义威胁着唐朝的统治。默延啜的继承者、汉名为登里牟羽[3](759—780年在位)的回纥新可汗受到叛军使者的左右,最初他想利用唐朝所面临的种种困难。他甚至抱着与叛军合作的目的,已经率军向中国出发了,但是在途中,一位狡猾的中国外交官员[4]劝他改变了主意,他反过来与唐朝联合,以唐朝的名义从叛军手中夺回了洛阳(762年11月

---

[1] 于阗王尉迟胜(尉迟王朝的)也引援兵来支持唐朝平定叛军。
[2] 汉名默延啜,施勒格尔假定其突厥名是 Moyun—chor;然而,正如伯希和考证,对应名应是 Bayan—chor。参看"库曼考"(载《亚洲杂志》1920年,153页)。其回鹘语称号是 Tängrida qut bulmysh il ytmish bilgä qaghan。在鄂尔浑和色楞格河之间的奥古土河谷发现了他的墓,墓前有古突厥文(或称鲁尼文)碑。参看拉姆斯泰特《北蒙古发现的两个回鹘鲁尼文碑铭及其校译》(赫尔辛基,1913,XXX 和沙畹文《通报》1913 年,页 789)。
[3] 在摩尼教残卷中,以及在约821年的哈喇巴喇哈森碑文中,该可汗名下有一组赞誉之词:乌鲁古·伊利克(Ulug ilig,意大汗),Tängrida qut bulmysh(意从天国获得的至高无上的权利),ärdämin il tutmysh(意为由功而治国的),alp(是英雄的),qut lugh(是至高无上的),külüg(是光荣的),bilgä(是明智的)。参看缪勒的《回鹘志》II,95。
[4] 指药之昂。——译者

20日)。他还有意识地掠夺了洛阳城。尽管他无疑是唐朝的救星,但是,他已经成了唐朝难以满足的保护者和危险的同盟军。763年3月,他终于踏上了通往蒙古的归途。

回纥可汗在洛阳的长期逗留对他的精神世界产生了重要后果,因为,正是在洛阳,他认识了摩尼教僧侣们(肯定是粟特人),他把他们带回蒙古地区,由于他们的作用,他皈依了摩尼教。这种古波斯宗教(产生于难以理解的马兹达－基督教的综合教义,在伊拉克和伊朗都受到阿拉伯人的迫害)就这样交了意想不到的好运:作为蒙古地区的君主和中国的盟国、当时其势力处于鼎盛时期的回纥帝国信仰了它的教义。摩尼教确实成了回纥汗国的国教。登里可汗在哈喇巴喇哈森碑文中被称为"来自摩尼的人"。一位摩尼教高级教长慕阇(慕阇是粟特文Mojak和帕拉维文Moje的汉文转写)作为新国教的首领在回纥境内建起了住所。① 摩尼教士们很快在回纥汗国内产生了相当大的政治影响。该时期的一本中国唐代书籍记道:"回纥人用摩尼教教条来处理国事。"

在后继的可汗们的统治下,回纥帝国在中亚保持着统治势力。阿尔普·骨咄禄汉名合骨咄禄(780—789年),请求并获许与唐代公主结婚。唐朝不可能拒绝这些与之结盟可存,与之结仇必亡的突厥人的要求,唐朝廷与它在平等的条件下谈判②——这在中国

---

① 参看沙畹和伯希和"摩尼教流行中国考"(载《亚洲杂志》I,1913年,190,195—196)。

② "摩尼教流行中国考"276页。当时中国急需回鹘援助以抗吐蕃人。约787年,吐蕃从最后一批唐朝驻军手中夺取库车绿洲,但随后被回纥人赶走。791年,吐蕃又攻甘肃宁夏附近的灵武据点,再次被回纥打败。从783至849年间,甚至到860年,他们保住了甘肃西北的西宁和灵州地区。

和蛮族关系上是新鲜事。

哈喇巴喇哈森碑中列举了另一些可汗的名字,他们都有表示特征的相应的称号:爱登里逻汨没密施俱录毗伽可汗(789—790年)、爱腾里逻羽录没蜜施合胡禄毗伽可汗(795—805年)[①]、腾里野合俱录毗伽可汗(805—808年)、爱登里啰汨没蜜施合毗伽可汗(808—821年)。[②] 正是在最后的这位"天可汗"统治期间,作为对他的颂词,著名的碑文用三种文字:汉文、突厥文和粟特文刻成。该碑立在鄂尔浑河左岸的哈喇巴喇哈森附近。[③] 他也曾向唐朝公主求婚,但由于耽搁,唐朝公主与他的儿子、继承者登啰羽录没蜜施句主毗伽可汗结了婚,后者统治时期是821—824年。

随着摩尼教一起传入回纥的有基督教、马兹达哲学、伊朗艺术,摩尼教的传入必然对回纥的文明作出贡献。哈喇巴喇哈森碑文解释道:"薰血异俗,化为蔬饭之乡,宰杀邦家变为劝善之国。"[④] 在不同的时期(770、771、807年),回纥在唐朝的使者们把他们自己视为已经建起的、或仍在筹建中的中国摩尼教团的保护者。在768年,可汗从唐朝天子那里获得准许摩尼教徒在中国布教的法令。因此摩尼寺在湖北[⑤]的荆州、江苏扬州、浙江绍兴和江西南昌

---

① 中国称怀信可汗。——译者
② 中国称保义可汗。——译者
③ 参看拉德洛夫的《蒙古古物图录》(圣·彼得堡,1892—1899年)图XXXI—XXXV;拉德洛夫《鄂尔浑古迹》(赫尔辛基,1892年)50—60页;缪勒《普鲁士皇家科学院会议纪要》(柏林,1909年,276页)。
④ 可以看到,这些禁食奶和牛肉等的摩尼教禁令(在放牧牲畜和酿制马奶之地很难实行的)肯定是随着改食蔬饭而制定的。回鹘人已经从游牧生活过渡到以农业为基础的定居生活。(参看沙畹和伯希和的"摩尼教流行中国考",268页。)
⑤ 英译文上误为河北。——译者

745—840年间的回鹘汗国

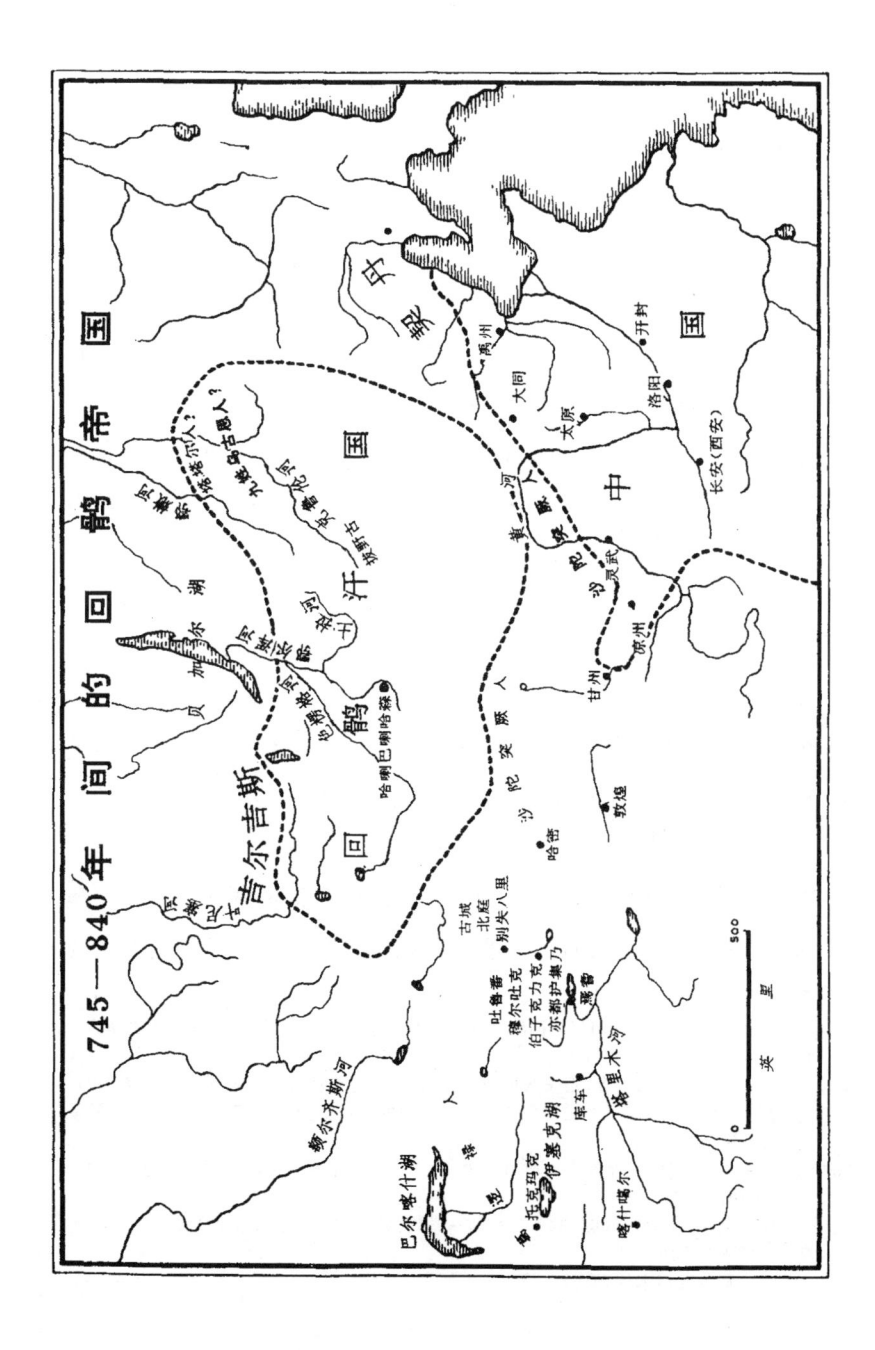

(771年)等地建立,这些寺庙成为回纥使者的住所。807年,回鹘[①]使者要求在洛阳和太原另外再置摩尼教寺院。

已经并入回鹘领土的吐鲁番地区[②],也可以摩尼教团的繁荣而夸耀,这一点已经被摩尼教壁画和小画像证实,特别是由勒柯考察团在回鹘亦都护所在地发现的那些。有趣的是我们在这些小画像上看到,在回鹘施主之旁有身穿白袍的摩尼教师的肖像,更加有趣的是因为这些是已知最早的波斯式小画像。[③] 这些摩尼教布教者们随摩尼教一起,确实是从波斯传来了绘画技术,他们认为绘画是宣传宗教的最好方式。回鹘施主也出现在吐鲁番佛教群的某些壁画上、特别是穆尔吐克-伯子克力克[④]。描绘了他们身着礼服,包括华丽的长袍和作为头巾的僧帽,由手持鲜花的女士们,还有奴仆和乐师们拥戴着,它们证实了丰富多彩的回鹘文化。再往前,吐鲁番佛教壁画中,另一些有胡须的施主——突厥-伊朗式的,使人想起今天的喀什噶尔人,以佛教的古波斯僧的方式,头戴扁平的帽子、身后跟着骆驼群和骡子群——使人们想起那些粟特商人们,回鹘帝国通过他们与伊朗的各种宗教发生了联系。[⑤] 最后,在回鹘帝国下的吐鲁番,人们仍然可以发现一些精致的聂思托里安教的

---

① 788年(唐贞元四年),回纥可汗请唐改回纥为回鹘。故788年后,回纥译为回鹘。

② 由哈喇巴喇哈森、别失八里、吐鲁番和焉耆的粟特语碑文提供的证据表明"四塔沟里"在大约800年已经被回鹘人征服。亨利的"焉耆与吐火罗"(载《亚洲研究院院刊》1938年,550页)。

③ 参看勒柯《中亚晚古佛教》II,《摩尼教文献》(柏林,1923年)和《高昌》(柏林,1913年)图1—6。

④ 勒柯《高昌》图30—32。《中亚晚古佛教》IV,图17。瓦尔德切米特《犍陀罗、库车和吐鲁番》图16—21。

⑤ 瓦尔德切米特,前引书,图18。

第二章　中世纪初期：突厥、回鹘和契丹

壁画。但是，主要是在以后的一个时期，即840年之后，在9世纪后半期到10世纪初期，回鹘的吐鲁番艺术得到发展，特别是伯子克力克；因为，正是当时回鹘人被逐出了蒙古地区，大批逃往吐鲁番，并在此建立了新国家。吐鲁番境内最精致的施主画像似乎是在10世纪初期。①

当回鹘人从伊朗或伊朗以外地区借来摩尼教时，他们也从同样的地区——准确地说，应该是河中地区——借来了源于叙利亚文的粟特字母，并从粟特字母中发明了他们自己的文字。在9世纪，这种文字已取代了鄂尔浑河的古突厥字母。② 借助回鹘文，回鹘人创造了民族文学：最早的突厥文学，他们把伊朗文的一些摩尼教经典和梵文、库车文和汉文的大量佛经译写成突厥文学。③ 于是，回鹘比其他的突厥－蒙古各族更先进，在成吉思汗时代以前的突厥－蒙古各族中，他们将是先生。

然而，在取得文明的过程中，回鹘人可能衰弱了。840年，一些仍处于更加原始状态的突厥人，即叶尼塞河上游（米努辛斯克和库苏泊之间）的黠戛斯人，占领了回鹘都城哈喇巴喇哈森，杀回鹘可汗，推翻了回鹘帝国。④ 在一百多年里，唐朝在这些过分强大的

---

① 伯子克力克壁画中，有一幅画代表10世纪吐鲁番的回鹘王子博格拉·萨利·吐吐克。

② 勒柯的著作 *Kurze Einführung in die uigurische schrift kunde*（柏林，1919年）93—109页。

③ 参看 A. V. 哥本的"玄奘传之回鹘译文"（载《普鲁士科学院会议报告》柏林，1935年）。

④ 后期的一位回鹘可汗乌介与其说是统治者，不如说是位冒险者，他企图通过发动对黠戛斯人和中国人的战争维持他在戈壁的统治。847年在阿尔泰山，他在某种未弄清楚原委的行动中被杀。

盟友面前一直感到恐惧,现在也乘他们衰弱之机,通过对摩尼教僧侣有计划地迫害(843年)来摆脱他们。

黠戛斯人取代了回鹘人,移居鄂尔浑河上游的"帝国的蒙古地区",即哈喇巴喇哈森和和林附近。但是,这些西伯利亚部落使蒙古地区退化成了野蛮地区。他们一直是蒙古地区的主人,直到大约920年被蒙古族契丹人打败后返回叶尼塞河草原。

回鹘失去了蒙古帝国之后,定居在塔里木北缘诸绿洲地区,即哈拉禾州(或称高昌,古代吐鲁番)、济木萨(它已成为突厥的别失八里城),[①]以及焉耆和库车(843年)。另一批回鹘,以萨利回鹘一名而被人们所知,约在860或866年居住在甘肃西部的甘州一带。[②] 甘州回鹘国一直存在到1028年,是年,它被唐兀人征服。10世纪敦煌的佛教繁荣状况可以证明萨利回鹘人必定是迅速地放弃了摩尼教,而信奉当地的佛教。[③] 别失八里—库车的回鹘国一直存在到13世纪的成吉思汗国时期;他们把自己的影响强加于古代吐火罗,或者更加准确地说,是库车人(即印欧种人)的基地上,这一地区的回鹘人在继续发展库车文化的同时,创造了一种有趣的佛教—聂思托里安教—摩尼教的综合文化。然而,也就是在此,摩尼教迅速地衰落了,在成吉思汗时期,别失八里—库车的回鹘人不是佛教徒就是聂思托里安教徒。

---

① 参看巴托尔德在《百科全书》中的"Beshbalik"条,746页。
② 甘州回鹘诸王自称可汗(沙畹和伯希和的"摩尼教流行中国考"179页)。
③ 由于敦煌千佛洞中的许多佛题材的群画中提到甘州回鹘的"天可汗",这一点似乎更加得到证实。沙畹和伯希和的"摩尼教流行中国考"203页。

第二章　中世纪初期：突厥、回鹘和契丹

回鹘在吐鲁番和库车境内的移民——这是一次使古印欧语地区的突厥化达到顶点的移民——很可能是分阶段进行的，回鹘与土著居民的融合也许在一个时期内形成了说两种语言的居民。这一点在穆斯林史书中已经明确提到，它指出，回鹘地区的居民除了说他们自己的突厥方言外，长期以来在他们中还使用着另一种语言。① 然而，回鹘人很可能从"吐火罗语"的文学珍品中受益，他们是这些吐火罗语作品的延续者。回鹘文学常常刻于木块上，由德、法、英考察团在今新疆境内发现的回鹘作品表明，新疆在经历着突厥变化时，以往的知识活动仍有生命力。② 因此，回鹘人对阿尔泰山和鄂尔浑河的突厥－蒙古族政权，即12世纪的乃蛮部和13世纪成吉思汗的蒙古人来说，堪称"文化之师"，他们为乃蛮人和蒙古人提供了书记员，"官吏"和书写文字。

16. 沙陀突厥人

中国人的唐朝于907年被推翻，880年时，由于黄巢领导的一次大起义（农民叛乱）的结果，它已经衰落。帝国首都长安像大城市洛阳一样落入了起义军之手，朝廷向一支新的突厥部落，即汉文转写名为处月、汉文意译名为沙陀的部落求援，沙陀的意思是"沙

---

① 参看巴托尔德在《百科全书》中的"Türks"条目，952页。拔悉密部，在回鹘人来到之前，在7世纪分布在古城地区（原别失八里），他们除了说突厥语外，还说他们自己特有的语言。

② 例如我们可以提到《玄奘传》的回鹘译本，时间是10世纪25—50年，最近由哥本夫人译成法文，收载入《回鹘译文》中。

漠蛮荒之民"。①

巴托尔德倾向于把处月（或者沙陀）归于九姓乌古斯部落，它们中至少有一部分人于10—12世纪在咸海以北游牧。② 事实上，沙陀部落已经从西突厥主体中分裂出来，从7世纪起就生活在巴里坤湖以东。712年，当吐蕃人正在劫掠巴里坤湖地区时，他们稍稍向西朝古城方向迁移。808年，吐蕃入侵者又把他们从该地赶走，他们向唐朝请求保护，唐朝把他们作为盟邦，安置在鄂尔多斯北部、灵州（宁夏附近）的东北部。

沙陀部一直留居鄂尔多斯地区直到878年。是年，趁当时中国内乱横行，沙陀部的一位首领李克用攻占山西北部大同边区，他希望在那里能够更好地插手中国的大混乱。880年，当黄巢领导的可怕的起义从唐朝手中夺取都城长安时，唐朝确实向李克用求援过。这位年轻的领袖（当时年仅28岁）被中国史家描写成勇敢的和忠实的。他似乎扮演了唐朝救星的角色。此后他的忠诚是无可非议的。883年，他把起义军从长安驱逐出去。被他刚刚拯救出来的唐朝廷任命他为节度使，以为报酬。对他来说，更重要的位置也许是他同时又被任命为太原，即山西的总督。有一个时期，这位中国化的突厥人似乎要继承衰亡中的唐朝，自己登上中国王位。

---

① 参看巴托尔德在《百科全书》中的"Toghuzghuz"条目，848页。和"Türks"条目，949页。还有沙畹摘录的汉文史料，在强调处月与沙陀的密切关系时，他提到了两者的区别，即7世纪时，沙陀在巴里坤湖以东游牧，处月在该湖以西。
② 巴托尔德在《百科全书》中的"Toghuzghuz"和"Türks"条目，848和948页。参看米诺尔斯基的《世界境域志》，266页。沙畹认为沙陀属西突厥种，特别是来自7—8世纪在古城和巴里坤之间作季节性迁徙的突厥部落处月，参看《史料》96页。

但是，显然是由于他对唐朝的忠诚阻止了他这样做。而一个与他同时代的匪首朱温（当时已被说服站到中国人一边）夺取了权利。朱温废黜了唐朝的最后一位皇帝，自己称帝，建立了"后梁"王朝（907年）。而李克用仍然是山西的君主，在他于908年去世时，其子李存勖（死于926年）继位，他作为山西的皇帝，在"晋王"的称号下统治着山西，以太原为都城。923年，李存勖推翻了"后梁"王朝，以"后唐"王朝建立者的身份成了中国的皇帝（都城在洛阳），"后唐"王朝是短命的，仅存在13年（923—936年）。936年，另一位沙陀突厥人石敬瑭将军由于得到契丹人的帮助，推翻了最后一位"后唐"皇帝，宣布自己是中国皇帝，建立了"后晋"王朝，以开封（即汴）城为都。然而，"后晋"比"后唐"更加短命，仅存10年（936—946年）。946年，完全中国化的这支古代突厥人被真正的野蛮人、即蒙古族契丹人推翻。

17. 契丹

契丹（汉名），或者是阿拉伯－波斯语（Khitai），或蒙古语（Kital），从405—406年起在中国编年史中被提到。当时他们居住在辽河以西，在辽河及其支流沙拉木伦河之间，即今热河地区。[①] 契丹属蒙古家族，"其语言是一种蒙古方言，由于与通古斯

---

① 关于契丹，参看冯·加布伦茨的《大辽国史》（圣·彼得堡，1877年）。布列什奈德的《中世纪研究》（伦敦，1888年）I，209。沙畹的"中国旅行家游契丹女真记"（载《亚洲杂志》I，1897年，5—6月刊，377）。缪勒《通报》，1922年，页105。在蒙古语中契丹的单数是Kitan，复数是Kitat。

口语接触，其音已颚化"。① 契丹人于696年过山海关，攻入河北永平，甚至抵达北京平原，但唐朝（当时是在武后的统治下）召集当时处于极盛时期的东突厥可汗默啜对付他们，默啜攻其后方，于697年给他们一次沉重的打击，如上所述，这次惨败阻止了他们的扩张达3个世纪。契丹和中国之间于734—735年发生的边境战争也未能使形势发生改变。751年，契丹击败入侵平卢（今平泉附近）的一支中国军队，这支军队正巧是由与他们同族的、臭名昭著的安禄山率领。安禄山在唐朝供职，成了唐玄宗的宠臣。就是他，以后企图推翻唐玄宗，自己当皇帝（755年）。

10世纪初，当契丹人在精明强干的首领耶律阿保机统领时（耶律阿保机是汉文转写名。耶律是其部落名；阿保机是人名），他们仍居住在辽河西北流域和辽河支流沙拉木伦河地区，阿保机为他的耶律部保住了拥有最高权力的可汗位置。据后来的编年史家们记述，阿保机开始在他的部落中表面上采用中国式的统治。947年，他的继承者将他们的王朝称为辽朝。在中国史上正是以辽国一名称呼契丹王朝。924年，阿保机渗入蒙古地区，直达到鄂尔浑河上游，进入哈喇巴喇哈森，把自840年以来就居住此地的黠戛斯突厥人逐回叶尼塞河上游和西部草原。② 奇怪的是，当时他可能

---

① 伯希和"库曼考"（载《亚洲杂志》页146—147）。拉施特记述："契丹语与蒙古语的关系密切。"参看 W.巴鲁克的"西夏和契丹的语言与文字"载沙尔莫尼的《卢芹斋收藏的中国—西伯利亚艺术品》（巴黎，1933年）24页。以及 W.科特威兹《契丹及其文字》（Lwow，1925年）248页。老莫斯特尔特认为契丹是蒙古字 Khitai 的复数（"鄂尔多斯志"载《北京辅仁大学学刊》第9期，1934年，40页）。

② 沙畹"中国旅行家游契丹女真记"（载《亚洲杂志》I，1897年，382）。布列什奈德《中世纪研究》I，265。

主动提出过让甘肃西部的回鹘人重返鄂尔浑地区。在747—840年,原回鹘可汗们曾占据着鄂尔浑地区,但他们的子孙们已经过定居生活,没有恢复游牧生活的想法。① 在东方,阿保机于926年灭通古斯-高丽人建的渤海国,在这次远征中他去世了,渤海国包括朝鲜北部(北纬40°以北)和辽东以东的中国东北部分(从哈尔滨和海参崴到旅顺口)。中国东北部的通古斯女真人生活在乌苏里森林,他们成了契丹的属民。

阿保机通过夺取河北,试图从蹂躏中国的内战中获利,但是,被上面提到过的中国"后唐"王朝的建立者李存勖在保定南部的望都赶走(922年)。

阿保机死后,其遗孀②设法使她宠爱的次子当选为汗,她是一个像大多数突厥-蒙古族寡妇(包括成吉思汗母亲在内的)一样能干的可敦。她召集了部落会议(成吉思汗的蒙古人称之为库里勒台),命长子突欲和次子德光(突欲和德光都是汉文转写名)"俱乘马立帐前,谓群臣曰:'二子吾皆爱之,莫知所立,汝曹择可者执其辔'。"自然,众人都争着执德光的马辔,于是,德光成了可汗(927—947年)。德光统治之初,与其母共掌国事,然而一切均按母亲的意图行事。每当有大臣惹她不快时,她便借口派此人"去给她的亡夫送消息"为由,让看守阿保机墓的卫士们将其杀死。一位名叫赵思温的中国官员,在他被派执行此项任务时说,给已故可汗送消息

---

① 回鹘对契丹的文化影响显然很大。两件契丹文手稿之一,好像是来自回鹘文,另一件是来自中文。马迦特的著作 *Guwaini's Bericht über die Bekehrunq der Uiguren*,500—501页。沙畹和伯希和"摩尼教流行中国考"377页。

② 汉名为述律氏。

这种荣誉应该首先归于可汗的遗孀。而可敦答道,很遗憾,对她的部落来说,延续她的生命是十分必要的,不过,她果断地砍下一只手,埋在王墓中。① 这是首领死后,家族大屠杀祭祀习俗中所残存下来的一种奇特风俗。是在草原上,无论是在斯基泰人中,或者是在匈奴、蒙古人中都盛行的风俗。可敦尽管还保留着这些野蛮的生活习俗,但她很信任中国大臣韩延徽,后者使契丹人开始走向文明。

新可汗耶律德光不久就找到了干涉中国事务的机会。936年,他把中国将军石敬瑭置于自己的保护之下(当时石敬瑭已反叛后唐王朝),耶律德光率5万军过古北口,袭击河北,帮助石敬瑭打败帝国军队,并帮助他以"后晋"王朝建立者的身份登上了中国皇帝的宝座。

石敬瑭在契丹人的帮助下成了中国皇帝之后,为报答契丹人,他把包括幽州或称燕州(今北京)在内的河北北部地区和连同云州(今大同)在内的山西北端割让给契丹(936年)。这样,蛮族开始被置于长城之内的中国北部边境上,此后他们可以从这些地区密切注视着中国的政策。石敬瑭的卖国行径使古代中国帝国的完整出现了第一道裂痕,这一裂痕注定会越来越宽,使游牧部落在12世纪时征服了整个北部中国和在13世纪时占领了整个中国。被耶律德光所征服的北京,以后从契丹人手中传给了女真人,又从女真人传给了成吉思汗的后裔,因此,从936至1368年,北京一直处于游牧民的政权之下。938年,德光使北京成了他在南方的驻地

---

① 维格的著作 *Texts historiques* II,1537—1538。

(汉文称南京),他在北方的驻地是沙拉木伦河畔的临潢,在东方的驻地是辽阳。①

石敬瑭这位由契丹人恩赐的中国皇帝,直到他于942年去世时一直是契丹人的驯服的属臣,但是,他的侄子和继承者石重贵(943—946年)试图摆脱契丹人的羁绊。这是非常草率的行为。契丹人在河间附近打败了他的军队,渡过黄河,出现在帝国都城开封(当时的大梁)城下,其可汗德光于947年的第一天进入开封城。

德光的目的无疑地是要宣布自己为中国皇帝。在被征服了的开封城内他的确是穿着中国服装。然而,在背后中国人掀起了反抗斗争,他们残杀了几处孤立无援的契丹人,特别是在彰德的契丹人。为了报复,德光屠杀彰德居民,后来,因面临大起义而重新踏上了通往热河的道路,他把全体宫廷人员作为俘虏带走。来到正定之后,德光去世(947年)。他的猝死在契丹人中引起了混乱,因此,无疑地契丹人失去了征服中国的机会。

在契丹撤退期间,山西节度使刘知远于947年2月被其军队拥立为皇帝,刘知远也是沙陀部突厥人。在中国舆论的积极支持下,他以"后汉"王朝建立者的身份于同年4月在开封登基。

耶律阮(947—951年)和耶律璟(951—968年)先后继承德光成为契丹统治者。如果不是中国人自己给契丹提供了行动的机会的话,契丹将永远没有干涉中国事务的希望。951年,"后汉"王室被新王朝(即"后周"王朝)赶跑,逃到山西中部避难,在此建立了称

---

① 缪勒"巴林的辽代古城"(载《通报》,1922年,105页)。从1044年起,大同成为西部都城,即西京。

之为"北汉"的地区小王国。"北汉"以太原为都，从959年一直统治到979年。当时以先后在开封建立的统治王朝，即后周（951—960年）和宋朝（960年）为一方，与在山西中部太原实施统治的"北汉"王朝为另一方之间爆发了连续不断的战争。"北汉"的统治者们出于对那些把他们推翻的"后周"人的怨恨和为了保住他们在山西的小王朝，把自己置于契丹人的保护之下。契丹人当然也很乐意又加入这一角逐。无论帝国军队何时企图夺取太原，他们的军队就赶来援助"北汉"。

这种形势一直持续到中国大王朝，即宋朝（960年建立）到975年重新恢复了中国境内各国（除太原的北汉）的统一时为止。

宋朝的建立者，宋太祖赵匡胤于968年曾试图收复太原，但是，被契丹人阻止，契丹人像往常一样赶来保卫太原。宋朝的第二代皇帝，宋太宗要幸运些。979年，宋太宗不顾契丹的干涉，迫使太原投降，归并了山西的北汉国。接着，宋太宗决定收复自936年以来就被契丹占据的长城以南的领土：大同和北京。但当时在位的契丹君主耶律贤（968—982年）及其将领们进行了顽强的抵抗，使宋朝打消了再征服的念头。宋太宗一直进军至北京（当时的幽州或燕京），他们围攻北京，但是，被契丹大将耶律休哥在北京西北的高梁河附近击败，被迫迅速撤至北京与保定之间的涿州（979年）。现在轮到契丹试图入侵中国人占领的河北部分地区，但契丹大将耶律休哥在正定城前被打败。

986年，宋太宗又起了新的念头。契丹可汗耶律贤刚去世，由年仅12岁的耶律隆绪（983—1031年）继位，其母肖氏摄政。这一时机似乎对中国有利。宋军分兵数路，分别由曹彬、潘美、杨业率

第二章　中世纪初期：突厥、回鹘和契丹

领，一些人向大同进军；另一些人向北京进军。西进的军队胜利地夺取大同；而东进的军队只达涿州就受阻，最后在涿州西南、易州附近的歧沟关被耶律休哥击败，退至北京与保定中间的拒马河。①宋军残部向南逃。耶律休哥紧追不舍，《通鉴纲目》记道，当宋军正在渡沙河（无疑是流经正定和河间以北的新乐）时，耶律休哥把宋军赶入河中，宋军大批淹死。契丹占领了深州（在正定附近）、德州和顺德。但是，对中国来说，十分幸运的是他们没有乘胜南进。直到989年，宋军才完全恢复元气，并在保定附近打败了契丹人。

中国面临的困境因唐兀人而加剧，唐兀人是藏族的一支。于11世纪初在鄂尔多斯和阿拉善地区建立了新国家，即西夏国，它一直是中国陕西省的威胁。西夏国的建立者赵保机，又名李继迁（死于1003年），于990年得到契丹人的认可成为西夏王，契丹当时是东戈壁滩所有各部的宗主。1001年，李继迁劫掠了宁夏附近的中国军事重镇灵州，或称灵武。西夏王在离宁州不远的地方，在兴庆府建立了都城。因此，宋朝发现它同时面临着东北部契丹王朝和西北部西夏王国的威胁。

在宋朝第三代皇帝真宗统治时期，契丹王耶律隆绪于1004年发起一次穿越河北南部的骑兵远征，沿途攻占了保州（今保定）、冀州（今大名）、德清军（今清丰县），隔黄河（黄河在公元1000年的流向，1007年黄河改道）与开封相对，在开封城内，怯懦的廷臣们劝宋真宗迁都南京或四川。他不仅拒绝迁都，而且还采取鼓舞人心

---

① "歧沟位于涿州西南30里处。唐末，在此设关。据胡三省，该关在拒马河北，拒马河源于涞源县，从易州偏南处流过。"（据德罗图记述）

的措施。位于黄河北岸的前沿堡垒地澶州(满族地名开州,即今濮阳县)①当时仍很紧张。一名勇敢的中国军官李继隆被契丹人围在澶州,他引诱敌人入埋伏点,敌人在此受到重创。一查阅地图就可以看到,澶州是处在堵住通往开封去的路上,如果李继隆被打倒,契丹将占有黄河河岸,面对宋都城开封。宋真宗大胆地离开开封,率援兵赶到澶渊"前线",他的果敢行为使契丹慑服。1004年,契丹与宋朝在澶州签订和约。双方边境仍维持936年的规定:北京和大同属契丹,保定和宁武属中国。边境线沿霸州(该城仍属于中国)北郊穿过河北省,过五台山以北的山西境,同样,五台山仍是中国领土的一部分。②

1004年和约实施了一百年。契丹由于满足于在北京和大同的统治,不再有进一步的要求;而宋朝除契丹占据的以上地区外,已经统治了整个中国,也放弃了收复北京和大同的愿望。契丹已把他们的野心转向高丽和戈壁。但是,由于1014年高丽人设法让乌苏里江畔的一支通古斯人,即女真人,对契丹人采取了牵制行动,契丹对高丽的攻击被击溃。在戈壁,契丹从回鹘手中夺取甘肃西部城镇甘州和肃州。契丹在1017年左右似乎企图征服喀什噶尔和伊塞克湖

---

① 德罗图指出,梅拉和考狄尔所认定的shenchow所在地是相当混乱的。梅拉(VIII,147)说契丹在澶渊以北扎营。德罗图认为梅拉把shenyüan误读成Tanyüan,shenyüan是宋朝时shenchow的另一名。考狄尔把shenchow看成是与梅拉的Tanyüan不同的另一个城市,使该问题更加混乱,他认为"契丹扎营于Tanyüan或Taichow(今开州)以北,在chenchow周围。"(参看Histoire générale de la China 巴黎,1777—1785,II,87)。

事实上,现在谈论的是一个城市,正像德罗图更正梅拉和考狄尔的那样,宋代称为澶州、澶渊或chenchow的城市,在17、18、19世纪时称开州,中华民国时称濮阳县。

② 参看沙畹《中国旅行家游契丹女真记》414页。布列什奈德《中世纪研究》I,209。赫尔曼《中国地图集》43、44页。

第二章　中世纪初期：突厥、回鹘和契丹　　195

地区,正如我们将会看到那样,该地区是属于伊斯兰化突厥人哈拉汗朝统治。契丹人在向有8天路程之远的一座哈拉汗朝都城,即伊塞克湖西、楚河上游的八拉沙衮城前进时,被喀什的哈拉汗朝可汗托甘汗击败。① 西夏的唐兀人也把他们的目光转向西方。西夏王赵德明(1006—1032年)于1028年从回鹘手中夺取甘州(契丹在1009年远征之后就失去甘州)。1036年,其子赵元昊(1032—1048年)从吐蕃人手中同样地夺取肃州和敦煌。1044年,他在鄂尔多斯附近粉碎了契丹发起的一次进攻。在元昊统治期间,唐兀人有了自己的文字,即西夏文,它源于中国文字。1908年由科兹洛夫使团在甘肃北部的哈拉霍托(古名亦集乃城,马可·波罗称之为额济纳)②发现藏有西夏文手稿和印刷品的一个完整的藏书室。

　　契丹人同样也创造了他们自己的文字。但直到最近才发现其遗迹。③ 最后,在1922年发现了两块这种契丹文的石碑,其年代可以追溯到12世纪初年,是在蒙古地区发现的。④

18. 女真人

　　从契丹人手中收复北京和大同地区的幻想仍萦绕在中国人头

---

　　① 马迦特的著作 *Osttürkische Dialektstudien* 54 页。巴托尔德《百科全书》"Qara-Khitai"条目,782 页。《蒙古入侵时期的突厥斯坦》279 页。

　　② 伯希和《科兹洛夫使团所获汉文文书》(载《亚洲杂志》1914,5—6 月,503 页和《通报》1925 年,6,399 页)。伊瓦诺夫的文章"Les monuments de l'ecriture tangout"(《亚洲杂志》I,1920 年,107)。巴鲁克"西夏和契丹的文字与语言"(中国—西伯利亚艺术)。关于西夏艺术,看 A. 伯恩哈蒂的文章"Buddhist. Bilder der Glanzzeit der Tanguten"(《东亚杂志》,1917 年 10 月)。

　　③ 巴托尔德《百科全书》"Qara khitai"782 页。

　　④ 伯希和 L. 凯尔的"辽道宗墓和契丹文字碑铭"(载《通报》1923 年,10 月,292 页)。W.科特威兹"契丹及其文字"(载《东方学年报》1925 年,页 248)。

约1150年的金国

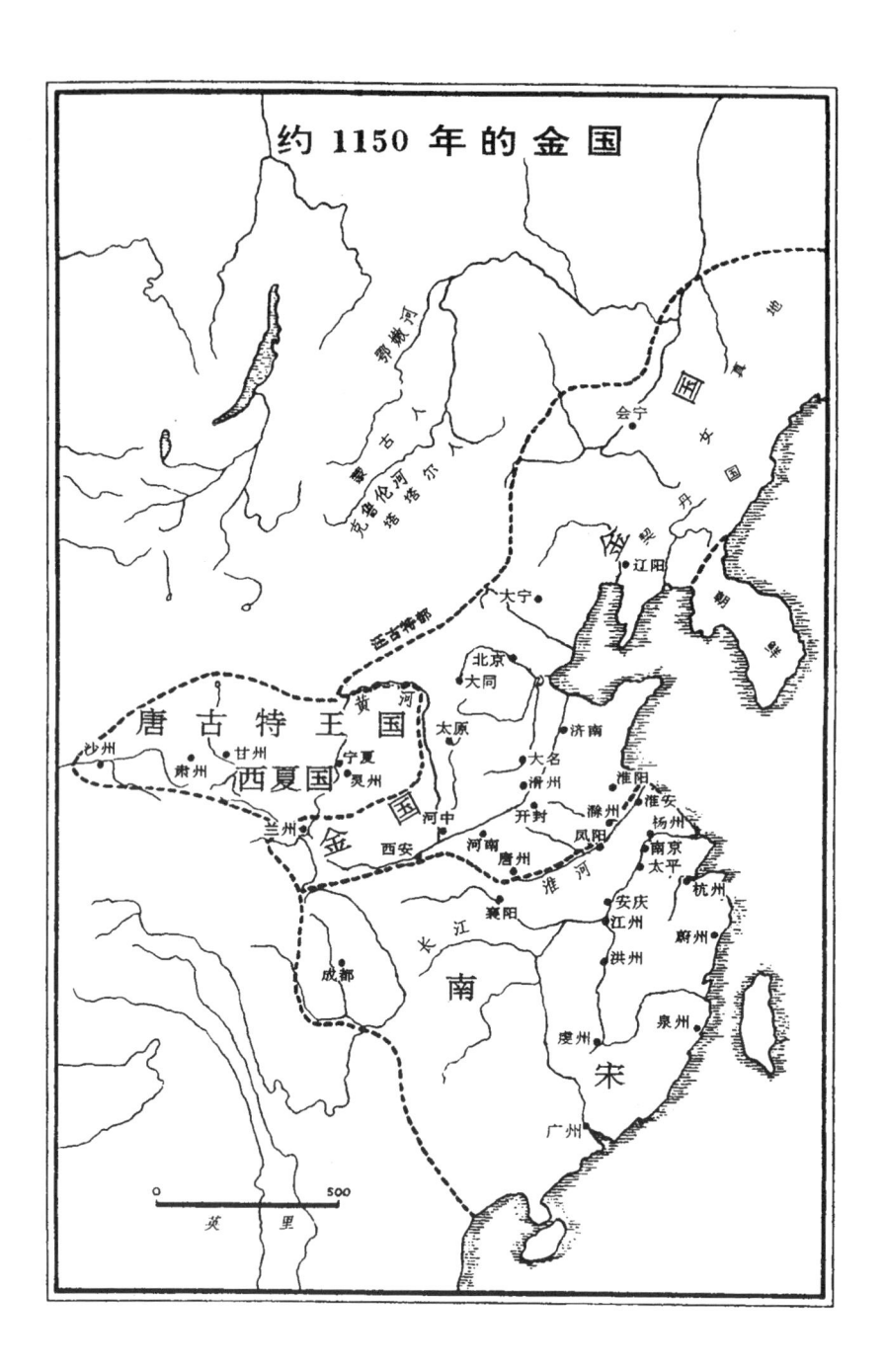

第二章　中世纪初期:突厥、回鹘和契丹

脑中。徽宗皇帝(1101—1125年)是宋朝皇帝中最杰出者,他爱好艺术,本人就是一位画家。他犯了"以夷制夷"和"远交近攻"的错误。这项策略被认为是中国传统的策略,在中国实践中是常常取胜的,特别是在唐初,唐太宗对该策略的应用。这一次,它是一个错误。契丹人当时已经是一支文明、温和且相当中国化的蒙古族人,已经成了宋朝的友好邻邦。契丹人的后方,即在乌苏里森林和中国东北部,以及今天的俄属沿海地区内,住着一支称之为女真的通古斯人(女真是汉名;阿拉伯－波斯语称 Jurche)。[1] 1124—1125年,中国使者许亢宗把女真人描写成十足的野蛮人[2],因为在可汗大本营周围是牧地和牧群。在居住集中地,无街道,甚至无小巷,除王族的帐篷或兵营有墙围住外,无防卫的围墙。可汗坐在用12张虎皮铺着的王位上。女真人有很多野蛮的娱乐:痛饮、音乐狂舞、摹拟狩猎和战争场面的表演,还有一种森林居民最大的娱乐,即由化了装的妇女们手持镜子,不断用镜子将阳光反射到观众身上(这种游戏称之为"霹雳女神",类似日本的天照大神,是其中女英雄的那种情景)。中国正是与这些被宋朝宫廷中的高丽使者们比喻成比豺狼虎豹更凶恶的蛮族联盟,以消灭那些使宋朝免受更偏远地区的蛮族入侵的防护者契丹人。

正值此时,女真王室完颜部[3]中一位名叫阿骨打的能干的首

---

[1]　伯希和认为"Djürtchät"是女真的最初形式。参看《通报》(1930)297—336页;"事实上,Joutchen(Ju-chen)是 Djürtchät 的讹用形式。"

[2]　参看沙畹"中国旅行家游契丹女真记"(载《亚洲杂志》I,1897年,378)。维格的著作 *Texts historiques* II, 1621年。

[3]　来自王室的完颜一名可能只是汉文"王"字的通古斯语译音,意思是"王"或"王公"。参看伯希和"中亚几个词名考"(载《亚洲杂志》1913年页467)。

领正在加紧把女真人组织起来(1113—1123年)。阿骨打已觉察到契丹统治者们潜在的虚弱,他们过多地吸收了中国的生活方式。1114年,阿骨打反叛契丹的宗主权,率领他的部落征服契丹领土。9年之内,夺取了契丹的一切重镇,从北向南地占领了下列中心地:1114年,宁江州(今哈尔滨南,在松花江的支流上);1116年,辽阳,辽阳的占领使今天称之中国东北的全部地区尽入女真人之手;1120年,临潢府,即契丹的上京(北京,今热河北的沙拉木伦河畔);1122年,大定,即契丹的中京(热河北部,赤峰附近);同年,山西北部大同。宋徽宗匆忙与女真人签订联盟条约,条约中规定在瓜分契丹国时,北京应归还给宋朝。然而,事实证明,宋朝没有能力收复北京,1122年,是女真人夺取了北京。此后,女真人傲慢地把北京归还给中国(1123年)。最后一位契丹国王耶律延禧朝库库河屯逃亡,企图在武州(朔平附近)落脚(1124年),直到女真骑兵把他俘虏(1125年)。

女真征服契丹国后,在完颜部王室的精明统治下,努力建立了一个貌似中国的正规的国家,在作这方面的努力时,他们给完颜部王朝冠以"金"(通古斯语为Alchun;汉名为金)一名,从此以后,这一王朝将以中国史学家们的方式被称为金朝。[①]

蒙古族契丹人这支逐渐走向文明、以和约的方式来确保其安全的民族,被凶猛的通古斯族女真人取代了。未驯服的女真野蛮性很快就反过来对付那些草率讨好他们的中国人。金国的统治者阿骨打在他达到胜利顶峰时去世(1123年)。其弟吴乞买继位。

---

① 伯希和《通报》1922年5—6月刊,223页。哈勒兹《满文"金史"》1887年。

吴乞买是一个更有野心的人,他从1123年统治到1135年。宋朝愚蠢地为北京北部一些边境城镇的所有权与金国争吵不休,以致发展到暗中支持反金起义。这就导致了宋金之间的战争。几个月之内,金大将粘没喝从中国人手中夺取北京和河北平原;然后又占领太原和陕西中部地区(1125、1126年)。金国的另一员大将斡离不,在粘没喝的联合下,渡过黄河,出现在宋都开封城下。开封城的保卫者们,即可悲的徽宗皇帝和其子钦宗,投降金国(1126年底)。这两个不幸的统治者及其侍从们连同朝廷舆服和财宝一起被送往金国都城(1127年初),①即中国东北部的内地,哈尔滨以南的宁江。

一位宋朝王室成员,即宋高宗逃脱了这一灾难。凭借长江天堑他在南京被拥立为皇帝(1127年)。与此同时,金国归并了当时仍在宋朝手中的华北地区最后的一些重镇:河北的河间和大名;山东的济南;河南的彰德;山西西南角的河中(蒲州),更不用说开封了。宋军曾经趁金国驻军不在时收复了开封,但随即又被金军占领(我们将看到,在成吉思汗时期,这种拉锯战在这一地区更加普遍)。

华北被归并之后轮到了华中地区。1129年,金军在粘没喝的率领下,征服了淮河下游和长江下游之间的地区。稍息之后,他们

---

① 这次战争的一个枝节与基督教史有关。金人在入侵过程中俘虏了汪古部的一些成员,(该部落后来定居在山西北部的托克托地区,但是,部落中的许多氏族朝甘肃南部的临洮方向迁徙)。金人把这些俘虏流放到满洲南部地区。这些汪古特人是景教徒,由于吴乞买王的预见和对他们的一个偶像作出了解释,遂使他们获得了自由,金人重新把他们安置在黄河以北的青州。伯希和"中亚远东的基督教徒"(《通报》,1914年,630页)。

又兵分两路进攻长江下游沿岸。西路军在湖北黄州处渡江,袭击了鄱阳湖北的江州(江西九江)和该湖南岸的洪州(即南昌),从南昌他们武力入侵虔州(江西南部的赣州),赣州是该军挺进的极限。金军飞速地横穿了几乎整个南部中国。甚至13世纪的蒙古军也没有如此神速。在长江下游活动的另一支金军在太平附近渡江,迫使南京投降。宋高宗逃亡宁波(当时称明州),以后又逃往浙江南部的温州港。金大将兀术从南京出发,紧追不舍,占领了杭州和宁波(1129年底至1130年初)。

然而,完全由骑兵组成的金军一直冒险深入到中国南部,这里有洪泛区、纵横交错的河流、稻田、运河和密集的人口,这些都困扰着金军。金军将领兀术企图返回北方,然而又被长江所阻,长江宽阔如海,江面有中国的小舰队巡逻。最后,由一位叛贼引路,他才得以从南京以东的镇江附近渡江而逃(1130年)。南方摆脱了金军之后,宋高宗于1130年返回,定居杭州,直到蒙古人征服中国前,杭州一直是宋朝都城。

金军受到这次挫折后,仓皇失措。中国将军们开始收复长江与黄河之间的基地,其中最杰出者是岳飞,他从金军手中夺回了襄阳重镇(1134年)。1138年,当他正在向开封进军时,被战争吓破了胆的懦弱的统治者宋高宗与金国签订了和约。当时合剌(1135—1149年)刚继承其堂兄吴乞买成为金王,又由于受到来自北方的威胁,也很想与宋朝议和。蒙古人(至少是在历史上所知道的"蒙古人"这一名称之下)这时已登上了舞台,他们在其可汗合不勒的统率下刚形成了部落联盟,正在东戈壁地区从后方攻金

第二章　中世纪初期：突厥、回鹘和契丹

(1135、1139年)。1147年,金人被迫把边境的许多地区割让给他们。①

在这种局势下,宋、金之间迅速签订了和约(1138年)。边境线是以淮河,以及黄河(及渭河)流域与汉水上游流域之间的高地为界,黄河流域和渭水流域仍归金,汉水流域归中国人。于是,金国拥有河北、山东、山西、几乎整个陕西和河南、安徽和江苏以北的许多地区,这样,他们在中国占领的地盘比以前的契丹人在中国的占地大得多。

至此,中国已分裂为二,南方是以杭州为都的中国人的宋朝,北方是通古斯族女真人的金国。金初定其北都(汉文称北京)于中国东北地区、哈尔滨附近的会宁,到1153年以前,它一直是金统治者们的主要驻地。今天的北京只是他们的第二都,即南都(汉文称南京),他们还设中都(中京)于大定,位于热河北。1153年,金王迭古乃把北京城作为他的主要驻地。从此,热河省的大定被看成北京,辽阳为东京,大同为西京,今天的北京作为中京,开封是南京。

注意到一位王室王子在金国建立过程中所起的作用是很有趣的,他名叫完颜希尹(无疑是女真人的通古斯语 Goshi),是位能干的政治家。他把他的势力部分地归结于他所担任的萨满职务。②正是他用中国字来标通古斯语音,发明了女真人的"大字"。他的

---

① 参看巴托尔德《突厥斯坦》381页。伯希和《亚洲杂志》1920年,146页。
② 伯希和的"萨满教"(载《亚洲杂志》1913年,3—4月刊,468页)。W. 格律伯的文章"Note préliminaire sur la Langue et L'écriture des Jou—tchen"(载《通报》1894年,334页)。

威望使合剌对他产生了猜疑，并于1139年将他处死。

迭古乃杀前王合剌和部分王室成员之后，登上了金国王位（1149年）。文明使迭古乃堕落，他是一位耽于肉欲和凶残的人。他的凶猛使人回想起古代女真人的野性。他贪图享乐使他放弃了金初的中国东北驻地（他土生土长的森林地）迁到北京宫廷。这是一个极大的错误。在鞑靼人和蒙古人已表现出加紧对中国东北进攻的趋势时，他的迁移等于就是放弃上述地区。但迭古乃的野心是要成为一名真正的中国皇帝，以及最终从宋朝手中夺取南部中国。因此，1161年，他进攻宋朝，窜入长江下游，企图在正对扬州的江湾口，即在金山岛附近，今天的镇江城渡江。但是，他遭难了，他的部队因其暴虐统治而狂怒，杀死了他。另一位王乌禄在辽阳被宣布为金王（1161年）。

新金王立即与宋朝议和，1163至1165年间的谈判结果是以维持现状而结束。编年史描述的乌禄王是一位识时务的贤明君主，在北京宫廷里，他怀念中国东北部的森林故地。他年岁很高才去世，王位由其孙子麻达葛继承（1189年）。

据中国编年史记载，麻达葛（1189—1208年）放松了女真人的军纪，其结果，在蒙古人入侵时期，即在他的后继者统治之下变得很明显。在此期间，1206年，当宋朝轻率地对金国又公开表示敌对时，金军越过标明两国交界的淮河，进军至长江。麻达葛声称要取中国主战派大臣的首级，然而，在1208年，金国同意退至原来的边境线，条件是宋朝每年增加给金国的银和丝的数量，这些银和丝不过是宋朝略加掩饰的给金国的贡赋。在麻达葛的继承者永济统治时期（1209—1213年），蒙古大入侵开始了。

第二章 中世纪初期:突厥、回鹘和契丹

蒙古历史不但涉及远东地区的历史,还与穆斯林突厥社会有同样频繁的联系,在继续探讨蒙古历史之前,最好是让我们迅速回顾一下自 11 世纪以来居住在伊斯兰境内的突厥各族的历史。

第三章 13世纪前的突厥人与伊斯兰教

1. 10世纪抵御突厥势力的伊朗屏障：萨曼王朝

上文已经提到，在751年的怛逻斯之战以后，阿拉伯人对河中统治的巩固在一个世纪之后已经使伊朗民族受益。把突厥（当时还是非伊斯兰教徒）和中国这双重的危险从河中地区驱逐之后，阿拉伯总督认为他们是在哈里发的名义下，只是为了自己的利益而工作。但是，在9世纪50—75年中，布哈拉和撒马尔罕的权力从阿拉伯征服者手中转移到了本地伊朗人，即历史上古粟特人的后裔手中。这个纯伊朗人的萨曼王朝（源于巴尔赫附近的萨曼的一个统治家族）从875年到999年间以布哈拉为首都成了河中地区的主人。权力转移的产生不是经过革命或暴力，而正是发生在穆斯林社会内部，在正式受尊重的哈里发机构内。萨曼王朝满足于谦逊的埃米尔①称号，并且假装只是充当巴格达哈里发的代表而

---

① 埃米尔（emir），本书中根据不同时代分别译成埃米尔，异密等名。其意为地方长官，总督，头目之类官职。——译者

已。事实上,一切事情的进展就好像他们是完全独立的,他们的主张使人联想起古波斯王巴赫尔·楚宾,表明在极端正统的伊斯兰教外壳下,实现伊朗民族国家复辟的真正特征。①

萨曼王朝的伟大时期始于纳斯尔·伊本·阿赫穆德时期,他在874至875年间从哈里发穆塔米德那里得到河中作为他的封邑,以撒马尔罕为其驻地。②同年,纳斯尔任命其兄弟伊斯迈尔为布哈拉的瓦利,或称总督。然而,两兄弟之间不久发生了冲突(885,886年),这是河中地区诸王朝内普遍存在的一种不良倾向。892年纳斯尔去世后,伊斯迈尔成了河中唯一的君主,从此,他的王室驻地布哈拉成了萨曼王朝都城。

伊斯迈尔(伊斯迈尔·伊本·阿赫默德,892—907年在位)是一位伟大的君主。他的军队于900年春在巴尔赫附近打败并俘虏了③萨法尔王朝的统治者,呼罗珊君主阿马尔·伊本·埃-勒斯。由于这次胜利,他的伊朗国土扩大了一倍,并乘胜吞并了呼罗珊。902年,他从另一王室手中夺取了包括剌夷(今德黑兰)和加兹温在内的塔巴里斯坦。在东北部,伊斯迈尔从893年起已经对怛逻斯突厥地区发动过一场战争。当他一占领该城(怛逻斯,或奥李-阿塔),就把建在当地的基督教(可能是聂思托里安教)教堂变成一座清真寺④。这位伊朗王子从深入突厥草原的这次远征中返回来时,携带着从游牧民抢夺来的大批战利品:马、羊和骆驼。伊斯迈

---

① 米尔空的《萨曼王朝史》(巴黎,1845年),C.F.德弗雷梅里英译本,第113页。
② 塔巴里书,引自巴托尔德的《突厥斯坦》第210页。
③ 关于此事的日期,在《突厥斯坦》一书中有讨论,第225页。
④ 《突厥斯坦》第224页,根据纳尔沙赫、塔巴里、马苏第。马苏第书中说,被萨曼王朝强迫改变宗教的那些聂思托里安教教徒们是葛逻禄突厥人。

尔在对游牧民的行动中，又回到了古代萨珊国王们在阿姆河北岸所遵循的防御性反击的政策上，注意到这点是很有趣的。对锡尔河（药杀水）的关注（古伊朗君主们"对莱茵河的关注"）现在又蒙上了一层神圣的色彩：波斯人对突厥世界（无论是不信教者或是聂思托里安教徒）的伊斯兰教战争。当边境地区的这些突厥游牧部落皈依伊斯兰教时，这种形势变得缓和了。萨曼王朝曾经为这种宗教信仰的改变而热情地奋斗过，这一转变将是对促进转变者的一种报应，因为它使穆斯林社会的大门向突厥人敞开了，而且在不止一位的突厥首领的头脑中，这是他们皈依伊斯兰教的唯一目的。

从疆域的角度来看，在纳斯尔二世（伊本·阿赫默德，914—943年在位）统治时期萨曼王朝达到了鼎盛。北方的塔什干（柘析城），东北方的费尔干纳，西南方的剌夷（剌夷直到928年才归萨曼王朝），都成为萨曼王朝国家的组成部分，王朝的实际影响远至喀什噶尔。但是，纳斯尔转而信奉伊斯兰教什叶派引起了导致他退位的严重骚乱。当时河中地区的伊朗人已经是狂热的逊尼派教徒，并抱有要利用宗教上的差别以加深他们与真正波斯人之间的区别的倾向。①

努赫一世（943—954年在位）的统治时期是萨曼王朝衰落的开始。伊朗军事贵族挑起了连续不断的反叛。在西南方，萨曼王朝开始敌视另一个伊朗人的王朝，即统治着波斯西部的布威朝。两王朝之间的冲突因宗教上的分歧而加剧，萨曼王朝信奉逊尼派，布威王朝信奉什叶派，冲突是以宗教为借口，目的是要占领多次易

---

① 《突厥斯坦》第243页。

手的刺夷城。这是令人厌倦的战争,除了考虑到它危险地削弱了萨曼王朝抵御突厥世界的力量外,这些战争仅仅影响到伊朗内部的历史。然而,在当时,许多突厥人集体皈依了伊斯兰教,使这些改变信仰的突厥人取得了河中公社成员的权利(他们是以河中雇佣军的身份而得到承认的),因此,伊朗各重镇的钥匙转到了突厥人手中。

未来的伽色尼王朝就属于这种情况。在萨曼王朝的阿布德·阿尔-马立克一世(954—961年在位)统治时,一位名叫阿尔普特勤的突厥奴隶成了卫队统帅,并被任命为呼罗珊总督(961年1—2月)。在继任的萨曼王曼苏尔一世统治(961—976年在位)下,阿尔普特勤被免职,退到巴尔赫。接着被萨曼王朝军赶出此城后,他逃到阿富汗地区的加兹尼城避难(962年)。[1] 他的家族靠承认萨曼王朝的宗主权在加兹尼建立了新王国。不过,这确实是突厥人在穆斯林伊朗境内建立的第一个国家。阿尔普特勤在其后不久去世(约963年?)。他在加兹尼创建的这支突厥雇佣军(已经深受伊斯兰教的影响)从977年起由另一位前突厥奴隶(另一个马木路克)赛布克特勤统帅,他使自己成了吐火罗地区(巴尔赫-昆都士)和坎大哈的君主,并着手征服喀布尔。[2]

在萨曼王朝努赫二世伊本·曼苏尔统治时期(977—997年在位),由伊朗军队贵族闹独立而引起的封建分裂已经十分剧烈,以致在992年,一位名叫阿布·阿里的贵族向当时位于楚河河畔八

---

[1] 《突厥斯坦》第249—251页。
[2] 参考伯希和的"突厥斯坦研究集",载《通报》(1930年)第16页。

拉沙衮城内的实际统治王朝哈拉汗朝的突厥人博格拉汗·哈仑求援，以反对萨曼王。博格拉汗发动了对布哈拉的军事远征，他于992年5月进入该城，尽管他并不打算留在该城。① 努赫二世为了对付这些叛变和哈拉汗王朝的威胁，向伽色尼王朝的突厥人求援，当时这些突厥人是由精明能干的赛布克特勤统帅（995年）。赛布克特勤从加兹尼匆忙赶来之后，将萨曼王朝置于其保护之下，但是，他们将呼罗珊占为己有②。于是，伊朗人的萨曼国缩小到只有河中地区，它的两侧都是突厥人，一边是阿富汗和呼罗珊的主人、伽色尼王朝的突厥人；另一边是仍然统治着楚河草原、伊犁河流域和喀什噶尔的哈拉汗朝突厥人。现在唯一的问题是在这两支突厥人中，由谁将给予萨曼王朝最后的一击。

正是在萨曼王朝的阿布德·阿尔－马立克二世统治时期（999年2—10月），最后的打击来临了，它来自两方面。马立克二世在莫夫附近被伽色尼王朝的赛布克特勤之子、继承者马赫穆德打败，被迫永远地放弃了呼罗珊（5月16日）。同年秋，费尔干纳乌兹根地区的哈拉汗朝王阿尔斯兰·伊列克·纳斯尔侵入河中，他于999年10月23日进入布哈拉，监禁了马立克，吞并河中地区。③

于是，东伊朗和河中地区的伊朗王国现在被两个穆斯林的突厥势力瓜分了：在喀什噶尔的哈拉汗朝可汗们得到了河中地区；在阿富汗地区的伽色尼王朝苏丹们得到了呼罗珊。这两支突厥人对

---

① 据许多史料记载，博格拉汗·哈仑是因为病危而离开布哈拉，并死于途中。——译者
② 巴托尔德《突厥斯坦》第261、262页。
③ 《突厥斯坦》第268页。该日期是根据迦尔迪齐的记载。

这两个地区的长期突厥化起着巨大作用,他们的简要历史,是下一节的内容。

2. 喀什噶尔和河中地区的突厥化:哈拉汗朝

回鹘突厥人在蒙古失势后,定居在塔里木盆地北部,在火州(即吐鲁番)、别失八里(今济木萨)、焉耆和库车,他们使这一古老的吐火罗地区变成了突厥地区,不过他们仍然尊重当地的佛教和聂思脱里安教。与他们不同,在下一个世纪中居住在喀什西部和西南部,以及伊犁河流域和伊塞克湖地区的哈拉汗朝突厥人因皈依了伊斯兰教,从根本上改变了上述地区的特征。在伊斯兰教和突厥人的共同影响下,使中亚这部分地区内昔日的一切都不复存在了。

关于哈拉汗王朝王室的起源我们几乎一无所知,尽管它注定了在10世纪中期到13世纪初期要统治喀什噶尔。正像巴托尔德所指出的那样,他们有可能是从葛逻禄突厥人[1]手中夺取八拉沙衮城(在伊塞克湖西)的一支九姓乌古思部落。穆斯林文献中提到的第一位哈拉汗朝统治者是喀什王博格拉汗萨图克,他大约死于

---

[1] 大约同时(约10世纪的最初25年?),人们认为另一支突厥部落,即九姓乌古思部另一氏族样磨占领了喀什噶尔。关于样磨的名称,参看伯希和《亚洲杂志》(1920年)上的文章第135页;和《通报》(1930年),第17号;还可以参看米诺尔斯基《世界境域志》第277页。哈拉汗朝史迄今仍十分混乱,这已由巴托尔德进行了阐述,他已经在他的《蒙古入侵时期的突厥斯坦》(伦敦,1928年,第254页以下)对东方诸材料进行了核对。

955年，他似乎在他的臣民中鼓励信仰伊斯兰教。10世纪的最后几年和整个11世纪，塔里木盆地西部各绿洲和楚河流域、怛逻斯平原已在他的家族成员们中间被瓜分了，在当时，他们已经都是伊斯兰教徒了。然而，不顾他们的信仰，他们仍没有忘记突厥人与伊朗人之间的世代斗争，从未忽视过反河中萨曼朝埃米尔的战争，尽管这些埃米尔在中亚细亚的门槛边充当为伊斯兰教逊尼派（或称穆斯林正统教派）的官方卫士。正如上面已经看到的那样，哈拉汗朝的博格拉汗·哈仑（在楚河流域的八拉沙衮进行统治）在992年5月发动了对布哈拉的攻击（顺便提一下，这次攻击没有立即见效），[①] 以此而开始了突厥人对该地区的一系列入侵活动。哈拉汗朝的另一个统治者，费尔干纳乌兹根地区的阿尔斯兰·伊列克[②]·纳斯尔（死于1012或1013年）更加幸运。如上所述，他于999年10月23日以胜利者的身份进入布哈拉，监禁了萨曼王朝的末代君主（马立克二世），吞并了河中地区。

阿姆河以南的呼罗珊，即萨曼王朝遗产中的另一个残余地区，落入第二个突厥王朝即伽色尼王朝手中，当时该王朝是由西北印度的征服者、杰出的马赫穆德苏丹统治着（998—1030年在位）。两个穆斯林突厥王朝之间的关系最初很温和，甚至很友好。布哈拉的征服者阿尔斯兰·伊列克·纳斯尔嫁女给马赫穆德为妻，但是，和睦关系是短暂的。哈拉汗朝，这个不仅统治着喀什噶尔，还统治着原突厥国土，即伊犁河和楚河流域地区的稳固的王朝，把曾

---

① 巴托尔德《蒙古入侵时期的突厥斯坦》第258—259页。
② 伯希和认为应该读Ilig，而不是像巴托尔德读的Ileg，Ilig是回鹘字King（王）的意思。参看"'突厥斯坦'评注"载《通报》（1930年）第16页。

经是奴隶的伽色尼王朝的统治者们视为暴发者。另一方面,加兹尼的马赫穆德刚把旁遮普并入了他的阿富汗和呼罗珊版图(1004—1005年),又因掳掠到大量印度财宝而富裕起来。马赫穆德现在已经完全伊朗化,正处于权力的鼎盛时期,印度王公们的世界已经踩在他的脚下,他把长期逗留在北部贫瘠草原之地的哈拉汗朝突厥人视为野蛮的同族人,并把他们看成是他的印—伊大帝国的一个经常性的威胁。在后一点上马赫穆德没有看错。1006年,当马赫穆德被印度事务缠身时,哈拉汗朝的阿尔斯兰·伊列克·纳斯尔入侵呼罗珊,洗劫了巴尔赫和尼沙普尔。马赫穆德一返回伊朗,就在巴尔赫附近的沙尔希延打败伊列克(1008年1月4日),并把他赶出该省。① 在这次战争中伊列克得到其堂兄于阗王喀迪尔汗·优素福的援助,但是,伊列克之兄、哈拉汗朝的第三位可汗——托甘汗被争取到马赫穆德一边。

比这些家庭纠纷更严重的是哈拉汗朝在阿姆河沿岸与马赫穆德战争时,在后方受到北京的契丹诸王的攻击,他们于1017年派遣一支契丹军进入喀什噶尔。顺便提一下,喀什噶尔的哈拉朝托甘汗击退了这次入侵。米诺尔斯基发现了北京契丹宫廷曾派出一位使者去加兹尼马赫穆德那里的证据,无疑是与他达成了对付哈拉汗朝的协议。② 事实是,马赫穆德长期在伽色尼王朝的另一端进行着征服印度的战争(1014年占塔内瑟尔;1019年攻马图拉;1020—1021年围瓜廖尔;1025年攻索姆纳特)。1025年,当他的

---

① 在巴托尔德的《突厥斯坦》第273页中的日期是根据迦尔迪齐的记载。马赫穆德对哈拉汗朝人的胜利应归功于他使用了印度大象。

② 《铭文研究院通讯》1937年。

领土已延伸到恒河和马尔瓦后,他回过头来清算当时在布哈拉和撒马尔罕进行统治的哈拉汗朝的阿里特勤。阿里特勤无力抵抗而撤退,马赫穆德进入撒马尔罕。与此同时,哈拉汗朝的另一位统治者、喀什王喀迪尔汗·优素福进入河中地区。他与马赫穆德在撒马尔罕城前友好会见(1025年),目的是商讨他们瓜分河中地区。事实上,他们俩都没有成功。当马赫穆德一返回呼罗珊,阿里特勤又重新恢复了对布哈拉和撒马尔罕的统治(1026年)。① 伽色尼王朝苏丹马赫穆德之子、继承人马苏德(1030—1040年在位)又派军队攻打阿里特勤,重新占领布哈拉,但是,他未能守住该城(1032年),阿里特勤仍是河中的主人,直到同年(1032年)他去世为止。② 其后不久,河中地区转入到哈拉汗朝的另一支,即贝里特勤手中,贝里特勤被称为桃花石汗,他在布哈拉的统治时期是从1041年(或1042年)到1068年。③

我们将看到与此同时伊朗东部爆发了一场大革命。1040年5月22日,伽色尼王朝的统治者们在莫夫附近的丹丹坎战役中被另一支突厥人(塞尔柱克人)击败,塞尔柱克人从他们手中夺取了呼罗珊,并把他们赶回阿富汗和印度。塞尔柱克可汗,丹丹坎战争的胜利者吐格利尔拜格接着征服了波斯的其余地区,于1055年进入

---

① 巴托尔德《突厥斯坦》第285—286页,根据迦尔迪齐的记载。
② 关于阿里特勤去世年代有不同记载,如《中亚塔吉克史》认为是1034年,参看《中亚塔吉克史》汉译本,中国社会科学出版社,1985年,第222页。——译者
③ 关于桃花石汗,即"北部中国的王"(拓跋)的称号。参看巴托尔德《突厥斯坦》第304页。有关桃花石汗对伊斯兰教的虔诚,参看该书的第311页(是根据伊本·阿尔·艾西尔的记载)。他是一个相当有趣的例子:一位非游牧的突厥人和一个能干的管理者。

巴格达，巴格达的阿拔斯朝哈里发承认他为苏丹即东、西伊朗之王。这个大突厥帝国很快从阿姆河扩张到地中海，它几乎不能容忍河中的哈拉汗朝诸小可汗们的独立。贝里特勤之子和继承者哈拉汗朝的沙姆斯·乌尔·莫尔克·纳赛尔于1068—1080年统治着布哈拉和撒马尔罕，他的领土于1072年遭到第二代塞尔柱克苏丹阿尔普·阿尔斯兰的入侵。在这次战斗中阿尔普·阿尔斯兰被杀，他的儿子，伟大的苏丹马立克沙赫向撒马尔罕进军，但是，他答应与沙姆斯·乌尔·莫尔克和谈，后者成为他的属臣（1074年）。1089年，马立克沙赫再起兵端，攻占布哈拉，夺取撒马尔罕，监禁了沙姆斯的侄子、第二位继承人阿黑马德汗。后来马立克沙赫重新起用阿黑马德为他的藩属王。从此，在布哈拉和撒马尔罕实施统治的哈拉汗朝是作为塞尔柱克苏丹们的代理人进行统治。此时的河中不过是塞尔柱克帝国的一个属地而已。

当河中地区的哈拉汗朝正在抗争和衰亡之际，在远离这些重大历史事件的伊犁和喀什噶尔的哈拉汗朝统治者们的命运更加不清楚。如上所述，其中之一喀迪尔汗·优素福已经把他家族在以下地区的领地重新统一起来：八拉沙衮、喀什和于阗。他死时，八拉沙衮、喀什和于阗传给他的两个儿子中的一个，即阿尔斯兰汗（约1032—1055年？在位）；另一个儿子博格拉汗·穆罕默德得到了怛逻斯（约1032—1057年在位）。大约在1055年，博格拉汗从阿尔斯兰手中夺取喀什噶尔，再次统一了这一地区，尽管紧接着是进一步的分裂。11世纪末，八拉沙衮、喀什和于阗在哈拉汗朝的博格拉汗·哈仑（死于1102年）统治下可能再次统一，八拉沙衮的霍吉勃优素福·喀什大约于1069年写成的著名的突厥文书《福乐智慧》，显然是献给博格拉汗·哈仑的。

当1130年异教的蒙古人，即北京的契丹人，征服喀什噶尔和伊塞克湖流域时，穆斯林突厥的统治已经在这些地区扎根，这要归功于哈拉汗朝的统治者们。在描述这次革命的诸事件之前，我们将简要地回顾一下西亚地区的塞尔柱克人的历史。

3. 塞尔柱克人在突厥史上的作用

10世纪的波斯地理书《世界境域志》记道，在巴尔喀什湖以北，今天称之为吉尔吉斯－哈萨克人的地区（即萨雷河、图尔盖河和恩巴河之间的草原上）居住着突厥各族：乌古思或称古兹，拜占庭编年史称为奥佐伊人。① 语言学家们把这些古兹人，连同鄂毕河或叶尼塞河中游一带的基马克人和后来迁往南俄的原钦察人，以及今天的吉尔吉斯人一起列为一群特殊的突厥人，他们与其他突厥人的区别主要是在语音上，他们把原来发"y"的音变成了"j"（dj）音。② 自成吉思汗时代起，这些古兹人被称为土库曼人，即我们的突厥人。③

11世纪的古兹人，像今天的土库曼人一样，形成了一个关系

---

① 米诺尔斯基《世界境域志》第311页和第307页地图。
② 巴托尔德在《伊斯兰百科全书》中的"kipčak"词条，第1082页。
③ 参考巴托尔德在《伊斯兰百科全书》中的"Ghuzz"词条，第178页，以及"Turkmenes"词条，第943页。J.德尼的著作 *Grammaise de la langue turque*（巴黎，1921年），第326页，由于古兹人采用的"Turkmen"一名，是加上后缀 män（或 men），这在突厥语中有一种强化的意思，因此，土库曼（Turkmen）就意味着"纯血统的突厥人"或"彻底的突厥人"等意思。

松散的、内部之间经常发生战争的部落群。在1025—1050年间,他们在南俄和伊朗寻求出路。大约是1054年,俄国编年史第一次提到他们在南俄罗斯出现。在另一支突厥人,即钦察人(属鄂毕河或额尔齐斯河中游的基马克人的一支)的驱赶下,这些乌泽人(拜占庭人称他们为奥佐伊),一直远徙到多瑙河下游,并越过该河入侵巴尔干地区,最后他们在巴尔干被击溃(1065年)。而朝另一个方向迁移的另一支古兹部落(即塞尔柱克人)交了好运:他们征服了波斯和小亚细亚。

与塞尔柱克人同名的英雄塞尔柱克(更恰当地称呼是Seljuk,或Saljük[①])的父亲名叫杜卡克,诨名为帖木耳雅里赫(即铁弓)。杜卡克或者是古兹乞尼黑部的一位酋长,或者是该部中杰出人物。985年前,塞尔柱克及其部落从古兹主体中分离出来,在锡尔河下游右岸,今波罗威斯克附近(今克孜勒奥尔达)的真德方向扎营。塞尔柱克诸子之名——米凯尔(Mika'il),穆萨(Musa)和伊斯莱尔(Isra'il)——使某些人得出他信奉了聂思托里安教的结论。这种假设是没有根据的,因为圣经上的这些名字也是穆斯林的名字;很可能塞尔柱克氏族在定居于萨曼王朝统治下的河中边境地区时,被迫放弃了突厥-蒙古族的古老的萨满教而皈依了伊斯兰教。

这一时期,河中地区伊朗人的萨曼王朝在抵制伊塞克湖和喀什噶尔的哈拉汗朝的入侵中经历了很大的困难。塞尔柱克人明智地与伊朗王公站在一起,反对他们的亲属[②]。然而,正如巴托尔德

---

① 在阿拉伯-波斯史上传统的拼写是Seljùq(或Saljùq)。但是,最初的正确的拼写是Seljuk。参看巴托尔德的《突厥斯坦》第257页。

② 因为哈拉汗朝人也是突厥种人。——译者

所指出,这些古兹人——他们几乎是刚从萨雷河和伊尔吉兹河草原上出来,是来自异教地区——必定比哈拉汗朝人更加野蛮,哈拉汗朝人追随伊斯兰教已经一个多世纪了,并且在西面的萨曼王朝和东面的回鹘人的双重影响下,已经变得比较开化。

萨曼王朝灭亡以后,当河中君主哈拉汗朝的突厥人和统治着呼罗珊的伽色尼王朝之间正在为继承萨曼王朝的遗产而争吵之时,塞尔柱克人以今天土库曼人的方式一步一步地向前推进,乱中获利,扎营于河中腹地。985年,他们的帐篷遍布布哈拉东北部。[1] 大约1025年,他们的一位首领阿尔斯兰(突厥名,意即狮子),即伊斯莱尔(他的穆斯林名),被尊称为叶护,作为地区哈拉汗朝统治者阿里特勤的辅助者反对伽色王朝的马赫穆德。马赫穆德俘虏了阿尔斯兰,并把他带到加兹尼,企图通过严格约束的办法使其部落中的其他人驯服。但是,这些游牧民的生活方式使他们能够逃脱定居民族所采取的任何措施。最后,伽色尼王朝被迫让阿里特勤成了河中的主人。阿里特勤一死(1032年),似乎直到最后仍忠实于阿里特勤的塞尔柱克人起来反对他的儿子们[2],并且从此以后他们为自己的利益而进行战争。他们的首领吐格利尔拜格、道特和拜格护(即叶护?)向伽色尼王朝苏丹马苏德索取呼罗珊的一些地区。当马苏德拒绝时,吐格利尔拜格强占了尼沙普尔(1038年8月),后来又使马苏德在莫夫附近的丹丹坎战役中遭到惨败(1040

---

[1] 《突厥斯坦》第257页。
[2] 据巴托尔德的《中亚研究四种》(英文版,莱顿,1962年)第107页中说,也有一些塞尔柱克人是站在阿里特勤之子一边,他们入侵了两省(Qabādiyān 和 Tirmidh),以后渡过阿姆河,在沙普甘被打败。——译者

年5月22日),该战役之后,伽色尼王朝的统治者被迫退回阿富汗地区,将整个呼罗珊让给了塞尔柱克的子孙们。①

塞尔柱克人——是一支缺乏传统和在新近接受伊斯兰教的诸氏族中最不开化的部落——只是由于一次意外的成功,他们成了东伊朗的主人。如果这支部落不是由一些明智的首领们统率的话,那么,他们获得的意想不到的好运对文明世界来说可能是一场灾难,这些首领们本能地意识到阿拉伯-伊朗文化的优越,他们不是破坏它,而是把自己看成它的捍卫者。一进入尼沙普尔,吐格利尔拜格就要求以他的名字诵读胡特巴②,并宣布要遵守穆斯林制度。塞尔柱克人的征服仍以草原游牧民的方式进行。每个家族成员都为自己去掠取战利品。吐格利尔拜格的兄弟查基尔拜格、堂兄弟库吐尔米希和表兄弟易不拉欣·伊本·伊纳尔都是如此,但同时他们仍然承认吐格利尔拜格的最高权威。例如,查基尔拜格在1042—1043年占领花剌子模(希瓦)。易不拉欣·伊本·伊纳尔定居在剌夷,但由于游牧民的作风再次占上风,他的军队在剌夷犯下了一些暴行,以致吐格利尔拜格对他加以干涉,去恢复那里的秩序。当吐格利尔拜格更深入阿拉伯-波斯世界时,他从这些古文明地区的行政管理的意识中获得越来越多的利益,它们使他从

---

① 关于塞尔柱克人的历史,参看伊本·艾西尔的著作 *Kámil fi't Ta'rikh* 的部分译文,载 Recueil des historiens des Croisades. Historiens Orientaux(巴黎,1872—1906年,5 Vols);看 M. T. 乌茨马的著作 *Recueil des textes relatifs á l'histoire des Seljoucides*(莱顿,1886—1902,4 Vols);《突厥和伊斯莱尔史(Tàrikh—i guzida)》德弗雷梅里的译本,载《亚洲杂志》(1848年);乌茨马在《伊斯兰百科全书》中的"Tughril I"词条,第872页和"Maliksháh"词条,第225页;巴托尔德的《突厥斯坦》,第302页以下。

② 胡特巴(Khutba)是伊斯兰教于星期五中午举行的说道和祈祷,在此过程中要称呼统治者之名、并为他祝福。——译者

一个部落联盟的首领逐渐变成为一个国家的领导人,使他变成为一位正规的和绝对的统治者,保证了他对他的亲属们,即其他部落酋长们的支配地位。

西波斯长期由纯波斯人的布威王朝(932—1055年)统治。布威王朝确实是真正的波斯王朝,以致它仍信奉该地区内持异议的穆斯林教义,即什叶派,而不顾布威王是以与巴格达的逊尼派哈里发并行的埃米尔-乌尔-乌马拉的身份①行使统治这一事实,他们使巴格达的哈里发处于无权地位,并以宫廷侍长的身份代他们行使大权。但是,布威王朝在11世纪处于衰落之中。1029年,加兹尼的马赫穆德从他们手中夺取了伊剌克·阿只迷的大部分地区,在塞尔柱克人入侵时,布威朝的末代君主库思老·卑路支·拉希姆(1048—1055年在位)在埃米尔-乌尔-乌马拉的称号下,仍然占有巴格达、伊拉克阿拉比、设拉子和法尔斯,而他的一个兄弟占有起儿漫。奇怪的是,11世纪,即突厥人入侵前夕的这位波斯王朝的末代君主的名字竟然包含着萨珊波斯的两位伟大君主的名字。②

吐格利尔拜格日后在征服伊剌克·阿只迷时,尽管该地区一片混乱,然而他的乌古思游牧民们不知道如何占领城市,伊斯法罕坚持抵抗了一年,后因饥荒而降(1051年)。吐格利尔拜格被定居生活所吸引,以伊斯法罕为都城。在政治瓦解、封建分裂、知识混

---

① 埃米尔-乌尔-乌马拉(emir el-omara),即"首席统治者"。——译者
② 布威王朝末代君主名 Khosrau Firuz ar-Rahim。其中库思老(Khosrau)和卑路支(Firuz)是萨珊王朝君主之名。库思老是531—579年在位,卑路支是457—484年在位。——译者

乱之中，这位突厥人，尽管粗野，但他代表了某种秩序，人们无疑地很少后悔接受了这种秩序。1054年，阿塞拜疆地区（大不里士、刚加等地）的君主们向吐格利尔拜格表示效忠。阿拔斯哈里发阿尔·哈伊木和哈里发的卫队司令贝撒希瑞亲自召吐格利尔拜格到巴格达，他们都希望摆脱布威王朝的束缚。利用这些矛盾冲突，吐格利尔拜格于1055年进入巴格达，推翻了布威王朝末代君主库思老·卑路支。

1058年，哈里发承认吐格利尔拜格是他世俗权力的代理人，并赐予东方和西方之王的称号，由此认可了这一既成事实。在获得这种空前未有的荣誉时，吐格利尔拜格不得不对付他的表兄易不拉欣·伊本·伊纳尔的反叛活动，伊纳尔与贝撒希瑞结成同盟。贝撒希瑞利用塞尔柱克人之间的这场战争，在短期内曾重占巴格达，他在巴格达宣布阿尔·哈伊木哈里发垮台（他认为哈里发对塞尔柱克人太友善了），并成了什叶派伊斯兰教的支持者（1058年12月）。面对这一危险，吐格利尔拜格表现得冷静和果断。他首先转过来对付易不拉欣·伊本·伊纳尔，在剌夷附近打败了他，并将他处死；然后在巴格达城前打败和杀死贝撒希瑞，胜利地把哈里发拥回都城（1060年初）。于是，乌古思部落联盟中的这位小酋长不仅使他的部落、氏族和家族纳入了一定的纪律和取得了一个正规政府的领导地位，而且还被承认是阿拉伯哈里发国的正式代表。更了不起的是，他作为哈里发的救星和光复者而赢得了逊尼派——即伊斯兰教正统派——的喝彩。

于是，突厥的苏丹国代替了波斯的埃米尔国成为阿拉伯哈里发世俗权力的代表。这是持续时间较长的代替，因为尽管突厥人新近才皈依伊斯兰教,然而他们与持伊斯兰教异端的伊朗人不同,他们有幸信仰正统教派。并不是说他们是狂热的信徒。最初的几位塞尔柱克苏丹都是异教叶护家族的后代,他们太粗野而不可能接受这些思想。但是,当他们企图征服西方时,他们发现这种意识形态可以利用,使以往的突厥扩张在伊斯兰教圣战的幌子下成为正当的行为。

由于西亚社会财力耗尽,突厥人几乎没有进行战争,甚至没有使用过多的暴力,就把他们的帝国强加于阿拉伯人的帝国之上。他们没有摧毁阿拉伯帝国,而是对它加以补充,注以新的活力,于是,他们自己帝国的存在就是正当和合法的了。

吐格利尔拜格的侄子和继承者阿尔普·阿尔斯兰·伊本·查基尔拜格(1063—1072年在位)从即位起,就面临着废除氏族内部不守法习惯的任务,氏族成员们对于把他们组织在一个正规国家之中显然极为不满。因此,阿尔普·阿尔斯兰不得不打败并杀死他的堂兄库吐尔米希(1063—1064年);阿尔斯兰还打败了想在起儿漫起兵叛乱的叔叔喀乌德。阿尔斯兰赦免了他(1064年)。在西方,他使阿勒颇的米尔达西王朝臣服(1070年)。使他名垂伊斯兰教史册的最伟大的事件是1071年8月19日[①]在亚美尼亚的曼吉克特战役中,他打败和俘虏了拜占庭皇帝罗曼努斯·狄根尼斯。这是一件具有历史意义的大事,从长远的观点来看,它确保了突厥人对安纳托利亚的征服。然而,这一战役在当时只不过是打上了

---

① 参看《拜占庭》第9期,2(1934年),613页上卡昂的文章"La campagne de Mantzikert d'après Les sources musulmanes"。

塞尔柱克人征服亚美尼亚的印记而已。阿尔普·阿尔斯兰对他的俘虏拜占庭皇帝表示出骑士风度,很快给予他自由。在处理内部事务上,这位"没有受过教育的、很可能是无知的"乌古思首领十分明智地把行政管理交给他的波斯首相尼查姆·乌尔·莫尔克。

阿尔普·阿尔斯兰之子、继承者苏丹马立克沙赫(1072—1092年在位)在其父去世时年仅17岁。他的第一次战争是对付河中哈拉汗朝的统治者沙姆斯·乌尔·莫尔克,沙姆斯趁塞尔柱克帝国统治者易人之机入侵呼罗珊东部,占领巴尔赫。当马立克沙赫逼近撒马尔罕时,哈拉汗朝统治者要求和谈,并成为马立克沙赫的属臣。马立克沙赫犯了一个乌古思人常犯的错误,他把巴尔赫交给他的弟弟塔卡什,塔卡什到适当的时候便起来反叛马立克沙赫。苏丹被迫发动了两次远征讨伐他,最后,他派人把弟弟的眼睛挖掉(1084年)。马立克沙赫的叔叔①喀乌德也在起儿漫起兵反叛,马立克沙赫也对他发动了战争,打败并绞死了他(1078年)。

这些事件表明,尽管有莫尔克的英明管理,然而,马立克沙赫在引导以他为军事首领的乌古思部落去接受一个以他为苏丹的阿拉伯-波斯国家的体制的过程中碰到了很多困难。莫尔克和波斯的官僚机构都力求使土库曼部落联盟的作用降到以往突厥卫队(即在原哈里发和布威朝埃米尔统治之下的10世纪的马木路克)的范围内,然而,要使新苏丹的不安分的同胞们服从命令和要使这些野蛮的游牧民固着于土地上都是十分棘手的任务。② 要把塞尔

---

① 本书第152页上喀乌德是阿尔普·阿尔斯兰的叔叔,那么,他应该是马立克沙赫的叔祖父。——译者

② 巴托尔德《突厥斯坦》第309页。

柱克帝国的冒险置于一个固定的基础之上,以及把波斯人的定居生活方式强加于这些以往的游牧民,由此使塞尔柱克帝国成为传统式的波斯帝国,在这件事上,只有苏丹一人与莫尔克的看法一致。在马立克沙赫的都城伊斯法罕的豪华宫廷中,马立克沙赫本人就乐于表面上仍延续古代伊朗沙赫们的世系。

正如我们已经看到的,在东北方,为了反对哈拉汗朝,马立克沙赫第二次远征河中,攻击沙姆斯·乌尔·莫尔克的侄儿、继承者阿黑马德(1089年)。他监禁了阿黑马德,但是后来又把他作为自己的属臣派往撒马尔罕。在西方,也是在马立克沙赫统治时期,他的堂兄弟塞尔柱克幼支苏里曼·伊本·库吐米施不受他的控制,约于1081年在小亚细亚的尼西亚驻扎下来,这对拜占庭人很不利,他们在内战中却轻率地向苏里曼求援。这是塞尔柱克的罗姆苏丹国的起源,罗姆苏丹国存在的时间是1081—1302年,它先后以尼西亚(1081—1097年)和伊康(1097—1302年)为都。①

塞尔柱克国作为一个定居政权只控制了波斯。在小亚细亚(小亚细亚于1080年已经遭到入侵)的原拜占庭疆域内,独立的古兹部落联盟在那里很活跃。他们或者是由像苏里曼那样的塞尔柱克幼支统率着,或者是由来历不明的突厥酋长统率着。正像卡帕多细亚的丹尼什门德王朝的埃米尔们一样,他们显然是从1084年起开始统治着锡瓦斯和凯撒里亚的。随着这些流浪部落的不断移动,上述古文明地区以吉尔吉斯草原上的方式被分割了。正如巴托尔德在总结这些事件时正确地指出的那样:"古兹或土库曼人的

---

① 参看 J. 洛朗《拜占庭与突厥的塞尔柱克王朝》(巴黎,1913年)第96—98页。

行为,部分像独立的匪徒,部分是在其诸王(塞尔柱克人)的统率下进行的,他们的足迹遍布从中国的突厥斯坦到埃及和拜占庭边境之间的所有国家。"①巴托尔德又补充道,为了避开"他们流浪的兄弟们"(还没有组织起来的古兹部落),防止他们蹂躏富饶的伊朗领土,塞尔柱克苏丹显然是选择把他们安置在苏丹国边境的小亚细亚一带。这一事实解释了为什么波斯本土避开了突厥化而安纳托利亚却成了第二个突厥斯坦。

酋长们为获得战利品而战。苏里曼·伊本·库吐米施占领了小亚细亚的大片地区之后,袭击了叙利亚(1086年)。他在叙利亚与马立克沙赫的弟弟突吐施发生冲突,突吐施于1079年在大马士革为自己辟有一块封地。双方在阿勒颇附近为夺取该城打了一大仗。苏里曼被杀,突吐施将阿勒颇并入大马士革(1086年)。同年,正当突吐施在阿勒颇筹建一个独立的塞尔柱克王国时,他的哥哥、苏丹马立克沙赫出现在叙利亚,他强迫突吐施退回大马士革,并在阿勒颇举行了觐见礼,对他的酋长们的封地作了全面的重新分配(1087年)。②

总的来说,马立克沙赫像其先辈们一样,一生致力于使突厥对西部领土的征服合法化。这种征服往往采取以下形式,即一小股乌古思人群进入叙利亚周围的鄂克里德朝(或称法提玛朝)境内,或者是进入小亚细亚的希腊境内——就好像是在他们游牧的迁徙

---

① 巴托尔德《伊斯兰百科全书》"Ghuzz"词条,第178页。
② 有关书目参看策特尔斯廷在《伊斯兰百科全书》中的"Sulaiman"词条,第559页。还可参看乌茨马的"Tutush"词条,第1034页;格鲁塞《十字军史》巴黎,1934—1936年,I xiv。

中碰巧使他们进入这些地区一样；或者是利用拜占庭帝国或阿拉伯帝国的内乱，采取入侵的形式。在波斯，统一局面得以维持完全是由于莫尔克宰相实行的阿拉伯－波斯的行政管理，在东方和叙利亚，仅仅是由于马立克沙赫的黩武政治。在小亚细亚，则二者都鞭长莫及，乌古思人的无政府状况盛行。

当马立克沙赫于1092年去世时（他的大臣莫尔克在他之前就去世了），各地处于无政府状态。马立克沙赫的长子巴尔基雅鲁克（1093—1104年）面临所有亲属的反叛。在此期间，他的叔叔突吐施已经把阿勒颇并入大马士革领地，并且企图从他的手中夺取波斯，但是，突吐施于1095年2月26日在剌夷附近兵败被杀。巴尔基雅鲁克统治的余下时期是在对付他自己的兄弟们的各次战争中度过的，最后他被迫与他们瓜分了波斯。从此，塞尔柱克领地以分裂为三部分的状况长期存在：波斯的苏丹国归巴尔基雅鲁克及其兄弟们；阿勒颇和大马士革的王国归突吐施的儿子们；小亚细亚苏丹国归苏里曼的儿子凯佐尔·阿尔斯兰。

这三部分领地的命运很不一样。叙利亚的塞尔柱克王国（阿勒颇和大马士革）迅速地呈现出阿拉伯特征。突吐施家族的这两个塞尔柱克王朝不久就被他们自己的马木路克（也是突厥人，他们的历史在此不可能细谈①）消灭了。另一方面，小亚细亚的塞尔柱克苏丹国延续了整整两个世纪。它的成就是维护了持久的秩序。因为正是从这个王国中，有朝一日产生了土耳其人的历史。在波

---

① 参考伊本·卡拉尼西的《大马士革编年史》，吉布译本（1932年）。我在《十字军史》第Ⅰ卷中也简短地论述了在阿勒颇和大马士革的塞尔柱克人的事。该书已经与读者见面。

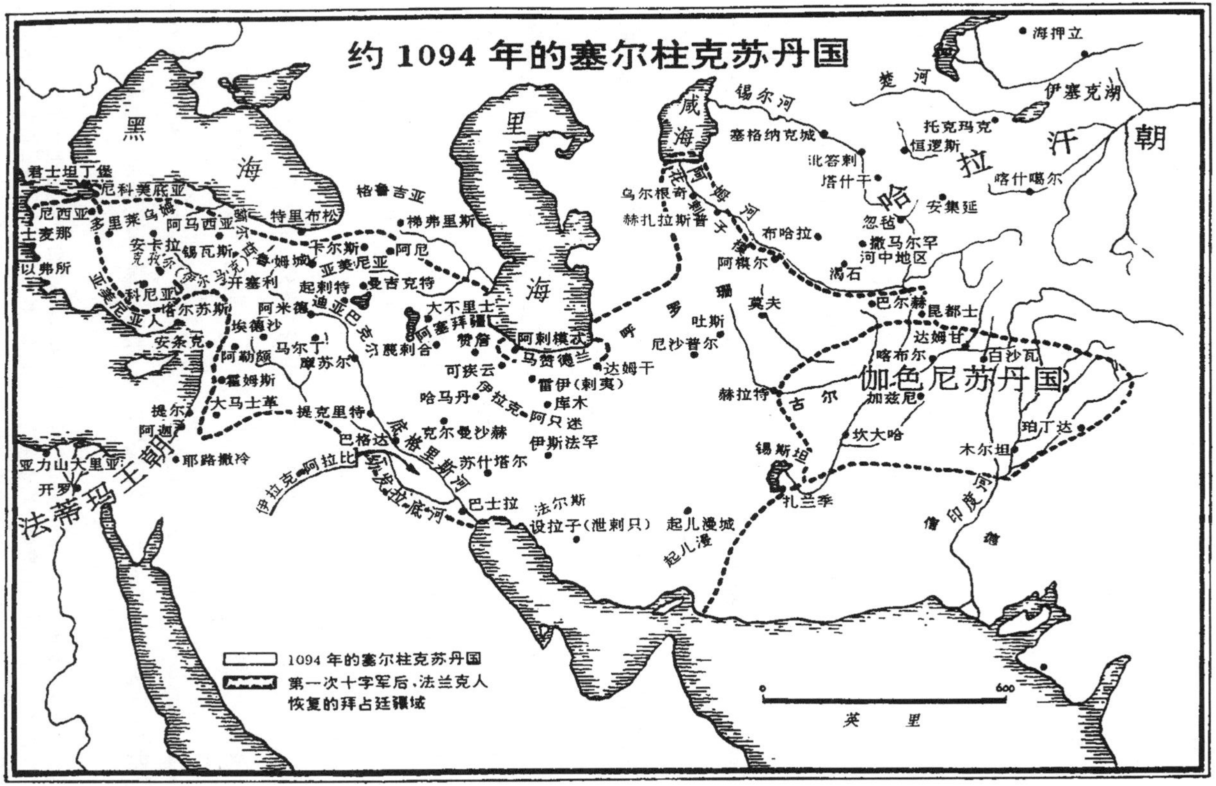

约 1094 年的塞尔柱克苏丹国
黑海
里海
咸海
君士坦丁堡
尼科美底亚
尼西亚
士麦那
以弗所
多里莱乌姆
阿马西亚
安卡拉
锡瓦斯
特里布松
格鲁吉亚
梯弗里斯
卡尔斯
阿尼
亚美尼亚
开塞利
起剌特
曼吉克特
科尼亚
塔尔苏斯
阿米德
迪亚巴克尔
大不里士
阿塞拜疆
赞詹
阿剌模式
马赞德兰
达姆干
安条克
埃德沙
马尔丁
摩苏尔
阿勒颇
霍姆斯
大马士革
提尔
阿迦
耶路撒冷
亚力山大里亚
开罗
法蒂玛王朝
巴格达
提克里特
可疾云
雷伊(剌夷)
哈马丹
伊拉克
阿只迷
库木
克尔曼沙赫
伊斯法罕
苏什塔尔
底格里斯河
幼发拉底河
巴士拉
伊拉克-阿拉比
法尔斯
设拉子(泄剌只)
起儿漫城
起儿漫
呼罗珊
尼沙普尔
吐斯
莫夫
赫拉特
古尔
锡斯坦
扎兰季
乌尔根奇
花剌子模
赫扎拉斯普
阿姆河
布哈拉
阿模尔
锡尔河
塞格纳克城
讹答剌
塔什干
撒马尔罕
河中地区
渴石
巴尔赫
昆都士
忽毡
安集延
恒逻斯
托克玛克
伊塞克湖
海押立
楚河
喀什噶尔
哈拉汗朝
达姆甘
喀布尔
百沙瓦
加兹尼
坎大哈
伽色尼苏丹国
珀丁达
木尔坦
信印度河
1094 年的塞尔柱克苏丹国
第一次十字军后、法兰克人恢复的拜占廷疆域
0
600
英里

斯,尽管形成了突厥中心地区(在呼罗珊、阿塞拜疆和哈马丹附近),但正如我们将要看到的那样,其居民基本上仍是伊朗人。在叙利亚,突厥人由于太分散(安条克周围和亚历山大里亚例外)而不可能侵犯阿拉伯大部分地区。

然而,在小亚细亚,突厥人随之进行的不仅是政治征服,而且还有效地利用了这儿的土地。土库曼牧民在此取代了拜占庭农民,因为按安纳托利亚高原的高度、气候环境和植物,它形成了中亚草原的延续地带。斯特拉波就把利考尼亚(今科尼亚地区)描写成一片草原。[1] 这块土地与来自吉尔吉斯的游牧民之间有着自然的联系。他们定居在这里是因为他们感到很习惯。他们在不知不觉中促使耕地变成了牧场,难道人们(像一些人那样)应该为此而进一步地指责他们吗?来自咸海荒凉之地的古兹人占领了卡帕多细亚和弗里吉亚的这些古老的行省可能给予这些地区的不仅是突厥的,而且还有类似于草原的特征。当突厥人及奥斯曼人把他们的征服延伸到色雷斯时,草原没有随之而去吧?我们在那儿,就在亚德里亚堡的大门边,没有发现草原的特征、即未耕土地和骆驼群吧?事实上,刚才引用的斯特拉波的陈述证明了塔塔湖盆地在塞硫古王朝、阿塔鲁王朝和罗马人时代就已经是半沙漠的草原地区。然而色雷斯的荒凉面貌主要是由于它长期充当战场所致。

为了描写这幅图画,让我们作以下补充,即安纳托利亚的突厥化与其说是塞尔柱克王朝本身的作用不如说是地区埃米尔和土库

---

[1] 利考尼亚(Lycaonia)高原寒冷,土地贫瘠,有许多野驴牧场,但是几乎根本没有饮水。水的缺乏并没有阻止牲畜在该地的发展。牲畜的毛确实有些粗糙。这儿也有咸水湖(斯特拉波,XII,6,1,塔迪厄编,第533页)。

曼诸氏族的作用，他们对塞尔柱克王朝的命令并非不折不扣地服从。例如，从文化的角度来看，安纳托利亚的塞尔柱克人明显地希望像他们在波斯的同族人一样伊朗化。由于当时西亚没有突厥书面语言，塞尔柱克人的科尼亚宫廷使用波斯语作为它的官方语言（一直使用到1275年）。因此，12和13世纪塞尔柱克时期的土耳其表明是在土库曼基础之上的波斯文化层。正像在波兰和匈牙利说拉丁语一样，在这些凯·库思老人和凯·库巴德人中说波斯语，尤其是写波斯文。但这多少有些人为的外表欺骗不了我们，也不会使我们看不见古兹部落给卡帕多细亚、弗里吉亚和加拉太带来的根本的突厥变化。

正如我们谈到的那样，伊朗情况则不同，因为伊朗文明和种族特征都太强而不可能接受任何深刻的突厥影响。相反，正是这些突厥入侵者逐渐地伊朗化：他们的王室几乎立刻就伊朗化了，其军队则在几代之后才伊朗化。但是，从政治上来看，伊朗从此失去了防御，整个草原地区的游牧民像洪水般地涌入。1040—1055年的塞尔柱克征服为游牧民打开了伊朗的大门。塞尔柱克的统治者们在成为泛伊斯兰社会的苏丹——阿拉伯人的"酋长"和波斯的"沙赫"——之后徒劳地企图随身关上这些大门，插上门栓，封锁道路，阻止效法于他们的、也要作同样冒险的中亚突厥－蒙古各部落的进入。已经成为波斯人的塞尔柱克人将不能有效地保卫波斯免受那些仍然是突厥人的突厥人的入侵。尽管他们有这种愿望，尽管他们也有阿姆河岸的"莱茵防线"，然而，他们只不过是在不知不觉中充当了花剌子模国、成吉思汗朝和帖木耳朝各次入侵的军需官而已。

他们想要恢复萨珊波斯国，或者是 9 世纪阿拔斯帝国组成的"新萨珊型"的坚实机构的愿望失败了，其原因必须在王室内部发生的、不可平息的混乱中去寻找，内乱是土库曼人的历史遗产。尽管某位吐格利尔拜格，或者是某位马立克沙赫个人获得了成功，但事实证明塞尔柱克人不能永久地接受阿拉伯－波斯的国家概念；正像加洛林人最终不能接受罗马国家的概念一样，尽管查理曼才华横溢。①

巴尔基雅鲁克之弟、继承者穆罕默德（1105—1118 年在位）苏丹发现他在勉力对付阿拉伯哈里发暗中进行的反叛。由于哈里发们坚持要摆脱苏丹们的政治监护，伊斯法罕的塞尔柱克宫廷与巴格达的阿拔斯朝宫廷之间表面上亲近的关系，现在变得尖锐了。12 世纪后半期哈里发们在这一斗争中胜利，至少是就他们在伊拉克阿拉比的世俗小领地而言。这标志着突厥苏丹国与阿拉伯哈里发之间逐渐扩大的分裂，吐格利尔拜格曾自称已经与哈里发结成了牢不可破的团结。在后继的两位塞尔柱克苏丹，即马赫穆德·伊本·穆罕默德（1118—1131 年在位）和马苏德（1133—1152 年在位）的统治下（他们处于国内战乱期间），这种关系的衰退变得更加严重了②，这些苏丹一般是住在哈马丹，除了伊刺克·阿只迷外几乎没有其他地盘。其余行省——阿塞拜疆、摩苏尔、法尔斯等等——已经处于突厥军人和被称为阿塔卑（高级官员）的世袭封建主的统治之下。其中阿塞拜疆的阿塔卑最后成了末代塞尔柱克君

---

① 有关最初三位苏丹个人对突厥史的影响，参考巴托尔德的《突厥斯坦》第 305 页。

② 参考伊本·艾西尔（Historiens Orientaus I）。

主的宫廷侍长。阿塞拜疆的阿塔卑的情形就是这样,如伊尔弟吉兹(死于1172年)及其子阿塔卑帕烈文(死于1186年),前者为苏丹阿尔斯兰·沙赫(1161—1175年在位)服务,后者为吐格利尔三世(1175—1194年在位)服务。当吐格利尔三世企图获得独立时,被帕烈文的弟弟、继承者阿塔卑凯佐尔·阿尔斯兰(1190年)监禁。直到凯佐尔·阿尔斯兰死(1190年)后,吐格利尔三世最后才在他的伊剌克·阿只迷的王室领地上重新获得独立,在他身上燃烧着11世纪的伟大的塞尔柱克人的某种热情。但这一姗姗来迟的、相当地区性的塞尔柱克王朝的恢复也是短时的。1194年,吐格利尔三世屈服于花剌子模突厥人的攻击,花剌子模突厥人注定最终将继承塞尔柱克人在中东的帝国。①

4. 桑伽苏丹和阿姆河防线

最后一位伟大的塞尔柱克苏丹桑伽(马立克沙赫的幼子)尽力地阻止了王朝的灭亡。他勇敢、豁达、大度,是伊朗化突厥人的典型,是波斯文明的保卫者。他甚至成了波斯传奇中的英雄,像《帝记》中的某个角色。

当马立克沙赫的儿子们分割遗产时,桑伽当时还未满10岁,或者未满12岁,他分得呼罗珊,他的主要驻地在莫夫(1096年)。1102年他为保卫自己的封地,不得不起来抵抗喀什噶尔哈拉汗朝

---

① 在策特尔斯廷给《伊斯兰百科全书》中的"Kizil Arslan"词条末有参考书目,第R1113页。参考乌茨马写的"Tughril II"词条,第871页。

的喀迪尔汗·贾布拉伊尔的入侵,他在帖木儿兹附近打败并杀死了贾布拉伊尔。接着,他把在入侵前逃跑的哈拉汗朝的地区统治者阿尔斯兰汗作为他的封臣安插在河中。[①] 1130年,桑伽与受他庇护的阿尔斯兰汗之间发生争执,他攻占撒马尔罕,废黜了阿尔斯兰[②],以另外两位哈拉汗朝王公取代他:先是哈桑特勤,以后是鲁肯·阿德丁·马赫穆德(1132—1141年在位)。桑伽趁阿富汗地区的伽色尼王朝诸王之间交战时干涉这一地区。1117年,他率军攻打伽色尼王朝的阿尔斯兰沙赫,夺取加兹尼城,拥立该王室的另一个王子、巴赫拉姆沙赫登上王位。因此,当时他成了伽色尼王朝统治下的阿富汗地区和哈拉汗朝统治下的河中地区的宗主,以及伊朗东部大苏丹国的君主。

花剌子模沙赫、突厥人阿特西兹(1127—1156年在位)属桑伽的封臣之列。在一次企图独立的斗争之后,阿特西兹于1138年在赫扎拉斯普被桑伽打败,并被赶跑。然而,他于1141年又返回,由于桑伽的宽宏大量原谅了他。但是,现在该轮到桑伽倒霉了。同年,河中地区受到从中国迁到伊塞克湖的喀喇契丹人的入侵,这些蒙古人作为邻居是更加可怕的,因为他们仍是非伊斯兰教徒,即是佛教徒,所以,穆斯林社会恐惧地注视着他们。桑伽以其昔日之勇敢,前去与喀喇契丹人迎战,但是,他于1141年9月9日在撒马尔

---

① 参看巴托尔德《突厥斯坦》第319页。
② 阿尔斯兰汗被废黜是逊尼派穆斯林"牧师"阴谋的结果,这些牧师在布哈拉和撒马尔罕事务中日益起着更加重要的作用。在花剌子模沙赫统治下,在成吉思汗旋风之后的帖木儿汗朝和乌兹别克人的统治之下,这一教权主义在河中不断加强。参看《突厥斯坦》第320页。

罕附近的卡特文遭到惨败,不得不逃回呼罗珊。① 整个河中落入喀喇契丹人之手。花剌子模沙赫阿特西兹趁机反叛。他进入呼罗珊之后,占领莫夫和尼沙普尔,但是,他抵抗不了桑伽的反攻,未能保住这两个城市。桑伽两次入侵花剌子模(1143—1144年和1147年),第二次,他来到乌尔根奇城下,迫使阿特西兹再次承认封臣地位。但是,伟大苏丹的英雄气概在这些反复出现的令人讨厌的战争中耗尽了。不久,意想不到的危险降临。在桑伽企图使他们接受波斯式的行政和财政制度时,来自巴尔赫附近的乌古思,或称古兹部落(也就是说,与塞尔柱克人同族),反叛桑伽,俘虏了他,并掠夺莫夫、尼沙普尔和呼罗珊的其他城市(1153年)。直到1156年桑伽才获得自由,次年,他在他的事业全面毁灭的前夕去世。②

桑伽企图在伊朗东部建立一个持久的塞尔柱克国的努力失败了。古兹人的起义说明,要把那些曾经与塞尔柱克征服伊朗联系在一起的游牧部落纳入阿拉伯-波斯的行政机构是十分困难的。塞尔柱克人采用和维持的传统的波斯式机构未能幸存到王朝各支崩溃的时期(1157年东伊朗王朝崩溃,1194年伊剌克·阿只迷的王朝覆灭,1302年在小亚细亚的王朝覆灭)。当环境发生变化和新波斯苏丹国消失时,塞尔柱克人对伊朗(1040年)和小亚细亚的征服(1072—1080年),除了只是土库曼部落的一次运动外,什么

---

① 伊本·艾西尔谴责花剌子模沙赫阿特西兹谋取喀喇契丹人的援助反对桑伽(胜利的喀喇契丹人正在加紧掠夺花剌子模领土)。巴托尔德根据志费尼的记载驳斥了他(《突厥斯坦》第326—327页)。这种谴责是由于以下事实:桑伽的失败有力地证明了阿特西兹的优势。

② 据志费尼,桑伽死于1157年5月8日;参看《突厥斯坦》第332页。

也没有留下来。从1053年的古兹人到15世纪的喀喇－科雍鲁[①]和阿克科雍鲁[②]部落,从卡拉曼人到奥斯曼人,他们都将按照中亚草原内他们祖先部落所采用的方式,为占有伊朗和小亚细亚而彼此交战。

不管塞尔柱克人的文化倾向如何——这些突厥人很迅速地从根本上伊朗化了——他们在伊朗和小亚细亚的胜利,使这两个地区在经济上和社会上变为草原的延伸地带。确实,人文地理在此产生了一次灾难。游牧方式毁坏了耕地和改变了地球的外貌。上面已经提到的小亚细亚的情况比伊朗更突出。在伊朗各城市周围的绿洲上,塔吉克人可以继续耕种那些被奥玛尔·卡雅姆和撒迪歌颂为柏树园和玫瑰园的耕地。但是,在这些城市的大门边,当最后一批园地被留在后面时,草原盛行起来,在这里,迁徙部落赶着他们黑色的牧群,在水源处扯起了他们黑色的帐篷。

某位特别精明的部落首领——因为这些突厥人都有一种统治天才——可能逐渐得到定居民的承认和被他们拥立为王,他能够平息定居民内部的喋喋不休的争吵。在几十年中,这两大社会——塔吉克人的都市社会和黑色帐篷的游牧社会——是互相补充而吸引在一起的,但以后又分散了。部落迁徙又重新开始,国家的概念被遗忘,直到随着获得王位的某个游牧氏族定居化,这一故事又重新开始。这一循环永远不会完结,因为它从外部获得了新的生命。因此,从11世纪到17世纪,新的游牧民出现在吉尔吉斯

[①] 即黑羊王朝。——译者
[②] 即白羊王朝。——译者

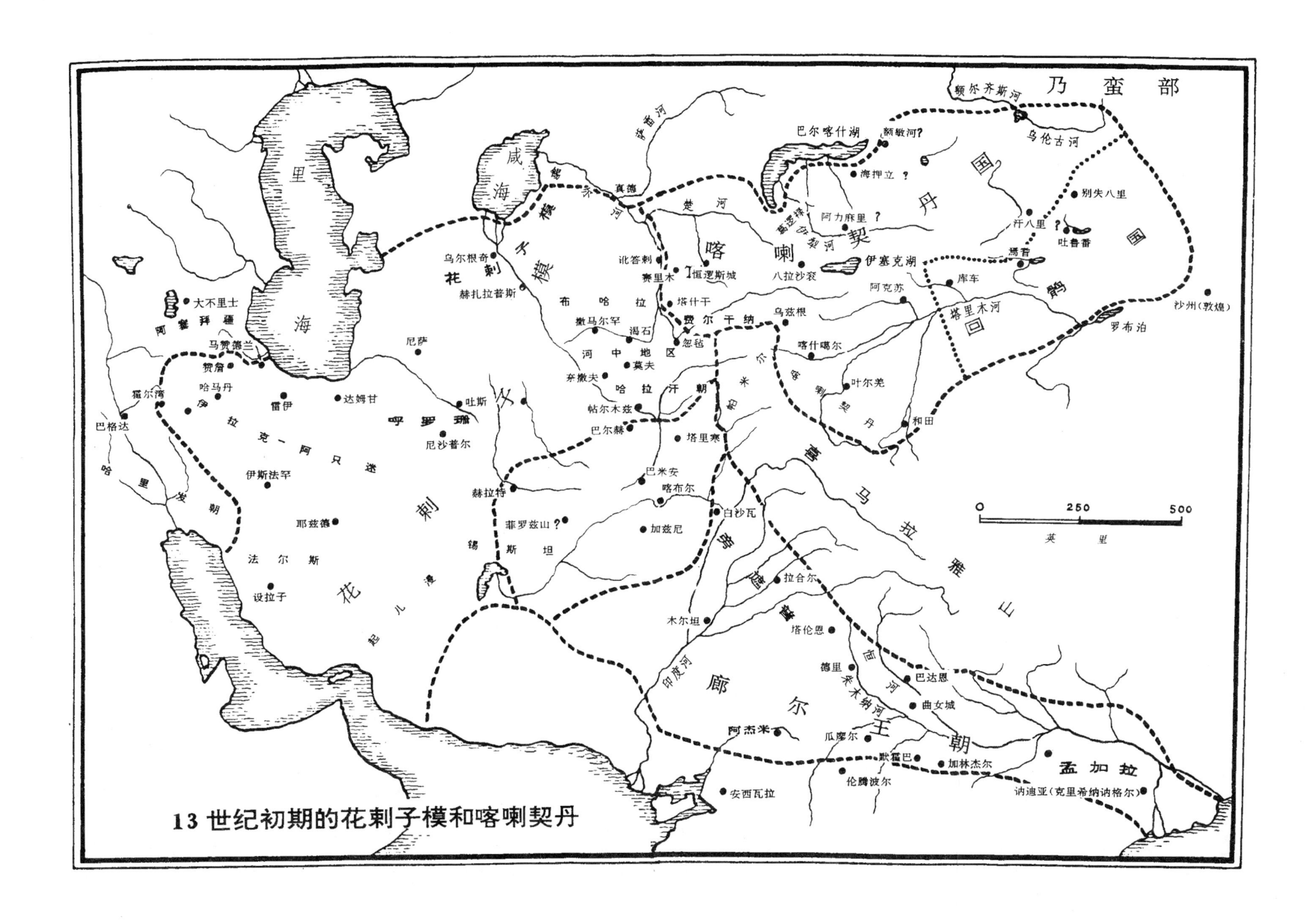

13世纪初期的花剌子模和喀喇契丹

或土库曼草原的门槛边,在耕地边缘,在要与塔吉克人结成同伙的过程中要求得到他们的地盘。

这种双重现象甚至就发生在桑伽苏丹生活的时代内。在他之后,花剌子模沙赫们(像塞尔柱克人一样,他们也是突厥人)恢复了塞尔柱克人要在东伊朗建立大突厥—波斯帝国的打算:该帝国在军事机构上是突厥的,在行政体制上是波斯的。同时,从远东来的喀喇契丹人(是蒙古族而不是突厥族)夺取了新疆南部,他们的到来提前一百年预示了草原力量的主体——成吉思汗蒙古人的即将到来。

在叙述亚洲史上的这一新篇章之前,让我们对塞尔柱克人的冒险勾画出种族关系对照表。总的来看,该表有些自相矛盾。它记下的是塞尔柱克人,即成为波斯苏丹们的这些土库曼人,没有使波斯突厥化——无疑是因为他们不希望这样做。相反,正是他们主动成为波斯人,并且以古代伟大的萨珊王的方式,极力地保护伊朗人民免受古兹部落的掠夺,使伊朗文化免受土库曼人的蹂躏。①然而,他们又未能阻止那些土库曼人定居在乌兹特—乌尔特高原和莫夫之间的阿姆河下游南岸人口密集的地区,即在以后成为土库曼斯坦的、在种族上已经完全伊朗化的地区,这大概是1153年桑伽被古兹人打败的持续因素之一。同时,在安纳托利亚高原上由幼支塞尔柱克人领导的土库曼部落无疑把古代拜占庭的土地变成了突厥人的土地,并产生了如此重要的结果,以至于使他们——

---

① 塞尔柱克人甚至把伊朗文化传到小亚细亚,科尼亚的这些塞尔柱克人以波斯语为官方语言,像以上提到的那样,直到大约1275年,波斯语一直是当地的宫廷语言。参看J. H.克雷默斯《伊斯兰百科全书》的"Karamàn-oghlu"词条,第793页。

在科尼亚的苏丹们,即奥斯曼人的统治之下,以及在穆斯塔法·基马尔·阿塔图克的统治下——成为近代史上的土耳其人。

5. 喀喇契丹帝国

要了解12世纪25—50年内新疆南部发生的骚动,必须考虑到同时期内中国北部发生的革命。936—1122年(参看前129页),一支起源于辽河西岸的蒙古族契丹人在北京统治着河北和山西北部,以及热河和察哈尔地区。这是较早时期以来的疆域。1116—1122年,属通古斯族的女真人(或称金人)取代了他们,继承了他们在北部中国的统治。

契丹人的主体以金国臣民的身份仍旧居住在他们自己原有的领地上,即满洲西南部和今热河东部之间的地区内。但是,一部分契丹人企图往西到塔里木北缘去碰碰运气,塔里木北缘的吐鲁番、别失八里和库车的回鹘突厥人都承认了他们的宗主权。在1128年,似乎有一支契丹人又从这些地区开始进入喀什噶尔,不料被该地哈拉汗朝的阿尔斯兰·阿黑马德汗击溃。契丹流亡者们在一位汉文名耶律大石的原契丹王室王子的率领下向西北方向迁徙,他们交了好运。在塔尔巴哈台,即今楚固恰克附近建立额敏城。[1]伊塞克湖以西,在八拉沙衮[2]进行统治的哈拉汗朝这时正受到来

---

[1] 据《辽史》,耶律大石是在1123年从北京向别失八里方向逃亡。参考伯希和在《亚洲杂志》上的文章,(1920年4—6月)第174页。大石二字可能代表汉文称号"太子"(王子),或"大师"。参看伯希和"'突厥斯坦'评注"载《通报》(1930年),第45页。

[2] 关于八拉沙衮(Balasagun)一名,参看布列什奈德的《中世纪研究》I,18 和伯希和的"'突厥斯坦'评注"第18页。

自伊犁河下游的葛逻禄人和分布于咸海以北的康里突厥人两方面的威胁。哈拉汗朝可汗向契丹首领耶律大石求援，耶律大石前往八拉沙衮，废黜了这位轻率的哈拉汗王朝汗，并取代了他的位置。于是，八拉沙衮成了耶律大石的都城，他采用"古儿汗"（意为"世界之王"）的称号，在他之后，他的子孙们都沿用此称号。① 其后不久，新的古儿汗征服了在喀什和于阗实施统治的哈拉汗朝地方统治者。于是，新的契丹帝国在新疆南部建立起来，穆斯林史上称之为"喀喇契丹帝国"（即黑契丹）②，这就是本节所谈到的喀喇契丹帝国。

契丹人属蒙古种，但是，在北京统治的两百年中，他们已经明显地中国化了。③ 他们的子孙们，虽然从此居住在突厥斯坦的穆斯林突厥人中，但是，仍然敌视伊斯兰教和阿拉伯－波斯文化，因为他们仍倾向中国文化，无论是佛教或者是儒教，他们是穆斯林所说的"异教徒"。像在中国一样，赋税是每个家庭的主要负担。与其他游牧部落不同的是，古儿汗们不赐予"封邑"和"属地"来取悦于他们的亲属们——这似乎是中国式行政管理思想存在的最直接的证据。巴托尔德甚至认为，契丹行政机构中使用的语言可能是汉语。还应该提到的是，在喀喇契丹国内，与佛教并存的基督教也十分兴盛。在这一时期的喀什，我们发现有一位基督教主教，楚河

---

① 关于这些事件，参看志费尼的《世界征服者史》，多桑译本《蒙古史》I，441 和布列什奈德的《中世纪研究》I，225。
② 在我国历史上称西辽。——译者
③ 参看伯希和的"'突厥斯坦'评注"第49页。

流域发现的最古老的基督教碑文属于这同一时期。①

然而,喀喇契丹帝国的建立似乎是对哈拉汗朝人所取得的伊斯兰教化事业的一种反作用力。

喀喇契丹的第一代古儿汗耶律大石(大约1130—1142年在位)在牺牲了东哈拉汗朝的利益而巩固了他在伊塞克湖和喀什噶尔的势力之后,进攻河中的西哈拉汗朝人,在西哈拉汗朝人以西,是仍属桑伽统治的东伊朗的塞尔柱克苏丹国。1137年5月至6月,耶律大石在费尔干纳的忽毡打败了撒马尔罕的哈拉汗朝统治者鲁肯·阿德丁·马赫穆德。桑伽苏丹在赶来援救他在河中的封臣们时,他本人也在撒马尔罕北部的卡特文被喀喇契丹打败(1141年9月9日)。布哈拉和撒马尔罕的宗主权从桑伽手中转到古儿汗手中,但是,古儿汗允许地区哈拉汗朝的统治者们作为封臣留在撒马尔罕。② 同年,即1141年,喀喇契丹入侵花剌子模。花剌子模沙赫阿特西兹同样被迫承认自己是契丹人的纳贡臣。他的继承者阿尔斯兰(1156—1172年在位),尽管怀有要继承塞尔柱克人在东伊朗的统治的野心,但几乎终生都不得不向古儿汗称臣纳贡。③

现在喀喇契丹国的领土已经从哈密一直延伸到咸海和忽毡,

---

① 巴托尔德的著作 *Zur Geschichte des Christentums in Mittelasien bis zur Mongolischen Eroberungen*(Tübingen,1901)第58页。

② 鲁肯·阿德丁·马赫穆德已经与被打败了的塞尔柱克军一起逃亡,而另一位哈拉汗朝统治者桃花石汗·易不拉欣成了喀喇契丹宗主权下的撒马尔罕君主(死于1156年)。在他之后,恰格里汗·贾拉尔·阿德·丁统治着该城,他也是哈拉汗朝人,并且是喀喇契丹人的封臣(1156—1163年)。他的位置由其子、乞尼克·桃花石汗·马苏德夺取(1163—1178年)。

③ 参看巴托尔德的《突厥斯坦》第332—333页。根据伊本·阿尔·艾西尔和志费尼的记载。

其宗主权从叶尼塞河上游地区达到阿姆河。从穆斯林的观点来看,处在穆斯林突厥疆域内的这支异教蒙古人的霸权是一个严重的障碍和奇耻大辱。这些人的目光不是注视着穆斯林社会,而是注视着他们获取其文化的中国。耶律大石是其中最杰出者,堪称为优秀的中国学者,反过来,中国对这些原北京君主们的子孙也仍然很感兴趣,而阿拉伯-波斯的历史地理学家们却用某种轻蔑的称呼间接地提到过他们。结果,人们只是通过他们的汉文转写名才知道他们。古儿汗耶律大石死(约1142年2月)后,其遗孀塔不烟成了帝国的摄政者(1142—1150年在位)。以后是他们的儿子夷列的统治(1150—1163年在位)。夷列死后,其姐耶律诗,或称普速完摄政(1163—1178年在位),在此期间,一支喀喇契丹军进入呼罗珊,掠夺巴尔赫(1165年)。最后,耶律夷列之子耶律直鲁古在1178年至1211年间亲理国政。在其统治期间,喀喇契丹国与其封臣花剌子模沙赫之间发生冲突;这次冲突是发生在成吉思汗即将征服的时候,冲突在极短时期内使敌对双方都走向衰落,唯独对蒙古人有利。[①]

6. 花剌子模帝国

与契丹人"异教"的和中国化的蒙古社会相反,花剌子模(今希瓦)的沙赫们代表着穆斯林突厥社会,特别是在1157年塞尔柱克

[①] 参考巴托尔德在《伊斯兰百科全书》中的"Kara Khitai"词条,第782页。在他的《七河史》中(俄文版,II,102及其下)有概述。

人桑伽死后无继承人的时期。于是伊朗东部留下一个君主的空缺。事实上，桑伽的原呼罗珊国是一个无人管理的王国，王国内的乌古思首领们自1153年获得意外胜利之后独断独行，其间仍或多或少地承认过花剌子模沙赫们的宗主权。①

花剌子模沙赫阿尔斯兰死（1172年）后，他的两个儿子塔喀什和苏丹·沙赫争夺王位。② 塔喀什失势，企图从喀喇契丹那里寻求避难。喀喇契丹的摄政皇后耶律诗为了驱逐苏丹·沙赫和帮助塔喀什复位，把率军入花剌子模的任务交给其夫。其夫完成了任务（1172年12月）。但是，尽管塔喀什把他获得的王位归功于喀喇契丹人，但由于喀喇契丹人强征贡赋的苛刻条件，他立刻就起来反抗，喀喇契丹人转变了他们的政策，支持他的兄弟苏丹·沙赫反对他。尽管他们未能够使苏丹·沙赫恢复花剌子模的王位，但他们借给他一支军队，苏丹·沙赫用这支军队去征服呼罗珊（他于1118年夺取莫夫、萨拉赫斯和图斯）。于是，苏丹·沙赫统治了呼罗珊，直到1193年他去世。他死后，塔喀什把整个呼罗珊重新并入他的花剌子模版图（1193年）。

塔喀什一成为呼罗珊的主人之后，就入侵伊剌克·阿只迷。上面已经提到过，该省是末代塞尔柱克苏丹、吐格利尔三世的王室领地。在1194年3月19日③发生在剌夷附近的一场决定性战争

---

① 德弗雷梅里已经翻译了米尔空的《花剌子模苏丹史》（Histoire des sultans du kharezm）（巴黎，1842年）。这些东方史料，及其评论文章一起编在巴托尔德的《蒙古入侵时期的突厥斯坦》一书中，第332页及其后。

② 巴托尔德《突厥斯坦》第337—340页。根据伊本·艾西尔、志费尼和米尔空的记载。

③ 日期是根据伊本·艾西尔的记载。《突厥斯坦》第347页。

中,塔喀什打败并杀死了吐格利尔三世。这一胜利结束了塞尔柱克人在波斯的统治,使伊剌克·阿只迷连同剌夷和哈马丹一起转归花剌子模沙赫。

塔喀什之子、阿拉·阿德丁·摩诃末继位(1200—1220年在位)。他使花剌子模国达到了鼎盛,在他统治期间花剌子模国成为中亚的主要帝国。他的第一次行动是从古尔人手中夺取阿富汗地区。

当摩诃末的前两代沙赫们正在阿姆河下游创建花剌子模帝国时,另一支强大的穆斯林势力正在阿富汗境内崛起。直到当时,阿富汗一直是属于突厥族伽色尼王室,该王室还拥有印度的旁遮普。大约在1150年,苏里阿富汗人中的一个氏族起兵反抗在赫拉特和巴米安之间的古尔山区的伽色尼苏丹们。是年,古尔王朝首领贾汗·索兹掠夺其都城加兹尼,1173年贾汗·索兹的继承者吉雅斯·阿德丁长久地占领了该城。伽色尼王朝的苏丹们逃到旁遮普的拉合尔避难,把阿富汗地区让给了古尔王朝。在古尔王朝著名的希哈布·阿德丁·摩诃末统治期间(1163—1206年在位),古尔帝国向东发动了一次有影响的扩张。希哈布·阿德丁·摩诃末废黜了旁遮普的末代伽色尼王朝统治者们,吞并该省(1186年),从印度王公们手中夺取恒河流域(1192—1203年)。这些是当他受到与他同名的花剌子模沙赫摩诃末的进攻时,[①]他所取得的成就。

两个摩诃末之间的第一次战斗发生在阿姆河畔,古尔王朝获

---

① 古尔王朝的统治者们对赫拉特的占领使他们成为花剌子模沙赫的天然敌人。《突厥斯坦》第338页。

胜,他们前往掠夺花剌子模本土(1204年)。花剌子模的摩诃末向他的宗主,即喀喇契丹的古儿汗求援,古儿汗派一位名叫塔延古·塔拉兹的人和他的另一个封臣,撒马尔罕的哈拉汗朝王子乌斯曼·伊本·易不拉欣一起领兵前往援助。幸亏有这些援军,花剌子模沙赫在赫托拉斯普才打败了古尔人,并把他们赶出花剌子模(1204年)。喀喇契丹人紧追古尔的摩诃末,并在巴尔赫以西的安德克霍给予他一次灾难性的打击(1204年9—10月)。这次胜利最终表明了花剌子模人对古尔人的绝对优势。① 但是,直到古尔王朝的摩诃末死(1206年3月13日)后,花剌子模的摩诃末才从古尔人手中夺取了赫拉特和古尔山区(1206年12月)。② 1215年,花剌子模沙赫夺取加兹尼城,完成了对阿富汗地区的征服。

花剌子模的摩诃末把他对古尔人的胜利归功于他的宗主、喀喇契丹的古儿汗。但是,他的感恩之情是短暂的。当其权力到达顶峰之后,他这位穆斯林的皇帝(因为大约在此时他采用了苏丹称号)和伊朗三分之二地区的君主,不能容忍继续充当这些异教蒙古人的封臣和纳贡臣。哈拉汗朝的撒马尔罕王乌斯曼(1200—1212年)也是喀喇契丹人的封臣,他也有这种情绪。花剌子模的摩诃末在与乌斯曼达成了一项协议之后,于1207年占领布哈拉和撒马尔罕,并取代喀喇契丹成为该地区宗主。于是,花剌子模帝国囊括了整个河中。据志费尼记述,喀喇契丹人进入撒马尔罕发起反攻,但是,在一次战斗中,花剌子模人俘虏了塔延古将军,这次战斗或者

---

① 参考《突厥斯坦》第350—351页。
② 该日期是根据志费尼的记载。《突厥斯坦》第353页。

是发生在费尔干纳安集延附近的伊拉米什草原,或者是发生在怛逻斯草原(1210年)。①

摩诃末在撒马尔罕王、哈拉汗朝的乌斯曼的合作下击溃了喀喇契丹人,乌斯曼把对古儿汗的效忠转来效忠于摩诃末。但是1212年,乌斯曼对花剌子模人的这种服从感到厌倦了,起来反叛。摩诃末向撒马尔罕进军,占领并洗劫了该城,处死了乌斯曼(1212年)。于是,统治着突厥斯坦达两个多世纪的哈拉汗朝统治家族的最后一位代表也不复存在了。②

最后,花剌子模的摩诃末于1217年骑着马作了一次穿越波斯的凯旋旅行,途中,他接受了阿塔卑们(或者说波斯各省内独立和世袭的突厥总督们)向他表示效忠,特别是法尔斯的萨尔古尔朝人的效忠。他一直来到阿拔斯领地伊拉克阿拉比的边界扎格罗斯山的霍尔湾。当他正要向巴格达前进时,他与哈里发发生了争吵。③甚至连阿塞拜疆(大不里斯,不属他这次出巡地)的阿塔卑,也主动承认自己是花剌子模的纳贡臣。在这时(1217年),花剌子模突厥帝国北以锡尔河为界,东以帕米尔和瓦济里斯坦山区为界,西以阿塞拜疆、卢里斯坦和胡齐斯坦山区为界,它囊括了河中、大半个阿富汗和几乎整个波斯。

就在此后,摩诃末与成吉思汗发生了冲突。

前文中应该记住的是,在蒙古进攻的时候,花剌子模帝国是刚

---

① 志费尼对这些事件有两种不同的描述。《突厥斯坦》第355—360页中对此有叙述和讨论,书中还根据伊本·艾西尔的细节作了补充。
② 《突厥斯坦》第365—366页。根据志费尼和伊本·艾西尔。
③ 有关穆罕默德与哈里发之间的分歧,参看史料评论(伊本·艾西尔、奈撒微和志费尼),《突厥斯坦》第373—375页。

创立起来的，并且以它最后的形式存在的时间不过几年。它未来得及巩固自己，甚至没有建立起任何组织。这个短时间内拼凑而成的帝国在最初的一击之下就崩溃了，这没有理由为成吉思汗的计谋感到吃惊。在构成所谓的花剌子模帝国的各部分之间的唯一内聚力是摩诃末苏丹本人。尽管他比其他东方统治者交的好运要长久些，但事实上，他也像容易激起热情一样地容易丧失勇气。必须记住，当成吉思汗开始征服这个帝国时，布哈拉和撒马尔罕归属于花剌子模帝国还不到8年，撒马尔罕城是在受到疯狂的屠杀后才归属的。在成吉思汗入侵前4年多的时间内，阿富汗地区还未完全归并于花剌子模帝国（加兹尼城是1216年并入）。西波斯不可争辩地属于花剌子模国也仅仅3年的时间（1217年）。事实上，与历史学家们的文献相反，在成吉思汗入侵时，还没有一个真正的花剌子模国，而只有一个帝国的胚胎，帝国的轮廓，甚至缺乏国家的骨架。当成吉思汗面对像中国北部金国这样的真正国家时，他将面临着与之完全不同的艰巨任务。

第四章 6至13世纪的南俄罗斯草原

1. 阿瓦尔人

在地理学家眼中,南俄罗斯草原仅仅是亚洲草原的延伸部分。历史学家们的看法亦同。我们已经看到了它在上古史时的事实,它与斯基泰人、萨尔马特人和匈奴人的联系。就中世纪初期来说,即从阿瓦尔人到成吉思汗后裔,这种联系也不是没有根据的。

通过拜占庭历史学家塞俄菲拉克特斯·西摩卡塔,我们知道了阿瓦尔人从中亚向南俄罗斯草原迁徙的情况。塞俄菲拉克特斯区别了真、假阿瓦尔人。他认为正像马迦特所指明的那样,真阿瓦尔人是柔然人:他们是蒙古种人,在整个5世纪一直是蒙古的主人,直到552年才被突厥人击溃和取代。他指出假阿瓦尔人是欧洲中世纪史上的阿瓦尔人,他们是盗用了阿瓦尔这一令人害怕的名称。据说这些假阿瓦尔人是由两个联合起来的部落,即瓦尔部(uar 或 var,阿瓦尔之名由此而得)和昆尼部(Kunni 或 Huni,该名暗示其匈奴起源)[①]组成。瓦尔和昆尼两个名字合起来就表示

[①] 参看有关马迦特理论的讨论(伯希和"谈库曼",载《亚洲杂志》1920年,第141页)。

阿瓦尔与匈人。然而，也有人主张 uars 和 Huni——拜占庭人由此创造了 Ouarkhonitai 一词——是乌戈尔（Ogor）人的两个部落，也就是说，按一些东方学者的说法，是回鹘人的两个部落。但是，历史上的回鹘是突厥种人，而欧洲的阿瓦尔人似乎是蒙古种人。此外，在阿尔伯特·赫尔曼的地图册中，有一张地图上仍把瓦尔人和昆尼人与十分肯定是属于蒙古种的柔然人等同起来。[1] 除此之外，正如米诺尔斯基指出的那样，[2]仅根据一则拜占庭的史料来判断真、假阿瓦尔人未免有些不足。况且，像赫尔曼推测的那样，[3]如果在 6 世纪下半期向欧洲迁徙的那些阿瓦尔人不是柔然人，[4]那么，他们可能是哒匈奴人。可以回顾一下，哒人在 5 世纪占有着伊犁、河中和巴克特里亚，像柔然一样他们也属蒙古种人，他们继柔然之后不久，大约在 565 年也被同样的敌人、即突厥人打败（突厥人与萨珊波斯联盟对付他们，[5]参看第 82 页），失去了原来的领地。

无论这些争论正确与否，正是接近查士丁尼（死于 565 年）统治末期，阿瓦尔人——希腊文是 Abares，Abaroi，拉丁文是 Acari，Acares——进入了欧洲，正如西摩卡塔所说的那样，在他们前面拥挤着前进的是"昆奴格尔人和沙比尔人，以及其他匈奴部落"。拜占庭人称为萨罗秀斯的阿兰人国王极力与阿瓦尔人保持着友好关系。阿瓦尔人的外貌使拜占庭人想起了古代的匈人，与匈人不同的只是

---

[1] 赫尔曼《中国地图集》第 32 页。
[2] 《世界境域志》第 448 页。
[3] 《中国地图集》第 30 页。
[4] 柔然是拜占庭史家们所说的柔然人（Kermikhions）。
[5] 参看《法国远东学院学报》（1903 年）上伯希和的文章，第 99 页。沙畹《西突厥史料》第 229—233 页。伯希和"谈库曼"第 141 页。

他们的头发是辫成两根长辫子拖在后面。他们是萨满教徒,塞俄菲拉克特斯提到一个巫师,或者称男巫①,阿瓦尔人的使者坎迪赫在受到查士丁尼接见时向他索求土地和贡赋(557年)。接着,查士丁尼派使者瓦伦丁(后来他出访突厥)去鼓动他们的可汗与其他部落,即与昆奴格尔和沙比尔人打仗,结果这些部落都被打败了。阿瓦尔人还打败了库特利格尔和乌特格尔匈奴人,两者都是阿提拉匈奴人的后裔,他们作为游牧民分别在亚速海西北和顿河河口附近游牧(参看第79页)。他们把这两支匈奴人纳入自己部落之中。由于此处谈到的匈奴无疑是突厥种人,而我们谈到的阿瓦尔人似乎是蒙古种人,我们又一次地看到了突厥-蒙古族两大支中的一支是如何将另一支的代表们纳入自己的帝国内。当阿瓦尔人作为拜占庭帝国的盟邦时,他们灭了这些匈奴王国。560年,他们的版图已经从伏尔加河延伸到多瑙河河口。阿瓦尔汗把他的篷车驻扎在多瑙河北岸。173 他向北攻打斯拉夫各部(安特人、斯洛文尼亚人和文德人);向西进入日耳曼地区,最后在图林的一次大战中被克洛维的孙子、奥地利的法兰克王希格贝特打败(562年)。② 阿瓦尔人遂向黑海撤退。

其后不久(约565年),一位名叫巴颜的非常能干的可汗登上了阿瓦尔王位;正如伯希和所解释的那样,③巴颜一名似乎可以明确地归属于蒙古语名。看来,巴颜像在他之前的阿提拉和在他之后的成吉思汗一样,与其说是一位战略家,不如说是一位精明强干的政治家。567年,他与伦巴德人——居住在班诺尼亚的一支日耳曼

---

① 塞俄菲拉克斯特,I,8。
② 图尔的格里哥利,IV.23。
③ 伯希和"突厥名称的起源"(《通报》,1915,第689页)。

人——联合,消灭了定居在匈牙利和特兰西瓦尼亚的[①]另一支日耳曼哥特人吉别达伊人。阿瓦尔人占领了匈牙利,巴颜在古代阿提拉的都城附近建起了他的王庭。于是,在这片自古以来就被视为亚洲草原最远的延伸地的匈牙利平原上,突厥-蒙古帝国系统又重新复活。现在阿瓦尔人的统治是从伏尔加河一直延伸到奥地利。这支从突厥军队追赶下逃脱的柔然部落(或者是哦哒部落)的意外成功使突厥人十分不快;因此他们就查士丁尼与阿瓦尔人之间签订的条约而抱怨拜占庭人。当西突厥首领达头于575—576年间在库车以北的裕勒都斯河上游地区接见拜占庭使臣瓦伦丁时,他为此条约严厉地谴责了瓦伦丁。弥南摘录其语道:"让那些阿瓦尔人等待我的骑兵的到来吧,我们的马鞭一挥,就会使他们逃入地下。我们不用剑就可以消灭那个奴隶的种族;我们把他们像蚂蚁一样踩死在战骑的铁蹄下。"[②]

为惩罚拜占庭人(因为他们与阿瓦尔人建立了关系),突厥人于576年派一位名叫波汗的人率领一支骑兵进入俄罗斯草原,他们与该地的乌特格尔匈奴人的末代首领阿纳盖一起,进攻拜占庭的博斯普鲁斯城(或称潘蒂卡派城),该城位于亚速海入口处,今克里米亚的刻赤附近。[③]

[①] 与南朵尔·弗蒂奇的观点一致,伦巴德人时期的意大利艺术是马提诺威卡(基辅附近)文化影响的反映,这一影响遍及从波河到卡马河、克里米亚和北高加索地区,注意到这一点是很有趣的。关于马提诺威卡的金属业,参看南朵尔"定居匈牙利人的冶炼术",载《匈牙利考古》(1937年)第282页及以下。

[②] 我想"formicarum instar"可能是与描述的云集的昆虫这一名称有关。中国人用这一名称[蠕蠕]称呼柔然,他们的名称来自这些缓行的昆虫。

[③] 参看沙畹《西突厥史料》第241页。

第四章 6至13世纪的南俄罗斯草原

582年,巴颜可汗与拜占庭人公开敌对,他夺取了萨瓦河上的桥头堡锡尔米蒙(即米特罗维察)。在阿瓦尔人的压力之下,一些保加尔人——明显地是一支突厥种人,他们可能是库特利格尔匈奴人的后裔——在比萨拉比亚和瓦拉几亚定居下来,后来马扎尔人的到来,又迫使他们由此迁往麦西亚,他们后来使麦西亚变成为保加利亚。在西部,巴颜(正像图尔的格里戈利所用的蒙古称号 gaganus)约于570年恢复了他与法兰克人的战争,这次他打败了奥地利王希格贝特。接着,巴颜再次攻拜占庭帝国,占领辛吉杜蒙(即贝尔格莱德),洗劫了麦西亚,一直打到安齐阿卢斯(布尔加斯附近)。① 587年,他在亚德里亚堡附近被拜占庭人打败,暂时偃旗息鼓。592年,巴颜发起新的进攻,占领安齐阿卢斯,劫掠色雷斯,一直打到祖鲁姆(即乔尔卢)。当时一位名叫普利斯卡斯的能干的拜占庭将军堵住了巴颜,普利斯卡斯甚至渡过了多瑙河,一直攻到巴颜帝国的腹地——匈牙利,在蒂萨河岸彻底地打败了他,并杀死他的4个儿子(601年)。巴颜于这次灾难后不久去世(602年)。

继任的阿瓦尔可汗转而攻击当时处于伦巴德人势力之下的意大利。阿瓦尔人趁伦巴德人从班诺尼亚迁往伦巴底之机占领了班诺尼亚。610年,其可汗占领并洗劫了弗留利。619年②,他趁在色雷斯的赫拉克利庞蒂亚(即埃雷利)与拜占庭皇帝会谈之际,背信弃义地袭击拜占庭皇帝希拉克略,随即向君士坦丁堡进攻。袭击和进

---

① 沙多威兹的发现物表明,保加利亚北部曾处于巴颜影响的范围之下。费蒂奇《冶炼术》第290页。
② 或者不是619年,A.蒂埃里把它定在616年。参看豪沃思"阿瓦尔人"(《皇家亚洲学会会刊》1889年,第779页)。

攻都未成功。然而,波斯王库思老二世对拜占庭的敌视使阿瓦尔人获得了一次意想不到的好机会,波斯与阿瓦尔人联合围攻君士坦丁堡,前者从小亚细亚,后者从色雷斯出兵。626年6—7月,当波斯将军沙赫巴拉兹从小亚细亚的一端横穿而过到达另一端,在博斯普鲁斯入口处的卡尔西登扎营时,阿瓦尔可汗抵达君士坦丁堡城下。当时希拉克略皇帝在高加索前线,他不在时君士坦丁堡由他的行政官波努斯成守。从626年的7月31日至8月4日,阿瓦尔人对该城发动了一次又一次的猛攻。这是西方文明在很长时期内面临的最大危险。如果当时这支蒙古游牧部落攻陷了基督教世界的都城君士坦丁堡,那么,西方文明将会是什么样子呢?但是,博斯普鲁斯海峡上的霸主——拜占庭舰队阻止了波斯人与阿瓦尔人的联合行动。拜占庭以惊人的代价打败了阿瓦尔人的每一次进攻,阿瓦尔可汗撤围,退回匈牙利。

这次撤兵严重地削弱了阿瓦尔人的威信。当遭到这一挫折的可汗去世时(630年),保加尔人——直到当时仍以同盟者身份,而不是以臣民身份帮助阿瓦尔人的一支突厥人——提出可汗位置应该转由他们的汗库弗拉特继承的要求,阿瓦尔人不得不以武力镇压这种对霸权的要求。然而,他们被迫让保加尔人成为今天瓦拉几亚和巴尔干山区以北的"保加利亚"的君主,正像他们不得不让斯拉夫人(克罗地人,等等)占领多瑙河和萨瓦河之间的领土一样。他们自己仍留在匈牙利平原上,直到8世纪末期。

最后对付这支蒙古部落的任务留给了查理曼。791年8月,他在第一仗中亲自入侵阿瓦尔汗国,一直打到多瑙河和拉布河的合流处。795年,查理曼之子丕平得到弗留利大公伊里克的支持,攻打阿瓦尔人的围墙——阿瓦尔人有带围墙的城堡——夺取了阿瓦尔人的部分财宝,即阿瓦尔人从对拜占庭世界进行的两个世纪的攻击中获得的战利品。796年,丕平在第三仗中拆毁了他们的围墙,拿走了其余的财宝。阿瓦尔人的一位首领,他领有古代突厥-蒙古族的"吐屯"称号,①在796年以前来到埃克斯-拉-夏佩勒(亚琛),接受了基督教的洗礼。799年,他起义反法兰克人的统治,但这是最后一次斗争了。在他遭到惩罚之后,一位名叫佐登的阿瓦尔新首领从803年起长期屈服于法兰克人的统治。805年,一位教名为塞俄多尔的可汗作为查理曼的属臣统治着阿瓦尔人。

但是,在饱经灾难之后,阿瓦尔人已无力使自己免受来自斯拉夫人和保加尔人的双重压力了。查理曼统治末期,在他的许可下,阿瓦尔人及其可汗塞俄多尔放弃了多瑙河北岸,迁往卡农图姆和沙巴里亚之间的班诺尼亚西部。9世纪末,原阿瓦尔人的地区在两个国家之间被瓜分了:一个是斯维雅托波尔克(死于895年)统治的斯拉夫人的帝国,称之为大摩拉维亚国,它包括从波希米亚到班诺尼亚之间地区;另一个是保加尔人的突厥汗国,它包括匈牙利南部、瓦拉几亚和巴尔干山以北的保加利亚。尤其是保加利亚的乌基杜尔部(或称乌基尔部②,该部也许注定要把它的部落名给予匈牙利)占据着喀尔巴阡山山脉以东与以南的地区。

阿瓦尔人并非没有自己的重要的艺术,这一点已经被在匈牙

---

① "吐屯"在突厥碑文中也有发现。参看拉德洛夫《蒙古古突厥碑文》第197和257页。

② 关于乌基杜尔部,参看莫拉威斯基的文章"Zur Geschichte der Onoguren"(《匈牙利年报》X,1—2,1930年,53),以及米诺尔斯基《世界境域志》第467页。

利发现的考古文物所证实。它是草原艺术的一个分支，具有弯曲的动物形体，特别是螺旋形的几何图案或错综交织的植物图案，产生了一种固定的装饰效果。这些物品通常是用青铜做成，像草原上传统的装饰品一样，是由带状片、扣子、各种设备和马具上的装饰物、钩、饰针组成。注意到匈牙利的阿瓦尔人的这些遗物与在黄河河套地区、鄂尔多斯草原上发现的、属于匈奴、柔然和突厥时期的类似的青铜器之间的紧密的连续性是特别有趣的。在有丰富遗物的匈牙利遗址中，可以提到的有凯斯特海伊、琼尼、内麦斯沃尔吉、帕希普兹塔、琼格拉德、森特什、舍拉吉－索姆利欧、杜纳彭特勒、于勒以及小克勒什。① 正如南朵尔·费蒂奇发现的那样，阿瓦尔人的艺术与米努辛斯克的西伯利亚艺术的晚期风格，即被称为游牧骑士风格的艺术特别相似。费蒂奇把阿瓦尔艺术风格与明曾特、费内克和普兹塔托蒂出土文物的风格进行了比较，这种比较很有启发性。让我们强调指出，很有可能是阿瓦尔人把马镫的使用传入了欧洲。

2. 保加尔人和马扎尔人

阿瓦尔人衰落以后，在突厥－蒙古人统治下的欧洲，主角暂时

---

① F.费蒂奇的文章"Vber die Erforschung der Völkerwanderungskunst in Ungarn"(《史前期和人种学艺术年鉴》)。N.费蒂奇(《匈牙利考古》1926，1932 和 1937 年上)的文章，特别是 1937 年期第 148 和 205 页。参看 A.马洛斯和 N.费蒂奇(《匈牙利考古》1936)。D.巴塔(《匈牙利考古》1934)。T.霍瓦特(《匈牙利考古》1935)。A.阿尔弗尔蒂(《欧亚大陆北部古迹》，IX，1934 年，285。)关于遗留在俄罗斯的芬兰－乌戈尔种居民的艺术，参看托格林文章(《欧亚北部古迹》III，1928 年)。

是属于保加尔人。① 这些保加尔人似乎属于突厥种,与库特利格尔匈奴有关,7世纪的25—50年代,在保加尔人的乌基杜尔部首领库弗拉特汗(死于642年)的统治之下,他们在高加索西北,在库班河谷与亚速海之间的地区内建立了一个强大的王国。库弗拉特死后,可萨人②的前进把保加尔诸部分成两部分。一部分由库弗拉特的一个儿子巴颜率领,在可萨人的宗主权下继续留在原地区内(人们认为这一支的后裔以后向北朝着卡马河和喀山方向移动,并在那儿建起了大保加尔国,在13世纪时被成吉思汗的蒙古人灭亡。他们最近的子孙们被认为是今天的楚瓦什人)。另一部分保加尔人在库弗拉特的另一个儿子伊斯泊利克的率领下朝西移动,于679年渡过多瑙河,定居在古代麦西亚境内。查士丁尼二世(705—711年在位)在拜占庭内战中曾得到过伊斯泊利克的继承者特尔维尔可汗(701—718年在位)的保护,正式承认他们占有麦西亚。一个世纪以后,麦西亚的保加尔人在特莱茨汗(约762—764年在位)的率领下向君士坦丁堡进军。但是,拜占庭皇帝君士坦丁五世在今布尔加斯附近的安齐阿卢斯打败了他们(762年6月30日)。811年,另一位保加尔可汗克鲁姆打败和杀死了皇帝尼塞弗留斯一世,按古代匈奴的方式,用他的头盖骨制作了一个饮器,然而在813年,当克鲁姆包围君士坦丁堡时,像在他之前的阿

---

① J.J.米科拉的文章"Die Chronologie der türkischen Donaubulgaren",载《芬兰乌格利学会杂志》第30期(1918年),33分册;巴托尔德《伊斯兰百科全书》中的"Bulghàr"条目,第805页(有参考书目);米诺尔斯基《世界境域志》第467页;A.伦巴德的《君士坦丁五世》(巴黎,1902年)第41页;A.拉蒙勒德《君士坦丁·波菲罗吉里斯特》(巴黎,1870年),第315页;N.马夫洛第诺夫的著作 L'industrie d'art des Protobulgares。

② 又译作哈扎尔人,我国史书记载为可萨人。——译者

瓦尔人一样，他失败了。克鲁姆的继承者奥慕尔塔格汗（814—831年在位）与拜占庭人议和。9世纪中期，鲍里斯大公对宗教的皈依和保加尔人所受到的愈来愈多的斯拉夫人的影响，后来使他们从突厥民族的主体中分离出来[1]，并与基督教的欧洲相结合。

原阿瓦尔人的疆域在9世纪末期被马扎尔人（或者说匈牙利人）占据了。匈牙利语并不属于突厥－蒙古语，而是属于芬兰－乌戈尔语系中的鄂布·乌戈尔语族，在突厥－蒙古语系和芬兰－乌戈尔语系之间还没有发现最初的联系。[2] 然而，很可能就在这段时期，匈牙利人在政治上是由突厥贵族阶级组织起来。像《世界境域志》的作者和迦尔迪齐（1084年）这样的阿拉伯地理学家们似乎区别了（或者说是混淆了）两个马扎尔集团：其中的一群仍留在乌拉尔山区，今天，窝古尔人仍生活在那里，[3] 而另一群马扎尔人先迁到亚速海北面的列维底亚，后来又迁到阿特尔库祖，阿特尔库祖是处在第聂伯河下游、喀尔巴阡山脉、谢列特河、多瑙河三角洲和黑海之间的平原。在这一时期，上述的阿拉伯地理学家们（也像君士坦丁·波菲罗吉里特斯一样）把"majghari"作为突厥人谈起，无

---

[1] 在麦西亚定居，并逐渐斯拉夫化的这些保加尔人以后称保加利亚人。——译者

[2] 参看J.丹尼的文章"Languesturques, mongoles et tongauzes"，载《世界语言》1924年第155页。伯希和的"H-字的起源"，载《亚洲杂志》（1925年）第193页。纪尧姆·德·埃维西的研究倾向于把芬兰－乌戈尔语（特别是奥斯特雅克语和窝古尔语）与印度前雅利安的穆恩答语联系在一起。我们应该记住，就人种学上的记载，突厥－蒙古人是短头型的，而芬兰语各族是长头型的。敦尼克的《种族与民族》（1926年版）第435和459页。

[3] 根据J.内迈特教授，居住在乌拉尔山区的巴什基尔人是一支属匈牙利种的部落，后来，该部落采取突厥的生活方式。参考他的《大匈牙利》载H.米扎克（Beitrage）（莱比锡，1929年）第92页及以下。

疑是因为芬兰—乌戈尔种的这两支已经被保加尔人组织起来：在乌拉尔山的马扎尔人由在卡马的保加尔人组织起来，在阿特尔库祖的马扎尔人由乌基杜尔人（或乌基尔人）组织起来，在9世纪时乌基杜尔人占领了喀尔巴阡山脉的东南地区。① 匈牙利人一名（指马扎尔人）可能源于9世纪下半期与他们杂居的这些乌基尔人。另一些史书把这些芬兰—乌戈尔族的马扎尔人与另一支突厥部落、卡巴尔人联系起来，卡巴尔人与可萨人有关，人们认为马扎尔人的王室，即阿尔帕德家族是卡巴尔人派来的。在马扎尔人中存在着乌基尔或卡巴尔的一支突厥贵族可以解释拜占庭的备忘录，根据这些备忘录，在君士坦丁·波菲罗吉里特斯统治下在交换使者的时候，马扎尔首领们总是被称为"突厥王公们"。②

大约833年，马扎尔人生活在顿河和第聂伯河之间的列维底亚，属突厥可萨大帝国的保护之列。近850年，或860年时，被佩切涅格突厥人赶出列维底亚，进入阿特尔库祖。大约在880年到达多瑙河三角洲。在多瑙河的新驻地内，匈牙利人③继续是可萨突厥国的臣民（看下面），人们认为，有一位可萨可汗，以匈牙利人的宗主身份，任命卡巴尔部名叫阿尔帕德的年轻贵族作

---

① 参考米诺尔斯基的《匈牙利人考》(1937年)，和《世界境域志》第317—324页。
② 拉蒙勃德的《君士坦丁·波菲罗吉里特》第352页。关于匈牙利起源，参看B.穆恩卡希的文章"Die Urheimat der Ungarn"，载 *Keleti Szemle* VI (1905)。J.勒蒙什的《大匈牙利》；格优拉·内迈特的"匈牙利的史前时代"（载《匈牙利新评论》1932年7月，第460页）。A.扎哈罗夫和W.阿伦特合写的文章（"匈牙利考古"）。南多尔·费蒂奇"定居匈牙利人的冶炼术"《匈牙利考古》1937年，第62—202页。关于古列维底亚艺术，上引书第280—281页。
③ 马扎尔人越过多瑙河以后，作者不再以马扎尔一名相称，而使用匈牙利一名。——译者

匈牙利人的大公。此后不久，拜占庭皇帝尼禄六世，由于当时正在与保加利亚大公西蒙打仗，要求匈牙利援助。于是，匈牙利人在阿尔帕德的率领下渡过多瑙河，使保加利亚处于火与剑之中。但是，保加利亚人当时向南俄草原的主人佩切涅格人求援，佩切涅格人从后方进攻匈牙利人，迫使阿尔帕德及其人民逃到特兰西瓦亚山区避难。当时，日耳曼尼亚的国王阿尔努尔弗在与大摩拉维亚国（捷克斯洛伐克、奥地利、匈牙利西部）的斯拉夫王斯维雅托波尔克打仗，他决定像拜占庭一样向匈牙利人求援。阿尔帕德匆忙赶来打败了斯维雅托波尔克，后者在战争中消失（895年），大摩拉维亚国崩溃，匈牙利人占领和一直居住在以他们的名字命名的这一国家里（899年）。他们的部民们由此出发去劫掠欧洲。他们入侵意大利，兵锋远至帕维亚（900年）。在德国，他们打败了最后一位加洛林王朝的国王、幼童路易斯（910年）。他们对洛林（919年）发起攻击，放火烧了帕维亚，越过阿尔卑斯山到达法兰克王国的勃艮第和普罗旺斯（924年）。紧接着是对香巴尼地区的阿蒂尼（926年）的攻击，掠夺了兰斯、桑斯、贝利（937年），洗劫洛林、香巴尼、勃艮第（954年）。阿提拉时代又来到了。而且似乎没有尽头。最后，日耳曼王奥托一世于955年8月10日在奥格斯堡战役中打败他们，这次胜利结束了他们的入侵，这一次日耳曼社会拯救了欧洲。

匈牙利王瓦伊克皈依了基督教，被命名为斯提芬，这将改变匈牙利人的命运。在圣斯提芬的统治下（997—1038年在位，他先称大公，后称国王），匈牙利人开始了新的事业。直到当时一直威胁着欧洲的匈牙利民族将成为它的可靠的保卫者，即"基督教之盾"，使欧洲免遭亚洲蛮族的攻击;从13世纪的蒙古人入侵到17世纪的奥斯曼人的扩张,匈牙利人的生涯是坚持不懈的英勇和光荣的十字军军人的生涯。

3. 可萨人

在7世纪初期,俄罗斯草原西南部和达吉斯坦目睹了可萨帝国的崛起。

可萨人是一支信奉腾格里、[①]由可汗或达干统治的突厥民族。巴托尔德认为他们代表西突厥的一支,或者,也许更准确些,是西匈奴的一支。[②] 当他们的可汗札比尔[③]于626年应希拉克略的邀请在梯弗里斯会面时,他们已经是一支强大的民族,他们借4万兵给拜占庭皇帝与波斯交战,希拉克略用这支援军将萨珊波斯的阿塞拜疆省夷为平地。拜占庭人与可萨人之间的这一联盟又因多次的王室联姻而加强。拜占庭皇帝查士丁尼二世在流亡期间(695—705年)逃到可萨人中避难,与可汗的一位姊妹结婚,她就是后来

[①] 意为"天""天国"。——译者

[②] 巴托尔德给《伊斯兰百科全书》写的"Turks"词条,第949—951页。他认为可萨语与保加尔人的古语属古代西突厥语族,该种语言现在唯一的代表是楚瓦什语。关于可萨人的参考书在该词条后,第990页中,还在米诺尔斯基译《世界境域志》第450页中。可萨人的政治机构,正如君士坦丁·波菲罗吉特斯所阐述的那样,统治君主称可汗罗斯,地方官称为帕克,或者像伊斯塔克里那样称为伯克(bek)。参看《世界境域志》第451页。关于可萨人与拜占庭的关系,参考L.德拉佩隆的《希拉克略帝》(巴黎,1869年,第215页);隆巴尔的《君士坦丁五世》第31页;朗博的《君士坦丁·波菲罗吉里特》第394页;沙畹《史料》第252—253页。

[③] 沙畹著《西突厥史料》(1958年,中华书局)第227页中札比尔(Ziebil)并不是可汗,而是"河汗下官号最高的Ziebel",可能是叶护之意。——译者

的塞俄多拉皇后。到君士坦丁五世时，他于732年娶可萨可汗的女儿为妻，她成为伊拉尼皇后。他们的儿子利奥四世皇帝，以其诨名可萨人利奥（775—780年在位）而为人所知。这种联姻方式在拜占庭反对阿拉伯人的战争中是很有用的，当拜占庭军队在小亚细亚对阿拉伯人发动进攻时，可萨人在外高加索从后方攻他们（例如在764年的战争中）。

拜占庭宫廷对可萨人的亲密态度可以从其他方面得到说明。在欧洲的突厥各族人中可萨人是文明程度最高的民族，正如回鹘是中亚突厥人中最文明的民族一样。尽管可萨人从未采取过定居或农耕的生活方式，然而，正像上面有时候所谈到的那样，他们已经建立起一个有秩序的国家，因贸易而致富，由于与拜占庭和阿拉伯世界的接触，他们具有相当高的文化。可萨国家最初似乎是以捷列克草原地区为中心。第一个可萨"都城"巴伦加尔，马迦特把它确定在捷列克河南部支流苏拉克河河源处。阿拉伯人在722—723年摧毁它后，王室驻地迁往阿拉伯人称呼为拜达（意为白城）的城市，马迦特企图将该名修正为沙里格沙尔（即突厥语黄城），或者更合适些，像米诺尔斯基认为的那样，是沙利格·欣（即沙克新）。马迦特将它的位置确定在以后建在伏尔加河口上的伊提尔都城的所在地。顺便提一下，伊提尔只是可萨可汗们的冬驻地。在夏季，他们像其祖先匈奴人一样在草原上来回漫游，很可能是在库班方向。833年，由于希望有一个不十分暴露给那些漫游部落的司令部，他们请求拜占庭皇帝狄奥菲勒斯派工程人员帮助他们建造一座设防的都城。狄奥菲勒斯派总工程师帕特罗纳斯帮助他们建起了第三个都城沙克尔,①它可能位于顿河入海处,或者更有可能是在顿河大拐弯处。可萨人在克里米亚对面、塔曼半岛的原法纳戈里亚的废墟上又建起了马他喀贸易据点。

可萨帝国是一个繁荣的贸易中心。拜占庭、阿拉伯和犹太商人们成群结队地到伊提尔和沙克尔收购从北方来的毛皮。随着商人们的到来,基督教、伊斯兰教和犹太教在可萨国内找到了落脚处。在851至863年年间,拜占庭派基督教教士圣西利尔到可萨人中,他受到了热烈的欢迎。西利尔传记上记有他与犹太教教士在可汗宴会上的论战。在利奥六世统治期间,马他喀成了拜占庭的一个主教区的所在地,它的建立是为了在可萨境内传播新约。以大批阿拉伯居民为代表的伊斯兰教从690年起也有许多皈依者,从868年起,特别是在965年以后,伊斯兰教成为该地区的一大宗教。犹太教更受欢迎。767年,伊沙克·圣格里开始在可萨人中任牧师。马苏第宣称,在哈仑·阿尔·拉施德哈里发朝的统治下(786—809年),可萨可汗和贵族都拥护犹太教。拜占庭皇帝罗马努斯·尼卡彭努斯(919—944年)发起的对犹太人的迫害,使大批以色列难民进入可萨境内。

据说一位使用圣经中约瑟之名的可汗于948年写信给犹太教士希斯达伊,描述了可萨境内犹太教盛行的状况,但是,马迦特怀

---

① 在俄语中,Sarkel(沙克尔)一名是以 Bela Vezha(Belaya Vezha)即白城而被人所知,似乎 al–Baida,即阿拉伯人对伊提尔(Itil)的称呼。参考 N. 法杰内的著作 *Annali del Istituto superiore orientale di Napoli* III (1936),31;米诺尔斯基《世界境域志》第453页。

疑这封著名信件的真实性,[①]该信的时间似乎不会早于11世纪。据伊本·法德罕的记载(Risala),萨曼塔尔(在达吉斯坦内)[②]的可汗、总督、王公和其他高级官员们都信奉犹太教。为报复伊斯兰境内对犹太教教堂的破坏,一位可萨可汗曾拆除了一座伊斯兰教寺院的塔尖。然而,在可萨人民中间穆斯林和基督教徒似乎超过了犹太教徒。据说大约在965年一位可汗因政治上的原因而信奉伊斯兰教,而在1016年,塔曼半岛的可汗是一位名叫"乔治·佐勒斯"的基督教徒。

可萨人9世纪在政治上走向衰落。这些信仰犹太教的文明的突厥人被他们的同族、还处于野蛮状态的异教部落清除掉了。草原又一次处于动荡不安之中。从咸海草原来的乌古思突厥人(拜占庭作者们称奥佐伊人)把恩巴河地区和乌拉尔河地区的佩切涅格突厥人赶向西方。大约在850至860年间,佩切涅格人穿过属于可萨帝国的领地,把可萨属民马扎尔人从亚速海北岸赶走。如我们在上文所看到的,当时马扎尔人退到第聂伯河和多瑙河下游之间的阿特尔库祖。不久,在889—893年,佩切涅格人重新追逐马格尔人,把他们从新住地赶走,他们最终在该地区内定居下来,因此,佩切涅格人占据了位于顿河河口和摩尔达维亚之间的俄罗

---

① 马迦特《东欧、东亚之间的往来交涉》(莱比锡,1903年)第5页。关于布兰可汗皈依犹太教的传说,是在基督教徒、穆斯林和犹太教牧师们之间发生的一次论战之后,约在740年左右。参看法杰内的文章"Sull' origine dei chefsuri",*Annali del Istituto superiore orientale di Napoli*' XIV (1936) 13。

② 根据马迦特,萨曼塔尔(Samandar)——被认定是其他史料中的Tarqu——应该在捷列克河与打耳班之间、在彼得罗夫斯克西南去寻找(《东欧、东亚之间的往来交涉》第16页)。

斯草原。可萨人只保留了顿河下游、伏尔加河下游和高加索山脉之间的地区。

基辅的罗斯王公斯维雅托斯拉于965年进攻可萨人,占领了他们建在顿河河曲上的沙克尔都城。然而,正像巴托尔德所观察到的那样,可萨汗国在这次灾难中幸存下来,或者说,至少它仍然保住了伏尔加河下游地区、库班河地区和达吉斯坦草原。拜占庭皇帝巴西尔二世于1016年派出舰队,在罗斯军队的支持下,攻击最后一批可萨人。这支联军夺取了塔曼半岛和可萨人在克里米亚的属地。到1030年,可萨人作为一股政治势力已经消失。然而,拜占庭人最大的失算是帮助罗斯人消灭了这些已经开化的突厥人,他们是拜占庭帝国最忠实的老同盟者。野蛮的游牧部落取代了可萨人,夺得了黑海草原的控制权。

4. 佩切涅格人和钦察人

正如我们已经看到的,佩切涅格人(君士坦丁·波菲罗吉里特斯称Patzanakitai,伊斯塔克里称Bachanak)是一支突厥部落;据马迦特认为,该部落曾经是西突厥联盟中的组成部分,但是,受到葛逻禄突厥人的驱赶,退往锡尔河下游和咸海。[①] 他们继续向西迁徙,在乌拉尔河(雅克河)和伏尔加河(伊提尔河)之间放牧,大约在913年(据君士坦丁·波菲罗吉里特斯),他们在可萨人和乌古

---

① 参看伯希和"谈库曼"(《亚洲杂志》1920年,第133页)。参看内迈特的文章"Zur kenntniss der Petschenegen"(《乔玛丛刊》第219—225页)。

思人的联合攻击下被逐出该地。再往西,佩切涅格人从马扎尔人手中夺取亚速海以北的列维底亚之后,他们占据了该地。其后不久,他们又向西推进,迫使马扎尔人离开阿特尔库祖,即第聂伯河和多瑙河下游之间的俄罗斯草原的西部地区。因此,大约在900年,佩切涅格人利用了在第聂伯河河口和多瑙河河口之间的牧场。934年,他们加入了匈牙利人在色雷斯对拜占庭帝国的入侵。944年,他们追随罗斯王公伊戈尔袭击了拜占庭本土。1026年,他们渡过多瑙河,但被能干的康士坦丁·台吉内斯打败。1036年,基辅的罗斯王公雅罗斯拉夫使他们遭到一次沉重的失败,这次失败结束了他们对草原的统治,迫使他们再一次地把目标对准拜占庭帝国。1051年,在其野心的鼓动下和乌古思人驱赶的反作用下,他们又入侵拜占庭帝国。1064年,他们进行了一次更加深入的侵略,穿过色雷斯来到君士坦丁堡大门。对拜占庭而言,这幕剧的发生是在于以下事实,即当拜占庭帝国从欧洲的异教突厥人中征募雇佣军去对付亚洲的穆斯林突厥人时,这些异教突厥人的突厥亲属感往往比对巴昔留斯①的忠诚更为强烈。这一点在1071年的曼吉克特战役前夕可以看到,当时佩切涅格军队不再为狄根尼斯·罗曼努斯服务,而转为阿尔普·阿尔斯兰苏丹效劳。在阿历克塞·科蒙勒努斯统治期间,欧洲的佩切涅格人于1087年再次入侵色雷斯,一直抵达库莱(在埃洛斯和君士坦丁堡之间),最后,他们在库莱被赶跑,在战场上抛弃了他们的首领翟尔古。阿历克塞·科蒙勒努斯错误地追随他们,于1087年秋天在锡利斯特拉被

---

① 巴昔留斯(basileus),东罗马统治者的尊号。——译者

10世纪的俄国

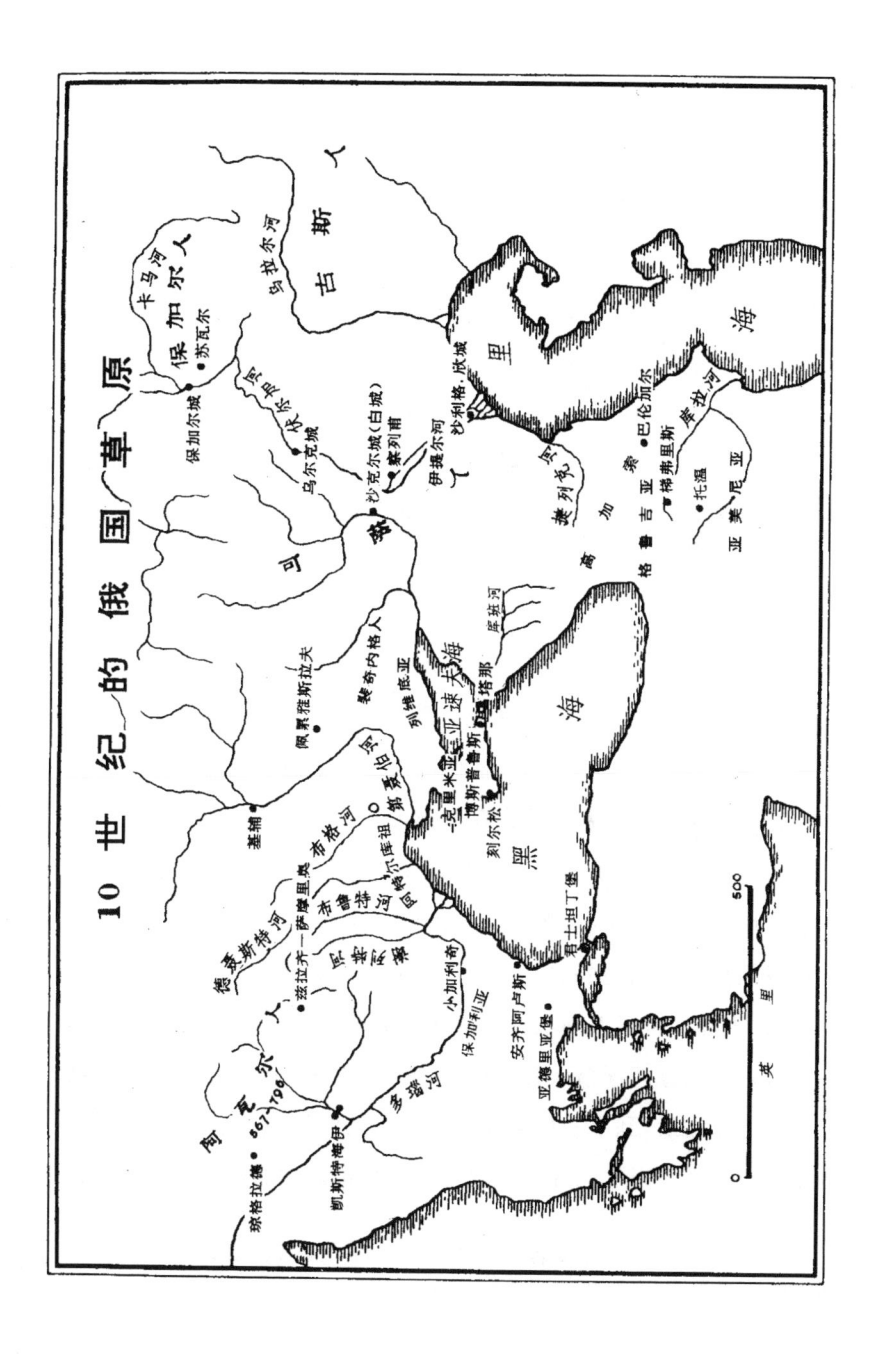

打败。由于另一支突厥部落,即钦察人或称波洛伏齐人的到来,拜占庭帝国才得救。钦察人是从佩切涅格人后面的俄罗斯草原而来,他们在多瑙河畔打败了佩切涅格人。但是,当钦察游牧部落一退回俄罗斯时,佩切涅格人在钦察人的压力之下,于1088—1089年间再次入侵色雷斯,一直深入到亚德里亚堡以南的伊普萨拉,在伊普萨拉,阿历克塞只得纳钱让他们撒军。1090年,佩切涅格人与小亚细亚的塞尔柱克人联合进攻君士坦丁堡,他们经马里查山谷,从亚德里亚堡来到埃洛斯,而士麦那的占有者塞尔柱克舰队攻打海岸地区,塞尔柱克军队从尼科亚威胁着尼科美底亚(伊兹米特)。

这一形势是希拉克略与阿瓦尔人时代的再现,但是,这一次拜占庭是在亚洲和欧洲两面受到突厥人的攻击:欧洲的非基督教突厥人,亚洲的穆斯林突厥人,他们因血缘纽带而联合起来对付拜占庭帝国。佩切涅格人冬季住在与拜占庭边境线相对的卢累布尔加兹,拜占庭的边境线已经后退到乔尔卢。阿历克塞·科蒙勒努斯再次向钦察人求援,钦察人在托加尔塔克和曼尼亚克的率领下从俄罗斯南下进入色雷斯,从后方攻佩切涅格人。1091年4月29日,拜占庭与钦察人的联合军队在列瓦尼恩山打败了佩切涅格军,十分之一的佩切涅格人被杀死。[①] 佩切涅格余部在瓦拉几亚重新组织起来之后,到下一代又作了一次新的尝试,1121年,他们对仅限于巴尔干山以北的保加利亚进行了攻击。然而,在1122年春天

---

① F.夏朗东的拜占庭史料 *Essai sur le règne d'Alexis ler comnéne*(巴黎,1900年)第2—5页和第108—134页。

他们遭到约翰·科蒙勒努斯的袭击和屠杀。

佩切涅格人把在俄罗斯草原上的地位让给了乌古思人和钦察人。

乌古思人的亚洲后裔今天被称为土库曼人,阿拉伯人称他们为古兹,他们习惯于在里海东北部和咸海以北游荡。① 乌古思人中的一支,即塞尔柱克人,信奉了伊斯兰教,11世纪时到波斯去碰运气,他们在波斯建立了以吐格利尔拜格、阿尔普·阿尔斯兰和马立克沙赫(参看 P.148)为首的突厥穆斯林大帝国。同样是在11世纪,另一支乌古思氏族(非伊斯兰教徒)——拜占庭历史学家们称之为奥佐伊人——推翻了佩切涅格人在俄罗斯草原的优势。1054年俄国编年史用简单的托克人(Torks)一名第一次提到这些乌古思人,他们与波洛伏齐人或钦察人出现的时间相同。② 拜占庭历史学家们记载,在拜占庭皇帝君士坦丁十世杜卡斯统治时期,这些奥佐伊人于1065年渡过多瑙河,人数达到60万,他们洗劫了巴尔干半岛,直到塞萨洛尼基和希腊北部,但此后不久,他们被佩切涅格人和保加尔人消灭。越过伏尔加河西岸的最后的这支乌古思部落最终被钦察人征服、消灭,或者是同化了。

在突厥语中被称为钦察人的这支民族就是俄国人说的波洛伏齐人,拜占庭人称科马洛伊人,阿拉伯地理学家埃德利斯称库曼人,匈牙利人称昆人。③ 据迦尔迪齐记述,他们最初是基马克突厥

---

① 巴托尔德在《伊斯兰百科全书》中的"Ghuzz"词条,第178页。
② 参看米诺尔斯基《世界境域志》第316页。
③ 巴托尔德在《伊斯兰百科全书》中的"kipčak"词条,第1082页。拉索夫斯基《波洛伏齐人》(布拉格,1935年)。马迦特"谈库曼族"(《哥庭根皇家科学院文集》柏林,1914,第25—238页)。伯希和"谈库曼"(《亚洲杂志》1920,第125页)。

人的一部分,基马克人住在西伯利亚,在额尔齐斯河中游沿岸,或者,像米诺尔斯基认为的那样,可能是在鄂毕河沿岸。① 无论如何,基马克人和乌古思人有密切的关系(喀什噶里已经指出,他们与其他突厥民族的区别在于他们把首写字母的"y"音发成"j"[dj]音)。大约在11世纪中期,钦察人从基马克人的主体中分裂出来,朝欧洲方向出发。俄国编年史于1054年第一次提到他们出现在黑海以北草原,同时出现的还有被钦察人向前推进的乌古思人。钦察人利用了乌古思人对佩切涅格人的胜利,在一次对巴尔干人发动的倒霉的远征中(1065和1066年),当乌古思人被拜占庭人和保加尔人击溃时,钦察人留在俄罗斯草原上成了唯一的主人。1120—1121年,伊本·艾西尔在提到格鲁吉亚盟邦时曾间接地提到过他们。大约这时,被认为是从中国满洲边境来到乌拉尔河和伏尔加河流域的几个蒙古部落(它们与契丹人有密切关系,在某种程度上说,它们与已经西迁的喀喇契丹人杂居)加入了钦察人的主体,他们在钦察人中可能取得了统治阶级的地位和作用。然而,他们可能很快就被同化了,当他们采取突厥的生活方式时,他们与纯钦察人结合了。② 钦察人一直是俄罗斯草原上的主人,直到成吉思汗手下的将军们于1222年入侵为止。③ 当时,在罗斯人的影响下某些钦察人首领开始接受了基督教。钦察人在他们被消灭后将

---

① 巴托尔德在《伊斯兰百科全书》中的"Kimāk"词条,第1068页。米诺尔斯基《世界境域志》第305页。
② 马迦特《谈库曼族》第136页。伯希和"谈库曼"第149页。
③ 关于钦察人、库曼人,或波洛伏齐人在1204年对基辅城的洗劫,参看波斯维尔"突厥族钦察人"(《斯拉夫评论》第6期,1927年,第70页以下)。A.麦喀尔顿"佩彻涅格人"《斯拉夫评论》第8期(1929年)第342页。

把他们的名字留给蒙古人统治下的俄罗斯,因此,建立于该地区的成吉思汗汗国被称为钦察汗国。

在这简短的叙述中应该记住的是,在许多世纪中,拜占庭帝国在抵抗进攻它边境地区的一个接一个的部落中取得的成就。从阿提拉到乌古思,所有这些未开化的突厥人和蒙古人对基督教文明来说都是比1453年危机更可怕的危险。

第二编

成吉思汗蒙古人

第五章 成吉思汗

1. 12世纪的蒙古

12世纪末期的亚洲地图是：中国被分裂为二，南部是中国人的宋朝，以杭州为都；北部是通古斯族女真人的王国（或称金朝），以北京为都。在中国西北部，即今鄂尔多斯和甘肃，是与吐蕃人有姻缘关系的唐兀惕人建立的西夏国。在塔里木河西北，从吐鲁番到库车居住着回鹘突厥人，他们是具有佛教和聂思托里安教文化的、文明化的突厥人。楚河一带的伊塞克湖地区和喀什噶尔形成了喀喇契丹国，喀喇契丹人是一支具有中国文化的蒙古种人。河中和几乎整个伊朗属于花剌子模的苏丹们，他们是具有伊斯兰教信仰和阿拉伯－波斯文化的突厥种人。在他们以西，穆斯林亚洲的其余地区在报达①的哈里发、叙利亚和埃及的阿尤布王朝的苏丹们（他们是具有阿拉伯文化的库尔德人）和小亚细亚的塞尔柱克苏丹们（他们是明显具有伊朗文化的突厥种人）之间瓜分了。

以上是定居人民的亚洲。其北部以外，在西伯利亚－蒙古边境上，在向着阿尔泰山、杭爱山和肯特山延伸的戈壁滩北部草原

---

① 今巴格达，元代译名为报达。——译者

上,漫游着无数仍过着游牧生活的部落,他们分属于阿尔泰语系的三个种族:突厥、蒙古和通古斯种族。大多数中亚游牧部落尽管有语言上的差别,但是,由于在同样的气候条件下过着同样的生活,他们给到过该地区的所有游人留下了种族类似的印象。格纳德对他们的描述,与阿米安努斯·马尔克里努斯、卢布鲁克的威廉以及中国编年史家们的记载几乎没有什么不同:"阔脸、扁鼻、高颧骨、细眯眼、厚嘴唇、稀疏胡须、粗糙的黑发,被日光、风、霜染成的黝黑皮肤,五短身材,弓形脚支撑着粗壮笨拙的身躯"。① 这些世代相传的匈人(或蒙古人)的画像并非与爱斯基摩人或法兰西喀斯的农民的画像不同;因为生活在风沙弥漫、冬季严寒和夏季连续几周酷热的旷野上,使任何民族都变得强悍,足以抵御这种恶劣和不宜生存的环境。

这些部落中的大多数部落的真实位置难以精确确定,只能估计他们的可能位置。

突厥-蒙古种族中主要民族之一的乃蛮人似乎居住在今天的科布多地区和乌布萨泊郊区,向西直至黑额尔齐斯河和斋桑湖,向东直至色楞格河上游。"尽管它的部名似乎是蒙古语的(意为八),但其官号系统是突厥语的,乃蛮人很可能是蒙古化的突厥人。"② 在他们当中有许多人皈依了聂思托里安教。《世界征服者史》甚至告诉我们说,聂思托里安教徒占大多数,还说在 13 世纪初期乃蛮

---

① 据赵珙《蒙鞑备录》:"大抵鞑人身不甚长,最长不过五尺二三,亦无肥厚。其面横阔而上下促,有颧骨,眼无上纹,发须绝少,形状颇丑。"——译者
② 伯希和《高地亚洲》(巴黎,1931 年)第 28 页。

第五章　成吉思汗

王的继承人、著名的屈出律是在聂思托里安教的熏陶下成长起来的。① 不过,《秘史》表明,萨满在乃蛮人中仍享有同等的影响,因为在战时他们能乞求风暴和自然力的帮助。乃蛮人曾向他们在南方的邻居回鹘人借用了文化诸要素。13 世纪初,乃蛮王任用回鹘族学者塔塔统阿(汉译名)作为他的掌印官兼文书,因为回鹘突厥语是他们的官方语言。自然,中国(当时指女真或者说金朝的中国)也对他们施加权威,这一点由成吉思汗时期的乃蛮王具有"塔阳"之号明确地得到证明:该号与汉字的"大王"一词②有联系。前一代乃蛮王(塔阳之父)亦难赤必勒格死后留下了可怕首领的名声。③

乃蛮人以北,在叶尼塞河上游分布着突厥族的黠戛斯诸部落,其酋长取亦纳勒称号。大约 920 年他们在契丹人的一次攻击中被赶出了鄂尔浑河上游地区之后,在历史上没有进一步发挥作用。

与乃蛮人争夺权利的是克烈人(kerayit)④,他们的确切位置只能大概地得到认定。⑤ 许多东方学学者认为该部在色楞格河以南,鄂尔浑河上游和翁金河与土拉河流域,即今赛音诺颜境内。据

---

① 丹尼森·罗斯译《中亚蒙兀儿史》(1895 年,伦敦)第 290 页。
② 乃蛮王被金朝封为大王,故曰大王汗,又讹为太阳罕,或泰阳汗和塔阳罕。——译者
③ 亦难赤必勒格又称亦难赤必勒格不忽汗,这是一个突厥文名字,其中亦难赤意为"值得信任的",必勒格意为"贤明的",不忽意为"巫师",全名之意是"贤明的和值得信任的巫师国王"。——译者
④ 或者像莫斯特尔特在《辅仁大学学报》1934 年第 9 期上发表的《鄂尔多斯地区》一文中推断的那样,写作 kereit。《秘史》译成 kereyid(上引文第 33 页)。今写成 k'erit。(kerayit 一名的字源是 keri'e,意为"乌鸦"。《史集》记:"据说,古代有一个国王,他有八个儿子,全都生得皮肤黝黑,因此被称为克烈。"参看《史集》商务印书馆,1983 年汉译本第一卷第一册,克烈部。——译者)
⑤ 伯希和"中亚与远东的基督教徒",载《通报》(1914 年)第 629 页。

另一些学者的看法，乃蛮人的位置还要向东移，直至哈拉和林，从哈拉和林起开始属克烈部境。克烈人通常被看成突厥人。"蒙古起源的传说没有任何一处提到他们，很难说克烈人是受到突厥强烈影响的蒙古人，或是已经蒙古化了的突厥人"。无论如何，许多克烈人的称号是突厥语的，脱斡邻勒（Togrul）与其说是一个蒙古名，不如说是突厥名。① 根据叙利亚编年史家巴赫布拉攸斯所记的情况来看，克烈人被认为在公元1000年后不久就皈依了聂思托里安教。据说，克烈汗②曾在草原上迷途，得到圣·薛儿吉思的引导方才脱险。在当时碰巧留在克烈人境内的基督教商人们的鼓动下，他要求呼罗珊的莫夫主教伊伯杰苏前来，或者是派一位牧师来给他和他的部民们施洗礼。伊伯杰苏写给报达总主教约翰六世（死于1011年）的信——该信注明年代是1009年，巴赫布拉攸斯已引用③——中说，20万克烈部突厥人与其汗一起受洗礼。12世纪的克烈王室成员仍沿用基督教人名，这一事实将成为欧洲"普勒斯特·约翰"④传说中的来源之一，另一个来源与埃塞俄比亚皇帝的称号有关。⑤ 在成吉思汗时代前两辈的克烈部汗自称马儿忽思不亦鲁⑥，他像塔塔儿人（当然还有北京的金朝皇帝们）一样，似乎

---

① 伯希和《高地亚洲》第25页。
② 伯希和怀疑"克烈"一名是否未被巴赫布拉攸斯录入。
③ 巴赫布拉攸斯《圣教年鉴》III，280—282。
④ 约翰长老的传说，形成于12世纪前期。最早出现在弗瑞辛格的史书中，后来又出现在阿德蒙的编年史中，尤其是出现在于1165年传到罗马的一封信札中，此信札可能是约翰长老致曼苏尔一世教母的，其中约翰长老自称为"三个印度和从巴贝尔堡到信徒托马斯墓之间辽阔地区的国王。"这一传说反映了在中亚和南亚存在有基督教徒。参考《柏朗嘉宾蒙古行记》耿昇译本，第130页注57。
⑤ 关于克烈诸王的基督教教名，参看伯希和《中亚基督教徒》第627页。
⑥ 马儿忽思，即《辽史》中的磨古斯。——译者

也想得到东戈壁的霸权。但是,他被塔塔儿人打败,并引渡给金朝,被钉死在一只木驴上。据说,他的遗孀策划暗杀了塔塔儿汗,替他报了仇。马儿忽思留下了两个儿子,忽儿察忽思(与其父一样也有一个基督教名字)和菊儿罕,忽儿察忽思继承了汗位。他死后,他的儿子、继承人脱斡邻勒登上克烈王位。脱斡邻勒面临着与叔叔菊儿罕斗争的必要性,菊儿罕得到乃蛮王亦难赤的支持,暂时把脱斡邻勒赶出其国。然而,由于得到成吉思汗的父亲、蒙古酋长也速该的支持,脱斡邻勒在这一角逐中获胜,轮到他把菊儿罕赶走了①。

1199 年,当脱斡邻勒在北京金王朝的帮助下,并以金朝的名义打败塔塔儿人时,短时期内他成为蒙古最强大的统治者。金朝以中国称号"王"来封这位克烈部酋长,由此树立了这位克烈首领的权威。历史上正是以"王罕"②——中国的王和突厥的罕——这一双重的头衔而记载他。成吉思汗是作为王罕的藩属而崭露头角的。

克烈部以北,在贝加尔湖南岸的色楞格河下游,居住着篾儿乞人③,他们属突厥种或者是蒙古种人,在上述故事发生的过程中,他们中出现了基督教徒。④ 篾儿乞人以北,在贝加尔湖西岸居住

---

① 我们不知道喀拉昆·巴查儿的位置,据《秘史》(海涅士,法译本第 48 页)脱斡邻勒在该地几乎被菊儿罕捉住。我们也不知道库尔班·特勒苏特的位置,在此脱斡邻勒得到也速该的帮助,打败了菊尔罕。参考多桑《蒙古史》I,73。
② 又译为汪罕。——译者
③ 篾儿乞人(Märit),在《辽史》中是梅里急。——译者
④ 问题在于篾儿乞人是否可能是 6 世纪拜占庭作家们笔下的 Mukri(参考伯希和《谈库曼》,载《亚洲杂志》1920 年,第 145 页)。另一些史家把 Mukri 与中国史籍中的靺鞨联系起来,即与 7 世纪和 8 世纪黑龙江地区的通古斯人相联系。

着翰亦剌惕人，他们属蒙古种民族（该名在蒙古语中意为"同盟者"①）。

满洲北端，在额尔古纳河和黑龙江之间的"口袋形"地区内，居住着属通古斯种的肃良合人，其后裔高丽人（Solon）今天仍居住其地②。再朝南，塔塔儿人漫游在怯绿连河［克鲁伦河］南岸和捕鱼儿海［贝尔湖］附近，直到兴安岭。伯希和认为，不像人们长期认定的那样，塔塔儿人属通古斯族，而"明显地是说蒙古语"。塔塔儿人有时联合成"九姓鞑靼"，有时联合成"三十姓鞑靼"③，8世纪的和硕·柴达木突厥碑文中已经提到他们。甚至在那个时代他们可能已经住在怯绿连河［克鲁伦河］下游地区④。12世纪的塔塔儿人已经成为令人害怕的武士，加入了最勇猛民族的行列。在满洲方向，他们对汉化通古斯人的金国构成了严重威胁。正是抱着从西北部侧击塔塔儿人的想法，北京朝廷支持成吉思汗早期的活动。

---

① 这是在第8世纪的和硕·柴达木碑文中提到的三个骨利干联盟的推测位置（参考汤姆森"鄂尔浑碑文"第98页）。

② 肃良合（Solang）一名系指高丽人（Coréens朝鲜人），到元朝后期，蒙古人称之为Solongros，即高丽人。满族人也以Solho一名呼朝鲜人。到明朝，在1598年的汉－蒙词汇表中则写作Solongro。——译者

③ Tatar（鞑靼）一名始见于鄂尔浑流域的突厥苾伽可汗碑。《秘史》作塔塔儿。汉籍中有达怛、达靼、塔坦、塔靼、达打、挞笪、塔塔诸译。塔塔儿人在9世纪回鹘败亡之后，曾一度成为北方之强大部族。辽、金史中则称为阻卜，鞑靼。南宋人则以达靼为北方诸民族之通称，而又就其离汉地远近，区分为黑、白、生鞑靼三种。草原诸部也因塔塔儿之强大而自称塔塔儿，并以此为荣，后来遂成为蒙古人的习惯称呼。《蒙鞑备录》：木华黎"每自称我鞑靼人"。西欧最早称蒙古人为鞑靼，是出自"Tartarus"一词，意为地狱。帕里斯在1240年的记载中记述蒙古西征军说："彼等破坚岩，越其群山环绕之乡，汹汹如出地狱（tartaras）之群魔，故名曰鞑靼"。（布朗《波斯文献史》英文版第3卷第8页上转引）。参考《出使蒙古记》，（英）道森编，吕浦译，中国社会科学出版社，1983年版第246页。——译者

④ 参考汤姆森"鄂尔浑碑文"第140页。关于ta tar与Ta－t'an之间错误的语音关系，参看伯希和"谈库曼"第145页。

第五章 成吉思汗

真正的蒙古人[1],从狭义上讲,该词的历史含义是指成吉思汗是其中之一员的蒙古人,他们在今蒙古高原东北[2],在鄂嫩河[斡难河]和克鲁伦[怯绿连]河之间作季节性的迁徙。正如我们已经看到的那样,在随着成吉思汗的出现而将"蒙古"一名称给予了整个种族的这些部落出现以前,历史上早就记载了那些几乎可以肯定是说蒙古语的各民族的存在,正像在突厥人崛起之前,我们就发现了说突厥语的各民族一样。于是有人提议,在说蒙古语的民族中,我们应该追溯到3世纪的鲜卑人,5世纪的柔然和哒哒人,以及欧洲的阿瓦尔人(6—9世纪)。还应该承认,8—12世纪时期在历史上起着很大作用的契丹人也是说一种蒙古方言,然而,由于与通古斯语接触,已经强烈地腭音化。[3] 尽管在这些前蒙古民族中有许多民族建立过广泛的统治,但是,没有一支取得像真正的蒙古人(或者说成吉思汗的后裔)那样的世界性的名声。

据拉施特哀丁收集的蒙古传说,蒙古人在很早时期被突厥人打败,只得逃到额儿古涅昆山区避难。波斯史家们估计在大约9世纪时,蒙古人的祖先们已经从额儿古涅昆山下来,进入色楞格河和斡难河[鄂嫩河]平原。同样的传说还记载了关于神话中的女祖先阿兰豁阿的故事。据说,阿兰豁阿在其丈夫朵奔蔑儿干死后,感天光而怀上了尼鲁温蒙古人的祖先。最后,传说中认为尼鲁温蒙古人的孛端察儿是成吉思汗的八世祖。

---

[1] 蒙古人一名似乎最早出现在唐朝:"从唐朝起,中国史书表明,室韦各部落(分布于克鲁伦河下游和兴安岭北部),确实是一些说蒙古语的部落,在它们之中,有一支蒙兀或蒙瓦(Mong—Wu,或 Mong—Wa)部,从该名中,我们觉察到蒙古人一名。"
[2] 原文是"西北",应是蒙古高原东北。——译者
[3] "谈库曼",第146—147页。

12世纪,蒙古人分成许多兀鲁思,据符拉基米尔佐夫的解释,兀鲁思一词表示部落和小民族两个意思。① 这些独立部落之间互相争斗,并与他们的邻居,特别是塔塔儿人交战。成吉思汗出身的家庭是属于孛儿只斤氏族(斡孛黑)和乞颜分族(牙孙)。② 后来,成吉思汗成功以后,蒙古部落根据是否与乞颜族有关系而分为两支,这一做法已成习惯。有关系者由光之子尼鲁温,或者说由纯种蒙古人组成;无关系者纳入都儿鲁斤族,他们享有低一等的血统。尼鲁温族中有泰赤乌惕部(Taijgot,Tayichi'ut,或 Taiji'ut,③他们似乎稍微远离蒙古主体,居住在更北面,在贝加尔湖以东)、乌鲁尔德部(uru'ud)和忙古惕(Manqud)部、札只剌惕(Jajirat 或 Juirat)部、巴鲁剌(Barula 或 Barla)部、八邻(Ba'arin)部、朵儿边(Dörben,今杜尔伯特 Dorböt)部、散只兀惕(Saljigut 或 Salji'ut)部、哈答斤(Qadagin,Qatagin 或 Qatakin)部;在都儿鲁斤族中有阿鲁剌惕(Arulat 或 Arlad)部、伯牙吾惕(Baya'ut)部、火鲁剌思(Qorola 或 Qorla)部、速儿都思(Suldu)部、亦乞剌思(Ikirä)部、弘吉剌惕(Qongirat 或 Qngirat,Qongarat,Qongrand)部。弘吉剌惕部似乎更朝东南方,④在兴安岭北面、塔

---

① 参看符拉基米尔佐夫《成吉思汗传》(伦敦,1930年)I. 在其他书中,该作者把兀鲁思译成国家,保留该词部落(亦尔坚)的含义,兀鲁思—亦尔坚即国家的含义。参看他的《蒙古社会制度——蒙古游牧封建制》(列宁格勒,1934年)第59页和98页。
② 斡孛黑(oboq),即氏族,是古代(11—13世纪)蒙古社会的基本因素。蒙古的氏族是父系氏族,每一氏族的成员都是一个共同祖先的子孙。由于氏族的发展有了许多分支,因而形成许多小氏族。——译者
③ 《秘史》海涅士译本第10页,写作 Taiyichi'ut 或 Tayich'iut。参考伯希和《通报》(1930年)第54页文章。F. 冯·埃德曼《铁木真》(莱比锡版,1862年,第168页,194—230页)根据拉施特的记载,列出了尼鲁温和都儿鲁斤部详表。
④ 原文是"西南",应是东南方。——译者

塔儿境附近漫游。① 札剌儿部（Jelair）通常被列入蒙古人之中，人们认为该部或者是分布在希洛克河和色楞格河合流处的南面，或者是在鄂嫩河（斡难河）附近，札剌儿部可能是降为蒙古人藩属的一支突厥部落，并且被当时传说中的蒙古英雄海都的蒙古人同化。②

从蒙古人的生活方式上看，在 12 世纪末期，他们从理论上可能已经区分为草原畜牧部落和森林渔猎部落。在蒙古－西伯利亚的边境上，蒙古人的家确实是在南部的草原地带（不远处是沙漠）和北部的森林地带之间的马背上。格纳德认为，最初的蒙古人不是草原民族，而是来自森林山区的民族，"他们的森林起源可以从他们大量使用的木制车上看出来。甚至今天的蒙古人也与草原上的哈萨克人不同，他们用木制的小桶而不用皮袋子。"草原部落，特别是游牧的部落，为追逐草场而作定期迁徙，在停留之地支起法国人（不正确地）称为"禹儿惕"的毡制帐篷。森林部落住在用桦树皮搭的小棚里。

巴托尔德和符拉基米尔佐夫发现畜牧部落——两种民族中较富裕者——是由一个很有权势的贵族阶级领导，他们的首领往往带有下列称号：巴哈秃儿或巴阿秃儿（baghatur 或 ba'atur，即勇士）和那颜（Noyan，领主），薛层或薛禅（Sechen 或 Setsen，蒙古语：贤者），必勒格（bilgä，突厥语：贤者），太子（t'ai－tsi 或 taishi，汉

---

① 多桑《蒙古史》I,426,（据拉施特记）；《秘史》法译本第 8 页写作 Onggirat。伯希和记述，在辽史上，在 1123—1124 年，弘吉剌惕部和札只剌惕部与蔑儿乞部一起被提到（《库蛮》第 146 页）。
② 多桑《蒙古史》I,29。

语：王子）。符拉基米尔佐夫写道"这个贵族阶级中的巴阿秃儿和那颜们首要关心的事情是发现牧场和保证必要数量的依附者和奴隶，以照看他们的牧群和帐篷"。① 这个贵族阶级统治着以下社会各阶层：武士或亲信，他们是有一定自由的人或那可惕；②平民（哈剌抽）；最后是奴隶（孛斡勒）。奴隶集团不仅包括单个奴隶，还包括成为战胜部落的臣仆或奴隶的战败部落，他们为主人看管牲畜，战时也作为辅助军出征等等。

也是根据俄国的蒙古问题专家巴托尔德和符拉基米尔佐夫的看法，在森林狩猎人的部落中，贵族阶级未享有在草原游牧民中那么重要的地位。他们指出，森林部落主要是处于萨满的支配下。符拉基米尔佐夫认为，当萨满们将王室地位与魔力结合起来时，他们取得了别乞的称号。③ 在成吉思汗时代，斡亦剌惕部和蔑儿乞部的首领们确实拥有别乞称号。④ 在所有的突厥—蒙古种民族中，萨满或巫师（古突厥语称昆木，蒙古语称孛卡和萨满，通古斯女真语的汉译名萨满）都起着很大的作用。⑤ 萨满阔阔出在成吉思汗帝国创建中所发挥的作用将在后文叙述。

上述区别实际上远不如牧人和林中百姓这两个名词所引出的区别明显。例如，在蒙古人中，泰赤乌惕部属森林狩猎者，而成吉

---

① 符拉基米尔佐夫《成吉思汗传》第3页；关于13世纪蒙古封建社会的特征，参看该作者的《蒙古社会制度史》。
② 那可惕（Noküd），是那可儿（nökör）的复数形式，意为"朋友们"。——译者
③ 别乞（bäki）意"僧正"。按萨满教，即大祭司。——译者
④ 参考伯希和《〈突厥斯坦〉评注》载《通报》（1930）第50页。
⑤ 伯希和"关于中亚几个词的研究，III，谈库曼"载《亚洲杂志》（1913年）第466页。

第五章 成吉思汗

思汗被认为是出生在一个牧民部落,此外,所有的突厥—蒙古人都是一种或另一种的狩猎人;林中百姓甚至在隆冬季节(这时他们穿上木或骨制的滑冰板)①也要猎取用来交换的貂鼠和西伯利亚松鼠,而畜牧者在无垠的草原上用套索、弓箭追逐羚羊和捕捉鹿。草原贵族则用猎鹰狩猎。随游牧环境的变迁,一个氏族可以从一种生活方式变成另一种。成吉思汗年轻时,他的父系亲属们夺取了他父亲的牧群,在他能够在马群和羊群中逐渐发迹之前,他同他的母亲和兄弟们一起过着悲惨的渔猎生活。

总的来说,森林部落似乎更加野蛮,除了通过游牧民的隔离地,他们无法与文明生活接触。游牧民由于接近中戈壁的回鹘人、辽河畔的契丹人、或北京的女真人而受益。虽然他们没有城市,但是在迁徙过程中出现了帐幕群阿寅勒。竖在轮车(合剌兀台·帖儿坚 qara'utai tergen,或合撒黑·帖儿坚 qasaq—tergen②)上的毡帐围成圈(古列延)③,或暂时的聚集群——未来城市的萌芽④。人种史研究者注意到从森林蒙古人的简陋小棚到游牧民的廓尔(或称毡帐)的进展。毡帐易于折叠和撑开,在13世纪成吉思汗国的大汗们时,毡帐变得如此宽敞、舒适,还有带绒毛的皮毛地毯,以致它成为真正的旅行宫殿。然而,自近代蒙古人衰落以来,廓尔也退

---

① 奥伦格(乌梁海)人脚上也系着刨得光滑的骨制小板,用这种小板,他们在冰雪上行走如飞,以致在战斗时能追上猎物。(卢布鲁克书39章)
② 蒙古人有两种车辆,qara'utai tergen 也称 öljigetei tergen,是带前座的车子;qasaq—tergen 是大型货车,该名至今仍在蒙语中使用。——译者
③ 古列延(kuriyen)即在草原上屯营时,为数众多的帐幕结成环形的圈子。——译者
④ 符拉基米尔佐夫:《蒙古社会制度史》,第34、41 和 39、128 页。

化了,它不再有13世纪时用来通气、排烟的小气管①。

最后,蒙古民族中森林狩猎者与草原游牧民之间的区别可以从两种主要的营帐群上看出来:(1)像刚才描述的廓尔,或称圆形毡帐,它需要大量的杆和木条,表明了该族人曾住在森林地带内。(2)低矮、宽大的羊毛毡,即迈克罕(maikhan),对于生活在无林木草原上的游牧民来说容易建造。在成吉思汗时期,毡帐常常架在车上,便于运输——至少是在平原上——使真正的"游牧城市"的移动成为可能,这种运输方式现已消失。②

然而,如果把到12世纪时期的蒙古与9世纪的蒙古相比较的话,那么,在文化上肯定是衰退了。突厥人,主要是回鹘人,在鄂尔浑流域统治的时代,他们已经开始形成了农业中心。③ 随着他们于840年之后被黠戛斯人所取代,这一地区恢复到草原生活。鄂尔浑河畔的突厥或回鹘碑文给人以文明程度相当高的印象④,这种印象在成吉思汗史上不再感觉到。840年,黠戛斯对鄂尔浑河地区的占领窒息了由摩尼教徒们带来的叙利亚-粟特文明。黠戛斯人于920年被赶走,使这一地区处于无政府状态,因为,如上所述,回鹘人拒绝返回鄂尔浑河畔。能够渗入蒙古的很少的文化是来自这些回鹘

---

① 符拉基米尔佐夫《蒙古社会制度》,第41页。
② 参考O.拉铁摩尔"蒙古史中的地理因素",载《地理杂志》XCI(1938年1月)9。
③ 上引书,第14—15页。
④ 由突厥语转写成蒙古语的、与文明或口令有关的许多词证实了突厥人对蒙古人保持着相对的文化优势。参考符拉基米尔佐夫在《俄罗斯考古学会东方学部札记》第20卷上的文章。首先是两种语言发展的比较上,突厥人在知识领域内的优势是明显的。巴托尔德摘录波佩的文章中写道:"一般来说,突厥语比蒙古语发展程度更高些,无论世界上任何地区,蒙古语比已知的最古的突厥语都更古老些。从语音的观点来看,蒙古字几乎还处于与原始阿尔泰字(突厥-蒙古字)同样的高度。"

人,他们已在地处更南方的别失八里(今济木萨)和吐鲁番定居,沿着这条道还传来了聂思托里安教。但是,正如卢布鲁克的记载所指出的那样,在蒙古,聂思托里安教在与萨满教争夺蒙古首领们的精神世界时,正是聂思托里安教几乎倒退到了萨满教的水平上。

2. 蒙古人中统一的初次尝试

在传说中谈到,真正的蒙古人也许在12世纪以前时就有要建立一个有组织的国家(ulusirgen)的初次尝试。据说一位名叫海都的蒙古首领因击败敌对的札剌儿部而出名,并开始把属于不同部落的一些家族看成是自己的属部。① 正是海都的曾孙合不勒②已经享有合不勒汗的王号,《秘史》中记,他是死后才获得合不勒汗号的③。他是第一位敢于起来反对强大的女真宗主们(中国北部的主人金朝统治者)的人。蒙古传说表明,他最初是作为金朝属臣,在北京受到金朝皇帝的接见,他的举止就像出现在文明国家里的野蛮人。其食量之大令金朝皇帝吃惊,在酒醉时,甚至动手抓金帝的胡须。金帝原谅了他,并在他启程回家时赠予大量礼品。但是,他们之间的关系不久就恶化了。合不勒汗被金人捉住,后逃脱,并

---

① 《史集》(第一卷第一分册,商务印书馆,1983年汉译本第149页):"他们之中一些人被杀,另一部分人则成为土敦－蔑年次子海都及其诸子和亲属的俘虏和奴隶;[这些俘虏和奴隶],祖祖辈辈世代相传,最后传给了成吉思汗。"——译者

② 《元史》中是葛不勒汗。——译者

③ 《蒙古秘史》海涅士译本(1937年)第6页。在《史集》中海都,海都孙屯必乃都带有汗号;《元史》也说海都曾被八剌忽怯谷之民立为"君",并称屯必乃为皇帝(卷121《速不台传》)。但据《元朝秘史》,真正统一了全蒙古部众并开始称汗的,应是合不勒汗。——译者

杀死派来追他的金朝官员们。这些轶事很可能是暗指金朝1135—1139年中被迫发动的反蒙古游牧民的战争。在这些战争中，金将胡沙虎深入草原后，被"萌古"打败，为此，北京朝廷不得不于1147年求和，答应给蒙古人大量牛、羊和一定数量的谷物。有关女真的汉文史料中记有签订这些条款的首领的名字熬罗孛极烈，根据伯希和的看法，该名可能恢复为 Oro bögilä,①巴托尔德企图把该名与合不勒的第四个儿子、蒙古传说中的著名人物忽图剌汗(Qutula)之名联系起来。②

忽图剌汗(注意"汗"，或"皇帝"称号，即使此号可能是在他死后很久，大约1240年，即《秘史》汇编时才获得)也是传说中的英雄。"其声音洪亮，如雷鸣山中，其手强如熊爪，能把人像折箭一样容易地折为两截，冬夜赤身睡在燃烧的巨木旁，火星炭屑落在身上而没有感觉，醒来后只把灼伤看成是虫蜇。"③但是，与此虚构的故事一起，传说还记道，他的兄弟斡勒巴儿合黑和他的堂兄俺巴孩被塔塔儿人捉住后，引渡给金朝，金人将他们钉死在木驴上，这是一种"专惩治游牧叛人"之刑。忽图剌为报仇，攻掠金地。中国编年史记，在遭到蒙古人的这些洗劫之后，金帝于1161年发动反蒙远征。在蒙古方面，蒙古传说谈到在贝尔湖附近，蒙古人在对付金和塔塔儿联军的战斗中所遭到的一次灾难。似乎是为了削弱蒙古人的势力，北京朝廷求助于塔塔儿人，双方联军达到了目的。结果，忽图剌之子

---

① 伯希和："'突厥斯坦'评注"，载《通报》(1930)第24页。
② 巴托尔德：《突厥斯坦》第381页。在《秘史》中，合不勒的儿子们被称为把儿坦巴阿秃儿(Bartan—ba'atur)、忽秃黑秃蒙古儿(Qutuqtu—munggur)、合答安(Qada'an)和托多颜·斡赤斤(Todöyän—ochigin)(以海涅士的译本为根据)。
③ 多桑：《蒙古史》I, 33。

拙赤①和阿勒坦事实上似乎未能纳入王室之列；尽管《秘史》涉及王室的连续性，却没有把汗号给阿勒坦。第一次蒙古王权被金朝和塔塔儿人摧毁之后，蒙古人恢复到部落、氏族和小氏族的旧秩序中。

成吉思汗后裔的传说确实是把成吉思汗的父亲也速该与古代诸王的世系相联系。传说特别强调他是把儿坦巴阿秃儿（Bartan-ba'atur）之子，把儿坦巴阿秃儿本人是合不勒汗的次子。巴托尔德怀疑这一世系，大概这是错误的，因为《秘史》、《元史》和《史集》在涉及这些最近的事实的地方，其证据几乎不可能纯属捏造。可以肯定的是也速该从未当过合罕，甚至没有当过汗，只是作为乞颜部的首领取较谦虚的巴阿秃儿（ba'atur 或 baghatur）称号。他像他的所有部民一样地同塔塔儿作战，塔塔儿人已经成为蒙古人的世仇。也速该的冒险活动只不过是一个勇敢的氏族酋长的活动而已。他帮助克烈部的一位争夺王位者脱斡邻勒战胜对手——脱斡邻勒的叔叔菊儿罕，这一援助后来使成吉思汗得到了珍贵的友谊。也速该劫持蔑儿乞部酋长的年轻妻子月伦为妻，她就是成吉思汗（即铁木真）的母亲。也速该死前，为年轻的铁木真与弘吉刺惕部（因为蒙古人是异族通婚）首领的幼女订婚。大约1167年塔塔儿人在一次草原宴会上毒死了也速该。

3. 成吉思汗青年时代

也速该的长子铁木真，有朝一日将被称为成吉思汗，约于

---

① 忽图剌之子拙赤（Jöchi），成吉思汗长子也名 Jöchi。为区别，前者译拙赤，后者译术赤。——译者

1167年[1]生于斡难河[鄂嫩河]右岸的跌里温盘陀山[2]，在今俄国境内（准确地说，是在蒙古高原北部），大约在格林威治东经115°[3]。从中国人赵珙和波斯人朱兹贾尼的描述中，我们知道了有关成吉思汗的一些外貌特征：他的个子很高，体格强壮，前额宽阔，有一对猫似的眼睛，晚年留着胡须。青年时代的流浪生涯、对严寒和酷热的抵抗能力、超人的忍耐力，以及对创伤、失败、撤退和被俘等厄运泰然自若的态度，都足以证明他顽强的生命力。在最恶劣的气候和最不稳定的环境的磨炼下，他的身体从青少年时代起就习惯了忍饥挨饿。从一开始起，苦难的经历就培育了他的精神。这些经历把他锤炼成钢铁般的人，震惊世界的人。

大约1179年，当他成为孤儿留在世上时，年仅12岁左右，他的氏族认为他年幼无力统治，拒绝服从于他。尽管他的母亲月伦额格[4]很能干，但是，他父亲的最后一批忠实拥护者们仍带着牧群离开了他。于是在被族人们剥夺之后，这个男孩被孤独地留下来，

---

[1] 《秘史》海涅士译本写作 Deli'ün boldaq。传说成吉思汗出生年代约是1155年，这是波斯史家们所给的年代。而官修元史是1162年。但伯希和在1938年12月9日给《亚洲社会》的通信中揭示，对中国史籍研究的新成果使他采用1167年之说。因此，成吉思汗于1227年去世时，几乎不满60岁。同文中，伯希和重申，在蒙古语中，以 Smith 作铁木真的译名在语音上是正确的。
关于成吉思汗的出生年代，《元史》卷1《太祖纪》说："二十二年丁亥（1227）……崩。寿六十六，葬起辇谷。"据此递推，应是壬午年，1162年。对伯希以上观点的批判，参看《历史研究》1962年第2期上邵循正的《成吉思汗生年问题》。——译者

[2] 意为鼠的孤山。——译者

[3] 巴托尔德《突厥斯坦》第459页，以及他给《伊斯兰百科全书》写的"Jenghizkhan"条目，第877页。

[4] 月伦额格（Oelun－eke），即母亲月伦。关于月伦一名，参看伯希和《亚洲杂志》1925年，第230页）。在《秘史》中写作 Hö－Lun。

第五章 成吉思汗

与他在一起的有他的母亲和三个同胞弟弟：哈撒儿（Qasar）[①]、哈赤温（Qachi'un）和铁木哥（Temuge），以及两个异母弟弟：别克台尔（Bekter）和别里古台（Belgutai）。铁木真一家现在堕入了不幸的时期，被迫在斡难河河源附近的肯特山区（当时名不儿罕合勒敦山）以渔猎为生。铁木真的孛儿只斤部首领地位被泰赤乌惕部首领们，即俺巴孩之子、塔儿忽台乞邻秃黑和托多颜·昔惕两兄弟夺取。当然，他们也属于——或许有更大的可能性——蒙古汗海都世系，海都在1161年灾难之后，失去了王位。

此时铁木真及其兄弟们在肯特山区靠渔猎度日。当异母弟别克台尔偷走了他的一只云雀和一条鱼时[②]，铁木真在弟弟哈撒儿的协助下用箭射死了别克台尔。过着粗野生活的年轻的铁木真兄弟变得强壮和无畏。泰赤乌惕部首领塔儿忽台乞邻秃黑以为他们已经死了，在得知他们还顽强活着时变得不安和恼怒；他尾随铁木真入肯特山林，捉住他，并给他戴上枷。由于速儿都思部首领锁尔罕失剌及其子赤老温、赤不拜的暗中救助，铁木真得以逃脱。铁木真靠他的以及他弟弟哈撒儿更加精湛的射箭技术，开始重振家道。"当时他有九匹马"，其中的8匹被草原匪盗们偷走，但是在阿鲁剌惕部首领、年轻的博儿术的帮助下他找回了被偷的马。从此，博儿术成了他最忠实的助手，后来在成吉思汗的伟大时期，博儿术成为他的杰出将领之一。成吉思汗脱离了贫困的生活以后，拜访了弘吉剌惕部首领德薛禅，向他的女儿、自幼就许配给他的年轻的

[①] 术赤哈撒儿（Jöchi-Qasar），为不与成吉思汗长子术赤混淆，只写哈撒儿。
[②] 有书说夺去了他的金色鱼儿。——译者

孛儿帖①求婚，德薛禅答应了这门婚事，并给其女一件黑貂皮斗篷为嫁妆。其后不久，铁木真把帐幕从斡难河河源迁到怯绿连[克鲁伦]河河源处。

4. 成吉思汗，克烈部人的臣仆

铁木真带着黑貂皮斗篷作为礼物来到土兀剌[土拉]河畔朝见克烈部的强大首领脱斡邻勒，并向他表示效忠（约1175年?）。脱斡邻勒念其父曾有援助之恩，欢迎这位年轻人，并把他纳入自己的属臣之列。从此，两人结为盟友，尽管铁木真明显地是处于属臣地位。这一点从"汗，我的父亲"这一称号上明显地反映出来。在下文（下一节）引用的铁木真给克烈首领的著名信中，就是用这种称号。

此后不久，铁木真遭到由脱脱别乞首领率领的一伙篾儿乞人的袭击。只是在铁木真的妻子孛儿帖作为俘虏落入敌人之手后，铁木真才得以逃脱（入肯特山）②。铁木真得到克烈部统治者脱斡邻勒的帮助，同时也得到另一位蒙古首领、与他同龄的札只剌惕部人札木合的帮助。三人在色楞格河支流不兀剌川[布拉河]共同击败了篾儿乞人，夺回孛儿帖。孛儿帖恢复了她在家族中的至尊地位。孛儿帖不久生下的孩子——法定的长子术赤到底是铁木真之子呢，还是篾儿乞绑架者赤勒格儿力士之子，铁木真对此从未探究过。然而，关于对术赤出生的未声张的疑点很可能是妨碍这位长支之首——或者他

---

① 孛儿帖·优斤（Börtä-Üjin），即孛儿帖公主。
② 《秘史》中令人费解的这一节在《高地亚洲》第26页上有伯希和的译文。

的后代们——在成吉思汗的王位继承中扮演主要角色的因素。

同时,尽管铁木真和札木合是安答①,或称结义兄弟,但不久发生争吵,两人的目标都是要在对自己有利的条件下恢复原蒙古王室,并被承认为汗。

《秘史》叙述了他们一起在斡难河的合儿郭纳黑·朱布儿地区漫游了一年半之后分手的情况。这是最后一位蒙古汗忽图剌庆祝他当选的地方,它很可能激起了两位年轻首领的野心。铁木真在山中扎营,札木合在河边扎营。札木合曾说过:"山坡上是养马者的帐幕,河边是牧羊者的牧场。"巴托尔德和符拉基米尔佐夫由此得出结论:铁木真得到养马者、"草原贵族们"的支持;札木合得到贫苦牧民、即平民,或称哈剌抽的支持②。《秘史》继续记道,札木合"喜新事物而轻传统"。符拉基米尔佐夫由此推断札木合是某种民主派的代表,而成吉思汗代表贵族,这种解释显得非常轻率。无论俄国学者们争论的核心是什么,事实是,铁木真和札木合分手后,"札剌儿部、乞颜部和八邻部"跟随着铁木真,在他这边还有蒙古贵族联盟中地位最高的代表:他的叔叔答力台·斡赤金和著名的合不勒汗的长支后裔,其中有合不勒汗的曾孙(斡勒巴儿合黑之孙)、主儿乞部首领撒察别乞③和忽图剌汗之子阿勒坦斡赤斤。换

---

① 安答(anda),意为契交,义兄弟。——译者
② 符拉基米尔佐夫《成吉思汗传》第33页;巴托尔德《伊斯兰百科全书》"Cinghiz-khan"条目第878页。
③ 主儿乞部,《秘史》法译本28页写作 jourki, jourkin,或 yourkin (jurki, jurkin 或 yurkin)。已经被海曼认定(《金帐汗国史》第61页),为此他受到埃德曼的谴责(《铁木真》第386页)。但埃德曼的读法 bourkin 是来自不正确的拼写。撒察别乞,《元史》中是薛彻别乞。——译者

言之,他赢得了最末两代蒙古王后裔们的支持。符拉基米尔佐夫解释了《秘史》中的一段,他认为在争夺新王室的两者之中,原王室的代表们倾向铁木真,因为他们判断铁木真在世界观上要更加守旧些和要驯服些,而札木合的活跃性格和革新倾向使他们疑虑不安。原王室合法继承人阿勒坦无疑是出于投机的原因谢绝了汗的称号,有些犹豫地把我们不妨称之为正统王权拥护派的票投给了铁木真①,结果,铁木真当选。阿勒坦和撒察别乞是最早宣布铁木真为汗(即蒙古人的王)的人,这次选举比1206年铁木真被选为中亚突厥—蒙古各族人的最高汗(或称皇帝)的选举早10年。作为王,铁木真采用 chinggis-khan 一名,一般史书写成 Jenghiz khan。学者中对该名的准确含义仍有争执②。

除了政治上的考虑外,为了掩护,某些宗教因素有利于这次选举。早些时候八邻③首领火儿赤宣布:"天国(腾格里)注定铁木真将成为我们的汗。这是圣灵向我揭示的,我又向你们揭示。"同样来自天国之命的又一种说法是人们可以称之为"木华黎预言"。有一天,当铁木真在合儿郭纳黑·朱布儿扎营时,札剌儿部木华黎提

---

① 其后阿勒坦发现铁木真并不像他期望的那样顺从,他很后悔,起来反对他认为是暴发户的人,并与铁木真的敌人联盟,但为时已晚。
② 伯希和说"成吉思"(Tchinggiz,法译名 Chinggis)很可能是突厥字 tengiz(畏兀儿文)或 *dengiz*(奥斯曼文)的腭音化,意为"海",像蒙古字 dalai。它可能与蒙—藏文达赖喇嘛的构成相同:海洋一样大的藏蒙佛教僧侣。从瓦蒂坎的信中,我们知道成吉思汗的第二个继承人、贵由汗,自称"海洋一样的汗"(蒙语是 dalai qaan,突厥语是 talui qaan)。此外,已经发现了蒙古字 chingga 一词的词源:强壮的、强大的。参考伯希和"蒙古与教廷",载《东方基督教评论》1—2辑(1922—23年)第25页。拉施特关于 Jin-kiz 一词的看法在埃德曼《铁木真》一书中有摘录(第601页)。最后,符拉基米尔佐夫推断 Tchinggiz(Chinggis)一词可能是萨满们祈神时所呼唤的光神之名,参看《成吉思汗传》第37—38页。
③ 《元史》中是把怜。——译者

醒他,在同一地点,同一棵树下,取得汗号的最后一位蒙古首领忽图剌曾经在此歌舞宴会庆祝他的登位。"从那时起,蒙古人经历了苦难的日子,他们中不再有汗。但长生天没有忘记它的人民,即忽图剌家族。蒙古人中将产生英雄,一位令人恐惧的汗,为他们的苦难报仇……"①除了这些引语所表达的宗教外壳外,成吉思汗的当选使人们产生选出了战争和狩猎中的领袖的印象。他的选民——阿勒坦、火察儿和撒察别乞——立下了誓言,《秘史》复述了这些庄严的誓言:"立你做皇帝。你若做皇帝呵,多敌行俺做前哨,但掳来的美女妇人并好马,都将来与你;野兽行打围呵,俺首先出去,围将野兽来与你。"②

有一个人可能会(也应该)对这个新的政权感到不安,他就是克烈部首领脱斡邻勒。他看到昨天的属臣正在走向与他平等的地位。但是,脱斡邻勒是个缺乏想象力的、优柔寡断和平庸的首领,他没有认识到这件事的含义,加上新当选的成吉思汗更谨慎地声称自己比以往任何时候都更加自觉地忠实于他。况且,当时的形势无疑也令脱斡邻勒放心,成吉思汗还远未能把蒙古人统一起来,在他的面前,反对他的札木合也有自己的党羽。此外,克烈王与成吉思汗有着同样的外敌——塔塔儿人。

我们已经看到成吉思汗忠实的支持者之一,札剌儿部的木华黎③,他劝成吉思汗称汗,据《秘史》记,他是唤起成吉思汗回忆蒙古人与塔塔儿人之间的世仇而达到目的的。正是塔塔儿人把原蒙

---

① 符拉基米尔佐夫《成吉思汗传》第 32 页。
② 《成吉思汗传》第 36—37 页。
③ 《秘史》是 mouqali,而不是 Muquli。

古王室的两位成员引渡给金朝,使他们遭受凌辱;正是塔塔儿人于1161年与金联合,灭了蒙古人的第一个王权;也正是他们,约于1167年在草原上举行的一次友好宴会上背信弃义地在食物中放毒毒死了成吉思汗之父也速该。"呵铁木真,你应该为汗,向我们的敌人塔塔儿人报仇,你应该恢复蒙古人的光荣。"

机会来了。塔塔儿人似乎只是在金朝的援助下才战胜了蒙古人。但是,一旦胜利使他们成了东戈壁的主人,他们就常常骚扰金国边境。北京朝廷改变了联盟的对象,决定援助和挑动克烈王脱斡邻勒对付塔塔儿人。作为克烈王的忠实属臣,成吉思汗陪同出征(约1198年),有幸能够向他自己的仇敌报仇。贝尔湖畔的塔塔儿人在受到来自东南方向的金军和来自西北方向的克烈人和成吉思汗的夹击下遭到了惨败。据《秘史》记,克烈王和成吉思汗沿斡里札河进军,杀塔塔儿王蔑古真·薛兀勒图。北京朝廷封赏脱斡邻勒为汉号"王"(王或王子),因此,脱斡邻勒在历史上被称为王罕。成吉思汗也接受了中国的封号,但是,官位低多了[①],它说明当时北京朝廷只把他看成是克烈人手下的一位微不足道的属臣而已。

符拉基米尔佐夫认为,正是这次战争以后,成吉思汗惩罚了大批的蒙古王公、原王室后裔,因为他们拒绝随他和王罕出征去打塔塔儿人。他处死了著名的合不勒的曾孙、主儿乞(或主儿金)部首领撒察别乞,以及另外两位王公泰出和不里孛阔。在写给王罕的著名的声诉信中,他声称,为了给克烈人报仇他牺牲了"他深深热

---

① 金朝封成吉思汗"札兀惕忽里"即乱军统领。金朝的封赏提高了铁木真的政治权力。从此,他可以用朝廷命官的身份号令蒙古部众和统辖其他贵族。——译者

第五章 成吉思汗

爱的这些兄弟们"。事实上,他必定很高兴找到了非常恰当的借口,使他摆脱了所谓"蒙古正统性"的代表人物。

如果我们遵循成吉思汗正史上的说法,那么,成吉思汗与王罕之间的联盟似乎主要是对王罕有利。无论如何,如果说王罕最初的保护使成吉思汗能够免遭他的敌人的侵害的话,那么,这位蒙古英雄很快对他的宗主奉献出同样的义务。在难以确定的一段时期中①,王罕发现自己被其兄弟额尔客合剌②推翻,后者得到了乃蛮王亦难赤必勒格③的支持。王罕向西南方逃亡,直到楚河,逃到喀喇契丹人中,他徒劳地希望能得到喀喇契丹王的帮助。在与该王(或称古儿汗)发生争吵之后,他在戈壁滩上过着悲惨的流浪生活,对复位丧失了信心,他到成吉思汗那里避难。成吉思汗救济了他的饥饿的小队人马,帮助他重新夺回了克烈部地盘。正是因为这些,以后成吉思汗用朴实婉转的话语提醒克烈王:"君困迫来归时,饥弱行迟,如火之衰熄。我以羊、马、资财奉君,你前瘦弱,半月之间,令君饥者饱,瘠者肥。"

王罕的另一个弟弟札阿绀孛④在金避难,成吉思汗派人护送而归,以防正在等待袭击他的蔑儿乞人。成吉思汗对王罕说:"此大有功于君二。"⑤

---

① 多桑《蒙古史》I,54 认为王罕作为精疲力竭的逃亡者可能于 1196 年春到达成吉思汗处。
② 《秘史》,第 36 页、48 页写作 Erke—qara,Erge—qara。
③ 《元史》法译本(海德堡,1922 年)15 页,说他得到成吉思汗的支持。
《元史》卷 1《本纪》:"汪罕之弟也力可哈剌,怨汪罕多杀之故,复叛归乃蛮部。乃蛮部长亦难赤为发兵伐汪罕,尽夺其部众与之。"看来成吉思汗未参与此事。——译者
④ 《秘史》法译本第 36 页写作 Djaqa—gambou (Jaga—gambu),该名无疑是藏语,即唐古特语,参看伯希和"'突厥斯坦'评注"载《通报》(1930)第 50—51 页。
⑤ 多桑《蒙古史》I,53,74。

据有关成吉思汗的传说,王罕对成吉思汗的这些效力几乎未表示谢意,尽管这只是单方面的介绍,但记载细节如此清楚,其中必定有一些真实成分。他随意撕毁军事盟约,背着成吉思汗对蔑儿乞人发动了一次有利可图的袭击,迫其首领脱脱经色楞格河口逃到贝加尔湖的东南岸(八儿忽真隘,Barghu,《秘史》写作 Barqujin 或 Barghuchin),脱脱的一子被杀,一子被俘,王罕掠获大批俘虏、牲畜和战利品,他再次违背军事协议,没有让成吉思汗分享这些战利品。

然而,成吉思汗作为忠实的属臣,伴随王罕联合出征乃蛮人。这是一次绝好的机会,乃蛮王亦难赤必勒格去世后,他的两个儿子台不花和不亦鲁[①]为占有一个妾而发生争吵。台不花以汉号"大王"或"太阳"(蒙古人称塔阳)而更为人知。塔阳统治着分布在平原上的氏族,即可能在科布多省诸湖附近;不亦鲁统治着阿尔泰山区附近的氏族。王罕和成吉思汗联军利用两兄弟的分裂,攻击不亦鲁统治区,迫使他向乌伦古河撤退。《秘史》记述,他一直被追赶到克孜尔巴什湖——肯定是乌隆古尔湖,乌伦古尔河注入该湖——最终被杀(然而,据拉施特,他先逃到叶尼塞河上游的黠戛斯人境内,这一记载已被《元史》证实)。但是,不亦鲁的一位部将乃蛮人可苦速·撒亦剌黑于这年冬天对联军发起突然反攻。[②] 战斗异常激烈。夜间,王罕背着成吉思汗调走了自己的部队,成吉思

[①] 不亦鲁(Buyiruq),《元史》上是卜欲鲁。——译者
[②] 《秘史》把反攻的地点确定在 Bayidarah-belchir。霍威斯("克烈人与普勒斯特约翰",载《皇家亚洲学会杂志》1889,第 400 页)企图在 Baidarik 河附近去寻找。该河由北向南从杭爱山流入小布察干湖。可苦速·撒亦剌黑,或《秘史》中的 sabraq 在多桑《蒙古史》I,75 中变成 Geugussu Sairac。

第五章 成吉思汗

汗只得冒险独自撤退。尽管发生了这种近乎背叛的行为,但是,成吉思汗——如果我们相信成吉思汗正史的话——一如既往地忠实于他的宗主王罕。接着乃蛮人入侵克烈部境,先后赶跑了王罕之弟札阿绀孛和其子桑昆。王罕可怜地向他曾不公正地对待过的这位盟友求援。成吉思汗立即派出他的"四大部将"(四狗):博儿术、木华黎、博罗浑和赤老温,他们除了把乃蛮人赶出克烈部境和夺回了被掠走的牲畜外,还及时地救出了桑昆①。成吉思汗弟哈撒儿大败乃蛮人而结束了这次战争。

这次战争以后,《元史》记载了成吉思汗和王罕对泰赤乌惕部的一次战役,泰赤乌惕人在斡难河边战败。可能就在那时,成吉思汗的仇敌和他孩童时代的迫害者、泰赤乌惕部首领塔儿忽台乞邻勒秃黑被勇敢的赤老温将军亲手杀死②。根据《元史》记载,由于乃蛮部和泰赤乌惕部的失败而感到惊恐的许多部落接着组成了联盟,或者说阴谋集团:参加者有哈答斤部、散只兀惕部、朵儿边部、弘吉剌惕部和塔塔儿残部。他们刑白马,宣誓要袭击成吉思汗和王罕。但是,成吉思汗得到他岳父弘吉剌惕部德薛禅的及时通报,在捕鱼儿湖附近大败联盟军③。这位征服者后来在写给王罕的史诗般的著名信件中暗示的无疑是这次行动:"我如猎鹰飞越山间,飞逾捕鱼儿湖;为你捕捉青足灰羽之鹤。质言之、朵儿边、塔塔儿

---

① 《元史》第7页,《秘史》法译本40页,霍威斯《秘史》的引文,在《克烈人》第400—401页。
② 多桑《蒙古史》I,60.说:"塔儿忽台死在锁尔罕失剌之子手中。锁尔罕失剌《史集》写作 So'orqan—shire 或 Sorqan—shire(第33和72页),另一个泰赤乌惕首领忽都塔儿与塔儿忽台同时被杀,该部的第三位首领阿忽出可能逃跑。
③ 捕鱼儿湖(Lake Buyur),《元史》上是盃亦烈川,第7页。——译者

两部,接着又越曲烈湖,我再次为你捕捉青足鹤:哈答斤、散只兀惕和弘吉剌惕。"[1]

凭权势,王罕是蒙古最强大的王公,但是他的权力是建立在不稳固的基础之上的。正如我们已经看到的,家族的叛乱使他先后与叔叔菊儿罕和弟弟额尔客合剌争夺克烈部王位。《元史》补充说,他在战胜上述联盟军之后,又险些被另一个弟弟札阿绀孛推翻,阴谋败露之后,札阿绀孛逃到了乃蛮人中避难[2]。

蒙古的争夺十分激烈。札只剌惕部首领札木合纠集了一个反抗同盟反对王罕和成吉思汗正在努力建立的霸权。札木合是积极而有力的竞争对手,在他周围聚集着的不仅有成吉思汗的真正蒙古人的氏族——札只剌惕部、泰赤乌惕部、弘吉剌惕部、亦乞剌思部、火鲁剌部、朵儿边部、哈答斤和散只兀惕部——还有篾儿乞部、斡亦剌惕部、乃蛮部和塔塔儿部。1201年在额尔古纳(怯绿连河下游)河畔的阿勒忽不剌召开了一次盛大集会,札木合自封为古儿汗[3],即"世界之汗",蒙古的皇帝。

现在蒙古帝国正在成为现实。问题在于成吉思汗和札木合这两位竞争者中谁来实现它。在这一角逐中,成吉思汗具有优势:性格顽强、政治敏锐,以及具有把正义掌握在自己手中的艺术,并且在开始时得到了王罕的坚决支持。札木合似乎也很卓越,如果他有些缺乏内聚力的话,但是他思想活跃,善耍阴谋。然而,如果有

---

[1] 多桑《蒙古史》I,75—76。
[2] 《秘史》记王罕曾给札阿绀孛的三个同谋者上枷,他们是燕火脱儿、忽儿巴儿、阿林太子。参看霍威斯《克烈人》第396页。
[3] 《元史》写作局儿罕,第8页。——译者

关成吉思汗的史书是可信的话,札木合是一位不可靠的朋友,他会毫不犹豫地掠夺自己阵营中的部落,而对于忠实于自己的部落来说,成吉思汗是坚定、忠实的保护者。

在这两者之间,王罕的背向起着决定性的作用。他决定支持成吉思汗,与他一起在阔亦田①打败了札木合,不顾斡亦剌惕部和乃蛮部巫师兴风作雨,他迫使札木合退到额尔古纳河下游。符拉基米尔佐夫认为正是在这次远征之后,成吉思汗进行了反对敌对的兄弟部落、泰赤乌惕部的最后战争,"者勒蔑的忠诚"也是这次战争中的著名插曲。在第一次进攻时,成吉思汗被击退和受伤,他由忠实的者勒蔑护理,者勒蔑为他的伤口吮去淤血。无论这些远征在编年史上的顺序是什么——因为现在仍不清楚——成吉思汗最后彻底打败了泰赤乌惕部,杀掉相当一部分的泰赤乌惕人,迫使幸存者归顺,于是恢复了孛儿只斤氏族的统一。泰赤乌惕部,或叶苏特部的一位年轻勇士用箭射倒了成吉思汗的马,在等待处决,成吉思汗原谅了他。后来,这位神射手以者别(意为"箭")之名成为成吉思汗杰出的部将之一②。者别与他的同伴、尊敬的速不台一起,成为蒙古史诗中最杰出的将领③。

---

① 霍威斯(《克烈人》395页上)企图在克鲁伦河和额尔古纳河之间的达赉湖(呼伦池)北部一带去寻找《秘史》上的köyitän。
 (《元史》记述这次战争是发生在"海剌儿、帖尼火鲁罕之地"。——译者)
② 据《秘史》法译本第35页,他以前的名字是 Djirqo'adai(Jirgo'adai)。
③ 速不台约生于1176年,死于1248年。据伯希和《亚洲杂志》1920年第163页)认为"蒙古语该名写 Sübügätäi,《元朝秘史》蒙古本是 Sübü'ätäi,读 sübōtäi 或 sübütäi。"A. 雷米扎已将其传记译成法文(Nouveaux mélange asiatiques)(巴黎,1829年)II,97。速不台所属的兀良忽人的都鲁斤—蒙古部一名又出现在17世纪的一支突厥人兀良哈人中,他们以养驯鹿和在叶尼塞河上游狩猎为生(M.考朗特《约17和18世纪的中亚社会》第78页)。

现在成吉思汗可以清算蒙古人的宿敌、杀父者塔塔儿人察罕塔塔儿和按赤塔塔儿了。为了更好地行动,他禁止私自掠夺财物。塔塔儿人被打败后遭到了大屠杀,其幸存者被分配给蒙古各部落(1202年)。成吉思汗本人挑选了两个塔塔儿美女也速亦和也速根。成吉思汗的三位亲戚、原蒙古王室的贵族代表、前蒙古汗忽图剌之子阿勒坦,以及火察儿和成吉思汗的叔叔答力台违反军令,私自掠夺了财物。他们的掠夺物被没收。阿勒坦、火察儿,甚至答力台开始与征服者脱离关系,不久就加入了敌方。在塔塔儿人的东方,嫩江流域的高丽人也被迫承认是成吉思汗的纳贡民。

灭塔塔儿人之后,蔑儿乞人的首领脱脱从他曾经被迫避难的外贝加尔省(即贝加尔湖东南部的八儿忽真隘)返回,据《元史》记,他对成吉思汗发起新的攻击,但成吉思汗打败了他[①]。仍按《元史》所给的编年顺序,接着脱脱加入了乃蛮人、争夺王位者不亦鲁一边,在不亦鲁的旗帜下,还联合了朵儿边部、塔塔儿部、哈答斤部和散只兀惕部残余。新联盟再次与王罕和成吉思汗的联军作战,在山间进行了一系列进攻和反攻的战斗。据《元史》记述,战争是在乃蛮部巫师唤来的风雪中进行[②]。尽管这些记载中的地志像编年一样是不可靠的,但两者都给人留下了游牧部落十分灵活的印

---

① 《成吉思汗》考劳斯译文第19页,如我们所知,正是王罕迫使脱脱逃到八儿忽真隘。关于Barqut一词,参看莫斯特尔特"鄂尔多斯地区",《辅仁大学学报》第9期(1934年)第37页。

② 《元史》卷1《本纪》记:"帝遣骑乘高望。知乃蛮兵渐至,帝与汪罕移军入塞。亦剌合自北边来据高山结营,乃蛮军冲之不动,遂还。亦剌合寻亦入塞。将战,帝迁辎重于他所,与汪罕倚阿兰塞为壁,大战于阙亦坛之野。乃蛮使神巫祭风雪,欲因其势进攻。"第8页。——译者

象，在战争过程中，他们从蒙古的一端移到另一端，从大阿尔泰山到兴安岭。他们为了季节性的战役，或为了短时的战争而团结起来，但是，由于每一个部落又要求自由，他们随即又解散了，无论攻击的结果是成功呢或者是失败。在这些既无明确目的又不能采取始终如一的行动的首领中，只有成吉思汗形成了一个固定的支点，不是因为他对未来的征服制定了周密的计划，而是因为他那坚强的个性使他能够把长期的游击战形式朝着有利于他的方向转化。

5. 与王罕决裂：征服克烈部

尽管王罕在不同的场合下曾不公正地对待过成吉思汗，但是，直到当时成吉思汗对他的主人始终保持忠实。这位蒙古英雄认为他是恪尽属臣职责的，他为其子术赤向王罕之女察兀儿别吉[①]公主求婚[②]。《秘史》说，王罕的拒绝深深地刺伤了这位英雄。

克烈王没有看清楚他属臣中的这位对手，没有在他称汗时（约1196年）打倒他，实是犯了错误。到王罕开始感到不安时，为时已晚。正像史书告诉我们的那样，他在稍稍反思之后模糊地意识到这一事实。王罕已经老了，他的头发白了。他希望能平静地度过余生。但王罕之子亦剌合，人们更熟悉的是汉名桑昆，即蒙古语

---

① 《元史》作抄儿伯姬。——译者
② 《秘史》法译本 41、42 页。
《元史》、多桑《蒙古史》都记述铁木真为儿子向王罕之女求婚。韩儒林《元朝史》第77 页说："铁木真为长子术赤向亦剌合·桑昆（王罕之子）的女儿求婚……"——译者

"圣公"①,怂恿父亲与成吉思汗决裂。他劝父亲支持札木合反对成吉思汗。桑昆受个人抵押权的束缚,在札木合短命的王权崩溃之后,桑昆鼓励札木合到克烈部王宫避难。为配合桑昆的行动,札木合煽动王罕不要信任他的强大的属臣成吉思汗,并谴责成吉思汗谋反。他对王罕表白说:"我於君是白翎雀,他人是鸿雁耳。白翎雀寒暑常在北方,鸿雁遇寒则南飞就暖耳。"②与此同时,古代蒙古汗系的合法后裔阿勒坦也靠拢王罕,他一直后悔把王位交给了一位暴发户,他怂恿王罕发动战争反对他从前的盟友。

1203年,成吉思汗与克烈人之间彻底决裂。这次破裂成了这位蒙古英雄一生中具有决定性的转折点。在此之前,他一直起着王罕的杰出副手的作用,现在他要为自己而战,为夺取最高地位而战。

在桑昆的煽动下,克烈人企图以言和为借口诱骗成吉思汗前来约会然后消灭之,但消息走漏了,接着他们计划对他发起突然攻击。但在克烈部将军告知部下时,被两位牧马人乞失力和把带听见,急往通报。后来,成吉思汗为此封他们为贵族③。

成吉思汗加紧备战。《秘史》记道,他先撤退到卯温都儿高地附近,并在此留下一小支警戒部队。次日,他在卯温都儿后方较远

---

① 《元史》卷1《太祖纪》第11页,亦剌合。关于亦剌合(Nilga 或 Ilqa)一名看伯希和"库蛮"(《亚洲杂志》1920,第176页)和"'突厥斯坦'评注"(《通报》1930,第22—24页)。关于桑昆(Tsiang-kiun=Sängün),参看伯希和《亚洲杂志》1925年,261页上的文章。突厥-蒙古语中借用汉号有都督,突厥语 tutuq;太子(t'aitsu),王子,蒙古语台吉 Taiji。
② 《元史》第20页。
③ 授予他们"达干"称号,并拥有由许多抬轿人组成的侍卫队。参考伯希和《通报》1930年第32页。

的沙丘附近安营。《元史》称这一沙丘地为"阿兰塞",多桑(据拉施特所记)注明是合兰真沙陀,雅琴夫认为是哈拉-果翁-俄拉。换言之,它在《秘史》上的是另一种写法(Qalaqaldjit-elet[Qalaqaljit-elet])。更准确地说,该位置是在兴安岭山嘴一带,合勒卡河源旁边①。尽管巡逻骑兵(阿勒赤歹那颜的人)及时通报了王罕军逼近的消息,但成吉思汗在此还是遭到了可能是他生涯中所碰到过的最严峻的考验。战争确实异常激烈。成吉思汗的副将——乌鲁尔德部首领老主儿扯歹那颜和忙古惕部的忽亦勒答儿薛禅——表现得勇敢顽强。忽亦勒答儿发誓要把纛即牦牛或马尾旗,插在敌人后方的小山丘上。他闯入敌境,实现了他的誓言。主儿扯歹用箭射伤了克烈部桑昆的脸。但是,因克烈军人数多,成吉思汗于夜间从战场上撤退,在清点人数时,不见三子窝阔台和他最信任的两个将领博儿术和博罗浑。最后,他们终于来了,博罗浑骑在马上,手中抱着窝阔台,他的颈部已经受了箭伤。《秘史》说,看到这幅情景,这位钢铁般的人流下了眼泪②。

由于明显地处于劣势,成吉思汗沿合勒卡河,③朝贝尔湖和达赉诺尔北部(《元史》上汉名为"董哥泽")附近撤退。在贝尔地区的合勒卡河入口处居住着弘吉刺惕部,成吉思汗的妻子出自该部。成吉思汗以亲属的名义向他们求援,不久赢得了他们的支持。

---

① 《元史》卷1《太祖纪》(第10页),多桑《蒙古史》I,70;《秘史》法译文在霍威斯《克烈人》第405页,《蒙古秘史》法译本第44页。
② 符拉基米尔佐夫《成吉思汗传》第51页;霍威斯《克烈人》第407页。
③ 《秘史》说成吉思汗先沿乌尔古-西鲁吉儿吉特河(今奥尔克浑河,它从兴安岭流入东戈壁的一小湖中)撤退,后又沿合勒卡河撤退(《克烈人》第408页;《秘史》法译本第46页)。

正是从贝尔湖和达赉诺尔地区[①]，成吉思汗设法带口信给王罕，大多数史书对此信都有转述或摘录。在口信中，他使他以往的宗主回忆起他们友好相处的岁月和他为他所做的事情，以此打动王罕的心[②]。他解释说，他唯一的希望不过是重新得到好感（"相反"，桑昆说，"他的希望是麻痹王罕的警惕性"）。成吉思汗称王罕为他的父亲："艾奇吉汗"（khan echige），并指出他总是很谨慎地恪守属臣的职责。他最忠实的性格和他把自己放在正确位置上的情况在这封信的各种转载中都得到特别强调。在同一主导思想下，他提醒阿勒坦（即原蒙古王室后裔，现在属成吉思汗敌人之列），如果他、成吉思汗得到了汗位的话，那么正是阿勒坦给予的，因为正是阿勒坦和长支的其他代表们拒绝了这一荣誉[③]。这首诗在抒情史诗的形式下是一篇正式声明和对昔日宗主的表白，它强调了成吉思汗作为人和盟友的正确态度。从政治的观点来看，应该承认王罕在太晚的时候才发现他以往属臣的个性坚强——对这位爱主宰人者的早期努力给予了轻率的支持。然而，他在没有任何正当理由的情况下又中断了联盟和背信弃义地攻击成吉思汗，给了他的对手这样做的权利。在这次较量中，克烈王动摇不定，懦弱胆小，还受到部下的干扰和来自他的儿子桑昆的反叛的威胁，除非他竭尽全力，否则不能与成吉思汗匹敌。

[①] 或者准确地说，据《秘史》，是从董哥泽附近，霍威斯认为董哥泽是鄂嫩河的一条支流（《克烈人》第408页），很可能是合勒卡河的支流。

[②] 参考多桑《蒙古史》I，73；霍威斯《克烈人》第409页；《秘史》和《元朝秘史》与《圣武亲征录》和《史集》对"成吉思汗的声诉"有互相矛盾的记载。实际上，正如多桑指出的那样，这两种说法在此可以互相补充。

[③] 《秘史》译文在霍威斯《克烈人》第410页。

第五章 成吉思汗

然而,在合兰真挫折之后,一些追随者们离开了成吉思汗,他当时经历着最艰难时期,由于人数锐减,他被迫朝北向西伯利亚方向撤退,撤到蒙古最边缘,今外贝加尔地区的边境上。他与一小群忠实的支持者退到今满洲里以北,离额尔古纳河不远之地①的班朱尼河附近②,他被迫饮该河的浑水。他在这里度过了1203年夏天。"同饮班朱尼河水者"——与他共患难之人们——其后得到优厚的回报。

然而,这个反成吉思汗的联盟又一次地自行瓦解了,因为动荡中的这些游牧民们只能想到季节性的盟约。据拉施特记述,出于对成吉思汗的仇恨而与王罕联合的几位蒙古首领——答力台、火察儿、阿勒坦、札木合——又联合策划了一次谋杀这位克烈王的阴谋。王罕及时得报,袭击了他们,并在他们逃跑时夺走了他们的辎重。札木合、阿勒坦和火察儿逃到了乃蛮部避难,而答力台投降了成吉思汗。

因此,形势对成吉思汗有了很大的改善。在1203年秋,成吉思汗从班朱尼河进军斡难河,采取了攻势。成吉思汗弟哈撒儿的家人都落入克烈军中,成吉思汗利用哈撒儿之名带口信给王罕以消除王罕的疑惑。王罕在确信之后同意和谈,便遣人到成吉思汗处,以"牛角盛血"作为盟誓时用。与此同时,成吉思汗在秘密进军之后,对克烈军队发起了袭击,使克烈军猝不及防而被驱散。《秘史》记述,该战发生在杰杰儿·乌都儿③,无疑是发生在土拉河和

---

① 参考格纳德《成吉思汗》第46页。
② 班朱尼河《元史》11号"班朱河";《秘史》所记是一泽,即班朱尼湖,第51页。
③ 《元史》名折折运都山。——译者

克鲁伦河之间。① 这次战斗确保了成吉思汗获得决定性的胜利。王罕及其子桑昆向西逃跑。一到乃蛮境,王罕就被一位名叫火力速八赤的乃蛮部将杀死,他未认出王罕。② 他的首级被献给塔阳,塔阳的母亲古儿别速到坟前祭奠了死者的英灵,"奏乐悼念"。桑昆越过戈壁,暂时在额济纳河附近的西夏边境上以剽掠为生,也许后来到了柴达木盆地一带,最后是在库车的回鹘人中被杀,默默无闻地结束了他的生命。③

克烈人投降了成吉思汗,从此忠实地为他效劳。然而成吉思汗仍很谨慎地把克烈人重新分配到蒙古各氏族之中,目的在于分化瓦解。对札阿绀字(王罕之弟)的人他表示了特别的关心,因为他娶了札阿绀字的一个女儿亦必合别吉,④他的幼子拖雷娶了札阿绀字的另一个女儿唆鲁禾帖尼公主,她在成吉思汗家族中将起着很大的作用。

6. 征服乃蛮部;蒙古的统一

成吉思汗征服克烈人后,蒙古唯一幸存的独立政权是在乃蛮王塔阳统治下的乃蛮部。或者更确切地说,在成吉思汗使自己成为东蒙古的主人时(1203年底),塔阳仍占据着西蒙古。自然,所

---

① 阿尔伯特·赫尔曼《中国地图集》第49页,2图;霍威斯《克烈人》第417页把杰哈齐海峡谷和杰杰儿·乌都儿高地置于克鲁伦河下游。
② 《秘史》伯希和译文,《亚洲杂志》1920,第176页。
③ 伯希和《亚洲杂志》1920,第183—184页。
④ 后来成吉思汗曾做一梦,醒来后将亦必合别吉嫁给了他的另一员猛将,乌鲁尔德部的主儿扯歹。

第五章 成吉思汗

有被成吉思汗打败的顽固敌人都聚集在塔阳周围,他们是:札只剌惕部首领札木合、蔑儿乞部首领脱脱别乞[1]、斡亦剌惕部首领忽都花别吉,更不用说像朵儿边[2]、哈答斤、散只兀惕和塔塔儿等残部的成员,甚至还有一支谋反的克烈氏族。现在,他们都准备与成吉思汗开战。为了侧攻成吉思汗,塔阳企图得到汪古部突厥人的援助,汪古部突厥人作为金国的边境卫队,居住在托克托附近(今中国山西省北、绥远北部),顺便提一下,他们是聂思托里安教徒。但是,汪古部首领阿剌忽失的斤在被邀参加一次反成吉思汗的牵制性行动时,及时地把消息通知了这位蒙古征服者,并加入到他一边。[3]

据《秘史》记,成吉思汗在出发去打乃蛮部之前,发布了有关蒙古军队和国家组织的各种法令(见220页,特别是有关亲兵的法令)[4]。然后,决定在乃蛮部进攻以前采取行动,于是他于1204年春,在《元史》称之为帖麦该川、《秘史》称之为特木因-基也尔附近的地方召开了库里勒台或部民会议。大多数军事首领们以为春季马瘦,宜待秋季行动。成吉思汗幼弟铁木哥和他的叔叔答力台赞成攻其不备,以奇制胜。成吉思汗赞赏他们的战斗热情,遂进兵伐

---

[1] 关于脱脱别乞一名,参看伯希和《亚洲杂志》1920,4—6,第164页和《通报》1930,第24页。

[2] 朵儿边,《元史》第7页作朵鲁班,而在12页上又作秃鲁班。——译者

[3] 《秘史》和拉施特(《铁木真》299—300页)两书都提到有使臣往来。玉忽南到汪古特部;托比塔石到成吉思汗处。关于阿剌忽失的斤的家系参看伯希和"中亚和远东基督教徒"(《通报》1914,第631页)。《秘史》也提到阿剌忽失的斤(法译本55页)。汪古部信仰聂思托里安教已经证实是从12世纪初期就开始(参考伯希和,上引书第630页)。

[4] 巴托尔德《突厥斯坦》第383—384页中摘录《秘史》。

乃蛮。一些史书，如《元史》，暗示他立即就与乃蛮人开战；另一些史书记载，直到秋季他才进入乃蛮境。据《元史》记，塔阳及盟友札木合、脱脱别乞、忽都花别吉——统率乃蛮、札只剌惕、蔑儿乞、斡亦剌全军——从阿尔泰山向杭爱山进军，途中与蒙古人相遇。冲突是发生在今哈拉和林附近的杭爱山中。接受阿布哈齐的陈述是错误的，即他认为战斗是发生在阿尔泰山附近的一条河（阿尔泰河）上，或者，例如像阿尔伯特·赫尔曼在哈拉乌兹湖①不远处的科布多附近去寻找阿尔泰河也是错误的。塔阳确实考虑过向后撤往阿尔泰山，这样做可以长途行军来拖垮蒙古军队，然后在某隘道处袭击它。但他的部将火力速八赤对他的过于谨慎羞辱道："先王战伐，勇进不回，马尾人背，不使敌人见之。"塔阳被他的嘲笑激怒，遂发布进攻命令。

这是一场激烈、可怕的遭遇战。成吉思汗的弟弟哈撒儿统率中军，显示了领导才干。到晚上，蒙军取胜。塔阳身负重伤，被部下抬到一个小山坡上。《秘史》在此采用史诗般的语调记叙。塔阳问他的忠实随从们："那赶来的，如狼将群羊直赶至圈内的，是什么人？"札木合说："是我的兄弟铁木真用人肉养的四条猎狗，曾教铁索拴着。那狗铜额凿牙，锥舌铁心，用镰刀做马鞭，饮露骑风，厮杀时，喫人肉。如今放了铁索，垂涎着喜欢来也。四狗是者别（哲别）、忽必来、者勒蔑、速不台四人。"塔阳又问："随后如贪食的鹰般，当先来的是谁？"札木合说："是我铁木真安答，浑身穿着铁甲，似贪食的鹰般来也。你见么？您（你们）曾说：若见达达（蒙古原文

---

① 阿尔伯特《中国地图集》第49页2图。

作忙豁勒,即蒙古)时,如小羖䍽羔儿蹄皮也不留。你如今试看!"①蒙古传说继续记道,塔阳的最后一批追随者徒劳地问塔阳他们该做什么,但是,他们的主人已是一个垂死的人。火力速八赤徒劳地要唤醒他,他对塔阳叫喊,说他的母亲古儿别速②和妃子们正在帐中等着他。塔阳因失血而衰弱,仍卧在地上。接着以火力速八赤为首的他的最后一批人又冲下山去战斗,去拼死。成吉思汗赞赏他们无畏的勇气,欲赦免之,但他们拒绝投降继续战斗,直到被杀死。塔阳之子屈出律③与一些部民一起逃出,无疑是朝也儿的石河[额尔齐斯河]方向逃去。除了这些逃亡者外,乃蛮人中的较大部分向成吉思汗投降。

蔑儿乞部首领脱脱随屈出律逃走④。蔑儿乞部小酋长带儿兀孙主动投降,并将爱女忽兰嫁给了成吉思汗。《秘史》叙述了年轻的蒙古军官那雅带着忽兰经过盗贼之地去见成吉思汗的这段插曲,为我们展示了当时粗野、质朴的一幅风俗画⑤。《元史》的记载证实了塔阳之弟⑥、乃蛮王子不亦鲁同屈出律、脱脱别乞、札木合一起继续坚守和抗战于也儿的石河上游、离斋桑湖和兀鲁塔山不

---

① 符拉基米尔佐夫译文,《成吉思汗传》60页。《元史》记载简略,只说札木合见蒙军阵容整肃,未战便引兵而去。这次战争得到拉施特的证实(《铁木真》第302页)。(关于《元史》对这次战斗的记载,中华书局标点本,第13页。——译者)

② 《秘史》记,古儿别速是塔阳罕之母,多桑《蒙古史》I,89,据拉施特,古儿别速是塔阳罕的宠妻。

③ 《秘史》法译文 Goutchouloug(Guchulug)。

④ 如果《元史》可信,那么屈出律和脱脱找到了塔阳之弟不亦鲁[卜欲鲁],早些时候他已被成吉思汗赶到叶尼塞河上游。与《史集》和《元史》不同,《秘史》记不亦鲁被蒙古人打败后,不久在逃往乌伦古河的途中去世(《克烈人》398页),但《秘史》错误地报道了遥远地区所发生的战争。

⑤ 参考格纳德《成吉思汗》第57页。

⑥ 原书误为王罕之弟。——译者

远的地区，即在由西伯利亚的阿尔泰山、塔尔巴哈台和青吉兹形成的山地中。四人相继战败。不亦鲁在兀鲁塔山附近打猎时遭到成吉思汗骑兵队的袭击而被杀（据《元史》是1206年）。1208年秋①，成吉思汗亲自向也儿的石河［额尔齐斯河］上游进军去对付最后的一批"反叛者"。途中，他接受了斡亦剌惕部首领忽都花别吉的不战而降，用之为向导。屈出律和脱脱别乞在也儿的石河畔被击溃。脱脱阵亡。屈出律得以逃脱并到达喀喇契丹国。札只剌惕部首领札木合与沦为盗贼的一伙逃亡者一起过着冒险者的生活。后来他被自己人引渡给成吉思汗。尽管拉施特对此事未注明年代，但多桑蛮有把握地将它定在塔阳战败去世后不久，即1204年。相反，符拉基米尔佐夫依《秘史》的编年，把札木合的被俘定在脱脱去世之后，脱脱死于1208年。成吉思汗考虑到他与札木合是安答（结义兄弟），赐他王子式的死，即不流血地死。符拉基米尔佐夫解释说："这是恩惠的表示。因为，据萨满的信条，人血乃灵魂所存之处。"由拉施特留传下来的传说显得非常怪诞：成吉思汗的侄子阿勒赤歹（成吉思汗命他看守，或处死札木合）用依次割断关节的方式折磨他的俘虏。让我们记住，札木合这位作为反皇帝者站在成吉思汗对面的人，最终表明了自己是一个阴谋者似的懦夫。他先后使克烈人、乃蛮人卷入了反对他的对手的战争，但是，他又连续两次战前逃跑，先遗弃了王罕，不久又遗弃了塔阳。世界征服者的这位对手在道义上如同在战争中一样是赶不上他的。

---

① 巴托尔德《突厥斯坦》第361页，《元史》也记载同样年代。
《元史》14页；"三年（自1206年成吉思汗即位后）冬，再征脱脱和屈出律罕。"——译者

此后不久，蒙古将领速不台粉碎了蔑儿乞残部①。最后，在叶尼塞河上游（唐努乌拉和米努辛斯克地区）的黠戛斯人也于1207年不战而降。

现在整个蒙古都被征服了。成吉思汗的旗帜——九斿白旄纛——将成为所有突厥－蒙古人的旗帜。

乃蛮部于1204年战败之后，塔阳的掌印官、回鹘人塔塔统阿②在落入蒙古人之手后为成吉思汗服务。于是，产生了一种具有"回鹘文书处"的蒙古政府的萌芽。

7. 成吉思汗：皇帝

成吉思汗为了使他的权力得到各部的承认，未等到最后部落的归顺，或者说未完成最后的计划，便于1206年春在斡难河河源附近召集大会，或称库里勒台③，它是由已经归顺成吉思汗的所有突厥－蒙古人，即由当时在今蒙古高原北部地区的牧民参加的集会。在这次会上，他被全体突厥和蒙古的部落一致尊称为至高无

---

① 灭蔑儿乞残部之战是速不台最近的一次战役，在该战中他得到成吉思汗的女婿脱脱合察的援助，直接对付蔑儿乞余部，《圣武亲征录》记，该战在1217年已发生。《史集》亦记同年，而《秘史》记是1206年。《秘史》尽管是蒙古内部史，但涉及遥远的军事活动时仍不可信（参考伯希和《亚洲杂志》1920，第163—164页）。据说，速不台打败蔑儿乞人是在剑河；巴托尔德认为是在西回鹘地区，布列什奈德认为在额尔齐斯河上游。参考巴托尔德《突厥斯坦》第362页。

② 我们是从中译名"塔塔统阿"才知其人。伯希和驳斥了巴托尔德的推测，即塔塔统阿是来自"Tashatun"一词（《突厥斯坦》第387页），参看伯希和"'突厥斯坦'评注"（《通报》1930，第33页）。

③ 伯希和认为库里勒台一词（法语qouriltai）更好的拼写是巴托尔德和符拉基米尔佐夫的qurultai(法语qouroultai)，参看"'突厥斯坦'评注"（《通报》1930年，第52页）和《乌兹别克汗的传说》上引书第347页。

上的汗,《秘史》译之为合罕。这是 5 世纪柔然人所取的古称号①,以后被蒙古草原上后继的君主们——6 世纪的突厥和 8 世纪的回鹘采用。西方旅行家如普兰·迦儿宾、卢布鲁克、马可·波罗和鄂多立克都译之为大汗②。

自 840 年回鹘人被推翻之后,草原帝国实处于无继承者的状况。成吉思汗在被举为"毡帐民族"的最高汗时,他宣布这个古老帝国依次被突厥之祖(匈奴)、蒙古之祖(柔然和哒哒)、然后又被突厥人(突厥和回鹘)占有之后,现在永久地回到了蒙古人手中。于是,突厥人和蒙古人都合并于这个新的蒙古国家之中,此后,正是以蒙古一名,征服者与被征服者——克烈部、乃蛮部、孛儿只斤部——都将为人所知,"居毡帐的各代"正是在蒙古这一名称下都出了名③。

萨满阔阔出或者称帖卜腾格里④,在 1206 年的库里勒台上所

---

① "可汗"是原柔然人的称号,因此属蒙古语称号。后被 6 世纪中期灭柔然、建突厥汗国的突厥人采用。该称号在成吉思汗蒙古人时期的形式,《秘史》写作 qahan,其他书为"qaan"(今鄂尔多斯的 qan,据莫斯特尔特《鄂尔多斯地区》,载《北京辅仁大学学刊》1934 年 9 期,第 74 页)。伯希和说:"我怀疑成吉思汗曾用过可汗称号,在我看来,他的真正称号是 Chingis—qan 或 Chingiz—qan"("'突厥斯坦'评注"第 25 页和"蒙古与教廷"载《东方基督教评论》1922—23 年,第 19 页)。

② 为保持"可汗"(khan)译名的一致性,又考虑到可汗一号的继承性,书内译文中一概译成汗或可汗。——译者

③ 成吉思汗的蒙古人有时自称青蒙古人,参考萨囊彻辰书(法译本第 70 页),甚至在和硕·柴达木碑文中原突厥人也自称蓝突厥,参考汤姆森《鄂尔浑突厥碑文》第 98 页。"蓝色"一词来自天,腾格里,突厥可汗们和后来的成吉思汗系的大汗们宣布自己是天国在地上的代表或使者(成吉思汗时期蒙古语 jayagatu,或 jaya'atu),从其他史书中得知蒙古人被不恰当地称为鞑靼人或塔塔儿人,为此,他们抗议 13 世纪的西方游者。卢布鲁克提到:"蒙古人不愿别人称他们为塔塔儿人,因为塔塔儿是一支与他们不同的民族,正如我将指出的我所知道的那样。"(卢布鲁克《东行记》第 8 章)

④ 《秘史》法译本中是 Teb—tenggeri。F. 海涅士 Täb—tängri 译成 ganz göttlich, übergott, Erzgott,"即神的,至高无上的神,主神"(《蒙古秘史》第 119 页)。《秘史》拼作 kököchu。

第五章 成吉思汗

起的作用鲜为人知。阔阔出之父、贤者老蒙力克是成吉思汗生涯中的重要人物,他可能娶了成吉思汗的母亲遗孀月伦额格,虽然此事尚未明确[①]。阔阔出的魔力(人们说他常乘一灰斑色马至天上,并能与神通话)使蒙古人尊畏他。他在库里勒台上宣布长生天命指派成吉思汗为宇宙之可汗。这一来自天国的任命是新皇帝权力的神权基础。利用长生天的权力和命令,或者说是威力,成吉思汗采取了可汗(更准确地是罕,合罕)称号,这是在他的继承者们统治下保留下来的礼仪,例如,在他的孙子贵由大汗写给教皇英诺森四世的信上盖有这种称谓的印[②]。符拉基米尔佐夫提到,对成吉思汗的旗帜"纛",即九尾白旄纛,有一种特别的崇拜[③]。把它看成是帝王,或者黄金氏族的保护神的象征物和居处。符拉基米尔佐夫说:"正是旗之神灵,即保护神,领导着蒙古人去征服世界。"

萨满阔阔出为成吉思汗的权力奠定了"宗教基础"。阔阔出由于他的巫术和其父在皇族中的地位,无疑他认为自己是不可侵犯的。不久他的举止变得傲慢无礼,并且欲用他在超自然领域中的威望挟制皇帝和统治帝国。他与成吉思汗的弟弟哈撒儿发生争吵之后,为除掉他,他对成吉思汗宣布了一个别有居心的怪诞的天命。"长生天的圣旨,神来告(我)说:'一次教铁木真管百姓,一次

[①] 蒙力克作为也速该和月伦额格的心腹,在也速该临终时,委托他到弘吉剌惕部去找回年轻的铁木真,他照办了。但其后不久,他抛弃了年仅13岁的铁木真,带走了最后一批部民。正是他提醒成吉思汗提防与王罕的约会,因为桑昆已准备伏击他。在此期间,蒙力克可能与月伦额格结婚。
[②] 伯希和"蒙古与教廷"第22页。
[③] 伯希和"'突厥斯坦'评注"第32页。

教哈撒儿管百姓。若不将哈撒儿去（除）了，事未可知。'"①

此预言使成吉思汗内心产生疑惑，他把哈撒儿抓起来，摘下了作为统帅的徽章、帽子和腰带。他们的母亲月伦额格得知这一消息，急忙赶来解救哈撒儿，像《秘史》上描写的那样，她敞开胸脯悲哀地喊道："这是养育你们的乳房，哈撒儿犯了什么罪，你要毁掉你的亲骨肉？你铁木真吮吸的是这一个乳房，你的兄弟哈赤温和斡赤斤吸的是另一个；而哈撒儿是两个乳房喂养的。铁木真有才干，而哈撒儿有力气，他是最好的弓箭手，每次部落起义，他的弓和箭都能平息它们。但是，现在敌人已除，他不再有用了。"②成吉思汗羞愧地恢复了哈撒儿的荣誉和称号，只是夺走了他的少部分人。

然而，萨满阔阔出仍竭力想控制王室。转而对付成吉思汗的幼弟，公开侮辱他。成吉思汗的妻子、明智的孛儿帖提醒她的丈夫："你今见在，他晃豁坛人尚将你桧柏般长成的弟每残害，尔后你老了，如乱麻群马般的百姓如何肯服你小的歹的儿子每管！"这次成吉思汗醒悟了，允许铁木哥除掉这位巫师。行动非常果断。几天后，当阔阔出与其父蒙力克前来拜见成吉思汗时，铁木哥掐住了他的脖子，成吉思汗命他们出廷帐解决。阔阔出刚出大汗营帐，在成吉思汗默许下，铁木哥布置的三个卫兵折断了他的脊骨，以不流血的方式处死了阔阔出。蒙力克在知道儿子死后，没有退缩，"呵，大汗，在你为大汗以前我效劳于你良久，我将一如既往……"成吉

---

① 摘自《秘史》244节总译原文。意译是：铁木真统治在先，其后是哈撒儿。不除哈撒儿，你将遭灾。——译者

② 符拉基米尔佐夫《成吉思汗传》第63页。格纳德《成吉思汗》第63页。在此之前不久，即1204年，哈撒儿在反乃蛮部塔阳的决定性战役中，率中军作战时建奇功。

思汗任命八邻部的长老兀孙取代阔阔出为别乞,他"骑白马,著白衣",是一位稳重而伟大的萨满。①

这样,草原上两个毡帐内部发生了一场实质是宗教与国家、巫师与大汗之间的斗争。然而,当大汗实际上是在这位巫师的背部给予一击时,这种斗争突然结束了。

8. 新兴的蒙古帝国:国家与军队

尽管除掉了萨满阔阔出,但新兴的蒙古帝国仍保留了以萨满教为基础:古突厥－蒙古人的万物有灵论②,其中或多或少杂有袄教和中国文化的成分。大汗是神的表现,神仍是腾格里(即天或天神)。在某些方面类似于中国的天,更不用说像伊朗人的阿马兹达神了。成吉思汗的所有子孙们,无论是在远东没有完全中国化者,或者是在突厥斯坦、波斯和俄罗斯没有完全伊斯兰化者,都宣称他们是腾格里(天国)在地上的代表:他们的统治是腾格里的统治,反他们就是反腾格里。

成吉思汗本人似乎特别崇拜耸立在斡难河河源的不儿罕合勒敦山(今肯特山)上的神。在他发迹之初,当他从劫持了他的妻子的蔑儿乞人中逃脱(多亏了他的骏马)时,他就是到这座山上避难的。他像一位朝圣者一样立即爬上山。按蒙古习惯,他首先脱帽

---

① 巴托尔德《突厥斯坦》第391页。
② 如果说,他(指成吉思汗)在此未沿用7和8世纪的突厥可汗们的礼仪上的老话,如和硕·柴达木碑文中所记:"朕是同天及天生突厥毗伽可汗"的这些话(汤姆森《鄂尔浑碑文》第122页),那么,他也是恢复了这种思想。

和解下腰带搭在肩上，以示顺从，然后跪拜九次，并用乳酒（即牧民的酒，是马奶发酵制成）作奠祭仪式。同样，以后在他发动进攻北京金国的大规模"民族"战争之前，他又到不儿罕合勒敦山重复这一朝圣，以同样恳求的态度，他解下腰带搭在脖子上，祈祷说："呵长生天！我已武装起来，要为我的祖先们所流的血报仇，金人辱杀他们，若你许我复仇，请以臂助！"拉施特记下了这些话。其他史籍表明，在出征前夕他将自己闭于帐中，三天独自与神在一起，在他周围的人不断祈祷"腾格里！腾格里！"第四天，这位得到天助的汗终于走出帐，宣布苍天将保佑他获胜[1]。

以山峰和河源为崇拜物的古代万物有神的宗教中发展成仪式，穆斯林作家们和基督教传教士们对此都有记载：登上圣山的顶峰以便靠近腾格里，呼唤腾格里，解下帽子和把腰带放在肩上，以示服从，责任落在大汗本人身上；当天雷鸣时，也就是说当腾格里显示愤怒时，暗示要注意，不要弄脏泉水，因为它们是精灵出没之地，或者说，禁止在小溪中洗澡和洗衣服（最初，这一法令引起了穆斯林社会的严重误解，他们是坚持沐浴的）。蒙古人在对天和巫术的迷信恐惧中还感到，在信奉萨满外，还兼容神的其他代表是明智的，换言之，是容忍可能拥有超自然威力的任何教派的首领们，如他们在克烈部和汪古部中发现了聂思托里安教师，在回鹘和契丹人中发现了佛教僧侣，以及来自中国的道士，西藏的喇嘛，方济各会会士或穆斯林的毛拉[2]。他们

---

[1] 据拉施特，转摘多桑《蒙古史》I，123。符拉基米尔佐夫《成吉思汗传》第92页。
[2] 成吉思汗圣旨中规定："和尚根底寺，也立乔大师（即也里可温）根底胡木剌（修道院），先生根底观院，达失蛮根底答昔吉（礼拜寺），那的每incentives头儿拜天底人，不得俗人骚扰，不拣甚么差发休交出者。破坏了的房舍、旧的寺观修补者。我每名字里，交祝寿念经者。"参见蔡美彪《元代白话碑集录》第5页。

对各教派的首领表现出来的优待为他们的腾格里信仰提供了一种特别的保证。于是,普遍的迷信恐惧产生了普遍的容忍,直到突厥斯坦和波斯的成吉思汗后裔们失去了这种因迷信而产生的恐惧之后,他们在世界观和行为上才变得不宽容了。

建筑在这些原则基础之上的蒙古国家从回鹘人那里借来了文明的工具——文字和官方语言。如上所述,在乃蛮国于1204年被推翻时,成吉思汗任用已故塔阳的掌印官、回鹘人塔塔统阿。塔塔统阿担负着教成吉思汗儿子们用回鹘字书写蒙古语①和用塔马合(即帝国印章)签署官方法令的任务②。在这些新事物中可以觉察出总理公署的萌芽。从1206年起,成吉思汗任命失吉忽秃忽为大断事官,失吉忽秃忽是塔塔儿人,自幼由成吉思汗及妻子孛儿帖收留和抚养长大。失吉忽秃忽负责用回鹘字写蒙古语音以记录审判的决议和判决,掌管表明蒙古各贵族中居民分配情况的花名册,被称为"青册"。初期的这些工作导致了实用法典的产生,其次是产生了家系手册,或用伯希和另有的说法:"蒙古的多齐埃种类"。③

成吉思汗后裔的"札撒"(yasaq)④,字面意思是"规章"或"公共法典",其初本(或帝国大典)定于1206年召开的库里勒台上。通过札撒,得到天助之力的大汗对其人民和军队实施了上天制定的严格的纪律(民和军的范畴很难区分)。法典确实严厉:谋杀、盗

---

① 伯希和"'突厥斯坦'评注"第34页。
② 关于塔马合(tamgha是突厥字,蒙古译写成tamagha),参看上引书第35页。
③ 像多齐埃17世纪的著作 *Généalogie des principales familles de France*。伯希和《〈突厥斯坦〉评注》38页和40页以下,纠正了巴托尔德和符拉基米尔佐夫的看法。
④ 蒙古语写作 jasaq 或 jasa,突厥语 gasaq 或 yasa。参看伯希和《亚洲杂志》(1913年4—5月)第458页和(1925年4—6月)第256页。意即"管理、确定"。

窃、密谋、通奸、以幻术惑人、受贿物者等死。违令行为不论军、民都按公共法典与犯罪同样论罪。札撒既是民法典又是行政法典：是管理社会的实用的纪律。在法学领域内由成吉思汗"名言"或"箴言"（必里克）组成，这些箴言像札撒一样未能流传下来。

蒙古纪律产生的结果令西方旅游者吃惊。1206年的库里勒台之后大约40年左右，方济各会传教士普兰·迦儿宾从蒙古回来后写道："鞑靼人（即蒙古人）比世界上的任何民族都更加服从自己的统治者，甚至比我们的牧师对他们的修道院院长更顺从。他们非常崇敬长官，不对他们撒谎。他们之间很少互相争吵和谋杀。只有小的偷盗行为。如果他们中的一个人丢了他的牲畜，拾者可能会物归原主，绝不会纳为己有。他们的妻子很守节，甚至在她们尽情欢乐时也是这样。"如果有人将这幅图画与成吉思汗征服前夕蒙古境内的混乱状况相比较，或者与今天蒙古人的道德水平相比较，将会惊叹成吉思汗札撒给蒙古社会带来的深刻变化。①

居于社会结构最高层的是成吉思汗家族：以大汗为首的黄金氏族（altan uruk），大汗的儿子们是王子（köbegün）。黄金家族在他们统治的被征服地区行使财产权，其方式与世界征服者的祖先们在他们小得多的草原故乡上实行的统治非常相似。划分给成吉思汗的四个儿子的牧地是未来成吉思汗诸蒙古汗国的萌芽。蒙古社会——或者说突厥-蒙古社会，因为成吉思汗从阿尔泰地区吸

---

① 这是约因维尔摘录的他所知道的来自方济各会传教士对札撒的知识，"成吉思汗发布的训言，目的是在蒙古人中保持和平，它们十分严厉，以致没有人偷别人的东西，也不伤害其他人，除非他想不要他的拳头，没有一个人与别人的妻子或女儿通奸，除非他不想要他的拳头和生命。他制定了许多好的法令，以确保和平。"

收了大批突厥部落——保留着贵族政治的特征。正是巴托尔德和符拉基米尔佐夫所研究的古代"草原贵族",即勇士贵族(巴阿秃儿)和部落首领贵族(那颜),①继续统率和操纵着社会各阶层:战士(或称亲兵),他们是完全自由的人(那可儿);普通百姓,或称平民②;最后是奴隶(乌拉干,字斡勒)③,按理他们由非蒙古人组成。符拉基米尔佐夫在此识别了封建社会所有的各社会集团,在不同阶层上,封建社会的各社会集团以对个人效忠的世袭纽带而联系在一起。

在军队中也有同样的封建等级。个人效忠的纽带将十夫长(阿儿班)、百夫长(札温)、千夫长(敏罕)和万夫长(土绵)联系在一起。百夫长、千夫长和万夫长是由地位较高的那颜组成。在他们之下,军队的骨干是由自由人中的小贵族组成,他们取古突厥称号达干(蒙古语,答儿罕 darqan),④原则上,他们有权留下战争中掳掠的战利品和大规模狩猎远征中获取的猎物。顺便说,一些答儿

---

① "在1389年的《华夷译语》字典上,那颜相当于贵族(Kuei)。今读音是 nogon,听起来,似乎近似于中世纪外国人读的 noin(复数是 noyad 或 noyat)。"参看伯希和《东方基督教评论》(1924年)第306页,(110)。

② 又称哈剌抽,写作 Xaracu,Xaraju,意"庶平、平民、下民、贱民",即与贵族相对的普通人。——译者

③ 字斡勒(boghul),相当于突厥语的 qul,即被奴役、被剥削的劳动者。元朝人汉译为奴婢。参看亦邻真"关于10—12世纪的字斡勒"《元史论丛》第三辑第23—31页)。——译者

④ 达干,或答儿罕,原则上是免税的,参看莫斯特尔特《鄂尔多斯地区》38页;关于那可儿参看拉弗·福克斯《成吉思汗》109页。
答儿罕是"从奴隶中解放出来的自由人",由"家人"因立功而获得解放,所以,特别是在成吉思汗时代,答儿罕不仅能得到自由民的地位和豁免赋役,而且也能登上各种级位,并由此进入封建领主的圈子。巴托尔德认为他们属于"军事贵族阶级",伯希和认为,巴氏的解释过于广泛。那颜有时也取得答儿罕的身份,此时答儿罕表示犯罪不罚之意。——译者

罕是因其勇而擢升为那颜的。

正如符拉基米尔佐夫所描述的那样,军队这一"贵族性的组织"有自己的精锐:大汗的护卫军。护卫军(怯薛)约由一万人组成。护卫军中的士兵原则上分值日班者(土儿合兀惕)和值夜班者①。此外还有弓箭手豁儿赤,或称箭筒士。"值夜班人数是800—1000,箭筒士是400—1000。值日班人数是1000。护卫军实际力量最后达到10000人。"②只有贵族和被称为答儿罕的、有特权的自由人集团的成员才能加入护卫军。护卫军中一个普通士兵的地位在其他军队的千夫长之上。正是从这支护卫军中成吉思汗挑选了他的大多数将领。

原则上,蒙古军队分为三翼,按蒙古人习惯的方向、即向南展开。左翼军在东,最初由札剌儿部木华黎统率。中军由八邻部那雅指挥,还有察罕——成吉思汗像儿子一样收养长大的唐兀惕族青年——统率的上千名挑选出来的护卫军。右翼军由阿鲁剌惕部人博儿术统率。在成吉思汗去世时,军队的实际力量已经达到129000人。由于军事形势的需要,左翼军有62000人,右翼军有38000人,其余则被分配给中军与后备军③。

蒙古军朝南的队列与它的出击目标是一致的,它朝南方各国

---

① 关于这些名称,参看伯希和"'突厥斯坦'评注"第28页及其后,文中订正了巴托尔德《突厥斯坦》第383页和沙畹在《通报》(1904年)第429—432页文章。

② 巴托尔德《突厥斯坦》第384页,一万人的组织称为土绵,10万人称为蠹(来自于旗帜蠹)。

③ 巴托尔德《伊斯兰百科全书》"Cinghiz-Khan"条目,第881页上说,蒙古全军人数是129000。此估计数来自拉施特,转自多桑《蒙古史》II,3—5。埃德曼《铁木真》455页从一本波斯书的记载中推断出不同的数据:护卫军1000人,中军101000人,右翼47000人,左翼52000人,帝王卫队29000人,总数230000人。

第五章 成吉思汗

呈扇形展开。出击的目标是左边的中国;中部是突厥斯坦和东伊朗;右边是俄罗斯草原。

这部史诗中的英雄、这位蒙古武士的相貌是什么样子呢?赵孟頫画派的中国画家们惟妙惟肖地画出了他的肖像,看了成吉思汗的传记史家弗南德·格纳德在游历了蒙古之后所作的描述,就像是看到了上述古代的一位大师展开的画卷:"在帐篷里,这位战士戴着有护耳的皮帽子,穿着长筒毡袜和皮靴子,一件皮外衣长至膝盖以下。在战场上,他戴着皮制头盔,一直遮到后颈,穿着黑色皮条编织成的、坚固而柔软的胸甲。他的进攻武器是两张弓弩和两个装满箭支的箭囊,一把弯形马刀,一把短柄手斧,一把悬挂在马鞍上的铁钉头锤和一支能把敌人从马上拖下来的带钩的长矛,还有一条条有活结的马鬃绳。"①

蒙古人与他们的战马形影不离。他们彼此之间确实有些类似;他们出生于同一草原,在同样的土地上和气候中成长,经受了同样的锻炼。蒙古人身材矮小敦实,骨骼大,体格结实,具有不寻常的忍耐力。蒙古马也是个小而壮实,体态不优美,"有强健的脖子和粗壮的腿,厚厚的毛,但是,蒙古马以其烈性、精力、忍耐力和平稳的步伐而令人惊叹。"②无疑,正是北方游牧民的这种战马在历史黎明时期已经使驯马的印欧人获得了优势,在古典古代末期,它驮着匈奴人征服了中国和罗马帝国。而今在中世纪,新的活力将把草原上的所

---

① 格纳德《成吉思汗》第 76 页,迦儿宾在标明是 1246 年时,非常详细地描述了这支军队,特别是用来骑兵从马上拖下来的带钩的矛。
② 上引书。发酵的马奶,或称忽迷思还是蒙古人喜爱的饮料。参考伯希和《亚洲杂志》(1920)第 170 页。

有骑手推向北京、桃里寺[大不里士]和基辅的金色宫殿。

有关蒙古战术人们写得很多。有些人把它与腓特烈二世或拿破仑的战术相比较。在一些高级军事会议中拟定的战术,卡洪视之为天才的奇想。实际上,蒙古人的战术是匈奴、突厥人的古老战术:即长用不衰的游牧战术的完美形式,是从对耕地边缘的不断攻击中和从草原上举行的大规模狩猎中发展形成的。成吉思汗的传说转述了他的名言:"白天以老狼般的警觉注视,夜间以乌鸦般的眼睛注视。战时像猎鹰般扑向敌人。"鹿群耐心地潜近猎物教会了牧民们暗地里派出许多神不知、鬼不觉的探子去观察猎物或敌人。在狩猎中一排拍打器的使用教会了他们的拦截运动,这种运动使牧民能够从两翼包抄敌军,就像他们在大草原上拦截逃跑的野兽一样。

靠这支高度灵活的骑兵,牧民们给人们造成了从天而至和草木皆兵的效果,使对手还未交锋已仓皇失措了。如果对手固守阵地,蒙古军并不深入进攻,他们用所有草原掳掠者所采用的方式,散开、躲起来,当中国的长矛兵、花剌子模人、马木路克,或者是匈牙利骑兵放松警惕时,他们随时又卷土重来。在他们佯装后退时,倒霉的是错误地尾随蒙古牧民的敌人,他们将他引入迷途,使他远离了自己的阵地,来到危险地带,并且进入了埋伏圈内,在那里他将被包围,并像一头公牛一样被砍死。列于军阵前列或两翼的蒙古轻骑兵担负着用齐发的箭射敌的任务,这些飞箭在敌阵营中辟开一些可怕的空隙。像古代的匈奴人一样,蒙古人也是马上弓箭手——从孩提时期就成为了一位骑射手——他们百发百中的箭可以射中200码甚至400码以外的人。再加上难以捉摸的灵活性,其战术优势在当时是独一无二的。蒙古骑兵对自己的优势十分自信,他们的先头部队不时地由那些放完一排排箭后撤下来的梯队替换。直到敌人已经被引出阵地,或者是被这种远距离射击挫伤时,居中的重骑兵才出击,用长刀将敌人砍倒。在整个战斗中,蒙古人还充分利用他们的体格、丑相和身上散发出来的难闻的恶臭给人产生的恐惧。他们意外地出现、在地平线周围散开。在可怕的寂静中慢步缓行着前进,没有指挥的号令声,看旗手的手势。然后,在适当的时候突然冲锋,发出鬼嚎般的尖叫和呐喊[1]。

这些便是猎人们设法使猎物发狂、困惑,以便捉住它时所采用的由来已久的传统计策。蒙古人和他们的马猎获中国人、波斯人、罗斯人和匈牙利人,正像他们猎获羚羊或老虎一样。蒙古的弓箭手击倒疲惫不堪的骑士,就像他击落展翅高飞的鹰。蒙古人最杰出的战争是对河中和匈牙利的战争,这些战争都具有大规模的围猎形式,在以系统的屠杀使这种追逐结束以前,设计了使"猎物"疲乏、恐惧、耗尽精力和包围它的方法。

敏锐的观察家普兰·迦儿宾栩栩如生地描述了所有这些战术:"一旦他们发现敌人,就立即攻击,每人向敌人射出三四支箭。如果他们看到不能打败敌人,就向后退,回到他们自己的阵线。他们这样做,是作为一种奸计,诱使敌人追赶他们,直至他们准备了埋伏的地方。如果他们看到,与他们为敌的是一支大军,他们就骑马离开,停在离敌人一天或两天路程的地方,进攻并抢劫沿途之地……,或在精心挑选的地方扎营,当敌人列队而过时,他们突然

---

[1] 阿尔土年《13世纪的蒙古人及其对高加索和小亚细亚的侵略》(柏林,1911)74页。

发起进攻……他们的战术很多。他们派一支由俘虏和随同他们作战的其他各族人组成的辅助军从正面迎击敌人,而其主体占领左、右方位,便于包围敌人,这样,他们有效地使敌人误认为他们人数很多。如遇敌人顽强抵抗,他们就放开一条路,让他们逃走,当他们逃散时,就尽可能多地杀死敌人(速不台将在1241年的绍约河战役中使用此战术)。但是,他们尽量避免肉搏战,他们的目标只是用箭射伤或射死敌方的人和马。"卢布鲁克描述了蒙古人在大规模的狩猎远征中采用的同样战术:"当他们要猎取时,就在野兽出没的地方聚集大批人并逐渐缩小包围圈,像一张网似地围住它们,最后用箭把它们射死。"

9. 征服中国北部

统一蒙古之后,成吉思汗着手征服中国北部。

他首先进攻唐兀惕[唐古特][1]游牧民在甘肃、阿拉善和鄂尔多斯建立的西夏国。唐兀惕人属藏族,信仰佛教。他们由于受中国的影响,有几分文化,尤其表现在他们的文字上,它来源于中国字。这次攻西夏是蒙古人对定居的文明民族采取的第一次行动。蒙古首领攻西夏是在考验蒙军的素质。西夏是原中国版图分裂为三个国家中最弱的一个。再则,成了西夏国的主人之后,成吉思汗就控制了从中国到突厥斯坦的通路,同时还可以从西面包围蒙古

---

[1] 元时蒙古人称党项人及其所建的西夏政权为唐兀或唐兀惕,清初译为唐古特。今蒙古语仍称青藏地区及当地藏族为唐古特。——译者

人的世仇、北京的金朝。虽然蒙古人在进攻不设防地区的敌军时是令人叹服地组织起来的,然而,就设防地区而言,可以肯定他们是新手。这一点在他们的攻金之战中将变得更加明显,甚至在他们对西夏的远征中也可以看出来,在成吉思汗几次(1205—1207年,1209年)蹂躏西夏时都未能攻陷都城宁夏和灵州。西夏王李安全(1206—1211年)承认自己为纳贡者暂时保住了王位,但1209年,成吉思汗又返回来包围中兴府(今宁夏),他企图引黄河水灌城而夺取中兴府。然而,水坝工程对蒙古人来说是很复杂的,他们未能按预定方向引水。这一次西夏王将自己的一个女儿献给成吉思汗,求得和平(1209年)①。

在使西夏成为他的属地之后,成吉思汗转攻女真国,即通古斯人在中国北部建立的国家,或者像上文所称呼的金国。金国广袤的疆域上文已经提到,它包括满洲和汉水、淮水以北的中国地区,以北京为它的主要都城,以热河的大定、辽阳、山西大同、河南开封为第二都城。前文提到过成吉思汗青年时代曾与克烈人一起站在金朝一边与塔塔儿人战斗的事。因此,他是金朝的属臣,金朝把他看成雇佣兵,在承认他所作出的贡献后,金朝封赏他一个中等的官职。②但金王麻达葛(1189—1208年在位)在这些事件发生的过程中去世,他是唯一能使成吉思汗保持臣属关系的人。成吉思汗利用麻达葛

---

① 《元史》第14页:"引河水灌之。堤决,水外溃遂辙围还。"
② 金封他为札兀惕忽里,《圣武亲征录》和《元史》作察兀忽鲁。关于该职的解释很多。《亲征录》注为:"若金移计使,某氏云移计者招讨之误。"《万历武功录》释为招讨使,拉施特释为大官(强大的首长),符拉基米尔佐夫释为前锋司令官,多桑说是一种高等军职,王国维和那珂通世释为百夫长,也有说是《金史·百官志》中的七品官秃里,陈寅恪先生指是《秘史》281节中的札忽惕,"忽里"汉语意部长或总帅之意。——译者

的继承者永济继位（1209—1213年在位）之机，轻蔑地撤销了他对金的效忠。金朝使者要成吉思汗跪下接新皇帝登基的诏书，这位世界征服者勃然大怒，"遽南面唾曰：'此等庸懦亦为之耶，何以拜为！'"永济确属庸碌无能之主，只是将领们手中的一个傀儡。这次正像在花剌子模的情况一样，成吉思汗遇到的是虚弱而又妄自尊大的敌人的反对，这是很幸运的。

山西省北部，在蒙古人一边的通往长城的北部地区，是为金成边的突厥联盟部落：汪古部，他们信仰聂思托里安教①。在蒙古的内战中，汪古部首领阿剌忽失的斤从1204年起就站在成吉思汗一边。阿剌忽失的斤家族的忠诚在世界征服者的攻金战争中将得到证明，他们打开了入侵的道路，并于1211年把由汪古部人戍守的边境让给了他。作为回报，成吉思汗嫁女儿阿剌该别吉②给阿剌忽失之子波姚河。

成吉思汗把蒙金之间的冲突变成一次民族战争。回忆起被金人钉死在木驴上的原蒙古汗们，他庄严地向天呼唤："呵，长生天！金人辱杀我叔父斡勒巴儿合黑和俺巴孩，若你许我复仇，请以臂助！"同时，成吉思汗又以替北京的前君主、以后被金撵走的契丹人报仇雪耻的面目出现。在契丹人这一方也积极支持他的事业。原耶律王室王子耶律留哥于1212年代表成吉思汗在满洲西南、辽河一带的原契丹国境内起兵。现在已经知道契丹人是说蒙古语。他们与成吉思汗之间必定存在着某种种族的或是亲属的联系，使他

---

① 伯希和"中亚和远东的基督教徒"（《通报》1914，第630页）。
② 阿剌该别吉是一位能干的女人，其夫死后，她显示了统治汪古部的才能。上引书，631页。

们联合起来对付北京的通古斯人的王朝。成吉思汗接受了耶律留哥的效忠誓言,并派给他一支由那颜者别率领的军队。1213年1月,者别①帮助留哥从金人手中夺取辽阳,并且将他置于蒙古的宗主权下,以"辽王"的身份把他安置在他祖先统治之地。这位原契丹王的后裔后来证明自己是蒙古皇帝的最忠实的属臣,至死不渝。于是,金朝边界在东北方和西北方,即在契丹人一边和汪古部人一边同样被敞开了。

成吉思汗的攻金战始于1211年,战争一直持续到他去世(1227年)之后——其间只有短暂的停战——由他的继承者结束这次战争(1234年)。长期战争的原因是,尽管蒙古人有灵活的骑兵,在劫掠农村和不设防城镇时非常优秀,但是,他们在相当长的时期内不懂攻占由中国工兵们守卫的要塞的艺术。其次,他们在中国作战像是在草原上一样,发动反复的攻击,而每一次都是携带战利品撤退,于是给予金人重又夺回城市和在废墟上重建和修整工事的时间。在这种情况下,蒙古将领们不得不对某些要塞进行两次或三次以上的反复攻占。最后,蒙古人习惯用屠杀、全面驱逐、或在白旗之下整编入册的方法处置在草原上战败的敌人。然而,在定居国家,特别是在人口众多的中国,屠杀很少起作用,总有更多的居民来填补被夷之地。除此以外,金人——古代女真人,他们过定居的生活方式仅仅是一百年前的事——还保留着通古斯人血统的全部活力。因此,蒙古人面临他们不熟悉的围攻战的考验,这一考验因以下事实而加倍严峻,即他们不仅要对付中国工程人

---

① 者别,《元史》作遮别。——译者

员高超的设防技术,而且要对付通古斯武士们的勇猛。无论如何,正像我们将要看到的那样,除了在战争初期外,成吉思汗本人并未亲自参加这次战争。发动攻金战争(1211—1215年)之后,他就把他的大部分军队撤回去征服突厥斯坦。他走之后,他的部将们可能进行的只不过是一种疲软的战争,这种战争尽管可以消灭金军,但是,却不能结束金国的统治。

然而,必须公正地说,这位蒙古皇帝只要亲临战场,就以他一贯坚韧不拔的精神指挥战斗。① 1211—1212年的那些战争是集中于有步骤地突破山西北端大同(金朝的西京)边境和河北北部的宣化县(当时的宣德州)和保安。除了设置的堡垒外,这一地区被夷为荒地。尽管者别——成吉思汗的杰出部将之一——于1212年以佯装退却的方式突然攻占了满洲南部的辽阳,但是,成吉思汗本人在山西北部却没有攻下大同。因此,更不用说蒙古人可能希望对金朝廷所在地北京发起相应的围攻。1213年,成吉思汗在最终征服宣化以后,兵分三路进攻。一路由其子术赤、察合台和窝阔台统率,入山西中部,抵达并夺取了太原和平阳,《元史》中说,只是为了将战利品运回北方,他们才撤离该城市。成吉思汗在其幼子拖雷的陪伴之下统率中军,中军南进到河北平原,夺取河间、山东的济南。除北京外,只有另外几个设防城市,如河北真定和大名②,似乎避开了这股山东南部边境涌来的洪水。最后,成吉思汗的弟弟、最优秀的射手哈撒儿和幼弟铁木哥斡赤斤统率第三路军,他们沿直隶湾,朝永平

---

① 记录成吉思汗战争的史书《元史》,在地理位置上简略而准确。
② 《史集》记:"成吉思汗本人和又名也可那颜的拖雷汗率领中军从中路前进,他们没有侵犯东平府、大名府这两座大城……"——译者

的门槛和辽西迈进①。

三路军骑马挺进之后,成吉思汗在北京城前又汇合他的军队,目的至少是要作一次封锁北京的尝试(1214年)。在北京,宫廷政变在金朝宫廷中刚刚引起了骚乱。金帝永济已经于1213年被他们的将军胡沙虎暗杀,胡沙虎拥立永济侄子吾睹补登上王位。遗憾的是,新帝(1213—1223年在位)与永济一样地无力胜任。但是成吉思汗缺乏正规围攻战所必需的兵器。他像以往一样谨慎,接受了吾睹补求和的要求,而不顾他的将领们的焦急。金人赔偿了大量的战争费用——黄金、丝和三千匹马,还有青年男女,其中一位女真公主是献给成吉思汗本人的②。后来,这位征服者带着他的战利品经张家口又返回蒙古。

蒙古人一走,吾睹补认为北京易受攻击,迁都开封(1214年)。实际上等于放弃了北京。成吉思汗感到,迁都意味着战争较早地重新开始。他撕毁了休战协定,抢先采取行动。他再一次侵入河北,又包围北京。金国的一支运送粮饷的援军在北京和河间府之间的霸州被击溃,北京守将完颜承晖绝望自杀。蒙军占领北京,屠杀居民、夺民房,最后纵火焚城(1215年)③。劫掠持续了一个月之久。

很清楚,游牧民完全不懂得大城市所能发生的作用,也不知道如何利用它来巩固和扩大自己的政权。对于人类地理学研究者们来说,这里最有趣的情况是:当草原居民没有经历一个过渡阶段而

---

① 此外英译为yungping,应是蓟州(今河北蓟县)和平州(今河北卢龙)。——译者
② 女真公主指卫绍王之女、岐国公主。见《元史》17页。——译者
③ 《元史》18页,该书没有提到屠杀,《秘史》法译本86页中,北京在蒙语中是Jung-du,即汉译名中都。

幸运地占有了具有都市文明的古老国家时，他们感到困惑。他们到处烧杀，与其说是出于生性残忍，不如说是出于困惑。因为他们不知道更好的处置方式。可以看到，在蒙古首领中——或者至少是在忠实地遵守札撒的那些人中——掠夺是一种无私利的事。以失吉忽秃忽为例，他甚至拒绝接受分给他的一份很小的金朝的财物[1]。

正是基于困惑所产生的这种行为使文明遭受了如此深重的灾难。成吉思汗的蒙古人，正像史料反映的那样，或者是作为独立的个体来考虑时，没有表现出是邪恶的人，他们服从札撒，这是一部荣誉和诚实的法典（除开邪恶部分外）。遗憾的是，把他们与在他们之前的古游牧民相比，特别是与10世纪的契丹人，甚至12世纪的女真人相比，他们明显地迟钝。女真人随着小规模的屠杀，至少很快就继承了前王朝，不再摧毁从此以后属于他们自己的财产。成吉思汗的蒙古人虽然可以肯定不会比他们的前辈更残酷（确实，由于服从札撒，他们具有更严格的纪律，由于成吉思汗的个性，他更冷静，更强烈地受到道德尺度的吸引），他们巨大的破坏性，仅仅是因为像在他们之前的匈奴、柔然、突厥和回鹘一样，他们更加野蛮，确实是构成了野蛮风尚的总集[2]。

成吉思汗史中存在的自相矛盾在于一种对比：一方面是领导

---

[1] 失吉忽秃忽对成吉思汗说:"我认为征服该城（指北京）后的每一件东西都是属于您的，除您以外，无人有权享有之。"（《铁木真》第329页）在波斯史书中，对失吉忽秃忽，乌格尔和阿尔凯的两种态度都有描述（《秘史》法译本第86页）。

[2] 关于成吉思汗军在中国（无疑指北京）犯下的暴行，以及对广场上堆积的尸体腐烂、尸骨遍野、随之产生的流行病的描述参看花剌子模使节、目睹者拉齐提供的材料（Tabaqat—i—Nasiri）（巴托尔德《突厥斯坦》第393—394页）。在《元史》中，由于蒙古征服者在死后很久才作为中国皇帝加以追述的，故避而不谈这些事。

第五章 成吉思汗

者的明智、深谋远虑和道义性,领导者将他自己的和他的人民的行为纳入具有健全常识的原则,牢固地建立起正义;另一方面是刚摆脱原始野蛮状的人民的残忍行为,仅仅是企图获得使投降的敌人产生恐惧的那些行为,降民对他们来说是一支其生命没有多少价值的民族,作为游牧民,他们完全不懂定居民族的生活,不懂城市环境、农业耕作,不懂除他们的草原故乡外的任何事情。现代史学家们基本上与拉施特或者《元史》的编者们一样,当他们面对领导者的智慧(甚至是适度的)与返祖的和部落传统的残忍相结合的这一完美自然结合体时,他们非常惊讶。

占领北京后,在愿意支持蒙古统治的俘虏中,成吉思汗选中一位契丹族王子耶律楚材,他以"身长八尺,美髯宏声"博得成吉思汗的喜爱,被任命为辅臣。这是幸运的选择,因为耶律楚材融中国高度文化和政治家气质于一身。像回鹘大臣塔塔统阿一样,他是辅佐亚洲新君主的最合适的人。这一时期,成吉思汗后裔还不能直接从中国人那里吸取中国文化。而像耶律楚材这样的中国化突厥-蒙古人——由于他是契丹人,他应属蒙古种人——能够填补这一空白,使成吉思汗及他的继承者窝阔台熟悉定居文明中所实行的行政管理和政治生活的要素。

现在的金国,环绕着它的新都开封,领土只不过是河南省和陕西的一些设防地区。1216年,蒙古将领三木合·巴儿秃[①]占领了控制着陕西与河南间的黄河谷地的重镇潼关,使这两个省份被隔断。但是,以后潼关又落入金朝手中。事实是,正如下面我们将看

[①] 三木合·巴儿秃属泰赤乌惕部(埃德曼《铁木真》第328页)。

到的那样，成吉思汗因突厥斯坦事务缠身，只是时不时地把注意力放在攻金之战上，金朝趁此机会收复了蒙古军占领地的相当一部分地区，北京除外，它仍在蒙古人手中。

不过，在成吉思汗把注意力转向西方以前，曾把中国之事委托给他最杰出的将领木华黎。木华黎以这支相对说来已疲惫不堪的军队（一半是蒙古正规军，即 23000 人，和许多当地的辅助军）①，经过坚韧不拔的战斗和周密的计划，后来取得相当大的成功。在 7 年的持续战争（1217—1223 年）之后，他再次把金国的领土限制在河南省内②。1217 年，他占大名③，大名是曾经坚持抵抗成吉思汗本人进攻的河北南部的一个要塞。1218 年，他又从金国夺取山西首府太原和平阳。1220 年又取山东首府济南。同年，其副将在黄河以北的河南地区夺取彰德。1221 年木华黎占领陕西北部的许多城市，其中有保安和鄜州，1222 年夺取陕西古都、渭水以南的长安。1223 年当他刚从金朝手中夺取山西西南角、黄河弯曲处的河中要镇（今蒲州，它是金朝在一次袭击后重新占领的）时，因精力衰竭而死。他死后，河中要塞又被金收复。在这个人口密集之地，处处是天然堡垒，于是战争退化为没完没了的围攻战。然而，在经历了初期的探索性努力之后，蒙古军中编入了大量的契丹辅助军、女真支持者和中国工兵，由此使他们适应新式战争④。

---

① 如巴托尔德估计（《伊斯兰百科全书》"成吉思汗"条目，第 882 页）总数是 62000 人。
② 《元史》22 页"令汝主为河南王，勿复违也。"
③ 但蒙古人未能长久保大名，因为木华黎于 1220 年又不得不重新夺取它（《元史》20 页）。
④ 正是金将明安率一队女真人投降蒙军。他们都改变了效忠的对象，聚在木华黎身边为征服北京而战（《铁木真》第 328 页）。

10. 蒙古人征服原喀喇契丹国

当成吉思汗开始征服中国北部时，他的私敌、末代乃蛮王之子屈出律正在使自己成为中亚一个帝国、即喀喇契丹国的君主。

上面我们已经提到过（第164页），喀喇契丹国是中国北部的契丹人中的一支，在历史上被称为喀喇契丹或黑契丹的人在伊犁河、楚河、怛逻斯河流域和喀什噶尔建立的国家。

我们还看到，他们是一支（或者只是贵族阶层）具有中国文化的蒙古种民族，他们对那些宗教上是伊斯兰教，种族上是突厥人的地区居民实行过统治。喀喇契丹都城在伊塞克湖以西、楚河上游的八拉沙衮，喀喇契丹的统治者取突厥帝号：古儿汗，即"世界之汗"，他们把下列民族列为藩属之列：（1）在东部是回鹘人，他们是一个信仰佛教或是聂思托里安教的突厥种民族，居住在别失八里（今济木萨）、吐鲁番、焉耆和库车[①]；（2）在北部，沿伊犁河下游是葛逻禄突厥人，他们中部分是聂思托里安教徒；（3）在西南部，是花剌子模的沙赫们（以后称苏丹），他们是穆斯林突厥人，其历史前文已经概述过，他们统治着河中和东伊朗。喀喇契丹国在古儿汗耶律直鲁古统治时期（1178—1211年）已经衰落。这位君主在突然事件面前虽然既不缺乏能力又不缺乏勇气，然而他却终日沉湎于玩乐和狩猎，任其帝国分裂瓦解。1209年，回鹘王亦都护巴而术摆脱了耶律的宗主权而向成吉思汗称臣。古儿汗在回鹘地区的代

[①] 在成吉思汗时期，回鹘王取亦都护称号，意"神圣君主"。8世纪拔悉密的突厥人也取此称号。他们同样也居住在古城附近的别失八里（今济木萨）地区。参看巴托尔德《伊斯兰百科全书》"Türks"条目，第949页。

理人,一位住在吐鲁番(或高昌)的少监被处死①。成吉思汗似乎对回鹘人一直抱有同情,嫁其女阿勒屯别吉给回鹘亦都护。于是,喀喇契丹之东北境成了蒙古人的属地。1211年,伊犁河下游的葛逻禄王阿尔斯兰(都城是海押立)和在伊犁河上游的阿力麻里(今固尔扎附近)称王的突厥冒险家布札儿同样也不承认喀喇契丹的宗主权,而承认他们是成吉思汗的封臣。这就是一个统一的蒙古对戈壁滩和巴尔喀什湖地区的突厥小王公们的吸引。但是,给予喀喇契丹人致命一击的并不是成吉思汗,而是成吉思汗的私敌、原乃蛮部塔阳之子屈出律。

　　成吉思汗对乃蛮人的胜利把屈出律赶出了其祖先之地阿尔泰山。屈出律在父亲死后和部民们被消灭之后,像原盟友蔑儿乞残部一样,到新疆南部去碰运气②。蔑儿乞部残余企图在回鹘地区定居下来,但是,回鹘亦都护巴而术把他们赶走。屈出律要幸运些。喀喇契丹的古儿汗、年迈的直鲁古在八拉沙衮欢迎他,对他十分信任,并把女儿嫁给他(1208年)。但是,这位乃蛮王子急于掌权。看到岳父体弱,不顾老人对他的一片好意,他决定取而代之。他与原喀喇契丹属臣、花剌子模苏丹摩诃末联合,阴谋推翻古儿汗,与他的盟友瓜分喀喇契丹国土③。花剌子模人公开挑战,但是喀喇契丹人作了有力的回击,并占领撒麻耳干[撒马尔罕](1210

---

① 据志费尼记述(巴托尔德《突厥斯坦》362页)。关于回鹘摆脱西辽归顺蒙古之事迹,除穆斯林史料外,汉文史料也可以印证。《高昌契氏家传》记:"[西辽]派太师僧少监来闻(?)其国,恣睢用权,奢淫自奉。[回鹘]王患之,谋于伲俚伽曰:'计将安出?'对曰:'能杀少监,挈吾众归大蒙古国,彼且震骇矣!'遂率众围少监。少监避兵于楼。升楼斩之,掷自楼下。"(《圭斋文集》卷11商务印书馆《四部丛刊初编本》)。——译者
② 参考巴托尔德《突厥斯坦》第362页注4。
③ 据志费尼记,参考《突厥斯坦》第358页。

年)。与此同时,屈出律在伊犁河地区反叛古儿汗,并前往费尔干纳的讹迹邗[乌兹根]抢劫古儿汗的宝藏,并由此向喀喇契丹都城八拉沙衮进军。古儿汗如梦方醒,反击屈出律,并在八拉沙衮附近打败他;但是在怛逻斯附近的另一战场上,他的部将塔延古被花剌子模人俘虏。这支从怛逻斯战场撤退回来的喀喇契丹军发现他们都城的门已经被叛变的居民们关闭,这些居民肯定是突厥人,他们认为摆脱契丹人统治的时机已经来到。愤怒的军队强攻下八拉沙衮后屠城。①

在这些动乱中,古儿汗直鲁古最后遭到屈出律的袭击,被俘(1211年)。② 不过,屈出律待他的岳父尊重仁慈,直到两年后老人去世。在老人去世之前,屈出律一直以老人的名字进行统治,并视其为唯一的君主。

攫取喀喇契丹国的实际控制权之后,乃蛮王子与他昔日的盟友花剌子模苏丹为划分边界几乎兵戎相见。在一段时间内,苏丹的统治在锡尔河以北的讹答剌、柘析(塔什干)和赛拉木(伊斯法吉勒)得到承认。但是,考虑到这些地区难于防守,苏丹不久就把该地区的居民迁到锡尔河南边。

屈出律对喀喇契丹国的实际统治是从1211年持续到1218年。这位阿尔泰山来的游牧者已经成为大部分是定居民族的统治者,然而,他不知道如何统治他们。由哈拉汗朝王室的一些突厥族

---

① 主要根据志费尼《世界征服者史》,对此有两种记载,参看巴托尔德在《突厥斯坦》358页,362页,367页中的讨论。
② 《辽史》卷30《西辽本末》记述:"乃蛮王屈出律以伏兵八千擒之,而据其位。"《世界征服者史》记述:"[屈出律]像从云中射出的闪电一样袭击菊儿汗,完全突出不意地把他擒获。……他的所有军队四散,并离得老远,因此别无他法,他向屈出律称臣,在他面前屈膝。"(汉译本,上册,421—422页)。——译者

穆斯林小国王们统治的喀什噶尔是喀喇契丹国的属地。直鲁古在被推翻前不久曾监禁了喀什的哈拉汗朝汗王的儿子①。屈出律释放了这位年轻人，并把他作为自己的代表派去统治喀什，但是喀什噶尔的埃米尔们拒绝接受他，并处死了他（约1211年）。此后两、三年内，屈出律的骑兵队蹂躏了喀什噶尔（1211—1213或1214年），直到饥荒迫使喀什居民们接受了他的统治②。降民们接着遭到了野蛮的宗教迫害。像大多数乃蛮人一样，屈出律可能或多或少地是聂思托里安教的追随者。不久，在他的妻子的影响下（她是喀喇契丹古儿汗的女儿），他企图使喀什和于阗的穆斯林公开放弃伊斯兰教，接受佛教或基督教。当于阗的首席伊玛目③反抗时，屈出律把他钉死在他办的一所宗教学校的门口。在残酷的宗教迫害之后，喀什噶尔基本上已经是一个穆斯林地区，它将把蒙古人作为解放者来欢迎。

屈出律并没有使自己稍微避免引起伊犁河畔各族的不欢迎。如上所述，阿力麻里（固尔扎）王布札儿已经效忠于成吉思汗。当他打猎时，屈出律对他发起了突然袭击，并把他处死，④但是，屈出律未能占领阿力麻里城，该城由布札儿的遗孀萨尔贝克突干守卫着。以后她的儿子苏格纳黑特勤成了成吉思汗反屈出律的最积极

---

① 该汗名阿尔斯兰汗：阿布儿·穆扎菲尔·玉素甫（死于1205年）。其子末代哈拉汗统治者，名阿尔斯兰汗，阿布儿·法斯穆罕默德（死于1211年）。参考巴托尔德《突厥斯坦》363，366页(据志费尼的记载和贾马尔·喀儿锡）。

② 喀什与于阗地区不归顺屈出律。屈出律没有出动军队去强攻，而是每逢收割季节便派兵去烧毁他们的庄稼，连续三四年收不到庄稼，发生严重饥荒，百姓为饥饿逼迫，归顺了屈出律（《西辽史研》第113页）。——译者

③ 清真寺教长。——译者

④ 据贾马尔·喀儿锡，约1211年，志费尼所记年代相当于1217—1218年。参考巴托尔德《突厥斯坦》第401和368页。

的拥护者之一①。

成吉思汗不能容忍他的宿敌继续作喀喇契丹国的君主,他于1218年命令他最杰出的一位部将那颜者别统率2万人进攻该国。者别奉命首先要保卫阿力麻里和保证苏格纳黑的继承权,但是,当他抵达阿力麻里时,屈出律已离开该地奔赴喀什噶尔避难。八拉沙衮和今天的谢米列契耶之地不战而降。者别由此直下喀什噶尔,在喀什噶尔,穆斯林居民们把者别作为使他们摆脱迫害的救星来欢迎。由于者别对他的军队实行了严格的纪律,特别是禁止抢劫,志费尼说,他们路过时所受到的欢迎像来自安拉的祝福②。屈出律朝帕米尔方向逃去,但被者别的随从们追上,在撒里豁勒河附近把他杀死(1218年)③。

现在整个新疆南部——伊犁河、伊塞克湖、楚河和怛逻斯河流域——归并于蒙古帝国。

11. 花剌子模帝国的灭亡

现在,成吉思汗的帝国与花剌子模帝国已成为近邻了。④

在成吉思汗一边,有蒙古地区的全部蒙古种和突厥种人,他们

---

① 对此贾马尔·喀儿锡与志费尼记载又不相同,巴托尔德《突厥斯坦》第401页。
② 《突厥斯坦》第402页(据志费尼和拉施特,附有一篇阿布哈齐的评论)。参看德梅松译《蒙古人和鞑靼人史》(圣彼得堡,1871—74,2卷102页)。
③ 伯希和"'突厥斯坦'评注"第55页。
关于屈出律败亡地点,《西辽史研究》第113页记述:"屈出律离开巴拉沙衮南窜,1218年在瓦罕河谷东部达拉兹山谷被杀。"具体讨论见姚大力《屈出律败亡地点考》,载《元史及北方民族史研究集刊》第5期,1981年8月。——译者
④ 《秘史》中,蒙语称花剌子模人是萨尔特人(Sartes)。(见海涅士译本,第87页)。

或者是萨满教徒、佛教徒，或者是聂思托里安教徒。归并喀喇契丹国之后，还有喀什噶尔，该地区在宗教上是信仰伊斯兰教，具有纯突厥文化，几乎完全没有受到伊朗的影响。在摩诃末一边，有一个在文化上基本属于伊朗的穆斯林突厥王朝，其中河中地区居住着突厥—伊朗种人，呼罗珊、阿富汗和伊拉克·阿只迷居住着纯伊朗人。

　　这两位统治者之间的对比很鲜明。成吉思汗遇事冷静、精明、顽强、有条理；花剌子模的摩诃末脾气暴躁，做事无逻辑性，缺乏组织能力，又因对古尔王朝和喀喇契丹的战争获胜而自命不凡。后来他的第一次战败使他完全崩溃，束手无策，只留下一付可怜的，几乎是怯懦的形象。两人中，这位游牧的野蛮人是统治者，而这位伊朗化的突厥人、伊斯兰世界的皇帝和定居国家之王不过是一位游侠而已。

　　此外，正如上文所述，成吉思汗将于1220年灭亡的这个花剌子模帝国建立的时间不会早于1194年，实际上，只是在1212年摩诃末杀撒麻耳干的末代哈拉汗王乌斯曼之后，才将都城从玉龙杰赤①（希瓦附近）移到撒麻耳干。它是一个不成熟的帝国，只是在一个临时君主之下建立起来的一个新的版图，又没有与成吉思汗的札撒相应的法典来稳固国家，也没有任何东西可以与原可汗们的复辟帝国的巨大权威相抗衡。从种族上看，在塔吉克人和突厥人（前者是城镇和农耕地区的伊朗居民，后者构成了军队）之间，花剌子模帝国处于一种危险状况。它不像早期的塞尔柱克人那样，以能够产生由阿塔卑组成的、具有军事封建结构的一个穆斯林突厥氏族为基础。花剌子模王朝是出自一个塞尔柱克的显贵家族，在它后面没有部落支持它。花剌子模本土（即希瓦地区）地盘太小

---

① 今乌尔根奇，元代译成玉龙杰赤。——译者

无法支撑一个巩固的土库曼封建主义。结果,军队是由从吉尔吉斯草原的古兹或康里部落中胡乱征集的雇佣兵组成,没有效忠的感情纽带维系,他们中的大多数人只有一个想法,即背叛自己的主人,使自己能够加入成吉思汗大军。此外,苏丹家庭因不可调和的仇恨而分裂。苏丹的母亲,可怕的秃儿罕可敦厌恨她的孙子札兰丁,与他针锋相对,札兰丁是摩诃末的宠儿,是这个衰亡家族中唯一有作为的人。

伊斯兰教的纽带可能给这些冲突和倾轧的人们带来了团结和凝聚力。摩诃末作为伟大的塞尔柱克人的继承人——他把自己与桑伽相比——起着很大的作用。他自称自己只是伊斯兰世界的代理人,并发动圣战(即吉哈特),反对不信教者,以及佛教或聂思托里安教的蒙古人。这位王子希望恢复大塞尔柱克人的事业,像他们那样成为伊斯兰世界的苏丹,但是,他愚蠢已极,与报达[巴格达]的哈里发发生了尖锐的争吵,在1217年,他眼看就要进攻报达了。哈里发纳昔儿(1180—1225年在位)把他视为最仇恨的敌人,声称宁愿要蒙古人也不要他。苏丹和哈里发之间的这种深刻仇恨将使分裂的和无援的伊斯兰世界面临蒙古人的入侵[①]。

成吉思汗与花剌子模人之间的冲突是由后者引起的。成吉思

[①] 即使在河中,摩诃末由于1216年执行苏菲库布拉威的命令,处死了谢克马扎德哀丁·巴格达第而引起了穆斯林教士们的仇恨。关于蒙古人侵伊斯兰世界的历史和对阿拉伯-波斯史书的评论,可参看巴托尔德《蒙古入侵时期的突厥斯坦》第38—58页。应该回顾三个主要的原本:奈撒微是1223年花剌子模王札兰丁的秘书,1241年,他用阿拉伯文写了《札兰丁传》一书;朱兹贾尼为躲避蒙古统治,于1227年从阿富汗地区逃往印度,约在1260年,在印度用波斯文写成《宗教保卫者一览表》一书;志费尼从年轻时代就是蒙古官员,其父也为蒙古人服务。1249—1251年和1251—1253年他游历了蒙古,1262蒙古人任命他为报达总督(马立克),约于1260年,他写成吉思汗史(《世界征服者史》)。1283年志费尼去世。最后还有拉施特(1247—1318年)的《史集》,他部分地取材于《世界征服者史》一书。

汗试图与花剌子模人建立起一般的商业和政治关系。但是，1218年，一支来自蒙古帝国的商队（商队成员中除蒙古使者兀忽纳外，其余成员全由穆斯林组成）在锡尔河中游的花剌子模边境城市讹答剌受到阻止并遭到劫掠，商队中有一百名左右的成员被花剌子模总督亦纳乞克（又称哈亦儿汗）[①]处死。成吉思汗要求赔偿，在遭到拒绝后，就决定发动战争。[②]

1219年夏，蒙军在也儿的石河[额尔齐斯河]上游集中。秋，成吉思汗到达巴尔喀什湖东南的海押立，来到葛逻禄人中，葛逻禄王阿尔斯兰汗加入了成吉思汗阵营，还有阿力麻里的新王苏格纳黑特勤和回鹘亦都护巴而术也都率领各自的军队加入之。据巴托尔德估计，蒙军人数约在10至15万之间，尽管花剌子模军在人数上远远超过了蒙军，但蒙军纪律严明，是一个相当紧密的集体。

花剌子模苏丹摩诃末把他的军队分散在锡尔河一线与河中各

---

① 关于这些名称，参看伯希和《〈突厥斯坦〉评注》第52—53页。
《元史·太祖纪》名哈只儿·只兰秃，第20页。——译者

② 《札兰丁传》认为杀害这些商旅是出于亦纳乞克的贪婪。朱兹贾尼认为亦纳乞克得到摩诃末的默许。伊本·艾西尔的《全史》谴责了摩诃末所犯下的罪行。《世界征服者史》记载，亦纳乞克因一位商旅对他表示不恭而被激怒（参看巴托尔德《突厥斯坦》第398页）。
伊斯兰史书关于此事的记载不一致。据奈撒微《札兰丁传》（59页），讹答剌惨案是因亦纳乞克贪图占夺商队货物造成的，他向摩诃末报告他们是探子，摩诃末仅指示将他们扣留，而他却将他们杀害，侵吞货物。伊本·艾西尔的《全史》记讹答剌长官向苏丹报告了商队的到达和商品的总数，苏丹命令杀死商人，没收其货物交给他，商品被卖给不花剌和撒麻耳干商人，货款归苏丹所有。志费尼《世界征服者史》记载，苏丹的母亲秃儿罕可敦的亲属拥有哈只儿汗的称号，蒙古商队中有一个印度人以前认识他，这次竟直呼其名而不称他汗号，因此被激怒；他同时也觊觎商队货物，于是写信给苏丹，说商队成员是探子，苏丹命令杀死他们并夺取货物。朱兹贾尼两处提到此事，都说是该城长官贪财，但指出他得到了苏丹的允许，有一处还补充说，没收的货物交给了摩诃末。这些分歧的主要原因是由于有的作者明显地偏袒摩诃末，为他辩护，如奈撒微，有的作者则着重谴责摩诃末。其实，摩诃末和亦纳乞克两人都应对惨案负责。见韩儒林《元朝史》人民出版社，1986年版第142页。——译者

设防地区之间。结果，尽管花剌子模军在总人数上占优势，但是，他们在每一单独点上的人数比蒙军少。成吉思汗从锡尔河中游的讹答剌附近进入花剌子模境。由他的两个儿子、察合台和窝阔台率领的一支分队围攻讹答剌城，然而，只是在经过了长时期的攻打之后才占领该城。这位征服者的长子术赤率领着另一支分队沿锡尔河而下，占领塞格纳克（在今突厥斯坦城对面）和真德（今波罗威斯克附近）。派往锡尔河上游的五千蒙军占领了别纳客忒（在塔什干以西），围攻忽毡[今苏联列宁纳巴德]，忽毡守将、能干的帖木儿灭里在进行了顽强的抵抗之后乘小船顺锡尔河而下逃走。巴托尔德在此指出，在这次战争中，穆斯林中涌现出来的个人英雄行为和勇士比蒙古人多，但是，唯有蒙军是有组织的、指挥一致的和有纪律的，他们靠这些取得了胜利。

成吉思汗和幼子拖雷率主军直入不花剌城[今布哈拉]，于1220年2月抵达该城。不花剌城的突厥守军企图突破围城者的防线逃跑，但是，结果只是大批被杀死。被守军们遗弃了的居民们投降（1220年2月10日或16日）。城堡被攻占（城堡内曾有400人在此避难），守城卫兵全部被杀。接着，不花剌城经历了一次有条理的彻底的洗劫。居民们遭到抢劫以及种种虐待、威逼和蹂躏，但是，总的来说，被处死的只是那些企图起来抵制胜利者渎圣暴行的人，尤其是在伊斯兰教"教士"们中。志费尼对成吉思汗进入大清真寺时对群众所作的长篇训话和宣布他是"上帝之鞭"的叙述，巴托尔德认为不过是一种传说而已①。巴托尔德还认为那次彻底摧毁不花剌的大火很可能是偶然引起的。

---

① 巴托尔德《突厥斯坦》第409—410页。

成吉思汗从不花剌进军撒麻耳干，在撒麻耳干城前与刚攻下讹答剌城的察合台和窝阔台会合。撒麻耳干居民——有一部分仍是伊朗人——勇敢地企图出击，但被压住。据志费尼记述，5天以后该城投降（1220年3月）。该城遭到彻底洗劫，为了宜于行动，首先把全城居民驱逐出城，其中许多人被处死。那些被认为有用的人——如技术工匠——被带往蒙古。突厥守军虽然自发地向蒙古人靠拢，但是，也遭到屠杀，无一人幸免。撒麻耳干的宗教首领们与不花剌的同行们不同，他们没有抵抗，所以大部分人被赦免了①。受到优待的那些人终于获许回到撒麻耳干，但是，屠杀的规模相当大，以致留下来的居民几乎还不能住满城市的一角。

花剌子模原都城玉龙杰赤——今希瓦附近的乌尔根奇——经长期包围之后，于1221年4月才被攻占。长时期的包围使成吉思汗的两个儿子术赤和察合台不能调动，并且在接近最后阶段时，甚至还要第三个儿子窝阔台参与。② 蒙古人引该城下的阿姆河水灌城，由此完成了他们的破坏行为。

在蒙古征服河中期间，花剌子模苏丹摩诃末被盲目的狂妄自大而招致的灾难所吓倒，从自负走向极端沮丧，最后完全迟钝了。以后他逃到巴里黑[巴尔克赫]，又从巴里黑继续逃到呼罗珊西部，

---

① 《突厥斯坦》第413页。
② 在围攻玉龙杰赤的战斗中，突出的两位将领是：博儿术和咄伦切必；前者率成吉思汗的私人卫队，后者是率左翼军的千夫长。两人都被载入蒙古史诗。在艰苦的围攻时，术赤暴露出是一位劣等的统帅，察合台猛烈地谴责他优柔寡断，他们之间的争吵使成吉思汗命令他们两人都得服从他们的弟弟窝阔台的指挥。关于这次围攻，是根据阿拉伯文和波斯文史籍（奈撒微《札兰丁传》,志费尼《世界征服者史》,拉施特《史集》）。参看巴托尔德《突厥斯坦》第433和437页。

《史集》记围攻玉龙杰赤城达7个多月；《全史》说是5个月；《札兰丁传》说3个月。——译者

在那里他避难于尼沙普尔［今伊朗霍腊散省内沙布尔］，其后他在与日俱增的恐慌中又跑到与他的统治地区遥遥相对的另一端；伊拉克·阿只迷西北的可疾云［今伊朗德黑兰省加兹温］。但是，成吉思汗已经派出一支由他的两位优秀将领者别和速不台率领的骑兵分队追随他。这是一次疯狂的追逐。巴里黑城在者别和速不台逼近时纳款获赦免，并接受了一位蒙古总督的统治。尼沙普尔接受了一个最糟糕的控制委员会，也免遭厄运，因为者别非常匆忙而未能停留。另一方面，图斯［今伊朗霍腊散省马什哈德北］、达蔑干［今伊朗马赞德兰省达姆甘］、西模娘［今伊朗德黑兰省塞姆南］都遭到速不台的洗劫。这两员蒙古大将继续追赶摩诃末，后来进入了伊拉克·阿只迷，对剌夷［今德黑兰之南］发起突然进攻，他们在剌夷城屠杀男性居民和奴役妇女儿童。他们火速穿过哈马丹［今伊朗西部哈马丹］，抵达哈仑，摩诃末在此几乎落入他们手中，后来又溜掉了。他们摧毁赞詹和可疾云以泄愤。其间，倒霉的摩诃末在里海上一个与阿贝什昆相对的孤岛上避难，在那里他约于1220年12月因精力衰竭而死。以后我们将会看到，者别和速不台继续进攻，从阿哲儿拜占［阿塞拜疆］进入高加索和俄罗斯南部地区[1]。

在对付了花剌子模苏丹之后，成吉思汗于1221年春渡过阿姆河，开始从花剌子模残军手中夺取阿富汗的呼罗珊[2]。他占领巴里黑，巴里黑的投降者未能保住该城，城市受到全面的摧毁（居民被杀，城市被烧）。在呼罗珊，他派幼子拖雷去夺取莫夫［马里］，莫

---

[1] 在反复核对了奈撒微、朱兹贾尼和志费尼的记录之后，巴托尔德在《突厥斯坦》第420—426页上的论述。

[2] 在此，我又沿用巴托尔德推出的编年，《突厥斯坦》第427—455页。该书中可以看到对奈撒微、朱兹贾尼和志费尼所记资料的批判性说明。

夫城投降,城中居民也几乎是全部遭到屠杀(1221年2月底)。拖雷坐在安放于莫夫平原上的一把金椅上,目睹了这次集体屠杀。男人、女人、小孩被分开,按类别分配到各个军营中,然后把他们砍头。"只有400名工匠幸免于死"。桑伽苏丹的陵墓被烧,坟被盗空(据传说,正是这时候,游牧地在莫夫草原上的一个乌古思部落迁徙到小亚细亚,该地的塞尔柱克人给该部土地,它在此奠定了奥斯曼帝国的基础)。接着,拖雷又去惩罚尼沙普尔,因为该城于不久前(1220年11月)倒霉地击退并杀了蒙古将军、成吉思汗的女婿脱合察。① 这一次尼沙普尔城被攻占并遭到彻底摧毁(1221年4月10日),脱合察的遗孀主持了这次屠杀。为防止受骗,尸体都被砍头,并将首级按男、女、小孩分别堆成金字塔形。"甚至猫、狗也被宰杀。"蒙古人拆毁了位于图斯附近的哈伦拉施特的陵墓。哈伦拉施特和桑伽的坟,以及所有给阿拉伯-波斯灿烂文明增添光彩的建筑都被一个一个地毁掉。接着,拖雷继续攻占也里[赫拉特]。该城的花剌子模军进行抵抗,但城内的居民们打开了城门,拖雷屠杀了士兵们,仅这一次,他赦免了居民。

后来,拖雷在塔里寒城[今阿富汗木尔加布河上游以北]附近与成吉思汗汇合,刚刚攻占了玉龙杰赤的察合台和窝阔台也前来汇合。

成吉思汗在毁掉塔里寒城之后,越过兴都库什山,去围攻范延[巴米安]。在这次行动中,察合台之子、成吉思汗宠爱的孙子、年轻的木阿秃干被杀。在一次宴会上,征服者亲自把这噩耗告诉察合台,并以札撒的名义禁止他悼念其子,但给死者以流血葬礼的荣

---

① 此据《世界征服者史》,《史集》记载他死于与古尔山民的战斗中。——译者

誉。范延城陷后，不赦一人，不取一物，概夷灭之。"一切生物都遭屠杀"，范延城址被称为"可诅咒的城市"。①

与此同时，花剌子模末代苏丹摩诃末的儿子札兰丁·曼古伯惕②突破蒙军在内萨[土库曼阿什哈巴德东]的防线，逃脱了河中和呼罗珊发生的灾难。他逃到阿富汗山区腹地的加兹尼城避难，他组织了一支新军，后来在喀布尔以北的八鲁湾[今阿富汗查里卡东北]打败了由失吉忽秃忽率领的一支蒙古军团③。成吉思汗急于为其副帅的失败报仇，前往加兹尼，札兰丁不敢呆在加兹尼等待他的来到。加兹尼城没有作任何抵抗，成吉思汗因急于追赶札兰丁，推迟了毁城的程序。最后，他在印度河岸追上了这位花剌子模王子，并在此击溃了札兰丁的军队（据奈撒微记述，此事发生在1221年11月24日）。札兰丁本人全副武装地策马入河中，顶着雨一般的箭逃跑了。他非常幸运地平安到达了彼岸，由此前往德里苏丹宫廷避难（1221年12月）④。蒙古人没有立即继续追入印度境内（直到第二年，一支蒙军分队在札剌儿部那颜八剌的命令下进行了远至木尔坦的一次清剿，因天气酷热，短时间之后只得撤退）。但是，在札兰丁逃走之后，他的家庭成员落入蒙古人手中，所有的男孩都被杀。

不过，蒙古人在八鲁湾的失败重新激起了东伊朗尚存的最后

---

① 此据志费尼和拉施特，奇怪的是朱兹贾尼和奈撒微没有提到这次围攻战，而是记载成吉思汗从塔里寒直接到加兹尼。参考巴托尔德《突厥斯坦》第444页。
② 突厥语，该名是 Mängüberti，意为"上帝赐予的"。
③ H.G.拉威蒂想弄清这是否指潘德希河谷地中的八鲁湾，他暗示在喀布尔河支流卢卡尔河河源附近有另一个八鲁湾。（参看拉威蒂译《宗教保卫者一览表》，加尔各答，1881—1897年，2卷第288，1021页）。
④ 奈撒微《札兰丁传》洪达斯译本（巴黎，1891年）第138—141页。

一些城市的勇气。成吉思汗首先向加兹尼城民清算，除了被他送往蒙古的工匠以外，城民全部被杀。在八鲁湾战役之后，也里〔赫拉特〕也起来反叛(1221年11月)。① 蒙古将军宴只吉带在进行了6个月的围攻之后，于1222年6月14日再次攻占该城。全城居民被杀，这场屠杀整整占用了一周的时间。那些返回莫夫的人们曾经愚蠢地杀死了拖雷留在该城的波斯族长官，而拥戴札兰丁。他们遭到失吉忽秃忽的残害，无一人幸免。当大屠杀结束时，蒙古人谨慎地佯装离去。他们走了一程后，凡是躲在城郊或地下室的可怜虫们认为敌人已经走了，又一个一个地出来，这时蒙古后卫部队又折回来进攻他们，将他们消灭。

显然，总的来说，蒙古人在夺取河中和东伊朗的设防城市时，比他们在中国的战争要觉得困难少些。部分原因是他们作为"异教徒"(或者像我们今天应该说的"野蛮人")在穆斯林中比在中国境内所产生的恐惧更加强烈。在中国，居民们在许多世纪中已经习惯了与他们为邻。其次，在河中和东伊朗，他们似乎更多地利用了当地居民。为了占领一座城市，蒙古人将周围地区——农村和不设防城市——的男性居民集合起来，在战争的时刻，把他们赶到护城渠或城墙边，只要他们的尸体能填满河渠和他们的反复攻击能消耗守城军，即使这些可怜虫被他们自己的同胞刈除，那又有什么关系呢？有时候他们被伪装成蒙古人，每十人举一面蒙古旗，以致守城军看到遍布于草原上的这一大批人马后，相信他们自己已经受到成吉思汗大军的威胁。由于这种计谋，一支蒙古小分队就可以迫使敌人投降，事后，这些人群不再有用而被屠杀。这种几乎

---

① 参考巴托尔德《突厥斯坦》446—449页，主要引自奈撒微和志费尼的书。

是普遍实施的可怕的办法，由于蒙古人的纪律性和组织性而臻于完善，成为他们最常用的战术程序之一。成吉思汗正是用不花剌抓来的俘虏攻打撒麻耳干，接着，又用撒麻耳干的俘虏来攻打玉龙杰赤；拖雷也正是利用了呼罗珊的村民夺取了莫夫城。恐惧与沮丧是如此强烈，以致没有人想到抵抗。当内萨城被陷时，蒙古人将居民赶到一块空地上，命令他们互相将手捆在背后，内萨的穆罕默德写道："他们服从了，如果他们散开来逃往附近的山中，他们中的大多数人将会得救。一旦他们互相将手捆绑上，蒙古人围住他们，用箭射他们——男女老幼无一人幸免。"

然而，在蒙古人中，对秩序的行政意识和军事意识也从未削弱过。在五分之四的人被杀之后，为管理幸存下来的五分之一居民的事务，在他们走后留有一个平民官达鲁花赤（darugachi 或 daruqachi），达鲁花赤常常是以回鹘人甚至是波斯人充任，还配有书记员，负责整理用回鹘文和波斯文写的名册。

东伊朗再也没有从成吉思汗的破坏中完全恢复过来。像巴里黑这样的城市仍然残留着蒙古破坏的痕迹。15世纪时，在沙哈鲁、兀鲁伯和速檀·忽辛·拜哈拉统治下，这些地区发生的帖木儿文艺复兴运动都未能使它们完全恢复过来。然而，尽管成吉思汗的行为可能像是阿拉伯—波斯文明的最凶恶的敌人，像穆斯林作家们污蔑的是该死的可诅咒的一类，但是，他对伊斯兰教本身并无敌意。如果他禁止在河中淋浴和反对穆斯林们的杀牲方式的话，仅仅是因为它们与蒙古习俗或他们的迷信相抵触。如果说在东伊朗他毁灭了由某个费尔多西或某个阿维森纳所创造的辉煌的都市文明的话，那只是因为他想在蒙古的西南边境上造成一种无人区，或者是人为的草原地带，以作为他的帝国的缓冲带或保护带。正是为此目的,他"毁掉了农田"。在他身上具有统治者和游牧者的双重性:作为统治者,他从不赞成宗教战争;作为游牧者,他不完全了解定居生活,喜欢破坏城市文明、废除农业(在离开东伊朗时,他破坏了东伊朗的产粮区)和把农田变成草原,因为草原适合他的生活方式,便于管理。

成吉思汗在兴都库什山以南的阿富汗逗留了一些时候。他于1222年5月接受了来自中国的、有名的道教和尚丘长春的访问。他于1220年曾向丘长春发出邀请,丘长春是经回鹘地区、阿力麻里、怛逻斯河和撒麻耳干后才到达的,这位征服者急于想从道教魔师那里知道长生不死的药方[①]。

然而,当时他也在考虑返回蒙古。他于1222年秋又渡过阿姆河,沿不花剌道继续前进。在不花剌,他好奇地询问了伊斯兰教主要教义。他赞同这些教义,到麦加朝圣一事除外,他认为没有必要去麦加朝圣,整个世界都是上帝(蒙古语"腾格里"长生天)的归宿。在撒麻耳干,他命令穆斯林祈祷者应该以他的名字进行祈祷,因为他已经取代了苏丹摩诃末。他甚至对穆斯林教士——伊玛目和卡迪[民事法官]——免征税,以此证明他对伊斯兰世界犯下的暴行是战争行为,而没有宗教运动的因素。他在撒麻耳干过冬,1223年春是在锡尔河北岸度过的。正是在塔什干附近,可能是在锡尔河北岸的支流奇尔奇克河河谷,他坐在安放于那颜和巴阿秃儿[贵族和勇士]之间的金制王位上,举行了一次蛮族式的"觐见礼"。接

[①] 关于丘长春(又名邱处机)的旅行,参看布列什奈德《中世纪研究》I,35—108,阿瑟·沃利的著作 Travels of an Alchemist (伦敦,1931)伯希和《通报》(1930年)第56页。长春真人从他与成吉思汗逗留地返回国时,带有保护道观的圣旨。1228年,他的同伴,李志常僧人有一篇关于这次旅行的报导,参考沙畹"蒙古时代中国宰相的碑文和文件"载《通报》(1908年)第298页。

着,仍是在 1223 年春,他与他的儿子们在亚历山大山(吉尔吉斯山)以北的忽兰巴什草原上召集了一次库里勒台。与此同时,他的军队开展了一次大规模的狩猎娱乐活动。他在怛逻斯河和楚河草原上度过了这年夏天,显然,第二年夏天他是在也儿的石[额尔齐斯]河畔度过的。他于 1225 年回到蒙古。

12. 者别和速不台侵入波斯和俄罗斯

在接着叙述成吉思汗在中国的最后战争之前,可以很好地回顾一下他的两员副将者别那颜和速不台巴阿秃儿在里海周围的远征。

我们已经看到,这两员大将、蒙军中最杰出的兵法家受命率领 2.5 万人的骑兵团(据格雷纳德估计),如何追逐正在穿过波斯而逃亡的花剌子模苏丹摩诃末的情况。苏丹死后,他们继续向西推进,米尔空说,在洗劫了剌夷城(这是一个以生产奇异的装饰陶瓷闻名的城市,该城再也没有从这次灾难中恢复过来)之后,[①]一些逊尼派穆斯林邀请他们去毁掉什叶派穆斯林中心城市库木,他们十分乐意这样做。由于哈马丹已经投降,他们只是向该城索取赎金而已。其后他们破坏了赞詹,并攻占可疾云,为此,可疾云居民遭到屠杀的惩罚。阿哲儿拜占[阿塞拜疆]的最后一位突厥阿塔卑

---

① 米诺尔斯基(见《伊斯兰百科全书》"Rai"条目)怀疑伊本·艾西尔是否夸大地记叙了 1220 年蒙古人对剌夷城民的屠杀。伊本确实补充说道,1224 年对幸存者又进行了第二次屠杀。米诺尔斯基认为:"志费尼只谈到蒙军将士在 Khwar-i Rai(什叶派居住的农村?)杀了大批人,但在剌夷与[苏菲派]民事法官会晤,他向他们投降,后来蒙军离去。拉施特记述者别和速不台率领的蒙军在剌夷大肆杀掠,但他似乎区分了剌夷和库木,是库木的居民全部被杀。"

[封建主]，即老月即别——地区马木路克王朝的统治者，该王朝在近12世纪末期时几乎继承了塞尔柱克人的统治——以大量的行贿以解救桃里寺[大不里士]城。者别和速不台继续追赶，在隆冬时过木干草原[今苏联阿塞拜疆共和国阿拉斯河下游]，入侵谷儿只[格鲁吉亚]。这是一个基督教王国，当时由吉奥尔吉三世拉沙，或者称布里安特(1212—1223年在位)统治，正处于鼎盛时期。但是，这两员蒙古大将于1221年2月在梯弗里斯[今第比利斯]击溃了谷儿只军①。他们采用了通常使用的进攻方式，即强迫俘虏率先冲向城堡，如果退缩不前者就杀掉，城陷之后屠杀居民，然后佯装撤走，使逃脱了的人恢复信心，接着后卫部队旋风似地返回来砍掉他们的头(1221年3月)。在此之后，他们从谷儿只返回阿哲儿拜占，攻打篾剌合[今伊朗东阿塞拜疆省马腊格]。此后，这两员大将要向报达[巴格达]进军，去推翻阿拔斯朝哈里发。对阿拉伯世界来说，其后果无疑将是灾难性的，因为，正如伊本·艾西尔所观察到的那样，与此同时，十字军已经入侵埃及，并攻占了达米埃塔②。聚集在达古格的少数阿拔斯军几乎不足以保住伊拉克阿拉比。1221年，在开罗看到布列纳的约翰王时，相应地本可以在报达看到者别和速不台。对哈里发来说很幸运，者别和速不台愿意返回哈马丹，再一次要他们交纳赎金。这一次市民们进行了抵抗，蒙古人攻陷哈马丹，屠杀全体居民并纵火焚城。这两位蒙古统帅从哈马丹出发，经阿尔达比勒(他们也洗劫了该城)返回谷儿只。

---

① 参看亚美尼亚史家基拉罗斯对"Sabada Bahadur"入侵的报导，E.迪洛里埃法译本，载《亚洲杂志》I(1858年)第197—200页。在 M. F. 布鲁塞特的《格鲁吉亚史》(圣彼得堡，1849—1857年)2卷3册，I, 492。

② 格鲁塞《十字军史》III, 230页及以后。

谷儿只骑士是当时最优秀的骑士之一。但是,由于速不台佯装败退,将他们引入了埋伏地,者别在那儿等候他们并击溃了他们。谷儿只人无疑地认为他们很幸运地保住了梯弗里斯城,尽管为此他们只得听任蒙古人将该国的南方夷为废墟。接着蒙军入侵失儿湾,在此他们洗劫了沙马哈[今苏联阿塞拜疆舍马合]城。然后,他们经打耳班袭击了高加索北部草原,在此他们与当地民族同盟军发生冲突,盟军中有:阿兰人(他们是古代萨尔马特人的后裔,是东正教徒)[①]、列兹基人和契尔克斯人——这三支都属高加索人种——还有钦察突厥人。者别和速不台通过求助于突厥-蒙古种人的兄弟情分和分给部分战利品的方法,狡猾地策划钦察人背叛了同盟。然后他们一个接一个地打败了同盟中的其他成员,最后,迅速地追赶上钦察人,击溃了他们,并夺回战利品[②]。

与此同时,钦察人曾向罗斯人求援。一位名叫忽滩的钦察可汗,他的女儿嫁给了加利奇的罗斯王公"勇士密赤思腊"。他促成女婿和其他罗斯王公反对蒙古人。由加利奇、乞瓦(今基辅)、切尔尼戈夫和斯摩棱斯克的王公们率领着有8万人的一支罗斯军队,沿第聂伯河而下,在亚历山德罗夫邻地霍蒂萨附近集中。蒙军退而不战,直到敌军完全等得不耐烦和各军团之间相离很远时才开始出战。战斗发生在迦勒迦(今卡利米乌斯)河附近[③],这是一条近海的小河,在马里乌波尔附近流入亚速海。加利奇王和钦察人

[①] 关于1253年他们欢迎方济各会会士卢布鲁克的感人场面,参看卢布鲁克的《东游记》第8章。

[②] 钦察人在这一时期皈依了基督教。1223年他们的一位首领被蒙古人杀害,他的基督教教名是尤里·科恩察科维奇。参看伯希和"库蛮",载《亚洲杂志》(1920年)第149页。

[③] 布列什奈德《中世纪研究》I,297。

不等乞瓦军到就冲锋,被打败后,只得溃逃(1222年5月31日)。只留下乞瓦王公,他守乞瓦营地三天后,被允许体面地投降。然而,投降后他与他的全体兵士都被处死①。

罗斯人遭到的第一次灾难没有立即产生政治后果。弗拉基米尔的尤里大公当时还未来得及率军抵达迦勒迦河,从而完整地保留了他的军队。蒙古人满足于抢夺克里米亚苏达克城[今苏联萨波罗什]内热那亚人的店铺(还没有材料证明卡洪的理论,即蒙古人与威尼斯人之间达成过一种协议)②。者别和速不台在察里津[斯大林格勒,伏尔加格勒]附近渡过伏尔加河,打败了卡马河畔的保加尔人和乌拉尔山区的康里突厥人,在这次令人难以置信的大劫掠之后,他们回到锡尔河北岸草原,与成吉思汗大军会师。

13. 成吉思汗的最后岁月

成吉思汗于1225年春回到蒙古,在鄂尔浑河支流、土兀剌[土拉]河畔的营帐中度过了1225—1226年冬天和1226年夏天。从北京到伏尔加河的世界在他面前颤抖。他的长子术赤已受命统治着咸海至里海之间的草原,在接近统治末期时他似乎正在执行一种分裂政策。这使征服者深感忧虑;但是,在父子之间的公开分裂可能发生以前,术赤于1227年2月去世。

---

① 参考埃德曼《铁木真》434页及其后。
(据《元史》卷120《曷思麦传》,所获斡罗思国主密赤思腊被送到术赤处杀死。——译者)
② 哈曼的《金帐汗国史》第87页。苏达克城在政治上是特拉布松希腊国的藩属(G.I.布拉蒂亚尼的著作 *Recherches sur le commerce génois dans la Mer Noire au XIIIe siécle*,巴黎,1929年,页203)。

第五章 成吉思汗

成吉思汗还领导了另一次战争,反唐兀惕人在甘肃建立的西夏国。西夏王尽管已经成为蒙古人的属臣,却不履行职责派分队去参加攻打花剌子模的战争。据《秘史》记,对于蒙古人正式要求援助时,一名叫阿沙甘不的唐兀惕显贵以其主人的名义嘲讽地回答道,如果成吉思汗没有足够的军队,他不配行使至高无上的权力。如此放肆的举动是不能宽容的。在处理了花剌子模的事务之后,征服者予以还击。并且,正如符拉基米尔佐夫所指出的那样,成吉思汗必定很清楚,为了完成对中国北部金朝的征服(在那里他的将军木华黎刚死于攻金之战),蒙古人直接占有甘肃、阿拉善和鄂尔多斯是很有必要的。因此,他于1226年秋开始征西夏,同年底占领灵州,1227年春开始围攻西夏都城,今宁夏城①。"蒙古恐怖"的手段在此也像在阿富汗一样残暴无情地采用了。"居民徒劳地藏匿在山间、洞穴,以避蒙军。田地上尸骨遍野。"在围攻宁夏时,成吉思汗在1227年夏天在今平凉西北的清水河畔和隆德地区扎营。他于1227年8月18日在平凉以西地区去世,终年60岁②。此后不久,敌人的都城宁夏被攻破,按征服者的最后命令,全城居民被杀。一部分唐兀惕人分给了成吉思汗的一个妻子、皇后也速亦(Yesui),她在这次战争中曾陪伴着他。

成吉思汗的遗体葬于斡难河[鄂嫩河]和怯绿连[克鲁伦河]河源边的不儿罕合勒敦圣山(肯特山),在此腾格里[长生天]曾对成吉思汗说过话。1229年,他的继承者将以蒙古方式举行盛大的祭

---

① 《元史·太祖纪》第24页。
② 《元史》所记的日期。
《元史·太祖纪》说:"二十二年丁亥(1227年)……崩。寿六十六,葬起辇谷。"此处成吉思汗60岁终的说法是按伯希和提出的成吉思汗生于1167年的说法。关于这种说法的错误可参看北京大学历史系邵循正的《成吉思汗生年问题》一文。——译者

奠仪式纪念他。按习俗，"他命令为他父亲的灵魂供三日饭菜，从那颜和将军家族中挑选40名美女，穿戴华贵，按《史集》记，她们是被派往另一个世界去侍候成吉思汗。除了这些野蛮的效忠方式外，还以骏马作为牺牲。"①

14. 成吉思汗：性格与成就

成吉思汗被看成人类的灾难之一。他是12个世纪中草原游牧民对古代定居文明入侵的典型。确实，在他的先祖中不曾有人留下了如此可怕的名声。他使恐怖成为一种政体，使屠杀成为一种蓄意的有条理的制度。他对东伊朗的破坏在令人产生的恐怖方面超过了欧洲归咎于阿提拉的和印度归咎于摩醯逻矩罗的破坏。不过，我们应该记住他的残酷主要是由于他那刺人耳目的环境造成的（在他周围是全突厥－蒙古种人中最粗野的兵士），而不是他生性残暴。在这一方面，另一位屠杀者、帖木儿更能说明问题，因为他比成吉思汗要开化得多。② 这位蒙古征服者强制推行的集体处死构成了战争体系中的一部分。它是游牧民使用的一种武器，用来对付那些没有及时投降的定居民族，首先是对付那些投降之后又反叛者。糟糕的事是这位游牧者几乎不理解农业和都市经济的性质。在征服了东伊朗和中国北部之后，他认为通过夷平城市和破坏农田，使这些地区变为草原是很自然的事。一千年之久的

---

① 多桑《蒙古史》II，12—13。从希罗多德的斯基泰人（希罗多德的《历史》IV，71—72节）到成吉思汗，在草原上，葬礼以侍者、马匹作牺牲的习惯毫无变化的保留着。

② 成吉思汗不仅不识字，甚至不会说大多数蒙古人都能说的突厥语（据志费尼，参看巴托尔德《突厥斯坦》第461页，多桑《蒙古史》II，95）。

传统,即在文明的门槛边和古代农耕地边缘上寇掠,当他给这种极大的乐趣下定义时,他说:"男子最大之乐事,在于压服乱众和战胜敌人,将其根绝,夺取其所有的一切,迫使其妻痛哭,纳其美貌之妻妾。"①反过来,他一想到他的后代们将抛弃艰苦的草原生活而向往定居生活时,他悔恨地沉思:"我们的后裔将穿戴织金衣,吃鲜美肥食,骑乘骏马,拥抱美貌的妻子,[但]他们不说:'这都是由我们的父兄得来的',他们将忘掉我们和这个伟大的日子!"②

1219年的道教碑,是在李志常的提议下刻建而成,李志常于1220—1223年曾伴随著名的邱长春访问过这位征服者,碑文以道教的富于哲理性的语言细致地复述了这位游牧民的皇帝,以及他的生活方式和他的功绩给这位中国人所留下的印象:"天厌中原骄华大极之性,朕居北野嗜欲莫生之情,反朴还淳,去奢从俭。每一衣一食,与牛坚马圈共弊同飨,视民如赤子,养士若兄弟,谋素和,恩素畜。练万众以身人之先,临百阵无念我之后。七载之中成大业,六合之内为一统。非朕之行有德,盖金之政无恒,是以受天之佑,获承至尊。"③

按成吉思汗的生活方式、周围环境和种族结构,他似乎是一种思考型的人,具有健全的常识,特别善于权衡利弊和听取别人的意见。他对友谊忠贞不移,对坚定跟随他的人十分慷慨和充满深情。他具有真正统治者的素质——即游牧民的统治者,而不是定居民的,对于定居经济,他只有最模糊的概念。在这一限度内,他显示

---

① 据拉施特记,转自多桑《蒙古史》I,404。
② 多桑《蒙古史》I,416。
③ 沙畹《蒙古时代中国宰相的碑文和文件》(《通报》1908,第300页)。
本文转自陶宗仪《辍耕录》卷十,丘真人条。——译者

了对秩序和统治的天才。与粗野的蛮族感情融合在一起,在他身上还有一种高贵和崇高的思想,靠这种思想穆斯林作家们所"诅咒的人"获得了他作为人的适当地位。在他的头脑中,最突出的特征之一是对叛逆者有着本能的憎恶。那些背叛倒霉的主人而讨好他的奴仆们,被他下令处死。[①] 另一方面,他常常奖励他的敌人中对其主人忠贞不渝的人,并吸收他们为自己服务。《史集》和《秘史》把诸如此类的品质都归于他身上,强调他不仅在困境中所表现出来的勇气,而且他的统治是有健全的道德基础的。他把弱者置于自己的保护之下,并且以始终不移的忠实保护他们。汪古部首领阿剌忽失的斤因与他并肩同乃蛮人作战而被谋杀。他恢复了该家族的首领地位,将其子纳为部属,并嫁女儿给他为妻,确保其家族财产不受侵害。[②] 在以往战争中的失败者们——回鹘人与契丹人——发现他是他们可信赖的保护者,正像以后的叙利亚基督教徒和亚美尼亚人找不到比他的孙子们更为可靠的保卫者一样。在辽东,契丹王耶律留哥从一开始起一直是成吉思汗的属臣,他在与花剌子模的战争期间去世。当成吉思汗在甘肃进行他的最后一次战争时,耶律留哥的遗孀找到了他,成吉思汗非常仁慈地欢迎她,对她和她的两个儿子表示了慈父般的关怀。[③] 在所有这种情况下,这位身穿兽皮的游牧人,灭绝民族的人,表现出天生的高贵、极端的谦恭,是一位甚至连中国人也感到惊讶的真正贵族。作为高贵家族的显赫人物,在精神上他是一位国王,但是,比起其他人来,

---

① 1203年,阔阔出便是一例,他是克烈部桑昆的不忠实的马夫(《秘史》伯希和译文,《亚洲杂志》1920,179—180页)。
② 参看《1550年以前的中国基督教徒》(纽约,1930)第235页。
③ 梅拉书,IX,78—126。

他并不是那么以自己飞黄腾达的生涯而趾高气扬的。

最后,尽管成吉思汗在政策上是坚定不移的,但是,他对文明化经验的声音并非充耳不闻。他的许多辅臣成了他的知心人:像回鹘人塔塔统阿,穆斯林马合谋·牙剌洼赤,契丹人耶律楚材。塔塔统阿成了他的大臣,在末代乃蛮王宫中他也任其职,他还教成吉思汗的儿子们学习回鹘文[畏兀儿文]①。牙剌洼赤成了他在河中居民的代理人,是河中地区的第一位蒙古长官。② 中国化契丹人耶律楚材成功地使他的君主有了一些中国文化的色彩,有时甚至避免了大屠杀。在耶律楚材的传记中说,从蒙古人劫掠和烧掉的城镇中,耶律主要关心的是收集遗书,其次是寻找药品,用来防治因大屠杀带来的流行病。③ 尽管他忠于蒙古政府和成吉思汗家族,但是,当他为某些被斥为有罪的城市或地区乞求宽恕时,他常常掩盖不住他的感情:"你还要为那些人伤感?"窝阔台总是这样问他。耶律机智、果断的斡旋常常避免了一些无可挽救的破坏。雷慕沙写道:"耶律楚材具有鞑靼人血统和中国文化,是压迫者与被压迫者之间天生的调停者。"④他不可能恳求蒙古人施仁政,他们将不会听从他,他竭力地向他们证明仁政是上策,在这一点他干得很明智,因为蒙古人的野蛮行径主要是出于无知。

当成吉思汗在甘肃进行他的最后的战争时,一员蒙古将军向他指出,他新征服的中国人对他将是无用的,因为他们不适宜战

---

① 成吉思汗命他教授其儿子们用回鹘文写蒙语,参看伯希和"古代蒙古人使用的文字"(《大亚细亚》1925,第 287 页和《通报》1930,第 34 页)。
② 巴托尔德《伊斯兰百科全书》"Caghatai—khàn"(察合台汗)条目,第 832 页。
③ 参看雷慕沙《新亚洲杂纂》I,64。
④ 参看雷慕沙"耶律楚材传",载上引书 II,64 页。参考布列什奈德《中世纪研究》I,9 页。耶律楚材(1190—1244 年)于 1214 或 1215 年为蒙古人服务。

争,因此,最好是把他们都消灭掉——几乎有一千万人——以致他至少可以利用土地作为骑兵们的牧场。成吉思汗认为这一提议很中肯,但遭到耶律楚材的反驳,他对蒙古人解释说,从农田和各种劳作中可以获利,这种思想是蒙古人不知道的。他指出从对土地和商业的各种税收中,他们每年可以得到"银五十万两、帛八万匹、粟四十余万石。"①他说服了成吉思汗,成吉思汗命令他拟定了各路的税收制度。

由于耶律楚材和成吉思汗的回鹘辅臣们的作用,蒙古行政机构的雏形在大屠杀中产生了。在这方面,征服者本人必定也有贡献,即对文化的一般性倾向。他似乎特别接近契丹人和回鹘人,他们是突厥－蒙古社会中文明程度最高的两支。契丹人在不使成吉思汗帝国丧失它的民族性的情况下,向它引进了中国文化;而回鹘人能够使蒙古人分享鄂尔浑和吐鲁番的古代突厥文明,分享叙利亚的、摩尼教－聂思托里安教徒的和佛教传统的全部遗产。确实,成吉思汗及其直接继承者们正是从回鹘人那里学到了使用民政管理机构,正像他们从回鹘的大臣们那里学到了语言和文字一样。后来,回鹘文几乎没有多大变化地为蒙古人提供了蒙古字字母。

大屠杀已经被忘记了,而行政机构——成吉思汗的纪律和回鹘人的行政体系(或部门)的混合物——仍在继续。在经历了早期的严重灾难之后,这一工作最终将有利于文明。正是从这种观点出发,成吉思汗的同时代人对他作出了如此评价:马可·波罗说:

---

① 德维里亚《亚洲杂志》Ⅱ(1896)第 122 页。
《元史》卷 146《耶律楚材传》记述:"近臣别迭等言:'汉人无补于国,可悉空其人以为牧地。'楚材曰:'陛下将南伐,军需宜有所资,诚均定中原地税、商税、盐、酒、铁冶、山泽之利,岁可得银五十万两、帛八万匹、粟四十余万石,足以供给,何谓无补哉?'帝曰:'卿试为朕行之。'乃奏立燕京等十路征收课税使……"——译者

"他的去世是一大遗憾,因为他是一个正义、明智的人。"约因维尔说:"他使人民保持了和平。"①这些结论表面上看是荒谬的。由于把所有突厥-蒙古民族统一于一个唯一的帝国之中,由于在从中国到里海的范围内强行贯彻铁的纪律,成吉思汗平息了无休止的内战,为商旅们提供了前所未有的安全。阿布哈齐写道:"在成吉思汗统治下,从伊朗到图兰(突厥人的地区)之间的一切地区内是如此平静,以致一个头顶金大盘的人从日出走到日落处都不会受到任何人的一小点暴力。"②他的札撒在整个蒙古和突厥斯坦建立了一块"成吉思汗和平碑"。札撒在他的时代无疑是可怕的,但是,在他的继承者们的统治时代,札撒变得温和一些,并且为14世纪的大旅行家们的成就提供了可能性。在这方面,成吉思汗是野蛮人中的亚历山大,是打开通往文明之新路的开拓者。③

---

① 鲍狄《马可·波罗传》(巴黎,1865,和北京,1924—1928)I,183;约因维尔,瓦伊版,263页。

② 阿布哈齐《蒙古人与鞑靼人的历史》,德梅松译本104页;参看谷儿只编年史中,所谓的成吉思汗的最好法律,在正义的地方,蒙古人是公正无私的(布鲁塞特《谷儿只史》I,486);在亚美尼亚人海顿脑中也保留着对成吉思汗威严、秩序和神权的印象。(《亚美尼亚文献》巴黎,1869—1906年,2卷本,II,148—150)。普兰·迦儿宾对正义和秩序有同样的印象(第四部分)。

③ 在进行花剌子模战争前,他所关心的是与花剌子模帝国建立长久的贸易关系。与摩诃末的分裂确系花剌子模边将攻击蒙古商旅所致(巴托尔德《突厥斯坦》第396页)。

第六章　成吉思汗的三位直接继承者

1. 成吉思汗儿子们的封地

　　成吉思汗的四个儿子在他生前时每人就已经接受了一份兀鲁思（一定数量的部落）和一块"禹儿惕"，足以维持这些部落放牧的领地。① 随之产生了"引主"，即一份与宫廷和奴仆们开支相应的税收，其中包括在中国、突厥斯坦和伊朗的臣属地区内定居民所上交的赋税。② 这里把牧民们的牧场，即突厥—蒙古大草原看成是唯一可分财产的看法是正确的说明。北京和撒麻耳干周围的农耕地区仍属于帝国领土。成吉思汗的儿子们在他们之中瓜分地盘时从未想到要把定居民所在地区算在内，相应地，也从来没有想到过要成为至高无上的中国皇帝、突厥斯坦可汗或波斯苏丹。要成为上述统治者的继承人的这种想法是从 1260 年起才开始萌发的，对成吉思汗的儿子们来说，这种想法是完全陌生的。确实，在他们心

---

　　① 有的书中认为，兀鲁思指部民（亦儿坚 irgen）和牧场，因此，分民与分地是联系在一起的。《元朝秘史》和《史集》都记录了成吉思汗诸弟和诸子所得的"份子"（蒙古语：忽必 qubi），但数目不一致，有人认为是因为《秘史》记载的是早期的分配，而《史集》反映的是成吉思汗晚期的情况。——译者
　　② 参考巴托尔德的"成吉思汗"条目，《伊斯兰百科全书》第 882 页。

第六章 成吉思汗的三位直接继承者

目中,对草原的瓜分绝对不会引起对成吉思汗帝国进行瓜分。这种分封将在"封地联合"之下继续保持着兄弟间的和谐。然而,正如巴托尔德所观察到的那样,由于游牧的规律,对可汗绝对权威的不重视,国家是属于整个王室,而不是属于他本人的。

成吉思汗的长子术赤[①]在其父之前6个月去世(约1227年2月),死于咸海以北的草原上。尽管成吉思汗从未以他的可疑出身公开地反对过他,但父子之间的裂痕在接近后期时已经很深了。1221年4月夺取玉龙杰赤(术赤参加了这次战争)之后,在1222年至1227年期间,术赤就隐退到图尔盖和乌拉尔斯克的封地上,再没有参加过他父亲发动的战争。这种莫名的隐退使征服者感到不安。他开始怀疑他的长子是否在阴谋反对他。术赤的死很可能避免了父子之间的一场激烈冲突。

术赤的一个儿子拔都继承了对其父封地的管辖权。在蒙古传说中,拔都被描绘成一位明智而高贵的王子(他得到"好汗"的雅号),罗斯人称他是残忍的征服者。后来他以成吉思汗家族首领的身份,在争夺帝国王位所产生的争吵中起着重要作用。在这些争吵中,他的形象是"拥立大汗者"[②]。同时,相对而言他的年纪较轻,他父亲的去世和对其家系合法性私下所产生的疑点都使"术赤家族"在帝国事务中仅仅起着不明显的作用。然而,按蒙古法律的核心,即长子领地是在离父亲驻地最远之处,术赤家族面向欧洲,形成了蒙古帝国的攻击翼。属于术赤家族的地区是也儿的石[额尔齐斯]河以西直到"蒙古马蹄所及之处"的草

---

① 关于该名,参看伯希和的"有关中亚的几个词",载《亚洲杂志》(1913)第459页(词源学上可能是 jochin,即主人)。

② 参考巴托尔德《伊斯兰百科全书》"Bàtù-khan"(拔都汗)条目,第699页。

原，即谢米巴拉金斯克、阿克摩棱斯克、图尔盖、或阿克纠宾斯克、乌拉尔斯克、阿台和花剌子模（希瓦），再加上期望从钦察人手中夺取伏尔加河以西的全部征服地，这是在者别和速不台远征时就已预计了的掠夺物。

成吉思汗的次子察合台①（死于1242年）受征服者之命管理札撒和负责蒙古纪律，他是一位令人敬畏的严厉法官，是成吉思汗法典的严谨执行者，他还是一位习惯于军队生活的好战士，但他有点缺乏想象力。当他的父亲任命他的弟弟窝阔台继承最高汗位时，他没有表示异议。察合台得到的封地是原喀喇契丹国［西辽］所在的草原，即从回鹘地区到西方的不花剌和撒麻耳干，因此基本上包括了伊犁河流域、伊塞克湖、楚河上游和怛逻斯河流域。他还得到了喀什噶尔和河中地区，不过应该记住，这些是定居民族的地区，在河中的不花剌、撒麻耳干等城是由大汗委派的官吏直接管理。根据长春真人的记载证实，察合台常驻地是伊犁河南岸。

成吉思汗的第三个儿子窝阔台②接受的封地在巴尔喀什湖以东和东北部地区，即叶密立河［今新疆额敏河］和塔尔巴哈台，黑也儿的石河［额尔齐斯河上游］和乌伦古河流域。乌伦古河流域在原乃蛮部境附近，而窝阔台的营帐常常扎在叶密立河畔。

最后，按蒙古人的习俗，成吉思汗的幼子拖雷③正像他被称呼

---

① 或写成 Chaghatai。来自蒙语 chaghan（白色？）。参考巴托尔德《伊斯兰百科全书》"Caghatài-khan"（察合台）条目，参看831页。在此我们仍保留 Jagatai 的写法。（突厥—察合台语的古法语拼写是 Djaghatai）。
② 或写作 Ogädai，来自蒙语 Ögädäi（高的？）。
③ 关于该名，看伯希和"有关中亚的几个词"第460页。（词源学上可能是 toli，即镜子）。参考《史集》，看埃德曼的《铁木真》第641页。

第六章 成吉思汗的三位直接继承者

的那样,叫斡赤斤(Ochigin,或者更准确的写法 Otchigin),即"关系着火和家灶的儿子"。换言之,他是构成"祖业"的土兀剌河、斡难河上游和怯绿连河上游之间地区的继承人。拖雷被描述成一心只想征服的勇士和杰出的将领(他在1232年进行的河南之战将是指挥巧妙的一仗)。然而,他是一个十足的酒鬼(他因酗酒于1232年10月过早地去世,年仅40岁),缺乏伟人所具有的洞察力。但是,他娶了一名非常聪明的女人,原克烈王室的唆鲁禾帖尼公主(她是已故王罕的侄女),她与所有的克烈部民一样是聂思托里安教徒,后来她为她的儿子们保住了帝国。

此外,成吉思汗的两个弟弟,哈撒儿和铁木哥的家族也得到了封地。哈撒儿的封地在额尔古纳河和海剌儿河附近;铁木哥的封地在蒙古东端,即今吉林省内原女真国附近。

按蒙古法律和作为"火和家灶"守护者的资格,拖雷在成吉思汗死后监国(1227—1229年),直到选举出新的大汗为止。作为摄政者,他得到了他父亲的斡耳朵,或者说扎营的宫营,它包括宫廷和1227年蒙军总数129000人中的101000人。余下的28000人分配如下:成吉思汗的其余三个儿子每人4000人,幼弟铁木哥5000人,成吉思汗的另一位弟弟哈赤温的儿子们3000人,三弟哈撒儿的儿子们1000人,母亲月伦额格家族3000人。①

直到1229年春,才在怯绿连河畔召集了库里勒台,或者说蒙古诸王公的大集会,推举大汗。这次会议只是认可了成吉思汗的意愿,他曾指命他的三儿子窝阔台为他的继承人。②

---

① 《元朝秘史》和《史集》的分配单位是户,而原文中是人。——译者
② 据一些史书,窝阔台继任日期是1229年9月13日。窝阔台继位后三年拖雷去世(1232年10月9日),当时只有40岁。他有力地行使了他监国的职能。

2. 窝阔台的统治（1229—1241年）

成吉思汗挑选的继承人窝阔台是诸子中最明智者。他具有与父亲一样的判别能力和稳重，但没有继承其父亲的天才、统治热情和能力。他是一位行动笨拙、生性随和而无忧无虑的酒徒，待人非常宽厚和慷慨，他利用他的绝对权威按自己的方式饮酒取乐。蒙古帝国的事务由于有札撒便自行运转着。

窝阔台驻营于哈拉和林。他选择的地点是具有历史意义的，因为正是在鄂尔浑河上游地区，古代突厥－蒙古人的大多数帝国，从古代的匈奴到中世纪初期的东突厥，都在此建都。8世纪的回鹘可汗们在附近的哈喇巴喇哈森建他们的斡耳朵八里，成吉思汗的都城最初就是以同样的名字斡耳朵八里（宫廷之城）为人所知。几乎是在成吉思汗统治期间，至少是从1220年起，哈拉和林，或者是它附近的某地，可能已经被选为理想中的都城，但是，正是窝阔台于1235年在哈拉和林周围筑起防护墙，才使它成为新帝国的真正都城。①

窝阔台对中国化契丹人耶律楚材给予了充分的信任，耶律楚材企图建立起一个与纯军事政府相对立的中国式行政管理机构。他同意回鹘学者的意见，在蒙古中书省的机构内设立中国、唐兀惕、回鹘、波斯等局（回鹘人在长时期内起着重要作用）。蒙古人长期使用适应军事需要的传令制度，耶律楚材与他的热心的模仿者

---

① 该城的中国名称是和林，即哈拉和林的正规译名。关于它的创建时期，参看伯希和"哈拉和林考"，载《亚洲杂志》I（1925年）372和巴托尔德《伊斯兰百科全书》"哈拉和林"条目，第785页。哈拉和林遗址平面图在拉德洛夫的《蒙古古物图录》第XXXVI图。

们沿着这些道路,每隔一定的距离设立粮仓。① 首先,耶律楚材给蒙古帝国制定了一种固定预算,以此为依据,中国人按户以银、丝和谷物交纳赋税,蒙古人交纳其马、牛、羊的10%②。结果,直到当时一直只被看成是任意获取掠夺物的源泉之地的中国被征服地区,于1230年被划分为十路,每路都有由蒙古官员和中国文人组成的行政管理人员。耶律楚材还在北京和平阳办学,对年轻的蒙古封建主进行儒家教育。同时招收大批中国人进入蒙古民政机构。他对窝阔台说:"天下虽得之马上,不可以马上治。"③

除了耶律楚材外,窝阔台还信任聂思托里安教徒、克烈部人镇海,成吉思汗已经给予他很大荣誉,普兰·迦儿宾把他描述为"首席秘书"即帝国丞相,伯希和写道:"在中国北方所公布的任何法令,都附有镇海的一行回鹘[畏兀儿]文字。"④

在军事领域内,窝阔台的统治目睹了蒙古人完成了对中国北部、波斯和南俄地区的征服。

3. 蒙古灭金

蒙古人在中国又做出了新的努力。在木华黎死后,而成吉思汗

---

① 据志费尼和拉施特,引于多桑《蒙古史》II,63;马可·波罗书第97章。

② 按《元史》卷二和《圣武亲征录》记:"蒙古民有马百者输牝马一,牛百者输犉牛一,羊百者输羒羊一。"应该是百分之一。——译者

③ 梅拉书(IX,132)。野蛮的蒙古人可能比他们的中国顾问的目光更敏锐,至少是在涉及他们利益的地方。窝阔台要派穆斯林小队到中国,又把远东的小队派到西方。耶律楚材劝阻他,在战斗中,长途行军使军队疲惫不堪。经50年之后,远东的蒙古人成了中国人,而西方的蒙古人成了突厥人或波斯人(参考梅拉书 IX,212)。

④ 伯希和"中亚和远东的基督教徒",载《通报》(1914年)第628页。伯希和提到镇海的儿子中有两个具有基督教名字尤斯姆和乔治。

又忙于西方事务之时,金朝收复了一些失地。血管中仍有力地流动着通古斯人血液的这支古代女真民族显示出惊人的活力。他们不仅继续待在河南省,即新都开封周围,而且还收复了陕西中部的几乎整个渭水流域,包括扼守通往河南的要塞潼关。他们还夺取了山西西南角、黄河以北、与潼关相对的河中(蒲州)要塞。金末代皇帝宁甲速(金哀宗,1223—1234年在位)又燃起了新的希望。[①]

1231年,蒙古人夺取渭水流域上的平凉、凤翔等城,由此重开蒙金之战。为进行1232年的战争,他们制定了一个大规模的计划[②]。他们未能攻下潼关,就从其东北方和西南方向包抄它。当窝阔台率领主军和大量军需物资夺取河中城时——占有河中城,使他以后能顺流而下地渡过黄河——他的弟弟拖雷正率3万骑兵穿过西南方,形成了大包抄之势。拖雷有意穿过宋境,从渭水流域进入汉水上游流域,夺取汉中(南郑,在宋境内),继续沿四川嘉陵江流域前进,在四川洗劫了宝宁地区。然后,回军东北,过汉水中游流域(他于1232年1月横穿过该地),突然出现在河南南部南阳附近的金境内。与此同时,窝阔台在占领河中城之后率主军渡黄河,从北面入河南(1232年2月)。两军在河南中部的钧州(今禹州)汇合,在此之前几天,拖雷已经在钧州城附近打败了金军[③]。

在这场大决战中,金人所表现出来的勇气令蒙古将士们钦佩,

[①] 中国史家笔下的宁甲速是译自 Nangkiyas 或 Nang—kiyas。伯希和认为蒙古人从女真人(或金人)中知道该名,金人称宋朝为南家,即是汉文的"南方的人民"。参看伯希和《南家》(《亚洲杂志》I,1913年,460—466 和《通报》1930年第17页)。

[②] 蒙古传说认为最后攻金的战略计划是成吉思汗临死前制定的。

[③] 这段记录是梅拉从《元史》中摘录(梅拉书IX,133—155)。拉施特书中的片段已在多桑《蒙古史》中有译文,II,613。在这次战役中成吉思汗的两位将领伴随拖雷,他们是失吉忽图忽和伟大的博儿术的兄弟秃忽鲁忽切儿比。参考上引书,II,614 和埃德曼《铁木真》,207页,462页。

这方面蒙古将士们最有识别能力。金将士宁死不屈。但是，他们的形势十分险恶。在西北方，蒙军最后终于占领了潼关(1232年3月)。窝阔台已经指命他最杰出的战略家、波斯和罗斯战争中的胜利者速不台去围攻金都开封。只是在经过了长期的抵抗之后，开封城于1233年5月被陷。耶律楚材劝阻窝阔台不要毁掉该城，从此，开封成为蒙古领土的一部分。在开封城被陷之前，金哀宗已逃出城，企图在开封城外的其他地区组织抵抗。最初，他逃至归德[今河南省商丘]避难，后又逃到小城蔡州（汝宁）。当蒙古人发动最后的攻击时(1234年2—3月)，他在蔡州城内自杀[①]。宋朝企图对它的宿敌金国进行报复，借给蒙古人一些步兵帮助蒙古军夺取蔡州。

蔡州的失陷完成了蒙古帝国对金国的吞并。从此，蒙古人成了中国宋王朝的近邻。为报答宋朝在攻金的最后战斗中的援助，窝阔台允许宋朝收复今河南东南部的一些地区。宋理宗皇帝（1225—1264年在位），或者说他的朝廷，对这一报酬并不满足，他们想得到河南全境，于是竟相当愚蠢地对蒙古人发起了进攻[②]。最初，宋军没有经过战斗就重新占领了开封和洛阳(1234年7—8月)。当然，他们很快就被蒙古人驱逐，在1235年于哈拉和林举行的库里勒台上，窝阔台决定征服宋朝。

蒙军分三路进攻宋朝。由窝阔台的次子阔端（Godan）[③]统率

[①] 梅拉书 IX, 156—207。金朝灭亡时，在英勇牺牲的人中，伯希和提到1234年聂思托里安教徒马金襄（Ma K'ing—siang）。

[②] 在《1193年中国未来皇帝的训令》中可以看到宋朝内中国民族统一主义的不寻常的例子，沙畹法译本（Mémoires concernant l'Asie Orientale, I, 1913, 28—29）。

[③] 必须分清楚窝阔台的次子阔端（Godan）与第六子合丹（Qada'an），伯希和"蒙古与教廷"，载《东方基督教评论》(1931—1932年) 第63页(203)。

的一路军进攻四川，夺取了成都（1236年10月）。由窝阔台另一个儿子阔出（Kuchu）和将军铁木台统率的第二路军于1236年3月占领湖北襄阳。第三路军由孔不花①王子和察罕将军统率，从今天的汉口顺流而下，进军至长江边的黄州，但是未能在此站住脚。1239年襄阳又被宋朝收复。事实上一场长达45年（1234—1279年）之久的战争开始了。窝阔台将看到的不过是战争的早期阶段。第四路蒙军前往征服高丽。1231年12月高丽都城开城（今汉城西北）被蒙古人攻陷，蒙古人将高丽置于他们的保护之下，以72名达鲁花赤统治之。但是，第二年，由于高丽王高宗［王瞰］的命令，所有这些蒙古驻军都被屠杀。高宗于1232年7月逃到汉城西的江华小岛上避难。由窝阔台派来的新军于1236年成功的占领了高丽，或者说至少是占领了大陆地区。另一方面，高丽朝廷宣布投降（从1241年起，派使者去蒙古宫廷承认其属臣地位），但是仍在江华岛上又苟安了30年②。

4. 蒙古征服西波斯

当窝阔台即位时，蒙古人不得不对伊朗进行再征服。

1221年11月，成吉思汗迫使花剌子模帝国的继承人札兰丁逃到印度避难（看第241页）。德里苏丹、突厥人伊勒特迷失欢迎这位流亡者，并把女儿嫁给了他。但是札兰丁阴谋反对他而被放逐（1223年）。成吉思汗率蒙古大军刚回到突厥斯坦，留在他们身

---

① "中亚与远东的基督教徒"，载《通报》（1914）第631页。
② 洪柏特《高丽史》（汉城1901—1903）第189，195页。德米埃维尔《法国远东学院学报》1—2（1924年）第195页。

后的呼罗珊和阿富汗地区是一片废墟,几乎渺无人烟,至少是就城市和乡镇而言。这些地区构成了一种无人区,他们在离开之前没有在这些地区内建立任何正规形式的行政管理;而波斯中部和西部在经历了者别和速不台的袭击之后,国界线混乱。这不是真正意义上的征服,尽管它是正规部队采取的正规方式的行动,并且蒙古人还在这些地区待了三年之久,但它只是游牧民席卷而过的旋风。

札兰丁利用蒙古人对伊朗事务表面上的冷淡,于1224年返回伊朗[①]。他作为蒙古旋风来临前的最后一位合法权力的代表,顺利地得到了起儿漫和法尔斯的阿塔卑(或称世袭突厥长官,在起儿漫,是地区忽特鲁汗朝的建立者霍吉勃博剌克;在法尔斯是1195年—1226年的萨尔古尔朝的撒德·伊本·赞吉)承认为苏丹。札兰丁从泄剌失[设拉子]出发,继续去从他弟弟嘉泰丁手中夺取伊斯法罕和伊剌克·阿只迷,嘉泰丁已在那里建立公国(1224年);接着他又出发去征阿哲儿拜占[阿塞拜疆]。阿哲儿拜占的阿塔卑月即别(这个强大的突厥封建家族自1136年起一直统治着该省)曾以大量的贡赋设法使该省免遭者别和速不台的入侵。随着札兰丁的到来,他更加不幸。新的入侵者迫使桃里寺[大不里士]投降,并使自己在全省内的统治得到认可(1225年)。从桃里寺,这位花剌子模王子继续前往征讨谷儿只[格鲁吉亚]。这个基督教王国曾在4年前遭到过者别和速不台的猛烈攻击,当谷儿只在乔治三世的妹妹、著名的女继承人鲁速丹皇后统治下正在艰难地从这次灾

---

① 史书:《札兰丁传》,奈撒微著,豪达斯法译本,多桑《蒙古史》IV,64及其后,材料来自奈撒微,志费尼、诺瓦里和伊本·艾西尔;朱兹贾尼的《宗教保卫者一览表》拉威蒂法译本;斯普尔《德国远东学术杂志》1938年,219页。

难中恢复时,札兰丁出现了。这位苏丹于1225年8月于哈儿尼打败谷儿只人。在次年的第二次攻击中,他攻陷梯弗里斯城,同年3月他破坏了该城的全部基督教教堂。1228年,他第三次返回谷儿只,在罗耳附近的闵多尔打败了城主伊万涅率领的谷儿只军队①。札兰丁对高加索的这些远征巩固了他在阿哲儿拜占的势力。

现在,札兰丁发现自己已经成了整个西伊朗(起儿漫、法尔斯、伊剌克·阿只迷和阿哲儿拜占)的主人,他以伊斯法罕和桃里寺[大不里寺]为都。原花剌子模国部分地得到了恢复,只是稍微向西偏了一点。然而,这位卓越的骑士特别缺乏政治意识,凭着使他成为一个令伊斯兰世界震惊的武士的胆量和勇气,花剌子模苏丹们的这位继承人在占据波斯王位时,他的行为仍像一位游侠骑士。这位伊斯兰教的斗士不是巩固他的新波斯帝国,准备对付必将返回来的蒙古人,而是与可以作为他天然盟友的西亚主要的穆斯林王公们争吵不休。1224年,他以入侵威胁报达[巴格达]的哈里发,接着在长期围攻起剌特要塞后于1230年4月2日从大马士革的阿尤布朝苏丹阿尔·阿昔剌夫②手中夺取该要塞(在凡湖西北,亚美尼亚境内)。最后,他自己促成了阿尔·阿昔剌夫和小亚细亚的(科尼亚苏丹国)突厥王、塞尔柱克苏丹凯库巴德的联盟。1230年8月,两位王公在埃尔津詹[幼发拉底河上游]附近彻底击败了札兰丁。正在这个时候,蒙古人发起了新的入侵。

为了中止这个意想不到的花剌子模帝国的复辟,窝阔台派出由那颜绰儿马罕③统率的3万蒙军进入波斯。1230至1231年之

---

① 参考米诺尔基斯《伊斯兰百科全书》"Tiflis"(梯弗利斯)条目,第795页。
② 参考格鲁塞《十字军史》III,366。
③ 有关绰儿马罕的详细情况看伯希和"蒙古与教廷"第51页。

冬,在札兰丁还来不及集合军队之前,蒙古人以闪电般的速度经呼罗珊和剌夷抵达波斯,并直奔札兰丁的常驻地阿哲儿拜占。消息传来,这位杰出的武士惊慌失措。他离开桃里寺,逃往阿拉斯河和库拉河河口附近的木干和阿兰草原,后又逃到迪亚巴克尔[今土耳其东部],像其父当年一样,他始终受到蒙古轻骑兵的追赶。最后,他于1231年8月15日在迪亚巴克尔山中被库尔德族农民谋杀,不明不白地死去。

1231年至1241年的10年中,绰儿马罕一直是驻扎在波斯西北部的蒙古军首领。他在库拉河和阿拉斯河下游的木干和阿兰平原①上建立了固定的司令部,因为这片草原水草丰美,适宜于他的骑兵。也是由于同样的原因,使木干和阿兰草原从1256年起,就成为波斯的蒙古汗们喜爱的留居地之一。一百多年来,蒙古人正是在阿哲儿拜占西北的这些牧地对具有灿烂都市文明的定居的古代伊朗实施统治的。

札兰丁消失之后,绰儿马罕派蒙古小军团去伊朗—美索不达米亚边境进行抢掠。在亚美尼亚,蒙古人屠杀比特利斯和阿尔吉斯居民。在阿哲儿拜占,他们占领蔑剌合,并以惯用的方式在城内纵情地屠杀。桃里寺城民吸取教训,他们投降了,并送给蒙古人所需的一切,为了使绰儿马罕息怒,还送了一件为大汗窝阔台织的珍贵手工织品②(1233年)。在南部,迪亚巴克尔和埃尔比勒地区遭到了可怕的洗劫,伊本·艾西尔描述了大屠杀的一些场面:

---

① 总的来说,阿兰(其后卡拉巴赫)是位于阿拉斯东部支流与库拉河之间的平原;木干草原是库拉河下游以东和以南,即从它与阿拉斯河的合流处到里海之间的草原。
② 1233年,蒙军兵临桃里寺城,该城长官士绅送给绰儿马罕大量金银、布匹,绰儿马罕又命该城献金帐一顶,选择技艺高的织匠若干人,以备送回蒙古献给窝阔台汗。——译者

尼西比斯地区的一个人告诉我,当他躲藏在一间房屋里从一个小孔向外张望时,看到每当蒙古人要杀人时,就呼叫 la ilaha illa allah(嘲笑穆斯林的惯用语),屠杀结束后,他掠夺城市,掳走妇女。我看到他们在马上嬉闹、用他们的语言又唱又叫 la ilaha illa allah。

艾西尔又叙述了另一件轶事:我所听到的事情很难使人置信,恐怖之甚使安拉深入每人心中。例如,据说,有一个鞑靼骑兵,独入一个人烟密集的村子,陆续杀其村民,竟无一人敢反抗。又听人说,有一个鞑靼人,手无兵器,而欲杀所房之人,便命其卧地后去寻找刀,归来杀此人,此人竟不敢逃。又有人告诉我:"我曾与十七人同行。见一鞑靼骑兵至。他命令我们互相反绑两手于背后,同伴们皆服从之,我对他们说,他仅一人,应杀之而逃,同伴们答道,'我们十分害怕'。我又鼓动他们说他将会杀死你们,让我们先把他杀死,可能安拉会拯救我们。但是,竟无一人敢杀他。于是我用小刀把他杀死,我们才安全逃脱。"①

在高加索,蒙古人摧毁了刚加后入侵谷儿只,迫使鲁速丹皇后从梯弗里斯城逃到库塔伊西[在今苏联格鲁吉亚境](约1236年)。梯弗里斯纳入蒙古的保护之下,谷儿只封建主在蒙古战争中作为辅助军参战。1239年,绰儿马罕在大亚美尼亚洗劫了阿尼和卡尔斯城,两城都属于谷儿只城主伊万涅家族。②

尽管绰尔马罕在谷儿只和亚美尼亚境内进行战争行动,但是,原则上他并不敌视基督教,因为在他自己的人中也有聂思托里安教徒。③

---

① 伊本·艾西尔记,转引自多桑《蒙古史》III,70。
② 参考阿顿尼安的著作 *Die Mongolen und ihre Eroberungen* 第35页以下。
③ 参考伯希和"蒙古与教廷"第246页(51)。

此外，他在1233—1241年统率军队期间，当他在阿哲儿拜占时，窝阔台派被称为列班·阿塔①的叙利亚基督教徒西蒙作为处理基督教事务的专员。②为保护亚美尼亚的基督教会，列班做了大量的工作。

继绰儿马罕之后那颜拜住成为波斯的蒙军(即在木干和阿兰平原上的)首领，拜住的任职期是1242年至1256年。③拜住由于进攻科尼亚的塞尔柱克苏丹国，在蒙古征服中作出了重要的贡献。由凯库思老苏丹统治(1237—1245年)的小亚细亚的这一个大突厥王朝当时似乎正处于鼎盛时期。但是，拜住于1242年攻下额尔哲鲁木城之后，又在埃尔津詹附近的柯塞山给由苏丹亲自统率的塞尔柱克军以毁灭性的打击(1243年6月26日)。这次胜利之后，拜住占领了锡瓦斯，锡瓦斯城及时地投降，又遭到掠夺。企图抵抗的托卡特和开塞利城遭到彻底洗劫。凯库思老称臣求和。这次战争使蒙古帝国的领土扩展到东罗马帝国边境。④

亚美尼亚(西里西亚)聪明的国王海屯一世(1226—1269年在位)十分明智地于1244年主动将自己置于蒙古人的宗主权下。他

---

① 列班·阿塔，列班是叙利亚的一个很普通的称号，阿塔是突厥人对"父亲"的称呼。14世纪的鄂多立克说，他在中国杭州时，人们对他使用过这两个称呼。此处的列班·阿塔是中国人称列边阿塔的聂思托里安教教长，是在蒙古攻西夏时来到蒙古，向窝阔台陈言免杀基督教徒，随后奉命又回西亚招俘的。大约1246年再次到蒙古，携其国人爱薛同行。——译者

② 关于列班·阿塔(中文列边阿塔)，参看《蒙古与教廷》236页(41)及其后页。亚美尼亚的编年史家、刚加的基拉罗斯以最崇高的语言称赞他道："他在塔吉克人(即穆斯林中)诸城建起了教廷，直到当时，这些地区的人们仍拒绝宣传基督一名，如在桃里寺和纳希切万，两城的居民特别仇恨基督教。他建教堂，立十字架，在基督教仪式上主张用福音、十字架、蜡烛和唱圣歌。他以死刑惩罚反对者。鞑靼军队尊崇他。其民在他的印信(塔马合)的保护下，往返自由。甚至鞑靼将军们也赠送他礼物……""蒙古与教廷"224页(49)。

③ 关于拜住，看"蒙古与教廷"303(109)及其后。

④ 多桑《蒙古史》III,83。(摘自诺瓦里书、巴赫布拉攸斯和马克里兹书)。参考《伊斯兰百科全书》"凯库思老二世"条目。第679—680页；阿顿尼安的著作 Die Mongolen und ihre Eroberungen,38页。

的继承者们也都沿袭这一政策,它使亚美尼亚人把亚洲的新君主当作反对塞尔柱克或马木路克伊斯兰社会的保卫者。① 1245年,拜住占领起剌特和阿米德,由此巩固了蒙古人对库尔德斯坦的统治。接着,蒙古人把起剌特交给了伊万涅氏族的谷儿只属臣们。毛夕里[摩苏尔]的"阿塔卑"别都鲁丁卢卢是一位与海屯一样精明的政治家,也自愿承认蒙古的宗主权。

5. 拔都和速不台在欧洲的战役

此时,奉窝阔台汗之命,一支由15万精兵组成的蒙古大军在欧洲开战。军队名义上是由统治着咸海草原和乌拉尔山区的拔都汗率领,在他身边会集了成吉思汗各支的代表们:拔都的兄弟斡儿答(Orda)②、别儿哥(Berke)和昔班(Shayban);窝阔台之子贵由(Güyük)和合丹(Qada'an);窝阔台之孙海都(Qaidu);拖雷之子蒙哥(Mongka)③;察合台之子拜答儿(Baidar)和孙子不里(Büri)。真正的领导者是征服波斯、罗斯和中国的胜利者速不台,他现在已是60岁左右的人了。

据伊斯兰史籍,战争是于1236年秋以灭保加尔人的卡马突厥国而开始。速不台攻陷并摧毁了他们的都城,即保加尔人的贸易

---

① 看格鲁塞《十字军史》III,526。
② 斡儿答是术赤的长子,拔都之兄。由术赤正妻弘吉剌惕氏撒儿塔黑所生。斡儿答同意拔都继位,并且正是他让拔都继位的。参看《史集》汉译本,第二卷115页。——译者
③ 据《元史》,拔都于1234年被派往欧洲,直到1235年蒙哥才受命前往欧洲参加他的战争。《元史》卷六三《地理志》六载:"太宗甲午年(1234年),命诸王拔都征西域钦叉、阿速、斡罗思等国。岁乙未(1235年),亦命宪宗往焉。"——译者

中心,该城坐落在伏尔加河附近,在伏尔加河与卡马河合流处以南[1](俄国史书将此事置于1237年秋)。

1237年初春,蒙古人进攻俄罗斯草原上仍处于半原始状态的异教的突厥游牧部落;穆斯林作家称他们为钦察人,匈牙利和拜占庭人称他们为库蛮人[2],俄国人称他们为波洛伏齐人。一些钦察人投降。正是这一因素以后将构成被该地原君主们称为钦察汗国的这一蒙古汗国的种族和地理基础,这一蒙古汗国又被称为金帐汗国,它属于术赤家族中的一支。一位名叫八赤蛮的钦察人首领在伏尔加河岸边躲藏了一阵,但最终在该河下游的一孤岛上被擒(1236—1237年冬)。[3] 蒙哥把他拦腰砍为两截。据《史集》提供的证据,别儿哥于1238年发动的第三次战役使钦察人遭到了致命的失败。正是此时,钦察首领忽滩(在谈到1222年者别的战争时曾提到过他)率余部4千户迁往匈牙利,他们在匈牙利皈依了基督教。1239—1240年冬(准确地说,是1239年12月左右),蒙古人在蒙哥的率领下,攻占了蔑怯思城,该城似乎已经成为阿兰人,或者说阿速人的都城,由此完成了对南俄罗斯草原的征服。[4]

正是在南俄罗斯草原上进行的这两次战役之间,对罗斯诸公国的远征开始了。这些罗斯公国的领地支离破碎,便利了蒙古人的征服。里亚赞大公尤里和罗曼兄弟二人各自守住里亚赞和科罗姆纳。里亚赞城破,尤里被杀,全城居民都遭屠杀(1237年12月21日)。罗斯王公中最强大的苏兹达里亚大公尤里二世徒劳地派援军支持

---

[1] 保加尔人遗址相当于今波尔加利村,或者说斯帕斯克地区的乌斯平斯科伊,离喀山南155公里,离伏尔加河左岸7公里。参看《世界境志》第461页。
[2] 又译成"库曼""古曼""科曼"等名。——译者
[3] 伯希和"库蛮"载《亚洲杂志》(1920年)第166—167页。
[4] "库蛮"169页;米诺尔斯基《世界境域志》446页。

科罗姆纳城守军，罗曼在城堡前战败被杀，接着科罗姆纳城被占领。莫斯科遭到洗劫（1238年2月），当时莫斯科还是一个二流城镇。尤里二世大公也未能阻止蒙古人摧毁他的苏兹达尔和弗拉基米尔城。苏兹达尔城被烧，弗拉基米尔城于1238年2月14日被攻占后，经历了恐怖的场面，战争爆发期间在教堂内避难的人们全部被屠杀。尤里二世本人在莫洛加河支流、锡塔河畔的一次决战中战败被杀（1238年3月4日）。其他蒙古分队洗劫了雅罗斯拉夫城和特维尔城。北方的诺夫哥罗德因沼泽地带而幸免。①

在第二年年底，战事又起，这次是对付中世纪的罗斯的南部和西部地区（大部分在今乌克兰境内）。蒙古人在洗劫了切尔尼戈夫之后，夺取乞瓦［基辅］，几乎彻底摧毁乞瓦（1240年12月6日）。接着，他们蹂躏了罗斯的加利奇国，加利奇王丹尼尔逃入匈牙利境内避难。

在这些远征的过程中，蒙古王公之间产生了分歧。窝阔台之子贵由和察合台之孙不里两人不满拔都的最高地位，对他犯有不服从的罪，使窝阔台不得不把他们召回，不里甚至与拔都发生过激烈的争吵。拖雷之子蒙哥也离开了军队，但仍与拔都保持着友好关系。拔都与贵由和不里的不合，以及与蒙哥的友谊对以后的蒙古史产生相当大的影响。

在拜答儿和海都统率下的部分蒙军从今天的乌克兰地区出发，开始进攻孛烈儿［波兰］。② 1240—1241年冬，蒙古人越过了结

---

① 原意是因冰雪融化而得救。——译者
② 参看施特拉科什－格拉斯曼《1241—1242年蒙古入侵中欧》（1893年）。阿尔土年《13世纪蒙古人及其对高加索和小亚细亚诸国的入侵》（柏林，1911年）。莫瑞尔"蒙古人的战争"，*Revue Militaire française*，1922年6—7月。

冰的维斯杜拉河(1241年2月13日),洗劫了桑多梅日城,向克拉科夫城郊进军。于1241年3月18日在赫梅尔尼克(Chmielnik)打败孛烈儿[波兰]军,向克拉科夫城进军,孛烈儿王博列思老四世从克拉科夫逃往摩拉维亚。蒙古人发现克拉科夫城民弃城而逃后,纵火烧城。在波兰历史学者们称为拜塔——无疑是拜答儿——王子的统率下,蒙古人进入昔烈西亚,并在拉蒂博尔处渡过奥德河,与西里西亚的孛烈儿大公亨利交战,亨利率领着一支由孛烈儿人、日耳曼十字军与条顿骑士团组成的3万军。4月9日,联军被消灭,亨利在莱格尼察附近的瓦尔斯塔特被杀。在这次胜利后,蒙古人进入摩拉维亚,将该地夷为废墟,但是他们未能攻下奥尔米茨城,该城由施泰贝格的雅罗斯拉夫守卫。这支蒙军从摩拉维亚出发,与在匈牙利活动的另一支蒙军会合。

在此期间,由拔都统率和速不台直接指挥的另一支蒙军确实分三路侵入匈牙利:昔班率一路军从北面而来,即从波兰和摩拉维亚之间攻入。在拔都统率下的二路军从加利奇而来,攻克了乌日哥罗德和穆卡切沃之间的喀尔巴阡山峡谷,并于1241年3月12日击败了负责防守该地的伯爵。在合丹率领下的第三路军从摩尔达维亚向奥拉迪亚和琼纳德进军,当时两城都被摧毁,居民以各种残酷的方式被屠杀。在4月2日至5日,蒙古的三路军队(至少是部分)在佩斯对面集合。① 佩斯城的匈牙利王贝拉四世匆忙集合他的军队。4月7日当他出城迎战时,蒙古军缓慢地撤退,一直退

---

① 多桑认为合丹的军队没有加入会战,或者说没有加入绍约河之战。而卡洪认为合丹军有足够的时间参加这一战争。事实上,波斯史家们提供的材料是相当混乱的。志费尼,特别是拉施特,有关欧洲的地理资料都是不充分的,常常把他们所记的事实搅乱,遗憾的是,事件并不像卡洪所希望的那样清楚。他的历史报导受到他的栩栩如生的小说《女杀人者》的影响。

到绍约河[《元史》作溵宁河]与蒂萨河合流处。正是在合流处上游的莫希南部,速不台于4月11日赢得了他最辉煌的一次胜利。志费尼和拉施特描述了拔都在战争前夕,以成吉思汗的方式登上高地,呼唤蒙古人的最高神腾格里——长生天,祈祷了一天一夜的情况。

两军分别对阵于绍约河两岸。速不台于4月10日—11日夜间率军在吉里勒斯和纳吉·者克斯之间渡河①。次日早晨,他派出他的两侧翼军,从侧面包抄敌营,直达扎卡尔德。据志费尼,决定性的战斗是由拔都弟昔班领导的。匈牙利人被彻底击败,他们或者被杀,或者逃跑。

蒙古人强攻并焚烧了佩斯城,而匈牙利王贝拉逃到亚德里亚避难。居民们遭受了难言的暴行之后,接着常常是被集体屠杀。《可怜的诺基里·卡曼》是一部充满悲剧的故事集,故事内容大多相似:蒙古人鼓励逃亡的居民重返家园,答应完全赦免他们,在使他们消除疑虑之后,背信弃义地把他们全部杀死。在另外一些场合中,他们把俘虏赶到他们的前面,去强攻设防的城市。"他们躲在这些不幸人们的后面,嘲笑那些被打倒的和杀死那些退却的人"。在强迫农民为他们收割庄稼之后把他们杀死,正像在他们继续前往别处掠夺之前,在撤走时杀死被他们污辱过的当地妇女一样。②整个匈牙利,直到多瑙河畔都处于蒙古人的统治之下,只有少数抵抗的城堡除外,如格兰、斯特里戈里姆、埃斯泰尔戈姆和阿

---

① 莫希的战地图,见斯普勒·蒙克的著作 Hand-Atlas für die Geschichte des Mittelalters und der neuren Zeit (哥达,1850)图73。

② 卡洪(《亚洲史引论》巴黎,1896年,376页。)企图扭转《可怜的诺基里·卡曼》中陈述的某些观念,以证明马扎尔人与蒙古人之间存在着早期的协约。事实上,多桑(《蒙古史》II,146—155)的看法要恰当些。

尔巴尤利亚。1241年7月蒙古军的先头部队甚至抵达维也纳附近的诺伊施塔特。拔都于1241年12月25日亲自越过了结冰的多瑙河，继续去夺取格兰。

1241年的整个夏天和秋天，蒙古人都留在匈牙利的无树平原上休整，这片平原无疑使他们想起了故乡。在1242年初，他们只是派合丹王子追击已经在克罗地亚避难的贝拉国王，没有其他活动。在蒙古军的前锋到来时，贝拉逃到达尔马提亚群岛。合丹一直追到亚德里亚海边的斯普利特和科托尔，洗劫了科托尔城后，才返回匈牙利（1242年3月）。

与此同时，窝阔台大汗于1241年12月11日在蒙古去世。当时，因出现继承问题使蒙古人撤离了匈牙利。贵由和蒙哥已经回到蒙古，其他军队首领也急于这样做。这无疑拯救了欧洲，使它摆脱了自阿提拉以来所面临的最大危险。蒙古人开始撤走，然而，他们并非没有对他们的俘虏灌输一种假安全感，俘虏们被告之说，他们随时可以返回家园，只是会遭到突然袭击和被砍死。1242年春，拔都缓慢地踏上了经保加利亚到黑海的道路，他从保加利亚出发，经瓦拉几亚和摩尔达维亚，于1242—1243年冬抵达他在伏尔加河下游的营地。

1236—1242年的蒙古远征的结果是大大地扩张了术赤在伏尔加河以西的领地。按成吉思汗的遗愿，这一兀鲁思将包括也儿的石河以西、蒙古马蹄所到之处的一切地区，现在蒙古马蹄已经印在从也儿的石河到德涅斯特河下游之间的土地上，甚至到达了多瑙河河口。这一辽阔疆域成了拔都的领地，这一事实又因拔都起码是1236—1242年远征的名义上的首领而更具有合法性。从此，在历史上他是以被征服地区之名被称为"钦察汗"。

6. 脱列哥那的摄政（1242—1246年）

窝阔台于1241年12月11日去世时，他的遗孀、能干的脱列哥那（Törägänä）被委任摄政。① 这位公主的前夫是蔑儿乞部人，② 据说她本人也属该部，尽管她更有可能是乃蛮部人。她从1242年至1246年期间掌权。窝阔台最初想立三子阔出（Kuchu）为继承人；后来当阔出在反宋朝的战争中被杀（1236年）之后，他选择阔出的长子、年轻的失烈门（Shirämön）为继承人。但是，脱列哥那想使她的亲生儿子贵由继任为大汗，并以延长她的摄政为贵由的当选作准备。

脱列哥那摄政时期的特征是一大批深得窝阔台宠爱的辅臣被贬官，特别是已故皇帝的丞相、克烈部人聂思托里安教徒镇海③和窝阔台的理财大臣、中国化契丹人耶律楚材，脱列哥那任用穆斯林奥都剌合蛮取代了耶律楚材。奥都剌合蛮答应从税收中给她增加一倍的收入。④ 耶律楚材看到他的明智政策不被采纳，并预见到人民将承受过度的负担，不久于哈拉和林忧愤而死，享年55岁（1244年6月）。脱列哥那还罢免了另外两位大臣的官职，一个是突厥斯坦和河中的长官穆斯林麻速忽·牙剌洼赤，他暂时被革职；

---

① 关于脱列哥那，参看伯希和的"蒙古与教廷"，载《东方基督教评论》（1931—1932）第53页（单行本193页）。

② 是脱脱别乞之子忽都。

③ 镇海逃跑以避脱列哥那的迫害。1246年，脱列哥那子贵由继任大汉时使他官复原职。

④ 奥都剌合蛮是大高利贷者，《元史》卷1称其"崇信奸回，庶政多紊。奥都剌合蛮以货得政柄，廷中悉畏附之。"

（《元史》卷146将其名写成奥鲁剌合蛮。——译者）

另一个是东波斯的长官回鹘人阔儿吉思,他被处死,斡亦剌惕部人阿儿浑·阿合取代了他。

这位摄政者的权力,尽管得到了老察合台的保护,①但基础仍不稳固。她摄政后不久,成吉思汗幼弟铁木哥斡赤斤带着某种不明确的目的率军向帝国斡耳朵挺进,我们已经知道他的封地是从东蒙古一直延伸到吉林地区。贵由从欧洲返回他的叶密立[额敏]河畔的封地,使这些阴谋计划落空。最严重的是贵由的私敌、钦察汗拔都对贵由的仇恨,由于贵由在远征罗斯时不服从拔都的命令,为此贵由被召回蒙古,拔都对此一直怀恨在心。因此,他千方百计地拖延召开脱列哥那希望贵由当选为大汗的库里勒台。当大会最终召开时,他称病未出席。②

7. 贵由的统治(1246—1248 年)

1246 年春夏,在离哈拉和林不远的阔阔纳兀儿③和鄂尔浑河河源一带召开了库里勒台。在此出现了巨大的帐篷城④昔剌斡耳朵,即黄帐(金帐)扎营地,成吉思汗各支宗王(除拔都外)都赶到这儿聚集,随之而来的还有各省长官和臣属国王。其中职位较高的有:再次出任突厥斯坦和河中长官的麻速忽·牙剌洼赤,波斯长官阿儿浑·阿合,谷儿只的两位争夺王位的王子大卫纳林和大卫拉

---

① 察合台曾促使脱列哥那受任摄政,他于脱列哥那摄政的第二年(1242 年)去世。
② 参考巴托尔德"Batu"(拔都)条目,《伊斯兰百科全书》第 700 页。
③ 《史集》记述是在阔阔纳兀儿之地。《元史》卷二《本纪》记述在答兰答八思之地。——译者
④ 《史集》记述,为宗王们准备了大约二千座帐幕。第 2 卷第 216 页。——译者

沙，罗斯大公雅罗斯拉夫，亚美尼亚（西里西亚）王海屯一世的兄弟森帕德将军；①还有以后（1249年）成为小亚细亚苏丹的塞尔柱克人乞立赤·阿尔斯兰四世；起儿漫阿塔卑的使者们；甚至有一位来自报达哈里发的使臣。依照摄政皇后脱列哥那的意见，库里勒台选举她与窝阔台所生的儿子贵由王子为大汗，贵由于1246年8月24日即位。②新的大汗是在帝国应该由窝阔台家族世袭继承的条件下才接受权力的。接着，"全体宗王们脱帽，解开宽腰带，把贵由扶上金王位，以汗号称呼他，到会者对新君九拜表示归顺，在帐外的藩王及外国使臣等也同时跪拜称贺③。"

1246年召开的库里勒台是从天主教方济各会会士、普兰·迦儿宾的报道中知道的。他是教皇英诺森四世派往蒙古的信使，教皇在信中恳求他们不要再攻击其他民族，希望他们皈依基督教。迦儿宾于1245年4月16日从里昂出发，途经德国、波兰和罗斯（他于1246年2月3日离开基辅）。1246年4月4日，他在伏尔加河下游受到钦察汗拔都的接见。拔都派他去蒙古见大汗，他经巴尔喀什湖南、原喀喇契丹国境——通常的路线是经讹答剌、伊犁河下游、叶密立河——过原乃蛮境而至。1246年7月22日，迦儿宾抵达帐殿（昔剌斡耳朵），即离哈拉和林只有半天路程的地方，库里勒台正在此召开。他目睹了贵由的当选，并留下了对贵由的生动描述："在他当选时，约有四十，最多四十五岁。他是中等身材，非常聪明，极为精明，举止极为严肃庄重。从来没有看见他放声大

---

① 参看"基拉罗斯编年史"载《亚洲杂志》1858年，452（《十字军时代的历史学家》所收《亚美尼亚史料》卷I，605）。
② 贵由即位后2—3月，脱列哥那去世。
③ 多桑《蒙古史》II，199。

笑,或者是寻欢作乐。"就宗教信仰而言,贵由信奉聂思托里安教,迦儿宾目睹了在贵由帐前举行的聂思托里安教教徒们的庆祝集会。他的丞相、家庭教师合答黑和他的丞相、克烈部人镇海都是聂思托里安教教徒。他的另一位辅臣是"叙利亚人列班",①即列班·阿塔(汉名列边阿塔),"他负责有关聂思托里安教的宗教事务。"②正是在镇海和合答黑的斡旋之下,迦儿宾向大汗陈述了他访问蒙古宫廷的目的。然而贵由致罗马教皇的回信——最近,伯希和在梵蒂冈档案馆中发现——几乎不提倡基督教。信中,蒙古君主以一种威胁性的口吻邀请教皇和基督教诸王公,在企图宣传基督教福音之前,到他的驻地来向他表示效忠。贵由宣称他的权力受到神权的保护,他是以诸神和各地主宰的最高代表长生天的名义在说话(长生天,突厥语是 Mängü Tängri,蒙古语是 Mongka Tängri)③。

迦儿宾得到贵由的回信后,于 11 月 13 日离开帐篷城昔刺斡耳朵,踏上归途,他经伏尔加河下游和拔都驻地返回,他是于 1247 年 9 月 5 日到达拔都驻地的。从这儿他又经基辅返回西方。

亚美尼亚大将军森帕德这次是作为其兄亚美尼亚王海屯一世的使臣来见贵由(森帕德的旅行从 1247 年一直持续到 1250 年),他似乎比迦尔宾更加懂得通过与蒙古的联盟使基督教世界获得好

---

① 伯希和"中亚和远东的基督教徒"载《通报》(1914 年)第 628 页。
② 上引书 628 页和伯希和"蒙古与教廷"载《东方基督教评论》(1922—1923 年)第 247 页(51)。当然,贵由对聂思托里安教是持支持态度,然而,他并不违背蒙古人对宗教的普遍容忍态度,尊重其他蒙古宗教。已经知道,其弟阔端(他在甘肃有一块封地)保护西藏著名的萨斯迦寺庙的喇嘛们。阔端于 1251 年死于兰州。参看伯希和"古蒙古人使用的文字"(《大亚细亚》1925 年,第 285 页)。
③ 波斯文写本,突厥语序言和蒙古人的印。参考伯希和《蒙古与教廷》第 21 页(18)。

处。贵由汗亲切地会见了他,赐予他一份证书,保证了海屯王得到他的保护和友谊。森帕德于归途中曾写信给他的妹夫塞浦路斯国王亨利一世,该信仍保留至今,信中注明日期是1248年2月7日,发自撒麻耳干,他在信中强调了聂思托里安教徒在蒙古帝国和蒙古宫廷中的重要性。他写道:"东方基督教徒已经把他们自己置于大汗的保护之下,大汗以极大的敬意接见了他们,并使他们获得免税权和公开禁止任何人干扰他们。"[1]

贵由给迦儿宾产生的庄重的印象还可以从拉施特的记载中得到证实。他能干、专横、非常小心地提防他的权力不受别人的侵犯,他认为在宽厚的父亲统治时期和他母亲摄政期间,国家的肌腱已经松弛,他决定把大汗与宗王之间的权力关系恢复到成吉思汗统治时期的状况。他对图谋攻击摄政皇后的叔祖父铁木哥斡赤斤的某些可疑态度进行了调查,并惩罚了他的随从。伊犁河流域的察合台汗在1242年去世时选他的孙子哈剌旭烈兀(木阿秃干之子,木阿秃干于1221年围攻范延时去世)为他的继承人。贵由以君主身份干涉察合台兀鲁思事务,以他的好友察合台的幼子、也速蒙哥取代了这位年轻人(1247年)。[2] 他派亲信野里知吉带〔晏只吉带〕到波斯,从1247年—1251年间,野里知吉带的职位与木干草原上的蒙军统帅拜住将军平级,或者级别还要高些。[3] 在远东,管理着被征服的中国行省的财政大臣奥都剌合蛮因贪污被处死,

---

[1] 参考《十字军时代的历史学家》中收集的《亚美尼亚史料》I,605,651。南吉斯的"圣路易"(《法兰西历史著作集》XX,361—363)。格鲁塞《十字军史》III,526—527。

[2] 贵由与察合台汗的第五子也速蒙哥很要好,主要因为也速蒙哥反对他的政敌、拖雷之子蒙哥。贵由以"舍子传孙为非"为由,废哈剌旭烈兀。——译者

[3] 关于拜住和野里知吉带的管理责任还不清楚,但正如伯希和所指出的那样,很可能贵由赋予野里知吉带的权力超过了拜住的权力。

以马合谋·牙剌洼赤取代之。信奉聂思托里安教的克烈人镇海重新被任命为帝国丞相,当迦儿宾见到他时,他正任其职。在他的纳贡民族中,贵由把谷儿只分了两位对立的争夺王位者,大卫沙拉得到卡特利亚,女王鲁速丹之子大卫纳林只保有埃麦利蒂亚。在小亚细亚的塞尔柱克苏丹国(科尼亚),贵由把王位给了乞立赤·阿尔斯兰四世,而没有给予直到当时一直在位的、乞立赤之兄凯卡兀思二世。①

在贵由决定取消成吉思汗其余各支已开始享有的、并不断扩大的自主权时,他与长支,即赤术家族之首拔都发生了冲突。1248年初,他们之间的关系十分紧张,以致双方都在开始备战。贵由在巡视他的叶密立世袭领地的借口下,离开哈拉和林西进。与此同时,拔都已经得到拖雷家族的指挥人物、唆鲁禾帖尼公主的密报,也向谢米列契耶进军。他一直抵达离海押立(今卡帕尔城附近)不到7天路程的阿拉喀马克。巴托尔德解释说他到达了位于伊塞克湖和伊犁河之间的阿拉套。这次冲突似乎是不可避免了,直到贵由由于长期的酗酒暴食衰竭而死,他死于距别失八里一天路程的途中。巴托尔德认为他可能死于乌伦古河地区;伯希和说是在别失八里(今济木萨)东北部②。中国史书把贵由去世的时间定在1248年3月27至4月24日之间。③ 当时他仅43岁。

贵由的去世很可能使欧洲免遭一次可怕的灾难。贵由梦想的不只是打败钦察汗——根据迦儿宾的记载——而且要征服基督教

---

① 多桑《蒙古史》中引用的志费尼和拉施特的记载,II,206。"基拉罗斯编年史"《亚洲杂志》I,(1858)451;布鲁塞特《谷儿只史》补充 I,298。
② 巴托尔德《伊斯兰百科全书》"Batu"(拔都)条目第700页。伯希和"蒙古与教廷"58页(196)和61页(199)。
③ 巴赫布拉攸斯错误地陈述了贵由死于1249年7月22日。

世界。无论如何,他似乎已经把注意力专注于欧洲。然而,拖雷家族宗王们的继位——先是蒙哥,然后主要是忽必烈——将把蒙古人的主要努力引向远东。

8. 斡兀立·海迷失的摄政

贵由一死,其遗孀斡兀立·海迷失(Oghul Qaimish)正式宣布摄政。多桑认为斡兀立·海迷失出身于斡亦剌惕部,尽管伯希和对此已作纠正,认为她属蔑儿乞部。① 1250 年,在塔尔巴哈台的叶密立和霍博地区,或者说,在窝阔台家族的世袭领地上,她接见了来自法兰西路易九世的使者、天主教多米尼克修会的三位教士:安德烈·德·朗朱米和他的兄弟盖依,以及让·德·卡尔卡松。他们经波斯(桃里寺)和沿怛逻斯河而来。她把他们转呈的、法王送给她的礼物作为贡物接收,并要求法王应该更明确地表示臣服于她。使者们最早是于 1251 年 4 月才在凯撒里亚见到路易王。

斡兀立·海迷失很想把王位传给窝阔台系的一位王子,要么是贵由的侄儿失烈门②,或者最好是传给她与贵由所生的忽察(Qucha,当时还很年幼)。③ 但是,作为成吉思汗家族之首的拔都在这些事情上起了主导作用,他决定排除窝阔台系。更准确地说,他与拖雷的遗孀唆鲁禾帖尼(或名莎儿合黑塔尼)联合起来,唆鲁

---

① 多桑(《蒙古史》II,246)错误地说斡兀立·海迷失是前斡亦剌惕部王忽都花别吉之女(已被伯希和纠正,"蒙古与教廷"第 61 页[199])。

② 关于该名(可能是 Solomon),参考伯希和"蒙古与教廷"第 63—64 页(203—204)。

③ "蒙古与教廷"第 196 页(199)。

禾帖尼是克烈部人(王罕脱斡邻勒的侄女),因此也是一位聂思托里安教徒,她不但精明,还很明智。① 早些时候,当贵由对许多成吉思汗宗王们有损于国家的、滥用权力的罪行进行严肃调查时,已经证实了由于她的缘故,拖雷家族的行为自始至终被认为是无可指责的。② 现在,在她看来,她家族的转机来到了。她可以说服拔都提名她与拖雷所生的长子蒙哥为大汗。③ 因此,大约于1250年在伊塞克湖以北、拔都的阿拉喀马克营地,为此目的召开了库里勒台,会上,拔都推举和强加于大会的人选正是蒙哥。然而,投票赞成蒙哥的只有术赤和拖雷家族的代表。正如巴托尔德所指出的那样,窝阔台和察合台家族的代表们或者是未出席这次集会,或者是在选举前就离开了阿拉喀马克。当他们得知蒙哥的提名后,他们拒绝承认这次选举,理由是这次集会是在远离成吉思汗的圣地的地方召开的,无论如何,参加的人数很不充分。因此,拔都决定在斡难河,或者怯绿连河畔的原蒙古圣地上再召集一次有更多的人出席的库里勒台。他邀请窝阔台和察合台家族的成员们参加,当然,他的邀请遭到了拒绝。

不顾他们的反对,拔都委托他的弟弟别儿哥在怯绿连河畔的阔帖兀阿兰④重新召集了一次库里勒台。别儿哥不顾窝阔台家族的抗议(该家族的成员们拒绝承认他们从王位上被排挤掉),也不

---

① 唆鲁禾帖尼是王罕兄弟札合木之女。她于1252年2月去世,其后不久,她的儿子蒙哥继位。(《元史》卷3《本纪》写作唆鲁禾帖尼,卷106《后妃表》写成唆鲁和帖儿,卷116《列传》写作唆鲁帖尼。《元朝秘史》作莎儿合黑塔尼。——译者)

② 多桑《蒙古史》II,204。

③ 蒙语写作 Mongka,突厥语 mängü 或 Mangu,意"长生"参考伯希和"有关中亚的几个词"载《亚洲杂志》(1913)第451页。

④ 该名是伯希和在"蒙古与教廷"第62页(200)中的转写形式。

顾支持该家族的察合台兀鲁思首领也速蒙哥的抗议,宣布蒙哥为大汗(据志费尼记是1251年7月1日)。于是,帝国的统治权最终从窝阔台家族转归拖雷家族①。

这次政变相对而言是轻易地获得了成功,其原因由以下事实可以说明:蒙哥是强者的典型,与他相比,正统的窝阔台诸王们既年幼又不受尊重。此外,拔都作为成吉思汗家族的长者和长支之首,在王位空缺期间居于一种行使独裁权利的地位。然而,窝阔台家族被赶下王位和拖雷家族获胜是对正统性的侵犯,主要受害者不可能不进行任何反抗就接受它。被罢黜的窝阔台宗王们(其中最突出的是失烈门)在库里勒台快结束时到达,好像是来对新选出的大汗表示效忠,而实际上似乎是想袭击并推翻新汗。但他们的计划被发觉。他们的卫队被缴械,他们的顾问被处死,其中包括合答黑和镇海。② 他们自己也被拘捕。

蒙哥严厉地惩罚了这些不幸的堂兄弟们。前摄政皇后斡兀立·海迷失被剥去衣服受审,然后被缝入一口袋,投入水中淹死(1252年5—7月)。蒙哥十分憎恨她(他告诉卢布鲁克说,"她比一条母狗更卑贱")。蒙哥的弟弟忽必烈把失烈门带往驻扎在中国的蒙军中而暂时救了他,但是,后来他未能阻止蒙哥把这个可怜的年轻人投入水中淹死。贵由年幼的儿子忽察被放逐到哈拉和林以西的地区。合丹像海都一样,主动投降,得到赦免(很可能有一位与合丹同名的人行使了蒙哥对贵由安置在波斯的高级大臣野里知吉带的报复)。因此,合丹和海都仍保有叶密立兀鲁思。后来海都

---

① 多桑《蒙古史》II,249,及其后(据志费尼和拉施特)。
② 伯希和"蒙古与教廷"63页(201)。
《元史》记镇海是病死,年84岁。——译者

举起窝阔台正统性的旗帜,给蒙哥的继承者造成了很大的麻烦。最后,蒙哥处死了察合台兀鲁思的首领也速蒙哥,他曾站在反对蒙哥的一边,蒙哥以察合台家族的另一个王子、哈剌旭烈兀取代了他。以后又以哈剌旭烈兀的遗孀、兀鲁忽乃公主继位(1252年)。察合台的另一个孙子不里被交给拔都,拔都处死了他,因为他在欧洲战争时犯下了反对拔都的罪行。①

9. 蒙哥的统治(1251—1259年)

蒙哥即位时43岁,他是继成吉思汗之后最杰出的蒙古大汗。蒙哥沉默寡言、不好侈靡和狂饮暴食,唯一的乐趣是打猎。他使札撒和祖辈的戒律恢复其原来的严厉性。他是一位能干的领袖和严厉而公正的管理者(他支付了他的前辈们签字而未付款的大量票据)②,他是一位头脑冷静、有理智的政治家,是一名优秀的战士。因此,他完全恢复了成吉思汗建立起来的强有力的机器。在任何情况下,他都没有放弃他的种族特征(他的继承者忽必烈也是如此),他加强了行政管理机构,把蒙古帝国建设成为一个正规的大国。在他统治初期,他对拔都的感恩(实际是拔都使他当上了皇帝)如果不是在法律上,那么也是在事实上导致了一种权力的分

---

① "蒙古与教廷"第66页(204)和第77页(217)。
② 多桑《蒙古史》II,266。是据志费尼和拉施特之书。志费尼《世界征服者史》汉译本719页记:"商人曾从世界各地赶去朝见贵由汗,在达成了大宗的交易后,被授予要东、西方各地支付的敕令。但因他在位时间不长,那笔钱大部分没有付给,没有到那些商人手中。而在他死后,他的妻妾、诸子和诸侄做了比他活着时规模更大的买卖,并用同样的方式写敕令……"蒙哥即位后,下诏从帝国的库藏中偿还全部款项。总计为50万银巴里失。该书评价道:"一个国王偿还另一个国王的债务,从哪本史书中读到过,或者从说书人那里听说过? 而从来没有人清偿他的敌人的债务。"——译者

裂，正如巴托尔德所指出的，实际上拔都由于这种权力在巴尔喀什湖以西地区内实行独立统治①。但拔都的去世（最迟于1255年）又一次使蒙哥成为蒙古世界的唯一强大的君主。各个兀鲁思，或者说成吉思汗诸封地上的首领们认为他们有权享受免税权，或者是与中央政权的代理人一起分享国家的税收。蒙哥禁止了这些做法。显然，如果他活得更长久些，或者如果他的继承者继续执行他的政策的话，那么，蒙古帝国就不会分裂为中国、突厥斯坦、波斯、俄罗斯这四个汗国，而将继续是一个比较统一的国家。

蒙哥是由信仰聂思托里安教的母亲、克烈部公主唆鲁禾帖尼抚养大的，他倾向聂思托里安教信仰。他挑选了克烈部人、聂思托里安教徒孛鲁合②为丞相。但是，他也倾向于佛教和道教。1251—1252年间，他任命一位道教首领和佛教国师作他的贴身随从，前者是李志常道士，后者是"来自西土的"那摩喇嘛。③ 最初，李志常最得蒙哥恩宠。1255年，蒙哥出席了在和林举行的、佛教僧侣那摩和一些道士们展开的辩论会④。1256年，在哈拉和林他的宫中举行了一次佛教会议。他对卢布鲁克说："一切宗教犹如手的五指。"但对佛教徒他说："佛门如掌，余皆如指。"确实，在保持道士与佛教徒之间的平衡之后，蒙哥最终好像稍微倾向于支持佛教

---

① 据卢布鲁克记述（第25章），划分两个统治区域的边界线是伊塞克湖北的阿拉套地区。卢布鲁克还写道，蒙哥和拔都形成了真正的双头政治，但是，正如蒙哥亲自对卢布鲁克说的那样："一个头上有两只眼睛，虽有两只眼睛，但它们都看着同一条路。"然而，蒙哥以其统治的气质和经济意识，顺利地拒绝了甚至是拔都要钱的要求（多桑《蒙古史》II，320—321，据《元史》的记载）。
② 参考伯希和"中亚的基督教徒"第629页。
③ 参考沙畹"蒙古时代中国宰相的碑文和文件"载《通报》（1904年）第364、374页（1908年）第356和362页。
④ 上引文（1904），第367和383页。参看巴津（《亚洲杂志》II，1856年，138）。沙畹上引文。

徒,特别是在 1255 年辩论会之后,会上道士们被指控传布伪经,歪曲佛教起源。总的说来,蒙古统治者利用各种宗教为其政治目的服务。正是为了这一目的,他把海云和尚作为佛教徒的首领派到佛教徒中,把同样献身于蒙古利益的人派到道士中去。

10. 卢布鲁克的旅行

在蒙哥统治期间,法兰西路易九世(圣·路易)派方济各会会士卢布鲁克村(在卡塞尔附近)的威廉访问蒙古人。[①] 卢布鲁克于 1253 年 5 月 7 日离开君士坦丁堡[②],过黑海后前往克里米亚的意大利商人区,于 5 月 21 日在苏达克城登陆。一穿过克里米亚进入俄罗斯草原(即钦察汗国),卢布鲁克就感到他进入了另一个世界,游牧民的世界。由于对原钦察突厥人进行全面的大屠杀,这片俄罗斯草原成了一个更加荒凉的世界。一片不毛之地,在它的地平线上,蒙古巡逻骑兵将会突然出现。"当我发现自己在鞑靼人之中时,我真感到我好像是到了另一个世纪和另一个世界。"卢布鲁克对游牧民的描述仍是一篇名作:"鞑靼人没有固定的住处,从多瑙河延伸到远东的整个斯基泰人的地区在他们之中被瓜分了;每个酋长,按他管辖人数的多少,就知道他牧场的界线以及春夏与秋冬游牧的地方。冬季来临时,他们要去到南方温暖的地区,而夏季他

[①] 卢布鲁克的威廉奉法兰西国王圣路易九世命,携带信函,于 1253 年东行,到蒙古见蒙哥大汗。回欧洲后,以长信形式记下他的行程,习惯以其出生村名称呼他,因此他的游记称为《卢布鲁克东行纪》,或《卢布鲁克东游记》。——译者

[②] 伯希和认为卢布鲁克离开巴勒斯坦前往君士坦丁堡的时间是 1253 年初,而不像罗克希尔所说的在 1252 年。参看"蒙古与教廷"77 页(221)。

们又往北迁。"卢布鲁克接着描述了蒙古人架在车上的毡帐，常常聚集成流动村子。至于蒙古人本身，没有人能比这位方济各会会士的描述更加生动了。"男人们在头顶剃光一小方块，剩下的头发辫成辫子，从两边下垂至耳部。"冬天，他们用毛皮裹住身体，夏天穿着来自中国的丝绸。最后，他提到了他们饮大量的乳酒——发酵的马奶——和葡萄酒。①

7月31日，卢布鲁克到达拔都之子撒里答的营帐，它在距伏尔加河不到3天路程的地方。撒里答是一个聂思托里安教徒，尽管卢布鲁克还没有明白这一点，但是，他还是被一位名叫科亚特的聂思托里安教的基督教徒引见给撒里答，②科亚特是宫中的一位重要人物。卢布鲁克在宫中发现了一位圣殿骑士，尽管这可能是不真实的，但是，撒里答对欧洲事务相当熟悉。卢布鲁克告诉撒里答说皇帝是基督教世界最强大的君主，撒里答回答说现在霸权已经移到路易王手中。卢布鲁克离开撒里答营帐后，过伏尔加河，在位于该河东岸的拔都的斡耳朵内受到拔都接见。"拔都坐在一金色的高椅上，或者说坐在像床一样大小的王位上，须上三级才能登上宝座，他的一个妻子坐在他旁边。其余的人坐他的右边和这位妻子的左边。"这次是拔都派卢布鲁克去蒙哥大汗的宫廷。卢布鲁克过扎牙黑河，或称乌拉尔河，踏上了亚洲草原，即"像海一样辽阔的荒野上"。他沿楚河继续前进，从离怛逻斯不到6天路程的地方

---

① 关于各种不同的乳酒，参看伯希和在《亚洲杂志》上的文章（1920年）第70页。
② 卢布鲁克对聂思托里安教的偏见使他产生了一些误解，尽管如此，撒里答信仰该教已得到亚美尼亚编年史家基拉罗斯的证实（《亚洲杂志》I, 1858年, 459）。卢布鲁克对这位聂思托里安教士的一无所知的报导已被马可·波罗一家所证实，当忽必烈要求派天主教学者到北京，使他的宫廷具有真正基督教思想时，他对波罗一家发表了同样的讲话。

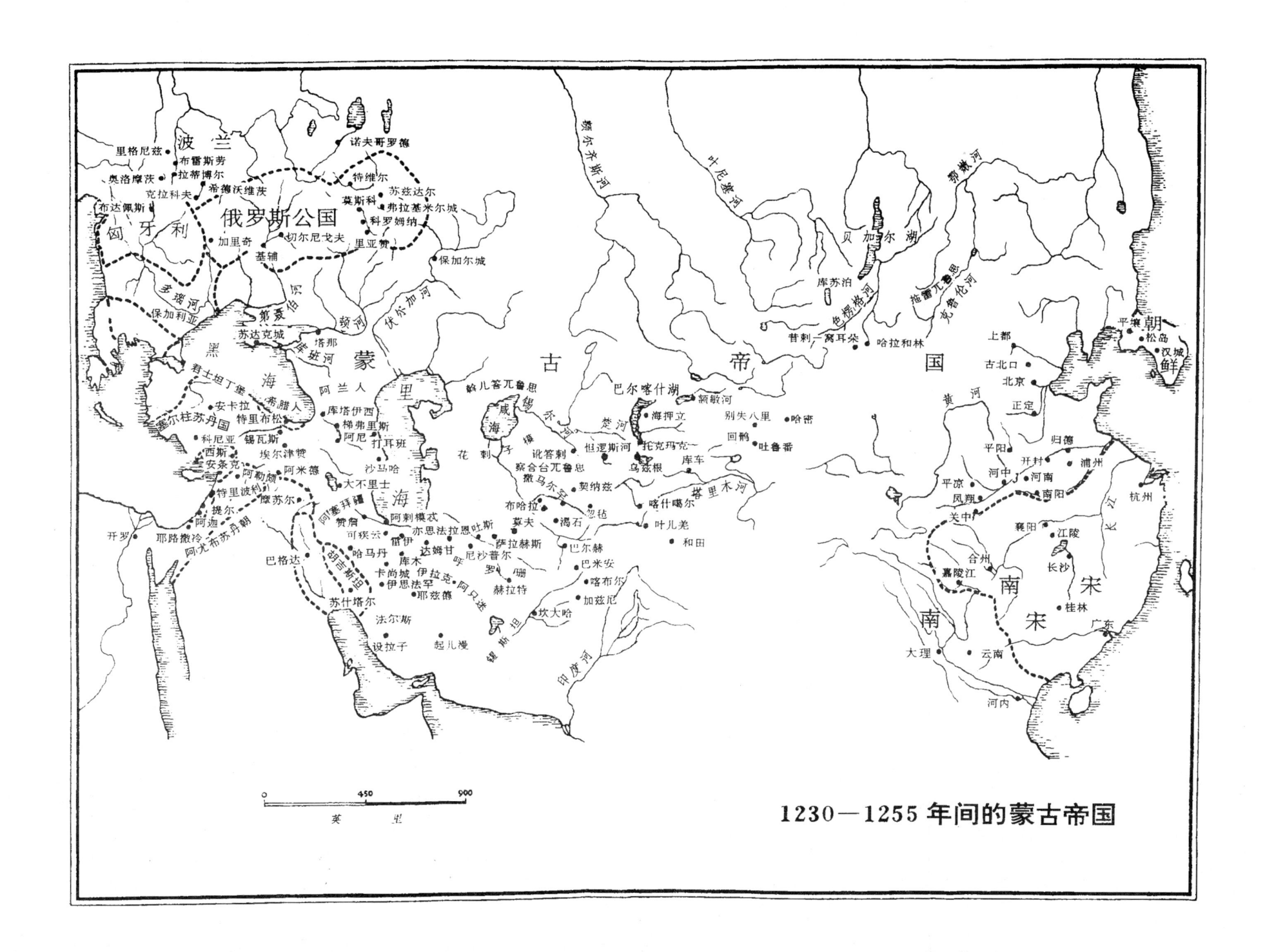

1230—1255年间的蒙古帝国

过河。后渡伊犁河,沿伊犁河北岸,经过额忽兀斯城,该城居住着说波斯语的塔吉克人,据巴托尔德独创性的推测,这些塔吉克人可能被认定为喀什噶尔的埃基-乌古思人①。接着卢布鲁克经过了海押立(今卡帕尔城附近),那儿有一个活跃的聂思托里安教中心,同样也有一个畏兀儿佛教中心,在佛教徒中间,他听到反复念 Om mani padme hum②。卢布鲁克记道,正是从畏兀儿人那里"鞑靼人(蒙古人)有了他们的文字和字母,蒙哥汗给路易九世陛下的信就是用畏兀儿字书写的蒙古语。"

1253年11月30日,卢布鲁克离开海押立,绕过巴尔喀什湖东端后,过叶密立(额敏)河,或者说经过塔尔巴哈台地区,即地处阿尔泰山南部山脚之中、原乃蛮境边缘的窝阔台家族的封地。最后,他到达蒙哥的斡耳朵,蒙哥于1254年1月4日正式接见了他。"我们被领入帐殿,当挂在门前的毛毡卷起时,我们走进去,唱起赞美诗。整个帐幕的内壁全都以金布覆盖着。在帐幕中央,有一个小炉,里面用树枝、苦艾草的根和牛粪生着火。大汗坐在一张小床上,穿着一件皮袍,皮袍像海豹皮一样有光泽。他中等身材,约莫45岁,鼻子扁平。大汗吩咐给我们一些米酒,像白葡萄酒一样清澈甜润。然后,他又命拿来许多种猎鹰,把它们放在他的拳头上,观赏了好一会。此后他吩咐我们说话。他有一位聂思托里安教徒作为他的译员。"

在蒙哥的斡耳朵里,卢布鲁克惊奇地见到了一位来自洛林的、名叫帕库特的妇女,她是从匈牙利被带到这里,给这位宗王的一个聂思托里安教徒妃子当侍女的,她本人与在这里当木匠的一位罗

---

① 米诺尔斯基《世界境域志》第278页。
② 意即"嘿!宝石确实在莲花里!"这就是所谓"六字真言"或"六字大明咒",即"唵嘛呢叭咪吽"。——译者

斯人结了婚。卢布鲁克在和林宫中还见到了一位名叫纪尧姆·布歇的巴黎金匠,"他的兄弟在巴黎的大蓬特。"金匠先后受雇于拖雷的遗孀唆鲁禾帖尼和也同情基督教的蒙哥幼弟阿里不哥。卢布鲁克发现,在盛大的宫廷宴会时,聂思托里安教教士们穿着法衣,首先入席,为大汗的酒杯祝福,接着才是穆斯林教士和"异教"僧侣们,即佛教徒和道士。有时,蒙哥亲自陪同信仰聂思托里安教的妻子到教堂做礼拜。"蒙哥本人来了,为他带来了一张涂金的床,面对祭坛,他和妻子坐在上面。"①

卢布鲁克随朝廷人员前往哈拉和林。他们于1254年4月5日抵达和林。纪尧姆·布歇作为宫廷金匠受到优待,"他很高兴地接待了卢布鲁克,他的妻子是撒剌逊人的女儿,生于匈牙利。她说一口流利的法语和库蛮语。在那里,我们还发现了一位名叫巴西尔的英国人,很可能生于匈牙利,他也说法语和库蛮语。"

在1254年复活节,卢布鲁克获准参加在和林的聂思托里安教堂内举行的群众庆祝会。教堂里有"纪尧姆金匠仿照法国式雕刻成的圣母玛利亚肖像"。除聂思托里安教教堂外,和林城还有两个清真寺和12座塔,或者说是其他偶像崇拜者的寺庙。卢布鲁克在做礼拜时有机会见到了阿里不哥,他是帝国王子中最倾向于基督教的宗王之一,"他伸出手来,以主教的方式向我们划了十字的记号"。有一次,在卢布鲁克面前发生了穆斯林和基督教教徒的争辩,阿里不哥公开站在基督教徒一边。

---

① 按《卢布鲁克东游记》第36章,这些聂思托里安教的宗教节日是以狂欢而结束。在以上提到的仪式之后,蒙哥的妻子喝得酩酊大醉:"给我们呈上米酒、红葡萄酒(与拉罗歇尔的红葡萄酒相似)和乳酒。这位贵妇手举满满的一高脚杯酒,跪下祈祷。所有的教士都高声歌唱,她一饮而尽……直到晚上。这时贵妇已喝醉了,于是坐进车子,由唱着歌,或者说是喊叫着的教士们陪伴着回宫。"

第六章 成吉思汗的三位直接继承者

1254年5月30日,即圣灵降临节前夕,卢布鲁克在和林举行了一次公开的宗教辩论大会,蒙哥汗派三名裁判出席大会。会上,蒙哥坚持一神教,站在穆斯林学者们一边反对佛教哲学家们。[①]

卢布鲁克于1254年8月18日带着蒙哥给路易九世的回信离开哈拉和林,信中写道:"这是长生天的命令。天上只有一个上帝,地上只有一个君主,即天子成吉思汗。"蒙哥以长生天以及它在地上的代表"汗"的名义命令法兰西王承认是他的封臣。[②] 卢布鲁克带着信,花了两个月零6天的时间从哈拉和林来到伏尔加河。他走的路与前往蒙古朝觐大汗的亚美尼亚王海屯一世所走的路相交。卢布鲁克于9月抵达拔都的斡耳朵,当时拔都好像已经住在他的新驻地萨莱。卢布鲁克从萨莱出发经阿兰国境和打耳班关隘,来到木干草原,在此他受到波斯的蒙军统帅那颜拜住的接见,而卢布鲁克的译员去桃里寺(大不里士)访问波斯民政官阿尔浑阿合。接着,他经纳希切万(他在此过了圣诞节)、埃尔津詹、开塞利和塞尔柱克苏丹国的科尼亚,到达小亚美尼亚(西里西亚),在拉齐卡乘船前往塞浦路斯国。

亚美尼亚王(即亚美尼亚化的西里西亚)海屯一世(卢布鲁克在旅途中曾从他的旁边走过。)[③]表明了他是一位更好的外交家[④]。

[①] Tui nan 或 Tuin 一名,卢布鲁克和西方使臣们用来指佛教僧侣,该名肯定是来自中文的"道人",即该道上的人,涉及"沙门"(出家人)。

[②] 比较海顿和尚的称谓(《十字军时代的历史学家》中收集的《亚美尼亚史料》II,148—150),参看"Changius Can, empereor par le comandement de Deu [sic]"。

[③] 卢布鲁克可能未与海顿相遇。《出使蒙古记》吕浦译本,中国社会科学出版社,1983年版第226页记卢布鲁克"听到了阿美尼亚国王的消息。他已于11月底经过这里……"何高济译本第313页记"我已骑行了二十二天时,得到亚美尼亚王的消息。他在八月末经过那里,去见撒里答。"《海顿行纪》上未提此事。从两本游记来看,都未记载他们的相遇。——译者

[④] 格鲁塞《十字军史》III,527,636。

卢布鲁克是在害怕引起蒙古干涉的恐惧中度日，而精明的亚美尼亚王所做的一切是得到蒙古的干预，以巩固基督教世界反对伊斯兰教。抱此目的，他先到卡尔斯城，驻波斯的蒙军统帅拜住当时在此扎营（1253年）。从卡尔斯城出发，过打耳班，他来到了伏尔加河下游河畔拔都的帐中，接着又到了和林附近蒙哥的斡耳朵。1254年9月13日，蒙哥"在他全盛的显赫中登上王位"，正式接见了海顿。

蒙哥给予这位忠实的藩王热烈的欢迎，并交给他一份札儿里黑，即授权保护他的国家的诏书①，基拉罗斯的亚美尼亚编年史上说："诏书上盖有蒙哥的御玺，不许人欺凌他及他的国家。还给他一纸敕令，允许各地教堂拥有自治权。"另一位亚美尼亚历史学家海顿和尚在他的《海顿行纪》中补充陈述道，蒙哥给他的拜访者保证：在他的弟弟旭烈兀汗统帅下的蒙古大军将进攻报达［巴格达］，灭他们"不共戴天的敌人"哈里发王朝；把圣地归还给基督教徒。②这一许诺至少是部分地将得以实现。海顿满怀信心地于11月1日离开蒙古宫廷，经通常所走的路线——别失八里（济木萨）、阿力麻里（固尔扎附近）、阿姆河和波斯——于1255年7月回到西里西亚。③

---

① 札儿里黑，突厥语 Yarligh，蒙古语 jarliq，即帝国敕令。参考伯希和《通报》（1930年）第292页。

② 海顿和尚的《亚美尼亚文献》III，164—166；参考基拉罗斯"亚美尼亚史"载《亚洲杂志》(1833)第279页和I(1858年)463—473；格鲁塞《十字军史》III，527—529。顺便说，它可以用来更正亚美尼亚史家们无意中产生的某种倾向性的陈述。蒙哥反哈里发王朝的计划纯属政治性的。他对伊斯兰教也毫无敌意。相反，正如志费尼所证实的那样，他以听取基督教徒，或者其他宗教徒同样尊敬的态度听取穆斯林教士们的意见。于是，正是在1252年贝拉姆宴会上，忽毡的大法官贾马阿丁·马合木到他的斡耳朵来诵读了祈祷文，"蒙哥让他反复诵读了许多遍，并给穆斯林们很多礼物。"

③ 参考布列什奈德《中世纪研究》I，168。

11. 蒙哥征宋

蒙哥给自窝阔台去世后几乎停止了的蒙古征服战争注入了新的活力。首先,在1253年于斡难河源处召开的库里勒台上,蒙哥决定他的弟弟旭烈兀去征服报达和美索不达米亚的哈里发王朝,以此完成对波斯的征服,然后继续去征服叙利亚。其次,蒙哥本人与他的另一个弟弟忽必烈①重新开始对中国宋朝的攻势。

尽管杭州朝廷软弱,大臣们的无能和宋朝君主们的虚弱,但是,中国人以意想不到的抵抗来对付入侵的蒙古人。一位勇猛的中国将军孟珙(死于1246年)于1239年从蒙古人手中夺取了控制着汉水中游地区的襄阳重镇,并为争夺四川中部而与蒙古人进行了长期的斗争,四川省的成都虽两次遭到洗劫,但是,直到1241年才长期地落入了蒙古人之手。②

在人口众多的中国南方,河流山脉纵横交错,都市地区人口密集,唯一可能进行的战争是围攻战,在围攻战中,来自草原的牧民们发现他们有些不知所措。在成吉思汗后裔们之前,其他突厥—蒙古游牧民已经取得过征服中国北部的胜利,他们是4世纪的匈奴人和鲜卑人,5世纪的拓跋人,10世纪的契丹人和12世纪的金人。但是,在他们企图征服中国南方时,从拓跋人到金人,全都失败了。要在中国南方取得胜利,必须进行中国式战争,即有大批中

---

① 在使用 Qubilai 一名称呼成吉思汗的副手之后,我特意用 Kublai 一名称呼忽必烈王子,并非因为这两名称有什么本意的区别,而是避免读者混淆。
② 多桑记述,在窝阔台去世时(1241年12月),蒙古人占据成都。《通鉴纲目》记载,1252年,蒙古人重新掠夺成都,证明蒙古人未能有效地占领过成都。

国步兵团和由中国人和穆斯林工匠们操作的、由围城器械构成的一整套"火炮"设备。

蒙哥把他的全部注意力都放在中国事务上,以便把直到当时还有些分散的蒙军行动协调起来。蒙哥要他的弟弟忽必烈负责这一任务,忽必烈对此事更加忧虑,由于他个人受到中国文化的吸引,好像他已经下决心要在这一地区碰碰运气。1251年,蒙哥委托他统治已征服的中国地区,然后又把河南给他作为封地,这是一个远远超过今天河南省的行政地段,因为它包括了黄河旧河道与长江之间的全部地区,向西直达东经110°。① 此外,蒙哥还封给他今甘肃省内渭水上游的关中即陇西之地。为履行他的义务,他任用中国学者姚枢为谋士,姚枢在忽必烈年轻时曾教给他一些中国文学的基础知识。在河南,他向农民发放种子和工具,甚至士兵也解甲归田,由此努力恢复被战争破坏了的农业。

在长江下游对宋朝发起正面进攻之前,忽必烈遵照蒙哥的命令侧击敌人。大约1252年10月,忽必烈与大将军速不台之子兀良哈台②一起离开了陕西,经四川而进入云南。云南当时尚不属于中国,它自8世纪起就形成了一个独立王国,即南诏,或名大理,它是由罗罗人或名傣人居住的非中国人的国家,由于处在地势复杂的山区,南诏总是能够保持完整的独立。忽必烈攻占其都城大理和善阐(云南府,也许是平定乡),被中国人称为段兴智的大理王在善阐避难(1253年)③。忽必烈允许大理王作为"摩诃罗嵯"④继

---

① 参考赫尔曼《中国地图集》第52图。
② 参考伯希和"蒙古与教廷"第77页(201),在波斯语中写成 Uriankqadai。
③ 参考沙畹"蒙古时期中国宰相的碑文和文件",载《通报》(1905年)第1—7页;《南诏野史》。
④ 梵语"大王"之意,这是大理国王原有的称号。——译者

第六章 成吉思汗的三位直接继承者

续保留王位,但在他身旁安置了一位投降蒙古的中国人刘时中为蒙古行政官[1]。尽管旧王朝保留了下来,但是整个云南被分割为若干蒙古军事管辖区[2]。接着,兀良哈台攻吐蕃,迫使他们——至少是与云南邻近的那些吐蕃人——承认了蒙古宗主权。

1257年年底,兀良哈台攻安南国(都城河内)。兀良哈台从云南南下到东京平原,掠夺河内城(1257年12月),其后,安南王陈太宗感到承认自己是蒙古人的属臣是明智的(1258年3月)。

1258年9月,在蒙古举行的库里勒台上,蒙哥决定要亲自领导征宋战争。10月,他率蒙古主军从陕西到四川,大约在1258年左右夺取保宁,尽管他全力以赴,但是,他未能夺取合州(今合川),由于合州地处嘉陵江及其两条支流的合流处,因此是战略要地。在围合州时,蒙哥染上痢疾,于1259年8月11日在该城附近病故。

蒙哥死时,其弟忽必烈正率领另一支蒙军从河北南下,围攻长江中游湖北省汉口对岸的鄂州(今武昌)。同时,兀良哈台(他已于1257年底从东京平原回到云南)离开云南,前往广西,他在广西攻桂林,接着又到湖南攻长沙[3]。这样,当蒙哥去世时,宋朝已是北、西、南三面同时被围,蒙哥的去世使它获得了短时的喘息。忽必烈确实希望腾出手来争夺成吉思汗国的继承权,他急忙与宋臣贾似道和谈,或签订停战协议——以长江作两个帝国的共同边界线,忽必烈率军返回河北。

---

[1] 《元史》记是宣抚使。——译者

[2] 云南的统治——与原王朝的统治并存——被委给成吉思汗的宗王们,其中有忽必烈之子忽哥赤,以及秃忽鲁和也孙铁穆耳(忽哥赤之孙)。关于蒙古人在云南实行的政策和他们作为王室辅助人员与从前的大理王们成功的合作途径,参看沙畹上引文,第7、31页和《南诏野史》。

[3] 参考沙畹上引文,第6、29页。

第七章　忽必烈与元朝

1. 忽必烈与阿里不哥的争位

蒙哥遗留下三个弟弟：忽必烈①、旭烈兀和阿里不哥。旭烈兀自1256年成为波斯汗后，由于远离蒙古，而没有要求继承大汗位②。剩下的只有忽必烈和阿里不哥。阿里不哥作为幼子，已经成为蒙古本土上的统治者，并在蒙古都城哈拉和林扎营。作为蒙古地区的统治者，他准备在蒙古召开库里勒台，以确保他被举为大汗。而忽必烈抢在他之前行动。他率军从武昌北上，在中蒙边界的上都府（位于今察哈尔和热河之间的多伦诺尔附近）建大本营，早些时候，他只是在这儿建起了他的夏季驻地。1260年6月4日，他在此被他的党羽，即他的军队，拥立为大汗③。当时他44岁④。

---

① 《秘史》蒙语是 Qubilai。汉译名忽必烈。波斯文名 Qubilay 或 Qublay。我们采用传统译名 Kubai（khubilai），既符合蒙古人的拼法，同时又恢复了汉译名。

② 事实是当旭烈兀听到蒙哥去世的消息，他将征服西亚地区的事托给统将怯的不花，从叙利亚东还。但此后他的行动不明。据说在此之前他曾下令将伊朗国库的财富运回蒙古，得到蒙哥去世的消息后，他收回了命令（杰克逊"蒙古帝国的瓦解"，载《中亚杂志》第22卷3—4号）。——译者

③ 出席忽必烈当选会议的成吉思汗系蒙古人中，除了窝阔台之子合丹和铁木哥之子脱格察儿（Togachar）的名字外，很少提到的几个人之一的。忽必烈最能干的部属有汪古部王子孔不花和爱不花，两人都是聂思脱里安教教徒，他们于1260年打败了阿里不哥的将军哈拉不花。参看穆勒《中国的基督教徒》（纽约，1930年）第236页。

④ 梅拉书 IX，275—282。据《史集》（第二卷，295页）1260年仲夏，在开平府登上帝位，当时46岁。——译者

按成吉思汗的法律，这次仓促的选举是非正式的。按传统，库里勒台应该在蒙古召开，会前应召集成吉思汗的四个兀鲁思的代表们出席。阿里不哥在蒙哥的丞相、克烈部聂思托里安教徒孛鲁合的怂恿下，现在也毫不踌躇地在和林僭取大汗称号。在中国，控制着陕西和四川的蒙军将领们倾向于阿里不哥一边，但忽必烈不久就把这两个省的军队争取到他一边。忽必烈的副将们在甘州东部（甘肃境内）打败了阿里不哥军，这次胜利巩固了忽必烈在对蒙古统治下的中国的所有权。忽必烈把他的优势向蒙古推进，他于1260年年底，在哈拉和林以南的翁金河畔度冬；而阿里不哥朝叶尼塞河上游撤退。接着忽必烈错误地设想战争已经结束，在和林留一支普通军队后，回到中国。1261年年底，阿里不哥卷土重来，驱逐了这支驻军，并进军迎战忽必烈。在戈壁边境上打了两仗。第一仗忽必烈获胜，然而，他再次错误地没有追击阿里不哥，10天后打了第二仗，尽管战斗十分激烈，但却没有决定性的胜负。

站在阿里不哥一边的有窝阔台家族的首领、塔尔巴哈台的叶密立地区的统治者海都和察合台宗王阿鲁忽(Alghu 或 Alughu)，阿里不哥曾帮助阿鲁忽从其堂兄妻、兀鲁忽乃手中夺得察合台兀鲁思。由于这一支持，阿里不哥的势力与忽必烈的势力相匹敌，直到将近1262年年底，阿鲁忽背弃阿里不哥投靠忽必烈（看下文，第331页）。这一出人意料的背叛改变了形势。当忽必烈赶走了阿里不哥的人，重新占领和林时，阿里不哥被迫在伊犁河流域与阿鲁忽作战。阿里不哥被两军拑住，最后于1264年投降忽必烈。忽必烈宽恕了他，但是，处死了他的一些主要支持者，包括聂思托里安教丞相孛鲁合[①]。

[①] 伯希和"中亚和远东的基督教徒"（《通报》1914，第629页）。

为谨慎起见,他把阿里不哥作为重要俘虏囚禁起来,直到1266年阿里不哥去世。

2. 征服南宋

家族内部的纠纷结束之后,忽必烈从容地恢复了他征讨宋朝的计划。宋度宗(1265—1274年在位)依靠奸臣贾似道,而贾似道的统治使杰出将领们的努力都成了泡影。度宗死后,贾似道扶持四岁幼孩恭帝(1275—1276年在位)即位,在恭帝的名义下操纵朝政。在攻打南宋的战争中,忽必烈幸运地得到两位杰出将领:伯颜[①]和阿术(阿术是速不台之孙、兀良哈台之子),还得到回鹘人阿里海牙的支持。1268年,阿术着手围攻襄阳和樊城这两个控制着湖北境内汉水下游流域的城市。这一著名的围攻战持续了5年(1268—1273年),充满着许多英勇抵抗的事迹,如两名英勇的中国将领张贵和张顺,受命由水路增援襄阳,在执行任务中壮烈牺牲(1271年)。襄阳守将吕文焕进行了顽强的抵抗。后来(1272年),阿里海牙从美索不达米亚带来了两位著名的穆斯林工程师:毛夕里的阿拉丁和希拉的伊斯迈尔,用他们带来的攻城武器终于粉碎了被围困的居民们的抵抗[②]。樊城于1273年2月被攻占,吕文焕被宫廷阴谋弄得心烦意乱,于同年3月以襄阳城投降蒙古人。

现在,蒙古人在控制着汉水下游,伯颜和阿术沿长江而下,于

[①] 伯颜(Bayan)蒙古语意"富贵""幸运"。伯颜将军属八邻部,汉译名伯颜。
[②] 马可·波罗认为他的父亲和叔叔可以建造这种机器(鲍迪乃译本 II,470—476);穆勒和伯希和译本(伦敦,1938,第318页)。(攻城武器指中国人称的"回回炮"。——译者)

1275年成功地征服湖北东部要地（汉阳、武昌、黄州），安徽要地（安庆、池州、芜湖、太平和宁国）和江苏要地（南京、镇江）。①

接着，伯颜入侵浙江，占常州，抵达宋都、大城市杭州。摄政皇后于1276年1—2月惊恐地把杭州让给了蒙古人。1276年2月25日，伯颜把小皇帝带到忽必烈面前，忽必烈待他很好。② 由此可以判断自成吉思汗时代以来蒙古人所取得的进步：斡难河畔的半原始人经过了两代之后已经上升到具有悠久文明的民族的水平上。

南方仍有待蒙古人去征服，那儿的中国人坚持顽强抵抗。阿里海牙攻占湖南的重要城市长沙和广西的桂林（1276年）。当时忽必烈被迫在蒙古与反叛他的同族人作战，这一战争使南宋主战派将领们得到短暂的喘息，他们企图在福建和广东沿海重建政权。但是，蒙古人在速客秃将军的率领下重返中国，依次占领福建省（福州和泉州，1277年）和广东省的港口（1277年占广州，1278年占潮州）。中国的最后一批"爱国者"在英勇的张世杰的率领下，带着新立的9岁的宋朝小王子宋帝昺，在海上的船中避难。1279年4月3日，在广州西南厓山附近受蒙古水军攻击，船毁（或者是被占领，或者是被击溃）小宋帝昺溺水而死。

包括南方在内的中国全境第一次落入突厥—蒙古族征服者手

---

① 蒙古人围镇巢［常州］时，蒙军中有一伙基督教（东正教）阿速军，在发动新的攻势时，他们被中国人以多少有些奸诈的方式杀害（1275年6月）。伯颜因此被激怒，在1275年12月该城最后被征服时，为给这些阿速军人报仇，伯颜掠夺该城居民和库藏，分给受害者家属。参看《马可·波罗》贝内代托版第141页。伯希和"中亚的基督教徒"第641页；穆勒《中国的基督教徒》140页。

② 《马可·波罗》波特埃译本，II, 460；穆勒和伯希和译本第313页。参考穆勒的"从杭州到上都"载《通报》（1915）第393页。

中。这是5世纪的拓跋氏突厥人和12世纪的女真氏通古斯人都没有实现的事业,忽必烈最终完成了。正是他实现了10个世纪以来"所有居毡帐"民,即世世代代的游牧民们,所抱有的蒙眬梦想。草原上漫游的牧民们,即"灰狼和红色雌鹿的所有子孙们",随着忽必烈一起,最终成了中国——整个亚洲定居农民中人口最稠密的地区——的主人。然而,征服是缓慢的,足以抵消它所产生的坏影响。确实,尽管这位游牧民的后代忽必烈可能征服了中国,然而,他本人已经被中国文明所征服。因此,他能够认识到其政策的始终如一的目标:成为真正的"天子",使蒙古帝国成为中国帝国。实现这一目标的路敞开了。宋朝一灭亡,他就成了具有15个世纪悠久历史的帝国的合法君主。他的王朝,取名为元朝(1280—1368年),只希望追随以往的22个中国王朝的步伐。中国化的明显标志是:忽必烈从阿里不哥手中夺回和林后,从来没有到那儿去住过。1256—1257年,他选择今察哈尔东、多伦诺尔附近的上都府为夏季驻地,在此建了一群宫殿。① 1260年,他在北京建都。1267年,他开始在原北京建筑群的东北营建新城,他称之为大都,即"伟大的都城",也被称为"可汗之城",西方游人称"汗八里"。它成为蒙古君主们的冬季驻地,而上都府仍是他们的夏季驻地。②

---

① 根据忽必烈的旨意,上都的东面和西面各建一所行宫,供皇帝狩猎时居住,通常称为东凉亭和西凉亭。元朝皇帝每年夏季都驻上都,在这里举行诸王朝会、开诈马宴、望祭陵寝等重要活动,一般要到7月下旬才返回大都。——译者

② 看布雷特施奈德的著作(Recherches…sur Pékin)(巴黎、1879年),图III,V,第52页、84页。可汗之城,"汗八里"一名,像宫廷之城、"斡耳朵八里"一样,常常被突厥—蒙古人用来指王室驻地。在玄奘传的回鹘译本中,中国唐都长安也被译成 Qan-baliq(汗八里)。A. 冯·加拜因"玄奘传之回鹘译文"载《普鲁士科学院会议报告,语言—历史部分》(柏林,1935年)第30页。

3. 忽必烈对日本、印度支那和爪哇的战争

作为中国的新皇帝,忽必烈要求远东的其他诸国对他表示效忠,按传统的中国政策(无论是值得肯定或是否定),这些国家被看成它的天然的卫星国。

高丽尽管已经由蒙古人驻守,但是,仍处于经常反叛的状况。[289]高丽朝廷已经撤退到与汉城遥遥相望的江华小岛上,并在岛上指挥抵抗①。然而,1258年高宗[王㬚]遣世子王倎作为人质到蒙哥宫廷。忽必烈继任大汗后,送这位年轻的王子回国统治高丽,他还使他成为自己的女婿。从此,高丽王朝通过与元朝王室的这一联姻成了一位顺从的属臣②。

忽必烈还要求日本表示效忠。日本摄政王北条时宗(1251—1284年在位)两次拒绝(1268年和1271年)。忽必烈于1274年派出由150艘船只组成的舰队,载着远征军,向日本群岛进发,军队在高丽东南海岸上船,夷平了对马岛和壹歧岛,在下关附近九州岛上的博多(筥崎)湾登陆。但是草原骑兵们不习惯这些海上远征。况且,他们的打算仅仅是由他们构成入侵军的核心,军队的主体则是由特别厌战的中国人和高丽人组成的辅助军。无论如何,隐蔽在麦诸基

---

① 参考德米埃维尔在《法国远东学院学报》1—2(1924年),195上发表的文章。高宗王抵抗蒙古人的政策是大臣崔瑀授意的,崔瑀是自1196年就行使权力的世袭宫廷侍长家族中的最后一位代表。

② 考朗特写道:"从此,高丽只不过是由本地统治者统治的蒙古的一个省。这些统治者们与蒙古妇女结婚、生儿育女,受蒙古居民的劝导,他们可以被可汗随意召到北京,或者被流放,或者被罢黜。他们说元朝的语言,穿元朝的服装,在他们身上完全没有高丽人的样子。"

要塞附近的九州的大名们奋力抵抗，结果在经历了短时的退却（据说是受中国火炮逼迫）之后，他们迫使入侵者退回船上[①]。

1276年，忽必烈重申要日本效忠的要求，再次遭到北条时宗的拒绝。忽必烈在长期备战之后，于1281年6月派出更大的船队进攻日本，一支由45,000蒙古人和120,000中国—高丽人组成的军队，他们分别在九州博多（筥崎）湾及肥前省的鹰岛和平卢登陆。但是，这一次，蒙古军（完全离开了他们的环境）和中国—高丽军（几乎没有军事价值）还是未能抵挡住日本人的愤怒。尤其是1281年8月15日的——一场可怕的飓风驱散或摧毁了蒙古舰队，蒙古部队失去了根基，或者被俘，或者被杀[②]。

忽必烈在印度支那的进展也好不了多少。这一地区当时被分为四大国：安南国（包括东京平原和很久以后成为法属的安南国、即今北越的东京平原北部），它更多地受到中国文化的影响；占婆国（曾是法属安南的中部和南部，即今南越地区），它在种族上属马来亚—波利尼西亚人（Malayo—polynesian），文化上属印度文化（婆罗门教和佛教）；柬埔寨国，或称高棉，属于纯高棉种人，文化上同样是婆罗门教和佛教文化；缅甸国，在人种上属缅甸—藏族，文化上属印度文化，宗教是佛教；缅甸的白古属国，是纯高棉种人，信

[①] 据《世界通史》（周一良主编，307页）："1274年，忽必烈集合元军及高丽军三万三千人，船九百只，……在九州北部肥前（今福冈）的松浦郡登陆，……遭到日本军民奋力抵抗，被迫回船。"这一年是日本龟山天皇文永十一年，日本历史上称为"文永之役"。——译者

[②] 参考J.默多克和I.山县的《日本史》（伦敦，1925—1926年，3卷本），I, 491—592；还可参看N.山田的《蒙古入侵日本》（伦敦，1916年，附有日本著作和史书目录，第269页）。W.G.阿斯顿摘译了（*Taiheiki*）片段。参看《日本文学史》（纽约，1925年70页）。有关这次战争的日本绘画，参看静也藤悬的《蒙古入侵画卷》，*Kokka*（1921年），编号371—379。

佛教。1280年，在忽必烈使者的威逼之下，占婆国的摩诃罗阇［国王］陀罗诺曼四世接受蒙古人的保护，但是该国人民拒绝承认该国被划分成中国的行政区（1281年）。接着，忽必烈又派出一小支军队，由速客秃（汉译名唆都）统率，经海路从广州到占婆，唆都攻占占婆都城佛誓（1283年），在今平定附近。然而，蒙古军未能战胜占婆的游击军，被迫回到船上。1285年，忽必烈派大军进入印度支那——这次是由谅山过东京平原——由忽必烈之子脱欢（Toghon或Toghan）统率，他攻打安南人。脱欢在北㳍附近获胜，继续进军河内，但以后在三角洲的昇隆战败，退回中国。与此同时，速客秃企图在南方从后面攻东京。他在占婆港登陆后，北上去义安和清化，与脱欢会师，但是，在特基特湾遭到安南人的袭击，并被杀死（1285年）。1287年，又一支新的蒙古军经东京平原，再次占领河内，但是，蒙古军仍未能守住该城，只得撤离河内。安南王陈仁宗（1278—1293年在位）成功地抵抗了各次攻击，胜利地返回都城。然而，在1288年，他明智地承认自己是忽必烈的属臣。由于他拒绝亲自前往北京朝见，忽必烈决定扣留他的使臣陶子奇（1293年）。忽必烈的继承者、铁穆耳皇帝终于与从前的"叛臣"和解（1294年）。占婆国王也履行了封臣的义务①。

1277年，蒙古人在缅甸夺取了八莫海峡，通往伊洛瓦底江流域的道路向蒙古人敞开了（马可·波罗生动地描述了这次战役，在战争中，蒙古弓箭手们更好地利用了缅甸战象）。1283—1284年，他们再次入侵缅甸，缅甸统治者蒲甘王那罗梯诃波帝（1254—1287

---

① 参考G.马斯佩罗的"占婆国史"（《通报》1911年，第462页）和分卷（1928年）174—187页；伯希和在《法国远东学院学报》（1909年）Ⅱ，140页上的文章。

年在位)弃都而逃。然而,直到 1287 年,在第三次战争期间,蒙古人才南下到伊洛瓦底江流域,直抵缅甸都城蒲甘,他们掠夺蒲甘城。1297 年,蒲甘新王悕苴①为避免灾难承认自己是蒙古人的属臣。1300 年,在缅甸小掸邦首中间为蒲甘王位的继承发生争吵,为恢复秩序,蒙古人再一次干涉缅甸事务②。

蒙古人的影响一直到达柬埔寨。1296 年,忽必烈的继承者铁穆耳帝派使团到柬埔寨,使团成员中有周达观,他留下了关于这次旅行的一部游记③。从 1294 年起,清迈和速古泰两个泰族王国都成了元朝的属国④。

最后,忽必烈于 1293 年 1 月派出 3 万人的远征军从泉州出发到爪哇。爪哇的主要统治者是爪哇岛东部的谏义里王。由中国将领史弼、高兴率领的蒙古军由另一位爪哇首领土罕必阇耶[拉登·韦查耶]的援助,在满者伯夷附近打败了谏义里王。蒙古军攻占了敌人的都城谏义里,或者称达哈,但是,土罕必阇耶在此之后转而反对蒙古人,迫使蒙古军返回船上。于是,土罕必阇耶在解放了爪哇岛之后,建满者伯夷国⑤。

---

① 蒲甘王悕苴,《经世大典·叙录》作帖灭的,又作答麻剌的微,缅史作悕苴。在至元二十六年(1289 年)向元朝表示臣服,贡纳方物。1296 年遣子朝见元成宗,愿岁贡银、帛、驯象、粮食等物。——译者
② 参考于贝尔的"蒲甘王朝的终结"(《法国远东学院学报》1909 年第 633—680 页);哈韦的《缅甸史》(1925 年)第 64—69 页。
③ 伯希和翻译和研究了《真腊风土记》(《法国远东学院学报》1902 年第 123 页)。
④ 参考伯希和"交广印度两道考"(《法国远东学院学报》1904 年);G. 科代斯"速古泰国的起源"(《亚洲杂志》I,1920 年,242)。清迈国与速古泰国在汉语中分别又称为 pape 和暹国。
⑤ 梅拉书 IX,452;N. J. 克龙的著作 Hindoe — jacaansche Geschiedenis(海牙,1926 年,第 352—359 页)。蒙古人入侵爪哇时,苏门答腊的大公惊恐地短时期内承认自己是蒙古人的纳贡臣。参看弗朗德的著作 L'empire sumatrarais de Çricijaya,第 231 页。

4. 忽必烈与海都的斗争

对忽必烈来说,对这些"殖民地"的远征远不如他要进行的平定成吉思汗其余各支的战争重要,特别是对窝阔台的孙子海都①的斗争,海都统治着叶密立流域和塔尔巴哈台山地的父系领地。这个蒙古人仍忠实于老传统,过着他们民族的生活方式,与已经半中国化的忽必烈形成了鲜明的对照。毋庸置疑,许多蒙古人和蒙古化的突厥人都惊诧地注视着在中国已征服地区内的统治所发生的变化和蒙古大汗向中国天子的转变。阿里不哥是这一反对派中的第一个代表。海都将扮演着同样的角色,但是,他使这一角色更具有个性和大无畏的魄力。

以忽必烈为代表的拖雷家族似乎抛弃了纯成吉思汗蒙古人的传统,海都无视拖雷家族,决定亲自恢复窝阔台家族的命运,自1251年以来,窝阔台家族就已经失去了权力。换言之,海都的目标是要宣布他本人是合法继承人,或者,无论如何,要牺牲忽必烈在蒙古的利益和察合台家族在突厥斯坦的利益,使自己在中亚创建一个大汗国。

海都首先起来反对的是察合台家族。1267—1269年,他打败八剌,占领伊犁河流域和喀什噶尔,留给八剌的只是河中地区。八剌的继承者们不过是海都任意废立的属臣。现在,海都作为中亚的君主采用"汗号",并攻击忽必烈。

忽必烈把与海都战争的任务交给他的第四子那木罕(No-

---

① 海都是贵由的弟弟合失的儿子。

mokhan 或 Nomoqan)①，于1275年派他率军前往阿力麻里（今固尔扎附近，在伊犁河畔）。那木罕由一些宗王组成的一个杰出的参谋组陪同出征，他们中有脱脱木儿和那木罕的堂兄弟、蒙哥之子昔里吉②。但是，1276年，脱脱木儿因不满忽必烈，劝昔里吉与他合伙进行反叛。他们两人背信弃义地拘捕了那木罕，并宣布拥护海都，把那木罕交给海都的盟友、钦察汗忙哥帖木儿。他们还劝说察合台次子撒里蛮和另一些成吉思汗宗王们参加反叛。海都于1277年从阿力麻里向哈拉和林进军，形势对忽必烈来说十分严峻，他把他最杰出的将领伯颜从中国召回。伯颜在鄂尔浑河畔打败了昔里吉，把他赶回到也儿的石河畔；而脱脱木儿逃到达唐努乌拉的黠戛斯人境内，后来又在帝国先头部队的攻击下被赶出此地。受到这次挫败之后，昔里吉、脱脱木儿和撒里蛮之间发生争吵，昔里吉处死了脱脱木儿，昔里吉与撒里蛮之间也互相采取敌对行动。在采取了一些无目的的行动之后，撒里蛮捉住了昔里吉，向忽必烈投降，并把他的俘虏交给了忽必烈。忽必烈原谅了撒里蛮，但把昔里吉流放到一个岛上。此后不久，1278年，那木罕王子被释放。这个反忽必烈同盟由于成员们素质差而失败。

但是，海都与忽必烈仍处于交战状态，他起码具有领导者的气魄。海都作为叶密立、伊犁河流域、喀什噶尔的主人和察合台诸王的宗主（他已使察合台的领地缩小到河中地区），正如忽必烈是远东的可汗一样，他是中亚的真正可汗。1287年，海都组成了新的反忽必烈同盟，参加同盟的有蒙古帝国系各支的首领：成吉思汗弟

---

① 汉译名那木罕。
② 汉译名昔里吉。

弟们的后代。宗王中有乃颜、势都儿和哈丹①。乃颜，或者是成吉思汗幼弟铁木哥斡赤斤的后裔，或者是成吉思汗异母弟、别里古台的后裔②，其领地在满洲地区；他是一位聂思托里安教徒，马可·波罗坚持认为在他的旗帜（或称纛）上画有十字。势都儿是成吉思汗大弟哈撒儿的孙子。哈丹是成吉思汗二弟哈赤温的后裔③。他们在东蒙古和满洲地区都占有封地。如果海都从中亚和西蒙古带来的部队与乃颜、势都儿和哈丹在满洲集合的部队会合的话，那么，对忽必烈来说，形势将变得十分危险。

忽必烈迅速行动起来。他命伯颜代替他驻守哈拉和林，阻止海都。他本人亲自率领另一支蒙军前往满洲，随之而行的有成吉思汗最信任的伙伴博儿术的孙子，玉昔帖木儿将军。帝国舰队从长江下游的中国港口出发，带着这次战争所需的大批物资在辽河口登陆，这一仗将决定蒙古帝国的命运。乃颜的军队在辽河附近扎营，以蒙古的方式，用一排马车保护着。忽必烈当时是72岁，坐在由四只象驼着，或拉着前进的一座木塔上指挥作战。拉施特记道，这次行动十分艰巨，在一段时期内，胜负难分。结果，无疑是忽必烈获胜了，正如中国史所记，是由于忽必烈军队在人数上占优势，也是由于他把中国军队与蒙古军队有效地联合起来。乃颜被俘，作为成吉思汗的侄孙子，忽必烈赐他不流血的死，即将他在毡毯下闷死（1288年）。那些站在乃颜一边的聂思托里安教教徒们有理由担心会遭到报复，但是，忽必烈认为基督教对这次反叛不负

---

① 窝阔台第六子也叫哈丹（Qada'an），为区别，把窝阔台第六子译为合丹。此处译为哈丹。——译者
② 拉施特（据多桑《蒙古史》II，456）认为乃颜出自铁木哥，而《元史》认为出自别里古台。
③ 参看多桑《蒙古史》II，456，和埃德曼《铁木真》第569页。

有责任①。忽必烈之孙、未来的皇帝铁穆耳完泽笃(Temür Oljaitu)由于粉碎了哈丹和镇压了满洲及其毗邻的蒙古地区而完全制止了进一步的叛乱。

海都干涉远东事务的希望成了泡影,但是,他仍是杭爱山以西的西蒙古和突厥斯坦的君主。忽必烈的一个孙子甘麻剌(Kamala)②王子担负着守卫杭爱山边境地防止海都入侵的任务,结果他被海都军打败,并被围困在色楞格河附近,在费尽了努力后才逃脱。忽必烈不顾自己年事已高,感到有必要亲自前去扭转形势(1289年7月)。但是,海都按游牧方式已经远遁。1293年,留在蒙古统率帝国军队的伯颜,以哈拉和林为基地,成功地发动了一次对叛军的远征。同年,忽必烈之孙、铁穆耳王子取代伯颜统率军队。伯颜成了忽必烈的宰相,他在忽必烈去世后不久,于1295年去世。

忽必烈生前未能看到反海都之战的结束。当这位大皇帝于1294年2月18日去世时,窝阔台家族的首领仍然是杭爱山以西的蒙古和中亚的君主。忽必烈的孙子、继承者铁穆耳完泽笃(1295—1307年在位)继续了这场战争。当时海都的主要盟友和属臣是统治着突厥斯坦的察合台兀鲁思首领都哇。在1297年至1298年期间,都哇发动突然攻击,捉住了汪古部勇敢的阔里吉思王子(即乔治,在此可以回顾一下,汪古部人是聂思托里安教教徒),他是铁穆耳皇帝的女婿③,正统帅着在蒙古的帝国军队。当

---

① 《马可·波罗》伯希和与穆勒译本,第200页;贝勒德托本,69—70页;参看伯希和"中亚和远东的基督教徒"(《通报》1914,第635页)。
② 甘麻剌是中译名,他是忽必烈次子真金(《元史》译名)或称Chinkim(拉施特译名)的儿子。
③ 参考拉施特(据多桑《蒙古史》II,513;《元史》);穆勒的《中国的基督教徒》第237—238页。

第七章　忽必烈与元朝

时都哇企图袭击另一支帝国军队,即由保卫着唐兀惕边境(甘肃西部)的阿难答王子统率的军队。但是,他本人却意外地遭到袭击,只得逃跑。为报此仇,他处死了他的俘虏阔里吉思(1298年)。

1301年,海都作了进攻帝国的最后一次努力。这次有窝阔台系和察合台系的许多宗王参加。他向哈拉和林进军,和林当时由铁穆耳皇帝的侄子海山王子镇守。1301年8月,在和林与鄂尔浑河左岸支流塔米尔河之间展开一场大战。结果海都战败,并在撤退中死去。

海都之子察八儿在塔尔巴哈台的叶密立地区继之为窝阔台兀鲁思的首领,扮演着同样的反皇帝的角色,反对忽必烈家族的帝国权利。察合台兀鲁思首领都哇最初承认察八儿是他的宗主,但是,不久厌倦了这些无休止的反帝国战争,他劝说察八儿承认铁穆耳皇帝为宗主。1303年8月,两位宗王的使者到北京宫廷表示效忠,这是十分重要的一步,它再次把窝阔台和察合台的兀鲁思置于拖雷家族的藩属地位而恢复了蒙古的统一。接着,正像我们将要看到那样,都哇和察八儿之间发生争吵;都哇囚禁了察八儿,逼他交出西突厥斯坦和新疆南部(约1306年)。都哇死(约1306—1307年)后,察八儿约于1309年进攻都哇之子、继承者怯伯(Kebek)汗,企图以此恢复窝阔台兀鲁思对察合台兀鲁思的霸权,但是,他被怯伯汗打败,除了逃到中国大汗处避难外,别无选择。

窝阔台兀鲁思就这样结束了。40年(1269—1309年)来,窝阔台家族在它的基地塔尔巴哈台的叶密立河畔统治着中亚,并与拖雷家族的命运抗衡。

忽必烈的王朝,即中国的元朝,作为其他蒙古汗国的唯一的宗主而存在。北京成为远至多瑙河和幼发拉底河的世界之都。

为了更清楚地展现忽必烈和海都两个家族之间的斗争,我们不得不叙述到这一斗争的结束,即忽必烈死后的15年时。现在,我们可以回过头来考虑可以称之为"忽必烈内政"的事情。

5. 忽必烈的统治:蒙汉政策

忽必烈推行一种二元政策,该政策的方位是取决于人们把忽必烈看成(或者他自认为)是成吉思汗的继承者大汗呢,还是把他看成中国19个王朝的继承者、天子呢。从蒙古人的观点来看,他在原则上(如果不是在现实中)始终如一地维护了成吉思汗帝国精神上的统一。作为至高无上的汗,即成吉思汗和蒙哥统治的继承人,他坚持不断地要求成吉思汗各大封地的服从,每一块大封地都成为一个自治汗国。为强制使窝阔台家族和察合台家族作出这种服从,他的一生是在蒙古的战争中度过的。波斯对他来说只是他的帝国的一个省,那儿由他的弟弟旭烈兀统治。在他的眼中,波斯汗——旭烈兀(1256—1265年在位)、阿八哈(1265—1281年在位)和阿鲁浑(1284—1291年在位)——只是一些从属的汗,即高级总督伊儿汗,他们要得到他的任命,并与他保持密切联系①。忽必烈这个拥有全中国的人,原则上是突厥斯坦和蒙属俄罗斯的宗主,以及伊朗事实上的宗主,确实如马可·波罗所说,是真正的"大君主","从亚当时代至今,世界上曾有过的、统治着人民、土地和财富的最强大的君主"。②

---

① 参考巴托尔德"Hulāgu"(旭烈兀)条目,《伊斯兰百科全书》第Ⅱ卷,第353页。
② 《马可·波罗游记》鲍迪乃译本 I,236;穆勒和伯希和译本 I,192。

第七章 忽必烈与元朝

当忽必烈在亚洲的其他地区成为成吉思汗的继承人时,在中国,他企图成为19个王朝的忠实延续者。其他的任何一位天子都没有像他那样严肃地扮演着自己的角色。他恢复的行政机构治愈了一个世纪之久的战争创伤。宋朝灭亡后,他不仅保留了宋朝的机构和全部行政官员,而且还尽一切努力得到了当时任职官员们的个人的效忠。在征服土地之后,他也完成了对人们头脑的征服,他想获得的最伟大的名声也许不是"他是世界上第一位征服全中国的人",而是"第一位治理中国的人"。

交通问题,对这个庞大帝国的行政和物资供应是如此重要,受到了他的密切关注。他修复帝国道路,并在可能栽种的道路两旁种上树遮阳,在每隔一定的距离上建商旅客栈。20多万匹马分发给各驿站,用于帝国邮政。为保证北京的粮食供应,他修复和开通了大运河①,使大米经运河从中国中部运往都城②。为了备荒,他恢复了国家控粮的政策,这一政策在中国很早就制订起来,在北宋统治时期,著名的王安石使之完善。在丰年,国家收购余粮,贮藏于国仓。当荒年谷价上涨时,开仓免费分发谷物③。还组织了公众救济④。1260年法令要求地方长官对老学者、孤儿、病弱者提供救济。1271年的又一道法令号召建医院。这些措施除了受到中国行政传统的影响外,很可能在忽必烈的头脑中还受到佛教影响

---

① 元代最大的水利工程是凿通南北大运河。凿通了山东济洲河、会通河,开北京通惠河。——译者
② 《马可·波罗》鲍迪乃译本481页,穆勒和伯希和译本I,322。
③ 《马可·波罗》上引书,分别是345;I,250页。(指常平仓,始立于1269年,目的是"丰年米贱,官为增价籴之;歉年米贵,官为减价粜之。"——译者)
④ 忽必烈即位后,使粮仓制度逐步完善。其中有赈济灾民的常平仓和义仓。义仓目的是"社置一仓,以社长主之,丰年每亲丁纳粟五斗,驱丁二斗,无粟听纳杂色,歉年就给社民"(《元史》卷96《食货志》4.《常平义仓》)。——译者

的结果,这种影响显然很强烈。稻米和玉米是定期分发给急需的家庭。马可·波罗说,忽必烈本人每天就要接济 3 万穷人①。

忽必烈行政管理中唯一不足的是财政方面。在宋朝的各种制度中,忽必烈发现了"钞",或者说纸币的用途。他把钞票引入流通领域②,并使它成为财政的基础。1264 年,他颁布了一条法令,公布了用纸币来计算主要商品的价值。他的第一任"理财"大臣是不花剌的穆斯林赛夷阿札儿(Sayyid Ajall,死于 1279 年),他似乎把钞票的发行维持在合理的限度内③。随后继任的几位大臣们开始轻率行事,先是河中费纳客忒[前苏联塔什干西南]人阿合马(死于 1282 年),后是畏兀儿人桑哥④,他们两人实行无限制的通货膨胀政策,使钞票贬值。在聚敛钱财时,他们采取多次兑换钱币的方式和建立了重利专卖的办法。阿合马于 1282 年被暗杀,他死后受到

---

① 《马可·波罗》鲍迪乃译本 345 页;穆勒和伯希和译本 I,251。
② 忽必烈即位后,开始由政府统一发行纸钞。他在世时,共发行三次,1260 年 7 月的"中统元宝交钞",1260 年 10 月的"中统元宝钞",1286 年的"至元宝钞"。——译者
③ 赛夷阿札儿,赛哀丁乌马儿(汉译名赛典赤赡思丁,又名乌马儿),大约生于 1210 年,死于 1279 年。他在 1274—1279 年充任平章政事,管理云南。他的儿子纳速剌丁(Nasir ad—Din,死于 1292 年)和哈散(Husain)继任他为云南省的平章政事(此处不是哈散,哈散为广东道宣慰使都元帅,是纳速剌丁和第五子马速忽,马速忽为云南诸路行中书省平章政事,见《元史》卷 125《赛典赤赡思丁传》——译者)。在穆斯林长官的统治下,有助于云南的伊斯兰教化。赛夷阿札儿本人就在云南兴建了最早的两座清真寺。看 A.J.A.继西埃尔和勒帕热的《赛夷阿札儿史料》(Mission d'Ollone, Recherches sur Les musulmans Chinois)(巴黎,1911)页 20—203 和维西埃尔的《赛夷阿札儿》(Revue du monde musulman)IV,第 2(1908,2)。布列什奈德《中世纪研究》I,271;沙畹"蒙古时期中国宰相的碑文和文件"(《通报》1905 年,第 19 页)。
④ 阿合马(汉译名)被谋杀前从 1270 至 1282 年掌权。桑哥(汉译名)大约从 1288 年至 1291 年为"理财"大臣。参考《马可·波罗》穆勒和伯希和译本第 214 页,238 页。(韩儒林《元朝史》下册第 2 页上说桑哥是畏兀儿人,而在第 6 页上又说他是吐蕃人。《元史》卷 205,《桑哥传》对此未作记载,只说道:"桑哥,胆巴国师之弟子也。能通诸国语言,故尝为蕃译史。"——译者)

忽必烈的贬责。桑哥因贪污被处死（1291年）。在忽必烈的统治之后，为了阻止原钞票的下跌，有必要发行新的钞票（1303年），这次是轮到新币贬值了①。

6. 元朝的佛教

正如马可·波罗明确指出的②，忽必烈对一切宗教都很宽容，尽管他在1279年一度恢复了成吉思汗关于屠杀牲畜的规定——这一规定是与穆斯林习俗相违背的——和一度表现出极端反感《古兰经》所强加给穆斯林的那些对"异教徒"发动"圣战"的义务③。此外，他对佛教徒的同情，使他在短时期内对佛教徒的老对手——道士们表现了几分个人敌视。的确，佛教因他的偏袒而明显受益。他正是以这种面貌而被载入蒙古传说的。虔诚的佛教徒、蒙古史家萨囊彻辰甚至给忽必烈冠以呼图克图（qutuqtu，崇敬的、神圣的）和查克拉瓦蒂（Chakravartin，在佛教词汇中是"宇宙之君主"）这些称号④。甚至在他继位前，即蒙哥统治时期，他就在上都府召集了一次佛教徒与道士的辩论会（1258年），结果，佛教徒获胜。在这次著名的论战中，那摩（曾出席过蒙哥举行的宗教辩论会）和年轻的吐蕃喇嘛八思巴阐述了佛教教义。像在1255年的辩论会上一样，他们指控道士们散布流言，歪曲了佛教起源史，把

---

① 1303年未发行钞票，是1309年才发行"至大银钞"，以后仁宗即位时（1311年）又废至大银钞，仍以中统、至元钞流通。——译者
② 《马可·波罗》本内代托本第70页。
③ 多桑《蒙古史》II，491，引自拉施特。
④ 萨囊彻辰，施米特译文，《东蒙古史》第113和115页。

佛教贬成仅仅是道教的附庸。这次论战之后，忽必烈颁布法令，焚毁道藏伪经，迫使道士们归还从佛教徒手中夺得的佛寺（1258年、1261年、1280年和1281年法令）①。马可·波罗记载，忽必烈继任皇帝后，他曾举行隆重仪式接受锡兰王送给他的一件佛骨。

忽必烈在佛教事务中的主要助手是吐蕃喇嘛八思巴，他大约生于1239年，很可能死于1280年12月15日。八思巴是著名梵学家萨斯迦的侄子和继承人②。主管乌斯藏的萨斯迦寺庙③。忽必烈曾派人到吐蕃请他，忽必烈任用他以便使蒙古人皈依佛教和确保吐蕃的藩属地位。忽必烈封他为国师，借用古代中国佛教中的这一称号④。忽必烈于大约1264年左右将吐蕃纳入他的政治—宗教统治之下。直到当时，蒙古人还不知道除畏兀儿字以外的其他字母。1269年，八思巴按忽必烈的命令为蒙古人创造新文字，被称为都尔巴金（dürbäljin），或称方体字，它是受藏文字母的影响。然而，伯希和认为对八思巴在创造新文字上的作用有些估计过高；无论如何，这些方体字只是暂时流行，因为蒙古人继续使用模仿畏兀儿字母的文字（只是在书写方式上有所不同，有更多的角形字），这种文字已成为他们的民族文字。收藏于法国国立档案馆的蒙古大臣手稿正

---

① 参看沙畹"碑文与文件"（《通报》1908，第382页）。
② 八思儿，藏文意为圣者，犹指神童。他是乌思藏喇嘛教萨斯迦派首领萨班的侄儿。1252年，忽必烈征大理时，遣人到凉州召萨班，时萨班已死，八思巴于1253年应召，谒见忽必烈，留在王府。八思巴自幼学会念咒讲经，又从萨班学习显、密佛法和"五明"诸论，学识渊博。1260年，忽必烈封他为国师，1270年封他为帝师，从此一直到元末，世世以吐蕃僧为帝师。帝师领宣政院事，不但是吐蕃地区的政、教首领，而且是全国佛教的最高统领。——译者
③ 参看G.胡特《蒙古佛教史》（斯特拉斯堡，1892—1896年，2卷本）II，139；萨囊彻辰《蒙古源流》，法译文，施米特的《东蒙古史》第115页。
④ 伯希和《通报》1911年第671页上的记载："Les 'Kouo–che' ou 'maitres du royaume' dans le bouddhisme chinois"。

第七章 忽必烈与元朝

是用畏兀儿文字写成的①。在这一点上,伯希和指出,畏兀儿文有其不足之处,它仅仅是不完全地表达13世纪蒙语的语音,用畏兀儿文区别不出"o"音和"u"音,发不出词首"h"的音等等。同样,对颚音而言,畏兀儿字母也没有八思巴字母丰富②。

在忽必烈的继承者中,大多数人与忽必烈一样是虔诚的佛教徒。首先是他的孙子铁穆耳,他在忽必烈之后行使统治(1294—1307年在位)。然而,忽必烈的另一个孙子阿难答(Ananda,尽管其名字实属佛教徒的梵文名)是倾向于伊斯兰教。"他能熟悉《古兰经》,并擅长于阿拉伯文",他是唐兀惕地区(宁夏)的长官,是唐兀惕境内伊斯兰教的热情宣传者。铁穆耳企图使他转而皈依佛教,一度曾徒劳地囚禁过他。铁穆耳死时(1307年2月10日),阿难答企图夺取王位,但是,他的侄儿③海山获得了王位,并处死了他。海山在统治时期(1307年6月21日—1311年1月27日)内表明自己是一位虔诚的佛教徒,他使许多佛教戒律写本被译成蒙古文。中国儒学家指摘他偏袒喇嘛,很可能是对这种偏袒的一种反应,行政机关撤销了佛教徒和道士直到当时一直享受的财产豁免权④。在忽必烈的

---

① 已知蒙语中最古的墓碑正是用畏兀儿文刻成,它现藏列宁格勒亚洲博物馆,被称为成吉思汗石碑。碑文注明年代约1225年。伯希和说:"史诗《蒙古秘史》只可能用畏兀儿文记录下来。《蒙古秘史》以汉译文和抄本留传下来"(伯希和《大亚细亚》,1925年第288页)。1908年伯希和在甘肃发现的1362年的伟大的蒙古石碑和收藏于法国国立档案馆的两封由波斯汗阿鲁浑和完者都给金发菲利浦的信都是用畏兀儿文书写的。1246年,给英诺森四世的信上盖着贵由汗的印,印中的铭文也是畏兀儿文。参看伯希和"蒙古与教廷"(载《东方基督教评论》)1922—1923,第3—30页)。

② 参看伯希和"古代蒙古人使用的文字"(《大亚细亚》1925年284页)和《亚洲杂志》1925年93页上的文章。

③ 多桑《蒙古史》II,532,转自《史集》。(原文海山是阿难答的堂兄弟,但据《史集》第二册,286页,海山应是阿难答的侄儿。——译者)

④ 萨囊彻辰《蒙古源流》,参看施米特《东蒙古史》第398页;多桑《蒙古史》II,533。

重孙、也孙铁穆耳统治时期（他从1323年10月4日继任皇帝，至1328年8月15日去世），大臣张珪代表儒生公开抗议尊崇喇嘛。陕西尤其是吐蕃佛僧们常去的地方。一份当时的报导说："曾见西番僧佩金字圆符，络绎西部各省，城镇旅社容不下，而住进民房，驱逐房主，趁机奸污妇女。不满足淫逸，他们又夺民仅有的很少的钱财。必须采取措施阻止公开的吸血者，他们比收税人更加残酷"。① 也孙皇帝不得不对喇嘛进入中国加以控制。

中国文人们认为蒙古王朝应该对他们实施的过度的佛教"教权主义"负责，它无疑是王朝衰落中起作用的一个因素。然而，佛教对忽必烈家族的异乎寻常的影响，在中国土地上的突厥－蒙古各代的历史上并不是什么新鲜事。同样的事情在4世纪末著名的苻坚和在6世纪初最后一批拓跋人身上都发生过（参看59页和65页）。佛教最初是使这些粗鲁的野蛮人变得较为温和仁慈，后来使他们变得迟钝，最后使他们失去了自我保护的本能。于是，具有悠久儒教传统的中国忍受了这些可怕的主人，它看到了这些君主渐渐地失去了危害，它或者是把他们同化，像拓跋人的情况；或者是把他们赶出境，像对待成吉思汗的后裔一样。如果忽必烈家族信奉了伊斯兰教——就像如果1307年阿难答获得成功所发生的情况那样——形势会是更加严重。伊斯兰教的胜利对古老的中

---

① 梅拉书 IX,539。参看卡特勒梅尔在他的《史集》译本中的评论（巴黎,1836年），页189。（这份报导指的是西台御史李昌的报导。原文是："尝经平凉府、静、会、定西等州，见西番僧佩金字圆符，络绎道途，驰骑累百，传舍至不能容，则假馆民舍，因追逐男子，奸污女妇。奉元一路，自正月至七月，往返者百八十五次，用马至八百四十余区，转之诸王、行省之使，十多六七。驿户无所控诉，台察莫得谁何。且国家之制圆符，本为边防警报之虞，僧人何事而辄佩之？乞更正僧人给驿法，且令台宪得以纠察。"参看《元史》卷202《释老传》。——译者）

国文明将是可怕的一击。在中国历史的长河中,威胁着中国文明的两次大危险可能是 1307 年的阿难答的争位和由于发动者于 1404 年去世而幸免了的帖木儿入侵①。

7. 忽必烈及其继承人的宗教政策：聂思托里安教

忽必烈对佛教的偏爱丝毫不妨碍他对聂思托里安教表示同情。在基督教的重大庆祝会上,像他的前辈们一样,他让隶属于他的斡耳朵的聂思托里安教牧师把福音书放在他面前,他敬香供奉,并虔诚地吻之。②"1289 年,他甚至建立专门机构,即崇福司,管领全国的基督教事务"。他的谕旨,像窝阔台和蒙哥的一样,使基督教牧师如同佛教徒、道教道士和伊斯兰教教士们一样,享受免税权和获得其他种种特权③。在此可以回顾一下,蒙古人沿用叙利亚

---

① 蒙古政府以同样的方式优待以往被中国王朝所禁止的神秘宗教派别和秘密社团。在宋朝或多或少地受到迫害的异端派别帮助过新的王朝(指元朝)。反过来,他们不仅获得了信仰自由还得到正式承认为一个僧侣集团。于是,正是在 13 世纪末和 14 世纪初,在《元史》和《元典章》两种史书中,常常提到"白云教"和"白莲教",以及净土宗。对道教派别和各种外来宗教,如聂思托里安教、天主教、伊斯兰教和犹太教也有许多介绍。参看沙畹和伯希和"摩尼教流行中国考"(《亚洲杂志》1913 年,第 364 页)。

② 《马可·波罗》本内代托本第 70 页。

③ 窝阔台、蒙哥和忽必烈的法令对和尚、佛僧、先生(道士)、也里可温(聂思托里教士)和达失蛮(回教僧侣)享受免税和各种特权。参看德沃利亚"铭文注释"(《亚洲杂志》II 1896 年,第 396 页)。沙畹"碑文和文件"(《通报》1914,637 页)。鄂尔多斯蒙古人中的一个氏族,至今还保留着 Erküt 一名,即中世纪也里可温(ärkägüd)一名的近代形式。老莫斯特尔特研究过这个氏族的成员,发现他们既不信萨满教,又不信佛教,他们崇敬一种十字架——卍形十字,他们自己也不明其意,表明他们对基督教模糊的记忆。由此,他得出结论说,他们无疑是成吉思汗时期,在汪古部境的聂思托里安教徒的后裔(莫斯特尔特"鄂尔多斯地区"载《辅仁学志》1934 年第 9 期)。

语,称基督教徒为"迭屑"(tarsa)和 ärkägün 或 ärka'ün(复数 ärkägüd 或 ärka'üd,汉译名是也里可温),而教士和僧侣被称为列班——也里可温(rabban—ärkägün),主教被称为马儿·哈昔(mar-hasia)。①

在蒙古人和蒙古化的各族中,聂思托里安教徒占有相当大的比例,特别是在克烈部和汪古部突厥人中。汪古部突厥人占据着长城以北、今山西边境一带原沙陀突厥人之地,他们使用的命名法揭示了他们是聂思托里安教徒,尽管这些名字的汉译名已掩盖了该名的实质。聂思托里安教徒常用的名字有:西蒙,阔里吉思(即乔治),保鲁斯(保罗),约南(约翰),雅各(詹姆斯),腆合,伊索(耶稣),鲁合(路加)。

汪古部人中的大多数居住在今天称为绥远省的地区,即今托克托或归化城境内,该地区在蒙古统治时期称为东胜。伯希和认为该名来自"科尚城"一名,在马·雅巴拉哈三世和列班·扫马传记中,就是以科尚城来称呼这一地区。② 马可·波罗给同一地区的称呼是 Tanduc,根据伯希和的看法,Tanduc 起源于唐代通用的古名天德(古音为 Thiän—tak)。③ 这是汪古部王朝的实际所在地,王室家族是一些极倾向聂思托里安教、同时又与成吉思汗家族

---

① 中国用来记述基督教徒的词有(1)迭屑,它来自波斯文 Tarsā,唐代译为"达娑",意为"信徒",或"敬畏神的人"。(2)也里可温,即 Ärkägün。根据多桑的说法,13世纪的《世界征服者史》解释说,蒙古人称基督教徒为也里可温。中国作者用此词称景教徒,据推测,ärkägün 一词是希腊文 āρπωγ 的对音,或者是叙利亚口语 arkhun(副主教)的对音。或者与土耳其语 arkhun(肤色白的)有关系。本译文按元代称呼译为聂思托里安教徒。列班,是叙利亚文 Rabban 的音译,原意为法师、律师,对聂思托里安教徒的敬称。马儿·哈昔,又译马里·哈昔牙,叙利亚文,Mar 意"圣",hasiā 意"使徒",是对聂思托里安大德(主教)的称呼。——译者
② 伯希和"中亚的基督教徒"第634页。
③ "中亚的基督教徒"第630页。

有密切联系的突厥王公们。成吉思汗家族显然从未忘记过对这些聂思托里安教王公们的欠债之情。汪古部首领阿剌忽失的斤[1]曾经在关键时刻,即在被邀加入由乃蛮人形成的反蒙联盟时,他反其道而行,坚定地站在成吉思汗一边[2]。他以生命表达了他的忠诚;因为当他在与乃蛮人打完仗之后返回家园时,他的部落中一些赞成与乃蛮人联合的部民暗杀了他和他的长子布颜昔班。他的妻子携带次子波姚河逃到郓城。当成吉思汗以金朝征服者的身份进入郓城时,他的至诚愿望是恢复这个忠臣家族对汪古部地区的统治地位。年轻的波姚河随他出征花剌子模,战后回归,成吉思汗把女儿阿剌该别吉嫁给了他。波姚河死后,阿剌该别吉作为成吉思汗亲生女,对汪古部进行了强有力的统治。她没有亲生儿女,便把她丈夫与另一个妾生的三个儿子——孔不花、爱不花和绰里吉不花视为亲生儿子。孔不花和爱不花先后娶成吉思汗家族的公主们为妻:孔不花娶贵由大汗之女叶儿迷失;爱不花娶忽必烈之女玉剌克[3]。爱不花之子阔里吉思(即乔治)先与忽必烈之子真金的女儿忽塔德迷失公主结婚,后又与铁穆耳大汗的女儿阿牙迷失公主结婚。前面已经提到过,他在铁穆耳手下供职时于1298年被杀的情况[4]。

这个聂思托里安教王室家族如何紧密地与蒙古王朝联姻便一目了然。在蒙古人宗教宽容的限度内,该家族成功地利用它受到优待的地位去保护基督教。马·雅巴拉哈三世和列班·扫马的传

---

[1] 阿剌忽失的斤(或特勒),忽里,看《秘史》海涅士法译文,第55页。
[2] 阿·克·穆勒《1550年前的中国基督教徒》(纽约,1930年)第235页。
[3] 伯希和"中亚的基督教徒"第630页,穆勒上引书第236页。
[4] 《马可·波罗》本内代托本,第60、61页;多桑《蒙古史》II,513;穆勒《1550年前的中国基督教徒》第237页。

记表明,在他们动身前往耶路撒冷时,孔不花和爱不花向他们表示祝愿和送给他们礼物。① "乔治"王子确实是在暮年时,由方济各会传教士约翰·孟德科维诺施洗礼,皈依了天主教。②

马·雅巴拉哈三世和列班·扫马传记清楚地表明,元朝中国北方边境的聂思托里安教并不限于汪古部境,因为在他们前往西方时,他们在唐兀惕境内(即甘肃)受到基督教徒最激动人心的欢迎,特别是在"唐兀惕城"(即宁夏)③。聂思托里安教会确实遍布其境,宁夏、西宁、甘州、肃州和敦煌都有。马可·波罗提到,仅宁夏就有三座聂思托里安教教堂。④

无疑地,这些聂思托里安教徒自唐朝以来就默默地居住在原中国边境以外的这些地区,但是,他们并非一直局限在这些地区内。由于成吉思汗后裔的征服,现在中国内地也向他们敞开了。人们甚至可以说,在唐朝灭亡后已经被逐出境的聂思托里安教,随着蒙古人又进入了中国。1275年报达[巴格达]的聂思托里安教主教在北京创建主教区。尾随蒙古人,聂思托里安教甚至渗入长江下游地区。1278年,忽必烈委托一个名叫马薛里吉思(汉译名,原名 Mar Särgis)的人管理在今江苏省内的镇江。按其名推断,马薛里吉思是一个聂思托里安教徒,不久,他很快在镇江建起一座教堂(1281年)⑤。在扬州和汉口又建了几个聂思托里安教教堂。⑥

---

① 穆勒《1550年前的中国基督教徒》第99页。
② 上引书第208页。
③ 上引书第100页。
④ 《马可·波罗》本内代托本第58页和第60页,穆勒和伯希和译本 I,181。
⑤ 《马可·波罗》本内代托本第141页;穆勒和伯希和"中亚的基督教徒"第637页;穆勒《中国的基督教徒》第145页。
⑥ 鄂多立克提到过扬州的一座聂思托里安教教堂,它是于13世纪末由富商阿拉伯罕所建。伯希和发现了有关它的1317年法令("中亚的基督教徒"第638页)。

在叙利亚文的马·雅巴拉哈三世和列班·扫马传记中,有一段著名的记载可以证实蒙古的聂思托里安教信仰。列班·扫马(死于1294年)和他的朋友、未来的主教马·雅巴拉哈·麻古思(1245—1317年),两人都是聂思托里安教徒,至少后者是汪古部人①。麻古思的父亲是汪古部科尚城的副主教,正如我们已经看到的,伯希和把科尚城看成是中世纪的东胜,今绥远和山西边境上的托克托。列班·扫马是汗八里(或北京)聂思托里安教教堂中一位巡察使的儿子。他是第一个信奉修道生活的人,曾在北京大主教马·基瓦古斯的主持下接受了削发仪式,后来他隐退到离城只有一天路程的山中修道院,在此结识了麻古思。在麻古思建议下,两人决定去耶路撒冷朝圣。在托克托附近,他们拜访了汪古部王孔不花和爱不花(他们也是聂思托里安教徒),并告知他们朝圣的计划,汪古部的这两个王子最热烈地接待了他们,并尽力劝阻他们说:"我们正在费力地从西方招来主教和教士,你们为何要去那些地方呢?"但是,见两人主意已定,汪古部王子们为他们提供了马匹、钱财和过中亚的旅途所需的一切物品。

朝圣者们先经唐兀惕境,即今甘肃北部、宁夏附近,这儿的聂思托里安教教会星罗棋布。"男人,妇女和儿童都上街欢迎他们。因为唐兀惕地区居民的信仰非常强烈"。他们沿罗布泊和塔里木南缘小道而行,抵达了于阗和察合台汗的领地。当时察合台汗是都哇,②因为据伯希和的估计此事是发生在1275—1276年间。当时,成吉思汗宗王之间的战争正在中亚进行,阻止了列班·扫马和

---

① "中亚的基督教徒"第631页;穆勒《中国的基督教徒》第94—127页。
② 都哇在叙利亚文的传说中是Oqo。

麻古思直接从喀什噶尔到波斯的旅行。他们发现于阗正遭受饥荒,喀什因战争而人烟稀少,从喀什往西的路已不通畅。因此,他们转向北去怛逻斯(奥李阿塔,或今天的江布尔),窝阔台系海都汗在此扎营。① 他亲切地接见了两位聂思托里安教徒,并发给他们安全特许证,持此证,使他们得以通过作战军队的前哨,最后抵达波斯的蒙古汗国,当时波斯的统治者是阿八哈汗(1265—1282年在位)。

从叙利亚来的一位可能是说阿拉伯语的基督教徒,汉译名叫爱薛(即伊萨或耶稣,1227—1308年),在忽必烈统治时期,他身居重要位置。他懂多种语言,精通医药和天文,曾在贵由汗庭中供职。1263年,忽必烈任命他掌管星历司,他似乎是1279年法令的鼓动者之一,通过该法令,忽必烈企图制止伊斯兰教在中国的宣传。1284—1285年,蒙古高级官员孛罗丞相作为使臣前往波斯汗阿鲁浑处时,爱薛陪同前往。爱薛在返回中国后,于1291年被任命为掌管基督教的总监,1297年任政府大臣。② 其子也里牙、腆合、黑厮、阔里吉思和鲁合都像他一样是聂思托里安教徒,在北京宫廷中也起着重要作用③。

最后,忽必烈及其继承者们在北京的他们的亲卫军中有3万名信仰希腊正教的基督教阿速人,他们是在蒙哥时期从高加索来的。我们已经看到,1275年6月,阿速军在围攻长江下游北岸的

---

① 穆勒,上引书第101页。
② 《元史》卷134《爱薛传》,大德元年(1297年),授平章政事。——译者
③ 伯希和"中亚的基督教徒"(《通报》1914,第640页,1927年3—4,第159页)和"蒙古与教廷"(《东方基督教评论》3—4,1924年,248[52])。有关孛罗丞相的情况看伯希和《通报》1927年第159页。

第七章　忽必烈与元朝

镇巢时①,遭到宋军狡诈的屠杀。后来,忽必烈把从镇巢得到的税收分给了遇害的阿速军的家属们②。1336年7月11日,这些阿速军的后裔送一封表示归顺的信给教皇本尼狄克十二世。1338年带信给在阿维农的教皇的使团中,除了纳昔奥的安德鲁和威廉外,还有阿速人托盖。③

此外,伯希和还提到了古代摩尼教在福建又活跃起来这一事实,在宋朝统治时期福建已有摩尼教复兴的兆头。④

8. 马可·波罗的旅行

尼古拉·波罗和其弟马弗·波罗是长驻君士坦丁堡的威尼斯商人。1260年,他们离开君士坦丁堡,去以后成为南俄罗斯地区的蒙古钦察汗国进行长途贸易。他们在伏尔加河(马可·波罗的"Tigris"河)下游的萨莱城受到拔都的弟弟和继承人钦察汗别儿哥的接见,并卖给他各类珠宝。接着,他们经花剌子模之路来到察合台汗国境内的不花剌城,在那里留居了三年,因为蒙古宗王之间

---

① 《元史》卷132《杭忽思传》中是镇巢城,此城是大运河岸的常州。它于1275年3月30日向蒙古人投降。现保存的一位旅行者1276年的日记证明了这次围攻的恐怖情景"16日(1276年3月3日)拂晓,船抵常州。道路被烧毁倒塌的房屋所阻断,运河充满尸体,臭气冲天;这里比任何地方都糟糕。"参看《钱塘遗事》第7卷第7页,第9卷第3页。——译者

② 参看《元史》卷132。——译者

③ 看C.隆西埃尔和多雷的著作 *Bibliographie de l'Ecole des Chartes* LVI (1895年),29。伯希和(《通报》1914年,页641上的文章)。伯希和在《元史》中发现了派出使者的几位北京阿速首领的名字:福定、香山和者燕不花。他们在给本尼狄克十二世的信中分别名为:Fodim Jovens, Chyansam (Shyansam)和Chemboga (Shemboga)。

④ 伯希和"福建的摩尼教传统"(《通报》1923年,第193页)。马可·波罗在福州提到的所谓基督教徒,伯希和认为肯定是摩尼教徒。参看《马可·波罗》本内代托本第158页;穆勒《中国的基督教徒》第143页;伯希和《学者杂志》1929年1月第42页。

的战争阻碍了他们的归途。最后,他们决定陪同波斯汗旭烈兀的使臣一起去见旭烈兀的哥哥、在中国的忽必烈。于是,他们只得沿着通常商旅往返之路旅行:经锡尔河畔的讹答剌城、伊犁河畔的阿力麻里和畏兀儿地区,在这里有别失八里(古城附近)和吐鲁番两个城镇,吐鲁番当时被称为哈剌火州(马可·波罗的Carachoço)。① 最后,他们经哈密(马可的Camul)和敦煌,或称沙州,到达中国,至北京,或称汗八里。

忽必烈给他们最热诚的接待,当他们要离开北京时,他希望他们去要求教皇派给他一百名精通七艺的学者②。波罗兄弟于1266年离开中国,到达西里西亚亚美尼亚国的主要港口、地中海岸边的刺牙思。1269年4月,他们从剌牙思出发前往阿迦。又从阿迦到罗马。他们未能得到忽必烈要求的传教士和学者,于是,他们又起航回到阿迦,1271年底他们又从阿迦出发前往中国。这次他们带着尼古拉之子马可·波罗,他给我们留下了有关他旅行的重要记述。

马可跟随父亲和叔叔离开剌牙思港后,取道锡瓦斯,通过小亚细亚的塞尔柱克苏丹国,到达波斯的蒙古汗国。当时由于波斯汗阿八哈与他的堂兄弟们,即站在海都一边的突厥斯坦的察合台汗们,正在进行着战争,使他们不能走河中之路,因此,他们遂直接斜穿波斯,经桃里寺、苏丹尼耶和卡尚,然后无疑是经耶斯特和起儿

---

① 在哈剌火州,马可提到了有一聂思托里安教会(本内代托编 Il Milione,第46页;穆勒—伯希和编 II,XX)。在别失八里北的欣斤塔剌思有一些石棉矿。
② 《马可·波罗》穆勒—伯希和编 I,79;本内代托编70—71页。(七艺,即文学、修辞学、算学、辩证法、几何学、音乐和天文学。——译者)

第七章　忽必烈与元朝

漫到霍尔木兹①。他们可能打算从霍尔木兹乘船去中国,但是,正像伯希和所指出的那样,中国南海岸的广州、泉州、福州和杭州这些大港口当时仍属于南宋,不属于蒙古人。所以,在霍尔木兹时,波罗一行改变了计划。他们放弃了经海路到远东的打算,而是北上,经呼罗珊(马可称之为干树地或孤树地)②进入中亚,途经尼沙普尔、沙普甘和巴里黑。

为避开波斯汗与察合台兀鲁思首领之间屡战不止的河中战场,波罗一行从巴里黑向东北方出发,过巴达克山,取道波罗以北的瓦罕高原谷地翻越帕米尔山。他们沿古代丝绸之路(塔什库尔干,托勒密的"石塔")而下,进入喀什,马可赞赏喀什美丽的果园和葡萄园,以及喀什居民的商业意识,"他们经商的足迹遍及全世界"。在喀什,他还注意到一个聂思托里安教教会及该教会的教堂。离开喀什,波罗一行沿塔里木南缘的古道而行,经叶儿羌、于阗、克里亚和车尔城。绕过罗布泊边缘后,他们穿过了罗不[今若羌],斯坦因认定罗卜是今天的恰克里克城③。接着他们到了敦煌,或沙州。然后,他们进入原唐兀惕境,来到甘肃的肃州④和甘州,甘州是重要的贸易中心,这些威尼斯人在此待了将近一年,等候蒙古朝廷的指令。马可注意到,聂思托里安教徒们在甘州有三

---

① 伯希和证实了当马可谈到摩苏尔和报达时,只是听说。裕尔-考狄尔本(伦敦,1903年,I,19)错误地说他在摩苏尔、报达和巴士拉之间旅行过。最可能的路线是赛克斯的《波斯史》中(262页)注明的。(霍尔木兹是与印度贸易的巨港,在波斯湾口的一个岛上。元朝译为忽里模子,明朝译为忽里谟斯。——译者)

② 裕尔-考狄尔本I,第129页,穆本I,第128页。

③ 斯坦因《西域》第9章318页及其后。伯希和认为Pem与Keriya等同。

④ 《马可·波罗》本内代托本48页;穆本I,158;伯希和"肃州考证"《亚洲杂志》I,1912年,591。

座教堂,城内也有许多佛僧,他客观地赞扬了他们的德行[1]。

在甘州停留之后,波罗一行又向东继续旅行,过凉州[2]和宁夏[3]。在原唐兀惕人的都城宁夏,大多数居民是佛教徒。但马可提到了一个聂思托里安教教会,那儿也有三座教堂。接着,旅行者们进入了汪古部境,马可称其地为天德(参看上文),天德的中心应该在今托克托,或归化城附近去发现。马可·波罗并不是没有提到汪古部王公们是信仰聂思托里安教的,由于这个原因,他把汪古部王公们与约翰长老的家族、即原克烈统治者的家族混淆了。以后鄂多立克又重复了马可的这一错误。马可特别提到乔治王子(阔里吉思),当时他在蒙古大汗的宗主权下统治着汪古部。马可还提到了蒙古王朝与汪古部王室之间的联姻。

离开汪古部境后,波罗一行进入了中国本土,或者更准确地说,进入了中国的北方,马可按蒙古人的方式,称之为契丹,该名来自11世纪北京的君主契丹人。他们从托克托之地出发,于1275年5月到达忽必烈的夏驻地上都府,今多伦诺尔。

波罗一行向忽必烈递交了教皇格列高利十世的信。看来忽必烈很喜欢马可,把他带到他的冬驻地汗八里(北京)。在马可自己的陈述中,忽必烈安排他在政府部门,并且,正像我们将要看到的,忽必烈委派他充任各种信任的差使。不过,马可显然从未认真识别中国语言;另一方面,他懂波斯文,常常用波斯译音给中国地名注音。[4] 由于一些错误的译名,所以,马可及其父、叔能起的作用

---

[1] 鲍迪乃译本 I,203;贝本 48 页;穆勒本 159 页。
[2] 本内代托本 52 页;穆勒本 178 页。
[3] 本内代托本 58 页;穆勒本 181 页。
[4] "在马可时代,波斯语必定是作为一种中亚和东亚通用的语言"。参看伯希和《亚洲杂志》II,1913,185。

并不像某些人所企图推测的那么重要。伯希和根据马可提供的盐的开采情况，推测马可是在中国盐税管理部门工作。很可能他作为扬州副长官的助理，在这个位置上干了三年。① 他所谈到的，他的父亲和叔叔于1268—1273年在围襄阳之战中所起的作用，与中国史籍的记载不相符合。但是，如果这位著名的威尼斯人对其父辈的作用有某些夸大的话，那么，重要的事实是，尽管他自己的职务不高，但给了他浏览中国主要城市的机会。

马可游记记述了两条路线：一条是从北京到云南；另一条是从北京到福建。在第一条中，他提到了今山西省首府太原和山西省第二大城市平阳（分别写成 Taianfu 和 Pianfu）；还提到陕西省内的奉元府或京兆府（Quengianfu）②——当时忽必烈之子、忙哥剌（Mangala）任此地长官（1272—1280年在位），他曾提到过马可；接着马可提到四川成都。从成都起，马可的旅行中有着大量细节的描述。说明马可确实被差遣到过这些地区。在云南或者说原大理国，他提到大理（哈剌章），和云南（昆明，押赤）两个城市，他提到在云南已经有一个大的穆斯林社团③。云南已经形成一个独立的总督管辖区，由成吉思汗宗王们的后裔统治：他们是忽必烈之子忽哥赤（Ugechi，1267年）、秃忽鲁哥（Tughlugh，1274年），忽哥赤之子也先帖木儿（Esen，或 Yesen Temür，1280年）。马可还谈到，在他出访时，也先帖木儿正掌权。他所记载的蒙古在缅甸（或称缅国）的战争（蒙古人1277年，1283—1284年和1287年的远征）的细节

---

① 本内代托本第137页，伯希和《通报》1927年第164—168页上的文章。
② 马可还提到京兆府内的聂思托里安教会（本内代托本第107—108页，穆勒本第264页）。
③ 参看本内代托本第115页；穆本第277页。关于大理城，参看伯希和在《法国远东学院学报》(1904)第158页上的文章。

暗示他可能随军一直到达缅甸边境。无论如何,他对1277年的战斗进行了详细的描述,在战争中,蒙古弓箭手们使蒲甘王的战象受惊,强占了通往伊洛瓦底江上游的八莫海峡。他还谈到直到1287年蒙古人才进入蒲甘。①

马可记载的第二条路线从北向南地贯穿中国东部,与中国的海岸线平行。从北京出发,经河间府②到长芦,滋阳,山东济宁,淮河入海口(当时是黄河入海口)附近的淮安州③,扬州,苏州,杭州,浙江省的婺州,浙江兰溪南部,及附近的衢州,同样是在浙江省的处州,福建省的建宁府,今福建省首府福州,泉州。可以看到,这条路线南部只通到泉州,因此,马可没有提到广州。

看来马可还有机会随忽必烈派遣的两个使团到过占婆④和锡兰,去锡兰的使者们是去取佛骨,其中包括著名的佛牙。在锡兰,马可要别人给他讲述佛陀释迦牟尼⑤的故事。他给我们留下了该故事的生动、可信的概要。⑥

1291年春,波罗和家人们得以乘船返回欧洲。忽必烈的侄孙、波斯汗阿鲁浑请求忽必烈给他挑选一位伯牙吾惕部的公主与他成婚。忽必烈为他挑选了该部的阔阔真公主(Kökächin,马可记Cocachin)。但是,中亚的道路因忽必烈和海都的战争而不通畅。因此,忽必烈要波罗一行护送蒙古公主经海路到波斯,同时,

---

① 参考《法国远东学院学报》(1909)第633—680页上于贝尔的"蒲甘王朝的终结"。
② A.J.H.夏里格农认为是指正定(chengting),参看《马可·波罗传》北京,1924—1928年,3卷本,III,2。参看本内代托本第128页。
③ 马可称黄河为Caramoran,来自蒙古名喀喇木仑河,即黑河。
④ 参看G.马斯佩罗,载《通报》1911,第476页。
⑤ 佛陀(Buddha)蒙古人称为Burqan。
⑥ 鲍迪乃本第588页,穆勒本第407页。

让他们捎带着他给教皇、法王、英王、卡斯特[北部西班牙王国]国 309
王的几封信。波罗一行可能不得不在占婆都、佛誓（在平定附近）
停泊，接着驶往马六甲海峡。但是，在离开苏门答腊海岸后，他们
受逆风阻拦了5个月。无疑地，像当时的所有的海员一样，他们必
然浏览了当时特拉万可最大的香料市场奎隆。从奎隆出发，他们
绕过德干高原的海岸向坎贝湾航行，然后，沿波斯海岸，在霍尔木
兹登陆。他们必定是从霍尔木兹经起儿漫和耶斯特进入波斯。其
时，波斯汗阿鲁浑刚去世。波罗一行把阔阔真公主转交给他的儿
子、呼罗珊长官合赞，然后访问了在桃里寺城的波斯新汗海合都。
他们在阿哲儿拜占[阿塞拜疆]停留了3个月，此后，他们在特拉布
松乘船前往君士坦丁堡。于1295年回到威尼斯家中。

9. 元朝经济的繁荣

马可书中最有趣的描述之一是他勾画的中国南北两地经济活
动的图画：中国北方，他继续称为契丹（该名来自原契丹人）；中国
南方，原来的宋王朝，他称为蛮子。从他的书中，我们知道了在中
国北方已经开采煤矿。"从山上矿层中开采的一种黑石头，像木头
一样地燃烧，它们很好烧，以致整个契丹不烧其他燃料。"水路的运
用同样使他吃惊，他尤其提到了中国经济的主动脉长江在商业上
的重要性。"这条河上往来的船只和运载的货物比基督教世界中
的任何一条河和任何一个海都要多。"他还说，"每年沿该河而上的
船就有20万条，更不用说顺水而下的船只了。"他还提到了帝国运
河的经济作用，这条运河是忽必烈时彻底凿通的，经这条运河，大
米可以从长江下游运到北京。

为管理繁荣的国内商业和开展与印度、东南亚的贸易，在中国中部港口和广州地区形成了强大的商会。这些商会可以与佛兰德尔的行会和佛罗伦萨的技术协会相比，甚至还超过它们。关于杭州的商会，马可写道："众多商人云集在这里，他们十分富裕，经营着大宗贸易，没有人能估量出他们的财富。只知道贸易主（他们是企业的头目）和他们的妻子们都不直接从事任何事情，但是，他们过着如此奢侈豪华的生活，以致人们会想象他们是国王。"纸钞的普遍使用便利了商业交流，马可打趣地称纸钞为点金石。"我可以告诉你们，在中国，每个人都乐意接受这些纸币，因为无论他们走到大汗领地内的任何地方，都可以像使用金子似地毫不困难地用它们来做买卖。"[①]中国人强烈的商业意识也令这位威尼斯人惊诧。他不断地回忆起那些丰富的场面：从印度回来的船只满载着香料——胡椒、生姜和肉桂；或载着稻米的帆船沿长江顺流而下，或沿大运河逆流而上；杭州或泉州的商店内，贵重货物琳琅满目，有生丝、锦缎（很厚的丝织品）和绣花织锦（有金线或银线绣成花的丝织品），以及有特殊图案的缎子，或称"刺桐布"织品。[②]

马可以同样赞赏的语调描述了中国的主要市场：北方丝绸中心是汗八里（北京，每天都有上千辆满载生丝的大车驶入，用它们制成大量的金布和成丝）；成都府（四川，成都）生产薄绢，并将这种丝织品出口到中亚；安庆或开封（？）和苏州（江苏省）生产金布；扬

---

① 鲍迪乃本第 325 页；穆勒本第 239 页；参看裕尔－考狄尔书中的注释，I，426—430。参看伊本·白图泰游记，德弗雷梅里本（巴黎，1853—1879，4卷本）IV，259—260。

② 参考海德《利凡特商业史》（莱比锡，1923年）II，670，693。

州(江苏,扬州)是长江下游的最大的稻米市场。最繁忙的地方是原南宋都城、京师(Quinsai,浙江杭州)①,在蒙古人的统治下,并没有丧失它以往的商业活动。事实上,因为它现在与蒙古大帝国的一切贸易联系起来,商业贸易还获得了发展。马可把它描述成中国的威尼斯。首先是作为最大的食糖市场而提到它。无数的船只把印度和东印度的香料带到杭州,又从杭州把丝织品带到印度和伊斯兰世界。于是,杭州城内住着大批阿拉伯移民,以及波斯和基督教的商人们。最后,是福建省内的两个大港口:福州和刺桐(即泉州)。福州商人"囤积了大量的生姜和良姜,城里还有一个相当大的砂糖市场和一个大的珠宝交易市场,这些珠宝是用船从印度群岛捎来的"。

元朝最大的货栈仍要算马可所记的刺桐,"从印度来的所有船只,满载着香料、宝石和珍珠停泊在刺桐,简直难以想象。蛮子[指中国南部]的所有商人们云集在此,它是全中国最大的进口中心。可以说,如果有一艘载着胡椒的船从印度群岛驶往亚历山大港,或者基督教世界的任何一个其他港口的话,那么,就有一百多艘驶往刺桐。"这些记载得到了阿拉伯旅行家伊本·白图塔的证实,他在1345年左右谈到了刺桐[泉州]②。

显然,在蒙古人统治期间,中国市场与印度和马来亚市场有着密切的联系。按马可的陈述,大批中国船只定期在爪哇港停泊,带

---

① Quinsai 一名,或者根据各种手稿写法:Khansa,Khinsa,Khingsai,Khanzai,Cansay,Campsay,来自 King-tsai,即"暂时驻地"(伯希和)。参看穆勒的"马可对 Quinsay 的描述"(《通报》1937年,105页)。

② "刺桐是世界上最大的港口之一,我错了,它是最大的一个港口"。(伊本·白图泰游记,德弗雷梅里本 IV,269)。在刺桐附近是德化,也在福建境内,其中有马可称赞的陶器制品(穆勒本,352页,参看海德的《利凡特商业史》II,247)。

回"黑胡椒、良姜、荜澄茄、丁香和其他香料,刺桐商人们因经营这些商品而致富"。[①] 从另一些史书中,可以了解到忽必烈及其继承者们与特拉万可和卡纳蒂克的大公们缔结了真正的商业贸易协定。中国的商船队载着大捆的生丝、彩色丝织品、缎子、薄绢和金丝锦缎定期在加韦里伯德讷姆,卡亚尔、奎隆和锡兰停泊;返回中国时,运载着印度世界的胡椒、生姜、肉桂、豆蔻、平纹细布和棉布,以及印度洋的珍珠和德干高原的钻石。

此外,元朝大汗的幼支在波斯建立的汗国促使了两国之间的频繁交往。旭烈兀家族的波斯汗们在伊斯兰环境的包围中仍在相当程度上保留着蒙古人的爱好,他们派人到中国获取诸如丝、瓷器之类的奢侈品,当时的波斯袖珍画像开始显示出中国工匠们的影响。反过来,蒙古人统治下的波斯也把地毯、马具装备、盔甲、青铜器和搪瓷制品输往中国。

最后,马可的游记和佩戈洛蒂(Pegolotti)撰写的《贸易实践》(*Pratica della mercatura*)[②]都证实了这一点:蒙古征服使中国社会与欧洲发生联系。到13世纪末,贯穿大陆的两条路把欧洲与远东联系起来。第一条路是从钦察汗国到敦煌,对欧洲人来说,它起于克里米亚的热那亚和威尼斯商业据点,更准确地说,起于顿河河口处的塔那。该道的主要驿站有伏尔加河下游的萨莱,即蒙古钦察汗国的都城,接着是锡尔河中游的讹答剌和伊塞克湖以西的怛逻斯和八拉沙衮。从伊塞克湖起,有一条小道进入蒙古,途经叶密立河、也

---

① 鲍迪乃译本第561页。穆勒和伯希和译本第368页。海德上引书 II, 644。费郎的著作 *Relations de voyages et textes géographiques arabes, persans et turcs*(巴黎, 1913—1914年)2卷本, I, 31。

② 1335年至1343年间佛罗伦萨编辑的一部著作,看海德《利凡特商业史》I, xviii。

儿的石河上游[黑额尔齐斯河]、乌伦古河,到达鄂尔浑河上游的哈拉和林,从哈拉和林该路南通北京。从伊塞克湖西端出发的另一条小道,通伊犁河上游的阿力麻里(固尔扎附近)、别失八里(今济木萨)、哈密和甘肃肃州,然后进入中国本土。第二条路是穿过波斯的蒙古汗国,它的起点或者是特拉布松希腊国都城、黑海边的特拉布松城,或者是从法属叙利亚附近的西里西亚的亚美尼亚国最繁忙的港口剌牙思。无论从哪一个起点,该路都要穿过与波斯的蒙古汗国保持紧密联系的属国、小亚细亚塞尔柱克苏丹国的东境,然后到波斯汗国的实际上的都城桃里寺。从桃里寺起,主要驿站常常是可疾云[加兹温]、剌夷、莫夫[马里]、撒麻耳干[撒马尔罕]、塔什干(当时名柘析)、喀什、库车、吐鲁番、哈密和甘肃。还有另一条路可以选择,即从莫夫到巴里黑、巴达克山、喀什、于阗、罗布泊和敦煌。经过这些不同的商路,从远东来的商品被直接运往欧洲。

除了这些与古丝绸之路一致的陆路外,蒙古征服还重新开通了海路,或称香料之路。当阿拉伯人和塞尔柱克人统治的伊朗一直对欧洲实行关闭时,而波斯的蒙古汗们则对要经海路去中国的商人和传教士们敞开了他们的领土。从报达哈里发朝的灭亡到伊斯兰教在波斯汗国内获得最后胜利的期间,天主教的旅行者们可以从桃里寺到霍尔木兹,畅通无阻地穿过伊朗,然后从霍尔木兹码头乘船去塔纳、奎隆和刺桐。正如下面我们将要看到的那样,鄂多立克的旅行就是沿这条路线旅行的典型。反过来,来自中国的丝绸和来自东印度群岛的香料在霍尔木兹卸下,由商旅们带着通过蒙古统治下的波斯到达桃里寺大市场,然后由此分发到基督教世界的港口特拉布松,或者是剌牙思。

必须强调的是,道路所以这样自由畅通是以大屠杀为代价的,是蒙古征服的一大有利的客观后果。中国、突厥斯坦、波斯、俄罗斯团结在一个大帝国之中，在蒙古王公们的统治之下，按严格的札撒进行管理，这些王公们关心商旅的安全，宽容各种信仰，重新开通了自上古末期以来就阻塞不通的世界陆上与海上的大道。而波罗一家的旅行证明了比以马厄斯·梯梯安洛斯一名为标志的旅行大得多的活动。历史上第一次，中国、伊朗与欧洲互相之间开始了真正的接触。这是震惊世界的成吉思汗征服所产生的意想不到的结果，同样也是幸运的结果。

10. 元朝的天主教

波罗一行的旅行并不是唯一的。1291年，意大利商人彼得鲁斯(Petrus da lucalongo)从桃里寺出发，经印度洋到中国。他住在北京，他在北京的生意一定很兴隆，因为他于1305年把帝国宫殿附近的一块地送给方济各会修道士约翰·孟德科维诺。大约20年之后，热那亚人安德鲁(Andalo da Savignano)也到中国，他在此赢得了大汗的信任。他作为蒙古外使回到欧洲，后来于1338年再次来中国，可能是走塔那这条路。[①]

在这些冒险商人的促进下，引来了传教士。教皇尼古拉四世正好从列班·扫马那儿知道蒙古帝国内有许多地区基督教教会，他于1289年派约翰·孟德科维诺带着给波斯汗阿鲁浑和大汗忽必烈的信前往远东。孟德科维诺在桃里寺与阿鲁浑待了一些时候，然后于1291年出发到印度。在印度，他陪伴商人彼得鲁斯在

---

① 参看海德《利凡特商业史》II, 218。

迈拉布尔①停留了 13 个月。在这次留居之后,他乘船到中国,受到忽必烈之孙、继承者铁穆耳大汗的热烈欢迎。鄂多立克对此记道:"我们的一位圣方济各派修道士在皇宫中任主教,每当皇帝骑马外出,他给他祝福,皇帝虔诚地吻十字架。"

孟德科维诺在北京建了两座教堂,一座是在与他一起从迈拉布尔(1305 年)来的意大利商人彼得鲁斯的捐助下建成的。几年之内,他给"一万多鞑靼人"施洗礼②,并开始把基督教圣经诗译成在他的教徒中通用的一种语言。明显皈依天主教的是汪古部王公阔里吉思,即乔治,他是在聂思托里安教徒家庭出生和长大的。③ 他皈依天主教有着不可估量的价值,因为在此之后,乔治王子有责任对天主教传教士们给予更有效的保护,作为铁穆耳大汗的女婿,他任命这些传教士在宫中担任最高官位。阔里吉思之幼子以术安·约翰之名接受洗礼,以表示对约翰·孟德科维诺的敬意。

1307 年,教皇克力门五世任命孟德科维诺为汗八里城大主教。1313 年三位辅助主教的副手抵达汗八里,他们是佩鲁贾的安德鲁、格拉德和帕莱格利努。④ 在大约同时期,教皇还派佛罗伦萨的托马斯、捷罗姆和彼得兄弟们到蒙古人中。捷罗姆成了克里米亚(即可萨尼亚)的主教,并对钦察汗国有裁判权。格拉德成了刺

---

① 汉文史料称马八儿。阿拉伯语是 Ma'abar, Ma'bar,意为渡头。《岛夷志略》和《元史》均有马八儿传,《元史》称:"海外诸蕃国惟马八儿与俱兰足以纲领诸国,而俱兰又以马八儿后障。"该地在科罗曼德耳海岸。——译者
② 参看伯希和"中亚和远东的基督教徒"(《通报》1914 年,第 633 页)。
③ 穆勒《中国的基督教徒》第 191 页。
④ 在安德鲁·佩鲁贾的信中,把他到北京的时间写成 1318 年肯定是错误的,穆勒估计,应该是 1313 年。《中国的基督教徒》第 191—192 页)。

桐(福建泉州)的主教,由一位亚美尼亚的富妇捐款,他在刺桐建了一座教堂。他死后,帕莱格利努继任刺桐主教。帕莱格利努于1322年(或1323年)去世,轮到安德鲁·佩鲁贾取代了他。1326年1月,安德鲁从刺桐写了一封信给佩鲁贾修道院神甫们,信中强调指出了在蒙古宫廷中的这些传教士们得到的优待。他在信中写道:大汗(当时是也孙铁穆耳)已经答应给他每年俸金一百金佛罗林[1]。安德鲁还说,他在刺桐附近为22名僧侣建造了一座房子,他的时间分别是在教堂和山上的修道院中度过。

孟德科维诺和安德鲁之后,在元朝最著名的天主教传教士是方济各会修道士波尔德诺内的鄂多立克(约生于1265年,死于1331年)。鄂多立克大约于1314年从威尼斯起航(有些作者说是直到1318年才启程),在特拉布松登陆。从特拉布松出发,他先来到波斯的蒙古汗国。访问了桃里寺城,并注意到该城的商业重要性,他认为该城给波斯汗带来的收入比法兰西王来自全国的收入还要多。他还谈到了阿哲儿拜占的许多聂思托里安教教会和亚美尼亚教教会。他最初计划经伊朗东部到印度,但是,在耶斯特,由于该地区穆斯林狂热而产生的暴动,他只好返回。在1313年至1315年的几年内,东伊朗成了自相残杀的战场。波斯汗完者都正与突厥斯坦的察合台汗也先不花和阿富汗地区君主也先不花的侄儿达乌德·火者交战。此外,东伊朗与印度之间的交通也因突厥斯坦的察合台蒙古人在1305—1327年间不断对旁遮普发动掠夺性远征而不畅通。因此,鄂多立克返回,向西到伊刺克阿拉比,在

---

[1] 裕尔《东域纪程录丛》(英文版)第3卷第73页;其内在价值约合不到50英镑。——译者

那里,他从巴士拉乘船到霍尔木兹。再从霍尔木兹乘船到印度,于1322年,或者1323年底,或者1324年初,在孟买附近的塔纳登陆。他在塔纳收拾了前不久(1321年4月9—11日)被穆斯林杀害的四位方济各会修道士的遗骸,浏览了无离拔①[马拉巴尔]海岸,它是真正的香料之地、胡椒之国,鄂多立克对此作了有价值的记录,这些记录对他所处时代的商业具有很大的重要性。② 鄂多立克继续前往圣·托马斯,或称迈拉布尔,据说使徒托马斯葬于此地③,该地有一大批基督教移民,他对这个原聂思托里安教教会的衰退作了评论,这里的聂思托里安教会实质是处于偶像崇拜的环境之中,它几乎退化成为异教(在蒙古,卢布鲁克同样也说过,聂思托里安教教士在与萨满们争夺阵地时,几乎降到了萨满教的水平)。首先是步入了印度教荒谬的歧途,狂热者们浸透着血的疯狂,他们投身于拉拽偶像的车的车轮下,从我们的圣徒中发出了与7世纪佛教朝圣者玄奘一样的呼声。接着鄂多立克游览了锡兰和爪哇,访问了占婆,由此乘船到中国。

鄂多立克在广州登陆,他称为辛迦兰(Sincalan),该名来自阿拉伯名 Sinkalan 或 Sinikalan。④ 广州给他留下的印象是:人口密集,富有,货物云集,价格便宜,居民勤劳,并且是天生的商人和

---

① 马拉巴尔(Malabar 即 Minibar),伊本·白图泰写作 al—Malibar,爱德利奚和阿布尔费达写作 al—Manibar。Malabar 指印度西南海岸一带。张星烺认为是《元史·亦黑迷失传》中的八罗字。关于胡椒生产,《诸蕃志》:"无离拔国至多,番商之贩于阇婆,来自无离拔也。"——译者

② 《鄂多立克游录》,考狄尔本(巴黎,1891)第 99 页。

③ 参看 H. 豪斯登的文章"St. Thomas and St. Thomé, Mylapore"(《孟加拉亚洲社会杂志》1924 年,第 153 页)。

④ Sinkalan,马黎诺里记 Cynkalan,伊本·白图泰记 Sinkalan,拉施特和瓦撒夫记 Chinkalan,都指今广州。——译者

能工巧匠。他还对该地居民所敬之神的数目而感到惊讶。① 他对泉州（或刺桐）的兴趣也不小，在他的手稿中，泉州拼写成 Caitan，该城有两个罗马城大。在泉州，他在上文提到的圣方济各会寺庙中受到接待，使他能对他的方济各会兄弟们建的大教堂和山间的修道院称赞不已。在鄂多立克的手稿中杭州被称为 Cansay 或 Guinzai。杭州更使他惊奇不已。他说："它是世界上最大的城市，坐落在两湖之间。像威尼斯一样，处于运河和环礁湖之间②。"看到这些多种多样的民族——汉人、蒙古人、佛教徒、聂思托里安教徒——同居于这个大城市中，使他对蒙古人的管理钦佩不已。"这样多不同种族的人能够平安地相居于唯一权力的管理之下，这一事件在我看来是世间一大奇迹。"鄂多立克在杭州碰到了一个由方济各会会士们劝说而皈依天主教（肯定是由聂思托里安教改宗的）的蒙古要人，他以"阿塔"一名称呼鄂多立克，阿塔，即突厥语父亲之意。③ 由于他的帮助，鄂多立克得以访问一座佛教寺庙，并与庙中的和尚们讨论了灵魂转世的问题。

鄂多立克从杭州继续前往金陵府（Quelinfu），考狄尔写成 Kin-ling-fu，我们称为南京。以后又到扬州，他在扬州发现有一座方济各会寺庙，也还有许多聂思托里安教教堂。接着他浏览了新州马头（Sunzumatu），马可·波罗写成 Singiumatu（很可能是今山

---

① 关于辛迦兰的重要性（特别是作为中国陶器运往印度和也门的重要港口），参看《伊本·白图泰游记》德弗雷梅里译本，Ⅳ，272。
② 参看穆勒《中国的基督教徒》241页，和《新中国评论》(1922)第32页"杭州有一万座桥。"
③ 马可已经提到过杭州的聂思托里安教教堂（本内代托本第152页）。

第七章　忽必烈与元朝

东济宁)①,他把该地看成是重要的丝绸市场。最后,他来到"可汗城"汗八里,或称北京。

"大汗驻于此,有一座非常大的宫殿,围墙至少有四英里长,其中有许多较小的宫殿,帝王城是由若干同心的、渐次向外扩大的圆圈组成,每一圈城池内都有居民。在第二圈,是大汗及他的家人和随从们居住。在这一圈内,堆有一座人工小山,山上筑有主要的宫殿。小山上种着美丽的树,故名绿山。② 山周有湖和池塘环绕。一座极美的桥横跨湖上,无论是从它的大理石色泽的鲜艳,或者是建筑结构的精细上,都是我见过的最美的桥。池中有无数野鸭、天鹅和野鹅。大汗不需离开宫殿所在的圈,就可以享受打猎的乐趣,因为圈墙内有一个大公园,园内有许多野兽。"

接着鄂多立克描述了在蒙古宫廷中受到接见的情况(当时的大汗是忽必烈的重孙子、也孙铁穆耳,他在位时间是1323年10月4日至1328年8月15日)。

"当大汗登上宝座时,第一位皇后坐在他的左手边,比他矮一级;接着在第三级是三个妃子。在妃子下面坐着王族的其他贵妇。大汗的右手边是他的长子,长子以下各级坐着宗王们……。我,僧侣鄂多立克,在该城(北京)待了三年半,陪伴方济各派修道士,他们在北京有一座寺庙,甚至在大汗宫中担任一定官职。当我们一

---

① 裕尔以为其地是马可记的 Singuimatu,冯承钧译作新州马头,以往认为是今济宁。何高济译《鄂多立克东游录》第72页注3认为应是《元史·河渠志》御河条下长芦以北的索家马头,所指城市实为沧州。现照原文的说法译成新州马头(山东济宁)。——译者

② 据陶九成《辍耕录》,这里所说的小山是金代的琼花岛,元代的万寿山,今之琼华岛,其上的宫殿即广寒宫。因"其山皆叠玲珑石为之,峰峦隐映,松桧隆郁,秀若天成",故称之为绿山。其旁之池即元代之太液池,今北海,极美之桥应为山前之白玉石桥,"长二百余尺,直抵仪天殿后"(见《辍耕录》)。——译者

次又一次地去为大汗祝福时,我有机会了解到我所观察到的一切。……确实,我们中的一位兄弟(约翰·孟德科维诺)是宫廷大主教,无论大汗何时出巡,他都给予祝福。有一次当大汗返回北京时,我和主教,以及方济各会教士们一起到离北京两天路程之远的地方去迎接他,快要接近时,我们在面前举起了一根长杆,杆头上系有一十字架,我们唱着'伏求圣神降临',他坐在战车的王位上,当我们走近战车时,大汗认出了我们,把我们召到他身边。当我们靠近他时,他脱掉皇冠,它是无价之宝[①],在十字架前鞠躬。主教向他祝福,大汗虔诚地吻十字架。接着我把香插入香炉中,主教在王前焚香。但是,按宫廷礼节,没有人空手去见大汗,于是,我们呈上载满水果的银盘,他友好地接受了,甚至好像尝了尝水果。后来我们闪到路旁,以防被他身后的骑兵队撞伤,退到陪伴大汗的那些受过洗礼的大臣中(他们是皈依天主教的聂思托里安教突厥人)。他们像接受贵重礼物一样高兴地接受我们的普通的礼物[②]。"

鄂多立克还报道了在离北京有20天路程之远的帝国森林中为大汗安排的巨大的狩猎活动。他形象地描述了打猎场面:大汗骑在一只大象背上,蒙古君主们各自射出具有颜色标志的箭。"动物的嘶叫声,猎狗的狂吠,一片喧闹,以致互相之间的说话都听不见。"一旦达到高潮,狩猎的场面就完全结束了,也孙铁穆耳像其祖先成吉思汗一样,冲破围猎圈,按佛教的精神,让受伤的野兽逃走。

最后,鄂多立克提到了杰出的帝国邮政。"信使骑着飞驰的快

[①] 巴萨诺的僧侣马契辛诺说,据僧侣鄂多立克说,皇冠是珍珠和宝石镶嵌而成,比特利维索边区还值钱。参看何高济译本第88页。——译者
[②] 《鄂多立克东游录》考狄尔本第375页。对此有注释,马可所谈到的忽必烈在基督教盛大节日中所起的作用(看贝本第69、70页)。

马,或疾走的骆驼。在他们接近那些驿站时,吹响号角,示意他们来到。驿站主听到号角后,让另一名使者骑上新的坐骑,接过信函后,他飞奔到下一站,依次这样下去,于是,大汗在24小时之间可得到按正常推算需三天骑程之远地区的消息。"

鄂多立克在北京待了两三年之久,好像在1328年左右离开北京,经中亚之路返回欧洲。他途经汪古部聂思托里安教突厥入境,一位名叫阔里吉思(死于1298年)的王公,在孟德科维诺的主持下已经皈依了天主教。像在他之前的马可一样[1],鄂多立克也把这些汪古部王公们与克烈部的"约翰长老"混淆了,但是,当他提到他们与成吉思汗系的公主们的频繁通婚(见上文)时,他头脑中指的肯定是这些汪古部王子。他所称呼的汪古部都城的名称(Thozan),是伯希和认定的中世纪的东胜,即托克托,或可能是现在的绥远。从汪古部境,鄂多立克继续前往甘州之地,即甘肃甘州,他提到了该地的城镇和村子沿大商路排列非常紧密,以致旅行者在离开一个城市和村子时,就可以看到下一个城市和村子的围城。鄂多立克必定是走一条小道穿过戈壁的,这条小道或者是在塔里木北缘,或者是在其南缘,沿途他收集了有关吐蕃和喇嘛教理论的有趣的资料。然而实际上他从未进入吐蕃地区,尽管这一点与他的陈述不相符合。[2] 他于1330年5月回到帕多瓦,在口授其传教活动的经历之后,于1331年1月14日在乌迪内修道院去世。

北京大主教约翰·孟德科维诺曾接见过鄂多立克,在鄂多立

---

[1] 《马可·波罗游记》,参看本内代托本第60—61页。
[2] 《鄂多立克东游录》考狄尔本第450页。参看劳费尔"鄂多立克到过吐蕃吗?"(《通报》1914,第405页)。

克离开北京后不久,他于1328年(或1329年)去世。① 1333年,罗马以另一位方济各派修道士尼古拉继任他的职务,尼古拉是走中亚之路。尼古拉到达阿力麻里(即今伊犁河流域的固尔扎附近)的消息是于1338年传到欧洲。但是,他好像未到中国就去世了。② 1339年,教皇本尼狄克十二世派约翰·马黎诺里修士到中国。③ 他从那不勒斯出发,于1339年5月到达君士坦丁堡,然后乘船到克里米亚的喀法(费奥多西亚)。接着他访问了钦察汗月即别,向他呈递了教皇送的许多礼物。1340年春,他从钦察来到察合台汗国的阿力麻里,他在阿力麻里重新建起了前几年中因宗教迫害而遭到破坏的基督教会(参看342页)。然后,他过中亚,于1342年到达北京。8月19日受到忽必烈的第十代继承人、大汗妥懽帖睦尔(Toghan Temür)的正式接见,他送给大汗一匹来自欧洲的战马,这一礼物很得大汗的赞赏。④ 1347年12月26日,马黎诺里从泉州起航,在沿印度海岸航行时,在迈拉布尔和奎隆停留一年。于1353年返回阿维农。⑤

1370年,教皇乌尔班五世任命巴黎大学教授纪尧姆·波拉特为北京大主教,第二年教皇又命名弗朗希斯科作为他的使者到中

---

① 北京的阿速人给教皇本尼狄克十二世的信注明时间是1336年7月11日,信上陈述约翰·孟德科维诺已在八年前去世了(穆勒《中国的基督教徒》第198页)。

② 《中国的基督教徒》第197页。

③ 马黎诺里是应大汗使团的邀请而进行旅行的,关于这次旅行,他本人写有游记。这本《游记》的惟一一份完整手稿,现藏布拉格大学图书馆,由多布奈公布在《波希米亚历史文献》(Monumenta Historica Boemiae),1768年版第2卷,第79—282页上,由伊姆利尔公布于《波希米亚史料集》(Fontes Rerum Bohemicarum),1882年版第三卷,第492—604页上。有关马黎诺里东游部分,由裕尔译成英文,收入《东域纪程录丛》第3卷第209—269页。——译者

④ 伯希和"中亚的基督教徒"(《通报》1914,第642页)。

⑤ 马黎诺里的编年,参看穆勒《中国的基督教徒》第254页。

国。但是,元朝刚被推翻(参看下文)。胜利的中国人——明朝——强行禁止包括基督教在内的蒙古人引进的或者说是赞赏的所有外来宗教教义。基督教处于不利地位,被中国的反对分子看成是一种蒙古宗教。同样的事情在840年也曾发生过,当回鹘可汗们垮台时,在他们统治之下得到保护的摩尼教在一夜之间被禁止了。它被认为是蛮族强制推行的宗教。

11. 忽必烈家族的后裔和蒙古人被逐出中国

为探讨元朝时期的各种宗教,我们只好中断了对元朝历史的陈述,插入上述事件,现在我们回过来继续叙述之。

铁穆耳皇帝(1294—1307年在位)是元朝最后一位能干的君主。在他之后,王朝即呈现衰败景象。正如成吉思汗所预见——如果认定是他说的那些话是可信的——草原狩猎者的后裔们忘记了艰苦创业和获得权力的原因,满足于定居生活的舒适和奢侈,对此,马可和鄂多立克已给我们留下了一些印象。蒙哥是最后一位企图使征服者们回到简朴的草原生活上来的人。他的继承者忽必烈果断地扭转方向,使元朝转向中国的生活方式:在文明化的乐趣中过定居生活。在忽必烈这种人(或者他的孙子铁穆耳)的统治下,这样做毫无害处,因为他把中国人的能力注入蒙古人的强壮之中,在他身上仍原原本本地保持着这种强壮。但是随着平庸无能之辈的继任,这种结合证明了是有害无益。中国的最后一批成吉思汗后裔们已经完全中国化,他们被宫廷生活和过度的骄奢淫逸所腐蚀,被一群亲信、贵妇、文人学士和官僚们簇拥着,与外界隔离,于是,蒙古人的活力消失殆尽。历史上最令人震惊的征服者的子孙们已经退化到软弱无能、畏畏缩缩、优柔寡断的地步,当灾难临头时,只会悲伤。他们唯一保持的蛮族本色是不能适应把国家作为一个抽象实体的中国意识。尽管占据了天子的王位,但是他们仍然是一个氏族,氏族成员们公开争斗,互相夺权,互相残杀。在中国人起来反抗时,他们之间是绝望地互相分裂和强烈的嫉妒,而不是面对危险团结一致,结果中国人一个接一个地把他们打倒。

除此之外,他们由于过度地享乐而缩短了寿命。忽必烈于1294年2月18日去世时是79岁。他的宠儿(次子)真金(拉施特的Chinkim)于1286年1月就去世了。真金之子铁穆耳能够使自己戒掉了成吉思汗家族根深蒂固的酗酒恶习,证实了自己是一位比他的祖父所期望的还要好的君主,但是,他于1307年2月10日过早地去世(他死后无子女),终年42岁。接着,如上所述,发生了忽必烈孙子、唐兀惕地区(甘肃)的长官阿难答王子,[①]与忽必烈的重孙子、蒙古哈拉和林长官海山之间的王位争夺,海山在杭爱山边境统率着帝国最强大的军队。海山获胜,并处死了对手。在他的军事才能得到证实之后,特别是在反海都的战争中,他唤起了他的臣民们的希望,但由于沉溺于烈酒和女人,他31岁就去世了(1311年1月27日)。他的兄弟普颜笃(爱育黎拔力八达)"温和、善良、坚定",他想采用像任用中国文人学士一样的科举制度录用蒙古候选人,他35岁时去世(1320年3月1日)。普颜笃之子硕德八剌即位,年仅17岁,3年以后,被蒙古

[①] 这一地区忽必烈先给他的三儿子忙哥剌,后又转给忙哥剌之子阿难答,它还包括陕西,以西安(或称长安)为都。

第七章　忽必烈与元朝　　　　　　　　　　　　　　　　445

高级官员组成的阴谋集团杀害,他们拥立他的堂兄弟也孙铁穆耳为皇帝(1323年9月4日)。

也孙铁穆耳统帅着在蒙古的军队,他在怯绿连河畔的军营中被宣布为皇帝,并于1323年12月11日在北京正式即位,当时是30岁,但是5年之后(1328年8月15日),因纵欲而死。中国历史把他描绘成无所作为的懒散王公、豪华宫廷的囚徒。他死后爆发了内战。海山之子图帖睦尔于1328年11月16日夺取政权,但是,他把王位让给了他的哥哥蒙古长官和世瑓。1329年2月27日和世瑓突然去世,图帖睦尔又登上王位。但他也因暴饮暴食,于1332年10月2日去世,年仅28岁①。和世瑓的小儿子,6岁的懿璘质班被宣布为皇帝(1332年10月23日),但两个月之后也去世了(12月14日)。懿璘质班13岁的哥哥妥懽帖睦尔于1333年7月19日继任为皇帝。

妥懽帖睦尔统治期间看到了元朝的灭亡。在他年轻时,蒙古大臣们在宫廷政变和宫廷阴谋中为控制权力而互相争斗。最初,政权由蔑儿乞部出身的权臣伯颜操纵。他失宠并于1340年去世之后,蒙古各派之间的斗争使王朝的威信一败涂地,中央政权瘫痪。妥懽帖睦尔是一位软弱和摇摆不定的人,只是在他的心腹和吐蕃喇嘛的陪伴下寻求乐趣。他因纵欲而迟钝,对治理国家毫无兴趣,忽视了正在中国南方蓬勃发展起来的民族反抗斗争。

元朝腐败的景象激起了中国爱国志士们反抗外来统治。这次反抗,像1912年革命一样,发端于长江下游和广州地区。反抗是自发的和分散的,由许多半爱国、半土匪式的首领领导,当他们与

---

① 参看利杰蒂"元文宗的蒙古名称"(《通报》1930,第57页)。

忽必烈王朝统治下的中国

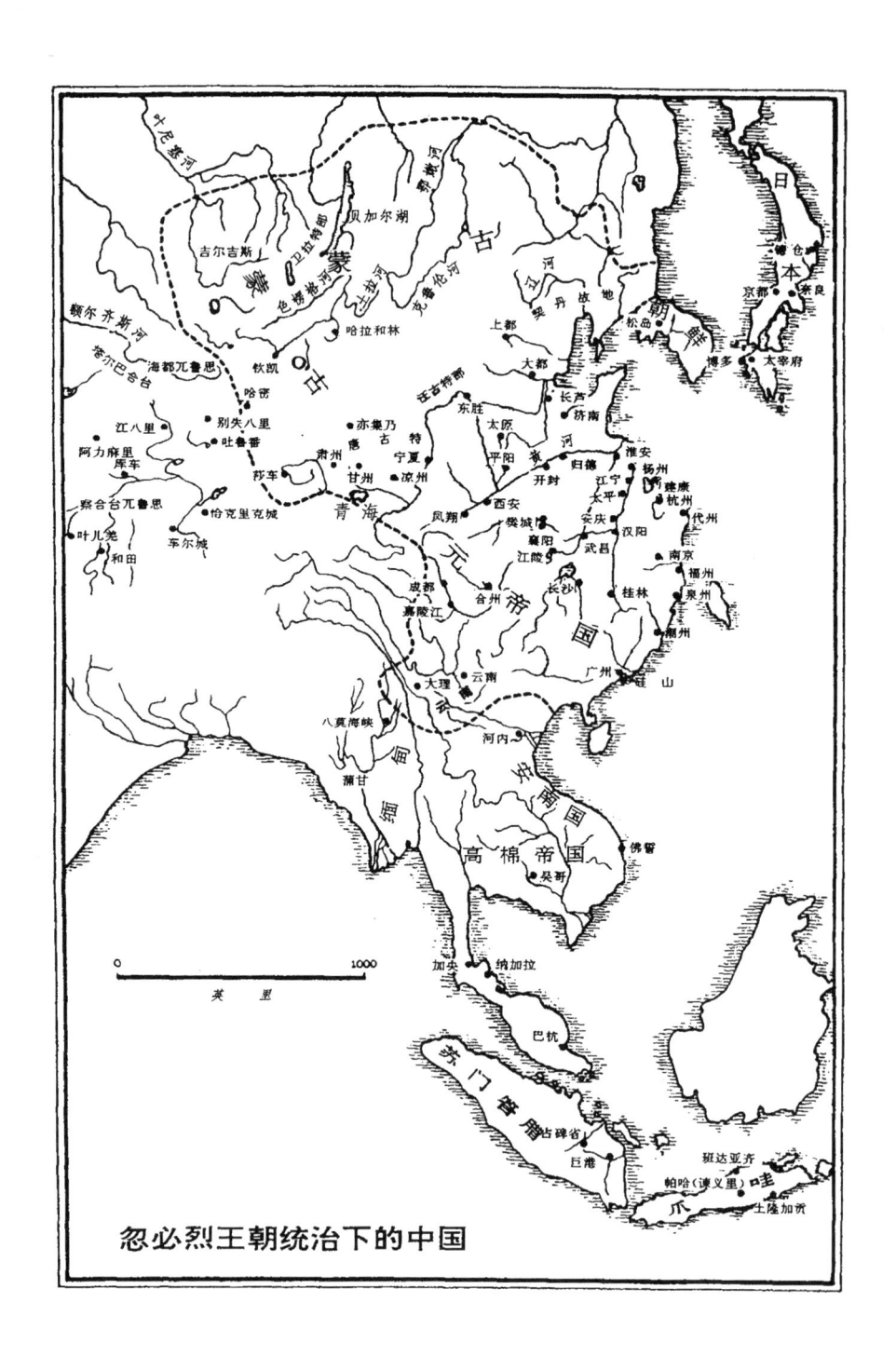

蒙古人作战时,他们之间也在互相争吵。徐寿辉便是一个典型的例子,他从蒙古人手中夺取了湖北省的两个孪生城市:汉阳和武昌(1352年),接着占领襄阳(1356年),最后,控制了两湖(湖北、湖南)的大部分地区和江西。然而,他于1359年被他的部将陈友谅取代,陈友谅是一个普通渔民的儿子,现在扮演着帝国候选人的角色,他一直驻扎在鄱阳湖以北的九江。与之相同的又一个例子是刘福通,他是一位冒险家,在被称为宋朝后裔的名义下,他于1358年短期内取得了对开封的控制权,但是,1359年被蒙古王公察罕帖木儿赶跑。第四位起义军首领张士诚占有长江口边的扬州(1356年),而浙江和福建海岸遭到勇敢的爱国者方国珍的毁坏。

所有这些亡命之徒,在他们最聪明者、即明朝建立者、未来的洪武皇帝朱元璋的面前都黯然失色了。朱元璋是安徽一个贫农家的儿子,早年当过和尚。1355年,他在长江下游河畔的太平起兵。尽管最初他与所有的竞争者一样,只是一个团伙的头目,但是,与其余人不同的是他的政治敏感性,以及他对地方老百姓的仁慈和圆滑,他能够不用武力而使他们依附于他。1356年,他从蒙古人手中夺取南京,使它成为他的都城。正是在他定居南京前不久,在一片混乱中他建立起一个正规政府。他于1363年在鄱阳湖东岸的饶州附近击败并杀死了对手陈友谅,占有了他遗留下的地盘:湖北、湖南和江西,于是成了整个长江流域的主人。1367年他从另一个对手张士诚手中夺得浙江,1368年从海盗方国珍手中夺取了福建诸港口。同年,广州和两广内的城镇都不战而降①,随着上述城市的投降,明朝成了整个中国南部的主人。

---

① 名叫"广"的两个城市可能指两广地区,即广东省和广西壮族自治区。——译者

中国南部（即原宋朝）是一个世纪前被忽必烈征服的，由于他衰退了的后裔们的无能和忽视而丧失了，对于它的丧失，蒙古宫廷似乎仍不在意。比较而言，成吉思汗后裔们对他们最初的征服地中国北部（即原金朝）更感兴趣。直到当时，它仍是完整的。但是，为了保护它，必须有一定的凝聚力。而蒙古王公们从未像现在这样严重的四分五裂，1360年他们中最有能力的两位王子，帝国军队中最杰出的将领察罕帖木儿（他重新征服了开封）和山西大同边境长官孛罗帖木儿为了太原（当时的冀宁）的管辖问题几乎兵戎相见。接着，在蒙古的一位窝阔台家族的王子企图利用这一形势推翻忽必烈家族的统治。他进军至长城，在上都府（多伦诺尔）附近打败帝国军队，但是，后来被叛逆者杀死（1361年11月）。在帝国领导者中间内战盛行。1363年，当帝国丧失了南部中国时，孛罗帖木儿凭借武力，企图从察罕帖木儿的继承人扩廓帖木儿手中夺取太原（山西）的统治权。皇太子爱猷识礼达腊站在反孛罗一边，命扩廓帖木儿撤销孛罗在大同的统治权。接着，孛罗于1364年9月9日率军进入北京，迫使妥懽皇帝任命他为最高统帅，而皇太子逃往太原的扩廓帖木儿军中。但是，孛罗并没有战胜这两位对手，1365年9月作为一次宫廷阴谋的结果，他在北京被暗杀，皇帝亲自参与了这次阴谋。于是，扩廓帖木儿与皇太子一起返回北京，这次是扩廓帖木儿被任命为最高统帅[①]，直到1367年他失宠为止。于是，当蒙古宫廷和贵族们正在打内战时，中国的起义者们能够夺取整个南部中国就不足为奇了。明朝的首领在进行征服北部中国

[①] 据《元史》卷141《扩廓帖木儿传》："扩廓帖木儿办扈从入朝。诏拜伯撒里右丞相扩廓帖木儿左丞相。"——译者

时，对付的正是这种丧失了能力的敌人。

朱元璋于1368年8月从南京出发，经广平和馆陶路进入河北，这是一次胜利的进军。蒙古将军卜颜企图守住通往北京的路，但是，在通州被新明王朝的杰出统帅徐达打败并杀死。皇太子爱猷识礼达腊携带祖先匾额逃往蒙古。妥懽帖睦尔皇帝于9月10日夜离开北京奔上都府(多伦诺尔)。蒙古宗王帖木儿不花在企图保卫北京的战斗中英勇阵亡。于是，明朝统治者进入了北京。

仍然占据着山西的最后一支蒙军是在太原总督扩廓帖木儿的统率下，扩廓帖木儿像独立的宗王，拒绝援助他的君主，而是集中兵力保卫他自己的属地。但是，当徐达率领的中国军队逼近时，他也放弃了抵抗。太原被攻陷时，扩廓帖木儿逃亡到甘肃。悲惨的妥懽帖睦尔皇帝感到在多伦诺尔也不安全，逃往沙拉木伦河畔的应昌(开鲁)，1370年5月23日他在此去世。他是处于丧国之绝望中，或者说，他为丧失了帝国境内的许多乐趣而沮丧地死去：

为四面八方的蒙古之众显耀、矜夸的我可爱的大都，
冬季御寒的我的巴尔哈孙，
夏季避暑的我的开平上都，
我的美丽的沙拉塔拉……
统失陷于汉家之众……[1]

成吉思汗的子孙们在中国建立的王朝，从忽必烈到妥懽帖睦尔，持续不到一百年。他们在突厥斯坦建立的汗国注定要延续到17世纪，尽管命运多变，并且帖木儿曾打破过该汗国的连续性。

---

[1] 转自《汉译蒙古黄金史纲》(1985年，呼和浩特版)第44页。——译者

第八章 察合台家族统治下的突厥斯坦

1. 察合台汗国:起源与一般特征

成吉思汗的次子察合台①继承了伊塞克湖地区、巴尔喀什湖东南的伊犁河流域,以及楚河与怛逻斯河流域草原,或者至少是这两条河以东的草原。据志费尼记述,察合台的冬营地是在马拉什克亦拉,夏营地是虎牙思,两地都在伊犁河流域内,虎牙思靠近阿力麻里(离今固尔扎不远)。喀什噶尔和河中地区是他的属地。畏兀儿地区,即别失八里(今济木萨)、吐鲁番(哈喇火州)和库车的原回鹘国境,大约在 1260 年左右成了察合台家族的直属领地,尽管在此以前它似乎一直是附属于哈拉和林的大汗们。河中的不花剌城和撒麻耳干城在一段时间内也由哈拉和林宫廷管理。

察合台汗国一名是来自察合台王子,因他的领地而得名。它的领域相当于原古儿罕们统治下的喀喇契丹国。像喀喇契丹一样,它也是一个蒙古统治下的突厥地区,是突厥斯坦的蒙古王国。

---

① 察合台,或写成 chaghatai。在《秘史》中写作 cha'adai。这儿 Jagatai 的写法是用伯希和(《通报》1930,304 页)和巴托尔德(《突厥斯坦》)的写法。我们所用的 Jagatai(Djaghatai)是西方的习惯用法。

第八章 察合台家族统治下的突厥斯坦

察合台的统治者们也如同喀喇契丹的古儿罕们，甚至像更早的7世纪的西突厥可汗们一样，完全不懂得如何以西方国家为模式，或者以中国和波斯为模式建立一个正规的国家。因为他们缺乏这样做的历史背景。他们的堂兄弟忽必烈家族，或者波斯的旭烈兀家族，发现古代中央集权国家的古老传统——它的全部历史是按行政管理的惯例，即衙门和法院——已经处于他们的支配之下。在中国，他们成了天子；在波斯，他们成了苏丹。他们把自己与在地理上、历史上和文化上都有严格限定的国家等同起来。察合台的儿子们则与此不同。他们的王国具有不固定的疆域，没有像北京和桃里寺这样的城市作为它的中心，只有一片草原。他们从未萌发在塔里木盆地的绿洲内，即在喀什或于阗定居的想法，因为这些绿洲是被围成一个一个的园地，对他们的骑兵和牧群来说是太小了。他们也不愿意定居在塔吉克人中和不花剌及撒麻耳干城内或多或少伊朗化的突厥人中，这些人口稠密城市中的穆斯林狂热和暴民的骚乱必定与他们的游牧天性很不融洽。与其余几个兀鲁思的亲属们相比，他们在更长时期内完全不懂都市生活，对它的需求和用途缺乏任何了解。因此，八剌汗单纯是为了得到维持一支军队的基金，就毫不犹豫地下令掠夺不花剌和撒麻耳干城——这些已是他自己的城市！[①] 最后，直到15世纪时，察合台后裔作为游牧民漫游于伊犁河与怛逻斯河之间，仍然是草原之子。在一个产生了像阿鲁浑、合赞、完者都、忽必烈和铁穆耳这些政治家的家族中，察合台人代表了蒙古文化的落后方面。并不是说他们比成为中国人的忽必烈系，或者是成为波斯人的旭烈兀系更多地抵制他

---

① 瓦撒夫书，转自多桑《蒙古史》III，436。

们所处的环境。由于他们生活在突厥地区，从14世纪起他们成了突厥人，结果，在亚洲通用的突厥语言被称为察合台突厥语。但是，伊犁河畔的这些突厥人，即原突骑施和葛逻禄突厥人的残余，与这些蒙古人一样没有更多的文化经历。察合台家族一直悬浮在别失八里的佛教—聂思托里安教的回鹘文化和不花剌与撒麻耳干的阿拉伯—波斯文化之间，未能作出选择。在初期，察合台家族像成吉思汗本人一样，无疑较多地接受了回鹘的影响，即受到那些仍信仰佛陀和聂思托里安十字架的古突厥—蒙古人的影响。后来在14世纪初期，察合台人转向伊斯兰教，尽管是蒙古式的，不盲从也不顶礼膜拜，以致甚至在当时，在撒麻耳干虔诚的穆斯林眼中，他们似乎仍是半异教徒，而帖木儿对他们的战争也呈现出穆斯林圣战的形式。

汗国的建立者察合台1227—1242年统治着该汗国，正如我们已经看到的那样，他是一位旧式蒙古人。他十分敬畏他的父亲，成吉思汗曾任命他监护札撒——法典和行为规范——他本人终身遵循这些法规，并使跟随他的人也这样做。① 有一天，他与他的弟弟窝阔台（当时已即位为大汗）赛马获胜，第二天，他像一个罪犯一样地乞求窝阔台的宽恕②。顺便提一下，在他的弟弟提升到大汗的位置上时，他没有嫉恨，因为这是他父亲的决定。由于同样的原因，尽管他统治着穆斯林各族，但他对伊斯兰教有些敌视，特别是有关斋戒和屠杀牲畜一类的规定。在这些规定中，古兰经的戒律

---

① 成吉思汗曾对异密们说："凡是极想知道札撒、必里克和如何守国的法规的强烈愿望的人，就去追随察合台。"参看《史集》第二册，第172页。——译者
② 据拉施特记，参见多桑《蒙古史》II, 101—102。

第八章 察合台家族统治下的突厥斯坦

与蒙古习俗和札撒相抵触①。尽管如此,他的一位大臣、讹答剌人哈巴什·阿密德是一位穆斯林(死于1260年)②。此外,成吉思汗曾把河中诸城(不花剌、撒麻耳干等)的行政和财政事务委托给另一位穆斯林马合谋·牙剌洼赤,他住在费尔干纳的忽毡。这并不妨碍察合台罢免他,但是,由于牙剌洼赤是直接向大汗负责,当时在位的大汗窝阔台指出察合台这一行为的不轨,并恢复了马合谋的职务③。马合谋之子、麻速忽·牙剌洼赤(或名麻速忽伯格)继其父,仍以大汗之名继续管理河中诸城,巴托尔德认为,他还管理了察合台的另一些"文明化的省区",直抵中国边境。他以这种身份出席了1246年的库里勒台,会上进一步确定了他的职务。1238—1239年,不花剌爆发了一次广泛的穆斯林运动,目的是反对有产阶级和蒙古行政。麻速忽镇压了这次运动,同时也尽力保护该城免遭蒙古军的报复。④

察合台死(1242年)时,把王位留给他的孙子、长子木阿秃干的儿子哈剌旭烈兀,木阿秃干已于1221年围范延[巴米安]的战争中被杀,他的死引起了成吉思汗家族的极大悲痛。哈剌旭烈兀在察合台遗孀也速伦可敦的监护下从1242年统治到1246年。1246年,新大汗贵由以他的私友、察合台的弟弟也速蒙哥王子⑤取代了他。贵由的这位密友因酗酒而头脑呆滞,他把国家的统治事务留给他的妻子和该国的穆斯林大臣火者·巴海乌丁,志费尼称赞巴

---

① 多桑《蒙古史》II,93,100。
② 参看巴托尔德"Jagatai"(察合台)条目,《伊斯兰百科全书》第832页。
③ 巴托尔德《伊斯兰百科全书》察合台条目。832页。
④ 据志费尼记,转自多桑《蒙古史》II,102—107。
⑤ 蒙语 Mongka 就是突厥语 Mangu,此处分别采用这两种形式,目的是区别察合台的蒙哥与1252年罢免他的大汗蒙哥。

海乌丁是文学和艺术的资助者①。但是，由于同样的原因也速蒙哥也只统治了很短的时间（1246—1252 年）。在 1249—1250 年间发生的、导致整个成吉思汗家族分裂的王位继承的争吵中，也速蒙哥站在窝阔台家族一边反对蒙哥的候选资格。蒙哥即位之后，于 1252 年 8 月罢免了也速蒙哥，并以五年前被也速蒙哥赶下台的哈剌旭烈兀取而代之。哈剌旭烈兀在他掌权之后，甚至接受了处死他的叔叔也速蒙哥的任务。正是从这一系列的宫廷政变中表明了察合台兀鲁思当时几乎没有获得自治，只是哈拉和林宫廷的一个属地，经受着和林发生的各次家族叛乱所产生的影响。事实上，它只是一个与中央政权紧密联系的总督区，虽然对窝阔台和拖雷家族来说事实上它是长支，但是，它只是被作为幼支对待的旁系。

然而，哈剌旭烈兀在前往恢复封地的途中去世（1252 年）。执行处死也速蒙哥这项帝国命令的任务落到他的遗孀兀鲁忽乃身上②。原大臣哈巴什·阿密德作为哈剌旭烈兀的支持者在也速蒙哥统治下曾遭到过迫害，他处死了巴海乌丁，为自己报了仇③。兀鲁忽乃控制察合台汗国达 9 年（1252—1261 年）。

在察合台家族宗主权下继续存在的前成吉思汗时期的那些旧王朝同样也受到了哈拉和林宫廷革命的影响。别失八里（古城）、吐鲁番和库车的回鹘国便是一例。上面已经提到过，回鹘统治者巴而术终身一直是成吉思汗的忠实属臣，曾支持成吉思汗反屈出律、反花剌子模沙赫和攻打西夏。作为回报，成吉思汗打算把他的

---

① 多桑《蒙古史》II，204；巴托尔德《伊斯兰百科全书》"察合台"条目第 833—834 页。
② 多桑《蒙古史》II，271。
③ 巴托尔德"察合台"条目，《伊斯兰百科全书》第 833—834 页。

一个女儿(据说是他最宠爱的一个)阿勒屯别吉嫁给他。然而,由于成吉思汗和公主本人先后去世而未能成婚。巴而术本人此后不久也去世了,其子乞失麦继任为亦都护①,即回鹘王,他到蒙古宫廷接受窝阔台为他举行的受职仪式。同样,在乞失麦死时蒙古的摄政皇后脱列哥那把回鹘王位授予他的兄弟萨伦迪②。萨伦迪是佛教徒,他似乎曾敌视过伊斯兰教,穆斯林们抱怨他的严酷。在1251年发生的窝阔台后裔们与蒙哥之间的王位之争中,至少萨伦迪的一些近侍是站在窝阔台家族一边。萨伦迪的一位主要官员八拉与斡兀立·海迷失的同谋者们一道被胜利者蒙哥判处死刑,只是由于一次幸运的机会才得以逃脱。萨伦迪惶恐不安,赶紧去朝觐蒙哥(1252年),在他刚从帝国斡耳朵返回来后,回鹘国内爆发了起义,回鹘地区的穆斯林们指控他要杀害他们,并列举详情。他们说,大屠杀将于星期五在别失八里以及回鹘国内的各清真寺内举行祈祷时发生。蒙哥的一位代表——原来是一位名叫赛福丁的穆斯林,他当时住在别失八里——接到指控后,要萨伦迪返回和林向大汗汇报此事。这位倒霉的回鹘王子受到审讯和拷打,直到他承认了他们所希望得到的供词。蒙哥命他回别失八里去接受惩罚。多桑评论道:"在一个星期五,他于众目睽睽之下被其兄弟斡根赤(Ukenj)③斩首,那些早就想把这位佛教王公处死的伊斯兰教徒们得到了极大的满足。"事实上,萨伦迪是作为窝阔台家族的党羽被处决的。他的兄弟作为蒙哥的支持者取代了他的位置;但是,

---

① 穆罕默德·卡兹温指出志费尼对乞失麦一名的拼写是 Ksmain(《世界征服者史》第34页)或 Kishmain(同书,Bérézine 本 I,165)。
② 志费尼书 I,34,萨伦迪的拼写是 Saindi 和拉施特书,贝内赞本 I,165中。
③ 卡兹温提到,该王子在志费尼书中以没有元音的形式提到:Uknj 或 Oukndj (《世界征服者史》I,38)。

这次家庭纠纷给予了回鹘地区的少数穆斯林报复多数佛教徒的机会（1252年）①。

2. 阿鲁忽的统治：察合台人独立的尝试

兀鲁忽乃被描述成一个美丽、聪明和目光敏锐的皇后，她于1252年到1261年期间统治着察合台汗国。在1261年，察合台汗国再一次感受到蒙古地区为争夺最高可汗位置而发生的斗争所产生的影响——这一次是大汗忽必烈和他的弟弟阿里不哥之间的争夺，当时阿里不哥是蒙古的主人，他提名察合台之孙、拜答儿之子阿鲁忽王子为"察合台汗"，并交给他防守阿姆河边境以免波斯汗旭烈兀遣援兵支持忽必烈的任务。于是，阿鲁忽到别失八里，夺取了兀鲁忽乃的权力，没有遭到反对就接管了从阿力麻里到阿姆河之间的地区。他的统治从1261年持续到1266年，但是，他的统治所遵循的是一条与阿里不哥的意愿完全不同的路线。

阿鲁忽利用忽必烈与阿里不哥之争，以一位独立汗的身份行事，这在他的家族中是第一次。他的宗主阿里不哥曾派专员到察合台境内征收赋税、马匹和武器。阿鲁忽垂涎这些财物，将使者处死夺取其物，并宣布归顺忽必烈（约1262年）。阿里不哥对这种叛逆行为发怒，前往攻阿鲁忽。但是，阿鲁忽旗开得胜②，在赛里木

---

① 多桑《蒙古史》II，271—273，摘自《史集》。
② 按《史集》记阿鲁忽先被阿里不哥驱逐千五百里，达七河地区的孛劣撒里之地，但阿鲁忽不久又征集军队反攻，在伊犁河畔打败阿里不哥军。阿鲁忽因这次胜利得意洋洋，便沿伊犁河返回自己斡耳朵，遣散军队，不加警备。这时阿里不哥军越过塔勒奇山口（今果子沟），攻打伊犁河谷和阿力麻里，夺取阿鲁忽的兀鲁思。——译者

第八章 察合台家族统治下的突厥斯坦

湖和艾比湖之间的普拉德打败了阿里不哥的先头部队。这次胜利之后他认为自己已安然无恙,于是,错误地解散了军队,安心地返回伊犁河畔的大本营。就在这时,阿里不哥的另一副将率新军到达,入侵伊犁河流域,占领阿力麻里,迫使阿鲁忽朝喀什和于阗逃跑。接着,阿里不哥本人进入察合台兀鲁思的中心地阿力麻里,在那里过冬,而阿鲁忽向撒麻耳干撤退(约1262—1263年)。阿里不哥在富饶美丽的伊犁河流域的行为是如此野蛮,他蹂躏农村、屠杀他的政敌的所有党徒,以至于发生了饥荒,他自己的一些将领也率军离开了他。阿里不哥看到他的军队陆续瓦解,便设法与阿鲁忽和谈。他使兀鲁忽乃皇后站在他一边。兀鲁忽乃是为抗议她在察合台汗国的统治权被剥夺而来的,于是,阿里不哥委托她和麻速忽·牙剌洼赤带着和平协议到撒麻耳干阿鲁忽处。然而,在撒麻耳干情况发生了戏剧性的转变。兀鲁忽乃一到,阿鲁忽就与她结婚,并任命麻速忽为他的理财大臣。麻速忽的支持产生了不可估量的价值。这位贤明的行政官从不花剌和撒麻耳干征收到大量的钱财,使阿鲁忽和兀鲁忽乃得以募集到一支精军。阿鲁忽后来能够击溃从叶密立领地南下的窝阔台系宗王海都的一次入侵。与此同时,阿里不哥由于缺乏物资,并且又遭到忽必烈和阿鲁忽的东、西夹攻,正如我们已经看到的,他于1264年被迫投降忽必烈[①]。

这些事件的结果,如果不是在法理上,也是在事实上把直到当时由大汗们严格控制下的察合台汗国解放出来。直到当时一直以大汗的名义管理着不花剌和撒麻耳干的麻速忽(死于1289年),从

[①] 多桑《蒙古史》II,352—354。在对察合台史的阐述中,只得重复一些已经在第七章中从忽必烈史的角度出发已经简略地陈述过的一些事实。

此为阿鲁忽征集这些地区的税收。阿鲁忽也通过与钦察汗别儿哥的战争而扩大了汗国领土,他从别儿哥手中夺取讹答剌(他摧毁了该城)①和花剌子模省。

阿鲁忽死(1265 或 1266 年)后,遗孀兀鲁忽乃把她与前夫(哈剌旭烈兀)所生之子木八剌沙扶上王位,他是在河中地区的影响下第一位皈依伊斯兰教的察合台后裔(贾马尔·喀什记载他即位日期是 1266 年 3 月)。然而,另一位察合台宗王、木阿秃干之孙八剌②从忽必烈那儿获得了札儿里黑,任命他与他的堂兄木八剌沙共同执政。八剌一到伊犁河地区,就策动军队叛乱,在忽毡捉住木八剌沙本人(据贾马尔·喀什,此事发生在 1266 年 9 月),夺取了他的王位,把他贬为管理王室狩猎的长官。尽管八剌把他获得的王位归功于忽必烈,但是,不久与忽必烈发生争吵。大汗指定他的使者蒙古台去统治新疆南部。八剌驱逐之,并以自己的一个部属取代之。忽必烈派一支由 6 千骑兵组成的部队帮助被罢免的蒙古台,但是,八剌以 3 万军队迎战,迫使忽必烈的骑兵不战而退。八剌还遣军掠夺忽必烈统治下的于阗城。

3. 海都宗主权下的察合台汗国

八剌在反海都的战争中很不走运。上面已经提到过塔尔巴哈

---

① 巴托尔德《伊斯兰百科全书》"察合台"条目第 833 页和"别儿哥"条目第 726 页。
② 八剌一名的常用形式:Boraq 或 Borraq 是一伊斯兰化的名字。伯希和重述了马可的 Barac 和《元史》中的八剌(Pata),强调了蒙古名是 Baraq("乌古斯汗的传说"载《通报》1930,第 339 页)。关于八剌的统治,参看多桑《蒙古史》II,359—360,和巴托尔德"布剌克"(Burak)条目,《伊斯兰百科全书》第 814 页。

第八章 察合台家族统治下的突厥斯坦

台地区、叶密立河畔的窝阔台家族首领海都如何与忽必烈争夺大汗称号和争夺对其他几个成吉思汗兀鲁思的宗主权的斗争。海都是以要求八剌效忠于他以及进攻八剌而开始这一斗争的。在阿姆河附近①发生的初期的一次战斗中,八剌诱敌进入包围圈,俘获了许多人和战利品。但是,海都得到钦察汗忙哥帖木儿的支持,忙哥帖木儿派了一支5万人的军队由别儿克贾统率进攻八剌。在一次大战中,八剌被别儿克贾打败,退入河中地区,在此他以牺牲不花剌和撒麻耳干为代价,通过进一步的勒索而得以重新装备他的军队。当他正在为进行最大的努力作准备时,海都提出与他议和。海都要抽身去对付在蒙古的忽必烈,就让八剌继续统治河中。作为回报,八剌不得不让海都成为伊犁河地区和新疆南部的真正控制者,甚至在突厥斯坦他也得承认自己是海都的属臣。在此基础上,他们召开了一次调解性的库里勒台,据瓦撒夫认为它大约于1267年在撒麻耳干北的卡特文草原上召开的,尽管拉施特认为它是于1269年春在怛逻斯河畔召开的②。巴托尔德写道:"这样,一个完全独立于大汗忽必烈的帝国在中亚兴起,它处于海都的宗主权之下。参加这次协议的所有宗王都必须相互看成是血缘兄弟(安答)。城乡居民的财产将受到保护,宗王们不得不满足于山间或草原牧地,使游牧民的牧群远离耕地。河中的三分之二地区留给了八剌,但对河中耕地的管理由海都又委托给麻速忽。"

八剌现在的宗主海都为了使八剌远离新疆南部,派他去从旭

---

① 据王治来《中亚史纲》第485页上是在忽毡河(锡尔河)畔打败海都。原文是Amu Darya。据后文"八剌退往河中",和前文"八剌在忽毡赶走木八剌沙"等事件来看,八剌活动范围在锡尔河一带,因此,此仗可能战于锡尔河畔。——译者
② 海都战胜察合台蒙古人后,通常住地是怛逻斯(参看伯希和《通报》1930年,第272页),正是在怛逻斯,他见到了从北京到伊朗途经该地的列班·扫马和麻古思。

烈兀家族手中夺取波斯汗国，当时该家族的代表人是旭烈兀之子和继承者阿八哈汗。八剌不顾麻速忽的忠告，再次对不花剌和撒麻耳干城民过度征税，以满足军队的开支，如果不是麻速忽恳求的话，他将会把这两个城市洗劫一空。接着，八剌率领一支由成吉思汗宗王为全军支柱的军队渡阿姆河，在莫夫附近扎营，军队中有不里和他的堂兄弟捏古伯与木八剌沙（被八剌废黜了的前任察合台汗）。① 他的第一个目标是征讨阿富汗地区，他索取这一地区无疑是由于他的祖父木阿秃干在1221年围攻范延时被杀。

战争开始时很顺利。八剌在赫拉特附近打败了呼罗珊长官、阿八哈兄弟布金。他占领了呼罗珊的大部分地区（约1270年5月），洗劫尼沙普尔，迫使赫拉特的沙姆斯哀丁·穆罕默德向他称臣纳贡。但是，匆忙从阿哲儿拜占赶来的波斯汗阿八哈诱他入赫拉特附近的埋伏圈，于1270年7月22日使他遭到一次决定性的失败。八剌率残军回到河中。他从马上跌下来，致残腿跛。他在不花剌度冬，并在此以苏丹加秃丁一名皈依了伊斯兰教。

八剌的灾难使他的主要亲属和属臣们不再支持他。因此，他到塔什干向他的宗主海都求援。海都率2万军到战地，不是去援助他，而是趁火打劫。据说，在海都到达时八剌惊吓而死（据贾马尔·喀什此事发生在1271年8月9日）——或者是在周密的策划下被海都军消灭。②

---

① 多桑《蒙古史》III，435（据瓦撒夫和拉施特记）。此处提到的不里不要与1252年被拔都处死的不里混淆。捏古伯必定是指 Nāgūbāi（伯希和《亚洲杂志》II，1927年，266）。
实际上捏古伯是八剌的叔叔，木八剌沙是八剌的堂兄弟。——译者
② 多桑《蒙古史》II 450—451，III，427—453；巴托尔德"Burák"条目，《伊斯兰百科全书》第814页。

八剌死后,他的四个儿子与阿鲁忽的两个儿子联合,企图使河中摆脱海都军队的控制,尽管他们也有机会夺取在麻速忽英明治理下已经开始繁荣起来的河中诸城,但是,他们陆续被海都打败。于是,海都没有把察合台汗国给他们中的任何一人,而是于1271年给予另一个察合台宗主捏古伯。当捏古伯企图摆脱海都的控制时,海都处死了他,并以察合台家族的另一位宗王、不里之孙秃花帖木儿取代他为汗(约1274年?)①。然而,此后不久秃花帖木儿去世,海都后来把王位给予八剌之子都哇(约1274年?)。与此同时,波斯汗阿八哈开始了报复,他没有忘记1270年的八剌入侵事件。1272年底,他派军队侵入花剌子模与河中,在那里,劫掠了玉龙杰赤[乌尔根奇]与希瓦,并于1273年1月29日进入不花剌。在不花剌烧杀掳掠持续了一个星期,未能逃走的那些居民以十人抽杀一的方式被屠杀,②旭烈兀家族的军队带着5万俘虏回到波斯。

从这些事件中可以看出游牧统治强加于都市居民的骇人听闻的情况。当这些游牧的首领们不再毁灭已属于他们自己的城市时,他们就以不可融合的家族纠纷为借口,不时地袭击那些附属于对方的城市,并摧毁它们。

侵略者走后,麻速忽又在河中那些不幸城市的废墟上开始了重建工作。这些废墟是因周期性的蒙古内战后留下来的。他致力于这一工作,直到1289年10月(或11月)去世时。以后,他的三个儿子继续了他的工作,他们依次管理着不花剌和撒麻耳干:阿

---

① 据拉施特和瓦撒夫,转引自多桑《蒙古史》II 451,他记述捏古伯死于1272年。
② 多桑《蒙古史》III,457—458。据瓦撒夫记。

布·别克尔管理到1298年5月(或6月);萨替尔密什·伯克管理到1302年(或1303年);后来是苏英尼奇①。但是,他们都回避察合台的后裔,依靠可怕的海都,前两位是海都命命的,而苏英尼奇是从海都之子继承者察八儿手中获得的权力。

都哇无疑是从他的前任几个察合台王的例子中吸取了教训,他表明自己是海都的忠实属臣。由于畏兀儿②亦都护一直保持着对忽必烈大汗表示效忠,为了强迫他转向他们一边,海都和都哇于1275年入侵其地。接着,他们向其都城别失八里进军,但是,一支及时赶到的帝国军队解除了畏兀儿境内的危险③。1301年,都哇又作为海都的杰出副手,参与了在哈拉和林以西杭爱山地区发生的海都与忽必烈的继承者铁穆耳军的战争。正是在这次战争中,都哇于1298年9月俘虏了铁穆耳的女婿、汪古部王子、基督教徒阔里吉思,他野蛮地处死了他。这次胜利之后,都哇准备进攻吐鲁番和甘肃之间的帝国边境地区,但是,他自己的军队反而遭到帝国军队的袭击而溃散。④ 此时,海都和都哇发现他们受到来自白帐汗(术赤家族的东支)伯颜侧击的威胁,伯颜统治着巴尔喀什湖西北和咸海以北地区。最后在1301年,为从帝国军队手中重新夺取和林,都哇随海都远征,同年8月,反大汗的窝阔台后裔在和林和铁米尔之间遭到惨败,都哇也陷入了这次失败⑤。正像已经叙述

---

① 看巴托尔德"察合台汗"条目,《伊斯兰百科全书》第833页。
② 即回鹘,元明两代译畏兀儿,从1271年以后,取畏兀儿译名。——译者
③ 多桑《蒙古史》II,451—452,考狄尔,II,310—311。1274年,海都驱逐忽必烈在喀什、叶儿羌(莎车),甚至于阗的代表。1276年,忽必烈重新征服于阗,也暂时地恢复了对莎车和喀什的统治。
④ 多桑《蒙古史》II,512—515。
⑤ 上引书II,516—517;梅拉书IX,479。

过的,海都在撤退时去世。

在元朝的历史上,海都只是昙花一现的人物,他似乎是一位具有强烈个性的杰出的王子,是想仿效贵由而未能成功的人。总之,窝阔台家族的这位最后一位伟大王子,在他身上具有君主的才能。他强加于阿鲁忽的那些保护河中城市和农民的英明措施证明了他的眼光超越了游牧民通常采取的掠夺性袭击[①]。他参加的41次战役(他参加过1241年远征波兰和匈牙利)表明了他是战争中的真正指挥者[②]。在整个亚洲,他是唯一能够左右忽必烈命运的人,忽必烈甚至在其权力的鼎盛时期也没有战胜他。他给予聂思托里安教旅行者列班·扫马和麻古思的欢迎,以及教皇尼古拉四世对他寄予的希望(1289年7月13日曾写信给他,敦促他皈依天主教),证明了他像以往所有的蒙古人一样,是同情基督教的[③]。他的厄运在于他生不逢时,当时忽必烈已在中国牢固地建立起国家,成吉思汗的其余各支已经半中国化,半突厥化,或者半伊朗化了。中亚的这位末代汗在很多方面也是蒙古人的最后一位君主。

4. 察合台汗国的第一次鼎盛时期: 都哇、也先不花和怯别

都哇一直忠实地追随着海都。这位可怕宗主的去世可能是一种解脱,但是,都哇设法要使这种变化渐渐地发生。海都留下一个

---

① 瓦撒夫说:"在正直和仁慈的统治者海都的统治下,河中各地繁荣昌盛。"参看多桑《蒙古史》III,458。
② 上引书 II,511;III,431;巴托尔德"八剌汗"条目,《伊斯兰百科全书》第814页。
③ 穆勒《中国的基督教徒》第101页。

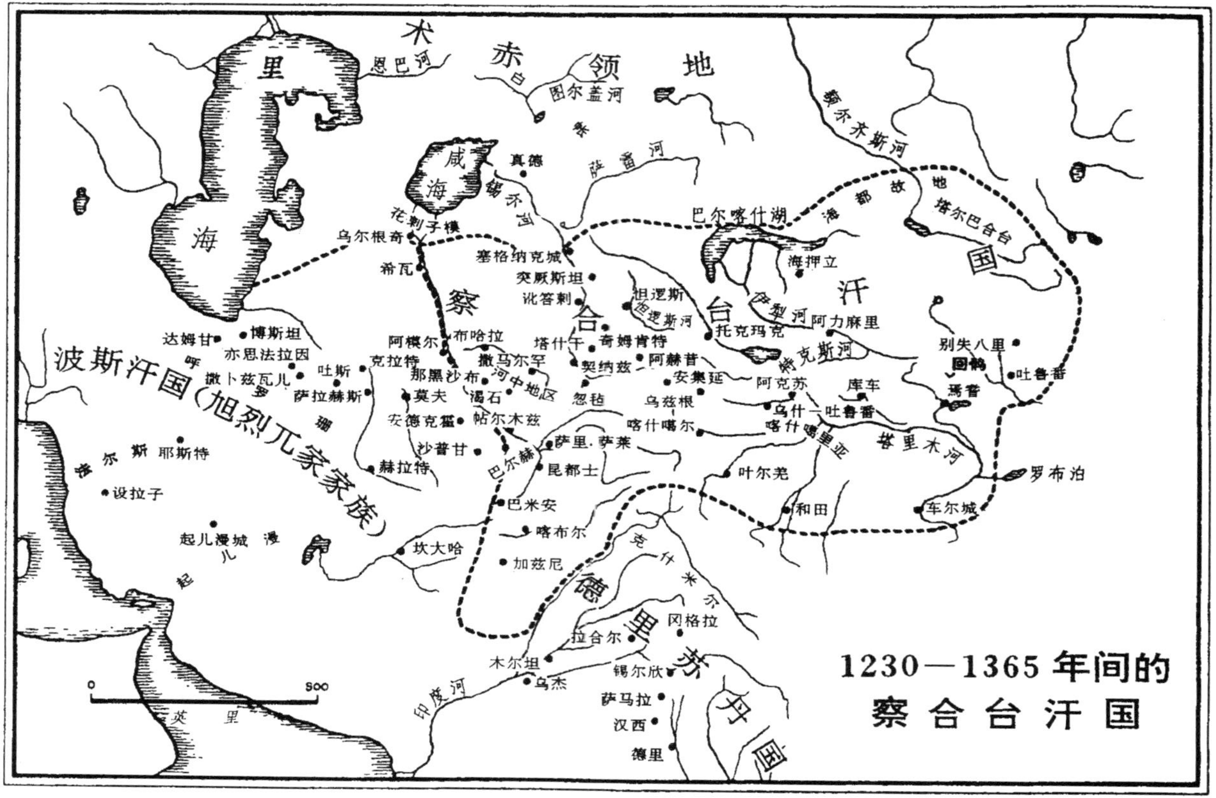

1230—1365年间的察合台汗国

儿子察八儿,他继承了海都的全部头衔。都哇承认了他的宗主地位,但是,大窝阔台家族的这位继承人缺乏能力维持由他父亲一手创建的帝国。都哇的变化是以向察八儿提议他应该承认铁穆耳皇帝的宗主权而开始的;1303年8月,他们两人承认归顺于北京,于是,在以往40年中一直破坏着中亚的内战结束了,蒙古的统一又重新建立起来①。但是,都哇一经确信他得到了帝国的支持后,就与察八儿决裂。两军在忽毡和撒麻耳干之间的地区相遇,察八儿首先被打败。然而,在第二仗中,察八儿的兄弟沙·斡兀立获胜。于是,都哇向察八儿提议他们应该言归于好,双方同意由都哇和沙·斡兀立两人在塔什干会面讨论这件事情。但是,沙·斡兀立具有典型的游牧人的轻率,竟解散了他的一些军队。都哇率全军抵塔什干,袭击并驱逐了沙·斡兀立。接着,夺取了察八儿的别纳客忒和怛逻斯城。当时察八儿是在也儿的石河上游与裕勒都斯河之间的地区扎营,在他似乎还不知道这个卑鄙阴谋时②,新的打击降临了:铁穆耳皇帝的军队从哈拉和林出发,越阿尔泰山南部,从后方攻察八儿。不幸的察八儿除了向都哇投降外别无选择。都哇以礼相待,但是夺取了他的所有领地。于是,一度被海都家族限制在河中地区的察合台宗王们收回了伊犁河流域和喀什噶尔,使他们重新获得了他们最初享有的全部遗产(约1306年)。③

都哇几乎未来得及享受他的好运气,因为他于将近1306年底去世了。其长子宽阔即位也不过一年半就去世了。他死后,不里

---

① 多桑《蒙古史》II,518。
② 《元史》中提到了都哇单独与元朝联系的事,如《元史》卷21记载:"二月,丙辰,朵瓦遣使来朝。"同年(1306年)"九月,壬申,以圣诞节,朵瓦遣款彻等来贺。"——译者
③ 多桑《蒙古史》II,519,III,557—558;巴托尔德"察合台汗"条目,《伊斯兰百科全书》第833页。

之孙塔里忽夺取了权力。多桑描述他道:"此人老于戎阵,信奉伊斯兰教,在蒙古人中极力传播这种宗教"。① 但是,都哇家族的党羽们起义反对他,其中一人在一次宴会上将他暗杀(1308 或 1309年)。接着,这些阴谋者们拥立都哇的幼子怯别为汗。与此同时,这些内争多少鼓起了觊觎王位的窝阔台宗王察八儿的希望,他在早些时候曾被都哇打败,并被剥夺了领地。察八儿攻怯别,但被打败,他又渡过伊犁河,奔元朝皇帝海山宫廷避难。这次胜利结束了窝阔台家族进行的最后的斗争,此后,察合台系宗王们召开了一次库里勒台,会上,他们决定指定都哇的一个儿子、当时仍在北京宫廷的也先不花王子为汗②。瓦撒夫说,当时也先不花是出于自愿登上他弟弟怯别让给他的王位。也先不花死(约 1320 年)后,怯别重新掌权③。

尽管在个人之间发生了这些变化,但是,由于都哇使察合台系宗王们回复到君主的高度,他们开始对外部世界产生影响。在中国方向,或者阿拉伯—里海草原和波斯方向的扩张对他们来说都已经被堵死(这些地方已被忽必烈、术赤和旭烈兀家族牢牢地把守着),他们把目光转向阿富汗和印度。波斯诸汗的宫廷设在伊朗另一端,在阿哲儿拜占,几乎很少注意阿富汗事务。察合台人趁机进入巴达克山,向喀布尔和加兹尼移动。事实上,在阿富汗西部,一个强大而适应性很强的地方政府已经崛起,即是克尔特人的阿富汗古尔王朝,克尔特人处在波斯的宗主权下,实际上是自治的。察

---

① 多桑《蒙古史》II,520。
② 当时也先不花不是在北京宫廷,而是在阿富汗地区的加兹尼,怯别从加兹尼召他来继任察合台汗位。——译者
③ 据瓦撒夫记。引自多桑《蒙古史》II,520—521,IV,558—559。

合台人在此不可能取得任何进展,他们向东阿富汗地区挺进,并由此对西北印度进行有利可图的袭击。1297年,都哇洗劫了旁遮普,但被击退。当时由阿拉丁·哈勒吉(1295—1315年)苏丹统治的德里国实际上是一个强大的军事君主国,它粉碎了察合台人的各次进攻,然而,在一段时期内,这种威胁无疑是严重的,使苏丹和他的马木路克全力以赴地抵抗。与这些事件同时代的人甚至相信,最后(75年之后)印度将屈服于成吉思汗蒙古人的征服。

都哇的一个儿子、忽都鲁·火者在东阿富汗地区定居。他一占有这块领地,就发动了一次向着德里的大门进军的掠夺性远征(1299—1300年?)。1303年察合台宗王图盖率12万军又进行了一次入侵。[①] 蒙古人在德里城下扎营,封锁该城达两月之久。后来,这支大军对整个地区进行大扫荡后撤退——也许是因为缺乏攻城器械——回到阿富汗地区。1304年又进行了一次入侵。4万蒙古骑兵蹂躏了拉合尔以北的旁遮普,兵锋直至德里以东的阿姆罗赫,在阿姆罗赫他们终于被苏丹的副将吐格鲁格击溃。9千蒙军俘虏被大象踩死。为了替死者报仇,察合台宗王怯别(后来继任为汗)洗劫了木尔坦地区,但是,当他返回时,在印度河畔遭到吐格鲁格的袭击,吐格鲁格在蒙古人中进行大屠杀(1305—1306年)。俘虏再次被带回德里被大象踩死。[②]

对波斯诸汗来说,以忽都鲁·火者之子达乌德·火者为首在阿富汗东部地区内形成的这些察合台系封地是一种侵占行为。1313年,波斯汗完者都派军队驱逐了达乌德·火者,迫使他退入

---

① 多桑《蒙古史》IV,560。
② 多桑《蒙古史》IV,561。

河中。达乌德·火者向其宗主、他的叔叔察合台汗也先不花求援。也先不花派一支军队，由其弟怯别和达乌德共同率领，攻打波斯汗国。这两位统帅渡过阿姆河，在穆尔加布河畔打败敌军，洗劫呼罗珊，一直打到赫拉特（1315年）。① 但是，由于察合台汗国在后方受到元军的攻击，他们被迫放弃了对波斯的征服。事实上，也先不花同时卷入了反对北京朝廷的另一场战争，并且，在"腾格里"山附近已经被丞相秃合赤率领的元军打败，"腾格里"山无疑是在库车和伊塞克湖之间。为了报仇，他杀死了从波斯宫廷返回北京的大汗（当时是普颜笃，或称爱育黎拔力八达）的使者们。因此秃合赤率元军入侵察合台汗国，洗劫了也先不花在伊塞克湖畔的冬营地和在怛逻斯的夏营地。最后的冲突是一位名叫牙撒吾儿（yassawur）的察合台宗王与也先不花和怯别之间的争斗。牙撒吾儿率领他的拥护者们渡过阿姆河投奔波斯汗；他们中大多数人是来自不花剌和撒麻耳干，波斯汗把这些新到者安置在已经成为察合台领地的东阿富汗地区：巴里黑、巴达克山、喀布尔和坎大哈（1316年）。② 然而，牙撒吾儿不久反叛波斯汗，占据了呼罗珊的部分地区（1318年）。但是，刚继其兄也先不花成为察合台汗的怯别是牙撒吾儿的私敌，他帮助波斯汗打倒牙撒吾儿。于是，当波斯军队从后方进攻牙撒吾儿时，察合台军队渡过阿姆河从正面攻击他。牙撒吾儿被他的军队遗弃后，在逃跑时被杀（1320年6月）。③

据残存的钱币来看，怯别的统治似乎一直持续到1326年。正

---

① 哈菲兹—伊·阿卜鲁，K.贝亚尼译本（巴黎，1936—1938，2卷本）37—41页。
② 哈菲兹—伊·阿卜鲁，第43—46页；多桑《蒙古史》IV，563—565。
③ 哈菲兹—伊·阿卜鲁，第67—74、80—88页。多桑《蒙古史》IV，第567—568、618—629、642—644页。

像巴托尔德所观察到的那样,他统治的重要性在于他与他的前辈们不同,他对具有古文明的河中地区和城市生活感兴趣:"怯别在那黑沙不(即撒麻耳干西南)附近的地方为自己建造了一座宫殿,该城因宫殿而得名为卡尔施,即蒙古语:宫殿。正是怯别开始发行一种以后称为怯别币的钱币,它是察合台汗国最早发行的官方货币。在此以前,察合台汗国内流通的只是个别城市或地方王朝发行的钱币。① 不过,尽管河中地区的生活十分惬意,怯别仍未皈依伊斯兰教。"

5. 察合台汗国内的教派: 河中和蒙兀儿斯坦

怯别的三位兄弟继承了汗位:燕只吉台、笃来帖木儿和塔儿麻失里。前两位只统治了几个月。塔儿麻失里的统治(大约1326—1333年?)似乎很重要。1327年,他恢复了对印度进行大规模掠夺性远征的传统。他一直远征到德里,据一些史书记载,只是在获取大量贡赋后才撤军。另一些史书记载,德里苏丹穆罕默德·伊本·吐格鲁格打退了他,并一直追至旁遮普。②

还值得注意的是,塔儿麻失里尽管是佛教名(来自梵文 Dharmasri)③,但是,他皈依了伊斯兰教,成为苏丹阿拉丁。他的改宗可能使河中居民满意,但却引起了在伊塞克湖和伊犁河流域的游牧民们的反对,他们认为这样做违背了成吉思汗的札撒。在这些地

---

① 巴托尔德"察合台汗"条目,《伊斯兰百科全书》第834页。
② 多桑《蒙古史》IV,562。
③ Dharmasri 意为法吉祥。——译者

区爆发了反塔儿麻失里的叛乱（大约1333—1334年），结果是选举都哇之孙靖克失为新汗，大约从1334年到1338年，靖克失汗在伊犁河流域进行统治。成为靖克失汗统治特征的反穆斯林行为支持了聂思托里安教徒，阿力麻里和皮什比克的原基督教会一直很活跃。① 对天主教传教士们也很有利，在几个月内，他们又能够传教和建教堂。靖克失汗的一个七岁的儿子，据说在他父亲的同意下已经接受了洗礼（取名约翰）。② 1338年，教皇本尼狄克十二世能够又任命了一位驻阿力麻里的主教：勃艮第的方济各会修士李嘉德。但是，几乎立刻（大约1339或1340年）李嘉德就壮烈去世，死于伊犁地区穆斯林之手，与他一起遇难的有亚历山大港人弗朗希斯，西班牙人巴斯喀尔，安科纳人劳伦斯和作为译员的印度籍教士彼得，以及商人基罗托。③ 第二年罗马教廷使者马黎诺里确实来到伊犁河流域。正如我们所看到的那样，他是作为派往北京大汗处的官方使者，途经喀法、钦察汗国和察合台汗国。他在阿力麻里逗留期间，曾传教、兴建或者是重建了一座教堂，给大批人施洗礼。④ 作为派往大汗处的使者的地位必定使他在其前任教友们被杀之地受到尊重。但是，在他走后，阿力麻里的基督教会注定要迅速消失。伊犁河流域这一古代聂思托里安教中心所遗留下来的一切未能逃脱帖木儿时期的宗教迫害。⑤

---

① 在皮什比克出土的、用叙利亚文和突厥文刻成的墓碑注明年代是1264年至1338年，现存纪麦特博物馆（Nau，《聂思脱里碑释》第300页）。
② 巴托尔德"察合台汗"条目，《伊斯兰百科全书》第834页。
③ 穆勒《中国的基督教徒》第255—256页。
④ 上引书第255页。
⑤ 1362年，最后一位传教士、佛罗伦萨的詹姆斯，他是刺桐（即今中国福建省境内）总主教，他在中亚，显然是在察合台汗国内（尽管有可能是在波斯）壮烈牺牲（上引书，第197，255页）。

6. 迦兹罕统治下的河中

原察合台汗国现在在王室不同支派的统治下分裂成两部分，变成了河中地区，和怛逻斯河与玛纳斯河之间的伊塞克湖地区，即蒙兀儿斯坦。

河中的统治者是牙撒吾儿之子哈赞汗（大约1343—1346年在位），其都城在卡尔施。《武功记》，把他描绘成一位暴君①，确实，他似乎试图镇压不顺从的河中突厥贵族，是他们拥立他登上王位的。当时这些贵族的首领是异密［埃米尔］迦慈罕，他的封地在阿姆河北岸的萨里·萨莱，今卡巴迪安，即米高扬纳巴德稍偏东南处和昆都士的正北面。他反叛哈赞，在帖木儿兹和卡尔施之间的铁门以北打了第一仗，哈赞首战告捷，据说迦兹罕眼中一箭。但是，哈赞没有乘胜追击，而是去卡尔施度冬，他的一些部队在此离开了他。事实证明他的轻率是致命的。他又遭到迦慈罕的攻击，迦慈罕在卡尔施城附近打败并杀死了他（1346—1347年）。②

现在迦慈罕成了河中的真正君主，他毫不犹豫地与正统的察合台系绝交，把河中的王位（无论如何是傀儡王位）给了一个名叫答失蛮察的窝阔台后代（大约1346—1347年）。然而，拥立者后来把他自己立的王处死，又转向察合台家族，选都哇之孙巴颜合里取代他的位置（1348—1358年在位）。《武功记》对巴颜合里大加赞

---

① 《武功记》，P. 克鲁瓦法译本（下同）I, 2.
② 希吉勒历747，猪年（《武功记》I, 4）。哈赞打败迦慈罕后，在卡尔施过冬。当地严寒的天气使他的军队损失了大部分马匹。迦慈罕知这一情况后，进行了袭击，哈赞兵败被杀。——译者

扬，表明了他是迦慈罕所期望的那种俯首帖耳的工具。①

河中的察合台人实际上仅仅是形式上的统治者。权力已经转到地区突厥贵族手中；今天的迦慈罕，明天的帖木儿。这个所谓的蒙古汗国实际上是一个突厥汗国。迦慈罕的统治并非默默无闻（1347—1357年）。他开始使伊朗感受到河中的力量。赫拉特的伊朗族国王克尔特人胡赛因冒失地掠夺了安德克霍和沙普甘地区，这些地区虽然在阿姆河以南，但是已经成为河中的属地。迦慈罕挟持傀儡王巴颜合里一起封锁赫拉特（1351年），迫使胡赛因称臣，并以这种身份在此后不久前往撒麻耳干朝见他。② 于是，就在波斯的蒙古汗国消失，东伊朗的伊朗王朝又出人意料地恢复之际（克尔特人在赫拉特的王朝赛尔巴朵尔人在撒卜兹瓦儿的王朝，以及泄剌失的穆扎法尔朝），帖木儿的真正先驱迦慈罕，以河中贵族之首的身份介入了重建突厥人霸权的活动。

1357年迦慈罕被暗杀③，事实证明其子米尔咱·阿布达拉赫无能力继续父业。他垂涎于巴颜合里汗之妻，便派人在撒麻耳干把这位汗暗杀掉（1358年），于是，引起了河中封建主们的不满和速勒都思部巴颜的仇恨——尤其是引起了帖木儿的叔叔、巴鲁剌思部哈吉的仇恨。他是撒麻耳干以南的渴石的君主，渴石即今沙赫里夏勃兹（绿城）。这两个贵族把阿布达拉赫驱逐到兴都库什山以北的安德里布，他在那儿去世。④ 河中封建主之间的这些斗争削弱了他们的力量，激起了成吉思汗蒙古人意想不到的反击。

---

① 《武功记》I,4—5。
② 《武功记》I,6—18。
③ 希吉勒历759年，狗年(《武功记》I,19)。
④ 《武功记》I,21—22。

7. 察合台汗国的重新统一

当河中的察合台分支正在沦为服务于突厥封建主的一个个傀儡王时,蒙兀儿斯坦(即怛逻斯河、楚河上游、伊塞克湖,伊犁河、艾比湖和玛纳斯河流域)的游牧民们在经历了一个动乱时期之后重建了察合台王权。该地的主要蒙古氏族是杜格拉特氏①,他们在蒙兀儿斯坦的伊塞克湖周围和喀什噶尔两地都拥有大片的领地,喀什噶尔当时称阿尔蒂·沙尔,即"六城"。14世纪中期,杜格拉特氏族由吐利克、播鲁只和哈巴儿丁三兄弟领导;他们是该地的真正君主。据《拉失德史》,大约在1345年,播鲁只统治着从伊塞克湖到库车和布吉尔,从费尔干纳边境到罗布泊之间的地区,以阿克苏为基地。② 正是他首先开始要寻找某位没有从河中人手中得到封地的察合台系成员,以便以他为首领,重建伊犁地区的察合台汗国,即当时称蒙兀儿斯坦。

一位声称是也先不花之子的秃忽鲁帖木儿,当时默默无闻地生活在蒙兀儿斯坦东部,他留下了一连串令人难以置信的冒险。播鲁只当时召见的就是这位真假不明的察合台人。③ 他在阿克苏正式接见了他,并宣布他为可汗。播鲁只的哥哥吐利克成了汗国的首席异密,即兀鲁思别乞。

如果杜格拉特人仅仅是想找到一位傀儡,使他们与察合台的正统性联系起来,以对付他们的对立派河中的正统察合台系的话,

---

① 参考巴托尔德"杜格拉特"(Dùghlàt)条目,《伊斯兰百科全书》第1112页。
② 《拉失德史》丹尼森·罗斯法译本(下同)第7—8页。
③ 《拉失德史》第6—9页。

那么,他们可能大失所望。秃忽鲁帖木儿似乎是一位具有很强个性的人,他在生活的各个领域内都施加影响。首先,从宗教的角度出发,他的统治(1347—1363年在位)就是很重要的。尽管河中的突厥化塔吉克人(或者说不花剌和撒麻耳干的市民们)是热诚的穆斯林,然而,蒙兀儿斯坦的突厥化蒙古人,或者说伊犁河流域和阿克苏的半游牧民们,大部分仍是"异教徒",即佛教徒或萨满教徒。但是,穆斯林的宣传也开始在上述地区盛行。杜格拉特人的长者、异密吐利克当时住在喀什,他本人皈依了伊斯兰教。五年以后,秃忽鲁帖木儿追随他,履行了誓言,《拉失德史》记述,他度过了苦恼的时光。"他接受了割礼,同一天,16万人剃了头,表示信仰伊斯兰教"。[①] 正像穆罕默德·海达尔二世回忆的那样,秃忽鲁帖木儿是一位精明能干的统治者。且不考虑伊斯兰教可能对他产生的任何精神上的吸引,他必定估计到皈依伊斯兰教在他获取河中的目标上是有利的。不花剌和撒麻耳干两城就值得他向古兰经拜倒。无论如何,他一旦巩固了在蒙兀儿斯坦的地位,就提出他对原察合台汗国的西部领土的要求。形势对他十分有利。自从阿布达拉赫被驱逐后,河中又陷入分裂和混乱之中。速勒都思部巴颜和巴鲁剌思部哈吉两位异密战胜了阿布达拉赫,但是,他们没有能力进行牢固和持久的统治。《武功记》把巴颜描述成"宽大为怀"的人,由于酗酒恶习而变得无能。哈吉虽然固守他的渴石封地,但是,后来表明了自己是一个有些软弱的人。最后,河中的其余地区在无数的地区突厥封建主之间四分五裂了。对秃忽鲁帖木儿来说,时机似乎已经成熟了。1360年3月,他入侵河中,从塔什干直接向沙

[①] 《拉失德史》第10—15页。

赫里夏勃兹进军。哈吉率领着从沙赫里夏勃兹和卡尔施征集的军队，最初想进行抵抗；后来，在敌人的优势面前，他渡过阿姆河退入呼罗珊。①

秃忽鲁帖木儿获得了如此彻底的胜利，以致哈吉的侄儿、当时年仅26岁的帖木儿认为与胜利者一方联合是明智的。为帖木儿朝歌功颂德的《帖木儿武功记》极力表明仅仅是为了更有效地抵抗这次入侵，帖木儿才承认了这位统治者，他这样做是得到了他那位自动逃跑了的叔叔同意的。②然而，这些陈述是前后互相矛盾的。帖木儿归顺秃忽鲁所得到的回报是接受了沙赫里夏勃兹作为他的封地，在此以前，该城一直是属于他的叔叔哈吉。其后不久，当秃忽鲁返回蒙兀儿斯坦时，哈吉又从呼罗珊回到河中，打败了帖木儿，不仅使他归还了沙赫里夏勃兹，而且还像年轻的巴鲁剌思人将要做的那样，③又成了哈吉的俯首帖耳的属臣。然而，秃忽鲁不久又从蒙兀儿斯坦返回河中，从他进入忽毡的时刻起，河中贵族们前来迎接，并纷纷表示归顺。巴颜一直护送他到撒麻耳干，这次，哈吉也来向他献殷勤，但是，当秃忽鲁处死了忽毡异密后不久，哈吉变得惊慌失措，并逃往呼罗珊，在该地的撒卜兹瓦儿附近被土匪们暗杀。④这一戏剧性事件的结果是帖木儿在默认秃忽鲁的宗主权下，成了巴鲁剌思氏族的首领，同时也成了沙赫里夏勃兹领地的无可争辩的君主。迦兹罕的一个孙子迷里忽辛在阿富汗东北为自己辟了一块领地，包括兴都库什山南北两面的巴里黑、昆都士、巴达

① 《拉失德史》第15页。
② 《武功记》第29—32页。
③ 同上书，第37—38页。
④ 《拉失德史》第18页。

克山和喀布尔。秃忽鲁帖木儿前往攻之,在瓦赫什河畔打败了他,进入昆都士,直抵兴都库什山,按其祖先成吉思汗的方式,在该地度过春、夏两季。他一返回撒麻耳干,就处死了速勒都思部巴颜,然后返回蒙兀儿斯坦,以其子也里牙思火者作为河中总督留下,并以帖木儿作为他的辅臣。帖木儿的行为看来是他的忠诚的可靠保证。[1]

于是,在这位令人畏惧的强大可汗的统治下,原察合台汗国的统一重新恢复了。当时没有一个人能够预见,要不了许多年以后,秃忽鲁给他儿子作为良师益友和辅臣的帖木儿将结束重新恢复的这一察合台汗国,而以新的帝国取代它。但是,在接着研究河中征服者史之前,我们必须折回来研究波斯的蒙古汗国的兴衰。

---

[1] 《武功记》第41—45页;《拉失德史》第20—22页。

第九章 蒙古人统治下的波斯和旭烈兀家族

1. 初期蒙古人在波斯的统治：绰儿马罕、拜住和野里知吉带

波斯在被蒙古人最后征服以及札兰丁的新花剌子模帝国（参看261页）被摧毁之后，仍处于一个临时凑合起来的、有些松散的政权之下。驻扎在库拉河下游和阿拉斯河下游的阿兰草原和木干草原上的西蒙古军仍由握有大权的将军们统率：先是灭花剌子模国的绰儿马罕（1231—1241年），后是征服小亚细亚塞尔柱克人的拜住（1242—1256年）。西方的属臣们即谷儿只诸王、小亚细亚的塞尔柱克苏丹们、西里西亚的亚美尼亚诸王和毛夕里〔摩苏尔〕的封建主们，都直接隶属于蒙古帝国边境上的这一军事政府，与拉丁语世界有交往的那些地区也是这样，至少在早期阶段是这样。

绰儿马罕极倾向于基督教，正如伯希和所指出，他有两个信奉聂思托里安教的兄弟[①]。在他统治的期间（1233—1241年间），窝阔台大汗派一位名叫西蒙的叙利亚基督教徒到桃里寺城，他的叙

[①] 关于绰儿马罕，参看伯希和"蒙古与教廷"（《东方基督教评论》1924年第247页，〔51〕）。

利亚称号列班·阿塔(汉译名列边阿塔)更为人们所熟悉。列班·阿塔以后成为贵由大汗处理有关基督教事务的官员[①]。他肩负着窝阔台赋予的巨大权力来到波斯,把帝国法令交给绰儿马罕,法令规定禁止屠杀那些已经解除了武装并接受蒙古统治的基督教教徒。亚美尼亚编年史家、刚加的基拉罗斯报导说:"列班的到来给基督教徒带来了极大的宽慰,把他们从死亡与奴役中拯救出来。他在穆斯林城市中建立教堂,在蒙古人来到之前,在这些城市中甚至禁止提到基督的名字,特别是在桃里寺和纳希切万。他建教堂,立十字架,使木铃声(相当于东方基督教徒的钟)日夜长鸣。在葬礼上诵读福音书,使用十字架和蜡烛,唱圣歌。甚至鞑靼将军们也送他礼物。"列班的使命说明蒙古政府在经历了最初的屠杀之后,给西伊朗的基督教居民们带来了比以往他们所了解到的更有利的环境。

约1241年,绰儿马罕因病致哑(无疑是中风的结果)。拜住于1242年代替了他[②]。拜住也许对基督教较少同情,这大概可以从他接见教皇英诺森四世派来的使者、多米尼各会的修道士阿瑟林及其四位随从的态度上表现出来。阿瑟林绕道经过梯弗里斯,在这里(因为自1240年起,该城已有一座多米尼各会修道院)另一位修道士、克里莫纳的吉查德加入了他的旅行。1247年5月24日,他抵达驻扎在阿拉斯河北岸和哥克察湖〔塞凡湖〕东岸阿兰草原上的拜住营地[③]。他有些不符合外交礼节地规劝蒙古人禁止屠杀和

[①] 《东方基督教评论》1924年,第244页,〔49〕。
[②] 关于拜住,参看"蒙古与教廷"第303页以下(109页以下)。
[③] 在亚美尼亚文和拉丁文史书中,蒙古人的夏季大本营称为锡西安,似乎是在锡尤尼和阿特沙赫之间的哈本德地区,"在正对着哥克察湖东岸的山区。"参看伯希和"蒙古与教廷"第302页(106)。

第九章 蒙古人统治下的波斯和旭烈兀家族

服从教皇精神上的统治;还拒绝向汗的代表拜住三鞠躬。拜住怒不可遏,威胁要将这些修道士处死。在这关键时刻,贵由大汗派来的王室代表野里知吉带[①]于1247年7月17日到达拜住营帐。拜住根据野里知吉带所了解的、1246年11月贵由给普兰·迦儿宾的信的内容,让阿瑟林带了一封回信给教皇。蒙古人声称,他们的帝国是神权授予的宇宙之帝国,教皇应亲自前来向大汗表示效忠,否则,他将被看成他们的敌人。阿瑟林在两位"蒙古"使者的陪同下,于1247年7月25日离开拜住的营帐,这两位使者中一位名叫艾伯格(伯希和认为他可能是在蒙古行政机构工作的一个畏兀儿官员),另一位名叫萨克斯,无疑是聂思托里安教派的基督教徒[②]。349 阿瑟林一行肯定是走通常所经的路,即经桃里寺、毛夕里、阿勒颇、安条克和阿迦之路。蒙古使者们于1248年从阿迦乘船前往意大利,在意大利,英诺森四世与他们进行了长时间的交谈,并于1248年11月28日把给拜住的回信交给他们。

野里知吉带比拜住更同情基督教,他不顾阿瑟林的出使所产生的消极后果,于1248年5月底派了两位东方基督教徒,大卫和马克到法兰西路易九世处,带去了一封可能是波斯文写的、很难懂的信,我们现有该信的拉丁文译本。在信中,野里知吉带解释了贵由汗委托他的使命,即把东方基督教徒从穆斯林的奴役下解放出来,使他们能够不受干扰地履行自己的宗教仪式。他以"世界之王"大汗的名义通知他的"儿子"法兰西王,蒙古人的目标正是一视同仁地保护所有的基督教徒:拉丁教派、希腊教派、亚美尼亚教

---

① 关于野里知吉带,参看伯希和"蒙古与教廷"(1931—1932年)第33页(171)。
② 关于艾伯格和萨吉斯,参看"蒙古与教廷"(1924年)第327(131页)。

派、聂思托里安教派和雅各派。路易九世在塞浦路斯逗留期间，于1248年12月下旬接见了这个蒙古使团①。尽管这一使团的真实性有些可疑，但正如伯希和所认为的那样，它确实表明了野里知吉带当时正在计划进攻报达的哈里发朝(10年后，旭烈兀将给这一行动带来一个胜利的结果)，抱着这种目的，野里知吉带想与即将在埃及对阿拉伯世界发起进攻的圣路易的十字军联合。1249年1月27日，两位蒙古基督教徒告别了路易，从塞浦路斯的尼科西亚乘船返回，由三位多米尼各会修道士陪同，他们是安德烈·德·隆朱莫、其兄弟纪尧姆和让·德·卡尔卡松。安德烈一行无疑于1249年4月或5月已经抵达野里知吉带营地，并被野里知吉带派遣前往蒙古宫廷，当时蒙古汗国的首领是摄政皇后斡兀立·海迷失，她驻扎在塔尔巴哈台的叶密立和霍博的原窝阔台封地内。他们最早也要到1251年4月才返回到在凯撒里亚的圣路易处②。

蒙哥当选为大汗，进行了目标是对着窝阔台系党羽的大清洗(参看第274页)，而深得贵由信任的辅臣野里知吉带也属清洗之列③。在1251年10月中旬到1252年2月中旬期间，蒙哥派人逮捕并处死了他④。留下拜住一人负责边境上的这一军事政府，他待在该驻地直到1255年旭烈兀到来时。

拜住在处理谷儿只和小亚细亚事务上的行动具有决定性的意义。由于谷儿只女王鲁速丹坚持拒绝向蒙古人投降而一直激怒着拜住，鲁速丹去世时，拜住想把王冠给鲁速丹的侄儿、比较顺从于

---

① "蒙古与教廷"(1931—1932年)第172(174)页和第193(195)页。格鲁塞《十字军史》III，520。
② 伯希和"蒙古与教廷"第175(177)页以下。格鲁塞《十字军史》III，521。
③ 野里知吉带之子阿尔哈森阴谋反对蒙哥，已经在蒙古地区被处死。
④ 伯希和"蒙古与教廷"(1931—1932年)第65(203)页。

第九章　蒙古人统治下的波斯和旭烈兀家族

他的大卫拉沙。但是,钦察汗拔都把鲁速丹之子大卫纳林置于自己的保护之下。争夺王位的这两兄弟都去蒙古宫廷在贵由汗的面前陈述过自己的理由(1246年)。前文已述,贵由汗把谷儿只分割成两部分,拉沙得到卡特利亚,纳林得到埃麦利蒂亚①。

在小亚细亚的塞尔柱克苏丹国内也有类似的仲裁。1246年,贵由汗优先把王位赐给小王子乞立赤·阿尔斯兰四世(他曾到蒙古拜访过贵由),而没有给其兄凯·卡兀思二世。同时,贵由规定了塞尔柱克人应付的年贡"120万海帕帕,500件丝织品、500匹马、500头骆驼、5000头小牲畜(绵羊、山羊等),此外,呈献与年贡价值相当的礼物。"1254年,蒙哥大汗决定凯·卡兀思二世应该统治克孜尔·伊尔马克以西地区;乞立赤·阿尔斯兰统治其东。然而,两兄弟开战,凯·卡兀思获胜,监禁了其弟。1256年,拜住对凯·卡兀思拖延交纳贡赋很不耐烦,在阿克萨赖附近攻击并打败了他,此后他逃到尼西亚的希腊人中避难,蒙古人以乞立赤·阿尔斯兰取代了他。然而,其后不久,凯·卡兀思返回,最后同意在蒙哥仲裁的基础上与其弟瓜分王国②。

总的来看,在西南边境的这些地区内蒙古宗主权只是时不时地被感觉到。绰儿马罕和拜住,当他们对臣属国施加影响时,被迫不断地听从哈拉和林宫廷的意见,由于两地相距遥远,哈拉和林的决定要延误几个月才能达到;在哈拉和林,臣属的王公们,像外交使节们一样,在成吉思汗家族革命的各种危险中陈述自己的理由。

---

①　米诺尔斯基"Tiflis"条目,《伊斯兰百科全书》第796页上的书目(谷儿只和亚美尼亚史料和志费尼书)。
②　参看"Kaiká'ús II",《伊斯兰百科全书》第677—678页。

2. 阔儿吉思和阿儿浑的统治

在阔儿吉思和阿儿浑统治时期,呼罗珊和伊剌克·阿只迷的民政机构的雏形正在形成。1231年,当绰儿马罕在西北部追逐扎兰丁时,蒙古将军真帖木儿消灭了花剌子模在呼罗珊的最后的部队。1233年,窝阔台汗任命的正是这位真帖木儿为呼罗珊和马赞达兰的长官①。这一职务当时完全是财务方面的。连续数年的屠杀和迫害使这一地区完全荒芜,由于这一事实而加剧了以残忍手段对这一个不幸的行省征集税收,这些税收将在大汗和另外三个成吉思汗兀鲁思的首领们之间瓜分。然而,甚至像真帖木儿这样的长官也开始任用伊朗籍学者:他的沙黑勃迪万或称理财大臣,就是史学家志费尼的父亲②。

1235年真帖木儿去世,短时间的空位以后,畏兀儿人阔儿吉思(1235—1242年在位)继任其职。阔儿吉思尽管有基督教教名(乔治),但他是一位佛教徒。他来自别失八里(古城)地区,在畏兀儿人中他被称为学者。正是由于这一原因,成吉思汗在世时,术赤就选中他,把教授其家族孩子们畏兀儿文的任务交给他。由于聂思托里安教丞相镇海的保护,窝阔台任命阔儿吉思管理呼罗珊户口和赋税。"其境内的那颜和官吏,俨然像独立的君主,税收的大部分为其所有。阔儿吉思结束了这种状况,并逼他们退赃。他保

---

① 参看多桑《蒙古史》III,103—107(据志费尼记)。
② 志费尼的父亲贝哈哀丁被蒙古首领库尔布鲁特囚禁在图斯。他受到优待,并作为呼罗珊的理财大臣进入蒙古机构。到1253年他在伊斯法罕去世前一直是蒙古官员。参看巴托尔德"Djuwaini"条目,《伊斯兰百科全书》第1100页。

第九章 蒙古人统治下的波斯和旭烈兀家族

护波斯人的生命和财产免受蒙古官吏的暴政,从此,蒙古官吏不能肆意屠杀居民。"① 尽管他是佛教徒,但是他是穆斯林的保护者,最后,他本人皈依了伊斯兰教。他修复图斯城,并以其地为住所,这位才华横溢、聪明能干的畏兀儿人设法建立起可以称之为民政的正规管理机构,这是对蒙古人和伊朗人同样有利的事。正是在他的极力促进下,窝阔台汗于1236年下令复兴呼罗珊。结果,赫拉特此时开始增加人口。但是,窝阔台死后,其掠夺行为曾经受到阔儿吉思禁止的那些蒙古官吏们把他带到摄政皇后脱列哥那面前,然后把他送到察合台孙子、哈剌旭烈兀那里,他曾冒犯过哈剌旭烈兀,在那儿哈剌旭烈兀把他处死(1242年)②。

脱列哥那委托斡亦剌惕人阿儿浑阿合管理呼罗珊和伊剌克·阿只迷,可能是因他懂畏兀儿文而选中了他,他也因此曾在窝阔台的大臣官邸任职③。阿儿浑在其统治期间(1243—1255年),也像阔儿吉思一样,设法保护伊朗居民免遭蒙古官吏的滥征和勒索。为博得贵由大汗的欢心,他废除了较低一级的成吉思汗后裔们盲目颁发的大量敕令、税额和专利权,由于这些权力他们曾得以插手蒙古国库。阿儿浑于1251年访问蒙哥宫廷,他发现蒙哥大汗同样是他的坚定的支持者。在他的要求下,蒙哥把牙剌洼赤父子在河中已经建立起来的制度推广到波斯,取代了征服初期所实行的混

---

① 多桑《蒙古史》III,116—117(据志费尼)。
② 多桑《蒙古史》III,180。
③ 志费尼及其父在任蒙古政府官员时听命于阿儿浑阿塔,但志费尼抑制不住地强烈反对畏兀儿学者们对阿拉伯—波斯人的优势:"在刚发生的、震动世界的革命中,学院被毁,学者被屠杀,特别是在呼罗珊,它是启蒙的源泉和学者聚会之地。国内有识之士都被剑砍死。再没有什么地方能产生创造物,畏兀儿学者们关心的只是以畏兀儿文和畏兀儿语来取代之。"上引书,I,XXV。

乱的财政制度。也就是说，阿儿浑引入了以纳税人财产的多少按比例均摊税的税制，由此征集到的税收用于维持军队和邮政开支。1278年阿儿浑在图斯附近寿终正寝。其子是著名的异密捏兀鲁思，他曾在短时期内任呼罗珊长官①。

1251年，蒙哥汗把当时从废墟上重新兴起的赫拉特城委托给古尔地区的封建主克尔特人沙姆斯哀丁·穆罕默德管理，沙姆斯哀丁是阿富汗人，信奉伊斯兰教逊尼派，他曾到蒙古宫廷朝觐。其祖父是依附于东阿富汗古尔王朝最后几位苏丹的一位高级官员，并于1245年成为古尔地区的继承人。克尔特诸王取马立克（即王）称号，他们不得不以灵活谨慎的方式保持蒙古君主们对他们的友善，在成吉思汗后裔的战海中平稳地航行，最后，他们在赫拉特小王国内残存到蒙古统治以后（1251—1389年）。沙姆斯哀丁的长期统治（1251—1278年）牢固地树立了其家族在这一地区的权威。有趣的是古尔王朝的伊朗人的复辟是在蒙古统治的外壳下产生的，并与之协调一致②。

蒙古人也容忍了忽特鲁沙家族的起儿漫阿塔卑王朝作为臣属王朝存在，至少在初期是这样，同样，蒙古人还容忍了法尔斯阿塔卑的萨尔古尔王朝。忽特鲁沙王朝是由霍吉勃博剌克（1223—1235年在位）创建，博剌克是在扎兰丁引起的花剌子模风暴之后幸存下来的一位明智的人。其子鲁肯哀丁·火者（约1235—1252年）即位后立即到蒙古朝觐窝阔台大汗（1235年）。忽特哀丁（约1252—1257年在位）在中国的蒙军中服役之后，以后也来到蒙古，

---

① 据志费尼和拉施特，参看多桑《蒙古史》III 121—128。
② 多桑《蒙古史》，III，129—131。

轮到他被蒙哥大汗授予起儿漫公国。在泄剌只,萨尔吉尔朝的阿布·巴克尔(1231—1260年在位)同样地能够赢得窝阔台及其后继大汗们的欢心,他们准许他继续保留王位①。

3. 旭烈兀的统治

蒙古人在征服波斯20年之后才考虑结束他们在那儿的临时政府,即一种二元政府制(阿兰和木干草原上的纯军事统治,以及呼罗珊和伊剌克·阿只迷的财政管理),在二者之上建立一个正规的政权。蒙哥大汗在1251年的库里勒台上决定把伊朗的总督一职给他的弟弟旭烈兀②。除此而外,旭烈兀还担负着镇压仍在波斯残存着的两股宗教势力的任务:在马赞达兰的伊斯梅尔派伊玛姆们的公国和在报达的阿拔斯哈里发朝。指派给他的以后的任务是征服叙利亚:"从阿姆河两岸到埃及国土尽头的广大地区内都要遵循成吉思汗的习惯和法令。对于顺从和屈服你命令的人要赐予恩惠和善待他们,对于顽抗的人要让他们遭受屈辱。"③

旭烈兀从蒙古出发,以短程旅行的方式,经阿力麻里和撒麻耳干之后,于1256年1月2日渡过阿姆河。在阿姆河的波斯岸边〔南岸〕,他受到他的新属臣们派来的代表们的欢迎:从赫拉特马立克、克尔特人沙姆斯哀丁及法尔斯萨尔古尔朝阿塔卑的代表们

---

① 多桑《蒙古史》Ⅲ,131。米诺尔斯基"Kutlugh-khan",《伊斯兰百科全书》第1238页和T.W.Haig的"Salghurides"条目,第109页。

② 旭烈兀(Hulagu)一名来自蒙古语词根 hülä-或 ülä-,意即"超过",在波斯语中是 Hulaku。参看伯希和《亚洲杂志》1925年,第236页)。

③ 《史集》卡特勒梅尔译本,第145页。多桑《蒙古史》Ⅲ,139。

一直到小亚细亚的塞尔柱克人凯·卡兀思二世和乞立赤·阿尔斯兰四世的代表。按蒙哥拟定的计划，旭烈兀先攻马赞达兰境内麦门底司堡和阿剌模忒堡的伊斯梅尔派教徒，或者称为刺客派〔意为暗杀十字军中基督教徒的穆斯林秘密团体成员〕。教主鲁克赖丁库沙①被旭烈兀围困于麦门底司堡，于1256年11月19日投降②。旭烈兀送他到蒙古蒙哥大汗处，但俘虏在途中被谋杀。12月20日阿剌模忒堡的守军们投降。这支恐怖教派曾令12世纪的塞尔柱克苏丹们束手无策；曾使苏丹国和哈里发朝怕得发抖；曾作为一种促进因素助长了整个亚洲伊斯兰社会的腐化和分裂；现在终于被铲除了。蒙古人消灭了伊斯梅尔教派，对文明和秩序作出了不可估计的贡献。

接着，旭烈兀攻打报达的阿拔斯哈里发，他是伊斯兰教逊尼派的精神领袖和伊剌克阿拉比境内一小块世俗领地的君主。当时在位的哈里发穆斯台耳绥姆（1242—1258年在位）很平庸，他幻想以计谋对付蒙古人，犹如他的前任哈里发们对付在伊朗依次出现的霸权那样：布威朝、塞尔柱克朝、花剌子模国和蒙古人③。以往，无论什么时候，只要当时的君主被证明是很强大的，哈里发就投降。10世纪的哈里发曾接受布威朝异密埃尔奥马拉成为他的共同统治者；11世纪的哈里发与塞尔柱克苏丹共同统治。哈里发暂时把

---

① 1256年旭烈兀渡过阿姆河后，波斯与高加索的小国君们纷纷投诚，其中也有刺客派的头目，刺客派的名声早已一落千丈，但仍占据许多非常强固的堡垒。鲁克赖丁是该派的最后一位头目。旭烈兀没有接受他作为属臣，他在遭拒绝后，在麦门底司堡中坚持抵抗。——译者
② 《史集》卡特勒梅尔译本，第217、219页。多桑《蒙古史》III，197。
③ 参看阿卜尔·菲达的《十字军史评论》（《东方史家集》I，136）。拉施特《史集》，卡特勒梅尔译本，第247页。多桑《蒙古史》III，212（据瓦撒夫的记载）。格鲁塞《十字军史》III，568。

第九章　蒙古人统治下的波斯和旭烈兀家族

自己的作用限制在宗教方面,等待着这些短命的君主们的消失。当时机来到,哈里发又站出来,调停君主之间的争端,并给予他们致命的打击。哈里发的权力是比统治时期或长或短的这些君主们更长久的半神的权力,它是永恒的,或者说,他相信是永恒的。但是,成吉思汗后裔们宣称,已经由长生天(即腾格里)赐予他们的人间帝国将永世长存。正如拉施特所复原的,旭烈兀与哈里发之间的通信采用历史上未曾有过的那种傲慢的措辞。可汗向阿拔斯家族的36位哈里发的继承人要求曾经先后给予了布威朝异密埃尔奥马拉和伟大的塞尔柱克苏丹们的统治报达的世俗权力:"你知道自成吉思汗以来,蒙古军队给世界带来了怎样的命运,秉承天意,花剌子模王朝、塞尔柱克王朝、戴拉木王朝和各阿塔卑王朝遭受了怎样的屈辱!然而报达的大门从未对他们关闭过,他们在报达建立过他们的统治。我们拥有强大的力量,怎么能够拒绝我们进入报达呢?当心不要以武力反对军旗。"[①]

哈里发蔑视这一庄严的警告,拒绝交出阿拔斯朝的世俗领地,这是他的祖先们从波斯的最后一批塞尔柱克人手中夺回来的。他作为穆斯林"教皇"的全世界的宗教首领反对成吉思汗后裔的这个世界帝国:"你这个没有经验的年轻人啊,才得志十日就自信已为世界之主。你还不知道从东方到马格里布,从帝王到乞丐,所有信奉安拉者,皆为我的臣仆,我可以把他们召集起来。"[②]这是徒劳的恐吓。叙利亚和埃及的阿尤布朝苏丹国害怕蒙古人逼近,不敢行动,旭烈兀及其萨满教、佛教和聂思托里安教的将军们对哈里发向

[①] 《史集》第231页。
[②] 多桑《蒙古史》III,217转到《史集》。

他们发出的穆斯林预言毫不理会。

　　蒙古军于1257年11月开始进攻报达。拜住的军队经毛夕里之路逼近,在底格里斯河西岸从后方进攻报达①。旭烈兀的杰出统帅、乃蛮部人怯的不花(聂思托里安教徒)率左翼军,沿卢里斯坦道向阿拔斯王朝都城进军。最后,旭烈兀本人从哈马丹出发,经克尔曼沙赫和霍尔湾南下到底格里斯河畔。到1258年1月18日各路蒙军已经重新会集,旭烈兀在报达东郊扎营。哈里发的少数部队在企图阻止蒙军围城时,已于前一天被击溃(1月17日)。22日,蒙军将军拜住、不花帖木儿和孙札黑移军占据底格里斯河西郊阵地,而在河的另一边旭烈兀和怯的不花逐渐向前缩小包围圈。哈里发企图与蒙古人媾和,派大臣到蒙古人中,他是一位热情的什叶派教徒,可能在感情上与蒙古人有共通的地方②;他还派了聂思托里安教徒马基哈去到蒙古人中。但是,为时已晚。蒙古军经过猛烈的攻击(2月5日和6日),已经占领东部的所有堡垒,被围攻的市民们除了投降外,别无选择。守城士兵们企图逃跑,但蒙古人俘虏了他们,并把他们分给各部队,全部被杀死。哈里发于2月10日亲自向旭烈兀投降,旭烈兀要他下令全城民放下武器,走出报达城。"城中居民放下武器,蜂拥地来向蒙古人投降,蒙古人当场杀害了他们。"③接着,蒙古人进报达城,违令未出城的市民又遭屠杀,并放火焚城(2月13日)。这次洗劫持续17天,有人认为其间死者达9万人④。

---

① 参看格鲁塞《十字军史》III,571。
② 阿卜尔·菲达《十字军史评论》I,136。
③ 《史集》卡特勒梅尔译本299页。基拉罗斯(《亚洲杂志》I,1858年,489页)。
④ 参看基拉罗斯(《亚洲杂志》1858,491页)。
　(多桑《蒙古史》汉译本第四卷第五章页87中记:"报达之掠杀,延续有七日。……计死者八十万人。"——译者)

至于哈里发,蒙古人强迫他交出了他的财宝和说出他所有埋藏宝物的地方,但是,蒙古人似乎是尊重他的身份,没有让他流血而死。而是把他缝入一口袋中,然后让马踩死(2月20日)①。"他们放火烧了报达城的大部分,特别是札米清真寺,毁坏了阿拔期朝的陵墓。"

4. 旭烈兀对基督教的同情

对东方基督教徒来说,蒙古人夺取报达似乎是上天的报答。此外,在蒙古人的军队中也有许多聂思托里安教徒,如乃蛮部人怯的不花(更不用说卡希底亚的亚美尼亚—谷儿只王哈森·布鲁希统率的谷儿只辅助军了),蒙古人在洗劫报达城时坚持赦免城内的基督教徒。刚加的亚美尼亚编年史家基拉罗斯写道:"攻占报达时,旭烈兀之妻脱古思可敦(她是一位聂思托里安教徒)为聂思托里安教派基督教徒讲话,或者另一种说法,她为基督教徒们的生命求情。旭烈兀赦免了他们,并允许他们保有财产。"②事实上,正如瓦尔坦证实的那样,在攻城时,聂思托里安教的大主教马基哈命令把报达的基督教徒们关在一个教堂内,教堂及教民皆获赦免。③旭烈兀甚至还把哈里发的一座宫殿(即副掌印官的官邸)给了大主教马基哈。④

---

① 阿卜尔·菲达《十字军史》第137页。
② 基拉罗斯(《亚洲杂志》I,1858年,第493页)。
③ 瓦尔坦《亚洲杂志》II,1860年,第291页。
④ 多桑《蒙古史》III,270。参看海顿和尚的报导(《十字军史评论》中所收《亚美尼亚史料》II,169—170)。格鲁塞《十字军史》III 574—575。

刚加的亚美尼亚人基拉罗斯谈到了报达城陷时，所有的东方基督教徒欢呼胜利的情景："自该城建立以来515年过去了，在整个霸权时期，它像吸血鬼般地吞噬着全世界。现在它归还了它所占有的一切。对它所吸的血和它所干的坏事，它已受到了惩罚，它的罪恶盈贯。穆斯林们的暴虐持续了647年。"①

在聂思托里安教徒，以及叙利亚的雅各派和亚美尼亚派教徒的眼中，可怕的蒙古人似乎是被压迫的基督教世界的复仇者，被看成救世主，他们来自戈壁深处，从后方攻击了伊斯兰世界，动摇了它的基础。谁能料到在7世纪时从底格里斯河畔塞硫西亚地区或是从拜特·阿比地区出发的那些低级传教士们，在新疆南部和蒙古的贫瘠之地传播的福音是播下了大丰收的种子？②

基督教徒们在旭烈兀的势力范围内所享受到的优惠，上文已经提到过，主要应归于他的妻子脱古思可敦。她是一位克烈部公主，是末代克烈王王罕的侄女③。蒙哥很重视她的才智，劝旭烈兀遇事与她商量④。拉施特写道"由于克烈部很久以前就信奉了基督教，脱古思可敦一直注意保护基督教徒，在她的一生中他们都繁荣昌盛。旭烈兀为讨她的欢喜，给基督教徒许多的优惠，对他们表示关心，以致在他的国境内不断建造起新教堂，在脱古思可敦的斡耳朵大门边总是有一个小教堂，教堂内敲着钟"⑤。亚美尼亚僧侣瓦尔坦证实了这些："波斯的蒙古人随身携带着一个教堂形状的帆布帐篷。木铃的格格声呼唤信徒们去祈祷。牧师和教会执事每天

---

① 基拉罗斯（《亚洲杂志》1858年，第492页）。
② 格鲁塞《十字军史》III，575—576页。
③ 即王罕弟札阿绀孛的女儿。
④ 《史集》卡特勒梅尔译本，第145页。
⑤ 《史集》第94—95页。

第九章　蒙古人统治下的波斯和旭烈兀家族

都做弥撒。来自说各种语言的基督教徒中的教士们能够平静地生活在一起。在乞求和平之后,他们得到了和平,并带着礼物一起回家①。"脱古思可敦的侄女秃乞台可敦也是旭烈兀的妃子,她对聂思托里安派基督教也有不小的贡献。

　　随着脱古思的提倡,基督教比一些传统事务更为重要。瓦尔坦僧侣深得她的信任,他说:"她希望基督教发扬光大,它的每一点进步都将归于她。"尽管旭烈兀本人是一位佛教徒,但他也同情基督教。对此,再没有比瓦尔坦报道的续编更有意义的了:"1264年伊儿汗旭烈兀召见我们:我、萨尔吉斯、克雷科尔和梯弗里斯牧师阿瓦克。我们于鞑靼年初(7月)来到这位强大的君主面前,正是库里勒台召开之时。当我们获准见旭烈兀时,按鞑靼礼节要在他面前下跪和拜倒,由于基督教徒只向上帝鞠躬,我们被免行跪拜礼。他们叫我们净化酒,并由我们把酒交给他。旭烈兀对我说:'我把你们召来是希望你们能够了解我,并竭尽全力为我祈祷。'我们入座之后,我的随行兄弟们唱起赞美诗。谷儿只人朝贺他们的上任,叙利亚人和希腊人也都给予祝贺。这位伊儿汗对我说:'这些僧侣从各地来拜访我和向我祝福,这证明了上帝对我的恩宠。'"②旭烈兀曾向瓦尔坦回忆起他的母亲、聂思托里安教徒唆鲁禾帖尼。"一天,他让宫中的人都退出,只留下两人,他与我长时间地谈起他一生中的事情,他的童年时代和他的母亲,她是一位基督教徒。"旭烈兀本人从未信奉基督教。我们知道他一直是佛教徒,特别崇拜菩提萨埵·弥勒佛。但是他的伊朗国内没有佛教徒,而

---

　　①　瓦尔坦,《亚洲杂志》II(1860年),第290、309页。参看《十字军史评论》收集《亚美尼亚史料》I,433。
　　②　瓦尔坦,《亚洲杂志》II(1860年),第300—301页。

基督教徒数量很多，无论是聂思托里安教派、雅各教派、亚美尼亚派，还是谷儿只派。在没有同宗教徒的情况下，他偏爱那些与他母亲和妻子同宗教的人是十分自然的事。在交谈过程中，他同意瓦尔坦的看法，承认由于他同情基督教，他与他的堂兄弟们，即突厥斯坦和南俄罗斯的成吉思汗汗国（钦察汗国和察合台汗国）的可汗们之间产生了分裂：瓦尔坦转述他的话说："我们喜欢基督教徒，而他们（堂兄弟们）却喜欢穆斯林。"①

5. 旭烈兀对叙利亚的征伐

旭烈兀攻占报达和灭哈里发朝之后，踏上了哈马丹之路去阿哲儿拜占，像在他之前的蒙古将军绰儿马罕和拜住一样，他的王朝驻地设在该省北部。以阿哲儿拜占境内的桃里寺和蔑剌合两城为都，所谓都城，仍是驻扎在城镇附近的游牧宫廷。旭烈兀在乌尔米亚湖地区建起许多房屋，他最喜欢的停留地是："蔑剌合以北一座小山上的瞭望台，以及阿拉塔黑的一座宫殿和忽伊的一些异教寺庙。"从报达带来的战利品存放在乌尔米亚湖中一个岛上的城堡中②。阿兰和木干草原是旭烈兀及其后继者们的冬驻地，像绰儿马罕和拜住一样，他们在此牧马。夏季，旭烈兀系宗王们又北去亚拉腊山嘴的阿拉塔黑山中。

报达的陷落使伊斯兰世界陷入恐怖状态。毛夕里的阿塔卑别都鲁丁卢卢（1233—1259年在位）已年过八旬，他不仅仅是奉命把

---

① 瓦尔坦《亚洲杂志》II（1860）第302页，这话得到了拉施特的证实，《史集》第393页。
② 巴托尔德《伊斯兰百科全书》"Hūlāgū"条目，第353页。

第九章 蒙古人统治下的波斯和旭烈兀家族

报达大臣们的头颅挂在城墙上,而且还亲自到蔑剌合旭烈兀营地朝觐旭烈兀。接着,法尔斯的阿塔卑阿布·巴克尔派其子赛德去祝贺旭烈兀攻占报达城。同时抵达当时设在桃里寺城附近的旭烈兀营帐的还有小亚细亚的两位塞尔柱克苏丹、互相敌对的凯·卡兀思二世和乞立赤·阿尔斯兰四世两兄弟。凯·卡兀思二世很害怕,因为他的部队在1256年时曾企图抵挡蒙古将军拜住,被拜住在阿克萨赖击溃了。他竭尽阿谀奉承以使旭烈兀息怒。他让人把自己的像画在一双靴子底下,将靴子呈献给带有怒气的可汗说:"你的奴仆斗胆期望他的君王将他可敬的脚放在奴仆的头上,以此抬举奴才的头。"① 这件事表明伊斯兰教已落到了卑躬屈节的地步。

为了完成蒙哥委托给他的任务,现在旭烈兀要去征服叙利亚和埃及了。当时,叙利亚在法兰克人和穆斯林的阿尤布王朝之间被瓜分。法兰克人占有沿海地带,该地带又分为两个地区国:北部的安条克公国和特里波利郡,它们都属于波赫蒙德六世;南部的耶路撒冷王国,但它早已失去了耶路撒冷城,未能实施有效的统治,实际上,它是由一些男爵领地和法国的小政区所组成的联邦,正像提尔的男爵领地和阿迦的小行政区和贾法郡一样。② 安条克—特里波利王波赫蒙德六世是其北部邻国亚美尼亚(即西里西亚)王海屯一世的亲密盟友,他娶了海屯的女儿为妻③。他效法海屯,很快加入了蒙古联盟。与这个基督教的叙利亚对峙的是包括阿勒颇和

---

① 《史集》第225页。基拉罗斯(《亚洲杂志》I,1858年,第484页)。多桑《蒙古史》III,第262页。
② 格鲁塞《十字军史》III,第548,515页。
③ 格鲁塞《十字军史》III,第515页。

大马士革城在内的叙利亚内地,这一地区属于阿尤布王朝,阿尤布王朝是由伟大的萨拉丁创建的库尔德人的王朝,但现在已经完全具有阿拉伯特征。当时的统治者是纳绥尔·优素福(1236—1260年在位)苏丹,他胆小无能,于1258年对蒙古人表示臣属,并于该年把其子阿尔·阿吉兹送到旭烈兀处[1]。

尽管有这些臣服的表示,旭烈兀还是决定从阿尤布朝手中夺取西部美索不达米亚和穆斯林的叙利亚。战争以对迪牙巴克尔的篾牙法里勤异密国进行地区性远征而开始,该异密国属于名叫卡米勒·穆罕默德的阿尤布朝幼友[2]。蒙古人怨恨卡米勒的原因之一,是他作为一位狂热的穆斯林,曾把持有蒙古人颁发的过境证入其境的雅各派基督教牧师钉死在十字架上。旭烈兀以一支蒙军分队围篾牙法里勤,他得到由谷儿只首领哈森·布鲁希率领的谷儿只和亚美尼亚兵团的支持。在这次围攻中,一个亚美尼亚王公、卡城的塞瓦塔被杀,或者像瓦尔坦的亚美尼亚编年史所说:"他赢得了永远忠实于上帝和伊儿汗的不朽桂冠;他将分享那些为基督流血者的胜利。"[3]应该记住成吉思汗的旗帜与十字架的这种联合:东方的基督教徒们感到,在与蒙古人一起向穆斯林的叙利亚进军中,他们正在参加一种十字军运动。

篾牙法里勤经长期围攻后陷落,卡米勒被折磨致死。蒙古人把他身上的肉一片一片地割下来塞入他的嘴中,一直弄到他死去。又把他的头颅插在一杆矛上,由蒙古人举着它胜利地穿过穆斯林叙利亚的各大城市,从阿勒颇一直到大马士革城,队伍前面是歌手

---

[1] 格鲁塞《十字军史》III,第579页。
[2] 格鲁塞《十字军史》第577—578页。
[3] 瓦尔坦(《亚洲杂志》II,1860年,第294页)。

和鼓手。篾牙法里勤异密国中的大部分穆斯林居民被杀。唯有基督教徒幸免,基督教徒的数量很多,因为该城是雅各派的古老主教区,也是亚美尼亚教派的中心。刚加的基拉罗斯记道:"这些教堂受到尊重,由圣·马鲁塔收集的数不清的遗物也同样受到尊重。"[1]

当围攻篾牙法里勤时,旭烈兀征服了穆斯林叙利亚。据亚美尼亚史学家海顿记述,在旭烈兀与其忠实的属臣亚美尼亚(西里西亚)王海屯一世的一次会晤期间,蒙古人的作战计划就已经拟定了。"汗要求海屯率领在埃德萨的全部亚美尼亚军参加他的征服,因为他希望到耶路撒冷去,把圣地从穆斯林手中解放出来,归还给基督教徒。海屯王听到这一消息很高兴,召集大军,前去与旭烈兀会合。"瓦尔坦告诉我们,亚美尼亚大主教还来为汗祝福[2]。于是,由成吉思汗孙子领导的这次远征具有亚美尼亚—蒙古十字军的形式。在某些方面,它甚至具有法兰西—蒙古十字军的外貌。因为,如前文所述,亚美尼亚王海屯在与蒙古人的关系上,所考虑的不只是为他本人,而且还是为他的女婿安条克王、特里波利伯爵波赫蒙德六世。这一点已经由提尔的圣殿骑士在《奇普洛瓦故事集》中证实:"亚美尼亚王海屯为其女婿波赫蒙德的利益与旭烈兀谈过话,此后,波赫蒙德在旭烈兀的心目中处于最受优惠的地位。"[3]

蒙古大军于1259年9月从阿哲儿拜占出发向叙利亚进军,乃蛮部聂思托里安教徒怯的不花那颜率先头部队出发,我们最后一

---

[1] 基拉罗斯(《亚洲杂志》I,1858年,496)。《史集》第330—331和350—375页。
[2] 海顿《十字军史评论》收在《亚美尼亚史》II,170)。瓦尔坦(《亚洲杂志》II,1860年,293)
[3] 《十字军史评论》收《亚美尼亚史料》第751页。格鲁塞《十字军史》III,第581页。

次提到他是在报达的围攻战时。老将军拜住和失克秃儿率右翼军,孙札黑率左翼军,旭烈兀亲自率领中军,由他的基督教妻子脱古思可敦伴随而行①。由库尔德斯坦之道南下进入阿勒贾兹拉省,旭烈兀汗占领努赛宾(尼西比斯),接受了哈兰和埃德萨的投降,屠杀曾经反对过他的塞伊汉城民。在攻占比雷吉克之后,旭烈兀渡过幼发拉底河,洗劫了门比杰,围攻阿勒颇。纳绥尔苏丹不是在阿勒颇城内组织抵抗,而是继续留在大马士革。阿勒颇的雅各派大主教、历史学家巴赫布拉攸斯前来会见蒙古人,并向旭烈兀表示效忠。②

1260年1月18日,旭烈兀率领的蒙军与海屯和波赫蒙德六世分别率领的亚美尼亚和法兰克援军开始围攻由原阿尤布朝王公图兰沙驻守的阿勒颇城③。"他们把20门弩炮推入阵地,1月24日他们进入该城。他们是在一次大胜后占领了除城堡以外的阿勒颇城的,城堡一直坚持到2月25日。"他们按成吉思汗系的方式对该城进行了彻底的、系统的大屠杀,屠杀持续了整整6天,直到1月30日旭烈兀才下令结束。亚美尼亚海屯王放火烧大清真寺,而雅各派教堂自然幸免。旭烈兀把一些战利品分给海屯,并把阿勒颇的穆斯林曾经从亚美尼亚境内夺去的几个地区和城堡归还给他。旭烈兀把自萨拉丁时代以来就被穆斯林占有的、属阿勒颇公国的土地给波赫蒙德六世④。

整个穆斯林叙利亚一片恐慌,一些穆斯林王公未等蒙古人到

---

① 巴赫布拉攸斯,看多桑《蒙古史》III,第316页。
② 多桑《蒙古史》,III,第308—309页,格鲁塞《十字军史》III,第581—582页。
③ 阿卜尔·菲达《十字军史评论》I,140。
④ 巴赫布拉攸斯,《叙利亚编年史》第533页。海顿(《亚美尼亚史料》II,第171页。)格鲁塞《十字军史》III,第583页。

来就前来表示归顺。在阿勒颇城前,旭烈兀接见过霍姆斯前王、阿尤布朝的阿什拉夫·穆萨,他已经被他的人民推翻,现在旭烈兀又使他复位。阿勒颇城陷落致使哈马城不战而降。纳绥尔苏丹像在阿勒颇一样,没有努力保卫大马士革,在听到阿勒颇失陷的消息后,他逃往埃及。被守城军遗弃的大马士革提前投降了。1260年3月1日怯的不花率领蒙古占领军团、在海屯王和波赫蒙德六世的陪同下到达大马士革。大马士革的行政移交给一位蒙古长官,并由三位波斯文官协助。曾坚持抵抗的城堡于4月6日投降,怯的不花按照旭烈兀的命令亲手砍下城堡长官的头①。

在以后的三个星期中,怯的不花完成了对穆斯林叙利亚的征服。蒙古军进入萨马里亚,把纳布卢斯驻军全部砍死,因为他们进行过抵抗。蒙古军未受阻地长驱直入,直达加沙。纳绥尔苏丹在比勒加斯被俘;怯的不花用他去迫降阿杰伦驻军,然后把他送到旭烈兀处。在巴尼亚斯实施统治的阿尤布朝幼支,重新集结在征服者一边②。

对当地的基督教徒来说,无论是叙利亚的一性论异端派,或者是希腊教派,蒙古人进入大马士革似乎是对遭受了6百年压迫的基督教徒的正当报答。他们列队上街游行,在行进中他们唱着赞美诗,拿着十字架,强迫穆斯林在十字架前肃立。他们一直来到倭马亚朝清真寺,"在清真寺内,他们打钟、喝酒。"提尔的圣殿骑士谈到海屯王及其女婿波赫蒙德六世,在帮助蒙古人征服了大马士革后,怯的不花允许他们把一座清真寺改为俗用,或

---

① 阿卜尔·菲达《十字军史评论》第141页。《十字军史评论》中《亚美尼亚史料》II,751。格鲁塞《十字军史》III,第586页。
② 阿卜尔·菲达《十字军史评论》,第143页。

者说把一座穆斯林用来作拜功的原拜占庭教堂归还给基督教徒们使用。穆斯林们向怯的不花抱怨，但是，他却凭他的爱好行事，参观教堂和主教们主持的各种基督教徒的忏悔，没有满足穆斯林的任何要求①。

这些征服似乎永无休止，直到一件意外事情的发生才结束。蒙哥大汗于1259年8月11日在中国去世，旭烈兀兄弟忽必烈和阿里不哥之间为争汗位爆发了战争（参看285页）。旭烈兀排行第四，他远离蒙古，无论如何关于选举有足够的规定，他没有被提为候选人，而他对忽必烈表示同情，他的支持，或者说他的调停也许是需要的。旭烈兀还明白，他的堂兄弟、钦察汗的别儿哥正在高加索边境上对他造成威胁②，别儿哥偏爱伊斯兰教，而旭烈兀偏爱基督教，别儿哥谴责旭烈兀对报达的屠杀。由于这些原因，旭烈兀在叙利亚和巴勒斯坦留下一支占领军，由怯的不花统率，自己返回波斯。据基拉罗斯，这支占领军缩减到两万人，尽管海顿提出的数字是不会超过一万人③。

现在统治着蒙古人的叙利亚和巴勒斯坦的怯的不花十分倾向于该地的基督教徒，这不仅是因为他本人是聂思托里安教徒，似乎还因为他意识到这样做对法兰克—蒙古联盟双方的好处④。遗憾的是，尽管安条克—特里波利王波赫蒙德六世可能在此问题上与他看法一致，但是，阿迦的男爵们仍视蒙古人为野蛮人，甚至他们

---

① 《十字军史评论》（《亚美尼亚史料》II，751）。多桑《蒙古史》III，第325页。格鲁塞《十字军史》III，第589页。
② 多桑《蒙古史》III，第377页。巴托尔德"Berke"条目，《伊斯兰百科全书》第725—726页。
③ 基拉罗斯《亚洲杂志》I（1858年）498。海顿（《亚美尼亚史料》II，173）。
④ 《亚美尼亚史料》第174页。

第九章 蒙古人统治下的波斯和旭烈兀家族

宁愿要穆斯林,而不要这些野蛮人统治。① 其中西顿的儒连伯爵攻击蒙古巡逻队,杀死怯的不花的侄儿。被激怒的蒙古人为报复洗劫了西顿。法兰克人与蒙古人之间的联盟,无论是公开的还是暗中的,到此结束了②。

这一破裂使穆斯林鼓起新的勇气,因为尽管阿勒颇—大马士革的阿尤布朝苏丹国已经被征服,但那儿仍保留着一支强大的穆斯林军队,即马木路克军,以及埃及苏丹国的君主们。马木路克是雇佣军,主要是突厥人,他们组成了埃及阿尤布王朝苏丹们的军队,1250 年他们推翻了阿尤布王朝成了埃及的主人,他们的将军们成了埃及的苏丹。当时在开罗进行统治的马木路克苏丹是忽都思(1259—1260 年在位),他意识到形势正在朝着对他有利的方面转化。旭烈兀与蒙古主力军一旦起程回波斯,怯的不花若无沿海法兰克人的援助,靠最多只有两万人的驻军维持征服地区将是不可能的。既然这些法兰克人已经与他决裂,马木路克军可以行动了。1260 年 7 月 26 日,他们的先头部队在异密拜巴斯的统率下离开埃及前往巴勒斯坦。由拜答儿③指挥的一小支加沙蒙古占领军被打垮。阿迦的法兰克人不是与怯的不花言和,反而允许马木路克军过其境和在阿迦城下补充粮草④。

马木路克获准经过法兰克人的海岸地区和补充军队给养,使他

---

① 德拉博德的文章("letters des chrétien de Terre Sainte", 1260)(《东方拉丁评论》II,1894 年,214)。格鲁塞《十字军史》III,第 584 页。
② 海顿(《亚美尼亚史料》第 174 页)。"Gestes de Chiprois"第 752 页。格鲁塞《十字军史》III,第 594 页。
③ 《史集》,余大钧译,商务印书馆,1986 年版,第三卷第 79 页。有异密拜答儿。此处误为拜巴斯。——译者
④ "Gestes des Chiprois"第 753 页。Rothelin 手稿(《十字军史评论》第 637 页)。格鲁塞《十字军史》III,第 601—603 页。

们在初期占有很大的优势。另一优势是他们人数多。怯的不花认为昔日的成吉思汗部队是不可战胜的,进行了英勇抵抗。马木路克军离开阿迦后,通过法兰克人的属地加利利向约旦进军。怯的不花率蒙古骑兵和几支谷儿只人和亚美尼亚人的小分队出城迎战①。1260年9月3日两军在泽林附近的艾因贾卢特相遇,怯的不花被大军击溃,但是他保住了成吉思汗旗帜的荣誉。拉施特写道:"在热情和勇气驱使下,他骑马冲去,拼命砍杀左右之敌,给予敌军强有力的打击。人们徒劳地劝他撤退,他不听这种劝告,说:'宁死不退。若有能见到旭烈兀者,可告诉他,怯的不花不愿可耻的撤退,宁愿以身殉职。希望可汗不要为损失一支蒙军而过度悲伤。让他这样想:就当士兵的妻子们一年未曾怀孕,他们马群的母马一年未曾怀驹。祝可汗幸福!'"拉施特继续写道:"尽管士兵们都离开了他,他继续与上千的人作战,最后因马跌倒,他被俘。"双手被绑在身后带到忽都思面前,忽都思侮辱这位征服者说:"你打倒了许多王朝,现在你落网了!"这位聂思托里安教的蒙古人的回答值得载入成吉思汗国的史诗:"如果我死在你手中,我认为这是天意,而不在于你。别为片刻的胜利而陶醉。当我死的消息传给旭烈兀汗时,他的愤怒将像沸腾的大海,从阿哲儿拜占直到埃及的大门口的土地将被蒙古马蹄踏平!"在最后一次表露他对蒙古人和君王,以及对威严和正统的成吉思汗国的忠诚时,他嘲笑这些靠机会当上王的马木路克苏丹们,谋杀前任王是他们通常夺取王位的途径:"我终身是君主之臣,不像你们是君主的谋杀者!"接着,捉到他的人砍下了他的头②。

---

① 基拉罗斯(《亚洲杂志》I,498)。
② 《史集》余大钧译本,商务印书馆,1986年版,第三卷第81页。——译者

忽都思苏丹胜利进入大马士革,该城的基督教徒为他们的前蒙古感情付出了沉重的代价;因为远至幼发拉底河的整个穆斯林叙利亚都归并入埃及的马木路克苏丹国。旭烈兀作了一次更大的尝试。一支蒙古分队于1260年11月底又进入叙利亚,第二次掠夺了阿勒颇,但是被霍姆斯附近的穆斯林击退(12月10日),再一次被赶回到幼发拉底河东岸。

6. 旭烈兀的晚年

后来,旭烈兀没有实现征服穆斯林叙利亚的企图,因为由于他的堂兄弟、钦察汗别儿哥所造成的威胁,他处于严重的不利地位。统治着南俄罗斯草原的成吉思汗长支的后裔偏爱伊斯兰教,其程度也许胜过旭烈兀对基督教的偏爱;所以旭烈兀的胜利令他吃惊。拉施特报道了别儿哥对这位波斯汗的言论:"他洗劫了穆斯林的所有城市,不征求他亲属们的意见就处死了哈里发。在安拉的庇护下,我要他解释为何屠杀无辜!"[1]正如他表现出来的感情一样,别儿哥为了反对他的堂兄弟、波斯汗(蒙古征服中的主要人物,同时也是基督教徒的保护者),毫不犹豫地与马木路克军结合,马木路克军虽然名义上是蒙古人的敌人,但他们是伊斯兰教的保卫者。新马木路克苏丹拜巴斯(1260—1277年在位)本人就是钦察突厥人,他促进了这一联合。1262年,别儿哥和拜巴斯开始交换使者,并且别儿哥向旭烈兀宣战[2]。旭烈兀于当年的11至12日间采取攻势,越过标志着

---

[1] 《史集》德弗雷梅里译本,第393页。参看瓦尔坦,《亚洲杂志》II(1860年),第302页。
[2] 参看巴托尔德"Berke"条目,《伊斯兰百科全书》第726页。海顿《亚美尼亚史料》II,176。

两国在高加索边境分界的打耳班关隘向捷列克河以北的钦察境进军。然而,此后不久,他在捷列克河河畔遭到由别儿哥侄子那海率领的军队的袭击,退回阿哲儿拜占①。波斯汗国从一开始就明显地受到钦察可汗们的敌视,后来又受到察合台诸汗们的敌视,不久便陷入四面楚歌的境地,来自高加索或阿姆河方向的不断的侧击使波斯汗国瘫痪,阻止了它向叙利亚方向的扩张。成吉思汗后裔之间的这一内战最终结束了蒙古的征服。

旭烈兀通过消灭许多省内的地区王朝,至少是完成了波斯境内的统一。毛夕里的阿塔卑、老别都鲁丁卢卢(1233—1259年在位)因答应臣事蒙古人而保住了王位。但是,在他的儿子们轻率地与马木路克站在一边之后,旭烈兀占领并洗劫了毛夕里,归了这一公国(1262年)②。萨尔古尔朝的塞尔柱克沙赫、法尔斯阿塔卑在1262—1264年也反叛过蒙古人,他在蒙古人攻占卡泽伦(1264年12月)时被杀。后来,旭烈兀把法尔斯的王位给了萨尔古尔朝公主阿必失可敦,并让她嫁给他的四子忙哥帖木儿王子,这一做法相当于兼并法尔斯③。旭烈兀的另一个儿子、他的继承人阿八哈,同样也与起儿漫忽特鲁沙朝的女继承人帕夏可敦结婚④。

一个有趣的特征是,在旭烈兀及其早期几位继承者的统治时期,波斯境内有佛教活动,但是,对此几乎没有资料。我们所知道的是,来自畏兀儿地区、中国和西藏的某些佛教僧侣定居在旭烈兀

---

① 《史集》卡特勒梅尔译本,第399页。多桑《蒙古史》III,第380—381页。
② 多桑《蒙古史》III,第362,370—374页(据拉施特和巴赫布拉攸斯记)。
③ 多桑《蒙古史》III,397—404(据拉施特和米尔空记)。参看 T. W. 海格"Salghurides"条目,《伊斯兰百科全书》第109页。
④ 《史集》卡特勒梅尔译本,第403页。米尔空"Kutlugh-khàn"条目,《伊斯兰百科全书》1238页。

国内，他们在那里建造了许多有绘画和雕刻装饰的宝塔①。特别是旭烈兀的孙子阿鲁浑汗还用画有自己肖像的画来装饰这种塔②。据已知道的元代中国画来看，有理由痛惜佚失的这些著作，它们的影响可能解释后来波斯袖珍画的某些特征。

虽然旭烈兀在洗劫报达之后被穆斯林视为"上帝之鞭"，但他仍然是波斯文学的保护者。伟大的史学家沙哀丁·志费尼便是一个最好的例子。志费尼的父亲贝哈哀丁（死于1253年，其家族来自尼沙普尔）本人是蒙古政府中的一员官吏，负责呼罗珊财政，志费尼也是一位行政官。1256年他劝阻旭烈兀不要焚烧阿剌模忒堡中伊斯梅尔派教徒们藏书的图书馆。他两次（1249—1251，1251—1253年）访问过蒙古，对中亚问题很熟悉，约于1260年写成了不朽的《世界征服者史》一书，即是成吉思汗及其继承者们的历史，一直写到1258年。旭烈兀于1262—1263年间任命他为报达的长官。值得赞扬的事是，在1268年的穆斯林宗教狂热浪潮期间，聂思托里安教大主教马·德赫曾在他家中避难③。他的兄弟沙姆斯哀丁·志费尼约于1263至1284年间担任过旭烈兀、阿八哈和帖古迭儿三位汗王的理财大臣。

7. 阿八哈的统治

旭烈兀于1265年2月8日死于蔑剌合附近，其后不久，他的皇后脱古思可敦也相继去世。他们的去世使东方基督教各派都感

---

① 多桑《蒙古史》IV，第148页。
② 多桑《蒙古史》IV，第281页。
③ 巴托尔德"Djuwaini"条目，《伊斯兰百科全书》1100页。

到有所损失。他们用巴赫布拉叻斯以叙利亚雅各派教会的名义和刚加的基拉罗斯以亚美尼亚教会的名义写下的深情的话语来悼念他们:"基督教的两颗巨星","又一位君士坦丁,又一位海伦。"①

旭烈兀长子阿八哈继位(1265—1282年在位)。新汗继续住在阿哲儿拜占;不同的是,旭烈兀以蔑剌合为都,而阿八哈选中桃里寺城,该城后来继续作为都城,直到蒙古的波斯王朝结束,其间只有完者都统治时期(1304—1316年)除外,此时都城迁往苏丹尼耶。像旭烈兀一样,阿八哈也把自己看成仅仅是忽必烈大汗的副手,在他的请求下,忽必烈发给他一文授职书(札儿里黑)。

阿八哈像其父亲一样,很可能是一位佛教徒,然而,在国内,他对基督教会:亚美尼亚派、聂思托里安派、或者是雅各派也表示善意,在国外,他赞成与基督教世界联合反对埃及和叙利亚的马木路克。他即位之年与拜占庭皇帝迈克尔·佩利奥洛格斯的女儿马丽公主结婚。在叙利亚方面,阿八哈是聂思托里安教大主教马·德赫的保护者②。后来他与主教之子、著名的马·雅巴拉哈三世成了朋友。

在前文(第303页)中我们曾谈到列班·扫马和麻古思两位聂思托里安教徒的朝圣,他们分别来自北京和山西北部的托格托地区,目的是朝觐耶路撒冷。我们已经知道,他们于1275年和1276年间过喀什噶尔后如何到达波斯的情况。用叙利亚文写成的他们的传记表明,在蒙古人的统治下,波斯的聂思托里安教占有着重要地位。在他们到达呼罗珊时,他们访问了图斯附近的聂思托里安

---

① 多桑《蒙古史》III,第407—408页。
② 马·德赫任主教时期是1266—1281年,后由马基哈继任。

第九章 蒙古人统治下的波斯和旭烈兀家族

教修道院,即马塞坊修道院①,在阿哲儿拜占的蔑剌合附近,他们见到了大主教马·德赫,如上所述,马·德赫受到蒙古统治者们的尊重②。他们从蔑剌合南下到报达,那儿有聂思托里安教主教区,主教区仍像古代一样被称为塞硫西亚,后来他们到了亚述,该地有著名的教堂和埃尔比勒、伯斯卡迈、尼西比斯修道院。当列班·扫马和麻古思已经回到尼西比斯附近塔雷勒的圣米切勒修道院③时,马·德赫主教召他们作为使者出使阿八哈汗。阿八哈汗不仅亲切会见了他们,而且还给他们提供有利于他们去耶路撒冷朝圣的专利证。然而,由于以波斯汗国为一方和以钦察汗国和马木路克为另一方的战争状况,他们未能继续旅行。

于是,马·德赫主教任命麻古思为汪古部和契丹地区(即中国北部)的大主教,以列班·扫马为他的副主教④。但是,在他们出发前往他们的新教区之前,马·德赫去世(1281 年 2 月 24 日),麻古思在报达附近召开的一次聂思托里安教宗教会议上被选为最高主教,称号是马·雅巴拉哈三世。显然,这次选举在很大程度上是出于策略上的考虑。尽管这位新主教对宗教非常虔诚,但他只是略通叙利亚语,并且完全不懂阿拉伯语。但是,他是"蒙古人",无论如何是属于突厥—汪古部人,该部的许多王子与成吉思汗家族联姻。聂思托里安教长老们认为,他们可能再也找不到一个比他更能令波斯汗接受的主教了。确实,当马·雅巴拉哈三世去接受阿八哈授职时,这位蒙古统治者把他作为朋友般的欢迎。"他把外

---

① W·巴奇《忽必烈汗时期的僧侣》第 139—140 页。
② 《马·雅巴拉哈》,J.B. 夏博译,《东方拉丁杂志》(1893 年)第 593—594 页。
③ 他们约于 1275 年离开中国,约于 1278 年抵达美索不达米亚。
④ 巴奇《忽必烈时期的僧侣》第 148 页。

衣披在他的肩上,让他坐在自己的椅子上,它是一小型御座。还赐给他一把荣誉的伞和刻有王室印徽和主教大印的金匾[①]"。1281年11月2日,这位来自北京的教士在塞硫西亚附近的马科卡大教堂内举行聂思托里安教大主教的就职典礼,出席者有耶路撒冷大主教马·亚伯拉罕,撒麻耳干大主教马·詹姆斯和唐兀惕(即中国甘肃)的大主教马·耶酥沙布兰[②]。

在国外,阿八哈结束了由他父亲发动的、反钦察汗别儿哥的战争。1266年春,别儿哥的侄子那海又恢复攻势,穿过打耳班关隘和库拉河,但是在阿克苏河畔被阿八哈的副手们打败,退回失儿湾。后来别儿哥亲自率领大军过打耳班,为得到渡口,他向库拉河上游进军,在这时候他去世了(1266年)。他死后,他的军队撤退。[③]

正如我们已经看到的,阿八哈在东北方不得不面对河中的察合台系八剌汗的攻击,八剌于1269年至1270年入侵呼罗珊,占领莫夫和尼沙普尔。阿八哈在一次蒙蔽敌人的佯装退却之后,于1270年7月22日在赫拉特附近击溃八剌[④]。值得一提的是,赫拉特马立克克尔特人沙姆斯哀丁巧妙地使自己不卷入这次蒙古内战。为了保住他的城市,这位圆滑的阿富汗人面对察合台人的入侵,同意效忠于察合台人;但是,当阿八哈率军到呼罗珊时,他又倒向阿八哈一边,凭着他对赫拉特的有效的保卫,使这位波斯汗能够把入侵者诱入埋伏圈,并在那儿击溃了他们。

---

① 《马·雅巴拉哈》第607—608页。
② 《马·雅巴拉哈》第609—610页。
③ 多桑《蒙古史》III,第416—419页。
④ 多桑《蒙古史》III,第432—449页(据拉施特记)。

第九章 蒙古人统治下的波斯和旭烈兀家族

阿八哈于1273年1月实现了他的复仇。他把战争引入河中,派一支军队去洗劫不花剌(见上文)。尽管赫拉特马立克沙姆斯哀丁在1270年对阿八哈曾表示过忠实,但阿八哈不信任他。阿八哈在给予他许多尊号和荣誉以后,于1277年把他骗到桃里寺,并在此周密策划地毒死了他(1278年1月)。然而在1279年,他立这位牺牲者的儿子鲁肯哀丁成为赫拉特王,其号为沙姆斯哀丁二世[①]。

在西方,阿八哈不得不继续他父亲反马木路克的斗争,现在马木路克不仅是埃及的君主,而且还是穆斯林叙利亚的统治者。马木路克苏丹拜巴斯是伊斯兰教领袖和他那个时代(1260—1277年)最杰出的武士之一,他时不时地蹂躏蒙古人的亲密盟邦和属国、西里西亚的亚美尼亚国,以此采取攻势。1275年4月他掠夺该国的主要城市:西斯、阿达纳、塔尔苏斯和剌牙思。在此之后他干涉小亚细亚塞尔柱克苏丹国的事务。塞尔柱克苏丹国与波斯汗国有着紧密的臣属关系。在年轻的苏丹凯·库思老三世(1265—1283年)未成年期间,苏丹国是在蒙古的保护权之下,由丞相穆因哀丁·苏来曼管理。这位丞相是一个大阴谋家,他似乎已经与拜巴斯有着秘密的往来,无疑他要求拜巴斯把苏丹国从蒙古人的控制下解放出来。无论如何,拜巴斯于1277年进入塞尔柱克苏丹国,4月18日在卡帕多细亚入口处、吉浑河上游河畔的阿尔比斯坦打败了蒙古占领军,而统率塞尔柱克军队的这位丞相逃跑。拜巴斯胜利进入卡帕多细亚的开塞利(4月23日),然后回到叙利亚。

[①] 多桑《蒙古史》III,第441—442页;IV,第179—183页。

阿八哈听到这一失败的消息后急忙赶到安纳托利亚（1277年7月）；严厉地惩罚了那些表现出战斗无力的塞尔柱克突厥人，他们对伊斯兰教的忠实胜过了对成吉思汗蒙古人，经过审讯之后，处死了丞相苏来曼（8月2日）[①]。

阿八哈很愿意与反马木路克的拉丁政权结成牢固的联盟，1273年他将此意致函教皇和英王爱德华一世。他的两位使者于1274年5—7月间拜会了格列高利十世，并受到路易斯宗教委员会长老们的接见。在阿八哈派遣的其他使者中，被提到的有于1276年11月出现在意大利的瓦舍鲁斯的约翰和詹姆斯和1277年出现在英国爱德华一世宫中的使者。但是，教皇、法国和英国都未响应这位蒙古人的倡议[②]。

阿八哈决定独自行动。1271年10月底，他派一万骑兵蹂躏了阿勒颇省郊区。1280年9月和10月他又派出一支较大的分遣队，在短时期内这支军队曾占领过除内城以外的阿勒颇城，他们放火烧清真寺（10月20日）。这不过是一次侦察行动。1281年9月，一支5万人的蒙军进入叙利亚。亚美尼亚王尼奥三世像其父海屯一样，是蒙古人的忠实属臣，他也率军加入这支蒙军。于是，有3万亚美尼亚人、谷儿只人和法兰克人加入了这支5万蒙古人的军队。全军由阿八哈的弟弟忙哥帖木儿王子统率。1281年10月30日，他们与由嘉拉温苏丹率领的马木路克军在霍姆斯附近相遇。蒙古右翼军，即以尼奥三世为首的亚美尼亚和谷儿只军，把与他们对面的敌军打跑，但是，中路的忙哥帖木儿因负伤从战场上退

[①] 阿卜尔·菲达《十字军史》I，155。海顿《亚美尼亚史料》180页。多桑《蒙古史》III，481—488，格鲁塞《十字军史》III，694页。

[②] 海顿《亚美尼亚史料》第180—181页。

下来,他的撤退削弱了士气。蒙古人又一次不得不回渡幼发拉底河①,这次失败后不久,阿八哈于1282年4月1日去世。

8. 阿鲁浑的统治

阿八哈的弟弟和继承者帖古迭儿②即位(1282年5月6日),他不再实行旭烈兀家族的传统政策。尽管他的母亲(忽推可敦)可能是聂思托里安教徒,尽管他本人在年轻时代曾受过洗礼,但是据海顿和尚记载,他即位后信奉伊斯兰教,取名阿赫默德,取号苏丹,并开始使波斯汗国转向伊斯兰教。海顿和尚写道:"他想尽一切办法使鞑靼人皈依穆罕默德的伪法。"③1282年8月帖古迭儿向马木路克提议谈和结盟。佛教徒和聂思托里安教徒的"守旧派蒙古人"向中国大汗忽必烈抗议,忽必烈是帖古迭儿的伯父,同时也是波斯汗国的宗主。据马可·波罗说,忽必烈很不高兴,并威胁要对波斯进行干涉。帖古迭儿因为向北京宫廷提出的这些请求而谴责了聂思托里安教首领——大主教马·雅巴拉哈三世和副主教列班·扫马,大主教被投进监狱,并有可能丧命,然而由于母后忽推可敦他才获得豁免④。

与此同时,所有持反对意见的蒙古守旧派,同样也有佛教徒和

---

① 参看阿卜尔·菲达《十字军史》I,第158—159页。海顿《亚美尼亚史料》第183—184页。巴赫布拉攸斯《叙利亚编年史》第592—593页。多桑《蒙古史》III,第524页。R.罗里希特的文章"Les batailles de Homs", *Archives de l'orient Latin* I,第638页。格鲁塞《十字军史》III,第699页。

② 在蒙古语中是"Täghüdär"。

③ 海顿《亚美尼亚史料》185页。

④ 《马·雅巴拉哈》第75—77页。

聂思托里安教徒们,都集结到阿八哈之子、呼罗珊长官阿鲁浑王子一边,不久,爆发了内战。赌注是很高的。蒙古波斯将继续是蒙古国家还是成为一个纯穆斯林苏丹国?国内的聂思托里安教教徒和雅各派教徒与国外的亚美尼亚和法兰克人将继续受到优待,还是波斯国与马木路克结成联盟?最初的斗争对阿鲁浑不利。他在自己的呼罗珊境内煽动起义,并从呼罗珊向伊剌克·阿只迷进军,但是,在1284年5月4日在可疾云附近的阿克霍札被打败,被迫向帖古迭儿投降。然而此后不久,军队首领中的一次阴谋导致了宫廷革命。帖古迭儿被其部队遗弃,并于1284年8月10日被处死,第二天,阿鲁浑登上了王位。

阿鲁浑阻止了国家向伊斯兰教转化的倾向。像阿八哈和旭烈兀一样,阿鲁浑本人也带有一些佛教徒的特征,他把许多文职(特别是财政管理方面的)交给基督教徒、或者犹太教徒。他选犹太教医生撒菲·倒剌作理财大臣和首席谋臣,撒菲·倒剌从1288年起到阿鲁浑最后病倒(1291年2月)期间,一直得到阿鲁浑的充分信任。撒菲·倒剌是一位有才智、善处事、通突厥语和蒙古语的能干的宫臣(他把他获得的宠信归功于一副及时治好君主病的泻药),撒菲·倒剌使自己与阿鲁浑保持一致,阿鲁浑也很赏识他对国家福利的忠心。他是一位杰出的行政官,通过阻止封建地主们的掠夺而在财政方面恢复了秩序。他不准军事将领们轻视法庭的判决,他对粮食征收官吏发布命令,抑制他们对人民过度的征收。简言之,他寻查出各种弊端,企图把正规的民政管理引入蒙古人的纯军事统治中。他不干涉穆斯林宗教,而是使穆斯林之间的诉讼案子按古兰经法不按蒙古习惯进行处理。他还增加了慈善机构的基金,鼓励和资助文人学士。穆斯林们再没有什么可抱怨的了,只是不满他把他的犹太教伙伴们安置在行政机构的主要位置上,特别是让他的亲属们承包除呼罗珊和小亚细亚以外所有地区的税收,呼罗珊和小亚细亚两省属阿鲁浑之子合赞和阿鲁浑的兄弟海合都的封地。然而,这位犹太教大臣遭到了仇恨。蒙古封建主们恨他禁止他们的掠夺,狂热的穆斯林们扬言,他和阿鲁浑正在开始一种新宗教,要强迫穆斯林成为"异教徒",要把麦加的克而白变成偶像崇拜的寺庙,可能变成佛教寺庙等等。这些罪名当然是荒谬的,但是,它们最终使这位伟人失去了尊严[①]。

阿鲁浑的一位妻子兀鲁克可敦生于克烈部,是已故脱古思可敦的侄女,也是一位聂思托里安教教徒。1289年8月她让其子、即未来的完者都汗接受洗礼,为对教皇尼古拉四世表示崇敬,起教名为尼古拉。海顿和尚写道:"阿鲁浑喜爱和尊敬基督教徒。他重建了帖古迭儿推倒的基督教教堂。"聂思托里安教大主教马·雅巴拉哈的传记中说,他当时有能力重建许多原来的寺院,包括蔑剌合的马萨里塔教堂。

9. 列班·扫马出使欧洲

阿鲁浑希望恢复反马木路克的战争,他极力争取再次与基督教世界联盟。他提议采取一致行动。与十字军在阿迦或达米埃塔登陆的同时,蒙古人入侵穆斯林叙利亚,接着瓜分叙利亚。阿勒颇和大马士革将归蒙古人;耶路撒冷归十字军。抱此目的,阿鲁浑于1285年致函教皇霍诺里乌斯四世,该信的拉丁译文现存梵蒂冈,

---

[①] 参看多桑《蒙古史》IV,第31—38、49—57页(据瓦撒夫记)。

信中提出了详细计划。在这封著名的信中,波斯汗在呼唤了成吉思汗、即"鞑靼的祖先"的名字和提到他的伯祖父、宗主和盟友、中国皇帝忽必烈之后,回忆了把成吉思汗国与基督教世界团结起来的人物:他的基督教的母亲、祖父旭烈兀和他的父亲阿八哈,他们都是基督教徒的保护者。他写道,忽必烈大汗委托他解放"基督教徒之地",并把它置于他的保护之下。末了,他请求在他本人入侵叙利亚时,能派一支十字军登陆。"由于萨拉逊人的土地将处在你们与我们之间,我们将共同包围和扼死它。……在上帝、教皇和大汗的庇护下,我们将驱除萨拉逊人!"①

抱着同样的目的,阿鲁浑于1287年派另一个使团,由聂思托里安教士列班·扫马率领去欧洲。汪古部或者是畏兀儿的这位杰出的奥德赛生于北京附近地区,从中国来到波斯的情况上文已经谈过。列班·扫马在黑海岸,无疑是在特拉布松港乘船,在君士坦丁堡登陆。拜占庭皇帝安德鲁尼卡斯二世(1282—1328年在位)给阿鲁浑的代表以亲切的欢迎,在拜占庭帝国边界上的、塞尔柱克人统治下的安纳托利亚是波斯汗国的属地,因此他们在此受到了更加热情的欢迎。②列班·扫马在圣·索菲亚教堂祈祷后,起航前往意大利,在那不勒斯靠岸,在那不勒斯,他目睹了1287年6月23日发生在海湾的一场海战,是安哲文和阿拉贡舰队之间的战争③。他继续从那不勒斯前往罗马。遗憾的是,教皇霍诺里乌斯四世刚去世(1287年4月3日),继承人仍未选出。列班·扫马受

---

① 夏博的文章"Relations du roi Argoun avec L'occident"(*Revue de L'orient Latin*,1894年,571页)。穆勒《中国的基督教徒》106页。格鲁塞《十字军史》III,第711页。
② 《东方拉丁杂志》1894年,第82—83页。
③ 上引书,第89页。

第九章　蒙古人统治下的波斯和旭烈兀家族　　513

到红衣主教们的接见。他向他们解释了蒙古基督教世界的重要性:"要知道,我们的许多长老(第 7 世纪以及后来的几个世纪中的聂思托里安教传教士们)曾到突厥人、蒙古人和中国人的居住地,对他们进行教化。今天,许多蒙古人已经是基督教徒,他们中有君王和皇后的孩子们,他们接受了洗礼,信仰基督。他们在扎营地建造教堂。阿鲁浑王友好地与主教团结。他希望叙利亚归他所有,恳求你们援助解放耶路撒冷。"[①]

在瞻仰了圣·彼得和罗马的其他教堂之后,列班·扫马离开罗马,经热那亚前往法兰西。热那亚人在克里米亚和特拉布松有很重要的货栈,还有许多商人生活在蒙古人统治下的波斯,他们都赶来对阿鲁浑的使者们表示热烈欢迎[②]。大约 1287 年 9 月 10 日列班·扫马到达巴黎,金发菲利普接见了他,菲利普亲自陪他拜谒了圣察帕勒教堂。在浏览了从索尔邦到圣丹尼勒的教堂之后,列班·扫马到波尔多去拜访英王爱德华一世(10 月底到 11 月初)。像法兰西国王一样,爱德华给蒙古使者们讨好似的欢迎,然而,两位君主都不愿意订立列班·扫马一行所盼望签订的明确的军事协约[③]。列班·扫马有些失望地回到罗马,罗马于 1288 年 2 月 20 日终于选出了新教皇尼古拉四世。尼古拉四世以极大的兴趣听取了蒙古教士的提议,很受感动;允许他参加复活节前一周的庆祝仪式,并在各地都把他安排在首席上,还亲自授给他圣餐。列班·扫马欣慰地重新上路,从有关他出使的报导来看,显然这位来自北京

---

① 夏博《东方拉丁杂志》1894 年,第 91 页。参看格鲁塞《十字军史》III,第 715—716 页。
② 夏博《东方拉丁杂志》,第 104 页。
③ 同上书,第 106—111 页。格鲁塞《十字军史》III,第 717—718 页。

附近的教士从未梦想会经历如此热烈的场面和在宗教上得到的极大满足①。但是,从政治方面来看,他的出使并不成功。西方各国没有组织与蒙军配合的、可能会拯救法属叙利亚殖民地的十字军,列班·扫马在第二次访问热那亚时,对图斯卡鲁姆的红衣主教抱怨此事:"尊敬的大人,我能告诉你些什么呢?作为阿鲁浑王和耶路撒冷大主教的代表我来这里整整一年过去了,……我要说的是,我回去时我将给蒙古人带去什么样的答复?"②

列班·扫马带着尼古拉四世、金发菲利普和爱德华一世给阿鲁浑的信回到波斯③。他很可能在 1288 年夏末到达阿鲁浑宫廷。阿鲁浑深表感谢,任命他为他斡耳朵的聂思托里安教牧师:"阿鲁浑下令就在廷帐旁建教堂,以致两帐篷的绳子绕在一起。他命令这一教堂内的钟声将长鸣不止。"④

1289 年的复活节(4 月 10 日)庆祝会后,阿鲁浑又派新的使者、热那亚人布斯卡尔访问教皇尼古拉四世、金发菲利普和爱德华一世。布斯卡尔于 1289 年 7 月 15 日至 9 月 30 日间抵罗马。先后受到了尼古拉和菲利普的接见(11 月和 12 月),他反复陈述了其君主的提议,建立以解放圣地为目的的攻击性的联盟。我们有阿鲁浑致菲利普信的原文,是用畏兀儿字书写的蒙古语:"以长生天之力和至高无上的汗(忽必烈)的保护,在此,法兰克王,我们邀请你于虎年冬季最后一月(1291 年 1 月)出兵,大约能于春季第一月的第十五日(1291 年 2 月 20 日)在大马士革城前扎营。若能按

---

① 夏博《东方拉丁杂志》(1894 年),第 113—121 页。
② 上引书,112 页。格鲁塞《十字军史》III,第 720 页。
③ 夏博的文章"Relations du roi Argoun"第 576—591 页。
④ 夏博《东方拉丁杂志》(1894 年),第 121—122 页。列班·扫马又活了四年,于 1294 年 1 月 10 日死于巴格达。

第九章　蒙古人统治下的波斯和旭烈兀家族　　515

期派兵,我们将重占耶路撒冷,并将它归还给你。但如不能按期出兵与我军会合,那么,我们军队的进军将毫无作用。"该信附有一份法文写的公文,布斯卡尔把它交给了菲利普,公文上阿鲁浑答应给予在叙利亚登陆的法国十字军提供装备和3万匹新战马①。1290年阿鲁浑又向教皇、菲利普和爱德华派出第四位使者,他是察甘,其基督教名是安德鲁,布斯卡尔陪伴他而行,这是布斯卡尔的第二次出使②。但是,除了形式上的礼仪外,西方各国仍未作出答复,因此,法兰西—蒙古人联合进攻马木路克的战争始终没有发生。

阿鲁浑只得把注意力转向保卫呼罗珊和外高加索的北部边境。他任命长子合赞为呼罗珊长官,以斡亦剌惕部的管理者阿儿浑阿合之子异密捏兀鲁思为副。正如我们所见到的那样,阿儿浑阿合在1243—1255年一直为大汗管理着波斯东部和中部,几乎具有至高无上的权利。甚至在旭烈兀王朝上任之后,他仍握有相当大的权力,一直到他于1278年在图斯附近去世。捏兀鲁思生长在这个显赫的家中,把呼罗珊视为自己的私有财产。他于1298年起义,几乎捉住了合赞王子。但是,在顺利的开端之后,他被阿鲁浑的军队追赶,被迫逃往河中,在窝阔台家族首领海都汗处避难(1290年)③。在高加索,钦察汗经过打耳班进攻波斯边境地,但阿鲁浑的副将们于1290年5月11日在塞卡西亚的卡拉苏河畔,击败了敌人的先头部队,打退了这次入侵④。

---

① 夏博的文章"Relations du roi Argoun"第604,611,612页,穆勒《中国的基督教徒》第117—118页。格鲁塞《十字军史》III,第724页。
② 夏博"Relations du roi Argoun"第617,618页。
③ 多桑《蒙古史》IV,第42—49页。
④ 多桑《蒙古史》IV,第42页,巴托尔德"Mangù Timur"条目,《伊斯兰百科全书》第260页中修订了他关于Arghūn的另一篇文章。

10. 海合都与拜都的统治

在阿鲁浑最后病倒期间,对他的中央集权制的反抗开始了。阿鲁浑死于1291年3月7日。2月30日①他的朝臣们废黜和处死了他的犹太教大臣撒菲·倒剌。军队首领中最有影响的人提名阿鲁浑的兄弟海合都为汗,当时海合都是塞尔柱克的安纳托利亚长官。海合都是一个没有什么长处的王子,他沉溺于酒色、鸡奸、穷奢极欲,缺乏统治意识。他和他的大臣阿赫麦德·哈里迪效法于忽必烈在中国发行纸钞②,于1294年错误地把纸币(即钞)的应用引入波斯。同年9月12日在桃里寺城首次发行。其结果比中国更糟,面临商人们的罢市和囤积居奇,纸币只好停止使用。

在宗教事务上,马·雅巴拉哈的传记使我们确信,海合都对待这位主教与对待列班·扫马一样,给予了极大的优待。传记中还记载他让他们参观列班·扫马在蔑剌合建立的聂思托里安教教堂③。然而,正如巴托尔德所指出,这位最有势力的大臣④的政策主要是对穆斯林有利,他的目的是要把蒙古异密们从政府部门中清洗出去。

海合都被一伙反对这种倾向的蒙古封建主们推翻。1295年4月21日他在木干营地,以一种"不流血"的方式被人用弓弦勒死。

---

① 原文如此。——译者
② 多桑《蒙古史》Ⅳ,第101—106页。巴托尔德"Gaikhâtû"条目,《伊斯兰百科全书》第135页。海合都是从忽必烈派往波斯宫廷的使者孛罗丞相那里知道"钞"的情况。
③ 夏博《东方拉丁杂志》,1804年,第127—128页。
④ 指海合都的大臣阿赫麦德·哈里迪。——译者

贵族们任命他的堂兄弟、旭烈兀的另一个孙子拜都继承了他的位置。新汗是一位被迫执政的、无足轻重的人物①。据巴赫布拉攸斯记述，他非常热衷基督教。"与阿八哈的妃子、东罗马公主相处数年，颇知基督教教理，曾允许基督教徒在他的斡耳朵内设礼拜堂和鸣钟，并且自称是基督教徒，脖子上戴着十字架，但是，不敢公开表示其偏袒基督教……，然而，穆斯林抱怨他倾向基督教，他在位时间虽短，但任命为行政官员的基督教徒甚多。"②

阿鲁浑之子、呼罗珊长官合赞王子的野心是要继承父位，他起来反对拜都。在这方面，他得到捏兀鲁思异密的支持，捏兀鲁思于1294年已经与合赞言归于好，并且成为他的副手。捏兀鲁思是一位狂热的穆斯林，他劝合赞放弃佛教皈依伊斯兰教，以便在反拜都的斗争中能得到波斯人的支持，这自然是一个理由很充分的策略，因为拜都是以基督教徒为后盾③。结果，拜都成了他自己仁慈的牺牲品。在与合赞的一次会见中，他的随从们怂恿他除掉这位王子，但是，他被长期培养的感情所感动，拒绝这样做。他的敌人们却很少顾忌。由于捏兀鲁思的阴谋，拜都发现他的随从们逐渐离开了他，结果他不战而败。他企图从阿哲儿拜占逃往谷儿只，但是在纳希切万被俘，于1295年10月5日被处死。

11. 合赞的统治

合赞终于登上了自其父去世后他所梦寐以求的王位。尽管他

---

① 夏博《东方拉丁杂志》，1804年，第133页。
② 巴赫布拉攸斯《叙利亚编年史》第609页。多桑《蒙古史》IV，141页。
③ 多桑《蒙古史》IV，132页。

皈依了伊斯兰教,但他是一个道道地地的蒙古人。海顿和尚把他描述成一位身材矮小、相貌丑陋的人,他比他军中的任何人都要丑。他精力旺盛、诡计多端、善于掩饰自己的感情、很有耐心,这一切我们可以在他处理与捏兀鲁思的关系上看到。他对敌人十分残忍,就他所实施的政策而言,他不考虑人的生命,然而,他是一位健全的管理者,在这方面,他是人道的。他还是一位杰出的将领和勇敢的战士(这在霍姆斯战役中已经证明,他在此战中获胜,也就是说,当他的士兵们被打散后,他独自获胜)。简言之,如果时代可以改变的话,他多少复活了他的祖辈成吉思汗。此外,他还具有透彻的理解力和组织能力。拉施特谈道:"他的母语是蒙语,但是他略通阿拉伯语、波斯语、印地语、藏语、中文和法语。他特别精通蒙古史,像他的所有同胞们一样,他很尊崇蒙古史。除了孛罗·阿合外,他比其他蒙古人都更了解蒙古祖先、蒙古首领的和蒙军将领们的世系①。在成吉思汗后裔中无一人比他更了解蒙古人,由于环境的逼迫,他把这些蒙古人引导到伊斯兰之路上,因此在不知不觉中启发了其民族的本性。"

在合赞统治之初,尽管他个性很强,但是,他被迫按他的同伙们的政策行事,不能贯彻自己的政策。在异密捏兀鲁思和穆斯林团伙的支持下获得王位之后,他首先满足了他们的要求。波斯的蒙古汗国正式成为伊斯兰教国家,作为这种变化的明显的外部特征是蒙古人包上了头巾。现在,在捏兀鲁思鼓动下一种强烈的穆斯林的反作用力违反了旭烈兀、阿八哈和阿鲁浑所推行的全部政策。合赞成了其支持者们的俘虏,从他进桃里寺都城起,他就下令

---

① 《史集》,摘自多桑《蒙古史》IV,第359—360页。

毁掉基督教教堂、袄教拜火庙和佛教寺院。佛教偶像和基督教的圣像被摔坏和捆在一起,嘲弄着游过桃里寺的各条街道。他下令佛僧改信伊斯兰教。合赞的父亲阿鲁浑曾让人把他的像画在一座塔的墙上,然而,合赞下令把这些画像涂掉①。基督教徒和犹太教徒不再在公共场合露面,除非他们穿着有区别的服装。捏兀鲁思的行动超越了其君主的指示,甚至在僧侣和牧师中实行暗杀。许多佛僧只得放弃佛教。聂思托里安教大主教老马·雅巴拉哈三世尽管是"蒙古族"人,而且年事已高,但仍在蔑剌合驻地被捕,被监禁,头朝下的吊着抽打,而穆斯林洗劫了聂思托里安教的马萨里塔教堂。捏兀鲁思要处死马·雅巴拉哈,但由于亚美尼亚王海屯二世的干预而幸免,海屯二世碰巧在桃里寺宫廷,他为这位老人向合赞求情。尽管宗教迫害很残暴,但蒙古宫廷不敢反对这位忠实的亚美尼亚属臣,他在马木路克苏丹国边境上保卫着帝国。合赞彻底转向伊斯兰教,无疑是由于他感到对于一个穆斯林地区的统治者来说,他的王朝皈依伊斯兰教是最基本的事,但是,他没有捏兀鲁思那样的宗教仇恨;因此,他更多地是一个蒙古人②。马·雅巴拉哈的蒙古出身不可能不引起他的同情,到他自由行使权力时就恢复了马·雅巴拉哈的职务(1296 年 3—7 月)。然而,解开了枷锁的蔑剌合穆斯林们于 1297 年 3 月又爆发新的骚乱。洗劫了主教驻地和聂思托里安教大教堂。同时,捏兀鲁思的代理人鼓动库尔德山民围攻聂思托里安教教徒避难之地埃尔比勒堡③。

---

① 多桑《蒙古史》IV,第 281—282 页。
② 《史集》,合赞并不是狂热的穆斯林,《史集》证实了他的宗教诚意,在他即位前很久他就公开宣布他要抛弃佛教的偶像崇拜,皈依伊斯兰教。多桑《蒙古史》卷 IV,148 页。
③ 《马·雅巴拉哈》第 134—142,239—250 页。

合赞具有很强的个性，小心翼翼地维护着自己的权力。此时，他已经厌烦了捏兀鲁思的独裁。捏兀鲁思是蒙古人的儿子，他的父亲最终成了东伊朗的独立长官，捏兀鲁思本人娶了王室公主、阿八哈之女为妻，自从拥戴合赞即位之后，自认为不可一世、为所欲为。合赞对他的效劳予以承认，任命他为王国的副帅。现在他的傲慢和蛮横已无限制地发展起来。合赞对他采取了突然行动。1297年3月合赞不露声色地逮捕和处死了碰巧留在宫中的捏兀鲁思的所有下属。这时正在呼罗珊统军的捏兀鲁思也受到效忠君主的部队的攻击，他在尼沙普尔附近被打败。便逃到赫拉特马立克、鲁肯哀丁之子和继承人法黑剌丁处避难，他认为此人可靠。但是，克尔特人的政策一贯是在蒙古内战中随时支持强者，以求得生存。那么，这支处事圆滑的阿富汗家族有可能为了一个倒台大臣的命运而去与成吉思汗王朝决裂吗？当帝国军队包围赫拉特，要捉拿捏兀鲁思时，法黑剌丁嘲讽地交出了逃亡者，后来，他在该地被处死（1297年8月13日）①。

摆脱了捏兀鲁思的监护之后，现在合赞投身于自己的事业。合赞尽管皈依了伊斯兰教，但仍是一个地道的蒙古人，他是一位能干的君主，既开明又严厉。他对可能阻碍他行动（有时仅仅是出于怀疑）的宗王、异密和宫臣们进行了残酷的镇压，由此把权力又集中于中央政权。巴托尔德写道："作为君主和立法者，他显示出极大的活力，彻底摆脱了固执。他把注意力放在国家财政上，特别注意货币。在他发行的钱币上，刻有三种文字（阿拉伯文、蒙古文和

---

① 多桑《蒙古史》IV，第174—190页。是据拉施特和米尔空的记载。《史集》余大钧译本，第三卷第302页记，他死于696年10月23日，即公元1297年8月14日。——译者）

藏文),合赞不再像他的祖辈那样,是北京大汗的代表,而是作为上天恩赐的君主(tängri-yinkuchundur,字意是:凭借长生天的力量)。"①尽管他宣布了君主权,但他派往中国的使者们仍向成吉思汗家族之首,或者更准确地说,向拖雷家族之首铁穆耳皇帝表示效忠。

虽然合赞在处理阴谋和大量侵吞国库的贪污时可能是无情的,但是,他一直注意管理,"使农民免遭骚扰和勒索"。一天,他对宫臣们说:"你们要我答应你们去掠夺塔吉克人(波斯的农民),但是,当你们摧毁了农民的牲畜和庄稼,你们还能够做些什么呢?如果你们来向我要粮食,我要严厉地惩罚你们!"②经过严重烧杀掳掠之后,呼罗珊和伊剌克·阿只迷的大部分可耕地已经荒芜。游牧民的统治耗尽了土地肥力。拉施特提到:"土地仍大面积地荒废着。无论是公有地,还是私有地。无人敢去耕耘,因为害怕花费了财力与人力之后又被剥夺。"合赞开始"注意这些土地"。拉施特继续写道:"他感到有必要鼓励农业,颁布法令保护农耕者,公平地对待他们的劳动果实。荒芜了几年的土地分给那些愿意耕种的人,第一年免税。按同一法令,已经多年无人过问的世袭庄园,迁入其内的新居民可以不经原主的同意占用③。由于不断监视贵族们的劫掠,国库收入从1700托曼上升到2100托曼。"④

合赞的大臣是伟大的波斯历史学家拉施特(哈马丹的法德尔·阿拉赫·拉施特)他约生于1247年,死于1318年⑤,1298年晋

---

① 巴托尔德"Ghāzan"条目,《伊斯兰百科全书》第158页。
② 《史集》,转自多桑《蒙古史》IV,367。
③ 《史集》,上引书 IV,417—418。
④ 2100托曼约等于今日的1200万美元。——译者
⑤ E.贝特尔斯"Rashid al-Din Tabib"条目,《伊斯兰百科全书》第1202页。

升为大臣。正是合赞要求拉施特写一部蒙古人的历史,于是,这位著名学者的不朽的著作《史集》产生了。如上所述,合赞对蒙古人的历史了如指掌,他是《史集》材料的主要来源之一,另一个来源是中国大汗派到波斯宫廷的使臣孛罗丞相。

合赞还修建清真寺、马达拉沙赫(清真寺学校)、慈善机构等等辉煌的建筑物来装点他的都城桃里寺。正如拉施特所记:"直到当时仍只知道破坏的蒙古人,现在开始建设了。"合赞的统治标志着终年以游牧为生的波斯蒙古人开始采取几乎定居的生活方式。遗憾的是,这种倾向有其缺点。波斯的蒙古人为了实施与日俱增的伊斯兰教宗教形式(这使拉施特想起了神裁法),放弃了对宗教普遍容忍的态度,他们不久就丧失了他们的民族特征和气质,他们与其他定居民融合,最后消失了。

在能干的合赞汗统治期间,没有时间和机会让这种令人惋惜的倾向发展,例如,在小亚细亚,合赞严厉地处置分裂现象。那颜拜住的孙子苏拉米什在原利考尼亚(卡帕多细亚东南)地区的卡拉曼朝的真正建立者、土库曼人马合谋伯格异密的帮助下,企图为自己开辟一个独立的公国。1299年4月27日,合赞军在埃尔津詹附近的阿克谢希尔粉碎了这次反叛。科尼亚的最后一批塞尔柱克苏丹们是由桃里寺宫廷随意任命和罢免的,他们的权威比任何一个蒙古长官都小。例如,合赞罢免了苏丹马苏德二世(1295年),把凯·库巴德二世扶上王位(1297年),后来又罢免了他(1300年),让马苏德二世(死于1304年)复位,马苏德是这一显赫家族的最后一位王。

合赞追随着旭烈兀和阿八哈的对外政策,开始对叙利亚的马木路克帝国发起新的入侵。他夺取阿勒颇城(除了城堡外,1299

年12月12日),在霍姆斯城前打败马木路克军(12月22日),进入大马士革(1300年1月6日)。蒙古的忠实属臣、亚美尼亚王海屯二世,像他家族中所有成员一样,率自己的军队来支持合赞。但是,在最后一些法属领地丧失之后,以及波斯的蒙古人永久地皈依了伊斯兰教之后,蒙古人的这些胜利几乎没有意义,有一种"遗腹子"的感觉。无论如何,合赞跟在这支精锐的骑兵行列之后回到波斯(1300年2月),马木路克又得以重占叙利亚。

事实上察合台人在伊朗东部的牵制性行动再次使波斯汗国瘫痪。突厥斯坦汗都哇之子忽都鲁·火者在阿富汗地区的加兹尼和古尔为自己占有了一块封地,在合赞远征叙利亚期间,他劫掠了起儿漫和法尔斯。1303年春,合赞派新军去叙利亚,负责这次远征的将军忽特鲁沙在大马士革附近的马尔杰·索法尔被马木路克军打败(1303年,4月21日)。这是蒙古人对叙利亚的最后一次干涉。

可以说,合赞把穆斯林的对内政策与从旭烈兀、阿八哈和阿鲁浑那里沿袭下来的对外政策成功地结合成一个整体。我们可以认为(拉施特对此提供了充分的证据)没有理由怀疑合赞皈依伊斯兰教的诚意和持久性。他毅然决然地与其家族所信奉的佛教决裂,并强迫佛教和尚和喇嘛或者是放弃佛教,或者是离开这个国家①。另一方面,无疑是为了适合他的对外政策,他停止迫害聂思托里安教徒,与他们的主教马·雅巴拉哈建立了友谊。他于1303年6月

---

① 合赞说:"你们之中凡是想到印度、客失米儿、吐蕃和自己的故土去的,就去吧。而留下这里的人,就别虚伪,而要真心实意,不要以自己的虚伪玷污纯洁的伊斯兰教。但是,如果我得知他们建造多神教神庙和庙宇,那我将毫不怜悯地用剑杀死他们。"(《史集》汉译本第三卷,页371)。——译者

在马·雅巴拉哈刚重建起的蔑剌合修道院内会见了这位老主教，并给予他荣誉、礼物，表示关心①。

12. 完者都的统治

1304年5月17日合赞去世，其弟完者都继位（1304—1316年）②。完者都虽然是聂思托里安教母亲兀鲁克可敦的儿子，并以尼古拉一名接受过洗礼，但是，后来他在一位妃子的影响下皈依了伊斯兰教。他一度甚至成为波斯什叶派的支持者③。在他统治期间，伊斯兰教在波斯有了新的进展。聂思托里安教大主教马·雅巴拉哈希望完者都像合赞那样给予他同样的恩惠，但是，据传记作家说，他得到的只不过是勉强的礼貌。穆斯林利用这种情况迫害聂思托里安教教徒。要是没有蒙古异密伊剌金的干预，桃里寺的教堂将变成了清真寺。伊剌金是克烈部人，是脱古思可敦的侄儿和完者都母亲的兄弟，他像所有的克烈人一样，仍保持昔日对基督教的同情。如上面提到的，聂思托里安教徒们有一个堡垒，即埃尔比勒堡。1310年春，该地区长官在库尔德人的帮助下企图从他们手中夺取该堡。尽管马·雅巴拉哈极力避免发生不可挽救的灾难，但埃尔比勒堡的基督教徒们进行了抵抗。城堡最终于1310年7月1日被王室军队和库尔德山民们攻陷，全体守城者被屠杀。马·雅巴拉哈在他的事业结束后还活了一些时候，他于1317年11月13日满怀着对蒙古人的仇恨在蔑剌合去世。他曾经那样忠

---

① 《马·雅巴拉哈》第251—252页。
② 在蒙古语中，作 öljäitü。
③ J. H. 克雷默"Olčaitu khudâbanda"条目，《伊斯兰百科全书》第1042页。

실地为这些蒙古人服务,而他们认为他对他们不老实而否认了他①。

完者都虽然放弃了成吉思汗族人同情聂思托里安教教徒的传统,但是,总的来说,他追随其兄合赞的政策,尽管他的个性不是十分坚强,他还是能够维持住由合赞建立起来的巩固的行政机构。穆斯林史书把他描述成一位慷慨正直的人②。他继续留用伟大的史学家拉施特为臣,拉施特是一位杰出的行政官和有见识的政治家,他在完者都统治时期产生的影响远远超过了合赞统治时期。他甚至说服完者都接受了沙菲派教义。完者都还保护当时的另一位史学家瓦撒夫。最后,完者都还是一位伟大的建设者。他于1305—1306年,在伊剌克·阿只迷西北的苏丹尼耶建设他的都城,这是其父阿鲁浑选定的位置,他把它装饰一新。他对蔑剌合的瞭望台也很感兴趣。拉施特也是一位建设者,1309年他设计了桃里寺东的加赞尼耶城的整个新区③。

完者都虽然对伊斯兰教很虔诚,但是,他像合赞一样,追随与其祖辈们同样的对外政策:反对马木路克和设法与基督教的欧洲建立联盟。他派基督教徒托马斯·伊尔杜奇作为使者到欧洲各宫廷。这次出访中,他写给教皇克力门五世、法兰西金发菲利普和英王爱德华一世的信被保留下来。法国国家档案馆珍藏着完者都于1305年5月给金发菲利普的信,信中他庆贺自己与其他成吉思汗兀鲁思的首领们——中国大汗铁穆耳、窝阔台兀鲁思首领察八儿、

---

① 《马·雅巴拉哈》第266—300页。
② 哈菲兹·伊·阿卜鲁(巴亚尼译本)第4页。
③ 巴特尔斯"Rashid ad-Din Tabib"条目,《伊斯兰百科全书》第1202页。关于苏丹尼耶的建设,参看哈菲兹·伊·阿卜鲁(巴亚尼译本),第5—7页。

察合台兀鲁思首领都哇和钦察汗脱脱——之间充满了和谐。完者都还表示，他希望像他的前辈们那样，与基督教世界的领袖们保持友好关系①。

与此同时，波斯汗国与埃及马木路克苏丹国之间又开始了边境战争。在1304和1305年期间，马木路克对蒙古属国、西里西亚的亚美尼亚王国进行了掠夺性的袭击。在第二次袭击时，他们与小亚细亚的蒙古守军相遇，受到了很大的损失②。1313年，完者都包围了位于幼发拉底河中游的一个马木路克边境据点拉希巴堡。但是，这里的炎热气候使他未等到该城投降就放弃了围攻③。

在小亚细亚，塞尔柱克王朝于1302年灭绝，结果科尼亚的蒙古长官成了那里的统治者。实际上，对蒙古人有利的"塞尔柱克屏障"的消失，使蒙古人面对企图趁中央权力空缺之机获得独立的诸小突厥异密们。卡拉曼异密们便是一例，土库曼首领们已经在埃尔梅内克山区建立了政权，这时他们正图谋在科尼亚取代塞尔柱克人，1299年合赞不得不严厉地惩罚了他们（看前文）。在1308至1314年间，卡拉曼异密马合谋伯格使自己成为科尼亚君主。完者都派遣出班将军去攻打他，出班先把他打跑，此后不久，于1319年又迫使他前来投降。④ 在他们一边，奥斯曼人已在弗里吉亚西北和比提尼亚建立政权，他们正在开始向拜占庭领土扩张，奥斯曼帝国的建立者奥斯曼一世特别对拜占庭的大城市尼西亚造成威胁。拜占庭皇帝安德努尼卡斯二世寻求与完者都联盟，把他的妹

---

① 多桑《蒙古史》IV，第587—597页。
② 多桑《蒙古史》IV，第532页，(据诺瓦里和马克尼兹记)。
③ 参看哈菲兹·伊·阿卜鲁(巴亚尼译本35页)，宣称被围困的城民们臣服。
④ 多桑《蒙古史》IV，第576页。J. H. 克雷默"karamán-oghlu"条目，《伊斯兰百科全书》第794页。

妹马利亚嫁给完者都①。似乎是这一联姻的缘故。一支蒙古军入侵奥斯曼境内的埃斯基谢希尔区,奥斯曼的儿子奥尔汗把他们从该地区击退②。

安纳托利亚西北部的突厥—拜占庭边境对波斯的蒙古人来说兴趣不太浓。他们怎么会料到,在这边境之地新建立的这个小奥斯曼异密国,在一个世纪之内将成为世界上最强大的穆斯林政权呢?他们更关注东伊朗的事务,因为他们在那儿要不断地提防着他们的堂兄弟、河中的察合台汗们的侵犯,同时要制止他们的属臣、赫拉特克尔特家族的阿富汗人暗中争取独立的企图。

在赫拉特,克尔特朝的第三代王马立克法黑剌丁俨然以独立君主的身份行事,1306年,完者都派将军答尼失蛮·巴黑都儿围攻赫拉特城。法黑剌丁同意退到阿曼科赫堡,答尼失蛮得以占赫拉特城;但是,城堡是由法黑剌丁的一名副将穆罕默德·沙姆坚守,未能攻破。1306年9月沙姆引诱自负的答尼失蛮到城堡,并杀死了他。接着完者都又派新军、由异密牙撒吾儿和答尼失蛮之子布贾率领。在经历了长时间的封锁和发生了一些戏剧性的偶然事件之后,由于叛变和背叛,同样也由于饥荒(1307年),赫拉特城和城堡投降。在此期间法黑剌丁在阿曼科赫去世③。但是,完者都没有利用这一形势废黜克尔特王朝,而是把赫拉特国给法黑剌丁之兄弟嘉泰丁(1307年7月)。嘉泰丁一度曾被怀疑企图煽动新的叛乱,于是,他来到完者都面前为自己开脱。后来他一直占有

---

① G. 帕希梅尔,II,433—444。多桑《蒙古史》IV,第536页。
② J. H. 克雷默"Othmān I"条目,《伊斯兰百科全书》1075页。
③ 哈菲兹·伊·阿卜鲁(巴亚尼译本),第17—29页。多桑《蒙古史》IV,第497、527页。

赫拉特(1315年)①。

完者都于1313年(看315页)从察合台幼支达乌德·火者手中夺取东阿富汗地区,这一行动导致了察合台汗也先不花的亲自入侵,他一征服穆尔加布,就占呼罗珊的部分地区(1315年)。但是,由于中国大汗进行的牵制行为(大约1316年元军从后方进攻察合台领地,一直攻入怛逻斯)②,波斯很快就摆脱了这一争夺。然而,此后不久,呼罗珊又受到流亡的察合台宗王牙撒吾儿的威胁,完者都曾轻率地欢迎过他,现在他企图独立(1318年)。波斯十分走运,牙撒吾儿于1320年6月被他的私敌、察合台汗怯别杀死③。赫拉特异密、克尔特人嘉泰丁于1319年5月间曾被牙撒吾儿围困在城中,在这次战争中他一直反对牙撒吾儿。于是,他似乎成了旭烈兀家族事业的最忠诚的保卫者,桃里寺宫廷热烈地祝贺他。事实上,他只是加强了他对赫拉特公国的控制④。到他晚年时(他死于1329年),他实际上已经独立,尽管桃里寺宫廷仍认为他是帝国东北边境地区不可缺少的边境卫士。

13. 不赛因的统治

完者都于1316年12月16日死于苏丹尼耶,其子,当时只有12岁的不赛因(Abusa'id)继位,在他统治时期,波斯汗国发生了

---

① 多桑《蒙古史》IV,第568—571页。哈菲兹·伊·阿卜鲁,第37、43、67页。
② 多桑《蒙古史》IV,第562—564页。
③ 多桑《蒙古史》IV 第565、567—568、612—629、642—644页。哈菲兹·伊·阿卜鲁,第86页。
④ 哈菲兹·伊·阿卜鲁(巴亚尼译本)第71、80—86页。多桑《蒙古史》IV,第620—629页。

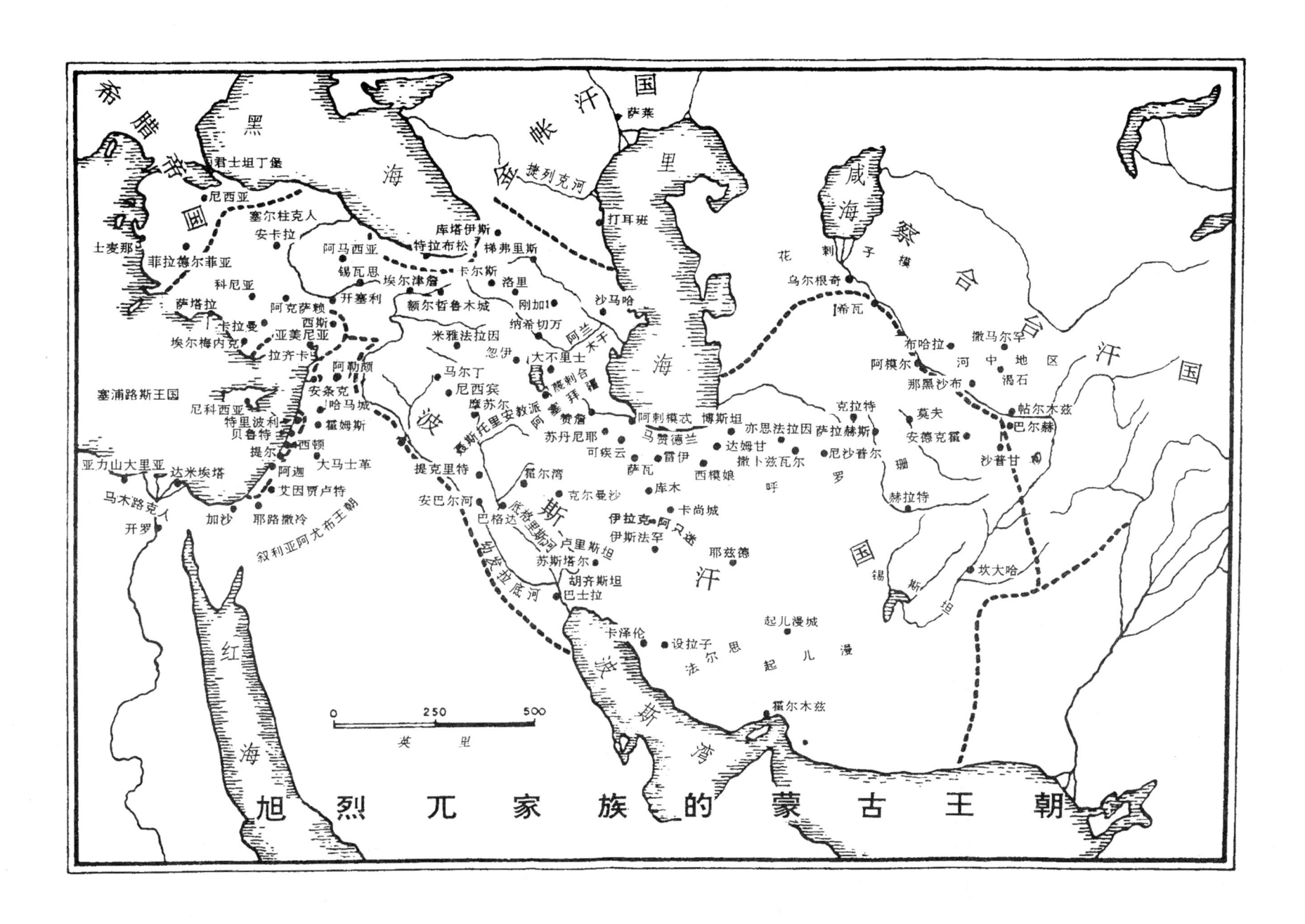

旭烈兀家族的蒙古王朝

第九章 蒙古人统治下的波斯和旭烈兀家族 529

最后一些事件。他在位时期是1317—1334年,但是,他终身是那些以他名义实施统治而且互相争权夺利的蒙古封建主们的傀儡。伟大的历史学家拉施特,作为大臣他总是维护国家利益,结果成了这些奸臣们的牺牲品,他们以荒谬而可怕的罪名处死了他(1318年7月18日)[1]。

不赛因统治前期,权力掌握在一位名叫出班[2]的蒙古异密手中。出班在1317年至1327年期间,是波斯的实际统治者,他牢牢地控制着波斯。1322年,他平息了由他自己的儿子、小亚细亚长官帖木儿塔什领导的一次叛乱;1325年,他胜利地发动了一次反钦察汗国的远征,一直抵达捷列克河;1326年,其子胡赛因在加兹尼附近打败了入侵呼罗珊的察合台汗塔儿麻失黑,把他赶回河中。但是,到1327年时,不赛因厌倦了出班的监护,与他关系破裂[3]。当时在呼罗珊的出班举旗反叛,准备从麦什德进军阿哲儿拜占。但是,他的部队抛弃了他,迫使他到赫拉特马立克嘉泰丁处避难。马立克派人把他勒死,把他的手指送给不赛因(1327年10—11月)[4]。出班的一个儿子、小亚细亚的长官帖木儿塔什逃到开罗,开罗的马木路克害怕引起不赛因的不快,把他处死[5]。

在对伟大的大臣拉施特以合法方式进行了杀害之后,紧接着是像出班这样的强者的垮台,这是对波斯汗国的致命打击。几年

---

[1] 哈菲兹·伊·阿卜鲁(巴亚尼译本),第56页。多桑《蒙古史》IV,609—612页。
[2] 关于该名的词源,参看巴托尔德"Cüpän"条目,《伊斯兰百科全书》第904页。
[3] 关于这次关系破裂的起因,参看哈菲兹·伊·阿卜鲁,(巴亚尼译本),第91页。
[4] 哈菲兹·伊·阿卜鲁(巴亚尼译本),分别在第100—105、107页。
[5] 同上。

之后，当不赛因本人去世时，没有一位领袖（无论文官或武将）能使这个蒙古—波斯国团结在一起。旭烈兀家族的兀鲁思瓦解了。

出班的垮台还产生了另一个结果：突厥人的安纳托利亚放任自流了。甚至是在1304年马苏德二世死去，科尼亚的塞尔柱克苏丹国消失后，波斯宫廷任命的蒙古长官就表现出一种自治宗王般的倾向。我们已经看到出班之子帖木儿塔什已经在争取独立。要不是他家族遭灾的话，在不赛因死后，他很可能在科尼亚，或者是在开塞利建立一个安纳托利亚的蒙古苏丹国，这一苏丹国很可能成为阻止奥斯曼帝国扩张的障碍①。事实上，帖木儿塔什于1327年去世了，8年以后，不赛因也随之去世了，安纳托利亚失去了君主，在其东南方的卡拉曼家族的地区突厥异密们和在其西南方的奥斯曼家族的异密们随心所欲地行动。于是，在关键的1327至1335年间，波斯蒙古宫廷内的这些冲突间接地导致了奥斯曼帝国的崛起。

14. 波斯蒙古汗国的肢解

不赛因之死（1335年11月30日）导致了波斯蒙古汗国的肢解。蒙古贵族们不是从旭烈兀家族中选出新汗，而是选另一支成吉思汗后裔：蒙哥、旭烈兀和忽必烈之弟阿里不哥的后裔阿儿巴合温为汗②。1336年，这位意外登上王位的汗被一位反叛的地方长

---

① 参看多桑《蒙古史》IV，686页中说："帖木儿塔什的征服一直扩张到地中海沿岸，在此之前，蒙古军队从未在这些地方出现过，在这儿，他依次打败希腊人和突厥人，由此自立为罗姆总督。"

② 不赛因死后无子，内乱。丞相嘉泰丁穆罕默德说服诸可敦和统将们，立拖雷子、阿里不哥后裔阿儿巴合温为汗。——译者

第九章　蒙古人统治下的波斯和旭烈兀家族

官打败杀死①。此后,两派封建主在傀儡王们的幌子下争权夺利,各派都吸收一批蒙古贵族到自己一边。对立双方的一位是小亚细亚长官大哈桑·布朱儿,或者如人们以他出身的蒙古部落名,称他为哈桑·札剌儿②。另一位是小哈桑·库楚克,他也是蒙古人,是出班的孙子,他逃脱了对其亲属们进行的大屠杀③。小哈桑于1338年从对手大哈桑·札剌儿手中夺取当时的波斯都城桃里寺。接着,他在桃里寺西北为自己开辟了一个王国,阿哲儿拜占和伊剌克·阿只迷都纳入他的国境内。在1343年他去世时,他的兄弟阿失剌甫继承了这些领地,仍以桃里寺为都④。与此同时,大哈桑·札剌儿在报达实施统治,1340年他在报达宣布独立,1347年,他击退了阿失剌甫对报达的多次进攻。

在这种混乱局面达到顶峰时,外国入侵开始了。钦察(南俄)汗札尼别于1355年侵入阿哲儿拜占,杀出班后裔阿失剌甫。然后回到俄罗斯,在牢固的基础上顺利地建立了他的统治⑤。这一灾难变得对札剌儿人有利。哈桑·札剌儿刚去世不久(1356年),但他的儿子乌畏思继承了他在报达的王位,他进军阿哲儿拜占,在经历短时期的挫折之后,他占领该地(1358年)⑥。现在他作为报达和桃里寺两地的统治者统治着西波斯,直到1374年他去世,同年

---

① 哈菲兹·伊·阿卜鲁(巴亚尼译本),第111—119页。
② 哈菲兹·伊·阿卜鲁(巴亚尼译本),120页。多桑《蒙古史》IV,723—742。
③ 帖木儿塔什之子、原安纳托利亚的长官(帖木儿塔什是出班的儿子)。看哈菲兹·伊·阿卜鲁,第124页。多桑《蒙古史》IV,726—734。
④ 多桑《蒙古史》IV,735页。哈菲兹·伊·阿卜鲁(巴亚尼译本),第127—140页。
⑤ 多桑《蒙古史》IV,741—742页。哈菲兹·伊·阿卜鲁(巴亚尼译本),第153—156页。
⑥ 多桑《蒙古史》IV,742、745页。哈菲兹·伊·阿卜鲁(巴亚尼译本),第153页。

其子胡赛因·札剌儿取代了他的位置（1374—1382年在位）。后来，正如我们将要看到那样，胡赛因的兄弟、继承者阿合木札剌儿与帖木儿为拥有桃里寺和报达发生争夺。

与此同时，在赫拉特和东呼罗珊，克尔特统治者们的阿富汗国已完全独立。精明的嘉泰丁于1329年10月已经去世，他的两个年长的儿子沙姆斯哀丁二世和哈菲兹只统治了几个月。但是，他的三子穆兹丁·胡赛因尽管年幼，仍被宣布为王，从1332年一直统治到1370年，在他统治时期，这一王国成为一个相当强大的国家，一度大胆到干涉河中事务（参看343页）。①

在呼罗珊西部，一位名叫阿布德·拉札克的土匪头子，在1337年曾夺得撒卜兹瓦尔堡，建立了一个新国家，即赛尔巴朵尔人的公国。他的兄弟瓦吉黑哀丁·马苏德杀害了他（1338年），立即攻占尼沙普尔，由此继续着他的事业②。在这次大骚乱中，成吉思汗弟弟哈撒儿的后裔、一位名叫吐格帖木儿的蒙古宗王于1337年被拥立为汗③。他在呼罗珊西北的比斯坦建立政权，还统治着马赞达兰。他改建了麦什德城，已经知道他在麦什德附近的拉德坎度夏，他的冬驻地在离里海不远的古尔甘。赛尔巴朵尔人只是名义上承认他的宗主权。他们约于1353年暗杀了他，于是成了整个呼罗珊西北的主人，而东南仍归克尔特人所有。自然，这两个伊朗王朝互相进行着残酷的战争，这一战争又因宗教分歧而加剧，克尔特人属逊尼派的阿富汗人，赛尔巴朵尔人是什叶派的波斯人。

---

① 多桑《蒙古史》IV，第713—714页。T. W. 海格"Kart"条目，《伊斯兰百科全书》第822页。《武功记》佩替译本。I, 6。
② V. F. 比希纳"Serbedárs"条目，《伊斯兰百科全书》第240页。
③ 米诺尔斯基"Tugha Timùr"条目，《伊斯兰百科全书》第863页。哈菲兹·伊·阿卜鲁，第122页。

第九章　蒙古人统治下的波斯和旭烈兀家族

第三个伊朗王朝,或者更准确地说是阿拉伯—伊朗王朝,是穆扎法尔朝,王朝建立在起儿漫和法尔斯①。它的建立者、阿拉伯人穆巴里克·丁·穆罕默德已经在耶斯特和起儿漫掌权,并于1353年控制了泄剌只〔设拉子〕,1356—1357年控制了伊斯法罕。1358年他被其子沙·舒贾(死于1384年)废黜并弄瞎,沙·舒贾在泄剌只继位,而伊斯法罕转归穆札法尔朝的另一些人。

为了绘完这幅图画,还应该提到,除了当时的这些君主以外,未来的君主们已经露面。在西波斯,他们是仍保持游牧的土库曼部落,以其标志被称为黑羊部落,即喀喇·科雍鲁。在旭烈兀汗国分裂之时,黑羊部居住在亚美尼亚的穆什地区,正在蚕食毛夕里〔摩苏尔〕,乌畏思·札剌儿把他们从毛夕里赶出去(大约1336年)。1374年乌畏思死时,黑羊部首领拜拉姆·瓦加又占领毛夕里和赞詹。他的孙子哈拉·玉素甫从札剌儿人手中夺取了桃里寺,由此奠定了其家族的命运,直到帖木儿来到前他们一直留在桃里寺②。

在塞尔柱克家族(约1304年)和波斯汗国的宗主权先后消失以后,小亚细亚的塞尔柱克国已不复存在,在该国的旧址上,两个土库曼公国正在争夺卡帕多细亚。在锡瓦斯和开塞利是阿尔特纳—乌鲁氏族,1380—1399年,该族的统治者是著名的诗人王子布汉哀丁③,1400年由另一支土库曼氏族,被称为白羊的氏族(阿

---

① 多桑《蒙古史》Ⅳ,第743—747页。策特尔斯廷"Muzaffarides"条目,《伊斯兰百科全书》第852页。
② 参看 Huart "Kara-koyùn-lu"条目,《伊斯兰百科全书》第785页。
③ 胡尔特《伊斯兰百科全书》"Artena"条目,469页,"Burhàn al-Din"条目,817页。

克·科雍鲁)取代①。在拉兰达(今卡拉曼)建立起卡拉曼异密们的王朝(同样是土库曼人的王朝),在一个时期内他们曾为小亚细亚霸权和塞尔柱克国的遗产与比斯尼亚-弗里吉亚边境上的奥斯曼突厥人作战②。

以后,帖木儿将加入这些激烈的角逐之中。

---

① 胡尔特"Ak-Koyûn-lu"条目,《伊斯兰百科全书》第 228 页。
② 胡尔特"Karamân-oghlu"条目,《伊斯兰百科全书》第 792 页。

第十章 钦察汗国

1. 金帐、白帐和昔班兀鲁思

成吉思汗曾把也儿的石河以西的草原，即谢米巴拉金斯克、阿克摩棱斯克、图尔盖、乌拉尔斯克、阿台和花剌子模本土，分给长子术赤，术赤在他之前6个月去世（约1227年2月）。成吉思汗死时将这块领地留给术赤的儿子们，特别是次子拔都，拔都在获得1236—1240年的远征胜利之后，把原钦察人和保加尔人的全部地盘并入领地，此外，还成了罗斯诸公国的宗主。

拔都的汗国仅欧洲部分就是一大片，首先是由黑海以北的纵向草原带组成，即乌拉尔流域，顿河、顿涅茨河、第聂伯河和布格河诸河的下游，德涅斯特河河口和普鲁特河下游。它还囊括了穿过库班河、库马河和捷列克河流域的连绵不断的高加索北部草原。简言之，它囊括了古代欧洲斯基泰人的整个地区。此外，它还延伸到保加尔人之地，或者说延伸到由伏尔加河中游及其支流卡马河灌溉的耕地和森林地带。像希罗多德描述的古代斯基泰人的地区一样，这片无垠的"欧洲的蒙古利亚"草原是荒无人烟的浩瀚草原。卢布鲁克的报导使我们对它有些了解："再往东，沿路我们除了天、地以外，什么也看不见，有时海就近在身边，不时可以见到两里格以外的坟墓,或者库蛮人称的库尔干。"① 蒙古部落,或者说,由蒙古人担任长官的突厥部队在这荒寞的地方漫游,因为,据拉施特记述,成吉思汗的遗嘱,分给拔都的真正蒙古人不会超过四千人,拔都军队的其余成员是由那些加入蒙古事业的突厥人,即钦察人、保加尔人、乌古思人等等组成,这一点可以解释为什么术赤的汗国如此迅速地具有突厥特征。②

游牧旅居的生活使拔都沿伏尔加河岸活动,春季他溯河而上,来到卡马河畔原保加尔人之地和保加尔人的贸易城镇,蒙古钱币就在该城铸造。8月,他开始顺流而下,在河口扎营,他的扎营地预示了后来他的都城即大萨莱城③的建立。正是在伏尔加河下游,卢布鲁克获准到他的营帐中:"拔都坐在一形状像床的高椅上,高椅涂金,并由三级台阶通往。他旁边坐着一个妃子。另一些人坐在他右边和妃子的左边。帐殿入门处,放一条凳,上面放着忽迷思和镶着宝石的金、银大杯。拔都认真打量我们,他的脸有些发红。"④

拔都的一位兄弟斡儿答,尽管在家中排行第一,但是,在家族事务中只起到很小的作用,他得到了今天称之为哈萨克斯坦之地为封地。⑤ 在南部,他的封地包括锡尔河右岸,大约从卡拉套山附近的塞格纳克城到咸海的锡尔河三角洲,似乎还包括锡尔河三角洲左岸一直延伸到阿姆河三角洲的这一狭长地带。因此,他几乎控制了咸海东岸的整个地区。在北部,他控制着萨雷河流域和把

---

① 卢布鲁克书,第 14 章。
② 埃德曼《铁木真》第 453 页(《史集》)。
③ 巴托尔德"Bàtù-khan"和"Sarai"条目,分别参看《伊斯兰百科全书》第 698 页和第 163 页。
④ 卢布鲁克书,第 21 章。
⑤ 参看多桑《蒙古史》II,第 335—336 页中转《史集》。

萨雷河流域与图尔盖平原分开的兀鲁塔山地。1376年,斡儿答的最后一位继承人脱脱迷失获得与定居社会发生接触的塞格纳克和讹答剌城。① 拔都的汗国在历史上将被称为钦察汗国,或金帐汗国(阿尔坦斡耳朵,或阿尔浑斡耳朵),斡儿答的汗国被称为白帐汗国(查罕·斡耳朵,阿黑·斡耳朵)。

拔都的另一个兄弟昔班(在1241年的匈牙利战役中曾提到过他)得到的一份封地是在斡儿答封地之北,即南乌拉尔河以东和东南地区,特别是东南地区,正是今俄国的阿克纠宾斯克和图尔盖地区的大部分。夏季,他的斡耳朵似乎是立在乌拉尔山区、伊列克河(奥伦堡以南的乌拉尔河的一条支流,今契卡洛夫)和伊尔吉兹河之间;冬季,他可能朝斡儿答兀鲁思方向向南移。后来,昔班人肯定将他们的领地扩张到西西伯利亚。②

2. 拔都和别儿哥

现在我们回过来叙述金帐汗国。拔都1227—1255年在位,他作为成吉思汗长支之首(无疑是得到斡儿答的赞成),对蒙古的一般政策起到了相当大的影响。③ 但是,必须提到,他从未提

---

① 《武功记》,克鲁瓦译本,第278页。
② 昔班尼人大约于1480年臣服了秋明的西伯利亚汗国,并一直统治到1598年俄国入侵时期(参看490页)。当白帐汗脱脱迷失于1380年征服金帐汗国时,随之一起,白帐汗国的大部分人也进入了欧洲。锡尔河下游以北的原斡儿答封地(由于居民的迁走)逐渐被昔班尼部落占有。昔班尼汗阿不海儿(于1428年开始在西西伯利亚的图拉河地区实施统治)将统治着从巴尔喀什湖到乌拉尔河之间的地区,其中心在锡尔河畔的塞格纳克。他的孙子、著名的穆罕默德·昔班尼于1500年在不花剌和撒麻耳干建立乌兹别克帝国,该国的历史在后文中讨论。
③ 迦儿宾认为斡儿答实际上是成吉思汗长支之首:"斡儿答,鞑靼人的长支之首和大公。"(第五章)。

出过占有最高汗位的要求。在初期,他甚至尊重他祖父把帝国传给窝阔台家族的决定。这种弃权行为可以从涉及术赤的可疑出身得到解释。成吉思汗的妻子、四位宗王的母亲孛儿帖大约在怀术赤时曾被一位蔑儿乞首领劫持。关于术赤的合法性问题似乎是故意搁下,不予理会。上面已经提到过成吉思汗对其长子缺乏感情,以及在玉龙杰赤围攻战之后术赤的奇怪行为,该战以后他在自己的封地上,即图尔盖,恩巴河和乌拉尔河流域,度过了最后五年,没有参加成吉思汗进行的各次战争。到最后,父子之间的冲突几乎公开化。这些情况最初注定了术赤家族的作用是有些不显眼的。

1250—1251年,拔都使窝阔台家族垮台和拖雷家族继位,为自己家族报了仇。上文已经提到过,他于1250年在阿拉喀马克的具有决定性的干预和1251年他如何派其弟别儿哥到蒙古,以牺牲窝阔台家族为代价,扶持拖雷之子蒙哥即位的情况。无疑地,蒙哥把他的王位归功于拔都,他从未忘记这一恩赐。1254年他对卢布鲁克说,他与拔都的权力,像太阳光一样普照整个世界,这话似乎暗示一种对帝国的共同统治。卢布鲁克看到,在蒙哥境内拔都的代表们比在拔都境内蒙哥的代表们受到更多的敬重。正如巴托尔德所指出,总的来说,在1251—1255年期间,蒙古世界实际上是在大汗蒙哥与"老大哥"拔都之间被瓜分了①,他们之间的边界线穿过楚河和怛逻斯河之间的草原。② 拔都在成吉思汗家族的其他成员中享有最高仲裁者和拥立大汗者的地位。对拔都其人有种种评

---

① 卢布鲁克,第25章。
② 巴托尔德"Bátu-khàn"条目,《伊斯兰百科全书》第699页。

价。蒙古人称他为赛恩汗即"好汗"①,赞扬他的善良和慷慨。然而,对于基督教世界,他似乎是1237—1241年间在俄罗斯、波兰和匈牙利进行的那些能够表现他的特征的各次战役中所实施的、难以形容的残暴行为的煽动者。普兰·迦儿宾摘录了对他所作的互相矛盾的描述:"他待自己人性情温和,和蔼,慈祥,但在战争中非常残酷。"②

1237—1241年的这次"欧洲战争",经斯拉夫人的俄罗斯、波兰、西里西亚和摩拉维亚,进入匈牙利和罗马尼亚。在这次战争中,成吉思汗家族各支都有代表人物参加,这次战争的组织主要对拔都有利。他是全军的总指挥,至少形式上如此(战略指导是速不台,但是在拔都的名义下进行),结果,只有拔都一人从战争中获利。这次战争不仅打败了最后一批钦察突厥人,而且征服了里亚赞、苏兹达尔、特维尔、基辅和加利奇诸罗斯公国,它们在两百多年中一直是金帐汗国的属国。这是一种严格的封臣关系(一直维系到15世纪末),因为可汗可以任意废立罗斯王公,这些王公们有义务到伏尔加河下游的可汗营地,"在可汗面前磕头"。这种谦卑从属的政策起于符拉基米尔的雅罗斯拉夫大公,他于1243年第一次到拔都面前表示效忠,拔都承认他是"罗斯诸王公之首"。③ 1250

---

① 《史集》汉译本第二卷第125—126页上记道:"拔都为弘吉剌惕部落阿勒赤那颜的女儿兀乞旭真哈敦所生。他被称为撒因汗。""撒因"即"高贵的汗"。波伊勒英译本第107页,注46:撒因(好)并非"仁慈"(巴托尔德的说法)或"聪明、明智"(伯希和的说法)之意,而是"后,已故"之意,这是拔都的谥号,以免提到他的本名。——译者

② 普兰·迦儿宾游记,第3章。

③ 对蒙古宗主们的这种献媚并非没有危险,甚至对罗斯王公中最受宠者也是这样。普兰·迦儿宾谈到(第13章),当雅罗斯拉夫到蒙古利亚朝见时(他是出席1246年贵由大汗当选的集会),贵由汗母亲脱列哥那亲手给他食物,其后,在返回他自己的住处后病倒了,一周以后去世,他死后全身呈青灰色。

年加利奇王公(他于 1255 年取得王公称号)丹尼勒也前来表示臣服,并要求为他举行任职仪式。雅罗斯拉夫之子,继承人亚历山大·涅维斯基大公(1252—1263 年在位)至少是为了能够对付罗斯在波罗的海的敌人,充分利用了蒙古的这种严格的保护关系。接受这种奴役只是手段,靠这种手段,国家能够度过艰难时期。莫斯科维一直受蒙古人奴役,直到 15 世纪末伊凡三世把它解放出来。

金帐汗国的历史与其他几个成吉思汗国的历史有根本性的不同。在蒙古人征服的其他地区,蒙古人在不同程度上利用了他们的环境,从被征服地获得了教训。在中国,忽必烈及其后裔成了中国人;在伊朗,以合赞、完者都和不赛因为代表的旭烈兀后代们成了波斯的苏丹。另一方面,他们的堂兄弟、南俄罗斯的可汗们没有被斯拉夫—拜占庭文明争取过去,成为罗斯人。像他们的地名所暗示的那样,他们仍是"钦察汗",即钦察突厥游牧部落的继承人。因此,他们只是那些没有历史,或对过去事件没有记忆的,就历史意义而言,似乎没有在俄罗斯草原上旅居过的"库蛮"突厥人(或称波洛伏奇人)的继承者。钦察汗们的伊斯兰化——从文化角度来看是很肤浅的,从欧洲的角度来看又是很孤立的——一点也未改变这一形势。他们的伊斯兰化没有使他们真正分享伊朗和埃及的古代文明,相反,最终使他们与西方世界割裂,并使他们成为在欧洲土地上扎营的外国人(正像后来的奥斯曼人一样),永远没有被同化。① 在金帐汗国存在时期,亚洲是从基辅南郊开始的。普兰·迦儿宾和卢布鲁克充分表达了到过拔都汗国的西方人的印

---

① 不必说我此处谈的奥斯曼土耳其不是基马尔时代的土耳其,基马尔时代的土耳其正好相反。

第十章　钦察汗国

象：他们感到来到了另一个世界。① 在10世纪的可萨突厥人中肯定比在术赤的后裔中有更多的"西方主义"的表现形式。②

然而，必须承认，事情可能采取另一途径。无论卢布鲁克可能会说什么（他因聂思托里安教士们的无知和酗酒受到了极大震动，而不能充分地认识到在蒙古帝国内聂思托里安教的重要性），基督教在拔都的家族中扎根③。拔都之子撒里答④是聂思托里安教徒，尽管方济各会文件有相反的记载。亚美尼亚人（基拉罗斯）、叙利亚人（巴赫布拉攸斯）和穆斯林（朱兹贾尼和志费尼）的书在这一点上都是一致的。⑤ 只是由于一些人的意外去世妨碍了这位聂思托里安教王子继承父位。当拔都于1255年在伏尔加河下游营帐中去世时（终年48岁），撒里答正在蒙古，他是到蒙古朝觐他父亲的朋友蒙哥大汗的。蒙哥任命他为钦察汗。但是，撒里答在回家途中，或者是抵伏尔加河畔后不久就去世了。后来，蒙哥提名幼王兀剌黑赤代替他，志费尼认为兀剌黑赤是撒里答之子，而拉施特认为是其弟。拔都遗孀博剌克斤监国。但是，很可能在1257年，兀剌黑赤去世，拔都之弟别儿哥成了钦察汗。⑥

别儿哥的统治（大约1257—1266年）给汗国打上了具有决

---

① 看R.P.巴汤的《卢布鲁克的威廉》第37—45、62页。
② 并非说，在伊斯兰、俄罗斯和其他文化中没有发现金帐汗国文化的成分。对此，参看巴洛蒂斯"金帐汗国文化的新研究"《斯拉夫语文学杂志》第四期，1927年）。但是，我们对该文化的相对价值必须弄清楚。
③ 卢布鲁克，第19章。
④ 关于"Sartaq"（"Sart"，"Sarta'ut"）一名，参看伯希和"蒙古与教廷"（《东方基督教评论》1931—1932年，第78〔217〕页）。
⑤ 基拉罗斯有专门注释《亚洲杂志》I，459）。
⑥ 巴托尔德"Berke"条，《伊斯兰百科全书》第725—726页。志费尼（见多桑《蒙古史》II，第336页）。

定性的重定方向的烙印。① 如果撒里答在世的话，有理由推测（尽管卢布鲁克不以为然），由于王室的保护将对基督教有利。但是，别儿哥却倾向于伊斯兰教。并不是说他要违反成吉思汗蒙古人的特有的宗教容忍政策（特别是在蒙古人中）。聂思托里安教是他的人民信仰的宗教之一，他肯定不会禁止它。然而，他主要同情穆斯林，特别是在处理外国事务时。在此回顾一下巴托尔德的阐述，他认为在钦察汗国内伊斯兰教倾向的开端应该属于以上事实。②

正如我们已经看到的那样，别儿哥卷入了成吉思汗国的各次内战。我们看到他是站在阿里不哥一边反对忽必烈，尽管他没有给阿里不哥任何有效的援助。后来他又与突厥斯坦的察合台汗阿鲁忽交战，但没有胜利，阿鲁忽于1262至1265年间夺取了他的花剌子模。花剌子模直到当时一直被看成是钦察汗国的属地，此后它成为察合台汗国的一部分。其后不久（在1266年前），阿鲁忽又从别儿哥，或者是从别儿哥兄弟斡儿答手中夺取并摧毁讹答剌要塞（位于锡尔河中游右岸上，是商旅们的重要中转站）。这样，以牺牲术赤后裔的利益为代价，楚河以西草原并入了察合台汗国。正像我们将看到的那样，别儿哥的军队正在高加索进行战争，不可能采取反击阿鲁忽的行动。

尽管别儿哥对穆斯林的同情也许没有引起他与波斯汗旭烈兀之间的分裂，正像阿拉伯—波斯的历史学家们已经阐述过的那样，

---

① 别儿哥给金帐汗国（字面是 Deshi-i kipchak 或"steppe of kipchak"）打下了很深的烙印，直到15世纪，该草原有时还被称为别儿哥草原：Deshi-i Berke。伊本·阿不拉沙就是这样称呼的（《帖木儿传》Sanders 译本，伦敦，1936年，第73页）。

② 《帖木儿传》第77—78页。

第十章 钦察汗国

但是,在关键时刻,它们至少是被用作一种外交借口。据波斯作家们记述,钦察汗确实指责过旭烈兀屠杀报达居民,以及未与其他成吉思汗宗王们协商就处置了哈里发。① 事实上,术赤家族肯定是把旭烈兀占阿哲儿拜占看成是一种侵占和蚕食行为。② 于是,别儿哥毫无顾忌地与成吉思汗蒙古人的传统敌人、穆斯林抵抗力量的领导者、当时是由拜巴斯苏丹统率的埃及马木路克联合,反对他的堂兄弟、波斯的蒙古人。从 1261 年起,两宫廷之间互派外使,拜巴斯的使者驻克里米亚的苏达克城,别儿哥的使者驻亚历山大里亚。1263 年,两位君主之间结成了反波斯汗国的特殊同盟。③

拜巴斯从这次和解中获得双倍的利益。从此,他可以在金帐汗国的臣民、钦察突厥人中征集新的马木路克补充他的军队(应该记住,他本人就是一个钦察突厥人)。更重要的是,通过这一幸运的外交上的胜利,它正在促使成吉思汗蒙古人的势力互相抵消。由于术赤家族的支持和别儿哥在高加索发动的牵制性行动,拜巴斯永远地阻止了旭烈兀家族向叙利亚的进军。波斯汗由于在打耳班关隘受到威胁,不能在阿勒颇对艾因贾卢特之难(参看 364 页)进行报复。如早些时候已经提到的,旭烈兀十分怨恨别儿哥对他的伤害。1262 年 11—12 月,他穿过作为两汗国在高加索边境分界的打耳班关,一直攻到捷列克河。其后不久,他在河附近受到别儿哥的侄孙那海率领的钦察汗国军的袭击,退回阿哲儿拜占。在企图从冰上重渡捷列克河时,旭烈兀骑兵的马蹄踩碎了冰,很多骑兵被淹死。成吉思汗国内部的这些争吵产生了可悲的后果:旭烈

---

① 《史集》第 393 页。格鲁塞《十字军史》III,第 612 页。
② 瓦撒夫书(参看多桑《蒙古史》III,第 379 页)。
③ 《史集》第 399 页。马克里兹书,第 211 页。多桑《蒙古史》III,第 380—381 页。

兀把他在波斯境内能抓到的钦察商人们全部处死,别儿哥也以同样的方式对待钦察汗国境内的波斯商人①。1266年,轮到那海穿过打耳班关,接着到库拉河,直接威胁着波斯汗国的心脏阿哲儿拜占。但是,那海在阿克苏河〔今苏联境内的〕畔被旭烈兀的继承人阿八哈打败,眼部受伤,其军队向失儿湾溃逃。别儿哥亲自率援军匆匆赶来。但是,为了在梯弗里斯附近渡过库拉河,他在沿库拉河北岸而上时,于同年(1266年)去世。

在基督教的欧洲,加利奇罗斯王公丹尼勒已经反叛蒙古人的统治(1257年)。他甚至冒险攻击汗国的边境。但是,别儿哥本人还未亲自出面干预时,他又归附了蒙古人。按汗的命令,他被迫拆除了他所建的大多数堡垒。另外,克罗麦鲁斯编年史在1259年的标题下谈到了蒙古人对欧洲的另一次远征。蒙军在一次入侵立陶宛时,把该地来不及躲入森林或沼泽之地的居民全部杀死,此后,蒙古人与被强迫随他们而来的罗斯辅助军一起进入波兰。"在第二次烧了桑多梅日之后,他们包围了居民避难的城堡。指挥者,克雷蒙巴的彼得拒绝投降。接着,蒙古人派他的兄弟加利奇王丹尼勒的儿子去劝彼得在宽大的条件下投降。但是,蒙古人按他们的惯例,撕毁誓约,屠杀了全体不幸的居民。他们由此继续前往克拉科夫,放火烧该城。波兰王贞洁者博列思老逃往匈牙利。蒙古人洗劫波兰,直到奥珀伦区的比托姆,三个月之后,满载战利品返回钦察草原。"

在别儿哥统治期间,钦察蒙古人受保加尔人皇帝君士坦丁泰奇邀约干预巴尔干事务,反对拜占庭皇帝迈克尔·佩利奥洛格斯。

---

① 瓦撒夫书,引自多桑《蒙古史》III,第381页。

蒙古宗王、别儿哥的侄孙那海率2万骑兵渡过多瑙河,佩利奥洛格斯迎战。但是,帕切米尔承认,希腊人抵达保加尔人边境时,一见蒙军就惊慌失措。他们溃逃了,几乎所有人都被砍死(1265年春)。佩利奥洛格斯乘一艘热那亚船回到君士坦丁堡,而蒙古人洗劫了色雷斯。① 这次远征中(尽管其他书上说,它直到1269年至1270年冬才发生),那海把软禁在君士坦丁堡的前塞尔柱克苏丹凯·卡兀思二世解救出来。凯·卡兀思跟随蒙古人及他们的掠夺物踏上了回家的道路,并与别儿哥汗的一位女儿结婚,别儿哥于1265至1266年间,把克里米亚的重要贸易中心苏达克城作为封地赐给了他。② 与此同时,佩利奥洛格斯已经开始意识到蒙古因素的重要性。他把他的私生女儿欧菲柔细纳嫁给有势力的那海,并送给他一些华丽的丝织品。顺便提一下,在接受礼品时,这位成吉思汗蒙古人说他更喜爱羊皮。③ 但是,从此以后,佩利奥洛格斯和钦察汗国之间缔结的联盟证明是对前者大为有利,这一点我们将会看到。他们一度曾与埃及的马木路克苏丹国缔结了一个真正的三国同盟,以对付拉丁世界(安茹和威尼斯的查理士)和对付波斯汗国。④

马木路克的使者们给我们留下了关于别儿哥的最生动的形象。他是一位真正的蒙古人,黄皮肤,稀疏的胡子,头发在两耳后

---

① C.夏普曼《迈克尔·佩利奥洛格斯》(巴黎,1926年)第79页。G.I.布拉蒂昂尼《13世纪黑海的热那亚人的商业研究》第233—234页。

② G.I.布拉蒂昂尼,第205页。

③ 夏普曼《佩利奥洛格斯》第80页。G.I.布拉蒂昂尼的著作 *Recherches sur Vicina et Cetatea Alba* 第39页。

④ M.卡纳尔的文章"Le traité de 1281 entre Michel Paléologue et le sultan Qalà'un"《拜占庭志》1935年,第669—680页)。格鲁塞《十字军史》III,第613、625页。

梳成辫子,戴着尖顶帽子,一只耳朵上戴着镶嵌着一颗宝石的金耳环。腰上束着一条未加工的保加尔皮做的皮带,镶着金和宝石,脚上穿着红皮靴子。

最初的钦察蒙古人除了住在那些巨大的毡帐和篷车里外,没有别的住所,这些毡帐和篷车被安置在伏尔加河沿岸,按季节改变着位置,它们给卢布鲁克留下了行军中的城市的印象。别儿哥下令建造定居都城萨莱,或者是他完成了可能由拔都开始的建都工作。萨莱城肯定是建在拔都的一个经常扎营地附近,它位于伏尔加河东岸,在入里海的海口附近;正如巴托尔德所说,如果拔都的萨莱城不是相当于今天的谢利特连诺耶的话,那么,就应该与别儿哥在察列甫的萨莱城不同,要稍稍偏北。① 然而,很可能别儿哥的萨莱城从它建立时的大约1253年起到帖木儿摧毁的1395年止,一直是钦察汗国的都城。它比坐落在同一地区的原可萨人的都城具有更大的重要性,它是前往中亚和远东的商旅们的起点,经讹答剌、阿力麻里、别失八里、哈密、唐兀惕境和汪古部境到北京。② 别儿哥及其后继者们,特别是月即别和札尼别汗,吸引哈纳菲派和沙菲派的穆斯林神学家们到萨莱,这些都使该国的伊斯兰化有了新的促进。③

别儿哥的继承者是忙哥帖木儿,他是拔都之孙、秃罕之子。④ 忙哥帖木儿从1266至1280年统治着钦察草原,在成吉思汗后裔们在中亚进行的内战中,他站在窝阔台系的海都一边反突厥斯坦

---

① 巴托尔德"Sarái"条目,《伊斯兰百科全书》第163页。
② 伊本·阿拉不沙书,桑德尔译本,第76—79页。看海德《中世纪利凡特商业史》II,第227—229页。
③ 伊本·阿拉不沙书,桑德尔译本,第78页。
④ 巴托尔德"Mangù Timur"条目,《伊斯兰百科全书》第261页。

汗、察合台系的八剌。正如上面提到的,他于1269年派5万人由宗王别儿克贾统率到中亚帮助海都战胜了八剌。在海都从忽必烈大汗手中夺取帝国的斗争中,他参加了海都一边,起码在外交领域内是这样。我们已经看到,忽必烈之子那木罕在蒙古被俘后,正是转交给他;后来忙哥帖木儿把他还给了他的父亲。由于这次冲突,钦察汗国在与大汗的关系上,能够重申它的独立。在保加尔人之地铸造的金帐汗国的钱币直到当时仍铸有大汗之名,此后只铸有忙哥帖木儿及其继承者们的名字。

忙哥帖木儿一方面在与埃及马木路克苏丹国的关系上,另一方面在与拜占庭帝国的关系上继续实行由别儿哥缔造的友好政策。他颁布法令保护希腊东正教牧师们的特权,在各种不同的时候,他都任用萨莱城主教塞俄罗斯特斯作使者出访君士坦丁宫廷。①

3. 那海和脱脱

据诺瓦里记述,忙哥帖木儿的兄弟和继承人脱脱蒙哥(1280—1287年在位)是一位热诚的穆斯林:"严格遵循斋戒,身边总有伊斯兰教教长和托钵僧",但是,他是一位无能的统治者。他被迫退位,由他和忙哥帖木儿的侄儿秃剌不花(1287—1290年在位)取代。汗国的实际操纵者是术赤的幼支那海,在别儿哥1262至1266年间远征波斯和1265年进攻拜占庭帝国时那海曾统率军队。② 可萨利亚(克里米亚)使团团长、方济各会修士拉迪斯拉斯,

---

① 参看布拉蒂昂尼《商业史》第259页。
② 参看布拉蒂昂尼 Recherches sur Vicina 第38—39页。

在1287年4月10日向其会长的报告中,是把那海与秃剌不花同等地谈到,甚至还作为联合帝王而提到。① 那海的领地好像应该在顿河和顿涅茨河地区去寻找,②而脱脱蒙哥和后来的秃剌不花的领地是在伏尔加河下游的萨莱地区。③ 方济各会修士之间的通信还证明了那海并不敌视基督教徒。例如,他的一个妃子(方济各会修士们称为迪杰拉克,而帕切米尔认定是阿剌加),来到基尔基接受方济各会修士们给她施洗礼。后来,当穆斯林从克里米亚的索勒哈特天主教洗礼堂拆除钟时,一位蒙古的高级宗教官员前来惩罚了这些犯人。

对拜占庭人来说,那海已被证明是一位可信赖的同盟者。1279年,他协助他们推翻了保加尔王伊凡洛,或称拉汗纳斯,伊凡洛是在被库蛮人的一员贵族,即名乔治·特尔特的钦察突厥人引起的各种变迁后继位的。④ 在特尔特统治时期(1280—1292年),正如李柯夫和卡亨表明的那样,保加利亚地区成了蒙古的一个真正的保护国,受他与那海的紧密的私人关系的约束。特尔特的儿子斯维托斯拉夫作为人质留在那海宫内,他的姐姐与这位可怕首领的儿子术客结婚。⑤

---

① G.戈卢博维奇 *Bibliotheca Bio-bibliografica della Terra Santa e dell'Oriente francescano*,II,444。在马可·波罗书(穆勒-伯希和本,488页)里有那海的颂词。

② 据《史集》那海的领地(禹儿惕所在地)在帖儿古河岸上。斯普勒《金帐汗国》认为此河为高加索的帖列克河。但那海的营地却在第聂伯河和多瑙河之间。参看《史集》汉译本,第二卷153—154页。——译者

③ 在切希尔中有各种不同的解释,"鞑靼对欧洲的大入侵"(《斯拉夫评论》V,1926年,101)和B.博斯韦尔《钦察突厥人》(上引书,VI,1927,82)。

④ 夏普曼《佩利奥洛格斯》第136—137页。布拉蒂昂尼《商业史》第234页。

⑤ 卡亨"蒙古人在巴尔干"(《历史评论》1924年,55页)。布拉蒂昂尼 *Recherches su Vicina*,109页。关于那海,参看威塞罗夫斯基在《苏联科学院纪要》1922年13期上文章。要注意的是那海的女儿嫁给了罗斯王公、里亚赞的费多尔。

那海长时期的掌权引起了年轻的秃剌不花汗的不安,他召集军队去夺他的权。但是,这位老军人打消了他的顾虑,并邀他进行一次所谓的友好会晤,事实上是一个圈套。在他们会谈过程中,秃剌不花发现自己已被那海军队包围,他们把他拖下马,捆绑起来。那海把他交给忙哥帖木儿之子脱脱,脱脱是这位倒霉的年轻人的私敌,脱脱处死了他。于是,那海宣布这位脱脱继位(1290年),他相信新汗(无论他是何人)都将是他手中的驯服工具。但是,脱脱很快厌倦了服从这位拥立王者的命令。他进攻那海,于1297年在顿河附近的第一仗中他被彻底击败。年事已高的那海在他的敌人退往萨莱时错误地没有立即向萨莱进军。① 1299年,在第聂伯河附近发生的第二次战役中,他被脱脱打败,他的军队离开了他。"在黄昏时,他的儿子们和部队逃跑了,他年岁太高,长长的眉毛遮住了他的眼睛。他被脱脱军中的一位罗斯士兵引诱,他要杀死他。那海对这位士兵说他是那海,请他把自己带到脱脱那里去,但这位士兵砍掉他的头,把它带到脱脱面前。对这位老人的死,脱脱很悲伤,并处死了凶手"。②

那海的儿子们都试图夺取继承权,他们之间的争吵使脱脱打败了他们。诺瓦里记道,其中一个儿子名叫术客,在脱脱的追赶下先逃到巴什基尔人中,以后又逃到阿速人(或阿兰人)中避难,最后逃到保加利亚,他的内弟斯维托斯拉夫是该地的统治者。但是,斯维托斯拉夫害怕脱脱报复,在特尔诺沃杀死术客(1300年)③。

---

① 1299年12月,那海在苏达克城前,并由此向第聂伯河进军,进行了他最后的一次战争。
② 据诺瓦里和拉施特的记载,参看多桑《蒙古史》IV,第755,758页。
③ 参看布拉蒂昂尼 Recherches sur Vicina 第39—40页和72页。

拉施特说,当金帐汗国正陷入这些内战之时,萨雷河草原和图尔盖草原上的白帐汗国在斡儿答之孙那颜可汗(或者更准确地应是伯颜,1301—1309年)的统治下,正在平息伯颜的堂兄弟、对手古卜鲁克的叛乱,古卜鲁克得到了突厥斯坦的两位君主、窝阔台家族海都和察合台家族都哇的支持。伯颜企图求得元朝大汗铁穆耳的支持,但是,两地相距遥远,使他得不到物质上的援助。然而,他仍保住了在故乡草原上的君主地位。[①]

在以往的50年中,热那亚人和威尼斯人已经在克里米亚(因曾生活在此地的突厥人又得名可萨利亚)建立了贸易机构。显然,大约在1266年,蒙古政府割让一块地给喀法的热那亚人,他们在其地上建立了一个领事馆和一些仓库,这可能就是克里米亚的热那亚大殖民区的开端。[②] 在钦察汗都城——伏尔加河下游的萨莱城内意大利商人们也很活跃,萨莱城是钦察汗的都城和来自北方皮货的一大集散市场。据悉商人们还买年轻的突厥奴隶作为补充军,再卖给埃及的马木路克。这一贸易使草原丧失了优秀的士兵,脱脱汗因此很不高兴,并对这些意大利商人们采取敌视态度。1307年,他逮捕了在萨莱的热那亚居民,接着派军队包围喀法的热那亚殖民区。1308年5月20日热那亚居民放火烧掉自己的城市,乘船逃往外国。这种紧张状况一直持续到1312年8月脱脱去世时。[③]

[①] 据拉施特记,参看多桑《蒙古史》IV,第515页。
[②] 海德《利凡特商业史》II,163。布拉蒂昂尼《商业史》第219页。哈默尔《金帐汗国史》第254页。
[③] 海德《利凡特商业史》II,170。布拉蒂昂尼《商业史》第282—283页。

4. 月即别和札尼别

脱脱的侄儿月即别(1312—1340年在位)继承脱脱的汗位。我们得到的有关月即别宗教观的资料是有些矛盾的。据拉施特记述,在脱脱统治期间,由于他轻率地宣传伊斯兰教引起了蒙古首领们的不满。他们的回答是"你应该以我们的服从为满足"。"我们的宗教对你有何影响?为什么我们要放弃成吉思汗的札撒而信仰阿拉伯的宗教?"因此脱脱死后,在提名脱脱之子为汗之前,蒙古首领们决定骗月即别出席一次宴会,在宴会上把他暗杀掉,以此方式取消月即别的候选资格。但是,有人报告了月即别,他得以迅速逃离,后来率军赶回来包围了阴谋者们,把他们连同脱脱的继承人一起全部杀死,然后自己登上了王位。当埃及的马木路克苏丹纳绥尔请求月即别把成吉思汗家族的一位公主嫁给他时,月即别很犹豫,尽管如此,他还是满足了他的要求。在蒙古人眼中,这是前所未有的恩惠,它保证了钦察汗国与伊斯兰教的官方卫士们之间的结合(1320年)。①

然而,总的来说,月即别的"穆罕默德主义"并不妨碍他宽待基督教徒。② 一封注明1338年7月13日的来自教皇约翰二十二世的信,感谢月即别汗对天主教使者们的好意。③ 1339年,月即别接见了本尼狄克十二世派来的方济各会修士约翰·马黎诺里,他把

---

① 多桑《蒙古史》IV,第573—575页。
② 他的妹妹科恩恰哈与罗斯大公乔治结婚(1318年)。
③ 同样,在莫斯科主教彼得的请求下,月即别给予罗斯教堂很大的权威(1313年)。

一匹骏马送给月即别之后,过钦察草原继续前往察合台地区和北京。① 当时,月即别还与热那亚和威尼斯人签订了一项贸易协定,并同意热那亚的使者们,即安东尼奥·格利洛和尼可洛·迪帕加纳,有权在喀法重建城墙和仓库。到1316年,这一殖民区又呈现出繁荣景象。② 在1332年,月即别准许威尼斯人在顿河河口的塔那建殖民区。③

然而,在俄罗斯,特维尔市民于1327年8月15日杀害负责收集税收的蒙古官员,甚至杀了月即别的一位堂兄弟,因此,月即别派5万人给莫斯科的伊凡大公,命令他进行镇压。正是作为可汗意志的执行者,莫斯科大公们朝着远大前程迈出了第一步。

月即别之子、继承人札尼别(1340—1357年)汗最初承认意大利商人们的特权(1342年);但是,1343年意大利人与穆斯林在塔那发生冲突之后,他把威尼斯人和热那亚人从塔那驱逐出去,并两次包围喀法城(1343,1345年)。④ 热那亚人进行了顽强的抵抗,以致他被迫解除围攻⑤。于是,热那亚人和威尼斯人开始封锁刻赤以东、蒙古境内的黑海海岸。最后,札尼别汗于1347年只得授权重建塔那殖民区。⑥ 对西方人的敌视行为与伊斯兰化的新浪潮齐头并进。伊斯兰教的发展,在月即别汗统治下是如此明显,现在已经结出了果实,埃及马木路克的影响在政治和社会生活的各个领域内都可以感受到。金帐汗国正在从成吉思汗的传统的宗教容忍

---

① 穆勒《中国的基督教徒》第255页。
② 海德《利凡特商业史》II,170。布拉蒂昂尼《商业史》第283页。
③ 海德,上引书,II,181—183。布拉蒂昂尼,上引书,第286页。
④ 海德,上引书,II,第187页以下。
⑤ 这次围攻将引起黑死病向欧洲传播。
⑥ 海德,《利凡特商业史》II,第197页以下。

转向马木路克的、"极权主义"的穆斯林狂热。①

自旭烈兀汗国垮台后波斯处于无政府混乱状态,札尼别汗利用这种混乱实现了其家族长期以来的野心:征服阿哲儿拜占。他于1355年实现了这一目标,还占领了原波斯诸汗的都城桃里寺。杀地区首领出班后裔阿失剌甫,将其首级悬挂在桃里寺大清真寺的门口。把自己的儿子别儿迪别留下来作为桃里寺长官,但是,别儿迪别不久因父病而被召回钦察,1358年札剌儿人把钦察军队从阿哲儿拜占赶走。②

5. 马麦和脱脱迷失

别儿迪别的统治很短(1357—1359年在位)。在他之后,金帐汗国陷入了混乱局面,而术赤系的几位宗王在争夺王位。权力主要是掌握在新的拥立汗者、能干的马麦手中,像以往的那海一样,马麦从1361年到1380年间成了金帐汗国的真正主人。③然而,蒙古人的威信在这些内战中消失了,从1371年起罗斯王公们不再到萨莱宫廷向蒙古人表示效忠,甚至不再上交贡赋。莫斯科大公德米特里·顿斯科伊粉碎了蒙古人的一次惩罚性入侵(1373年),现在轮到德米特里在喀山方向发动报复性的战争(1376年)了。1378年8月11日他第一次在沃查河上打败了马麦的军队。1380年9月8日他在顿河和涅普里亚德瓦河合流处的库利科夫战场打了更重要的第二仗。这次战斗十分激烈,最初胜负难分,但最后,

---

① 在1320年法令中,月即别禁止在苏达克城敲钟(《利凡特商业史》,II,204)。
② 多桑《蒙古史》IV,第741—742页。
③ 他先后在顿河、萨莱统治。哈默尔《金帐汗国史》第318—326页。

马麦因损失惨重、势力减弱而撤兵。尽管他很敏捷,但在对付克里米亚的热那亚殖民者的斗争中很不走运,在一次毫无结果的攻击之后,蒙古人被迫承认热那亚人占有苏达克和巴拉克拉瓦之间哥特人的全部地区(1380年)。①

从那时起,金帐汗国似乎要在基督教势力的报复下崩溃了,但是,由于来自东方的一位新角色、白帐汗脱脱迷失的登场而使它意外地获得了生机。

从北起兀鲁塔山南至锡尔河下游直到塞格纳克(今秋明附近)之间的萨雷河草原,我们已经谈到过,在术赤诸子中按继承权的划分是分配给白帐,白帐的第一位首领是拔都和别儿哥之兄斡儿答。斡儿答的第六位继承者兀鲁思汗(约1361—1377年在位)与他的亲属脱脱迷失之间展开战争。一些史书说,脱脱迷失是兀鲁思汗的侄儿,但是,阿布哈齐把他作为兀鲁思汗的一个远房堂兄弟,即斡儿答、拔都和别儿哥的弟弟秃花·帖木儿的后裔而提到。② 脱脱迷失到撒麻耳干去请求河中之王帖木儿的支持。帖木儿很乐意把成吉思汗系的这位王位争夺者纳入自己的属臣之列,他把锡尔河中游北岸、处在河中和白帐边境地区的讹答剌、扫兰和塞格纳克城割让给他。③ 然而,脱脱迷失未能安稳地占有这些领地,几次被兀鲁思汗及其三个儿子忽特鲁格不花、脱黑脱乞牙、帖木儿灭里把他从这些城市赶走。忽特鲁格不花打败他并迫使他逃跑,但是,就在忽特鲁格不花获胜的时候却被杀死。脱脱迷失又重返河中恳求帖木儿的帮助,使他得以再次回到扫兰,尽管为时很短,因为脱黑

---

① 海德《利凡特商业史》II,第205页。
② 巴托尔德"Toktamish"条目,《伊斯兰百科全书》第850页。
③ 《武功记》,克鲁瓦译本I(II,20—21章)278。

脱乞牙又轻易地把他从该城赶走。接着,帖木儿亲自进入草原,于1377年初几次打败白帐。此后不久,年迈的兀鲁思去世,他的两个儿子脱黑脱乞牙和帖木儿灭里先后继位。而斗争的最后胜负仍未分明。帖木儿一回到河中,帖木儿灭里又于同年(1377年)进攻脱脱迷失。最后,在1377—1378年冬,脱脱迷失依旧是在帖木儿的帮助下,打败了帖木儿灭里,使自己成为白帐汗。

直到当时脱脱迷失一直是帖木儿的、虚弱的同盟者,现在变得雄心勃勃。乌拉尔河以西的金帐汗国,或钦察汗国,正在平息罗斯臣属王公们的叛乱。脱脱迷失利用这些混乱(由于他的干预而增加了这些混乱),自称是金帐汗国汗位的候选人。据巴托尔德的编年,1378年春他抱着征服蒙属罗斯的目的离开塞格纳克。这次战斗持续了几年,我们对它不太了解。金帐汗国的统治者马麦在北部受到罗斯王公们的攻击,如上文提到的,他于1380年9月8日在库利科夫被罗斯大公德米特里·顿斯科伊打败。其后不久,脱脱迷失在南部战线攻打马麦,在亚速海附近,即迦勒迦河边的马里乌波尔地区的一次战役中打败了他,158年以前速不台在此打了一次著名的胜仗。马麦逃到克里米亚的喀法,在喀法被热那亚人多少是背信弃义地杀死了。

接着,脱脱迷失登上金帐汗国汗位。他已经是白帐之首,因此,他重新统一了他祖先术赤的领地。他在都城萨莱统治着处于锡尔河河口和德涅斯特河河口之间的整个草原。

脱脱迷失立刻用他的权力要求罗斯王公们以他们对金帐汗国诸汗的传统方式向他表示效忠。罗斯王公们因库利科夫胜利所鼓舞,拒绝服从(1381年)。于是脱脱迷失入侵罗斯诸公国,将它们处于火与剑之中,洗劫了苏兹达尔、弗拉基米尔、尤利、莫扎伊斯克城，1382年8月将莫斯科夷为平地。企图干涉罗斯事务的立陶宛人，轮到他们在波尔塔瓦附近遭受了血腥失败。基督教的罗斯在以后一个世纪中又被迫臣服于蒙古人的统治之下。

脱脱迷失由于一次意外的复辟，彻底恢复了金帐汗国的权利。金帐与白帐的统一和莫斯科维的消灭使他成了新的拔都，新的别儿哥。他的复辟产生了较大的影响，因为直到当时为止，成吉思汗后裔们已经被赶出中国，在波斯被排挤掉，在突厥斯坦被消灭了。在这支显赫的家族中唯有脱脱迷失屹立不动。作为蒙古大帝国的恢复者，他觉得他当然应该追随他的祖先成吉思汗的步伐，无疑是抱着这种想法，他开始了对河中和波斯的再征服。如果是在20年前，当时这两个地区正处于无政府混乱状态，他可能会成功。但是，几年中，现在的河中和波斯已经是一位第一流的统帅的财产，他正是帮助脱脱迷失崛起的人：帖木儿。两者之间于1387年爆发了战争，战争一直持续到1398年，这次战争将表明，草原帝国是继续属于原蒙古王朝呢，还是转归这位新的突厥征服者。

第十一章 帖木儿

1. 帖木儿夺取河中

帖木儿被称为跛子帖木儿,因此写成 Tamerlane。他于 1336 年 4 月 8 日生于撒麻耳干以南的渴石城,即今沙赫里夏勃兹(即绿城)。帖木儿朝的史学家们企图把他的家谱追溯到成吉思汗的一位伙伴,甚至是他的亲戚。事实上,他不是蒙古人,而是突厥人。他出身于河中巴鲁剌思部的一个贵族之家,巴鲁剌思部统治着渴石,在渴石周围有一些庄园。

在谈到察合台汗国时,我们看到了当时河中属地所处的环境(参看 343 页)。按理河中地区是一个蒙古汗国,而实际上它是突厥族邦联,在能干的"宫廷侍长"迦兹罕的推动下,河中地区再次开始对中亚发生一些作用。但是,1357 年异密迦兹罕被暗杀,使河中又恢复到无政府状态。迦兹罕的儿子米尔咱·阿布达拉赫被帖木儿的叔叔、渴石君主哈吉和另一个名叫巴颜的地区突厥贵族驱逐(1358 年)。然而,哈吉和巴颜两人都无驾驭河中突厥贵族的政治才干。况且,迦兹罕的孙子迷里忽辛使自己成了阿富汗境内一个重要的君主,领地包括喀布尔、巴里黑、昆都士和巴达克山。这是河中王国中的一个封建割据国家。伊犁地区的察合台汗秃忽鲁帖木儿趁乱入侵并征服了河中,于是,在他的统治下重新恢复了原察合台兀鲁思(据《武功记》是1360年3月)。① 帖木儿的叔叔哈吉放弃了徒劳的斗争,从渴石逃往呼罗珊。

帖木儿要聪明得多。这位25岁的年轻人看到现在是崭露头角的时候了。这并不是说,在河中突厥人抵抗伊犁地区蒙古人重新开始的攻势中他是拼死作战的战士,相反,在当时发生的事件中,他看到了合法继承其叔叔哈吉、成为巴鲁剌思部首领统治渴石的途径。看准这一点,他及时地向入侵者秃忽鲁帖木儿汗作出了臣属的表示。这一次,歇里甫丁笔下的英雄的言论是有些伪善的一篇小杰作:为了臣服,无论他个人付出什么代价,他要为公众的利益,而不是为他叔叔的利益作出牺牲;他叔叔的逃跑使其家族有衰落的危险。② 秃忽鲁帖木儿很高兴得到这样一位有价值的支持者,作为回报,他承认帖木儿对渴石的所有权。其间,由于察合台军暂时撤退,哈吉趁机返回渴石。正直的帖木儿毫不畏缩地对哈吉发起攻击,然而,尽管帖木儿初战告捷,但他的军队都叛离了他,除了向哈吉公开道歉外,他别无选择,哈吉原谅了他。③ 秃忽鲁帖木儿从伊犁地区返回河中,为帖木儿挽回了局面(1361年)。④ 秃忽鲁一到河中,河中的所有贵族——忽毡异密迷里拜牙即、速勒都思部巴颜、帖木儿,以及哈吉本人——都来朝觐他。但是,这位蒙古人为了在这些凶悍的突厥人中杀一儆百,无缘无故地处死了迷里拜牙即。⑤ 哈吉闻之害怕,作为持异议者离开了河中,他因此而遭受厄运,一到呼罗珊,他就在撒卜兹瓦儿附近被暗杀。帖木儿立

---

① 《武功记》,转自《拉失德史》丹尼森·罗斯的法译本第15页。
② 《武功记》,佩替·拉·克鲁阿法译本 I,28。
③ 上引书,第36—38页。
④ 《拉失德史》法译本第18页。
⑤ 正如他后来处死速勒都思部巴颜一样。

第十一章　帖木儿

即前往惩罚凶手；但是实际上，他现在已轻而易举地摆脱了对手，再次成为渴石永久的唯一君主和巴鲁剌思部首领。秃忽鲁帖木儿很赞赏这位年轻人成熟的才智，在他返回伊犁时，留下其子也里牙思火者为河中长官，并任命帖木儿为他的辅臣。[1]

直到此时，帖木儿一直是在玩着忠于察合台家族这张牌，无疑是希望在察合台的统治中占有首要位置。当察合台汗任命另一位异密别吉克在他儿子身边掌握最高权力时，而他被安置在次一级的位置上。因此，帖木儿与察合台汗的代理人决裂，投奔内兄[2]——巴里黑、昆都士和喀布尔之主迷里忽辛，在迷里忽辛征服巴达克山时，帖木儿曾经帮助过他。接着他们两人一起去波斯，在波斯过着冒险家的生活，用剑为锡斯坦王公效劳。在这段经历以后，他们返回阿富汗，在迷里忽辛境内的昆都士附近重新组织军队，然后又进入河中。[3] 一支察合台军企图在瓦赫什河的石桥[4]附近阻止他们前进。但帖木儿略施一计，[5]他们渡过河，打败了敌军，沿铁门之路，继续进军解放他的渴石城。察合台宗王也里牙思火者作了更大的努力，但是在一次大战中被打败，《武功记》认为该战发生在离渴石和撒麻耳干不远的塔什·阿里希和卡巴·马坦之

---

[1] 《拉失德史》法译本第 22 页。
[2] 忽辛的妹妹阿尔再嫁给了帖木儿，因此二人为姻兄弟。——译者
[3] 《武功记》，佩替·德·拉·克鲁阿法译本 I,45,54。
[4] 《武功记》，68,74 页，《拉失德史》第 27—29 页。（石桥横跨瓦赫什河上游。1875 年旅行该地的马叶甫先生写道："瓦赫什河接近不花剌汗国的边境，它通过一条峡谷向前延伸，在峡谷最窄处，间隔不到 20 步，其间由名叫普勒伊森格的著名石桥连接起来。科斯坚科的地名辞典说，石桥长十步，两端架在向前突出的悬岩上，河面宽度不超过 20 步。"——译者。）
[5] 据《拉失德史》记，帖木儿命五百精兵埋伏在石桥附近，自己率 1,500 人于夜泅水渡河，占领山头。第二天，敌哨发现他们的足迹，知道他们已渡河，因而军心大乱。入夜以后，帖木儿军在各山头燃火，察合台军见火光，惊慌而逃。——译者

间。也里牙思火者九死一生,急忙逃往伊犁。① 帖木儿和忽辛穷追至忽毡以北,直抵塔什干。于是,河中从蒙古人手中解放出来(1363年)。在石桥和卡巴·马坦两战之间,也里牙思火者得知其父秃忽鲁帖木儿已在伊犁去世的消息。

河中从蒙古人手中解放出来,摆脱了察合台人的统治,但是,帖木儿、忽辛,以及河中的任何一个地区突厥贵族,离开了察合台系的君主,都不能够统治河中。成吉思汗的合法性无疑要保留,至少在形式上要保留,于是,征服者们认为有必要由察合台系的一位傀儡对他们的胜利加以承认,当然是在他的名义下,他们亲自进行统治。他们找到了都哇的一个曾孙,名叫哈比勒·沙,当时他伪装成德尔维希而隐姓埋名。② 这正是他们要找的人。"他们把他扶上王位,向他献上御杯,各地封建主在御前九叩首。"此后,他们不再注意他。但是,他作为河中王国之首出现,按成吉思汗的法律,已经使这一王国合法化和神圣化。③ 也里牙思火者,即伊犁地区的察合台人,再没有理由干涉河中事务,因为在不花剌和撒麻耳干有另一位真正的察合台人、另一个神授的汗王,在他的名义下,帖木儿和忽辛可以问心无愧地行事,也可以消除那些墨守成规者的疑虑。

也里牙思火者回到伊犁地区,掌握了继承权之后,对河中作了一次最后的努力。1364年,他率新军返回河中,最初在锡尔河北

---

① 《武功记》第75页。
② 哈比勒·沙是都哇的曾孙、燕只吉台之孙。他由于不耐王族繁文缛节之苦,于是摒弃尘世之乐,过苦行僧的生活。德尔维希(der vish)是一个波斯字,相当于阿拉伯文的法基尔(穷人),指伊斯兰教中的苦行者,他们弃绝人世之乐,过着游方的贫苦生活。(见《拉失德史》汉译本,第188页)。——译者
③ 《武功记》第76—78页;《拉失德史》第29—31页。

岸的塔什干和钦纳兹之间,即在所谓的"泥沼之战"中打败了帖木儿和忽辛(1365年)。忽辛和帖木儿一直退到阿姆河畔,忽辛向萨里·萨莱(昆都士之北)逃跑,帖木儿向巴里黑逃去,留下河中让也里牙思火者任意入侵,也里牙思火者围攻撒麻耳干。① 后来,形势起了变化。撒麻耳干居民在穆斯林毛拉的鼓动下,进行了勇猛的抵抗,而围攻部队又因流行病而被削弱。最后,也里牙思火者于1365年退出河中,返回伊犁。正如我们将要看到的:他几乎未能逃脱他的失败,因为以后不久,他成了一位杜格拉特部异密叛乱的牺牲者。

2. 帖木儿与迷里忽辛的斗争

帖木儿和迷里忽辛实际上解放了河中。这种双头统治因帖木儿与忽辛的妹妹的联姻而进一步得到加强,然而,这种双头统治从一开始就露出了紧张的迹象。忽辛比帖木儿强大些,除了河中以外,他还有包括巴里黑、昆都士、胡勒姆和喀布尔诸城的阿富汗王国。② 但是,帖木儿比忽辛具有更坚强的个性,他牢牢控制着就在撒麻耳干城门边的渴石和卡尔施城。也里牙思火者逃走之后,他们两人回到撒麻耳干重新组织他们的国家。忽辛扮演着最高君主,他甚至向地位最高的贵族们征税。帖木儿为获得这些贵族支持他的事业,立刻从自己的金库中拿出必要数额的钱补助他们。他以一种带侮辱和谴责的假装服从态度,进而把属于他的妻子,即

---

① 《武功记》第80—92页;《拉失德史》第31—37页。
② 然而,忽辛常常是住在昆都士以北,阿姆河北岸的萨里·萨莱。

忽辛的妹妹的珠宝回送给忽辛①,忽辛妹妹的去世使两者之间的关系完全破裂了。最初,忽辛占上风,把帖木儿从卡尔施城驱逐出去。后来帖木儿用云梯重新攻占卡尔施城,并以同样的方式成了不花剌的君主。忽辛进行了报复,他率大军从他在昆都士北的萨里·萨莱驻地出发,重新征服河中。他从帖木儿人手中夺取不花剌和撒麻耳干,而帖木儿认为忽辛的军队大大超过自己的,便可耻地逃往呼罗珊。②

早些时候帖木儿从秃忽鲁帖木儿和也里牙思火者统治下的河中撤退,或者说退却,以及紧跟在此后的这次逃跑使我们对帖木儿的性格有了完整的印象。并不是说,他可以被斥之为懦夫。他有军人般的勇敢是毋庸置疑的。尽管在必要时他有像一个普通士兵般冲锋陷阵的闯劲和胆量,但是,他在政治上十分精明,知道什么时候该停下来等待时机。其间,他又开始了骑士生涯,从呼罗珊到塔什干,经历了一次又一次的冒险,顺便提一下,他在塔什干毫不犹豫地与他部民的宿敌、伊犁地区的蒙古人签订了第二次协议。更糟糕的是,他极力煽动蒙古人的入侵,这次入侵发生在第二年春。③ 在伊犁的察合台蒙古人被清除河中之后,他准备好要从军队首领忽辛手中重新夺取河中。《武功记》极力为这位大冒险家这一时期的经历寻找借口。应该补充的是,帖木儿从未被邀执行这次蓄谋的背叛行动,因为当忽辛受到由他的对手领导的另一次蒙古人入侵时,他感到吃惊。他向帖木儿求和,自然是借助维系他们两人的伊斯兰教,以及必须团结一致,以防止伊犁地区和裕勒都斯

---

① 《武功记》,克鲁瓦译本,I,97。
② 《武功记》,第一卷,第 127—132 页。
③ 《武功记》,第 148—156 页。

流域的半异教徒的蒙古人掠夺河中神圣的土地。①

这正是帖木儿所期待的。他自称被这些虔诚的思考所感动,甚至声称他抱有采取一致行动的梦想。和平实现了,忽辛和帖木儿之间不太明确的共同统治的状况又重新建立起来。因此,他也恢复了他的渴石领地。

结局是演出了一幕杰出的东方式虚伪的喜剧,是以对友谊的一再声明、复归于好的拥抱和每次都喊出古兰经中的虔诚的格言而完成的,接着便是背叛,突然袭击和即刻处决。帖木儿似乎忠实地扮演着忽辛盟友的角色;他帮助忽辛平定了喀布儿城堡的叛乱,接着又平定了巴达克山山民的起义。但是,这种帮助现在呈现出监督、强制甚至是威胁的面貌。忽辛明白河中将留给他的对手,他把自己的活动越来越多地局限在阿富汗地区,加紧在巴里黑重建城堡,据说,这一行为使"帖木儿不快"。②

《武功记》虔诚地宣告:"当上帝要什么事情发生时,他会提供种种理由,由于这些理由,该事情就会按天意而产生。上帝已注定把亚洲帝国给予帖木儿和他的子孙,他预见了帖木儿温和的统治,它将给他的臣民们带来幸福。"③这种神的腔调似乎有些自相矛盾,事实上是最适宜的。歇里甫丁继续对忽辛的贪婪(导致他与其他封建主疏远的)、固执,以及无礼的行为进行道德上的解释。接着是一次阴谋纠纷,在纠纷中,当然是忽辛不断地出错,并被谴责设置陷害帖木儿的圈套。然而,正是帖木儿不宣而战,对忽辛发动了突然袭击,他一离开渴石,就在帖尔木兹处渡过阿姆河,入侵忽辛的封地巴克

---

① 《武功记》第 157—160 页。
② 《武功记》第 160—175 页。
③ 《武功记》第 175 页。

特里亚。忽辛在昆都士的守军冷不防地被包围了,巴达克山主也是这样被包围了,帖木儿意外地出现在巴里黑城前,在那里忽辛毫无准备地发现自己已经被包围,由于被围困,并且毫无希望突围,这位不幸的人被迫有条件地投降,放弃权力,到麦加去朝圣,帖木儿仁慈地原谅了他,当他又见到忽辛时,他确实热泪盈眶;但是《武功记》宣称,这位征服者的侍从背着帖木儿处死了这位亡命者。巴里黑居民,犯有忠实于忽辛的罪,所以大部分人遭到了同样的命运。①

3. 帖木儿帝国

这出古典悲剧是帖木儿的自我表现。② 剧的主要特征是具有以后的马基雅维里主义,一种一贯以国家利益为基础、并与之相一致的虚伪。他是一位具有福熙式灵魂的拿破仑,是阿提拉后裔的菲利普二世。像"埃斯科里亚"中的人物"阴沉、郁郁寡欢"。正像对宗教的虔诚一样,他还是一位无畏的战士和经验丰富的、深谋远虑的指挥者;是艺术家和文人的朋友,像泄剌只人一样赞赏波斯诗——由于夺取巴里黑而成了中亚至高无上君主的就是这样一个人。帖木儿在获得权力过程中的深谋远虑,以及在必要时可以屈服,在竞争需要时可以流亡的冷静态度,使人想起了成吉思汗。像这位蒙古征服者一样,河中的这位领导者开始也是默默无闻的,在忽辛这样缺乏勇敢和坚定的封建主手下作为属臣为他效劳,正像成吉思汗在愚钝的王罕手下效劳一样。帖木儿逃往呼罗珊,以及

---

① 《武功记》第 180—194 页。
② 伊本·阿拉不沙对帖木儿的猛烈诽谤(桑德译本,1936 年)并不亚于歇里甫丁为帖木儿所作的虚伪辩护。在此,辩护比指责更应该受到谴责。

第十一章 帖木儿

他从锡斯坦到塔什干的冒险生涯使我们想起了成吉思汗在班朱尼河畔的不幸岁月。他与忽辛的决裂正像成吉思汗曾经与克烈王的决裂一样,无论如何,在表面上是一丝不苟地恪守了协定的。《武功记》用李维式的叙述,加上虔诚的穆斯林腔调和抹去了蒙古牧民的粗野无知,回忆了《秘史》中那段著名的、史诗般的申诉。但是,一旦法律在他一边,并以援引的古兰经为根据时,就轮到帖木儿采取背信弃义的方式保卫自己,反对原盟友的背叛行为(无论是真有其事或者只是帖木儿的猜测),他像成吉思汗推翻脱斡邻勒一样地进行突然袭击并打垮了忽辛。

然而,成吉思汗完成了他的事业。他宣布自己是"罕",唯一的、至高无上的皇帝。在他之上,他没有保留比他更有牢固合法性的某位(即古代蒙古诸王的直接后裔)形式上的君主。更不用说他会考虑在克烈王的弟弟,或者是在金朝皇帝的庇护下去征服远东了。帖木儿在征服巴里黑时确实自称为王。1370年4月10日(当时他34岁)"他登上王位,戴上金王冠,系上帝王的腰带出现在诸王公和异密们面前,他们都跪在他面前。"《武功记》使我们确信,他宣布自己是成吉思汗和察合台的继承人和接续者。但是,他的称号仍不明确,直到1388年,他才明确地采用"苏丹"称号。最重要的是,他不敢废除成吉思汗家族的傀儡皇帝们,尽管他与忽辛扶上王位的哈比勒·沙汗公开站在忽辛一边反对他。事实上,正如《拉失德史》透露的那样,他确实考虑过要摆脱汗这一包袱,但是他很快意识到,为了得到河中贵族们真正的服从,他必须在不可争辩的合法原则幕后行使权力。① 因此,他所做的仅限于处死哈比

---

① 《拉失德史》丹尼森·罗斯译本,第83页。

勒·沙汗,由另一位忠于自己的成吉思汗宗王锁咬儿哈的米失取代之,锁咬儿哈的米失作为河中帖木儿王朝可汗从 1370 年一直统治到 1388 年①。他死之后,帖木儿提名他的儿子继位,是马合谋汗(1388—1402 年在位)。② 帖木儿政府颁发的敕令,都以适当的尊重和合乎礼仪的方式签署着这一显赫家族后裔们的名字。③ 他们无疑是一些由帖木儿任意指派的、完全屈从于他意志的、徒具虚名的稻草人,没有人会想到,或者是留意这些可怜的无名之辈。杜格拉特部穆罕默德·海达尔二世后来写道:"在我那个时代,撒麻耳干的可汗们被看成政治囚犯。"

然而,帖木儿以不坦率和诡辩的态度对待政治统治权问题是事实。他不敢重新制定一套全新的法律,而是甘愿造成一种新的局面,事实上是用突厥统治取代蒙古统治,以一个帖木儿帝国取代一个成吉思汗帝国。在法律上,他要求的不是根本上的改变。因此,他从未说过他要废除成吉思汗的札撒,而赞成沙里亚法或者说穆斯林法律。④ 尽管确实显得有些奇怪,伊本·阿不拉沙称他是一位不虔诚的穆斯林。因为他"宁可用成吉思汗的法律而不用穆斯林法律"。当然,这可能纯属形式上的指责,因为在中亚居民的眼中,帖木儿极力做出成吉思汗继承人的样子,甚至是又一个成吉思汗。在实践中,事实却相反。他不断求助的正是《古兰经》,预言

---

① 《武功记》I,第 186 和 193 页。《拉失德史》第 72,83 页。
② 《武功记》II,第 19—20 页;IV,第 40 页。
③ 《拉失德史》第 83 页。
④ 伊本·阿拉不沙书,桑德译本,第 299 页。(沙里亚伊斯兰法是伊斯兰教正式规定的神圣法律的总体,基本上以古兰经中所找到的,以及穆罕默德的言行中所启示的真正的圣诫为基础。这一法律在理论上不仅支配各伊斯兰国家的宗教事务,而且还规定了这些国家在政治、经济、民政、刑事、道德、社会和家庭诸方面的事务。——译者)

第十一章　帖木儿

他将成功的是伊玛目和托钵僧。他的战争将具有圣战的特征,即使是在他与穆斯林作战时(情况几乎总是这样)。他只得谴责这些穆斯林,即谴责最近才皈依伊斯兰教的伊犁和回鹘地区的那些察合台人,或者是谴责容忍数百万印度教臣民的德里苏丹们(他们制止屠杀)对伊斯兰教的冷淡。

从一开始,帖木儿帝国就是不平衡的,缺乏成吉思汗国的稳固和持久。它的文化是突厥—波斯的,它的法律体系是突厥—成吉思汗式的,它的政治—宗教信条是蒙古—阿拉伯式的。在这方面,帖木儿具有欧洲的查理五世皇帝一样多的特征。但是,在他本人身上,这些矛盾并不明显,或者说,这些矛盾时隐时现地突出他无与伦比的个性,即经历了两大时期边缘上的几种文明的超人的个性。帖木儿身高、头大,褐色皮肤,在世界各地不停奔走的这位跛子,他的手总是放在他的剑附近,他能把弓弦拉到耳部,他的枪法也如成吉思汗一样准确无误。像在他之前的成吉思汗一样,他支配着他那个时代。成吉思汗虽然去世了,但是,他的帝国(即使是在平庸者的统治下)仍幸存着。帖木儿的帝国,尽管由一些有才能的人,甚至是像沙哈鲁、兀鲁伯和忽辛·拜哈拉和巴布尔这样的一些天才继承,也注定要很快消失,退缩到狭小的河中故地和隶属的呼罗珊地区。

成吉思汗国的幸存可以从帝国得以建立的基础进行解释。成吉思汗国建立在蒙古地区的古代帝国之上,它是以鄂尔浑河为中心的,从古匈奴时代起就存在的不朽的草原帝国,匈奴人把这一帝国传给了柔然和嚈哒,柔然传给了突厥,突厥传给回鹘,在成吉思汗出生时,这一帝国正在传入克烈人手中。这里是一种自然结构,即草原结构,一种种族和社会的结构,即突厥—蒙古游牧主义的结构,这种结构是较坚固的,因为它是简单的唯一根基于自然规律的,这一规律使游牧民去寻找掠夺物,如果可能的话,会使定居居民归顺于他的控制。就此而言,草原帝国的建立和周期性的复兴是人类地理学上的规律。游牧民一直支配着草原边境上的定居民,他们的帝国如洪水泛滥,隔一定时间迟早总要发生,直到很久以后,当定居民由于科学武器的应用而取得了人为的优势时,这种状况才结束。

关于帖木儿要建的帝国则与此不同。他所统治的河中仅在外表上是一个地理中心,这意味着河中本身不是动力策源地。14世纪末使该地区成为风暴中心的情况纯属偶然。在亚洲历史的进程中,存在过两种支配力,一种是亚洲外缘的古定居文明(中国、印度、伊朗)的支配力,它以同化的方式一点一点地、不顾一切地征服了一个又一个的"巴巴利"即"蛮夷之地",从长远的观点来看,同化的作用比武力更强大。第二种支配力是从这个大陆的心脏波涛般汹涌而来的、游牧民的猛烈的力量,这种力量的产生是因为他们处于饥饿之中,还因为贪食的狼总要以某些方式,随时搞到较好的、人们豢养的家畜。但是,帖木儿的河中帝国不属于这两类。如果说他在几年中能够破坏东半球的话,那么,首先是凭借他超人的个性,帖木儿一名的突厥语含意即钢铁般的人,就恰如其分地表达了他的性格。

还有这种事实:这位钢铁般的混合种人(他是具有蒙古种,或者说,至少是受到成吉思汗蒙古人纪律下锻炼成的东半球上的突厥种人),于14世纪末在塔什干和阿姆河之间建立了一个可怕的军事政权。还必须强调,它是一种短暂的现象。谁会比成吉思汗以前的这些河中突厥人(尽管他们很勇敢)更散漫?这一事实已经

第十一章　帖木儿

被13世纪的那些可悲的游侠们非常生动地加以说明了,例如花剌子模的摩诃末和札兰丁,更不用说在他们之前的桑伽。也不必强调更加近代的土库曼人和吉尔吉斯人的无政府状况。与此相反,据《武功记》评论,帖木儿王朝时期的河中突厥人生来就具有军纪,队伍的编排不用口令,队形是在敲鼓或吹号以前就排好了的。按两个世纪中严格应用的札撒,年轻人被训练为各种兵种的职业军人。帖木儿在冬季对西伯利亚和在酷夏对印度的进军都有力地证明了这一点。把成吉思汗的纪律强加于突厥人的勇猛而诞生的这些军队,忍耐了两百年,甚至没有机会自由发挥他们的好战性格。忽必烈统治下的鄂尔浑蒙古人把整个远东作为他们征服的战场;金帐汗国的蒙古人已经飞驰到维也纳的大门口;旭烈兀的蒙古人力求到达埃及河边。只有察合台境内突厥斯坦的这个"中部王国"的突厥—蒙古人,被另外三个成吉思汗兀鲁思团团围住,被迫停顿不前。然而,现在他们周围的障碍突然拆除了。在西方,阻止河中人西进的波斯汗国不复存在了;控制着西北方的金帐汗国也处于衰落之中,已无力阻挡其道,通往戈壁方向的路也因蒙兀儿斯坦被夷为废墟而敞开了;德里苏丹国呈现暂时的衰退,没有形成像察合台初期时保卫印度河的状况。帖木儿统治下的河中人向四面八方迅速扩展。长时期内他们被迫无所事事,现在得到了补偿,在那个时期,征服只有外部的突厥—蒙古兀鲁思独自享受,而河中人与蒙古战争的荣誉和战利品无缘。现在,他们的机会终于来到了。

　　帖木儿朝的史诗——如果人们可以这样形容一系列背叛和屠杀的话——在种族上是突厥的,但它仍是蒙古史诗的一部分,尽管是来得太晚的一部分。

4. 征服花剌子模

帖木儿的征服活动遍及伏尔加河到大马士革、从士麦那到恒河和裕勒都斯河各地，他对上述各地的远征并不遵循地理秩序。受敌方挑衅的支配，他从塔什干奔到泄剌只，从桃里寺奔到忽毡；对俄罗斯的一次战争就发生在对波斯的两次战争之间；对中亚的一次远征就发生在对高加索的两次袭击之间。在这里，帖木儿完全没有成吉思汗的战略性远景计划：蒙古战役，远东战役，突厥斯坦和阿富汗战役，然后，再返回远东。帖木儿的远征杂乱无章地一次接着一次。成吉思汗对他所到之处都要彻底清除一切，而帖木儿与之不同，他在每次胜仗结束后离开该地区时对该地的统治不作任何处置，只有花剌子模和波斯例外，甚至这些地区也是很晚才作处置的。事实上，他像这位伟大的蒙古人一样彻底而认真地屠杀了他的所有敌人，在他身后留下的人头金字塔，作为告诫人们的例子叙述着他们自己的故事。然而，幸存者们忘记了他们所得到的教训，不久又采取了秘密的，或公开的反叛活动，以至于一切又得重复。这些人血浸泡的金字塔似乎还转移了帖木儿实际的目的。报达、布鲁萨、萨莱、焉耆和德里都遭到过他的洗劫，但是，他并没有战胜奥斯曼帝国、金帐汗国、蒙兀儿斯坦汗国和印度德里苏丹国；甚至他一经过伊剌克阿拉比时，该地的札剌儿部人就重新奋起。因此，他不得不三次征服花剌子模，六次或者七次征服伊犁（他统治该地的时间还没有他在该地战争的时间长），两次征服东波斯，甚至是三次征服西波斯，此外，还在俄罗斯发动了两次战争和其他的一些远征。

第十一章 帖木儿

帖木儿的战争"总是不得不再战的",他也只得重复地进行着这些战争。尽管这些战争在战略上有周密的考虑,在战术上也无懈可击,但是,从政治史的角度来看它们似乎完全缺乏内聚力。年代学的研究使这些战争索然无味,除了纯个人的兴趣之外,人们可以感到的是英雄的特征。历史学上的分类是很成功的,它按征服的大区域来划分这些战争,它们从河中开始,然后向外扩展。因此,我们将研究帖木儿在花剌子模、新疆南部、波斯、俄罗斯、土耳其和印度的活动。

包括阿姆河下游和咸海边的阿姆河三角洲在内的花剌子模,或者说今天的希瓦地区,在 12 世纪末和 13 世纪的最初 18 年中,在突厥族的大花剌子模王朝的统治下曾在东方史上起过相当大的作用,尽管是短暂的;该王朝于 1220 年被成吉思汗推翻。此后,花剌子模原则上一直附属于钦察汗国,直到察合台汗阿鲁忽从钦察汗别儿哥手中夺取(1260—1264 年)为止。以后花剌子模成了察合台汗国不可分割的一部分,从地理上来看这种划分是恰当的。但是,这次征服显然是短时期的。据巴托尔德,此后不久,花剌子模在钦察汗国和察合台汗国之间被瓜分;前者控制了锡尔河三角洲和玉龙杰赤,后者统治着花剌子模南部地区,包括柯提(阿布兹瓦力沙)和希瓦。① 1360 年后不久,昆吉剌部突厥首领胡赛因·苏

---

① 巴托尔德《伊斯兰百科全书》"Khwàrizm"条目,第 962 页。柯提在《武功记》第一卷的地图上是标在阿姆河岸附近、希瓦上方不远的地方。厄斯金指出,柯提是花剌子模的古都,并说是在阿姆河沿下游方向距赫扎拉斯普 24 英里的地方。巴托尔德说:"赫扎拉斯普是一个著名的城镇,从赫扎拉斯普到希瓦是一天的路程。柯提距希瓦是一天的路程,为花剌子模古都。牙忽特说,柯提一字花剌子模人用以指草原上的堡坞,所以,现在在中亚柯提之意与图尔库勒相同。"(《巴托尔德文集》俄文第一卷,第 199—205 页。)(参看《拉失德史》汉译本,第一编,第 212 页注②。——译者)

非趁钦察汗国混乱之机在花剌子模建独立王国。① 后来他又利用河中地区发生的战争,从河中居民手中夺取柯提和希瓦。但是,帖木儿一旦成了河中的统治者,就要收回这两个城市的领土(1371年)②。帖木儿在遭到胡赛因·苏非的拒绝之后,攻占柯提,并在玉龙杰赤包围了胡赛因·苏非。③ 胡赛因·苏非在被围期间去世,他的兄弟优素福·苏非继位,他向帖木儿求和,在答应将柯提地区(希瓦地区)④归还帖木儿的条件下,他的要求被接受。优素福·苏非随即又对此退让感到后悔,蹂躏了柯提地区⑤。1373年帖木儿再兴战端,⑥但是,在为他的儿子只罕杰儿娶得优素福·苏非的女儿、美丽的罕匝答做媳妇之后,他的态度缓和下来。1375年,战争再次爆发⑦,但是,帖木儿因他的两个将领叛乱而被召回撒麻耳干。⑧ 随之而来的和平是短暂的。当帖木儿正在与锡尔河下游迤北地区的白帐交战时,优素福·苏非趁机洗劫了河中腹地撒麻耳干附近地区。优素福·苏非这个危险的邻居,只要帖木儿军在别处作战时,他就威胁着撒麻耳干都城,帖木儿必须除掉他。1379年⑨由于优素福的挑衅,帖木儿抵达玉龙杰赤,与其对手进行

---

① 突厥化的昆吉剌部首领胡赛因·苏非,趁钦察的金帐汗国和波斯的伊儿汗国衰亡瓦解之机,建独立王朝,称苏非王朝。这是一个伊斯兰的王朝。——译者
② 《武功记》I,226。
③ 回历773年春(1372年)即鼠年,《武功记》I,229。
④ 上引书,I,239。
⑤ 上引书,I,242。
⑥ 774年拉马丹月(1373年2月日24至3月25日),牛年,《武功记》I,243。
⑦ 回历777年春(1375年6月2日至1376年5月20日),鳄鱼年;《武功记》I,260。《史集》罗斯译本,第44页。
⑧ 帖木儿经柯提,进至哈思,在此得到消息,知其部下异密阿的勒沙等叛变,正进攻撒麻耳干,帖木儿只得回师。——译者
⑨ 战争开始于回历780年沙瓦尔月(1379年1月21日至2月18日),即羊年,《武功记》I,299。

一对一的决斗。"他穿着轻便的胸甲,腰佩利剑,肩背盾牌,头着王盔,骑着战马朝玉龙杰赤城驰去。他相信上帝,只身朝城下的壕沟走去,呼优素福与他决战。但优素福宁愿保命而不顾荣誉,置之不理"。① 围攻玉龙杰赤城持续了三个月。优素福在日益增加的压力下绝望而死。该城最后被攻陷,接着是通常进行的大屠杀(1379年)。②

花剌子模的归并完成了河中王国的形成。

5. 远征蒙兀儿斯坦和回鹘地区

帖木儿一旦确保他在河中的王位,又被激发去进行对原东察合台汗国(伊犁和裕勒都斯地区)的战争。

该地区新近爆发了革命。我们已经看到了蒙古杜格拉特家族在那里所取得的统治地位,该家族几乎完全控制了喀什噶尔,以阿克苏为中心,除此而外,该家族在伊犁河流域的察合台特别地带内还有大庄园,伊犁河流域是察合台诸汗的司令部。③ 在经历了几年的混乱之后,杜格拉特部的异密播鲁只还于1347年主动把察合台汗秃忽鲁帖木儿重新扶上伊犁的王位。④ 播鲁只死于秃忽鲁帖木儿统治期间(1347—1363年),他死后兀鲁思别吉一职(相当于宫廷侍长)给了他年幼的儿子忽罗达⑤。播鲁只的弟弟、异密哈马儿丁垂涎

---

① 《武功记》I,301—302。
② 《武功记》I,305—306。
③ 巴托尔德"杜格拉特"条目,《伊斯兰百科全书》第1112页。
④ 《拉失德史》第38页。
⑤ 当时忽罗达只有七岁。——译者

这一职位,徒劳地向秃忽鲁帖木儿提出过抗议,在秃忽鲁帖木儿死后,他杀死已故可汗的儿子也里牙思火者,为自己报了仇①。也里牙思火者是被胜利的帖木儿驱赶(约1365—1366年),才从河中返回伊犁的。哈马儿丁推翻了察合台王朝,自僭汗号,从1366年到1392年间统治着蒙兀儿斯坦(即统治着怛逻斯河流域、伊塞克湖、伊犁河、裕勒都斯河和玛纳斯河流域,还有可能统治着阿尔蒂沙尔,或称喀什噶尔的较大部分地区)②。也里牙思火者的弟弟黑的儿火者由于忽罗达的帮助,逃脱了哈马儿丁的报复,忽罗达帮助他从喀什逃到帕米尔,这位年轻人躲在帕米尔,直到出头之日。③

帖木儿发动的一系列远征就是对付哈马儿丁的,这些远征远不如对波斯、德里和安卡拉的远征著名,但是,也许更加值得关注,因为它们是发生在更加艰难的地区,对付的是难以捉摸的敌人。这些远征是防御性的,是打算保护河中免受游牧民的周期性入侵。帖木儿的军官们前往伊塞克湖北的阿拉木图(后来名为韦尔内)方向进行侦察,他们与敌人签订了和约(或者说协定)之后返回,帖木儿拒绝接受和约。他离开塔什干,从赛拉木(塔什干以北)向《拉失德史》中称为坦基河的地方进军,埃尼亚斯和丹尼森·罗斯认为是养吉城,即恒逻斯,又名奥李—阿塔。他在此赶走了游牧民,获得大量战利品。④

---

① 哈马儿丁在一天之内就杀死了秃忽鲁·帖木儿的十八个儿子。只有一个儿子,即黑的儿火者,当时尚在襁褓之中,被忽罗达及其母隐藏起来,才幸免于难。后来他们将此子送到帕米尔的山中抚养,哈马儿丁到处搜索这个孩子,始终没有找到。《拉失德史》第51页。——译者
② 《拉失德史》第38—39页。
③ 同上书,第39,51页。
④ 同上书,第40页。

第十一章 帖木儿

1375年,帖木儿进行了第三次战争①。他离开赛拉木,穿过在楚河河源边的怛逻斯和托克玛克地区。哈马儿丁使用游牧民的惯伎,在他来到之前就撤退到根据《武功记》名叫比耳哈·古里安或阿沙尔·阿塔的地方,埃尼亚斯和丹尼森·罗斯认为是伊犁河上游附近、阿拉套北部一个山嘴边的奥塔尔②。无论如何,该地址似乎应在伊塞克湖西北山脉中去寻找。帖木儿的长子只罕杰儿在此对敌人发起突然袭击,敌人朝伊犁河方向溃逃。帖木儿蹂躏了构成原东察合台腹地的伊犁河流域的部分地区,后来,他似乎继续进入纳伦河上游河谷,在此,《武功记》描述了他在喀什西北的阿尔帕和雅吉河畔的活动。③ 他俘获哈马儿丁之女迪勒沙·阿哈公主,并纳为妾。他取道费尔干纳的乌兹根〔讹迹邗〕和忽毡回到撒麻耳干。

然而,哈马儿丁并没有被打败。帖木儿军返回河中时,他进攻属于帖木儿的费尔干纳省,洗劫了安集延城。帖木儿被激怒,匆忙赶到费尔干纳,把他赶出讹迹邗和亚色山区,一直追赶到纳伦河上游的南部支流阿特巴希河河谷地。

帖木儿在进入天山的这一地区时,落入了埋伏,哈马儿丁正在此等候。只是由于他的勇气,以及"他的长矛、战棍、剑和套索",他才得以逃脱,后来又返回来再次把他的敌人赶跑。④ 以后他又回

---

① 这次远征是从776年(公元1375年)沙班月1月5日至2月2日之间出发的。上引书第41页,《武功记》法译本 I,251。
② 《拉失德史》第41页。
③ 上引书第42页,《武功记》I,255。
④ 帖木儿率军进入天山后,没有察觉伏兵,派大部分人追击敌军,身边只留二百人左右。于是,哈马儿丁率四千骑兵从埋伏中冲出围攻帖木儿,帖木儿奋勇突围。后来又在桑格即哈吉与哈马儿丁相遇,打败哈马儿丁军,哈马儿丁本人受伤逃跑。——译者

到撒麻耳干，其子只罕杰儿刚在此城去世（1375年或1376年）。①

在此后的两年中（1376—1377年），帖木儿领导了反哈马儿丁的第五次远征。他在伊塞克湖以西的峡谷中与哈马儿丁交战，追击他到伊塞克湖西的科奇卡里②。《武功记》甚至提到了1383年③帖木儿派往伊塞克湖反哈马儿丁的第六次远征军，但是，哈马儿丁仍然没有被捉住。

1389—1390年，帖木儿作出了决定性的努力，要摆脱蒙兀儿斯坦的游牧民④。1389年他的军队在巴尔喀什湖（《武功记》是Atrek—Kul）以南和以东的伊犁河和叶密立河地区和阿拉湖周围来回往返，这些地区当时是蒙兀儿斯坦的中心地，以后成了俄国的谢米列契耶省和中国的塔尔巴哈台保护区。帖木儿扮演了君主和征服者的角色，他派轻骑兵迅速越过具有历史意义的这些草原，察合台汗和窝阔台汗曾在这些草原上，在今固尔扎和楚固恰克地区建立过游牧宫廷。与此同时，他的先头部队随蒙古人一直到了阿尔泰山以南的黑也儿的石河。⑤ 接着他的军队从巴尔喀什湖盆地出发，分兵数路，分别越过天山，到博斯腾湖盆地。最后集中地是裕勒都斯河流域，帖木儿是经空格斯河谷到达裕勒都斯的。⑥ 按《武功记》的记载，帖木儿的先头部队向东已经挺进到哈剌火州，或

---

① 《拉失德史》第46—47页。《武功记》法译本 I，264—269。
② 《拉失德史》第50页，《武功记》第275—276页。
③ 希吉勒历785年，即鼠年（即公元1383年3月6日至1384年2月23日）。《武功记》I，361。
④ 这次战争开始于希吉勒历791年（即公元1388年12月31日至1389年12月19日）；《武功记》II，35。
⑤ 《武功记》II，43。
⑥ 《武功记》II，45，51。参考沙畹《西突厥史料》第5章第270页。

第十一章 帖木儿

者说,几乎抵吐鲁番。①

在上述地区与帖木儿作战的蒙古首领中,《武功记》提到了察合台家族继承人黑的儿火者,他暂时被篡位的哈马儿丁赶下王位。从《拉失德史》中我们知道,黑的儿火者逃到现新疆南部的最东边(先逃到于阗,后到罗布泊地区),他力求在那里建立一个新的王国,同时,他强迫吐鲁番境内的最后一批回鹘人皈依了伊斯兰教②。尽管帖木儿的主要敌人哈马儿丁也是黑的儿火者的敌人,但是,帖木儿毫不犹豫地进攻黑的儿火者,显然是害怕察合台家族会在畏兀儿地区重新征集新军。黑的儿火者被打败后逃往戈壁。③ 帖木儿获胜后在察力失,即今天的焉耆,召开了一次军事会议,在士兵中瓜分了从游牧民中夺到的战利品。④《武功记》给人造成了这种印象,即他在中亚腹地建立统治之后,就摆出了成吉思汗继承者的样子。然而,事实上,就在明朝推翻了蒙古人在中国的统治之时,他摧毁了蒙古人在新疆南部的统治。

帖木儿在返回撒麻耳干前,派他的儿子乌马儿·沙黑先行,经乌什·吐鲁番和喀什之道,从裕勒都斯返回⑤。我们不知道他本人率主军是否也走这条路,或者是否是经伊犁河,楚河和怛逻斯河之路返回。

尽管帖木儿对戈壁的中心地也进行了洗劫,但是,这次他的主要敌人哈马儿丁汗仍未被打败。帖木儿的军队几乎是一返回河中,哈马儿丁就又在伊犁河流域恢复了他的政权。因此,帖木儿于

---

① 《武功记》II,46。
② 《拉失德史》第 52 页。
③ 《武功记》II,50—53。
④ 同上书,第 53 页。
⑤ 同上书,第 54—55 页。

1390年又派一支军队攻他。这些军队从塔什干出发,经伊塞克湖,在阿力麻里渡过伊犁河,向哈拉塔尔以北进军,尾随哈马儿丁来到黑也儿的石河,哈马儿丁在此又溜掉了。哈马儿丁消失在阿尔泰山中,"进入了黑貂与银鼠出没之地",不再有他的消息①。帖木儿军在阿尔泰山的松树上烙上帖木儿的名字,以志胜利,然后沿阿特里克湖,即巴尔喀什湖,返回河中。②

篡位者哈马儿丁的消失使察合台后裔黑的儿火者恢复了在蒙兀儿斯坦的王位。杜格拉特部的新首领异密忽罗达是哈马儿丁的侄子,他一直是拥护正统王权的,他是第一个召回黑的儿火者的人,并支持和保证了他的复位。③ 新汗是一位虔诚的穆斯林。我们已经谈到,在征服了吐鲁番之后,他迫使该地的最后一批回鹘人皈依伊斯兰教。④ 这一信仰使他与帖木儿接近起来,两者之间最终缔结了和约。结果,约1397年前后,黑的儿火者把女儿嫁给了帖木儿,帖木儿极看重这一联姻,因为它使他进入了成吉思汗大家族中。⑤

黑的儿火者死于1399年。⑥《拉失德史》记载,他在伊犁地区的

---

① 《拉失德史》第25章说当时哈马儿丁患水肿,不能骑马握缰,因而被部下抛弃,不知所终。——译者
② 《武功记》II,66—70(希吉勒历792年初,马年即于1389年12月20日出发)。参考米诺尔斯基的《世界境域志》第195—196页。
③ 《拉失德史》第56页。
忽罗达拥立黑的儿火者为汗,《永乐实录》(卷100)有记载:"闻别失八里头目忽歹达,事其主四世,国人信服。今能赞辅黑失只罕,亦赐玺书彩币嘉劳之。"从纳黑失只罕往上推,四世的第一世汗是黑的儿火者。《明史》《明实录》所记忽歹达以辅佐黑的儿火者也同。——译者
④ 《拉失德史》第52页。
⑤ 上引书,第52页;《武功记》II,421。
⑥ 黑的儿火者的死年,诸书记载不一:《帖木儿武功记》作1399年;《乐园》和《拉失德史》记1420年。据汉史书《明史·别失八里传》"成祖即位之冬(1402年),遣官赍玺书彩币使其国。未几,黑的儿火者卒,子沙迷查干嗣。"到1404年已是沙迷查干在位,黑的儿火者死于1402—1403年间。——译者

王位由他的三个儿子继承,他们是:沙迷查干(约1399—1408年在位),纳黑失只罕和马黑麻(约死于1428年),①《拉失德史》曾赞誉马黑麻对伊斯兰教的虔诚。三兄弟都是处在杜格拉特异密忽罗达的监护之下。帖木儿迫不及待地要利用因其岳父之死而带来的、进行新远征的机会,这次远征如果没有到达伊犁河流域的话,至少是进入了喀什噶尔(1399—1400年)。这支军队是由征服者的孙子米儿咱·伊斯堪答儿统率,进入喀什,掠夺了叶儿羌,夺取设防的阿克苏城,该城的居民为了自赎把居住在他们中的中国富商们交给占领军。接着,伊斯堪答儿派一支部队往西北方去掠夺拜城和库车,他本人率军进入于阗,在那里居民们呈献礼物欢迎他,并自称是帖木儿的臣民。最后他取道安集延经费尔干纳回到撒麻耳干。②

6. 征服东伊朗

当帖木儿建立起他的河中王国后(尽管是在成吉思汗国的假象下,其本质上是突厥王国),他在伊朗恢复了突厥—蒙古人对塔吉克人的斗争。

伊朗的大分裂意味着伊朗人民将处于第一位坚定入侵者的任意摆布之中。在成吉思汗时代,成吉思汗面对的起码是一个统一的政权:花剌子模帝国,其领地从喀布尔到哈马丹。与此相反,帖木儿面对的是四个或五个互相敌对的政权,原旭烈兀帝国已在它

---

① 这是《拉失德史》中的顺序。《武功记》和米尔空的顺序是马黑麻、纳黑失只罕。看埃尼亚斯和丹尼森·罗斯的《中亚蒙兀儿斯坦史》(伦敦1895年)第41—42页。
(黑的儿火者及其三子的译名均采用《永乐实录》之名。——译者)
② 《武功记》III,第213—220页。是在希吉勒历802条下即兔年条下叙述(即公元1399年9月3日至1400年8月21日)这时战争的消息到达当时在波斯的帖木儿。

们中任意被瓜分了，这些国家极度分裂，其统治者们甚至从未想到过团结起来对付突厥人。居住在赫拉特的克尔特人在种族上属阿富汗人，宗教上是伊斯兰教逊尼派。他们与撒卜兹瓦儿的什叶派波斯人赛尔巴朵儿人是不共戴天的仇敌。法尔斯的阿拉伯—波斯人的穆札法尔朝是桃里寺和报达的蒙古统治者札剌儿王朝的对手。此外，在穆札法尔家族中，儿子们想的只是把父亲们的眼睛挖出来，诸王之间互相仇恨和背叛，在他们中间仅仅为了一个村子，就兵戎相见。帖木儿在与蒙兀儿斯坦和钦察的游牧民的各次战争中曾不得不竭尽全力，而在这里他发现对手们已经落入他的手中。1380年的波斯是在邀他前去征服。

旭烈兀汗国崩溃以后，东伊朗确实很快就感到了河中突厥人威逼的分量。如上所述，1351年，河中首领、著名的异密迦兹罕已开始围攻赫拉特，并把在位的克尔特王朝降为封臣国。帖木儿现在重蹈覆辙。1380年，他召赫拉特王（或称马立克）嘉泰丁二世皮儿·阿里以属臣身份出席他召开的库里勒台。嘉泰丁二世（1370—1381年）是穆兹丁·胡赛因之子和继承人，克尔特朝的第七代王，无疑，他缺乏他父亲和以往先辈们的那种政治上的适应性，这曾使他们在旭烈兀进行的战争中左右逢源，后来又使他们得到迦兹罕的承认。他连宣布投降都是不及时的。1381年春，帖木儿进军赫拉特。当时嘉泰丁刚从另一个东伊朗王朝，即赛尔巴朵儿人手中夺取尼沙普尔，这次战争使克尔特人和赛尔巴朵儿人之间互相攻击，增加了呼罗珊地区的混乱和骚动。[①] 此外，嘉泰丁之

---

① 《武功记》II，第317页。穆因丁《赫拉特史》，梅纳德译本《亚洲杂志》1861年，515—516页）。

弟,当时镇守着赫拉特南部的萨拉赫斯堡,他主动投降帖木儿,"并得到吻帝王地毯的荣誉"。赫拉特东北的布申格堡被帖木儿攻陷,嘉泰丁固守在赫拉特城内,守军皆由古尔地区的阿富汗人组成,他们粗犷好战,一致主张抵抗,甚至还组织了一次出击。但是,城民为护其家园(它们是用卡尚出产的精美陶瓷装饰的),宁愿和平,拒绝战斗。嘉泰丁只得投降。[①] 帖木儿欣然接受,"并允许他获得吻他王位的地毯的荣誉",但是,该城内的所有财富都必须交给帖木儿本人。嘉泰丁的一个儿子,当时镇守着坚不可摧的阿曼科赫或伊斯卡察堡,也在其父的规劝下投降。

帖木儿留下嘉泰丁作为赫拉特有名无实的统治者,但是,赫拉特的城墙被拆除,现在只不过是帖木儿帝国的一块附属地。嘉泰丁本人降为卑臣,搬到帖木儿指定的撒麻耳干边的住地。如果没有从古尔来的阿富汗匪徒的话,这种局势可能会无限地延续下去。1382年底,这些匪徒在赫拉特人的帮助下发动袭击并占有了赫拉特城。[②] 帖木儿的第三个儿子米兰沙残酷地镇压了这次叛乱,砍下的头颅堆成了几座塔。《武功记》简洁地叙述道,事后,嘉泰丁及其家人因有共谋之嫌,被勒令自裁而死。[③] 因此,克尔特人的阿富汗王朝灭亡,克尔特人靠着他们的机敏,在各次入侵中幸存下来,在赫拉特城堡统治了近130年,尽管该城面临过所有征服者的掠夺。

---

① 此事在回历783年穆哈兰月(1381年3月28—4月26日),即狗年。《武功记》I,第326页。
② 784年底(1382—1383年),《武功记》I,第359页。
③ 《武功记》I,第361页。

帖木儿征服赫拉特的克尔特朝之后，于1381年向呼罗珊东部进军。当时，有两个国家正在争夺这一地区：一个是以阿里·穆雅德（1364—1381年）为首的赛尔巴朵尔公国，以撒卜兹瓦尔为都，①另一个是马赞达兰。马赞达兰的领土包括阿斯特拉巴德、比斯坦、达姆甘和西模娘，当时是在冒险家爱弥尔·瓦力的控制下，爱弥尔·瓦力是继秃花·帖木儿死后自己称王的（1360—1384年）。② 还有第三位君主、克拉特和图斯的统治者阿里别克。在帖木儿逼近时，阿里别克主动归顺。③ 受到爱弥尔·瓦力威胁的阿里·穆雅德求助于帖木儿。于是，他欢迎这位征服者，在撒卜兹瓦尔向他表示效忠，并宣布自己是他的臣民（1381年）。④ 从此，他依附于帖木儿，于1386年在为他作战时去世。帖木儿对亦思法拉因进行了短时期的围攻之后，从瓦力手中夺取该城，并摧毁之。⑤

后来，在继续对伊朗的行动之前，帖木儿回到撒麻耳干过了一个短时期。1381年至1382年之冬，他把阿里别克围困在克拉特老巢中，又逼他归附。⑥ 其后不久，阿里别克被送到河中处决（1382年）。帖木儿继续进行对朱尔赞和马赞达兰王爱弥尔·瓦力的战役，瓦力派人纳贡而结束了战争。⑦

1383年，帖木儿从撒麻耳干重返波斯，对反叛城市撒卜兹瓦

---

① 米诺尔斯基"Tugha Timur"条目，《伊斯兰百科全书》第863页。
② 多桑《蒙古史》IV，第739—740页。
③ 《武功记》I，第329—330页。
④ 《武功记》I，第330页。
⑤ 《武功记》I，331页。
⑥ 《武功记》I，338—346页。
⑦ 《武功记》I，第353页。

第十一章　帖木儿

尔进行了骇人听闻的惩罚。"用泥和砖把近两千名俘虏一个压在另一个人身上,活活地堆起来,砌成塔。"① 反叛地区锡斯坦也遭到同样的命运。"我们的兵士堆了一座尸体山,用他们的头垒了几座人头塔。"在锡斯坦首府扎兰季,帖木儿"不分男女老幼,从百岁老人到襁褓中的婴儿一律处死。"② 首先,帖木儿毁坏了锡斯坦农村的灌溉系统,该地区变成了荒芜之地。"当他们来到赫尔曼德河岸,他们毁掉名叫拉斯塔姆的大坝,这一古建筑的遗迹没有留下来"。③ 甚至今天到这儿的游人也对该地区产生了荒凉的印象,这是这次毁坏和屠杀行为的结果。④ 帖木儿王朝的首领们正在完成成吉思汗蒙古人所开创的事业。通过他们祖先的游牧主义和他们有系统的破坏手段,两者都使自己成了"沙漠化"进程的积极代理人,中亚因地理环境的演变,更容易发生这种进程。由于大面积的毁掉耕地和使耕地变为草原,他们是破坏农业的不自觉的合作者。特别是在伊朗高原上,那儿的水源和树林稀少,在那儿,要靠辛勤地栽培树木才能保住水源,在那儿保住可耕地是一项坚持不懈的战斗,游牧民在那里砍掉树木,使菜园枯死,让可贵的涓涓细水流入沼泽之地,耕地成为沙漠。

离开锡斯坦后,帖木儿进入阿富汗地区,夺取坎大哈(1383年)。在他喜爱的撒麻耳干休息三个月之后,他又返回波斯,最后处置了马赞达兰王瓦力。爱弥尔·瓦力英勇保卫从阿特里克河到

---

① 《武功记》I,第 377 页。伊本·阿拉不沙,桑德译本,第 25—27 页。
② 扎兰季被占是在 785 年沙瓦尔月(1383 年 11 月 27 至 12 月 25 日),即鼠年。
③ 《武功记》I,第 379 页。
④ 1936 年,哈辛探险队在锡斯坦的沙尔—奥塔尔,或称塔尔乌沙(扎希丹)发现了遗址。其中原来的耕地在 1384 年帖木儿摧毁后已经被沙丘淹埋。

森林深处的每一寸土地,事实上,在一次夜袭帖木儿营地中他几乎成功。① 但是,最终还是帖木儿占了上风,于1384年攻占敌方首府阿斯特拉巴德,全城居民遭到屠杀,"连吃奶的婴儿也不能幸免"。② 瓦力逃往阿哲儿拜占。以后帖木儿进入了伊剌克·阿只迷。

7. 征服西伊朗

伊剌克·阿只迷、阿哲儿拜占和报达在1382年是属于以苏丹阿合木·札剌儿·伊本·乌畏思为代表的札剌儿人的蒙古王朝。阿合木是一个受到周围环境改造的蒙古贵族的典型例子,像12世纪的塞尔柱克人和花剌子模沙一样,他已变成了阿拉伯—波斯式的苏丹:"他是一个残暴的、无信仰的专制君主,但同时又是一个勇敢的武士和学者、诗人们的保护者"。③ 他是在1382年处死他的哥哥胡赛因后取得政权的,后来在1383年和1384年先后打败了其他的兄弟们。当帖木儿向伊剌克·阿只迷进军时,他正在该地的主要城市苏丹尼耶。阿合木闻讯匆忙出走,帖木儿在苏丹尼耶设立他的宫廷。④ 阿合木·札剌儿逃到桃里寺城,然而帖木儿没有追赶他,而是经阿模勒和萨里回到撒麻耳干(1385年)。每次战

---

① 786年沙瓦尔月(1384年11月16日至12月14日)。
② 《武功记》I,第388—395页。
③ 巴托尔德"Ahmed Djalàir"条目,《伊斯兰百科全书》第200页。参看伊本·阿拉不沙书,第63—64页。
④ 希吉勒历(Hejira) 787年(1385年2月12日至1386年2月1日),即豹年。《武功记》I,第399—400页。参看伊本·阿不拉沙书,第54页。

第十一章 帖木儿

争之后,他都习惯于在此地休息。

直到1386年,帖木儿才开始对西伊朗进行征服,这次征服历时两年。征服的一个借口是他突然心血来潮地要惩罚卢里斯坦山民们,他们抢劫到麦加去的商旅。他确实成功地完成了这一警察行动,"俘获了大批土匪,并把他们从山顶上往下推"。[①] 然后,帖木儿进入阿哲儿拜占,来到桃里寺城,在他临近该城时,阿合木·札剌儿逃到报达[②]。接着,帖木儿在桃里寺城举行了觐见礼,并在此度过了1386年夏天,之后,继续经纳希切万入侵谷儿只。

由于谷儿只人是基督教徒,因此,帖木儿能够使他的战争具有圣战色彩。在离开他刚刚摧毁的卡尔斯城后,1386年冬,他强行攻占梯弗里斯城,并在该城监禁了谷儿只王伯格拉特五世,其后不久,该王假装皈依伊斯兰教而获释[③]。

然后,帖木儿回到库拉河下游草原的卡拉巴赫冬驻地。在此,他意想不到地遭到受他保护的钦察汗脱脱迷失的攻击,脱脱迷失于1387年初率大军越过打耳班关隘,与帖木儿争夺阿哲儿拜占。双方在库拉河北岸进行了一次大战。最初,帖木儿派去的军团被打败,但是,其子米兰沙率援军到达战地,把敌人赶回打耳班以北。在惩罚阿富汗人和波斯人时,帖木儿显得冷酷无情,而现在他却表现得异常仁慈,他把所有的战俘还给钦察汗,对这位钦察汗他只是作了父亲般的指责。这位暴发的突厥人仍然敬畏以脱脱迷失为代

[①] 《武功记》I,第407页。伊本·阿拉不沙,第55页。
[②] 《武功记》I,第408—411页。伊本·阿拉不沙第57—58页。
[③] 《武功记》I,第414页。米诺尔斯基"Tiflis"条目,《伊斯兰百科全书》第796页。

表的、正统的成吉思汗家系①。

帖木儿在哥克察湖岸举行觐见礼之后,开始征服大亚美尼亚的西部地区。当时这些地区被一些土库曼异密们瓜分,他们都是虔诚的穆斯林,《武功记》评论道,帖木儿提议对他们发动圣战,而借口是这些土库曼人曾经攻击麦加的商旅②。在一天之内,他攻占了额尔哲鲁木城。埃尔津詹君主土库曼异密塔黑屯向帖木儿称臣纳贡,帖木儿确保了他的统治地位。接着,帖木儿派其子米兰沙到穆什和库尔德斯坦去进攻黑羊朝(或名喀喇—科雍鲁朝)的土库曼部落,该部当时由哈拉·马合木·吐穆斯统治。帖木儿亲自洗劫了穆什地区,但是,土库曼人逃入难以通行的峡谷之中。

帖木儿攻占凡城,将城民从岩石上推下山,由此完成了对亚美尼亚的征服,此后,帖木儿向穆札法尔王朝统治下的法尔斯(泄剌只)、伊斯法罕和起儿漫诸国进军。穆札法尔朝统治者沙·舒贾(伊本·阿拉不沙把他描写成完美无缺的典型,除了他把年迈的父亲弄瞎并让他在狱中死去外)前不久曾被帖木儿召去表示归附。③他立即承认了帖木儿的宗主权,因此,他的领地免遭入侵的威胁,当他在首府泄剌只去世时,他把泄剌只和法尔斯留给他的儿子赞·阿比丁,把起儿漫给他的弟弟阿合木,而他的侄儿沙·牙黑牙和沙·曼苏尔为获得伊斯法罕和耶斯特而争吵(最后,前者得到耶斯特,后者最终夺取伊斯法罕)。④ 沙·舒贾死前,曾将全家都置

---

① 《武功记》I,第425—429页。(789年初,即兔年,开始于1387年1月22日)。
② 《武功记》I,第432页。
③ 伊本·阿拉不沙书,第27—30页。
④ 策特尔斯廷"Muzaffarides"条目,《伊斯兰百科全书》第853页。伊本·阿拉不沙书,第36页。

于帖木儿的保护之下。尽管遗嘱中充满了自信,但是,很显然,遗嘱的作者并不能令人放心(《武功记》宣称恢复了该信的原文)。①

帖木儿确实是趁沙·舒贾去世之机,立即入侵穆札法尔朝领地(1387年10—11月),经哈马丹直接向伊斯法罕进军。伊斯法罕的穆札法尔朝总督穆札菲·喀什匆忙把该城的钥匙交给帖木儿,帖木儿胜利进入该城,然后在城郊扎营。一切都很平静,直到夜间,市民们起义杀死了帖木儿指派的收税官和他们能够捉到的河中士兵。帖木儿大怒,下令全面屠杀,每个军团都必须为总的"赌注"提供固定数目的人头。帖木儿的官方辩解书《武功记》说是7万人头,"这些人头堆在伊斯法罕城墙外,后来在城的各地建起了人头塔"。伊本·阿拉不沙描述的恐怖场面比成吉思汗的历史学家们描述的、1221年成吉思汗在巴里黑、赫拉特和加兹尼的屠杀更为可怕;早期的蒙古人是简单的未开化的人,而帖木儿是一位有文化的突厥人,是酷爱波斯诗歌的人,然而他摧毁了波斯文明之花;他是热诚的穆斯林,然而却洗劫了伊斯兰世界各地的首府。②

现在,伊斯法罕成了停尸场,帖木儿从这儿出发向泄剌只进军,穆札法尔朝王公赞·阿比丁刚从泄剌只逃走。处于惊恐之中的泄剌只城尽力平息帖木儿的怒气,帖木儿在此举行了觐见礼。起儿漫和耶斯特的穆札法尔王朝统治者沙·阿合木和沙·牙黑牙战战兢兢地来"吻王室的地毯";作为回报,帖木儿留下前者继续拥有起儿漫,后者占有法尔斯。泄剌只具有最高超技术的工匠被送

---

① 《武功记》I,第442—447页。
② 《武功记》I,第449—454页;II,第173—183页。伊本·阿拉不沙书,第43—46页。

往撒麻耳干,去装饰帖木儿的都城。①

1387年底,由于钦察汗入侵河中,当时帖木儿被迫返回撒麻耳干。直到1392年他才重返波斯,进行了所谓的五年战争(1392—1396年)。他的第一仗是在马赞达兰打的。他从赛义德王朝的一个地方政权中夺取了阿模勒、萨里和麦什德萨尔(即巴布尔萨尔),在覆盖着这一异国的原始森林中闯出几条小路。帖木儿极力使该地的什叶派居民(他们的信仰仍受到伊斯梅尔派残存者的腐蚀)皈依正统的逊尼派教义。② 他在马赞达兰过冬之后,取道内哈万德之路到卢里斯坦,惩罚了该地的罗耳人,因为他们长期从事匪盗活动。接着,他经迪兹富勒和舒什塔尔之道旅行,继续去征服反叛的穆札法尔朝。

帖木儿走之后,穆札法尔朝的一位王公沙·曼苏尔(他比其他人都更有精力)罢免了他的对手们,重新统一了祖传的领地,以反对帖木儿。他弄瞎了他的堂兄赞·阿比丁的眼睛,迫使他的兄弟牙黑牙从泄剌只退到耶斯特,后来,他夺取连同伊斯法罕在内的泄剌只,并以泄剌只为他的都城。曼苏尔像他家族成员一样地不可靠,但是他积极、精力充沛和勇气过人,他甚至敢对抗帖木儿。1393年4月,帖木儿在舒什塔尔集合了他的军队,然后便向泄剌只进军。5月初,他在途中攻占了喀拉伊舍弗德堡,该堡直到当时一直被认为是牢不可破的。曼苏尔出城迎战帖木儿,与他在城郊进行了一场殊死的战斗。这位穆札法尔朝王子全凭勇气打破了河

---

① 《武功记》I,第454—462页(帖木儿进入泄剌只是789年朱儿卡丹第一月,即1387年11月13日)。

② 《武功记》第143—154页。

中人组成的卫队行列。接着他直奔向帖木儿,用他的剑砍了帖木儿两下,但被帖木儿坚固的头盔挡住,未受伤。最后,曼苏尔被杀。据说,帖木儿年仅十七岁的儿子沙哈鲁砍下了他的头,把它扔到这位胜利者的脚下(1393年5月)。①

帖木儿胜利进入泄剌只。他下令把这座古代名城的所有财宝都交给他,还要赔偿战争所耗的大批费用。《武功记》得意地记道,"在节日的欢庆中,他在该城度过了一个月。管风琴和竖琴不停地演奏,该城的美女们呈上斟满泄剌只红葡萄酒的金杯。"幸存下来的穆札法尔朝统治者:起儿漫王沙·阿合木,耶斯特王沙·牙黑牙都谦卑地赶来朝见,但是,其后不久,帖木儿把穆札法尔家族的几乎所有成员都处死了,把他们的封地分给自己的部下。② 从法尔斯来的工匠和文人们被送往撒麻耳干,帖木儿想使撒麻耳干成为亚洲之都。

帖木儿于1393年6月离开泄剌只,前往伊斯法罕和哈马丹,并在那里举行了觐见礼,接着开始了从苏丹阿合木·札剌儿手中夺取报达和伊剌克阿拉比的战争,苏丹阿合木·札剌儿是札剌儿蒙古王朝的最后一位代表。帖木儿于10月初兵临报达城下,在他逼近时,阿合木·札剌儿已向西逃走。在卡尔巴拉附近,他几乎被帖木儿派来追他的米兰沙抓住,但是,他巧妙地逃脱,到了埃及,埃及的马木路克苏丹贝尔孤格收留了他。帖木儿未经战斗便进入了报达。《武功记》歌颂道:"鞑靼军队如蚂蚁和蝗虫一般地扑向伊剌克,他们在农村漫延,并迅速地向四面八方扩展,大肆掠夺,任意破

---

① 《武功记》II,第183—198页。伊本·阿拉不沙书,第36—42页。
② 《武功记》II,第201—207页。伊本·阿拉不沙书,第48—49页。

坏"。帖木儿在报达轻松地度过了三个月,"在底格里斯河畔的舒适的宫中享受一切"。①

此后,帖木儿返回北方。途中,他攻陷提克里特要塞,继续去征服库尔德斯坦和迪牙巴克尔两省内的堡垒。在这次战役中,他失去了他的次子乌马儿·沙黑,他是在库尔底希堡前被箭射死的(1394年2月)。② 经过艰苦的围攻,帖木儿占领马尔丁(1394年3月)③和阿米德(即迪牙巴克尔),然后,向北又进入大亚美尼亚,他把黑羊部首领、土库曼人哈拉·玉素甫从穆什赶走。接着,他沿凡湖之道前往谷儿只进行战争(1394年底)。

1395年,当帖木儿经高加索进军,与南俄罗斯的钦察汗交战时,谷儿只人打败了他的第三个儿子米兰沙,当时米兰沙在攻打纳希切万附近的阿林加克④。当帖木儿于1399年返回高加索时,他蹂躏了谷儿只东部的卡希什地区,为米兰沙报仇。1400年春,他进行了更残酷的报复,当他进军梯弗里斯时,在该城驻扎守军,彻底洗劫该地,而其王乔治六世逃入山中。1401年,他以纳贡获得宽恕。然而,帖木儿于1403年又返回来洗劫了这一地区,毁掉了大约700个大村庄和小城镇,屠杀居民,拆毁了梯弗里斯的所有基督教教堂。⑤ 上面已经提到,13世纪的成吉思汗的蒙古入侵也没

---

① 《武功记》II,第221—238页。伊本·阿拉不沙书,第64页。(帖木儿抵报达城前是795年沙瓦尔月底,即1393年8月10日至9月7日)。

② 796年拉比第一月(1394年1月4日至2月2日),即鸡年。《武功记》II,第270页。

③ 796年拉比第二月(1394年2月3日至3月3日),上引书,第275页。

④ 参看米诺尔斯基"Tiflis"条目,《伊斯兰百科全书》第796页。在希吉勒历798年(1395年10月16日至1396年10月4日)。

⑤ 米诺尔斯基"Tiflis"条目。

第十一章 帖木儿

有这样残酷，因为蒙古人只是未开化的人，他们杀人只是因为在数世纪中杀人已经成为游牧民对待定居民的无知行为。残忍的帖木儿对此又增添了宗教屠杀的色彩。他杀人是由于虔诚。他代表了蒙古野蛮性和穆斯林狂热的综合体，这在历史上可能是空前的，他代表了由于抽象观念，同样也是由于一种责任和一种神圣使命的缘故而进行的屠杀，一种原始屠杀的高级形式。

前苏丹阿合木·札剌儿和土库曼首领、黑羊部异密哈拉·玉素甫对帖木儿在伊朗的统治作了最后的抵抗。1393年12月到1394年1月间，阿合木·札剌儿被帖木儿驱出报达后，如上已述，他就逃到埃及，在马木路克苏丹贝尔孤格处避难。帖木儿军撤走后，他在贝尔孤格的援助下，于同年（1394年）在报达复位。由于帖木儿忙于别处的战争，部分地也是由于黑羊部异密哈拉·玉素甫的支持，他得以留在报达，直到1401年夏天。当帖木儿于是年返回伊剌克阿拉比时，阿合木·札剌儿又逃到马木路克人中，但是，他的大臣们自愿留下来保卫报达。帖木儿于1401年7月10日攻陷报达。守军们背水一战，帖木儿进行了残酷的报复。有鉴于7年前他已稍微温和地对待过报达，现在，他下令大屠杀。歇里甫丁说，每个士兵都得提着一个人头来，伊本·阿拉不沙说是两颗人头。① 在大屠杀中，具有文学修养的帖木儿赦免了一些文人，甚至给他们荣誉之袍。除了他们外，全城居民被杀，除清真寺外，所有建筑物都被拆毁。伊本·阿拉不沙估计死者达9万人。7月的伊

---

① 《武功记》III，第363—371页（对报达的最后进攻是803年朱尔卡丹月27日，即1401年7月9日）。伊本·阿拉不沙书，第165—169页。

刺克非常酷热,在烈日之下,堆积起来的尸体很快引起了流行病,这位胜利者被迫撤走。

在帖木儿和奥斯曼苏丹巴耶塞特交战(将在下文讨论)期间,顽固的阿合木·札剌儿又趁机返回报达,但是,很快被他以前的盟友、黑羊部首领哈拉·玉素甫打败并驱逐出报达。接着帖木儿之孙阿布·巴克尔率领帖木儿军发起新的攻击,把哈拉·玉素甫赶走(1403年)。阿合木·木剌儿和哈拉·玉素甫两人都逃到埃及,直到帖木儿去世后才返回。[①]

8. 帖木儿与钦察汗国

帖木儿曾于1376年在撒麻耳干接受了术赤系成吉思汗后裔脱脱迷失的拜访。[②] 脱脱迷失是来请求帖木儿支持他反对他的宗主、白帐汗兀鲁思的,白帐当时统治着锡尔河下游北岸和兀鲁塔山区周围,在萨雷河草原上。现在还不清楚,脱脱迷失是兀鲁思的侄儿呢,还是他的一个远房亲戚。[③] 帖木儿很乐意把这位争夺成吉思汗国汗位的人纳入自己的属臣之列,他可能会派上用场。帖木儿把锡尔河中游北岸的讹答剌、扫兰和塞格纳克城给他,这些城市正对着白帐所在的草原。脱脱迷失两次被兀鲁思从这一小块领地中赶出来,每次都得到撒麻耳干的帖木儿的援助。据《武功记》,兀

---

　① 《武功记》IV,第93—97页。巴托尔德"Ahmed Djalàir"条目,《伊斯兰百科全书》第201页。
　② 很抱歉,在此要详尽地重述前文(蒙古人的俄罗斯)中已经叙述过的事实。由于本节的复杂性,不可避免,不对此进行叙述,本节就难于理解。
　③ 参看巴托尔德"Toktamish"条目,《伊斯兰百科全书》第850页。

第十一章 帖木儿

鲁思要求帖木儿交出脱脱迷失,帖木儿不但不答应这一要求,还加强保卫锡尔河沿岸。他在塞格纳克和讹答剌之间打败了兀鲁思,把他赶回草原(1377年初)。①

同年,兀鲁思去世,他的两个儿子脱黑脱乞牙和帖木儿灭里先后继位。帖木儿一返回河中,脱脱迷失又被帖木儿灭里打败。帖木儿再次使脱脱迷失夺回了塞格纳克城,并借援军给他,脱脱迷失用这支援军最后袭击了敌人的冬营地(《武功记》上,该地名哈拉塔尔),抓住了帖木儿灭里。② 这是一次决定性的胜利,它使脱脱迷失登上了白帐汗位(1377—1378年冬)。③

直到这时,脱脱迷失似乎仍未显示出任何个人的大才干,无论如何,据《武功记》记,他把自己的飞黄腾达全归功于帖木儿的支持。然而,他一旦成了白帐汗后,似乎变得格外活跃。他几乎立刻就企图去征服金帐汗国,或称钦察汗国,即南俄罗斯的蒙古帝国。1380年,他在迦勒迦(或卡尔米乌斯)河附近,离亚速海岸不远的马里乌波尔地区的一次决定性的战争中打败金帐首领马麦。于是,他被金帐蒙古人承认为汗。这样,金帐和白帐又重新统一起来,几乎囊括了原术赤的全部领地。从此,他统治着从锡尔河下游到德涅斯特河,从塞格纳克和讹答剌到乞瓦〔基辅〕大门之间的地区。他在伏尔加河下游河畔的萨莱都城实施统治,他现在已作为他那个世纪中一位最伟大的君主站在了前列。他正在恢复成吉思汗系先辈们的传

---

① 《武功记》I,第276—286页(龙年底,即1377年初)。
② 注意区别另一个哈拉塔尔,或者说伊犁河东、巴尔喀什湖的南部支流,它不在白帐境内,而在伊犁河流域的察合台境内,即在蒙兀儿斯坦。
③ 《武功记》I,第292—294页。参看巴托尔德的编年,上引书"Toktamish"条目,第850页。

统,开始发动大规模的骑兵远征;入侵基督教的罗斯,于1382年8月焚烧莫斯科,洗劫弗拉基米尔、尤利、莫扎伊斯克和其他罗斯城市,甚至在波尔塔瓦附近打败了企图出来干涉的立陶宛人;使莫斯科维〔古称,即俄罗斯〕处在蒙古统治之下又一个世纪。

这些胜利使他冲昏了头脑。他是成吉思汗系的真正后裔,与他相比,帖木儿这个既无显赫的背景,又无明确合法称号的、暴发的突厥人算得了什么?此外,他那无可争辩的权力又有西北各部(即草原战士)组成的大批后备军为后盾。对他这位北方游牧民的统帅来说,河中和伊朗王帖木儿可能只是一个塔吉克人。作为一个蒙古人,脱脱迷失必定感到,对四分之三的定居民、即四分之一突厥人的养育者来说,帖木儿暗中有些轻视伊斯法罕和泄剌只人民。脱脱迷失精力充沛、积极主动,是一个了不起的人,在蒙古人中以正义闻名,他不愿再作这位把他称为儿子的突厥暴发户的属臣。他错误地忘记了,他应该把他的崛起归于这个突厥人,尤其错误的是,他没有估计到以帖木儿为代表的、难以对付的军队。

像自别儿哥时代以来他的前辈的钦察汗们一样,脱脱迷失提出索取阿哲儿拜占的要求。应该提一下,从1260年到1330年,萨莱的君主们从不甘心于这一事实,即外高加索和西北波斯不再是他们兀鲁思的属地。因此,在它仍属于苏丹阿合木·札剌儿之时,以及帖木儿还未对此地进行干涉之前,脱脱迷失于1385年取道失儿湾,攻占并掠夺了桃里寺(1385年至1386年冬)。[①] 然后,他按

[①] 《武功记》I,第402—404页。E. G. 布朗《鞑靼统治下的波斯文献史》(剑桥,1920年),III,第321页。米诺尔斯基"Tabriz"条目,《伊斯兰百科全书》第616页。

第十一章 帖木儿

蒙古方式携带着战利品撤退,而阿合木·札剌儿重新占有该省。正是在这关键时刻,刚征服了波斯的帖木儿把阿哲儿拜占并入他的帝国(1386年)。这一归并导致了原来两个盟友之间的分裂,或者说,它导致了脱脱迷失不宣而战,突然袭击了他的恩人,几乎捉住了他。

帖木儿在阿哲儿拜占北的卡拉巴赫省内度过了1386—1387年冬,1387年春,他还未离开该地时,脱脱迷失出人意料地越过打耳班关隘,直奔卡拉巴赫。帖木儿当时扎营于库拉河南的巴尔德哈,他来得及做的仅仅是派一支有力的前卫军保卫河的北岸。这支小部队牵制着脱脱迷失军,在这支小部队刚被打败时,帖木儿的三子米兰沙率援军赶到,扭转了形势,脱脱迷失逃走。这一次帖木儿的行为是有意义的。敌军中的许多俘虏被带到帖木儿面前,他对俘虏的残忍是众人皆知的,然而,这次他不仅赦免了他们,还让他们携带食物和必需品回到脱脱迷失处。同时,据《武功记》证实,他坚持把脱脱迷失看成自己的儿子,以一种感伤的而不是愤怒的语调指责了脱脱迷失。① 将这种态度与他对突厥族和伊朗族敌人的冷酷、蔑视和严酷的报复相比,说明对他来说,合法的成吉思汗系仍保留着一份权威。实际上,帖木儿确实推翻了成吉思汗创建的帝国,或者至少是以自己的帝国取而代之。然而,在理论上他不敢公开承认,甚至也许他内心也不敢承认这一点。他巧立名目,给他的突厥帝国一个蒙古的外壳,对成吉思汗的后裔(无论什么时

---

① 《武功记》I,第423—429页(佩替错误地将此事定在希吉勒历787年,即1385年2月12日至1386年2月1日,鳄鱼年)。

候,他们都是活力的象征)表现了惊人的、也许是不自愿的尊重。他可能也觉察到河中居民对北方游牧民所怀有的无意识的但根本性的畏惧。

脱脱迷失不仅不理睬他的呼吁,而且还趁帖木儿逗留在波斯之机进攻帝国腹地河中本土。在这年(1387年)年底,他在塞格纳克附近又渡过锡尔河,威胁着扫兰;由于没有精良的围城设备,他蹂躏了农村。帖木儿的次子乌马儿·沙黑奋力阻挡入侵者,但在讹答剌附近被打败,几乎被俘。① 这次攻击是相当危险的,因为河中(当时几乎没有部队)在后方已经被由蒙兀儿斯坦进入费尔干纳的游牧民占领。脱脱迷失的军队散布在河中各地,掠夺所有不设防的城镇,甚至大胆地封锁不花剌。他们的破坏一直达到卡尔施郊区,甚至远达阿姆河两岸。②

帖木儿火速从波斯赶回(1388年2月初)。脱脱迷失在他到达之前退回白帐草原。1388年底,脱脱迷失在钦察草原上征集了一支强军(《武功记》宣称,其中有来自罗斯的一些军团)后,重新开始了对河中的攻击,这次是绕道向东,从费尔干纳的忽毡附近进攻。帖木儿率领他所能征集到的少数军队前往迎战,冒着严冬的风雪把脱脱迷失赶回锡尔河以北(约1389年1月)③。然而,脱脱迷失仍继续徘徊在锡尔河中游北岸,围攻扫兰,掠夺雅西(今突厥斯坦城)。但是,当帖木儿渡河来攻时,敌军又散开没

---

① 《武功记》I,第463—469页。
② 《武功记》I,第465—469页。
③ 《武功记》II,第22—26页。(791年沙发尔月前,即1389年1月30日至2月27日)。

第十一章 帖木儿

入草原。①

以上经历使帖木儿认识到,他不可能继续他在西亚的征服,而让脱脱迷失任意入侵河中。他决定深入白帐草原,在敌人的扎营地进行战争。他于1391年1月离开塔什干②,遇到了脱脱迷失的使者,脱脱迷失为避免战争,给他献上骏马和猎鹰。"他把猎鹰放在手腕上注视着,但没有一点欢迎的样子"。在遭受了1387和1388年的两次经历之后,帖木儿有理由推测脱脱迷失正在其祖先的领地上,即在白帐草原、萨雷河流域、兀鲁塔山和图尔盖河流域上备战。因此,帖木儿朝那个方向挺进。他从雅西出发向西北进军,经过萨雷河下游和兀鲁塔山的荒野之地(兀鲁塔山将萨雷河盆地和图尔盖盆地分开)。据《武功记》记述,"他爬上山顶,惊奇地看着海洋般碧绿和广阔的这片大草原"(1391年4月底)。③ 但是,不见白帐汗人的踪影。脱脱迷失按古代匈奴和突厥的方式,在帖木儿来到之前已消失得无踪无影。当帖木儿军越过这片辽阔草原时,他们以猎为食,后来军队抵达并渡过了流入贾曼阿克库尔的吉兰乞克河(Jilanchik河,佩替·德·拉·克鲁阿译作 Ilanjouc 河)。④ 接着又渡过卡拉图尔盖河(霍威斯认为是《武功记》中的阿塔合儿灰河,佩替认为是阿纳哈儿浑河)。⑤ 现在帖木儿军离开塔

---

① 《武功记》II,第 27—31 页(约 791 年拉比第一月,即 1389 年 2 月 28 日至 3 月 29 日)。
② 帖木儿离开塔什干是 793 年沙发尔月 12 日,即 1391 年 1 月 19 日。(《武功记》II,第 73 页)。
③ 《武功记》II,第 81 页,在 793 年朱马丹第一月底的条目下。(即 1391 年 5 月 5 日结束)。
④ 《武功记》II,第 82 页。
⑤ 《武功记》II,第 82 页。

什干已经4个月了。5月6—7日他们组织了一次为得到猎物的大规模围猎①。为振奋士气,帖木儿举行了一次像在撒麻耳干校场上一样一丝不苟的庄严的阅兵式。② 事实上,整个冒险行为有可能在灾难中结束。如果脱脱迷失真的继续朝北撤退的话,那么,他最终将拖垮帖木儿军,然后当他们处于饥寒交迫的垂死中时,他可以反攻而击败他们。帖木儿在确信敌人在他来到之前已经撤退后,就朝更远的西伯利亚进军。他从图尔盖出发,抵托博尔河河源,即今库斯坦赖地区③。最后,在托博尔河的彼岸,侦察兵们看到有火光。帖木儿渡过托博尔河,但仍无所发现。"派出去的所有侦察兵毫无目的地在这片荒野上漫游,没有发现人的踪迹,也不知道敌情。"最后,一个俘虏告诉帖木儿,脱脱迷失在乌拉尔河地区。帖木儿军队立即转向西进,无疑是在奥尔斯克地区渡过扎牙黑河,或称乌拉尔河,到达该河的支流萨克马拉河(据霍威斯认为,Sakmara〔萨克马拉河〕是《武功记》中的 Semmur)。④ 脱脱迷失似乎已经把他的军队集中在奥伦堡附近。帖木儿最终牵制住脱脱迷失。在1391年6月9日打了决定性的一仗,据霍威斯,战争发生在索克河支流孔杜尔恰河的孔杜尔恰斯克附近,即离萨马拉(今古比雪夫地区)不远处,或者据巴托尔德考证,最有可能在孔杜尔

---

① 《武功记》II,第83页(793年朱马丹第二月第一天,即1391年5月6日)。
② "帖木儿身着盛装骑在马上。头上戴着嵌着红宝石的金王冠,手持有公牛头像的金战棍。"《武功记》II,第85页。对这次阅兵(一个中队接一个中队)的详细描述是绘声绘色的,是我所知道的最精彩的篇章之一。
③ 《武功记》II,第93页。
④ 在《武功记》II,第96—97页中,帖木儿先到 Semmur,后来抵雅克河(是于793年拉比第一月抵达,即1391年6月4日)。

第十一章 帖木儿

恰①。经过艰苦的战斗之后,脱脱迷失兵败逃跑。其军队夹在胜利的河中人和伏尔加河之间,或者被杀,或者被俘。②

据《武功记》记述,败军中有一部分人企图逃到伏尔加河的岛上避难,但是,被帖木儿的巡逻军捉住。《武功记》得意地描述了帖木儿军在伏尔加河畔的乌尔吐帕平原上的庆祝场面:"伏尔加河的这个地方是伟大的成吉思汗之子术赤帝国的驻地,他的继承者们总是住在这里。帖木儿满意地登上了他们的宝座,美丽的宫女们坐在他旁边,在座的首领都带有自己的女人,手持酒杯。全军都参加了招待会,它使士兵们忘掉了战争的艰苦,一连二十六天,他们沉浸在注定属于他们的一切乐趣之中。"③

值得注意的是,在这次作了巨大努力和历尽艰辛的胜利之后,帖木儿满足于摧毁金帐汗国的中心地,但没有采取任何措施以巩固他的胜利。当然,他把权力和地位授予金帐汗国内、与脱脱迷失为敌的许多成吉思汗后裔,其中包括已故兀鲁思汗之孙帖木儿·忽特鲁格。④ 帖木儿·忽特鲁格立刻开始找回他的新的臣民,并把他们中的一些人召集在一起,但是,他不是把他们带给帖木儿,而是带着他们穿过草原走了,以此表明了他并不支持帖木儿。⑤ 另一位名叫亦敌忽的术赤系宗王,直到当时他一直追逐着帖木儿的运气,现在也玩着同样的游戏。他担负着组织一些钦察部落的

---

① 巴托尔德"Toktamish"条目,《伊斯兰百科全书》第 851 页。
② 《武功记》II,第 110—120 页(在 793 年拉比月 15 日,即 1391 年 6 月 18 日)。
③ 《武功记》II,第 127 页。
④ 帖木儿·忽特鲁格是帖木儿灭里之子,帖木儿灭里是前任白帐汗兀鲁思之子。
⑤ 《武功记》II,第 124 页。

任务,但一获得自由,他就只为自己而干了。① 帖木儿没有采取任何措施使他们回来归顺,只满足于士兵们积聚起来的大量掠夺品,然后便经以后的俄属突厥斯坦的阿克纠宾斯克之道回到河中。

帖木儿唯一的目标,无疑是要在金帐汗国臣民中造成一定的恐惧,足以使他们不再进攻他的领地。一旦如愿,他就不再对金帐汗国的命运感兴趣。结果是脱脱迷失很快就复位了。他于1393年5月20日从塔那(亚速)写给波兰国王雅盖洛的一封信中,据巴托尔德的研究,脱脱迷失解释了他的失败和复位:"帖木儿是受汗的敌人们之邀,脱脱迷失后来知道了这一点,战初,他被阴谋者们抛弃。因此,他的帝国陷入混乱,但是现在一切又恢复正常,雅盖洛将豁免税款。"同时,脱脱迷失于1394年和1395年期间同埃及的马木路克王朝苏丹贝尔孤格缔结了反帖木儿的联盟。经过休养恢复以后,他企图进攻打耳班以南的失儿湾省,当时该省是帖木儿帝国的一部分,但是,仅仅是帖木儿的逼近就足以阻止了他的进攻②。

这次重新入侵使帖木儿决定于1395年春第二次远征钦察。凭经验他避开了迷惑和消耗精力的横穿突厥斯坦—西伯利亚草原之道,走高加索一道,直接进入金帐汗国的都城萨莱和阿斯特拉

---

① 亦敌忽(此处是 Idakou,或 Idaku)的这段插曲在伊本·阿拉不沙书中有全部记载(第82—84页)。伊本·阿拉不沙怀着本能的仇恨记述帖木儿,很高兴地看到帖木儿受到亦敌忽的欺骗。但是,与此相反,歇里甫丁(II,第124页)记述,亦敌忽在帖木儿的第一次"俄罗斯战争"后"溜走"了,伊本·阿拉不沙似乎把该事放在第二次俄罗斯战争之后,或者说,他混淆了两次远征。
② 《武功记》II,第331—332页。
(失儿湾在里海西岸,高加索山东端之南,原苏联阿塞拜疆东北。该省属于帖木儿。——译者)

罕。在打耳班南的萨穆尔山,他接见了脱脱迷失派来的使者,但他对脱脱迷失所作的解释和道歉很不满。他穿过打耳班关,于1395年4月15日在捷列克河岸攻打脱脱迷失军[①]。帖木儿像一个普通士兵一样地战斗,"他的箭已用完,矛也折断了,但他的剑仍在挥舞着",他险些被杀死,或者被俘。最后,脱脱迷失战败,逃到喀山地区的保加尔国。《武功记》陈述道,在火速奔来的帖木儿先遣队可能追上他时,他消失在这片森林地带。后来,追赶者们返回,沿路进行抢劫。"有金、银、皮毛、红宝石、珍珠,还抢夺了青年男子和美女。"帖木儿本人继续朝北,一直来到位于顿河上游的、处在蒙古人的钦察汗国和斯拉夫人的俄国交界的边境上的耶列兹城。[②] 与《武功记》上所认定的事实不同,他没有进攻莫斯科公国,相反,在到耶列兹城后,他于1395年8月26日开始向南顺原路返回。[③] 在顿河河口,他来到了热那亚和威尼斯商人们经常出没的商业中心塔那城(亚速),热那亚和威尼斯商人们派一个代表团带着礼物去见他,他们轻易相信了他的诺言。结果证明他们完全认错了人。除穆斯林获免外,全部基督教徒被奴役,他们的商店、账房、教堂和领事馆被摧毁。这对克里米亚的热那亚殖民区与中亚之间贸易给予了一次严重的打击。[④] 帖木儿由此继续前往库班去劫掠契尔克斯人的地区,然后进入高加索,蹂躏了处在周围是森林和难以通行的峡谷之中的阿兰人的土地(阿兰人又称阿速人,蒙古语Asod,即

[①] 797年朱马丹第二月23日,即1395年4月15日(《武功记》II,446)。
[②] 耶列兹城在顿河上游、奥廖尔以东100英里的索斯纳河流域。——译者
[③] 巴托尔德"Toktamish"条目,《伊斯兰百科全书》第851页。
[④] 海德《利凡特商业史》II,第375页。

今奥塞梯人的祖先)①。1395年至1396年的冬天,他来到伏尔加河河口,破坏了哈只·塔儿寒城(以后名阿斯特拉罕),火烧金帐汗国都城萨莱。巴托尔德认为,特里斯圣科在阿赫图巴河边的察列甫的发掘地所发现的无头和断手缺腿的尸骨是帖木儿这次残暴罪行的遗迹。《武功记》简单地谈到,当萨莱城被烧时,幸存的市民们在寒冷的气候下,"被他们身后的帖木儿军像羊群一般地驱赶着"。② 1396年春,帖木儿经打耳班之路回到波斯。

帖木儿摧毁了钦察草原。由于毁掉塔那和萨莱城,使欧洲和中亚之间的商业受到致命的打击,他封锁了马可·波罗所描述的古代内陆通道,抹去了成吉思汗征服所留下的、可能对欧洲有利的那些遗迹。在钦察草原上,也像在其他地方一样,他摧毁一切,但从无建树。③ 当帖木儿一返回波斯时,脱脱迷失又登上了金帐汗国的王位。巴托尔德摘录的伊本·哈扎尔·阿斯卡拉尼的一段引文表明,脱脱迷失在1396年9月至1397年10月之间在与克里米亚的热那亚殖民者交战。与此同时,脱脱迷失的对手帖木儿·忽特鲁格对他获取王位的权利提出了挑战,他还与另一个名叫亦敌忽的地区首领发生争夺,伊本·阿拉不沙叙述了这一令金帐汗国衰竭的新战争的变迁。④ 在所有这些争夺王位者中,帖木儿·忽特鲁格是胜利者,至少在几年之内是这样。他感到承认自己是帖

---

① 《武功记》II,第368页。
② 《武功记》II,第379—382页。伊本·阿拉不沙书,第82页。海德《利凡特商业史》II,第229页。巴托尔德"Sarài"条目,《伊斯兰百科全书》第163页。
③ 帖木儿于1395年胜利之后曾正式任命据说是兀鲁思之子的科利贾克王为金帐汗,但他从未实施过统治。《武功记》II,第355页。
④ 伊本·阿拉不沙书,第84—87页。

木儿的属臣是谨慎的,于是,派一个使节到帖木儿处,帖木儿于1398年8月17日接见了他。脱脱迷失被打败后,逃到立陶宛大公维托夫特处避难。维托夫特支持他的事业,但是,他于1399年8月13日在第聂伯河支流沃尔斯克拉河畔被帖木儿·忽特鲁格打败。

脱脱迷失被迫过着冒险生涯,试图重新获得帖木儿的恩赐。帖木儿于1405年1月在讹答剌接见了他派来的使者。帖木儿对这位不感恩的朋友总有些手软,据说他答应重新帮助他复位,但是,因脱脱迷失的去世而未果。帖木儿·忽特鲁格之弟沙狄别(约1400—1407年在位)继承其兄为钦察汗。据俄文史料,是沙狄别的军队于1406年在西伯利亚的秋明杀死了逃亡到那里的脱脱迷失。

9. 远征印度

帖木儿还受到察合台诸汗对印度的掠夺性远征传统的鼓舞。西北印度,即旁遮普和多阿布,被视为成吉思汗诸王的猎取之地。从1292年到1327年(参看339和341页),他们从未间断地对拉合尔和木尔坦发起周期性的骑兵袭击,扫除他们面前的一切障碍,飞速来到德里的大门边,每次他们都企图封锁德里。这些入侵都是在数月之后就撤退了。首先是因为他们的目的几乎仅仅是劫掠,其次是因为察合台蒙古人感到他们面临的是一个强国。德里苏丹国在统治机构上是突厥式的,或者说是突厥—阿富汗式的,在宗教上是伊斯兰教,并有像阿拉丁·哈勒吉(1296—1316年)和穆罕默德·本·图格卢(1325—1351年)这样强有力的君主,德里苏丹国总是可以用金钱或利剑阻止这些穿过阿富汗关隘来袭击德里的蒙古军队。

在实施察合台的这种惯例时,帖木儿确实只有一个目的,就是恢复对世界上最富地区之一的印度进行有利可图的侵袭。但是,按他的习惯,他为他的行为找到宗教上的借口。事实上,德里的突厥苏丹国本质上是伊斯兰教的,它的几位统治者都通过采取系统的宗教迫害的手段,使大批的印度教臣民集体皈依了伊斯兰教。但是,帖木儿认为,他们对异教太宽容。《武功记》坚持认为,他出发去征伐印度,仅仅是对伊斯兰教的敌人发动战争。"古兰经强调,一个人可获得的最高荣誉,是他亲自向伊斯兰教的敌人发起战争。这就是为什么帖木儿总是关心消灭异教徒的原因,也是出于对荣誉的热爱,同样也是为获得战功。"①

这些虔诚的声明是以帖木儿对印度政治形势了如指掌为基础的。德里苏丹国在1335年时几乎囊括了整个印度,其后不久迅速走向衰落,接着是国土分裂。许多大省区的王公脱离了苏丹的统治,建立起独立自治的穆斯林国。于是,德里苏丹国失去了德干,该地形成了巴曼尼小苏丹国(1347年);孟加拉(1358—1359年);乌德或札温普儿王国(1394年);最后是古吉莱特(1396年)。这些地区穆斯林国的割据削弱了德里苏丹国,它只拥有旁遮普和多阿布,甚至旁遮普也因盐山的科卡尔部的叛乱而处于混乱之中。此

---

① 《武功记》III,II.《帖木儿名言录》,载伊斯瓦里·普拉萨的《7—16世纪的印度》第342页。

外,当时在德里统治的苏丹马茂德·沙二世(1392—1412年在位)软弱无能,处在他的全权大臣马鲁·伊黑巴勒的掌握之中。①

因此,帖木儿在印度面对的只是一个衰落中的苏丹国,它由于地区王公们的肢解而丧失了一些最富有的省。帖木儿于1398年初派其孙皮儿·马黑麻率前锋军先行。皮儿·马黑麻渡过印度河,进攻木尔坦,经过六个月的围攻占领了木尔坦。帖木儿亲率主军于1398年9月24日渡过印度河,他下令或是任凭他的部队洗劫了木尔坦东北的德伦巴城,随后与皮儿·马黑麻军会师。在萨特莱杰河畔,他打败了科卡尔人首领贾斯腊特,然后经木尔坦直通德里之路(北纬30°稍偏南)进军德里。途中有帕特奈尔堡,由拉吉普特首领拉伊·杜尔·查德戍守。帖木儿夺取并毁掉该堡,占领了锡尔苏蒂和夺取了德里东北部偏北七英里处的洛尼堡,并于1398年12月10日在这里建立大本营。他认为在决战之前,把有碍他行动的大约10万印度俘虏杀掉是明智的。《帖木儿名言录》(Malfuzat—i Timuri)②陈述道,这一命令被一丝不苟地实行。12月17日,帖木儿与德里苏丹马茂德·沙及其大臣马鲁·伊黑巴勒指挥的军队会战于巴尼伯德和德里之间的朱木拿河畔,他再次获胜。印度的战象曾经未能阻止马其顿人,同样也阻止不了帖木儿的骑兵。"人们很快就看到地上遍布着与人头和尸体混在一起的象鼻。"③苏丹逃到古吉莱特避难,而帖木儿胜利地进入德里。在穆斯林教士们的要求下,他答应不杀居民,但是,他的士兵们以极

---

① 伊本·阿拉不沙书,第95页。
② 据普拉萨《印度》第346页。《武功记》III,第89—90页中的辩护文章。
③ 《武功记》III,第100页。

端残暴的行为征收供给品，致使居民们愤而抵抗。这种抵抗激起了帖木儿军的愤怒，他们在城内烧杀掳掠。他们掳获的战利品数量巨大，因为突厥—阿富汗苏丹们两百年间从印度王公们那里掠夺到的财富正是积聚在德里。大量收集的这些金银珠宝一举落入了河中人之手。大屠杀是按比例进行的，在城的四角用人头堆起了几个金字塔。① 然而，在条件可能的情况下，帖木儿仍像以往一样赦免有技术的工匠们，送他们去美化撒麻耳干。

帖木儿在德里度过15天。他庄严地登上了印度苏丹们的宝座，召集120头战象（或礼仪上使用的象）以取乐。"这些驯服的象低头屈膝地跪在他面前，同时喇叭齐鸣，好像是在表示效忠。"②这些大象排成长队被送往帖木儿帝国的各个城市：撒麻耳干、赫拉特、泄剌只和桃里寺。帖木儿在德里的大清真寺里展示了他的虔诚，该清真寺以他的名字诵读胡特巴。总之，他的行为俨然是印度皇帝，但是，他像在其他地方一样，毁掉一切之后，毫无建树地离去。1399年1月1日他离开了已被毁掉的德里。他继续去洗劫该道上的米拉杰，推倒了墓碑，把印度居民活生生地剥皮，以此证实他圣战的誓言。③ 然后，他沿西瓦利克山和旁遮普高地的正北方向，踏上了回家的路。

在杰纳布河上游，他俘虏了朱木拿大公，使他摒弃印度教，皈依伊斯兰教和吃牛肉，以此取乐。④ 途中，他接受了克什米尔的伊

---

① 《帖木儿名言录》（普拉萨《印度》第349页）。《武功记》III，第110—113页。
② 《武功记》III，第106页。
③ 希吉勒历801年，朱马丹月第一天，即1399年1月9日。（《武功记》III，第118页）
④ 《武功记》III，第152页。

斯兰国王伊斯堪达尔·沙臣属的文书。他没有进入克什米尔，便返回阿富汗斯坦。帖木儿离开印度前，曾指派印度族穆斯林君主赛义德家族的希兹尔汗为木尔坦和旁遮普大公，13年后，他将成为德里苏丹。

事实上，按帖木儿通常的方式，即在他动摇了德里的印度—穆斯林帝国的基础之后，让该地区处于一片混乱状态中，摧毁一切，没有采取任何维护秩序的措施就走掉。尽管他自称是来与婆罗门作战，但是，他打击的正是印度的伊斯兰教。这位有相当文化的人，波斯文学和伊朗艺术的爱好者，在与东半球最优秀的一种文明接触之时，其行为却像一位游牧部落的酋长，由于觉察不到（或者说一窍不通）具有文化价值的事物，他们掠夺的目的是抢东西、杀人和破坏。这位奇怪的伊斯兰教战士给印度边缘上的伊斯兰教先锋们的背上戳了一刀。他将对位于罗马尼亚边境上的奥斯曼帝国采取同样的态度。

10. 帖木儿与马木路克

在传统的近东地区，帖木儿遇到的是两大穆斯林政权：马木路克王朝和奥斯曼帝国。

马木路克王朝实质上是一个军事帝国，自1250年和1260年起，它先后囊括了埃及和叙利亚。由突厥—契尔克斯人组成的马木路克军是皇帝的卫队，它于1250年废除了正统王朝，推举它的将军们登上了开罗王位，以军事贵族身份统治和剥削阿拉伯人民。在此回顾一下，在1260年的艾因贾卢特战役中，马木路克军阻止了蒙古征服,并把波斯的蒙古人赶到幼发拉底河以东。① 但是,到14世纪末,由于将军们为争夺埃及—叙利亚封地和争夺王位而不停地争吵,这架曾经把十字军和蒙古军赶出了叙利亚的强大军事机器开始运转不灵了。精力充沛的马木路克苏丹贝尔孤格(1382—1399年)一生都在平息其副将中间的暴动。帖木儿曾企图与他联盟。但是贝尔孤格意识到在东方形成的这一新政权对马木路克帝国的威胁,于1393年杀死帖木儿派来的一个使者。并且不止一次地让被帖木儿赶走的报达苏丹阿合木·札剌儿在自己境内避难。贝尔孤格之子、年轻的继承人法赖吉苏丹(1399—1412年)在继位时也拒绝承认帖木儿的宗主权,并拒绝把在其境内避难的人交给帖木儿。帖木儿遂决定发动战争。

当时,帖木儿正在马拉底亚附近,他于1400年10月经加济安特普之路去攻叙利亚,向阿勒颇进军。在阿勒颇城下打败了帖木儿塔什率领的马木路克军。他从印度带来的战象使敌军惊恐四散(10月30日)。② 帖木儿立即占领阿勒颇,四天后,帖木儿塔什交出城堡投降,帖木儿一旦成了这儿的主人,又以他惯用的双重面孔,即诡辩的文人和大屠杀者的面貌出现。他在伊斯兰教学者面前,存心不良地提出一个难题:在战死的人中,是他的士兵们,还是马木路克士兵们有权获得殉道者的称号?接着,他与他们讨论了神学,更使这些正统的逊尼派感到为难的是他强迫他们把阿里

---

① 格鲁塞《十字军史》III,第603—607页。G.维特《埃及史》IV,第410页。
② 维特《埃及史》IV,第526页。《武功记》III。第294—298页。伊本·阿拉不沙书,第124页。

纳入合法的哈里发之列。① 在与法学家们进行学术会谈之余,他杀城堡守军,垒起了几座"人头塔",并洗劫了阿勒颇。阿勒颇城的集市是利凡特地区最大的贸易中心之一,对这座大城市的掠夺持续了三天。

接着,帖木儿攻下哈马、霍姆斯、巴勒贝克,然后出现在大马士革城前,年轻的马木路克苏丹法赖吉已从开罗赶到大马士革,以亲临阵地鼓舞士气。1400年12月25日法赖吉想趁帖木儿军换营之地,进入姑塔,当军队移动时,他发起攻击,但是,一场苦战之后他被击溃②。由于受到来自他的随从中叛变的威胁,他返回埃及,让大马士革听天由命去吧。大马士革的统治者们丧失了勇气,决定投降。为此派了一个代表团去见帖木儿,其中有突尼斯的著名史学家伊本·哈尔顿。"帖木儿被这位史学家的非凡气度和言谈举止打动,请他坐下,为有幸结识这位学者表示感谢。"③这位征服者,手持念珠,满嘴的虔诚和慈悲,又消除了代表们的疑虑,大马士革敞开了大门。但城堡坚持抵抗,直到正规的围攻后才投降。帖木儿一控制大马士革,就把原谈定的居民应交的赎金数目提高十倍,并没收了他们的一切财富。《武功记》使我们确信,最后发展到全面屠城和屠杀部分居民,帖木儿只是为了惩罚大马士革人,因为他们在659年时对先知的女婿阿里不虔诚。④ 在种种暴行中,一场大火烧毁了大半个城,无数居民被烧死,倭马亚大清真寺被烧

---

① 伊本·阿拉不沙书,第128—130页。
② 维特《埃及史》IV,第529页。《武功记》III,第325页,指803年朱马丹第一月第19天,即1401年1月5日。
③ 维特《埃及史》IV,第530页。伊本·阿拉不沙书,第143,296页。
④ 《武功记》III,第343—344页。

毁,寺中数以千计的难民被烧死。1401年3月19日,帖木儿最后离开了大马士革,带着他所召集到的各种工匠:丝织工、兵器工人和制盔甲的工人、制玻璃的工人、制陶工,回到撒麻耳干,以粉饰该城。他还迫使大批文人陪伴而行,同行人中还有大批被降为奴仆的人①。在这些被放逐的人中有未来的历史学家伊本·阿拉不沙,当时他年仅12岁,②后来他写了一本关于帖木儿的书,无情地揭露了帖木儿,为自己报了仇。

毁叙利亚之后,帖木儿没有打算建立任何正规的统治形式就离开了它,马木路克随即又占领了叙利亚。

11. 帖木儿与奥斯曼帝国

帖木儿已经打败了喀什噶尔和南俄罗斯的成吉思汗后裔们和印度的苏丹。我们刚才已经看到了埃及的苏丹几乎没有给他造成多大麻烦。现在,在他周围土地上幸存的唯一强大政权是奥斯曼帝国。

在奥斯曼苏丹巴耶塞特(1389—1403年)时,帝国达到了它势力的顶峰。③ 1389年,当巴耶塞特之父死于科索沃(在该战役中,塞尔维亚军被打败)战场时,他被立为苏丹,此后,他完成了对塞尔

---

① 伊本·阿拉不沙书,第162页。
② 伊本·阿拉不沙生于1392年,参看J.佩德森"Ibn Arabshàh"条目,《伊斯兰百科全书》第384—385页。
③ J.哈默-普格斯塔尔《奥斯曼帝国史》(巴黎,1835—43,18卷本)I,第292—356页。N.尤尔加的著作 Geschichte des Osmanischen Reiches(哥达,1908—13)I,第266—323页。

维亚的征服和吞并了保加利亚(1394年)。在小亚细亚,他吞并了艾登和萨鲁汉的突厥异密国(1390年)、卡拉曼的土库曼大异密国(1390年)①、门泰斯和克米安的突厥异密国,最后还吞并了卡斯塔莫努异密国和卡帕多细亚的托卡特、锡瓦斯和开塞利的原布汉丁异密国(1392年)。② 1396年,在尼科堡战役中打败了由匈牙利王西基斯蒙德和勃艮第的继承人琼·桑·普尔率领的著名十字军。

人称"雷电"的巴耶塞特,正像别人称呼他的那样(巴叶济德·伊尔迪里姆),统治着一个庞大的帝国,在欧洲,它囊括了除君士坦丁堡以外的色雷斯,除萨洛尼卡以外的马其顿,保加利亚,以及对塞尔维亚的保护权。在安纳托利亚,他的领地一直延伸到陶鲁士山(它把巴耶塞特的领土与马木路克的西里西亚分开)、亚美尼亚(它作为与帖木儿领地的边界)和黑海山脉(它构成了与特拉布松希腊帝国的边界)。他的军队,已经打败了耀武扬威的法兰西—勃艮第的骑兵,确实被公正地看成是近东最好的军队。现在他似乎要通过从希腊人手中夺取君士坦丁堡,以圆满完成他的胜利,他已经开始封锁君士坦丁堡。

就是这一次,帖木儿碰到了与他相当的对手。两人都清楚这一点,他们互相窥视着,在发动战争和用他们的本钱(一个从征服亚洲中赚到的,另一个是从征服巴尔干人中得到)来冒险时举棋不定。正是巴耶塞特首先采取了敌对行动,他企图把他的宗主权强

---

① 卡拉曼异密阿拉丁于1390—1391年被奥斯曼大臣帖木儿塔什在阿克恰伊打败。帖木儿塔什未经审讯就把他吊死。参看F. 巴宾格尔"Timùrtàsh"条目,《伊斯兰百科全书》第823页。J. H. 克雷默斯的"Karaman-oghhi"条目,第795页。

② 伊本·阿拉不沙书,第170—171页。《武功记》III,第255—256页。

加给埃尔津詹和额尔哲鲁木的君主、帖木儿的属臣塔黑屯异密。帖木儿十分重视这位为他驻守着小亚细亚边境的土库曼首领,洗劫德里之后,帖木儿曾送给他一只战象。相反,巴耶塞特曾欢迎另一位土库曼人、黑羊部首领哈拉·玉素甫进入他的领地。哈拉·玉素甫是帖木儿的敌人,曾被帖木儿赶跑。于是就被保护者的两个争端爆发了战争,帖木儿保护塔黑屯,而巴耶塞特支持哈拉·玉素甫。《武功记》声称,它准确地转叙了帖木儿就该问题写给巴耶塞特的信①。帖木儿在信中对奥斯曼家族的卑微出身作了尖刻的侮辱之后,说他考虑到奥斯曼帝国作为在欧洲的伊斯兰教堡垒所起的作用和苏丹在那儿进行的卓有成效的圣战,因此,他将赦免他的对手。然而,他对这位罗马化突厥人(即罗姆的凯撒)的态度俨然是位主人,即突厥族的合法君主。他把两个帝国的范围作了比较之后,以威胁的口气结束道:"像你这样的小王公,能与我们相抗衡吗?"巴耶塞特反唇相讥:"我们将追随你到桃里寺和苏丹尼耶。"②

帖木儿一接到回信,就于1400年8月向小亚细亚进军。9月初,他的属臣塔黑屯在埃尔津詹和额尔哲鲁木向他表示效忠之后,帖木儿进入奥斯曼国境,围攻设防城市锡瓦斯。③ 锡瓦斯面对敌军掘壕沟和攻城器械的轰击,等不到敌军发起总攻,被围约三周之后投降。帖木儿赦免了穆斯林居民,但把奥斯曼驻军中的4千个

---

① 《武功记》III,第259,397页。伊本·阿拉不沙书,第178页。
② 《武功记》III,第261,262页。伊本·阿拉不沙书,第171—173页。哈默·普格斯塔尔《奥斯曼帝国史》II,第79—82页。
③ 帖木儿于803年穆哈兰月1日,即1400年8月22日进入奥斯曼帝国。《武功记》III,第264页。

第十一章 帖木儿

亚美尼亚士兵活埋,或者是扔到井中。然后推倒城墙。

这次,帖木儿没有继续西进。由于他的后方受到马木路克军和阿合木·札剌儿在报达暂时复位的威胁,他没有深入小亚细亚。正是在这时他去消灭了在叙利亚的马木路克军(参看上文),并重新征服报达,目的达到之后,他又回到小亚细亚。与此同时,巴耶塞特从塔黑屯手中夺取了埃尔津詹,并俘获异密全家。① 对此帖木儿没有立即进行反击。相反,从叙利亚和报达回来之后,他在卡拉巴赫度过了1401—1402年冬,1402年春他在谷儿只边境地集中军队。直到1402年6月他才开始入侵奥斯曼帝国。他使塔黑屯在埃尔津詹重新复位,并在锡瓦斯平原上阅兵。"一定数量的骑兵手持红旗,他们的护胸、马鞍、鞍垫、箭筒、皮带、长矛、盾牌和战棍都是红色。另外还有黄色和白色的军团。还有身着锁子铠甲的军团和穿着护胸铁甲的军团。"然后,帖木儿经开塞利向安卡拉进军,他已经知道巴耶塞特在安卡拉。

1402年7月20日,两军在安卡拉以北的丘布克进行了决战。战斗从早上六点一直打到夜幕降临,近100万人参加了战斗。② 巴耶塞特带来的军队是从他所征服的各族中征集的。但是,尽管塞尔维亚人和他们的王斯提芬仍忠实于他,但艾登、门泰斯、萨鲁汉和克米安的突厥人,对帖木儿十分钦佩,他们看到他们的王公们都在帖木儿军中,于是倒戈。

帖木儿似乎充分利用了从印度带来的战象③。作为一万名奥

---

① 《武功记》III,第375—376页。参看伊本·阿拉不沙书,第189页。
② 《武功记》IV,第11—15页。伊本·阿拉不沙书,第182页。
③ 蒙斯雷莱书I,第84页。

斯曼近卫军（雅内萨里）和塞尔维亚兵之首的巴耶塞特战斗了一整天，直到看见他的卫队被歼灭后，在日落时才撤退。但是，因他的马蹶，他和他的一个儿子一起被俘。[①]

帖木儿对巴耶塞特很优待。[②] 然而，巴耶塞特试图逃跑，因此，被关在四周有铁栏的轿中随军而行，这就是后来被夸张成"铁笼"的故事。巴耶塞特遭此挫折和屈辱，几个月后去世（于1403年3月9日死于阿克谢希尔）。

一旦奥斯曼军队被打败和苏丹被俘，对帖木儿来说征服西安纳托利亚只不过是一次旅途行军而已。他下令在屈塔希亚停止进军，由前锋军全速进军去掠夺奥斯曼都城布鲁萨。伊本·阿拉不沙和歇里甫丁描述这些征服者们的行为像一群野蛮的游牧民，他们放火烧了这座可爱的城市。帖木儿之孙阿布·巴克尔一直冲到尼西亚（伊兹尼克），正像歇里甫丁津津乐道的那样，他们"到处烧杀掳掠"。帖木儿本人继续去围攻士麦那（后来的伊兹米尔），该城当时属于罗德的骑士们。帖木儿在发起进攻之前，规劝该城长官纪尧姆·蒙特改宗伊斯兰教。自然，纪尧姆·蒙特愤然拒绝。《武功记》说，对该城的围攻是从1402年12月2日开始[③]，两个星期后才结束，该城是经过猛攻后陷落的。除了少数骑士乘基督教的船逃走外，居民遭到大屠杀。《武功记》认为基督教境内的这次胜利

[①] 有关安卡拉之战的西方史料，有桑尼杜（L. A. 米拉托里，XXII，791），圣德尼的教士（III，46—51），蒙斯雷莱（L. C. 杜埃·达克版，I，84），J. 席尔特贝格（第73页）和于尔森的朱韦纳尔（II，423）。这些史料列举在 J. M. 德拉维尔－鲁尔克斯的著作中（La France en Orient au XIVe siècle）（巴黎，1886年）第393页中。

[②] 伊本·阿拉不沙书，第188页。《武功记》IV，第16—20，32，35页。

[③] 《武功记》IV，第49页，在805年朱马丹第一月第6天，即1402年12月2日。伊本·阿拉不沙书，第192页说，士麦那是于朱马丹第二月第二天，即1402年12月28日被陷。关于西方史书，参看德拉维尔－鲁尔克斯，第395页。

有着重要的意义。它为帖木儿向狂热的穆斯林们作了辩护(这些穆斯林有理由指责帖木儿由于打垮了奥斯曼帝国而使伊斯兰世界遭到削弱)。士麦那城的攻占,以及随之而来的大屠杀使安卡拉之战(在事后)变成了一次圣战。

"奥斯曼苏丹曾徒劳地围攻士麦那城达七年,帖木儿仅仅两个星期就攻占了!……穆斯林们赞美神,进入该城,并把敌人的头颅奉献给神灵,以示感谢。"①接着,帖木儿军前往围攻突厥—意大利人的重要商业中心福西亚,该城及时纳贡自赎。热那亚贸易公司"马霍恩",它还拥有对岸的希俄斯岛,也向帖木儿表示效忠,②而拜占庭摄政者约翰七世在帖木儿要他承认他的宗主权时,立刻派使者前往,作为依从的表示。③

尽管士麦那城民遭到屠杀,但帖木儿对巴耶塞特的胜利拯救了基督教世界。自从巴耶塞特战胜了尼科堡的十字军以后,被奥斯曼人牢牢封锁的拜占庭人临近末日,拜占庭的覆灭似乎指日可待。奥斯曼人在安卡拉遭到的突然灾难使拜占庭帝国又出人意料地苟延了半个世纪(1402—1453年)。因此,靠诸事件中的这一独特变化,在这位河中人对西亚的征服中获利最多的是拜占庭,正像莫斯科维将从帖木儿对金帐汗国的胜利中获利一样。

打败奥斯曼帝国以后,帖木儿采取各种措施以防它复兴,巴尔干的基督教世界由这一事实更加走运。在突厥人的小亚细亚,帖木儿正式恢复了十年前被巴耶塞特消灭的诸异密国。巴耶塞特曾剥夺了卡拉曼异密阿拉丁在东弗里吉亚和利考尼亚的领土,帖木

---

① 《武功记》IV,第51,53页。
② 《武功记》IV,第56,58页。
③ 《武功记》IV,第38—39页。

儿任命阿拉丁之子穆罕默德二世为科尼亚和拉兰达（即卡拉曼）的统治者。[①] 同样，他使伊斯芬迪亚家族恢复在帕夫拉戈尼亚的卡斯塔莫努的异密地位；在马格尼西亚（今马尼萨）使以希德尔沙为代表的萨鲁汉异密们复位[②]；在屈塔希亚和卡拉希沙尔，使克米安的雅库伯异密复位。艾登的异密伊萨在以弗所附近恢复了他的伊洛尼亚封地。复位的还有卡里亚的门泰斯异密伊牙思、吕基亚泰凯的异密乌斯曼。奥斯曼在亚洲的领土又仅限于北弗里吉亚、比萨尼亚和密细亚。帖木儿还注意在为继承权而争吵不休的巴耶塞特诸子之间制造分裂，进一步削弱奥斯曼人。

12. 远征中国

1404年，帖木儿回到河中。他在撒麻耳干接见了卡斯提国王亨利三世派遣的使者克拉维约，克拉维约给我们留下了一本有关他旅行的珍贵报导。他是经君士坦丁堡、特拉布松、桃里寺、剌夷之路而来，于1404年8月31日到达撒麻耳干。帖木儿于9月8日接见了他。

现在帖木儿在考虑征服中国，中国人的明朝已经把成吉思汗蒙古人赶走，正处在势力的高峰。明朝开国君主洪武皇帝（即朱元璋），作为成吉思汗汗国大汗们的继承人，要求原察合台汗国对他表示效忠。因此，他于1385年派使者们到中亚，傅安（字之道）和刘伟到哈密、哈剌火州（吐鲁番）和亦里八力，在那里他们很容易地就使察合台家族的可汗们或者说杜格拉特部的异密们表示效忠。

---

① 《武功记》IV，第33页。
② 《武功记》IV，第60页。

但是,在撒麻耳干他们被帖木儿官员们逮捕,直到长时期的谈判后才获释。然而,帖木儿不止一次地(1387、1392、1394年)派使者携带可能以贡赋名目出现的礼物到明朝。1395年,洪武帝派傅安携带一封向帖木儿表达感谢的信到撒麻耳干。当帖木儿宣布他要征服中国以致使中国皈依伊斯兰教,并且开始在讹答剌聚集大军时,洪武帝之子①、继承者永乐皇帝(1403—1424年在位)刚即位。

这肯定是中国文明所遭受到的最严重的威胁之一。因为,现在已不是尊重佛教和儒学,并希望成为真正的天子的某个忽必烈入侵的问题,现在闯入的是一位狂热的穆斯林,他由于要使这个国家改宗伊斯兰教,可能会彻底摧毁中国文明和腐蚀中国社会。明朝最好战的皇帝永乐帝很可能会被证明是帖木儿最有价值的对手;然而,中国一直是处于极端危险之中,直到帖木儿于1405年1月19日在讹答剌病逝,终年71岁。

13. 沙哈鲁的统治

成吉思汗死后,蒙古帝国经历了30年的内部和平(1227—1259),直到忽必烈和阿里不哥敌对时期。然而,帖木儿死后,河中的突厥帝国由于帖木儿的儿子和孙子们之间的争吵而四分五裂。

帖木儿留下了一个庞大的家庭。② 在他临终时的志愿和遗嘱中,他给儿子和孙子们每人一份封邑,但是,同时他又企图保留长子继承权的原则。他的长子只罕杰儿,正如我们所见,在他之前许

---

① 原文是洪武帝之弟。永乐皇帝,即朱棣,是朱元璋的第四子,初封燕王,镇守北平(今北京)。建文元年(1399年),起兵自称"靖难",四年破京师(今江苏南京市),夺取帝位,建元永乐,是为明成祖。——译者

② 参看《武功记》IV,第301页。伊本·阿拉不沙书,第239页。

多年(约1375年)已去世。① 因此,征服者选只罕杰儿的长子继承他为帝国的首领。他就是皮儿·马黑麻·伊本·只罕杰儿②,他29岁,是东阿富汗斯坦(巴里黑、喀布尔和坎大哈)的长官。同时,家族中的其他成员都得到了大块封邑。结果,原则上是在皮儿·马黑麻·伊本·只罕杰儿的统治之下,实际上帝国已经分裂。

帖木儿的次子乌马尔·沙黑也在其父之前去世,是于1391年在迪牙巴克尔战役中被杀,但是,他的儿子皮儿·马黑麻、罗思檀、昔干答儿和拜哈拉保留了他的遗产:法尔斯(泄剌只)和伊剌克·阿只迷(哈马丹和伊斯法罕)。

帖木儿的三子米兰沙,当时38岁,得到了木干草原、阿哲儿拜占(桃里寺)和伊剌克阿拉比(报达),但是,因一次从马上跌落下来脑部受伤,使他变得狂暴和残酷,以致帖木儿把他置于一种类似家庭会议的监护之下,在这种特殊情况下,米兰沙之子,22岁的乌马儿—米尔扎以其父之名统治着上述地区。米兰沙的其余两个儿子阿不巴克尔和哈里勒不久就暴露了他们的野心。

帖木儿的四子沙哈鲁,在父亲死时是28岁,他接受了呼罗珊。在其家庭中,他是最稳重和唯一有政治头脑的人。

就在帖木儿去世的第二天,争吵、政变和宫廷革命就开始了。帖木儿把最高权力留给了他的孙子皮儿·马黑麻,当时皮儿·马黑麻在远离河中之地的坎大哈,未能采取任何行动,他发现他的权力正在受到践踏。帖木儿的另一个孙子、米兰沙的四子哈里勒,当时年仅21岁,在塔什干被军队拥立为王。他向撒麻耳干进军,并

---

① 希吉勒历777(1375年6月2日至1376年5月20日)。《史集》罗斯译本,第48页。
② 注意区别与他同名的堂兄弟,他是王位继承人。
帖木儿次子乌马尔·沙黑也有一个儿子叫皮儿·马黑麻。——译者

在那儿登上帝位(1405年3月18日)①。皮儿·马黑麻离开阿富汗地区进入河中,但在内塞弗(即卡尔施)附近被哈里勒击败②。虽然阿富汗的领地(巴里黑、喀布尔和坎大哈)仍保留给皮儿·马黑麻所有,但是在六个月之后他被自己的丞相杀害(1406年)。哈里勒一旦稳住了王位,可以想象,他的行为就像任何一个在他那个年龄的人所干的那样,大肆挥霍帝国财富,用他的权利尽量满足他的宠妻、可爱的夏德·穆尔克的各种奇怪念头③。不久,他的行为激起了异密们的反抗,他们废黜了他(1406,1407年),承认帖木儿的四子沙哈鲁为河中之王,当时沙哈鲁已经是呼罗珊的统治者。沙哈鲁把伊剌克·阿只迷的剌夷划给年轻的、无所作为的哈里勒,以示抚慰,哈里勒于1411年死于该地。

沙哈鲁是帖木儿家族中出类拔萃的人物④。令人畏惧的帖木儿的这位儿子尽管性情温和,但是英明的统治者和勇敢的战士,他仁慈、谦虚,热爱波斯文学,是一个伟大的建设者,是诗人、艺术家的保护者,是亚洲最杰出的统治者之一。这种发展进程遵循着与从成吉思汗到忽必烈的发展一样的模式。沙哈鲁的长期统治(1407—1447年)对于在文化领域内所谓的帖木儿文艺复兴、即波斯文学和艺术的黄金时代,是具有决定性意义的。他以赫拉特为都,他的儿子兀鲁伯(被指命为河中长官)住在撒麻耳干,赫拉特和

---

① 《武功记》IV,第281,284页。伊本·阿拉不沙书,第243页。
② 伊本·阿拉不沙书,第259,268页。哈里勒军打败皮儿·马黑麻是在808年拉马丹月初,该月开始于1406年2月20日。
③ 《武功记》IV,第191页。
④ 关于沙哈鲁的统治,参看阿布德·拉扎克·撒马尔干第的《两幸福之会合》,卡特勒梅尔译本(《亚洲杂志》II,1868年,193—233,338—364)。L.布瓦《蒙古帝国》(巴黎,1927年)第96页以下。

撒麻耳干成为帖木儿文艺复兴最灿烂的中心。① 像历史上常常发生的怪事一样，摧毁了伊斯法罕和泄剌只的屠杀者的儿子们将成为波斯文化的积极保护者。

沙哈鲁的直接统治没有超过河中和东伊朗。伊斯法罕和法尔斯属于他的侄儿皮儿·马黑麻、罗思檀、昔干答儿和拜哈拉。从一开始这些宗王就承认沙哈鲁的宗主地位，在不同的时间，他们都请求他仲裁他们中的纠纷。特别是在1415年，他到伊斯法罕，在那里他废黜了昔干答儿，留下罗思檀为他的代理人；然后到泄剌只，惩罚了他的侄儿拜哈拉的暴动，将他流放②。

帖木儿继承者之间随意发生的争吵和无政府状态没有给东伊朗造成混乱局面，因为沙哈鲁这位明智、有力的管理者能够终止它们，进行有效的调解，使之重归于好。在西波斯、阿哲儿拜占和伊剌克阿拉比情况就不是这样。正如上面提到的，这些地区按遗嘱是分给帖木儿的三子米兰沙的，但他因脑部受伤而丧失了能力，于是归他的两个儿子阿不巴克尔和乌马儿所有，他们互相忌恨和不停地争斗。他们之间的不和有利于该地区原统治者们的复辟，他们是曾被帖木儿赶跑了的、一度是报达统治者的苏丹阿合木·札剌儿和黑羊部土库曼首领哈拉·玉素甫。前者于1405年又回到报达。后者结束了在埃及的流亡生活后，重返阿哲儿拜占，在纳希切万附近打败了阿不巴克尔，重占桃里寺城（1406年）。阿不巴克尔和父亲米兰沙企图重新夺取阿哲儿拜占，但是，哈拉·玉素甫于1408年4月20日使他们遭到了一次决定性的失败，在战斗中，米

---

① E.C.布朗《波斯文献史》。
② 《两幸福之会合》第193页及其下。

帖木儿帝国

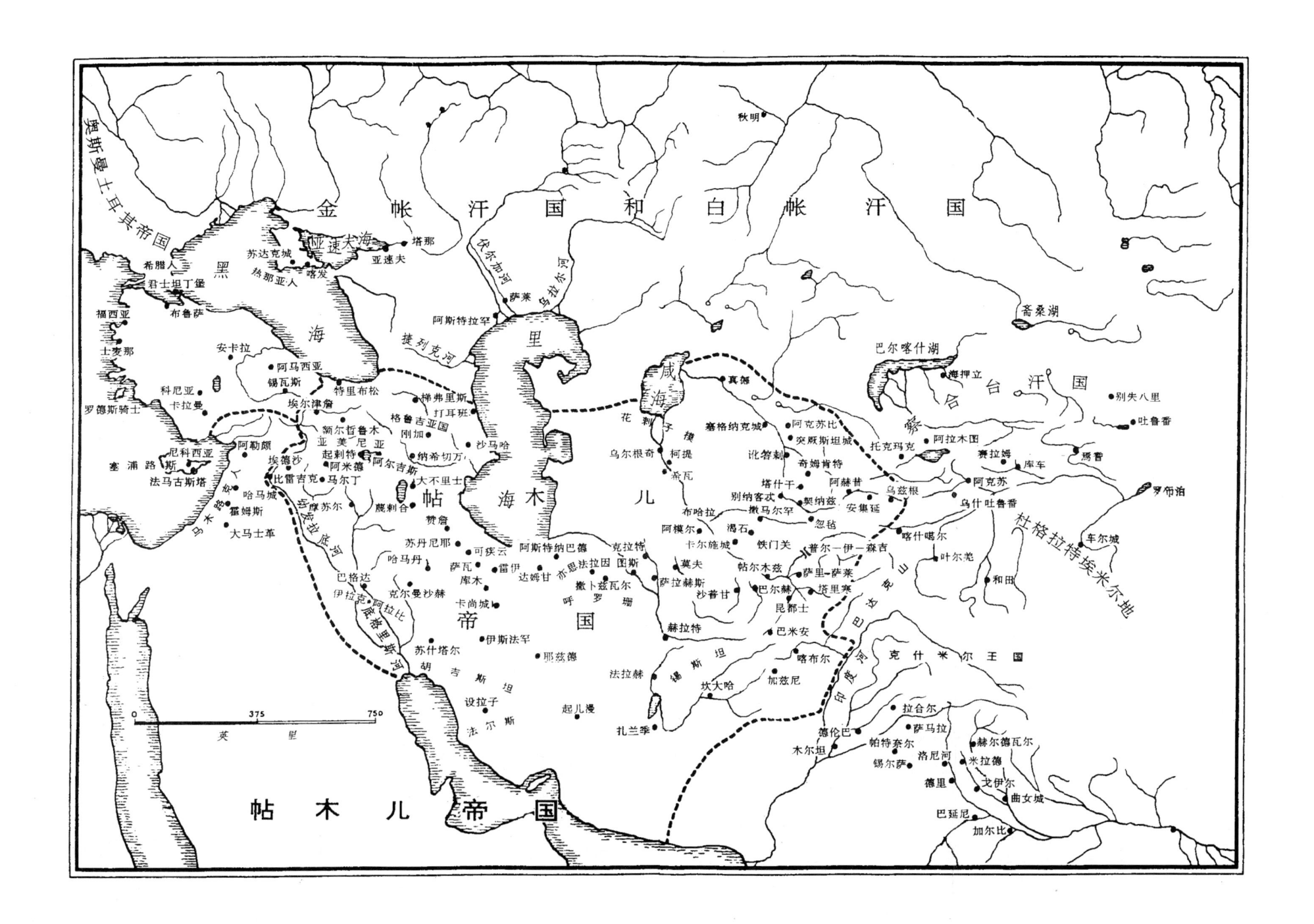

兰沙被杀。① 这是东方史上最重要的战役之一，它使帖木儿在西方的征服成果荡然无存。四年之后，帖木儿后裔将被赶出西波斯。

现在黑羊部首领哈拉·玉素甫作为阿哲儿拜占的统治者以桃里寺为都建立了牢固的统治，他与报达的苏丹、他的老盟友阿合木·札剌儿发生冲突。阿合木企图夺取阿哲儿拜占，但是，于1410年8月30日在桃里寺附近被打败，并于次日遭到暗杀。② 报达和伊剌克阿拉比落到哈拉·玉素甫手中，于是，哈拉·玉素甫发现自己成了一个从谷儿只边境到巴士拉的大王国的君主。这个以报达和桃里寺为其都城的黑羊部的土库曼王国（喀拉—科雍鲁）在几个月之内成了东方的强国之一。1419年，哈拉·玉素甫利用帖木儿朝内部的进一步纷争占领苏丹尼耶和伊剌克·阿只迷的可疾云〔德黑兰加兹温〕。

上述事件引起了沙哈鲁的一些忧虑。他决定为其兄米兰沙报仇，重建帖木儿朝在西波斯的统治。他率领一支强大的军队从赫拉特出发，前往阿哲儿拜占。③ 哈拉·玉素甫在敌军来到前，于1419年12月去世。哈拉·玉素甫之子昔干答儿企图抵抗，但被沙哈鲁打败。沙哈鲁于1421年征服了阿哲儿拜占。如果沙哈鲁乘胜追击的话，那么，帖木儿复辟王朝可能会长久存在，但是，此后不久他回到了呼罗珊，昔干答儿马上重占阿哲儿拜占。沙哈鲁于1429年又来打败了昔干答儿，但是，帖木儿军一走，他又占领这一地区。

沙哈鲁于1434年派出第三支远征军到阿哲儿拜占，昔干答儿像以往一样地轻易地逃走，沙哈鲁在阿哲儿拜占不是任命一位帖木儿朝长官，而是将该地的统治委之于昔干答儿的亲兄弟只罕沙

---

① 布瓦《蒙古帝国》第110—111页中的 Khondemir。
② 伊本·阿拉不沙书，第280页。
③ 参看布瓦《蒙古帝国》第114页及其下中的 Khondemir。

(1435年)。这就是承认了黑羊王朝土库曼人对阿哲儿拜占和报达的占领。沙哈鲁死后,只罕沙便剥夺了帖木儿朝的伊刺克·阿只迷(1452年)、伊斯法罕、法尔斯和起儿漫(1458年)。他死时,黑羊王朝不是受到来自帖木儿朝的报复,而是受到扎营在迪牙巴克尔的另一支土库曼人白羊王朝的冲击。白羊首领乌宗·哈桑袭击只罕沙,并于1467年11月11日在穆什地区杀害了他,然后,继之成为西波斯王。因此,尽管沙哈鲁作了种种努力,但是,西波斯永久地逃脱了帖木儿后裔的统治,落入了土库曼人的统治之下。

至于中国,沙哈鲁放弃了帖木儿的征服计划。他与明朝的永乐皇帝互派了一些使者。例如:1417年,他派阿答乞儿·脱花赤到北京,而在帖木儿时期曾访问过河中的傅安回访了撒麻耳干和沙哈鲁宫廷所在地赫拉特。各次出使的目的,部分地是要重建两国之间的贸易关系,这种关系是在忽必烈和察合台时期的两蒙古汗国之间已经存在的。①

在其他地区,沙哈鲁追随帖木儿的榜样,他派出由其子兀鲁伯率领的远征军队进攻蒙兀儿斯坦的察合台汗国(1425年)。从《两幸福之会合》一书得知,兀鲁伯打败了察合台的失儿·马黑麻。② 强大的杜格拉特家族首领、喀什和莎车的君主,拥立王者忽歹达,由于伊斯兰教信仰促使他与兀鲁伯联合,他加入了在伊塞克湖东北、伊犁河南部支流察里恩河以北兀鲁伯的军队。③

---

① 1421年沙哈鲁又派另一使团到中国。参看《两幸福之会合》第387页。
② 《两幸福之会合》在埃尼亚斯和丹尼森·罗斯合写的《中亚蒙兀儿史》第43页上。巴托尔德"Dùghlat"条目,《伊斯兰百科全书》第1113页。
③ 《两幸福之会合》在另一处说,忽歹达的儿子赛义德·阿合木于1416年被帖木儿人赶出喀什,还说,正是赛义德·阿合木之子赛义德·阿里(死于1458年)从他们手中夺回了莎车和喀什这两个城市。这些记载很难一致。(忽歹达投降和臣服于河中的兀鲁伯。在兀鲁伯于1425年远征蒙兀儿斯坦结束后回河中时,忽歹达随同去了河中。后来又从撒麻耳干到麦加去朝觐,最后死在麦地那。——译者)

沙哈鲁死于1447年3月2日,其子兀鲁伯继位。兀鲁伯长期担任河中长官,具有相当高的文化,是一位学者,对天文学特别感兴趣,他还是一位诗人,他使在撒麻耳干的宫廷成为波斯文学灿烂的中心。但是,他完全缺乏统治才干。乌兹别克人(即昔班部落的蒙古人,他们在西伯利亚—突厥斯坦的阿克纠宾斯克和图尔盖建立了统治)袭击了河中,在这次袭击中,蹂躏了撒麻耳干,打碎了兀鲁伯的著名的瓷塔,毁坏了他的画廊。兀鲁伯十分随和,结果成了他亲属们的玩物,成了他亲生儿子阿不都·剌迪甫的牺牲品,阿不都·剌迪甫在巴里黑反叛。他监禁了自己的父亲,并于1449年10月27日派人处死了他。几个月之后,这位弑父者本人也遭暗杀(1450年5月9日)。

14. 卜撒因

兀鲁伯死后,紧接着是帖木儿朝进一步内战的时期。兀鲁伯的一个侄儿阿不都剌于1450—1451年成了撒麻耳干和河中的统治者,而另一个侄儿巴布儿·米儿咱统治着赫拉特和呼罗珊(1452—1457)。阿不都剌于1452年被另一位帖木儿后裔、米兰沙的孙子卜撒因打败并杀死[①]。有趣的是,卜撒因由此夺取了撒麻

[①] 巴托尔德"Abù Sa'id"条目,《伊斯兰百科全书》第107页。布瓦《蒙古帝国史》第136页。

(兀鲁伯的侄儿阿不都剌的继位引起布哈拉宗教集团的反对,他们支持兀鲁伯的女婿卜撒因率军攻撒麻耳干。卜撒因兵败,逃往北部草原,向乌兹别克人求援,阿布海儿乘机出兵南进,与卜撒因一起于1451年6月在泄剌只与阿不都剌作战,阿不都剌兵败被杀,卜撒因在乌兹别克人和河中宗教界的支持下登上了帖木儿王位。——译者)

耳干王位的这次胜利是在乌兹别克汗阿布海儿的帮助下取得的，阿布海儿在使自己成为锡尔河河岸、从塞格纳克到乌兹根之间的主人之后，现在作为仲裁人调停帖木儿朝的纷争。这是一次反帖木儿孙子们的、意想不到的成吉思汗国的复兴。① 察合台家族的宗王们，或者说蒙兀儿斯坦（伊犁和裕勒都斯地区）的可汗们，似乎也迫不及待地作出了类似的反响。

蒙兀儿斯坦汗也先不花二世（1429—1462年）的驻地在伊塞克湖、库车和喀什之间的阿克苏，他恢复了察合台人对河中边境的传统性的入侵，蹂躏了赛拉木、突厥斯坦城和塔什干（1451年及其后几年），但是，刚登上撒麻耳干王位的卜撒因追击也先不花，在怛逻斯城附近追上并击溃了他的军队②。

呼罗珊王、帖木儿后裔巴布儿·米儿咱死后，卜撒因于1457年占领该省。他于1457年7月19日进入赫拉特。③ 现在，作为呼罗珊和河中两地的君主，他在其亲属们间竞争和叛乱所允许的范围内着手恢复帖木儿帝国。

他采取了传统方式去削弱察合台汗也先不花二世。也先不花于1429年曾把其兄羽奴思赶走，羽奴思汗逃到撒麻耳干的兀鲁伯处避难。卜撒因想给也先不花树立一个敌对者，于1456年承认羽奴思为合法汗。羽奴思用帖木儿朝借给他的军队，重返蒙兀儿斯坦，并使其西部即伊犁一带承认了他的统治，而也先不花仍统治其东部，即裕勒都斯和畏兀儿地区。不久，羽奴思向喀什进军。在喀

---

① 参看巴托尔德"Abu'l-Khair"条目，《伊斯兰百科全书》第98页。
② 《拉失德史》第79页。
③ 穆因丁"赫拉特史"（《亚洲杂志》XX，1862年，第304—309页）。

什和阿克苏两城之间他被匆匆从裕勒都斯赶来的也先不花和喀什的杜格拉特异密赛义德·阿里阻截和击溃。羽奴思再次逃到河中卜撒因处(约1458年),卜撒因又借援军给他,看来他依靠这支援军又在蒙兀儿斯坦西部,即伊犁附近和伊塞克湖方向重新建立起统治。与此同时,东蒙兀儿斯坦(裕勒都斯和畏兀儿地区,直到吐鲁番)继续属于也先不花(死于1462年),以后又归他的儿子笃思忒·马黑麻(1462—1469年在位),笃思忒·马黑麻汗通常住在阿克苏。因此,卜撒因靠在两个敌对支系间分裂其领土的办法消灭了察合台人的复兴势力。①

卜撒因在波斯同样很活跃。波斯西部即阿哲儿拜占、伊剌克阿拉比和伊剌克·阿只迷,连同伊斯法罕、法尔斯和起儿漫城,已处于土库曼黑羊部首领只罕沙的统治之下。1458年,只罕沙向呼罗珊进军,于7月占赫拉特。但是,6个月以后,已经撤往巴里黑的卜撒因在穆尔加布河畔严重打败了只罕沙之子皮儿·布达克,缓解了呼罗珊局势。在达姆甘和剌夷之间的西模娘城被承认是划分帖木儿朝与黑羊朝之间的边界(约1458年12月)。只罕沙在他自己的国内与一支敌对的土库曼部落,即在迪牙巴克尔的白羊朝发生冲突,自帖木儿时代以来,白羊朝一直是帖木儿朝传统的同盟者。只罕沙想摆脱这些对手,于1467年向迪牙巴克尔进军;但是,他于1467年11月11日在穆什和埃尔津詹之间的基伊遭到白羊朝首领乌宗·哈桑的突然袭击,并被打败,在逃跑中被杀。② 这次

---

① 《拉失德史》第81—82页,83—88页。
② "赫拉特史"第317—319页。于阿尔"Karakovùn—lu"条目,《伊斯兰百科全书》第785页。

灾难的结果是黑羊朝的领地落入了敌对王朝手中。

乌宗·哈桑以为白羊朝的老盟友帖木儿人将会以赞同的目光来看待这一变化。但是，卜撒因考虑的是他有可能利用这两个土库曼王朝之间的冲突以恢复他对西波斯的统治。事实上，卜撒因已经应只罕沙之子哈散阿里的请求出面干预，哈散阿里试图从胜利的乌宗·哈桑手中夺取阿哲儿拜占。卜撒因在哈散阿里的要求下向乌宗·哈桑宣战。他穿过伊刺克·阿只迷，进入阿哲儿拜占，向阿拉斯河下游和库拉河下游草原上的乌宗·哈桑的大本营卡拉巴赫进军。由于冬季来临，乌宗·哈桑按土库曼人的方式已经溜走，卜撒因决定在卡拉巴赫度冬，卡拉巴赫是以气候温和著称。然而，他向阿拉斯河的进军是一次灾难，在马哈茂达巴德他发现道路被乌宗·哈桑封锁。由于缺乏给养，他企图撤退，但是，于1469年2月11日被土库曼人俘虏。6天之后，乌宗·哈桑处死了他，当时他年仅40岁。

卜撒因是要恢复其范围从喀什到外高加索的帖木儿帝国的最后一位帖木儿君王。他没有成功，这与其归咎于国外的敌人，而不如说是他国内亲属们不断反叛的结果，他的失败结束了帖木儿的成就。他的去世使整个西波斯落入白羊朝手中。从此，乌宗·哈桑成了桃里寺、报达、泄剌只、伊斯法罕、苏丹尼耶、剌夷，甚至起儿漫的无可争议的统治者，他以波斯国王的面目出现（1469—1478年在位），他的家族将继续占有这一地区，以桃里寺为都，直到1502年波斯民族的萨菲王朝崛起为止。①

---

① 米诺尔斯基"Uzun Hasan"，《伊斯兰百科全书》第1123页。

15. 最后一批帖木儿人

最后一批帖木儿人以强大的土库曼人的波斯王国为邻,他们现在仅仅是河中和呼罗珊的地区小诸侯,甚至连这些有限的领地也在互相敌对的亲属中被分割。卜撒因之子速檀·阿黑麻只继承了其父在河中的统治,以撒麻耳干为都(1469—1494年在位),他被迫进行反对自己的兄弟们的战争。与此同时,曾被卜撒因以敌对的两个支系瓜分该国的办法而削弱的蒙兀儿斯坦的察合台汗国又重新统一和加强起来。裕勒都斯和畏兀儿斯坦的察合台统治者、笃思忒·马黑麻之子和继承者怯别二世(约1469—1472年)已经被暗杀,他的伯祖父羽奴思当时已经是西蒙兀儿斯坦(伊犁)的汗,不久前喀什的杜格拉特部异密们又与他联合,现在他重新统一了察合台的领地。羽奴思在得到了他的封臣、喀什的杜格拉特部异密穆罕默德·海达尔一世(1465—1480年)的支持后,成了中亚最强大的君主。形势完全颠倒过来,在河中王阿黑麻与其兄弟、费尔干纳王乌马儿·沙黑的纷争中,现在是他作为末代帖木儿诸王间的调停者。羽奴思几次使乌马儿·沙黑免受阿黑麻企图发动的攻击,于是费尔干纳的帖木儿王成了羽奴思的真正属臣,当他反叛时,羽奴思惩罚了他,但后来原谅了他,并到安集延与他一起举行觐见礼[①]。成吉思汗家族与帖木儿家族地位的颠倒可能不会比这次更彻底的了。阿黑麻与乌马儿·沙黑兄弟间为占有塔什干和赛

---

① 《拉失德史》第95—97页。

拉木城又爆发了新的争吵,羽奴思应邀进行调解,他把两城划归自己,解决了他们之间的分歧(1484年)①。羽奴思在胜利地完成了成吉思汗国的光辉的复辟之后,于1487年在塔什干去世。阿黑麻企图趁羽奴思去世之机从他的儿子、继承人马哈木手中夺回塔什干,但是,在塔什干附近的奇尔奇克河(或帕拉克河)被打败。塔什干仍是蒙古汗的驻跸地。

费尔干纳的帖木儿王乌马儿·沙黑(1469—1494年在位)只是在蒙兀儿斯坦的察合台汗的保护下才能维持统治,他于1494年6月8日去世,其兄、河中王阿黑麻立即企图夺取费尔干纳,但是在战争中,他在乌拉·秋别附近去世(1494年7月)。费尔干纳仍是乌马儿·沙黑之子、未来的"莫卧尔大帝"、年轻的巴布尔的财产。

阿黑麻留下了一个兄弟马合谋和三个儿子:麻素提、拜孙哈尔和阿里,他们为争夺河中的所有权而争吵。他们对撒麻耳干王位的占有时期都是短暂的。马合谋(1494—1495年在位)是一位挥霍无度的暴君,于1495年7月去世。据米尔空说,麻素提在撒麻耳干进行统治,而巴布尔书说是在希萨尔进行统治。无论如何,他是在与他的兄弟们作战中度过了他短暂的统治时期,直到被一个背叛他的大臣把他弄瞎。在大混乱中拜孙哈尔曾在撒麻耳干进行过短暂的统治,但不久就死在杀害他哥哥的那位叛徒手中。他们的堂兄弟、费尔干纳王巴布尔当时年仅14岁,在这些骚乱中获利,使他成了撒麻耳干君主(1497年底),但是,他未能留在该城。

---

① 《拉失德史》第112—113页。

第十一章　帖木儿

撒麻耳干于1498年转到巴布尔的堂兄弟、阿黑麻最后一位幸存的儿子阿里手中。然而，这些内部纠纷鼓励了外来的入侵者们。成吉思汗长支后裔，乌兹别克部首领蒙古汗昔班尼已经把他的目光转向了河中，在锡尔河北岸住下，等待有利时机过河。最后一批帖木儿王之间愚蠢的内争给了他机会。他于1500年进入不花刺，接着出现在撒麻耳干城前。帖木儿王阿里仓皇出城与之谈判。昔班尼貌似一位有文化素养的王公，实际上保留着草原掳掠者所有的一切本能，他让人处死了这位无知的年轻人，登上了河中王位。

在此期间，另一位帖木儿后代速檀·忽辛·拜哈拉仍在呼罗珊，在其家族成员进行大混战的过程中，他使自己成了吉尔甘和马赞达兰的统治者，以阿斯特拉巴德为都（1460年9月）。1461年他曾被其堂兄弟、河中的卜撒因从这个公国驱逐，被迫流亡，直到卜撒因去世，卜撒因的死给他的命运带来了突然的转变。1469年3月25日赫拉特居民承认他为国王，他统治着呼罗珊直到1506年5月4日去世。

尽管他的领地范围有限，但是，他长达37年的统治是东方史上最有成效的统治之一[①]。速檀·忽辛性格温和、仁慈，与他同时代的君主们形成了强烈的对比，他使赫拉特宫廷成了知识分子荟萃之地。被他邀请到赫拉特宫廷的人中有波斯诗人札米[②]、两位

[①] 费尔泰译作《侯赛因·贝卡拉传》中的 Khondemir（1898年）；A. S. 贝弗里奇，"Husain Mîrzâ"，《伊斯兰百科全书》，364页；贝弗里奇编《巴布尔》（莱登，1905年；参看布瓦《蒙古帝国史》162页）。

[②] 札米是诗人。据说他编成46部著作，其内容有抒情诗、浪漫主义叙事诗、阿拉伯文法、散文、音乐等。札米在世时受当代人的尊敬，也受远方诸国君主的尊敬。诺瓦里是他的朋友和保护者，曾为他写传记。——译者

波斯史学家(祖父及孙子)米尔空和宽德密尔,伟大的波斯画家毕赫札德和麦什德的书法家速勒坦·阿里。他任用最早用察合台突厥文写诗的伟大诗人、著名的密儿·阿里·失儿·纳瓦依(1441—1501年)为大臣①。他能流利地用波斯文和突厥文写作,他极力要证明,作为文学语言的突厥文可以与波斯文匹敌,甚至还超过它。② 在这特殊的统治时期,赫拉特是可以恰如其分地被称为帖木儿文艺复兴时期的佛罗伦萨。

于是,历史上一个最残暴的突厥征服者和最野蛮的破坏者的第四代孙子成了波斯王公、诗人和酷爱艺术的人,在他的保护下波斯文明又放异彩。此外,纳瓦依使发展起来的察合台突厥文学成了波斯文艺复兴的一部分。赫拉特城曾经受到成吉思汗严重破坏和帖木儿本人过分虐待,现在又呈现出萨曼王朝统治下的面貌,正像布哈拉和撒麻耳干一样,而且加入了一些自13世纪以来发生的各种文明大融合而导致的特性。因蒙古征服而带来的中国文化的影响,给予装饰艺术严谨的风格。人们只要是想起毕赫札德的袖珍画,就会想起这一艺术的壮观,它们盛开在被认为是永恒的废墟之中。

但是,正如赫拉特只是沙漠中的一片绿洲一样,这仅仅是两次入侵之间的短暂的插曲。忽辛·拜哈拉之子、继承人巴迪·匝曼(1506—1507年)在开头时面临着乌兹别克人的入侵,自1500年

---

① 纳瓦依出身于察合台人中的巴鲁剌思部,祖、父都是贵族。是忽辛的同学和朋友。忽辛夺取赫拉特王位后,先后任命纳瓦依为掌印官和异密。——译者
② 参看 E. 贝林"密儿·阿里·失儿·纳瓦依"[《亚洲杂志》XVII,1861年,175、281,(1866年)523]。布瓦"两种语言之争"(《亚洲杂志》1902年,367页)。

起，乌兹别克人已经成了河中的统治者。乌兹别克征服者昔班尼迫使巴迪·匝曼向穆尔加布河附近的霍伊巴巴逃亡后，进入了赫拉特(1507年)。

于是，像不花剌和撒麻耳干地区一样，呼罗珊也落入了昔班尼家族的乌兹别克汗手中。在一百年之内，成吉思汗族最终永久地战胜了帖木儿。

第三编

最后一批蒙古人

第十二章 罗斯的蒙古人

1. 金帐汗国的结束

蒙古势力并不是一朝就全部被消失了的。从最后一批成吉思汗后裔反击帖木儿朝后裔的例子表明，它在长时期内一次又一次地显示了它突然爆发出来的活力，它令当时的观察家们感到吃惊，并且有时甚至会使他们认为成吉思汗时代又来到了。在16世纪，一个成吉思汗王朝（尽管是突厥化的王朝）在帖木儿的王位上复兴之后，过了很久，在17世纪下半期和到18世纪中期，西蒙古人企图牺牲中华帝国的利益，以达到恢复成吉思汗汗国的野心。这些最后的尝试是中世纪伟大史诗中的一页，在此对它们作一简要的论述。

帖木儿在罗斯的晚期活动的结果是扶持脱脱迷失的对手帖木儿·忽特鲁格①取代脱脱迷失，登上了金帐汗国（即钦察汗国）的王位，帖木儿·忽特鲁格也是白帐家族、即斡儿答家族的成员。他于1399年8月13日在第聂伯河支流沃尔斯克拉河附近打败了立

---

① 帖木儿·忽特鲁格是帖木儿灭里之子，著名白帐汗兀鲁思汗之孙，帖木儿的对手。

陶宛大公维托夫特,维托夫特在前金帐汗脱脱迷失的鼓动下,企图干涉金帐事务。① 通过这次胜利,帖木儿·忽特鲁格巩固了蒙古人在罗斯的统治。他的兄弟沙狄别②继他之后统治着钦察草原(约1400—1407年在位);而东部草原转到白帐家族的另一位后裔、名叫科利贾克的人手中,科利贾克受到帖木儿的保护。在沙狄别的领导下,金帐汗国洗劫了罗斯的里亚赞公国的边境地区。同样,在帖木儿·忽特鲁格之子、沙狄别的侄儿不剌汗(不剌·锁鲁檀)统治期间(约1407—1412年),金帐汗国军队在亦敌忽的率领下于1408年12月向莫斯科大公国进军,放火烧下诺夫哥罗德和戈罗杰茨,封锁莫斯科,在得到一笔战争捐款的允诺后撤退。

在沙狄别和不剌汗的统治下,实权是掌握在上面提到的亦敌忽手中,亦敌忽是诺盖或者曼吉特③部落首领,伊本·阿拉不沙把他描述成真正的"宫廷侍长"。该作者补充道,当一位名叫帖木儿的新汗拒绝服从亦敌忽的专政时,内战爆发了(大约1412—1415年?)。最后帖木儿获胜并杀死亦敌忽。④

库楚克·马哈麻汗的长期统治(1423—1459年)将以金帐汗国的解体而告终,建立了喀山汗国和克里米亚汗国。事实上,在此时期,在瞎子巴西尔二世大公(1425—1462年在位)统治下的莫斯

---

① 脱脱迷失带着全家到维托夫特处,维托夫特热情接待。帖木儿·忽特鲁格要求他交出脱脱迷失,他拒绝了,并准备战争。维托夫特想让脱脱迷失成为整个术赤兀鲁思的汗,充当自己的傀儡。——译者
② 伊本·阿拉不沙的"Rashadibeg",《帖木儿传》,桑德斯译本(1936年)第86页。
③ 参看巴托尔德"Mangit"词条,《伊斯兰百科全书》第259页。
④ 伊本·阿拉不沙第86—87页,亦敌忽(Idiqu)在俄文史书中是 yedigei(也迪该)。

科大公国由于类似的家族纠纷而陷于瘫痪。在以后的统治时期，库楚克·马哈麻之子和继承者阿黑麻汗（约1460—1481在位）与罗斯大公伊凡三世大帝（1462—1505年在位）之间展开了决定性的实力较量。为动摇金帐汗国的宗主地位，伊凡三世企图获得持异议者克里米亚汗明里·格来的友谊，①并且也可能在喀山汗廷中找到了盟友。1476年，他委托威尼斯商人马可·拉菲与西波斯国王、土库曼人乌宗·哈桑签订反萨莱汗廷的第三次盟约。在或多或少地孤立（或者说包围了）金帐汗国之后，他不再交纳贡赋。1474年，阿黑麻命令他交纳贡赋，并派来了使者哈拉库楚姆。1476年，阿黑麻又派来了使者，命伊凡三世前往汗国。伊凡三世拒绝了。在阿黑麻方面，他也通过与波兰王卡西米尔四世联盟包围了莫斯科大公国，并向莫斯科进军。为了阻止敌人的通路，伊凡占领奥卡河畔的阵地，后来，当蒙古人向西推进时，他又占领乌格拉河阵地（1480年）。两军在乌格拉河对阵了很久。伊凡拒绝前往"吻可汗的马镫"，但要把俄罗斯的命运孤注一掷，他又有些举棋不定。阿黑麻也犹豫不决，因为他害怕在后方受到克里米亚汗的袭击。10月，阿黑麻的军队面临难以忍受的严寒，他撤离了乌格拉河，带着战利品返回到萨莱。这场没有战斗的战役实际上导致了俄罗斯的解放（1480年）。

其后不久，阿黑麻受到在乌拉尔河以东游荡的昔班部落首领伊巴克的突然袭击，并遭杀害。阿黑麻之子和继承人赛克赫阿里与立陶宛人联盟（1501年），由此对俄罗斯重新采取敌对态度，但

---

① 明里·格来是克里米亚1469—1475年和1478—1515年时期的汗。

是，伊凡三世以他与克里米亚汗的联盟来对付赛克赫阿里。1502年，克里米亚汗明里·格来攻占并摧毁萨莱。

金帐汗国到此结束了。它的地盘被三个已经脱离金帐汗国的"小汗国"占据，它们是克里米亚汗国、喀山汗国和阿斯特拉罕汗国。

2. 克里米亚汗国、喀山汗国和阿斯特拉罕汗国

克里米亚汗国约建于1430年，由拔都弟弟秃花·帖木儿的后裔哈吉·格来所建。他统治时期发行的第一批钱币注明年代是1441—1442年，现已知道他一直统治到1466年。[1] 他所建的汗国东以顿河下游为界，西至第聂伯河下游，向北延伸到耶列兹城和坦波夫。1454年，哈吉·格来把克里米亚河南岸的巴赫切萨拉伊，即原奇尔克耶城定为都城。由哈吉建立的格来王朝一直延续到1771年俄国征服时期，1783年最后并入俄国。该家族是虔诚的穆斯林，使克里米亚具有强烈的伊斯兰教特征。不过，在经历了最初的冲突之后，哈吉·格来意识到从喀发的热那亚殖民地中获得的财政利益，他一直与殖民地保持着友好的关系，直到他1466年去世。后来，他的儿子们为王位继承权发生争吵。最初，次子努儿道剌特获胜（1466—1469年和1475—1477年在位），但是，最后的胜

---

[1] 巴托尔德"Giray"条目，《伊斯兰百科全书》第81页。

利者是第六个儿子明里·格来(1469—1475年和1478—1515年在位)。1468年,明里·格来对喀发的热那亚人们作了一次答谢访问,他们曾协助他捉住努儿道剌特。① 与此同时,土耳其苏丹穆赫默德二世派一支骑兵队,由哥杜克阿赫麦德帕夏统率,前往夺取喀发,他于1475年6月4—6日夺取该城。明里·格来由于热那亚人的一再挽留与喀发人一起被困在喀发,并在此被奥斯曼人俘虏。然而,两年之后,他作为苏丹的属臣被送回克里米亚。克里米亚南岸直接由奥斯曼人管理,在喀发设一位常驻帕夏,从伊斯兰·格来二世(1584—1588在位)即位起,开始以土耳其苏丹的名字诵读胡特巴。然而,钱币上仍然铸着格来王朝诸汗的名字,1502年,明里·格来给予金帐汗国致命的打击。

金帐汗国肢解的结果导致了第二个汗国即喀山汗国的形成。在金帐汗库楚克·马哈麻统治期间(1423—1459年),一位倒霉的觊觎王位者乌鲁·穆罕默德(拔都弟弟秃花·帖木儿的后裔)与其子马赫穆提克住在喀山,他在此建立了一个独立的汗国。汗国从1445年延续到1552年。新汗国的范围大致相当于伏尔加河中游和卡马河流域的原保加尔王国。居民基本上是说突厥语的切列米斯人和巴什基尔人,说芬兰—乌戈尔语的摩尔多维亚人,以及楚瓦什人。乌鲁·穆罕默德于1446年被其子马赫穆提克暗杀。在马赫穆提克统治期间(1446—1464年),新汗国的创建最终完成。马赫穆提克的兄弟卡西姆(死于1469年)逃到莫斯科大公国人中,大约1452年,莫斯科公国人把位于奥卡河畔的、以他的名字命名的

---

① 参看海德《利凡特商业史》II,第399页。

卡西莫夫城划给他,因此,卡西莫夫小汗国从一开始就隶属于莫斯科大公们强硬的宗主权下,并成为莫斯科大公们干涉喀山事务的工具。卡西姆本人与俄罗斯人一起参与了反喀山的战争。①

金帐汗国肢解时产生的第三个汗国约建于1466年,是由金帐汗库楚克·马哈麻的孙子、也叫卡西姆的宗王创建。尽管阿斯特拉罕城继承了原萨莱城的某些商业上的重要性,但是,阿斯特拉罕汗国被围在东部是伏尔加河下游、西部是顿河下游和南部的库班河和捷列克河之间,在历史上起的作用不大。它还被克里米亚和诺盖(乌拉尔河地区)两国可汗们所分裂,他们轮流把他们推选的可汗强加于阿斯特拉罕汗国。②

俄罗斯南部和东部的所有成吉思汗汗国人都被称为蒙古人(在古典史上被不恰当地称为鞑靼人)。然而,尽管这些王朝确属纯成吉思汗蒙古人血统,但是,钦察草原上的蒙古人从来都只是该地突厥族主体中的一小撮首领而已,并且他们已经完全具有突厥特征。除非考虑到蒙古机构这一点,否则,克里米亚汗国、喀山汗国和阿斯特拉罕汗国与突厥斯坦的吉尔吉斯部落一样,只是信奉伊斯兰教的突厥汗国而已。

这三个汗国的历史是抵抗俄国人入侵的反入侵史。喀山汗国是第一个遭受到俄国打击的。马赫穆提克之子和继承者喀山汗易不拉欣在反对俄国人中有一个好的开端,甚至1468年他征服了维亚特卡,但是,他不久就被迫与俄国人媾和,并交还了他所俘获的

---

① 参看霍威斯《蒙古人史》II,365—429。巴托尔德"Kazàn"和"Kasimov"条目,《伊斯兰百科全书》第887和848页。
② 参看霍威斯《蒙古人史》II,349—362。

15世纪的帖木儿帝国

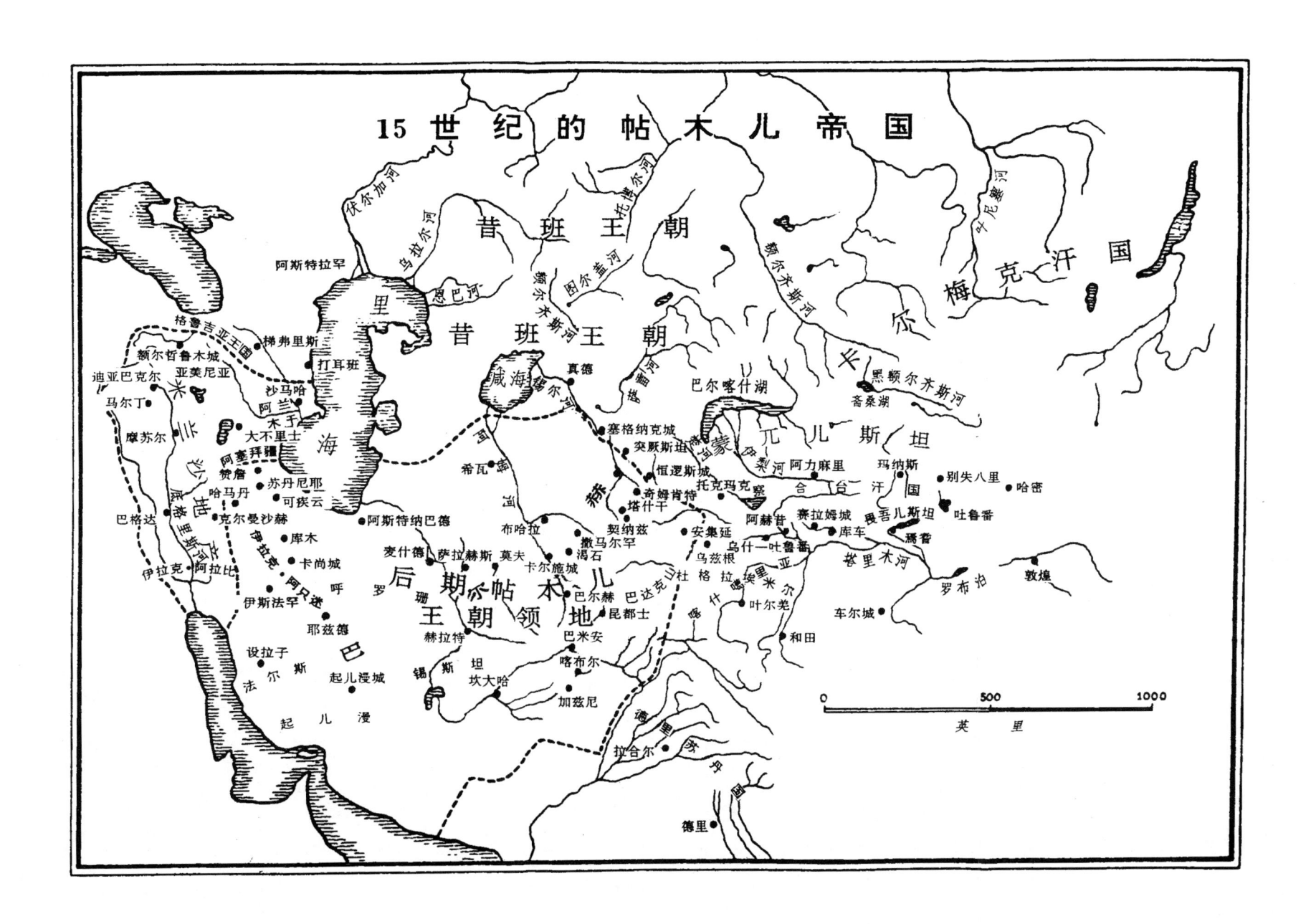

人。易不拉欣的两个儿子伊尔哈姆和穆罕默德·阿明为继承王位发生争吵。伊尔哈姆获胜,阿明向俄国人求援,俄国人派一支军队护送他回喀山,拥立他登上王位,取代了其兄的位置(1487年)。但是,阿明于1505年反叛俄国当局,次年他打败了一支莫斯科公国的军队。

阿明死后,由乌鲁·穆罕默德在喀山建立的这一王朝绝嗣(1518年)。现在,对王位所有权的争夺是发生在俄国人和克里米亚人两派之间。莫斯科大公瓦西里·伊凡洛维齐(巴西尔三世,1505—1533年)把汗国给予阿斯特拉罕家族幼支的一位王公沙赫·阿里,阿里自1516年起一直在他的监督下在卡西莫夫城实施统治。克里米亚汗、明里·格来之子和继承人穆罕默德·格来(1515—1523年)随即也开始行动,于1512年设法把自己的兄弟沙希布·格来扶上喀山王位,并赶走了受俄国人庇护的统治者。事实上,穆罕默德·格来和沙希布·格来在把两部联合起来之后,对莫斯科公国发动了一次突然入侵,袭击并赶跑了在奥卡河畔的一支俄国军队,兵临莫斯科城郊(1521年)。他们不敢对俄国人的这个都城发起进攻,而是迫使俄军指挥官作出交纳年贡的诺言。他们携带大批俘虏返回,这些俘虏在喀发市场上作为奴隶出售。1523年,穆罕默德·格来又企图入侵俄国,但在奥卡河畔受到以大炮武装起来的莫斯科公国军队的阻止。

穆罕默德·格来几乎没有来得及享受他的胜利,因为他于1523年遭到一位名叫马迈的诺盖汗的袭击,并被暗杀,马迈残酷地蹂躏了克里米亚。1524年,穆罕默德·格来的兄弟沙希布·格来把其子沙法·格来留在喀山后返回克里米亚。1530年,莫斯科公国人驱逐沙法·格来,以沙赫·阿里的兄弟杰·阿里取代之。沙希布·格来成为克里米亚汗之后,作了新的尝试,其结果在喀山爆发了民族起义。在起义中,杰·阿里去世,沙法·格来在其父沙希布的支持下复位(1535年)。1546年,俄国人又把他们的被保护人沙赫·阿里带到喀山,但是,俄国人一走,沙法·格来又返回喀山。沙法占据喀山王位直到1549年他意外地去世。此后,俄国人废除了他的儿子奥特米什,再次以沙赫·阿里取代之。

一次新的民族运动推翻了沙赫·阿里的统治,并且从诺盖汗国召来了阿斯特拉罕家族的一位宗王雅迪格尔。莫斯科公国沙皇恐怖的伊凡四世(伊凡雷帝,1533—1584年在位)决定结束喀山的独立。1552年6月,他带来几门大炮围攻喀山城。[①] 10月2日攻占该城,屠杀大批男性居民,奴役妇女和儿童,推倒清真寺,吞并了喀山汗国的领土。

喀山汗国的灭亡标志着俄国人与成吉思汗蒙古人之间关系发展的转折。紧接着的是征服阿斯特拉罕汗国。1554年,伊凡雷帝派3万军到阿斯特拉罕,军队任命统治家族(即库楚克·马哈麻家族)中一位名叫德尔维希的成吉思汗后裔为纳贡臣。次年,德尔维希反叛,赶走俄国驻官(或者称外交使节)曼苏罗夫。1556年春,俄国军队又出现在阿斯特拉罕,赶走了德尔维希,将阿斯特拉罕并入俄国。

---

① 在俄国也像在中国一样,正是用大炮平息了最后一批蒙古反动派。参看529页,康熙炮击噶尔丹汗的准噶尔人。游牧民古老的战术优势(是由于马上弓箭手们的普遍灵活性而获得)在人为的优势面前屈服,这种优势是由于大炮的使用而一举给予了定居文明的。

第十二章 罗斯的蒙古人

最后一个成吉思汗汗国克里米亚汗国幸存了两百多年，因为格来王朝已经接受了奥斯曼人的宗主权，受到苏丹政府的舰队和军队的保护。因此，尽管彼得一世由于卡尔洛维茨（1699年）条约而占领了亚速海，但他在普鲁特（1711年）条约中又不得不把它归还给克里米亚汗国。1736年，俄国人再次占有亚速，甚至占领了巴赫切萨拉伊，但是，由于贝尔格莱德（1739年）条约，他们再次归还了所征服地。最后，由于库楚克凯纳尔吉（1774年）条约，俄国人迫使苏丹政府承认了克里米亚汗国的"独立"。接着俄国代理人使道勒特·格来三世垮台，以他的堂兄弟沙希因·格来取代他，沙希因·格来随即成了叶卡捷琳娜二世的附庸（1777年）。不久，克里米亚贵族起义反对沙希因，沙希因向俄国人请求援助。波特金率7万军到达克里米亚，吞并该国（1783年）。倒霉的沙希因被赶走，越过了奥斯曼人的边境。突厥人报复他，把他送到罗德斯岛，他在该岛被砍头。于是，在法国大革命前夕，欧洲的最后一个成吉思汗汗国也灭亡了。

金帐汗国图

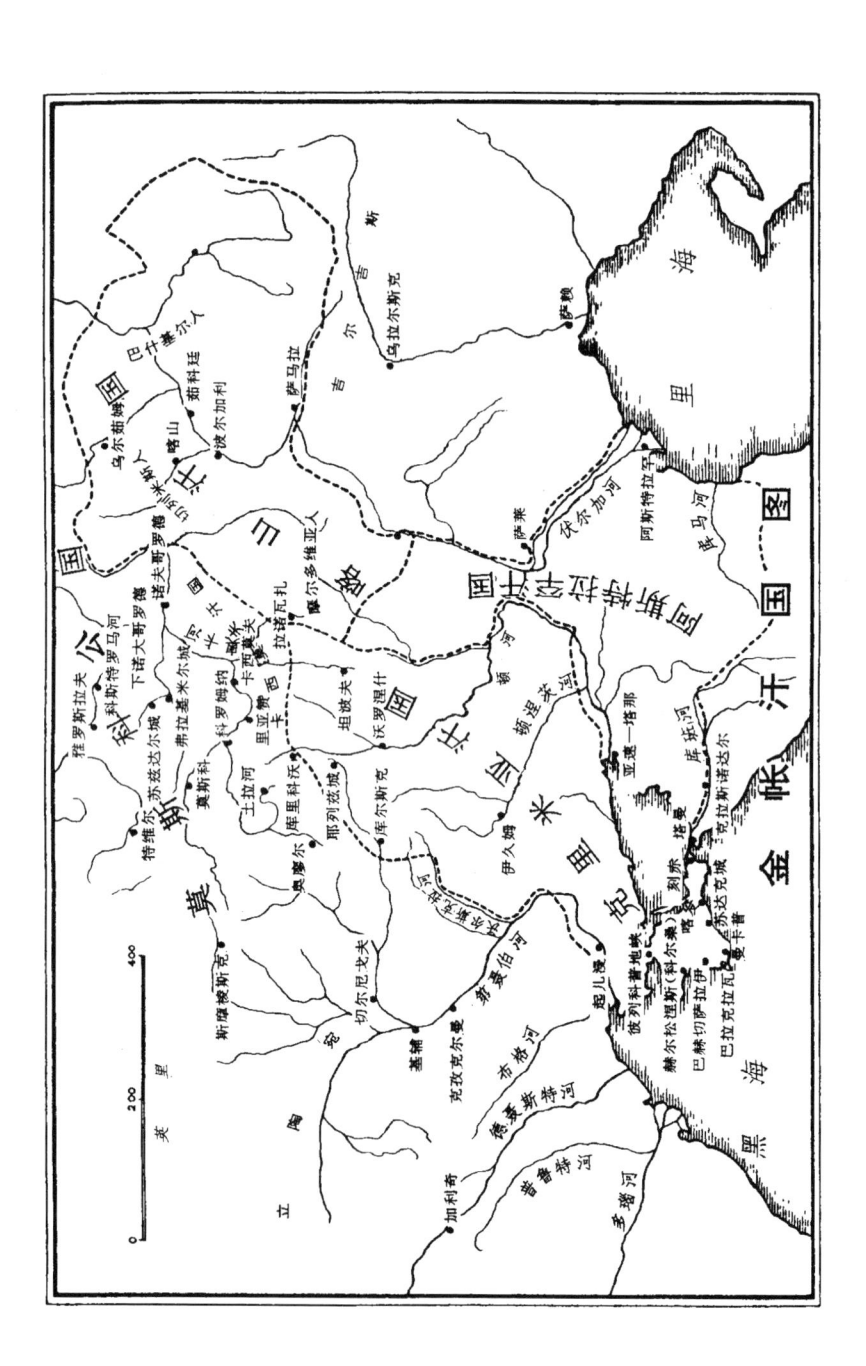

第十三章　昔班家族成员

1. 从昔班到阿布海儿

当在波斯、中国、河中和南俄罗斯建国的成吉思汗家族各支正在衰落和灭亡之时，该家族的其他支系（即在北方草原上遗留下来并被人们遗忘了的蒙古各支）开始占据他们的位置，并开始要求在历史帝国中他们应有的一份。昔班家族成员便是一个恰当的例子。①

上面已经提到昔班家族是出自成吉思汗之孙、金帐汗拔都和别儿哥之弟昔班。昔班于1241年在匈牙利进行的蒙古战争中表现突出，据拉施特记述，他表现十分杰出，以至于如果蒙古人仍占有匈牙利的话，他将会作为当地总督而留在那里。成吉思汗死时，他分得南乌拉尔河东部和东南部地区，在东南方向包括阿克纠宾斯克大部和图尔盖。今天，这些地区被中帐和小帐的吉尔吉斯人占据（中帐处在西到托博尔河源，东至额尔齐斯河上游的谢米巴拉金斯克之间，小帐处在乌拉尔河与萨雷河之间）。昔班及其后继者们夏季似乎扎营于乌拉尔山区、伊列克河（奥伦堡南部的乌拉尔河

---

① 巴托尔德"Shaibanides"条目，《伊斯兰百科全书》第283页。

支流)和伊尔吉兹河之间;冬季,其斡耳朵可能移到萨雷河附近。直到14世纪末,昔班部落才独自占有这些地区,其邻居是在萨雷河草原和兀鲁塔山区漫游的白帐部落。但是,当白帐的首领们随着脱脱迷失统治的到来于1380年成了金帐汗国的可汗们时,几乎整个白帐部落都向南俄罗斯迁移,这种印象至少是从有关帖木儿于1391年向这片草原进行"探险"的报道中获得的。① 整个萨雷河和兀鲁塔山地区,像图尔盖一样,当时肯定是由昔班家族成员占据。大约在14世纪中期,臣服于昔班家族成员的各部落采用月即别一名,或者,按现在通常的拼法,叫乌兹别克(Uzbek),尽管该名的起源尚未清楚,但是,历史上他们是以此名而为人所知。

乌兹别克政权的真正建立者是昔班家族王子阿布海儿,他过着一种充满着冒险的生活。② 在1428年他17岁时,他在今西伯利亚托博尔斯克以西的图拉河畔被宣布为昔班部落可汗。此后,他立即从另一些术赤后裔手中夺取了乌拉尔河以东和锡尔河以北的原术赤家族的整个兀鲁思。1430—1431年,他甚至占据了花剌子模,并洗劫了玉龙杰赤。1447年前不久,他以牺牲帖木儿王朝为代价控制了从塞格纳克到乌兹根一带的锡尔河沿岸设防城市。巴托尔德认为,塞格纳克是他的都城。另一方面,雅西城(即今突厥斯坦城)仍在帖木儿王朝手中。阿布海儿利用帖木儿后裔之间的纷争干涉河中事务。因此,他帮助帖木儿王朝的卜撒因取得了撒麻耳干王位(1451年)。

---

① 《武功记》II,70—93。
② 参看巴托尔德"Abu'l-khair"条目,《伊斯兰百科全书》第98页。霍威斯《蒙古史》II,687页。《拉失德史》罗斯译本,第82页。

第十三章　昔班家族成员

阿布海儿的掌权是昔班家族的顶峰时期。在昔班家族受到西蒙古人,①即卫拉特人或称卡尔梅克人的入侵(大约在 1456—1457 年)时,阿布海儿的帝国的疆域是从托博尔斯克的邻地延伸到锡尔河。卫拉特人占据着包括大阿尔泰山和杭爱山脉在内的大片疆土,从塔尔巴哈台和准噶尔一直到贝加尔湖西南岸,地跨黑额尔齐斯河、乌伦古河、科布多和乌里亚苏台等地,以及色楞格河和库苏泊河源之地。这一时期,他们正在向外扩张,他们的掠夺地带从北京郊区一直延伸到西突厥斯坦。阿布海儿在一次大战中被他们打败后,被迫逃到塞格纳克,锡尔河中游北岸的全部地区任其蹂躏(1456—1457 年)。

这次失败削弱了阿布海儿的权威。甚至在此之前,他的两名臣属首领克烈和札你贝(与他一样,都属术赤系)也背弃了他,而投奔察合台汗也先不花二世(死于 1462 年)。他们要求也先不花拨给土地,也先不花把他们安置在蒙兀儿斯坦边境地区。在以后的几年内,特别是在大约 1465—1466 年,原来臣属于阿布海儿的大批游牧部落离开了他,投奔克烈和札你贝,过着独立的生活。这些游牧民从乌兹别克汗国中分离出来之后,正像以后人们称呼他们的那样,被称为哈萨克人,(即"冒险者"或"叛逆者"),或吉尔吉斯—哈萨克人。② 他们的分离具有相当重要的历史意义,这一点可以从他们不久就占据的、甚至今天其后裔们仍居住其上的广袤领土上认识到;中帐的疆域,即是阿克纠宾斯克与谢米巴拉金斯克

---

① 原文误为东蒙古人。——译者
② 巴托尔德"Kazak"条目,《伊斯兰百科全书》第 886 页;"Kirgiz"条目,第 1084 页。《拉失德史》第 272—273 页。

之间的草原；小帐的疆域是从乌拉河河口到萨雷河；大帐的疆域是从突厥斯坦城到巴尔喀什湖南岸。① 阿布海儿于1468年（巴托尔德对该年代作过勘校）在一次反吉尔吉斯—哈萨克人的决战中被杀，他企图使他们重新成为他的臣民。大约三年以后，蒙兀儿斯坦的察合台汗羽奴思击溃了忠实于阿布海儿的最后一批乌兹别克人。至于持异议的乌兹别克人，或者说吉尔吉斯—哈萨克人，他们组织了一个纯游牧业的国家，在最初的两位首领死后，这一国家由他们的儿子们，即克烈之子巴兰都黑（约1488—1509年在位）和札你贝之子哈斯木（约1509—1518年在位）统治。② 哈斯木一度企图占领塔什干。他没有成功，似乎不再抱有这种企图。事实上，在海达尔·米儿咱的报道中，从哈斯木在一次奇怪的谈话中给自己下的定义来看，他是纯游牧民的典型："我们是草原之子，一切财富都由马组成；马肉是我们喜爱的食品，马奶是上乘饮料。我们没有房屋。我们主要的消遣是查看我们的羊群和马群。"③

要把这种世袭的游牧主义与集中在塞格纳克的半定居帝国的要求协调一致的打算使阿布海儿遭到了失败。但是，他的经历是有启发性的。阿布海儿的冒险是一个没有成功的成吉思汗式的冒险。看来，他愿意团结这些游牧部落，缔造一个拥有广袤疆土的帝

---

① 吉尔吉斯人中的三个部落称为"玉兹"（jüz），即"百"。它们分别是大玉兹（大帐）、小玉兹（小帐）和中玉兹（中帐）。这一划分直到17世纪末才最后形成。巴托尔德注："头可汗被称为立法者，他于1694年和1696年分别接见俄国使者和卡尔梅克人的使者，他仍统治着三个帐，每帐又有自己的代表"（"Kirgiz"条目，第1085页）。
② 参看埃尼亚斯和丹尼森·罗斯《中亚蒙兀儿斯坦史》第272页。
③ 《中亚蒙兀儿斯坦史》第274，276页。哈斯木在伊犁河以东、巴尔喀什湖以南的哈拉塔尔河谷有冬驻地。

国(它已经产生了影响,足以在河中的帖木儿诸王朝中进行仲裁);后来,在另一些更野蛮的游牧民的冲击到来之前,他已经注意到他的游牧帝国的瓦解,尽管帝国主要是由于自己的一些部落的背叛而被削弱,这些部落民不满他喜爱定居生活。对于一个完全实现了自己抱负的成吉思汗来说,有多少个阿布海儿填补了草原的历史!然而,在阿布海儿失败的地方,他的子孙们将会成功。

2. 穆罕默德·昔班尼和河中的昔班尼汗国

阿布海儿之子沙·布达克与其父同年去世(1468年)。蒙兀儿斯坦的察合台汗羽奴思曾前来援助过吉尔吉斯—哈萨克人反乌兹别克人,他在塔什干和突厥斯坦之间的卡拉森吉尔角袭击并砍下了沙·布达克的头,①沙·布达克之子、17岁的穆罕默德·昔班尼②以一个士兵的命运开始了他的生涯。在一切都被剥夺光之后,他为当时在塔什干进行统治的西蒙兀儿斯坦的察合台汗马合木效劳。马合木对他的服务很满意,把突厥斯坦城作为封地赐给他(1487—1493年)。仍然是在马合木汗的帮助下(《拉失德史》严厉斥责马合木在自己的怀中抚育了一条毒蛇),昔班尼很快强盛起来,足以干涉河中事务。上面已经提到过,在那里,最后一批帖木儿朝后王们之间的争吵使河中敞开了大门,任人入侵。他抓住时

---

① 《拉失德史》第92—93页。
② 布瓦"Shaibàni_knàn"条目,《伊斯兰百科全书》第28页,以及他的《蒙古帝国史》第191页。霍威斯《蒙古史》II,652—739。A:旺伯里,II,35—98。阿布哈齐《蒙古与鞑靼史》,德梅松译本。(昔班尼一名在波斯文中是 Shahi Beg 或 Shaibek,《明实录》译为沙亦乩。——译者)

机,于1500年夏进入不花剌,在那里地区纠纷使它未能作出任何抵抗。接着,正如上面所提到的,他出现在撒麻耳干城下。该城当时在位的帖木儿朝统治者阿里轻率地出城与之会谈。昔班尼处死了他,宣布帖木儿朝灭亡,登上了河中的王位(1500年)。

不久,昔班尼又把呼罗珊帖木儿朝王的属地花剌子模,或者说希瓦的土地,并入他的新王国内。1505—1506年,他围攻希瓦,该地由一位名叫胡赛因·苏菲的总督驻守。经10个月的围攻之后该城被占领。接着轮到了呼罗珊,或者说赫拉特王国,该地的忽辛·拜哈拉刚去世,伊朗的末代帖木儿朝王、无能的巴迪·匝曼已经取代了原王。昔班尼以围攻巴里黑开始了他对呼罗珊的征服,1506—1507年巴里黑投降,三天之后,最后一个帖木儿王朝都城赫拉特也投降(1507年5月27日),昔班尼优待该城居民。这位被巴布尔和《拉失德史》描写成半野蛮冒险家的宗王,看来已经成为非常杰出的人物,在他的身上可以看出他深刻地意识到其种族的伟大和复兴成吉思汗汗国的重要性。帖木儿王朝统治下在撒麻耳干和赫拉特已开始的灿烂的突厥—波斯文艺复兴,在复兴的成吉思汗汗国统治下继续繁荣。格纳德说:"昔班尼尽管是一个乌兹别克人,但是,他具有很高的文学修养,精通阿拉伯和波斯语,可以用突厥文写相当好的诗,他是诗人和艺术家的慷慨资助人。"①

另一个成吉思汗王朝是蒙兀儿斯坦(伊犁和塔什干)的察合台诸汗的王朝,当时是以在塔什干的马哈木汗(1487—1508年在位)为代表,它曾支持昔班尼的崛起。但是,昔班尼不久就成为河中的

---

① 格纳德《巴布尔》(巴黎,1930年)75页。参看旺伯里书,II,64。

统治者,此时他厌倦了他的从属地位,并进攻塔什干。马哈木汗求助于其兄弟、统治着阿克苏和畏兀儿地区的阿黑麻(1487—1503年在位)。但是,1503年6月发生在费尔干纳、浩罕东北和安集延西北的阿赫昔的战役中,昔班尼打败并俘虏了这两位汗王。昔班尼以礼相待,不久释放了他们。他说,他感激他们的错误,由于这些错误使他交了好运,但是,他占有了塔什干和赛拉木城。此外,他为其子向马哈木的女儿求婚,这一联姻为他的子孙们取得了两个幸存的成吉思汗家族,即术赤支和察合台支的权力。1508年至1509年间,当马哈木再次落入昔班尼的控制之下时,昔班尼在忽毡附近处死了他,昔班尼认为,一个政治家可以表示一次仁慈,但是,只有傻瓜才犯两次错误。①

穆罕默德·昔班尼成了西突厥斯坦、河中地区、费尔干纳和呼罗珊的主人,他使乌兹别克帝国成了中亚的主要强国。接着,他与波斯发生冲突,波斯在经历了臣服于许多突厥和蒙古族君主的四个半世纪(1055—1502年)之后,刚刚恢复了它的独立。本民族的萨菲王朝(1502—1736年)在推翻了土库曼人的白羊朝之后取得了王位,现在的目标是从乌兹别克人手中夺回呼罗珊,以实现伊朗的重新统一。事实上,萨菲王朝与乌兹别克人在各个方面都是对立的,他们分别代表了伊朗人和蒙古—突厥人,分别代表了激烈的什叶派和坚定的逊尼派。正像常常发生的那样,种族战争带有宗教战争的特征。昔班尼以他逊尼派拥护者和成吉思汗后裔的双重身份命令萨菲朝沙赫伊斯迈尔放弃什叶派"邪说",并屈服,否则,

---

① 《拉失德史》第120页。

乌兹别克人将到阿哲儿拜占,"用剑使他改宗"。乌兹别克君主为暗示萨菲王朝的起源(出自一个什叶派谢克之家),送给波斯沙赫一个德尔维希(托钵僧)的乞讨钵,并请他重操祖业,把世俗权力留给这位成吉思汗的孙子。据说伊斯迈尔对此侮辱回答说,因为他是一个托钵僧,他将率军来呼罗珊腹地麦什德,朝拜伊玛目拜札的圣地。

波斯沙赫实现了他的誓言。当时昔班尼在后方已经遭到吉尔吉斯人的攻击,他们已经把灾难带给了他的儿子穆罕默德·帖木儿。[①] 伊斯迈尔利用昔班尼受到这一牵制的机会,入侵呼罗珊,正像他的诺言那样,他进入了麦什德。昔班尼已在莫夫等待他,1510年12月2日在莫夫城附近昔班尼兵败被杀。

这次胜利在东方产生了相当大的反应。这位伊朗独立的恢复者竟然处死了突厥—蒙古政权的复辟者,即伟大的萨珊王朝诸王的这位后裔竟然打败和杀死了成吉思汗的孙子,这是一个标志,它表明时代变了;它表明,定居民族在耐心地忍受了许多世纪的入侵之后,开始向游牧民进行报复;它表明耕地战胜了草原。按突厥的传统,作为报复的标志,这位波斯君主让人用昔班尼的头盖骨做成一个饮器;作为一次新的挑衅,他派人把稻草填满的昔班尼的头皮送给另一个突厥君主、奥斯曼苏丹巴耶塞特二世。

昔班王朝和乌兹别克王国似乎是消失了。帖木儿王朝的继承人、印度未来的皇帝巴布尔自从被驱逐河中之后,在喀布尔建立了

---

① 这一时期确实是吉尔吉斯—哈萨克人大举扩张时期。他们的哈斯木汗(死于1518年)特别强大。参看巴托尔德"Kirgiz"条目,《伊斯兰百科全书》第1085页。

一个小王国，现在他率领伊斯迈尔借给他的军队匆忙赶回河中，胜利地进入了撒麻耳干城（1511年10月）。继撒麻耳干之后，不花剌又向他敞开了大门，而乌兹别克人退到塔什干。以伊朗人在呼罗珊的胜利为支柱，帖木儿王朝在河中的复辟似乎是完成了。但是，现在巴布尔开始碰到了意想不到的困难。他曾求助过的、并接受其宗主权的波斯人是什叶派穆斯林。不花剌和撒麻耳干居民信奉的是逊尼派，他们斥责他与异端邪说者谈判，并与他断绝关系，他们的宗教热情比他们对帖木儿朝诸王的忠诚更加强烈。由于受到这些宗教骚乱的鼓动，乌兹别克人又卷土重来。波斯将军纳吉姆·沙尼和巴布尔在不花剌以北的加贾湾发生的一场大战中与他们交锋，这次被他们打败了（1512年12月12日）。纳吉姆被杀。巴布尔放弃了对河中的所有企图，退回到他的喀布尔王国，七年以后，他从喀布尔出发，前往征服印度。

于是，不花剌、撒麻耳干和整个河中地区又转到乌兹别克人手中，阿姆河标明了萨菲朝伊朗和乌兹别克汗国两国的边界，正像它曾经把萨珊朝伊朗与匈奴游牧部落隔开一样。

这次复国以后，昔班家族从1500年到1599年的整个16世纪一直统治着河中地区。撒麻耳干是汗国的正式都城，尽管不花剌常常是那些其势力并不亚于可汗本人的王室成员们的封地，其中包括了假定继承人。塔什干也有地区昔班王朝统治者。昔班王朝尽管在语言和文化方面已经完全突厥化，但是在种族上是蒙古人，可以说该王朝已陷入几乎与帖木儿朝人曾经历过的那种大分裂局面。然而，与帖木儿朝人不同的是，在面对共同的敌人时该王朝能够保持最低限度的团结。

在昔班尼的叔叔速云赤的统治下(1510—1530年在位),乌兹别克人从波斯人手中夺取了包括麦什德和阿斯特拉巴德在内的呼罗珊部分地区(1525—1528年)。波斯沙赫塔马斯普于1528年9月26日在麦什德和赫拉特之间的土尔巴特·杰姆附近打败了乌兹别克人,由于这一胜利又夺回这一地区。帖木儿后裔巴布尔从1526年起成了印度皇帝,他想利用乌兹别克人的这次失败,从他们手中重新夺回河中地区。他的儿子胡马云与波斯沙赫塔马斯普联盟,占领了阿姆河北岸的希萨尔,但是,当塔马斯普离开战地前往西方与奥斯曼人作战时(1529年),胡马云不得不撤离希萨尔。速云赤在他去世那年(1529—1530年)已经把波斯人和帖木儿人赶到了阿姆河以南。昔班尼的侄儿奥贝都剌汗(1533—1539年在位)曾和速云赤成功地抵抗了波斯沙赫伊斯迈尔二世的入侵。继昔班尼之后,昔班尼家族成员中最杰出者阿布德·阿拉赫二世重新统一了已经在他的亲属中分配了的家族领土。① 因此,他分别于1557年、1578年和1582年逐渐统治了不花剌、撒麻耳干和塔什干。他在1560—1583年以其父伊斯坎德尔的名义实施统治之后,在1583—1598年才以他自己的名义进行统治。为使河中免受吉尔吉斯—哈萨克人的入侵,他于1582年春发动了一次深入小帐草原的战役,一直远达萨雷河和图尔盖河之间的兀鲁塔山区。他还远征喀什噶尔,在途中,他蹂躏了喀什和叶儿羌城周围的地区。最后,他从波斯人手中夺取了包括赫拉特和麦什德城在内的呼罗珊地区,赫拉特是在持续九个月的围攻之后投降的,麦什德城是什

---

① 参看《伊斯兰百科全书》第25页。巴托尔德对旺伯里书,II,191作了修正。

叶派穆斯林的圣城，年轻的沙赫阿拔斯未能保住它，乌兹别克人像虔诚的逊尼派一样，毫无疏漏地劫掠了该城，屠杀了部分城民。同样，阿布德·阿拉赫二世从波斯人手中夺取了尼沙普尔、撒卜兹瓦儿、亦思法拉因和特伯斯，简言之，夺取了呼罗珊境内从赫拉特到阿斯特拉巴德之间的全部要塞。至于巴里黑，早在1582年就已经成为阿布德·阿拉赫之子阿布德·穆明的总督区。

阿布德·阿拉赫二世晚年很不走运。波斯王沙赫阿拔斯一世于1597年在赫拉特附近赢得了对乌兹别克人的一次巨大胜利，以此而解放了呼罗珊。阿布德·阿拉赫之子穆明起义反叛父亲，吉尔吉斯人趁此机会掠夺塔什干地区。在目睹了毕生的成就被摧毁之后，阿布德·阿拉赫于1598年初去世。穆明继位，不到六个月就被暗杀了。昔班王朝至此结束。

昔班王朝在河中的统治还不到一个世纪，在此期间，它成功地重建了成吉思汗国对不花剌和撒麻耳干的统治。然而，每次（首先是昔班尼，其次是阿布德·阿拉赫二世的统治之下）当它妄想占有伊朗人的呼罗珊地区时，都被波斯沙赫击溃。在帝国逐渐定形时候，正像种族上的一致性一样，波斯注定仍是波斯人的，突厥斯坦仍是突厥人的。

3. 阿斯特拉罕汗朝和曼吉特部统治下的布哈拉汗国

河中地区的乌兹别克汗国现在转归另一个家族，即札尼家族成员，或阿斯特拉罕家族成员。

当俄国人于1554年吞并阿斯特拉罕汗国时,成吉思汗后裔、阿斯特拉罕王朝(斡儿答和兀鲁思汗家族)的一个王子,名叫雅尔·穆罕默德者和他的儿子札尼伯逃到不花剌,在昔班王朝伊斯坎德尔汗(1560—1583年)处避难,伊斯坎德尔把女儿嫁给了札尼伯。1599年,随着阿布德·穆明去世,昔班王朝男系绝嗣,因此,不花剌的王位正式传给了昔班家族女继承人与札尼伯所生的儿子、阿斯特拉罕王朝的巴基·穆罕默德。

阿斯特拉罕汗朝从1599—1785年间统治着河中,以不花剌为都。该王朝还统治着费尔干纳,直到大约1700年浩罕建立独立的汗国时。巴里黑也成了阿斯特拉罕汗朝假定继承者们的封地,直到1740年7月波斯王纳迪尔沙征服该城。纳迪尔沙于1740年9月22日用大炮打败了乌兹别克人,出现在不花剌城下。阿斯特拉罕的阿布勒费兹汗(在位时间是1705—1747年)被迫接受纳迪尔沙的宗主权,并承认阿姆河为不花剌地区的南部边界线。

在16世纪初把自己的命运与穆罕默德·昔班尼蒙古人的命运联系在一起的那些蒙古部落中,有一个诺盖部,或称曼吉特部,该部来自伏尔加河河口和乌拉尔河之间的草原,即诺盖游牧部落的领地。在阿斯特拉罕汗朝统治下,该部在不花剌的影响日益增加,18世纪后半期,该部首领们在不花剌享有宫廷侍长的地位。在阿斯特拉罕汗国末代可汗阿布·加齐(1758—1785年)统治期间,曼吉特首领马桑·沙·穆拉德娶了这位统治者之女,成了真正的君主,后来登上了不花剌王位(1785—1800年)。马桑企图牺牲阿富汗地区杜兰尼国国王帖木儿·沙①的利益,蚕食阿姆河南岸的莫夫和巴里黑附近地区。然而,直到1826年,巴里黑才并入布哈拉②汗国,1841年又被阿富汗人长久地重新征服。而莫夫仍是布哈拉汗国的一部分。

曼吉特王朝1785—1920年在布哈拉实施统治。1866年,它不得不接受俄国的保护,成为俄国的保护国。1920年,成吉思汗的最后一个后裔被苏维埃政权推翻。

4. 希瓦汗国

乌兹别克征服者穆罕默德·昔班尼于1505—1506年攻占了花剌子模(即希瓦地区)和河中。1510年12月昔班尼在莫夫战场阵亡后,当胜利的波斯人占领河中和花剌子模(1511—1512年)时,乌尔根赤和希瓦的虔诚的逊尼派居民们起来反抗信奉什叶派的波斯将军们,并把他们驱逐出境。领导这次起义的昔班家族旁支的一位首领伊勒巴斯建立了一个脱离布哈拉的汗国。③

昔班王朝1512—1920年统治着花剌子模。除了它的建立者伊勒巴斯(1512—1525年)外,值得提到的还有哈吉·穆罕默德(1558—1602年),在他统治期间,不花剌汗阿布德·阿拉赫二世短时期内征服过花剌子模(1594,1596年)。在阿拉不·穆罕默德

---

① 杜兰尼王朝的第二任阿富汗斯坦王是帖木儿塔什,即著名的杜兰尼朝阿黑麻的儿子和继承者。

② 即不花剌,从1785年后,我国史学界译成布哈拉。——译者

③ 阿布哈齐书,德梅松译本第194—220页。参看巴托尔德"Khwarizm"条目,《伊斯兰百科全书》第963页。

统治（1603—1623年在位）下，一支由一千名俄国人组成的兵团向乌尔根赤进军，结果全军被屠杀。约1613年，花剌子模受到卡尔梅克人的入侵，后来卡尔梅克人携带战利品而去。在阿拉不·穆罕默德统治中期，由于阿姆河左边支流干涸，希瓦取代乌尔根赤，成为希瓦汗国都城。

希瓦汗国的诸汗中，最著名的汗是阿布哈齐（1643—1665年）。他是一位伟大的察合台突厥语的历史学家和《突厥世系》一书的作者。《突厥世系》一书对研究成吉思汗史，成吉思汗汗国史，特别是研究作者本人所属的术赤家族史很有价值。① 阿布哈齐作为希瓦汗打败了和硕特部卡尔梅克人的一次入侵，他们曾于1648年掠夺柯提地区，他发动突然袭击，打败了他们的首领昆都仑乌巴什，昆都仑乌巴什负伤。他还打退了土尔扈特人对哈扎拉斯普附近地区的另一次掠夺性入侵（1651—1653年）。② 此外，他还与不花剌汗阿布阿兹交战，并于1661年对不花剌城发动掠夺性远征。

希瓦汗伊勒巴斯二世杀害了一些波斯使者，因此引起了波斯王纳迪尔沙的愤怒。纳迪尔沙于1740年10月向花剌子模进军，迫使伊勒巴斯的避难地汗卡要塞投降，并攻占希瓦（11月）。他在希瓦比在不花剌更少仁慈，处死了伊勒巴斯，伊勒巴斯曾对他的使者无礼而伤害了他。从1740年到纳迪尔沙去世的1747年间，希瓦诸汗一直与波斯保持严格的属臣关系。

希瓦汗赛义德·穆罕默德·拉希姆汗于1873年被迫屈服于

---

① 参看阿布哈齐书，第338—358页。Bouvat《蒙古帝国史》第347页。
② 考朗特《17—18世纪的中亚》第36—37页。

俄国的保护。1920年,希瓦的最后一位成吉思汗族君主赛义德·阿拉汗被苏维埃政权废黜。

5. 浩罕汗国

在昔班家族成员统治时代和阿斯特拉罕汗朝初期的统治下,费尔干纳是河中汗国的一部分。但是,在阿斯特拉罕汗朝统治初期,由于费尔干纳的大部分地区已经落入了吉尔吉斯—哈萨克人手中,这种统一仅仅是表面上的,更不用说在锡尔河北岸的恰达克建立政权的和卓们。大约在1710年,一位名叫沙·鲁克的昔班家族成员,即阿布海儿的后代,推翻了这些和卓,以浩罕为都,在费尔干纳建立了独立的乌兹别克汗国(约1710—1870年)。①

1758年,浩罕可汗额尔德尼被迫承认中国的宗主权,中国的军队已经到达了他的边境。他企图与阿富汗地区的杜兰尼国王阿黑麻联合对付中国军队,然而,杜兰尼于1763年在浩罕和塔什干之间的一次示威没有产生效果。

浩罕汗国的爱里木汗在1800—1809年间,由于吞并了塔什干,他的领土扩大了一倍。爱里木的兄弟、继承人穆罕默德·奥玛尔(约1809—1822年在位)还吞并了突厥斯坦城(1814年)。在奥玛尔之子、继承人穆罕默德·阿里,或称马达里统治(约1822—1840年)下,大帐的吉尔吉斯—哈萨克人已经占据了突厥斯坦城

---

① 参看巴托尔德"Farghánā"条目,《伊斯兰百科全书》第70页,以及"Kho-kand"条目,第1020页。纳利夫金译朵松《浩罕汗国史》(巴黎,1889年)。

和巴尔喀什湖南岸之间的地区,他们承认浩罕汗国的宗主权,当时浩罕汗国正处于其权力的鼎盛时期。但是,1865年前不久,布哈拉汗国重新征服塔什干,然而同年(1865年)6月又被夺走,这次是俄国人夺取了该城。

1876年,浩罕汗国被俄国吞并。

6. 西伯利亚的昔班家族成员

15世纪,在额尔齐斯河中游的伊斯克尔(即失必儿),今西西伯利亚的托博尔斯克东南,一个突厥—蒙古汗国已经崛起,其可汗们是"台不花别吉的后裔",而不是成吉思汗后裔。但是,漫游于乌拉尔山以南和托博尔河河源附近的昔班家族的成吉思汗后裔很快占据了托博尔河以东的全部地区。昔班家族首领阿布海儿于1428年正是在托博河支流的图拉河地区被拥立为汗。大约1480年,昔班家族幼支的另一位王公伊巴克(死于1493年,正是他于1481年袭击和杀死金帐汗阿黑麻)从失必儿汗国可汗们手中夺取了图拉河与托博尔河交汇处的秋明城。伊巴克之孙库程汗(约1556—1598年在位)与失必儿汗雅迪格尔交战。雅迪格尔汗于1556年向俄罗斯沙皇伊凡雷帝求援,但是,雅迪格尔汗于1563年至1569年间被库程汗打败和杀死。库程汗成了失必儿汗国的主人。库程汗为了巩固自己的统治,同意承认沙皇的宗主权。但是,他一旦巩固之后,就与俄国为奥斯佳克的保护权发生争执,并进攻俄国人斯特罗甘诺夫建立的碉堡和贸易据点。同时,他在西伯利亚热情地宣传伊斯兰教。

第十三章　昔班家族成员

伊凡雷帝于 1579 年派哥萨克首领叶尔马克去对付西伯利亚。其间,库程汗已把他的军队(由突厥—蒙古族武士、沃加克人和窝古尔人组成)委托给他的侄儿马赫麦特·库耳率领,马赫麦特·库耳"在楚瓦什山下、托博尔河口边设防扎营,警戒通往失必儿的道路"。但是,俄国人由于他们使用"火绳枪",于 1581 年攻占军营地,占领失必儿,库程汗被迫逃亡。

然而,老库程汗继续进行丛林游击战。他于 1584 年在额尔齐斯河的一岛上袭击了叶尔马克,这位哥萨克首领在撤退时被淹死,其部下被杀,库程汗夺回了失必儿国。

俄国人只得一步一步地重新征服该汗国。当他们向前推进时,他们在秋明(1586 年)、托博尔斯克(1587 年)和托木斯克建立了军事殖民区。库程汗于 1598 年 8 月 20 日在鄂毕河畔的决定性战争中失败,逃到诺盖草原,在此遭到暗杀(1600 年)。库程汗抵抗俄国人的战斗在北部成吉思汗后裔的历史上放射出最后一抹光辉。①

---

① 霍威斯《蒙古史》II,982。巴托尔德"Kučum khàn"条目,《伊斯兰百科全书》第 1156 页。考朗特《17—18 世纪的中亚史》第 38 页及以下。阿布哈齐书,第 177 页。阿不都·哈林书,C. 舍费尔译,《中亚史》(巴黎,1876 年,2 卷本)第 303 页。

第十四章 察合台王室的末代后裔

1. 蒙兀儿斯坦的复兴：歪思汗与也先不花

察合台汗国，或者像突厥语和波斯语史学家们称呼的那样：蒙兀儿斯坦，它在帖木儿时代暂时失势之后，于15世纪出现了意想不到的复兴。应该记住，该汗国一方面包括蒙兀儿斯坦本土，即托克玛克和克拉科尔附近的伊塞克湖地区、伊犁河流域及其支流特克斯河、空格斯河、哈拉塔尔流域、艾比湖盆地和玛纳斯河，另一方面它还包括畏兀儿斯坦，或者称原回鹘国，即库车、喀拉沙尔、吐鲁番（或称哈剌火州）之地。可能还包括连同喀什、叶儿羌和于阗城在内的喀什噶尔（或名阿尔蒂沙尔）。在察合台可汗们的宗主权下，喀什噶尔构成了杜格拉特异密们的祖传的领地。他们与察合台人一样是蒙古种人，并且事实上，他们在这一地区内也像察合台人一样强大。

15世纪的察合台系诸汗中，有几位似乎具有有趣的个性，这从《拉失德史》的零星材料中可以推知。其中之一的歪思汗（大约1418—1428年在位）作为致力于吐鲁番（或哈剌火州）绿洲的灌溉系统而被提到。作为一位虔诚的穆斯林,他对异教的西蒙古人,即卫拉特人或称卡尔梅克人发动战争,结果被卫拉特部脱欢汗之子、首领额森台吉(汉译名也先台吉,台吉也可称太子)①俘虏。卫拉特可汗们虽然是纯蒙古族人,但是他们不属于成吉思汗系。据《拉失德史》记,额森非常尊重歪思汗,立即释放了他。②歪思汗第二次被额森击败是在伊犁地区,③他的马跌倒,他的忠实属臣杜格拉特部首领、喀什君主赛义德·阿里拯救了他,他把自己的马让给歪思汗,歪思汗幸运地得以逃走。④歪思汗与卫拉特人的第三次遭遇发生在吐鲁番附近,歪思汗再次被俘。这一次是在他答应把他的妹妹留在额森台吉家族后才获释。如同上文在谈到河中时所看到的那样,诸小游牧部落的首领们都企图通过与成吉思汗系的公主们联姻,使他们的后代成为贵族。

歪思汗一死(1429年),⑤他的两个儿子羽奴思和也先不花二世为争夺王位发生争吵,或者说,他们各自的支持者们以他们的名义这样做,因为长子羽奴思几乎未满13岁。正是弟弟也先不花二世获胜,羽奴思逃到撒麻耳干,在帖木儿王朝兀鲁伯汗宫

---

① 《拉失德史》第67页。
② 《拉失德史》第65页。作者认为额森捉住歪思汗的战争是发生在明拉克地方。
③ 《拉失德史》(第65页)认为第二仗发生在蒙兀儿斯坦边境的卡把卡,离亦剌河不远。亦剌河就是伊犁河,《世界境域志》中的Ila(米诺尔斯基版,第71页)。
④ 《拉失德史》第65—66页。赛义德·阿里是赛义德·马黑麻·米儿咱之子、著名的忽歹达之孙(上引书,第61页)。
⑤ 歪思汗去世的年代各说不一,巴托尔德《兀鲁伯及其时代》一书中是1429年。《明史·别失八里传》说:宣德三年(1428年),别失八里"贡驼马,命指挥昌英等赍玺书彩匝报之。时歪思连岁贡,而其母锁鲁檀哈敦亦连三岁来贡。歪思卒,子也先不花嗣。"歪思汗卒年不明确。《明实录》书亦力把里之来贡者,自宣德七年(1432年)以后,不提歪思,而仅提其母。歪思卒年应在1428至1432年间。——译者

廷避难。①

也先不花尽管年轻,然而统治着蒙兀儿斯坦全境(1429—1462年在位)。曾帮助他夺取王位的杜格拉特部异密赛义德·阿里(死于1457至1458年间)比以往更有权势。在这时,杜格拉特家族成员在察合台汗阿克苏的宗主权下,占有拜城和库车,但是他们暂时失去了喀什城,河中和呼罗珊的帖木儿王朝汗沙哈鲁及其子兀鲁伯从他们手中夺走了该城。② 赛义德·阿里大约在1433年至1434年间又从兀鲁伯的代理人手中夺回喀什。③《拉失德史》赞扬了他在喀什重建管理机构和他对农业和牲畜饲养业的关注。

也先不花二世曾与河中帖木儿王朝的卜撒因交战。1451年,他对帖木儿王国北部边境上的赛拉木、突厥斯坦和塔什干诸城发动了一次掠夺性远征。卜撒因追随他一直来到怛逻斯。④ 在受到也先不花的另一次攻击之后(这次是发生在费尔干纳的安集延地区),卜撒因决定分裂察合台家族的势力,他召来了在泄剌只流亡的羽奴思,并借军队给他,让他用这支军队与其弟也先不花作战。在卜撒因的支持下,羽奴思在伊犁附近成了蒙兀儿斯坦西部的可汗,而也先不花仍是东部各省,即阿克苏,裕勒都斯河流域和畏兀儿斯坦的君主(1456年)。稍后,羽奴思企图使喀什臣属于他。喀什君主、杜格拉特部异密赛义德·阿里求助于也先不花,后者匆忙从裕勒都斯赶来,与赛义德·阿里的军队会合,他们一起在喀什东

---

① 关于兀鲁伯和沙哈鲁对羽奴思的、令人感动的欢迎场面(尽管羽奴思的支持者们是愚蠢的),参看《拉失德史》第74,184页。
② 《拉失德史》第75页。
③ 同上书,第76页。
④ 同上书,第79—80页。

北、通往阿克苏途中的科纳·沙尔把羽奴思赶跑。① 羽奴思在失去了他的追随者之后，到河中卜撒因那里寻求援军。于是，他终于能在伊犁和伊塞克湖地区重建统治。

也先不花仍是阿克苏，裕勒都斯河地区和蒙兀儿斯坦的统治者，他于1462年去世。其子笃思忒·马黑麻是一位毫无经验的年轻人（年仅17岁），由于他的放荡行为而疏远了毛拉们［伊斯兰教学者，实际是伊斯兰教宗教贵族］，又因他对喀什城发动掠夺性攻击而激怒了实力强大的杜格拉特家族。他于1469年去世，及时地躲过了一场大叛乱。他的伯父、统治着伊犁和伊赛克湖地区的羽奴思汗立即占有阿克苏，当时阿克苏城被认为是蒙兀儿斯坦的都城。笃思忒·马黑麻之幼子怯别二世被支持者们救出，带到喀拉沙尔（察力失）和畏兀儿地区的吐鲁番，他在该地被宣布为可汗。但是，四年之后，也是这些支持者处死了这个孩子，并把其首级带给羽奴思。尽管由于这次谋杀使羽奴思成了整个蒙兀儿斯坦的唯一君主，但是，他对暗杀只表示恐惧，遂下令把这些人处死（1472年）。②

2. 羽奴思和察合台后裔对帖木儿家族的报复

羽奴思在阿克苏恢复统治之后，面临的唯一严重威胁是额森台吉之子阿马桑赤台吉率领的卫拉特人（或卡尔梅克人）的入侵。

---

① 《拉失德史》第86页。
② 《拉失德史》第95页。

卫拉特人在伊犁河(《拉失德史》记:亦剌河)附近对羽奴思发动进攻并打败了他,迫使他向突厥斯坦城附近地区撤退。① 但是,卫拉特人的行动表明了他们的这次进攻不过是毫无政治结果的游牧民的突然袭击而已。卫拉特人一走,羽奴思又从锡尔河回到伊犁,从半定居地回到了游牧地,他只得这样做以迎合蒙兀儿斯坦的诸部落,这些部落民希望他们的可汗像一位真正的成吉思汗后裔,忘掉他的都市生活的体验和泄剌只文化,在帐篷中过着祖祖辈辈们所过的生活。② 与此同时,从属于蒙兀儿斯坦的喀什和叶儿羌两城先后由杜格拉特家族异密赛义德·阿里的两个儿子米儿咱·桑尼司(1458—1464年在位)和穆罕默德·海达尔一世(1465—1480年在位)统治。《拉失德史》宣称桑尼司是一个狂暴而宽宏大量的人,他把喀什管理得很好,以致后来人们把他统治时期作为黄金时代来追述。③ 随后是海达尔的统治。海达尔最初是在羽奴思汗的宗主权下和平地统治着喀什和叶儿羌。但是,桑尼司之子海达尔的侄儿阿巴乩乞儿在这种和平统治被打乱之前没有长久地等待。④ 他在占领了叶儿羌之后,又从与杜格拉特家族有关系的其他宗王们手中夺取了于阗城。从那时起,他的行为俨然像一位独立的君主。海达尔乞求羽奴思的援助,以对付这位反叛的侄儿,但阿巴乩乞儿两次在叶儿羌城下打败了他们两人(1479—1480年)。在这两次胜利之后,阿巴乩乞儿还从其叔父海达尔手中夺取了喀什,海

---

① 该事发生在1468年之前(《拉失德史》第91—92页)。
② 《拉失德史》第95页。
③ 《拉失德史》第87—88页。
④ 《拉失德史》第99—107页。

达尔于 1480 年被迫撤往阿克苏,投奔羽奴思汗。①

尽管羽奴思汗在喀什噶尔本土上发生的杜格拉特异密们之间的这些纷争中未能够实现他的志愿,但是,他统治末期是以在中国和河中两地所获得的相当大的成就为标志的。《明史》记,1473 年吐鲁番的一位名叫阿力的苏丹从明朝的一个藩属王朝,即契丹王朝手中夺取了戈壁滩上的哈密绿洲。被派往吐鲁番的一支中国军队未能捉住入侵者,待追军返回后,他们又占领了哈密。1476 年,这位阿力(或称哈力)派使者携带贡赋到北京。如果《明史》的编年准确的话,阿力的统治相当于羽奴思汗的统治时期。②

然而,羽奴思汗很可能抓住了帖木儿王朝衰落的机会(参看 463 页),作为调停人干涉河中事务。帖木儿王朝的两个宗王,卜撒因的儿子、撒麻耳干王阿黑麻和费尔干纳王乌马儿·沙黑,为塔什干的所有权,在毫无结果的竞争中耗尽了他们的全部力量,乌马儿·沙黑占有了塔什干。随着费尔干纳国成为羽奴思的属国,羽奴思不得不多次出面保护乌马儿·沙黑以对付阿黑麻。最后,羽奴思利用仲裁人和无私调停者的角色,在征得双方的同意后,他于 1484 年取得了两兄弟争夺的塔什干城和赛拉木城。③ 后来,羽奴思选择塔什干为他的居住地,并于 1486 年死于该地。④

---

① 《拉失德史》第 133,325,327 页。
② 《明史》中的阿力是阿黑麻汗的父亲和前任汗。但是,羽奴思是阿黑麻汗的父亲,阿黑麻继承了他在畏兀儿斯坦的统治。因此,《明史》和《拉失德史》似乎是把不同名字的人认定为同一个人了。
③ 《拉失德史》第 112—113 页,穆罕默德·海达尔二世在此引用了米尔空的记载。参看旺伯里书,II,19—20。
④ 《拉失德史》第 112—114 页。

由于住在像塔什干这样的古城，即在人口稠密的河中地区的门槛边，羽奴思汗实现了他终身的梦想。甚至自从流亡时期以来，当他在泄剌只还是一位年轻人时，就已经尝到了波斯文明的乐趣。这位有文化教养的成吉思汗后裔就一直怀念过去，梦想着定居的生活方式。出自蒙古人的责任感，多年来他强迫自己像游牧民一样地住在天山南北坡的伊犁河流域和裕勒都斯河流域。① 但是，在这一点上，他仅仅是实现了他作为一个王的职责。② 《拉失德史》对羽奴思的描述，是基于纳昔儿·丁·乌拜达拉赫给穆罕默德·海达尔谈的他个人的印象，书中强调了这位拜访者的惊奇："我以为会看到一个蒙古人，但是，我发现他是一个波斯式的男子，满脸胡须，他的言谈举止即使在波斯人中也是少见的。"③ 因此，他一成为塔什干统治者（当时他几乎年近八旬），就决定住在那儿。追随他的一些牧民，对他按塔吉克人般的方式过定居生活的思想感到惊恐，疏远了他，急忙返回到他们喜爱的裕勒都斯河流域和畏兀儿斯坦草原上。他们带走了羽奴思的次子阿黑麻，他似乎抱有与他们一样的喜欢自由生活的兴趣。羽奴思汗没有追赶他们，因为阿黑麻在他们中间可以保证他们对他的忠实。④

阿黑麻在父亲死后统治着汗国的这片地区，即伊犁、裕勒都斯河流域和吐鲁番地区，直到去世（1486—1503年在位）。他在他的草原上很快活。一方面，他成功地与卫拉特人（卡尔梅克人）作战，

---

① 《拉失德史》第95页。
② 《拉失德史》第112—113页。
③ 《拉失德史》第97页。
④ 《拉失德史》第112—113页，120页。

另一方面，又与吉尔吉斯—哈萨克人作战。《拉失德史》认为，卫拉特人恭维他的绰号是"阿剌札"，意为"杀人者"。① 1499年前后，他从杜格拉特部异密阿巴乩乞儿手中夺取喀什和英吉沙尔城。这位能干的成吉思汗后裔，在国内通过一系列讨伐和处决，使反叛的部落首领们臣服。

《明史》对阿黑麻在哈密绿洲的事迹也有报导，在汉语中，他是"吐鲁番速檀阿黑麻"。在1482年，地区契丹王朝的一位后裔、罕慎王子得到中国的支持，从察合台汗国手中重新征服了哈密。1488年，阿黑麻在一次伏击中杀死罕慎，夺取了哈密。次年，罕慎部众又夺回哈密。1493年，阿黑麻俘获哈密君主和中国驻官，并监禁他们。北京宫廷对此进行了报复，封锁哈密边境，禁止吐鲁番的商旅进入，把从畏兀儿地区来的商人们驱逐出甘肃境。《明史》说，这一报复在畏兀儿地区和察合台汗国内引起了对阿黑麻的极大忿恨，结果，他不得不顺从地把哈密留给地区王朝，也就是说让哈密处于中国的影响之下。

3. 察合台后裔被赶回天山东部地区；帖木儿王朝文艺复兴在喀什噶尔的影响；历史学家海达儿·米儿咱

当阿黑麻在阿克苏和吐鲁番统治着东蒙兀儿斯坦和畏兀儿斯坦时(1486—1503年)，其兄马哈木继承其父羽奴思在塔什干和西蒙

---

① 《拉失德史》第122页。

兀儿斯坦的统治(1487—1508年在位)。前文已经提到，撒麻耳干的末代帖木儿朝人于1488年企图从马哈木手中收复塔什干，但是被他在该城附近的奇尔奇克，或帕拉克打败，塔什干仍是蒙古可汗的驻地。① 不幸的是，马哈木犯了一个大错误，他接纳了著名的穆罕默德·昔班尼，在当时昔班尼只是一个冒险者，前来以剑为马哈木效劳。马哈木认可了他的服务，把突厥斯坦城作为封邑赐给他(1487—1493年)。② 昔班尼在对他过分信任的马哈木的支持下，从末代帖木儿王朝汗王手中夺取了不花剌和撒麻耳干，并于1500年使自己成了河中之王。马哈木有理由为自己的慷慨感到后悔，因为昔班尼在一得到河中之后，就反过来对付他。马哈木向其弟阿黑麻求援，阿黑麻匆忙从畏兀儿地区赶来。但是，兄弟俩被昔班尼打败，并在费尔干纳、浩罕东北的阿赫昔战役中被俘。尽管昔班尼尽情地嘲弄了马哈木的天真(他把自己的成功归于马哈木)，但是，这一次他对他们很客气，并立即释放了他们(1502—1503年)，但他保留了塔什干和赛拉木城。其后不久，阿黑麻于1503—1504年冬在阿克苏因瘫痪去世。马哈木愚蠢地再次落入了昔班尼之手，这次昔班尼在忽毡附近处死了他(1508—1509年)。③

马哈木之死标志着察合台后裔最后被逐出西突厥斯坦。他们被赶回天山东部之后，在那里又过了一百年。在畏兀儿斯坦，即吐鲁番、喀拉沙尔(察力失)和库车，阿黑麻的长子满速儿汗在其父死

---
① 《拉失德史》第115—116页。
② 《拉失德史》第118页。
③ 《拉失德史》第120，122—123页。

后被承认为可汗,他统治上述地区达 40 年(1503—1543 年)。统治之初,他碰到了许多困难。喀什的杜格拉特部异密阿巴乩乞儿进入阿克苏,在那里掠夺了察合台后裔们的财宝,之后,继续去摧毁了库车和拜城。① 1514 年,轮到满速儿之弟赛德汗从阿巴乩乞儿手中夺取喀什(1514 年 5—6 月)、叶儿羌和于阗,并迫使他向拉达克山逃亡。② 在这次反对杜格拉特叛乱的战争中,赛德汗得到忠实于察合台家族的另一位杜格拉特人、历史学家杜格拉特·米儿咱的支持。从此,赛德汗将统治着喀什噶尔本土(1514—1533 年在位),③而其兄满速儿(1503—1543 年在位)统治着蒙兀儿斯坦(伊犁和裕勒都斯)和畏兀儿斯坦。两兄弟之间的亲密关系确保了中亚的和平。"旅行者们可以十分安全地从费尔干纳到哈密,然后进入中国。"④

杜格拉特家族的继承人穆罕默德·海达尔二世(即海达尔·米儿咱)撰写的《拉失德史》证明了在那个时期察合台和杜格拉特家族的后代们已经具有相当先进的文化。上文已经谈到,羽奴思汗逗留在察合台后裔中时(1456—1486 年)——他的确是在泄剌只度过了他的青年时代——带来了波斯人的优雅风度。同样,海达尔(1499 或 1500—1551 年)也是被社会环境彻底改造的蒙古王子的一个例子。⑤ 他懂蒙古语吗?毫无疑问,正如埃尼亚斯所指

---

① 《拉失德史》第 123—124,126 页。
② 《拉失德史》第 133,325,327 页。
③ 赛德汗于 1514 年 5 至 6 月间征服喀什,于 1533 年 7 月 9 日去世。
④ 《拉失德史》第 134 页。
⑤ 海达尔·米儿咱是双重的蒙古族人,由于他的母亲,他属成吉思汗系,是羽奴思汗的孙子。

出的那样,由于他是一位笃诚的穆斯林,其祖先的语言可能只被视为异教徒的语言。事实上,与他的家族成员们长期使用的语言一样,他说察合台突厥语。但是,他是用波斯文撰写了题名为《拉失德史》的中亚蒙古人的历史。[①] 而他的邻居和朋友、帖木儿王朝的巴布尔,像他一样,也是一部不朽回忆录的作者,但他仍忠实于察合台突厥语方言。像上述这些文人的存在表明了在16世纪前半期新疆南部(原东察合台汗国)是一个文化繁荣的中心,今天该地区的文化已经衰落到了可悲的水平。尽管新疆南部缺乏河中地区具有悠久文学中心的这种光荣(因为喀什、阿克苏和吐鲁番都不能与不花剌和撒麻耳干相比),但是,必定是在与帖木儿后裔有联系的突厥—波斯文艺复兴期间,撒麻耳干和不花剌的影响在上述地区十分强烈,甚至带动了整个地区。海达尔与伟大的巴布尔(在建立印度帝国之前,巴布尔是费尔干纳的帖木儿朝末代君主)的亲密友谊表明了察合台家族的可汗们和全部杜格拉特部异密们是按西方的方式交往。在巴布尔的已经伊朗化的撒麻耳干和今天中国新疆地区之间的关系是牢固的,交往是不断的。于是,当河中地区的巴布尔用察合台突厥文写作时,蒙兀儿斯坦的异密海达尔是用波斯文写作。海达尔的宗主、察合台后裔赛德汗说一口像突厥语一样流利的波斯语。

因此,把16世纪察合台末代可汗们的帝国看作一个衰落中的国家是错误的。像羽奴思和海达尔这样有文化素养的人的存在

[①]《拉失德史》写于1541至1547年间。参看巴托尔德"Haidar Mirzà"条目,《伊斯兰百科全书》第233页。

是与此结论相反的证据。中国人在这片土地上窒息了民族特性，他们谨慎地封锁该地区——当时这一地区由于从伊朗—突厥的伊斯兰世界吹来的各次文化之风而生机勃勃。羽奴思的生涯证明了这一点。羽奴思是在泄剌只文学的熏陶之下成长起来的，后来他统治了库车和吐鲁番。海达尔·米儿咱是文艺复兴时期的王子，他在1547年为自己继续去征服克什米尔之前，曾与巴布尔在河中作战，并帮助成吉思汗后裔赛德汗收复了喀什和叶儿羌。尽管在裕勒都斯和畏兀儿斯坦的诸部落（它们给察合台的末代子孙们带来了许多麻烦）仍过着古老的游牧生活，但是，察合台统治的最终结果将是不仅把喀什噶尔，而且把库车、喀拉沙尔和吐鲁番这一古代回鹘国与撒麻耳干、赫拉特的波斯和伊朗化的突厥文明联系在一起。

4. 末代察合台后裔

察合台可汗们试图把帖木儿王朝时期文艺复兴的这种穆斯林突厥—伊朗文化带到远东，即带到明朝的中国边境地区。《明史》[499]（已得到《拉失德史》的证实）记载了满速儿汗对中国的战争。《拉失德史》指出，这次冲突是一次反异教的圣战。[①] 争夺的关键仍然是哈密绿洲。1513年，哈密地区王公，汉译名称为拜牙即者臣服于满速儿。1517年满速儿驻在哈密，并由此向甘肃的敦煌、肃州和甘州方向攻击中国本土。与此同时，他的弟弟、喀什噶尔的统治

---

① 《拉失德史》第127页。

者赛德汗把圣战引入了吐蕃人的拉达克省,1531年,历史学家海达尔·米儿咱在该地统率其军。①

满速儿之子沙·汗继承满速儿在畏兀儿斯坦,或者说吐鲁番的汗国,他从1545年一直统治到大约1570年,据《明史》记(《拉失德史》只记到沙·汗时期),②沙·汗不得不与其兄弟马黑麻交战,马黑麻占领了哈密的部分地区,并得到卫拉特人(卡尔梅克人)的援助。在沙·汗死(约1570年)时,马黑麻成了吐鲁番的统治者,但是,现在轮到他不得不起来反对第三个兄弟琐非速檀,琐非速檀派一位使者到中国,企图得到中国的支持。在琐非速檀之后,史书关于吐鲁番察合台汗国没有记载。然而,已经知道,中国人视之为真正察合台后裔的一位吐鲁番苏丹曾于1647年派使者到北京宫廷,于1657年又派第二个使者到北京。③

在喀什噶尔的察合台汗国,赛德汗之子阿不都·拉失德(1533—1565年)已经继承父位。新汗很快就与强大的杜格拉特家族发生争吵,并处死了一位首领、历史学家海达尔的叔叔赛亦德·马黑麻·米儿咱。④ 海达尔本人曾忠实地为赛德汗服务过,为他征服了拉达克,由于害怕遭到与叔叔同样的命运,他动身去印度,在那里于1541年成为克什米尔地区的统治者。据《史记实录》记述,⑤拉失德的统治是在抵制入侵伊犁和伊塞克湖地区的大帐

---

① 埃尼亚斯和罗斯的《中亚蒙兀儿史》第13—14页。
② 海达尔·米儿咱在1545年写道:"当时他在吐鲁番和察力失(焉耆)统治。"(第129页)
③ Memoires concernaut les Chinois, XIV, 19。
④ 《拉失德史》第143,450页。
⑤ Zabdat at-Tavarikh,在《中亚蒙兀儿史》中,第121页。

吉尔吉斯—哈萨克人中度过的。拉失德的长子、勇敢的阿不杜拉迪甫在一次反吉尔吉斯汗那札儿的战斗中被杀。尽管拉失德尽了一切努力,但他未能阻止吉尔吉斯—哈萨克人夺取蒙兀儿斯坦的大部分地区(即伊犁和昆格山地区),结果,他的领地减少到只有喀什噶尔。这在海达尔书中某些令人困扰的篇章内明显地表现出来。①

拉失德直到1565年才去世,他的一个儿子阿不都·哈林继承他成为喀什噶尔可汗,在1593年阿哈木拉齐著书时,②他仍在位。当时喀什噶尔的都城(可汗常驻的大本营)似乎是叶儿羌。喀什是阿不都·哈林的一个兄弟麻法默德的封邑。显然,在1603年底当葡萄牙耶稣会传教士鄂本笃过其境时,就是这位麻法默德已经在叶儿羌继承了阿不都·哈林的王位。阿克苏当时由麻法默德的侄子统治,察力失(喀拉沙尔)由他的私生子统治。关于该王朝,史书没有更多的记载。埃尼亚斯认为在17世纪50—75年间该王朝的一位成员可能是一个叫伊斯迈尔的汗。③ 但是,到那时候,喀什噶尔的察合台汗国可能已经分裂成叶儿羌、喀什、阿克苏和于阗诸小汗国,实际统治权将转入和卓们手中。

5. 喀什噶尔的和卓们

和卓一名,正像在河中和喀什噶尔理解的含义一样,是指那些

---

① 《拉失德史》第377页,379页。
② *Heft Iqlim*, 在 Quatremère, *Notes et extraits* XIV, 474。
③ 埃尼亚斯和罗斯《中亚蒙兀儿史》第123页。

宣称自己是出自先知穆罕默德,或者是出自前四位阿拉伯哈里发的热忱的穆斯林。在布哈拉和喀什地区有许多这类家族。《拉失德史》告诉我们,这些像圣徒般的人对赛德汗(1514—1533年在位)的影响是多么强烈。赛德汗对伊斯兰教十分虔诚,以致他本人想成为托钵僧。只是由于从撒麻耳干来的和卓马黑麻·亦速甫及时到达了喀什才阻止了他。亦速甫说服他,生活在世俗世界,一样可以得到拯救。① 赛德汗以同样崇拜的心情欢迎另一位和卓,被称为是教师和能创造奇迹的哈司刺·马黑杜米·奴烈《拉失德史》提到了这位和卓大约于1530年在喀什噶尔的使徒身份和他于1536年动身去印度。② 根据地方传说,1533年从撒麻耳干来了一位杰出的和卓,他来喀什参加可汗与乌兹别克人之间的谈判,"他与他的两个妻子住在喀什"。一个妻子是撒麻耳干人,另一个是喀什人,他有两个儿子。这两个儿子把他们彼此之间的仇恨传给了他们的孩子们,喀什噶尔被两派分裂,白山派在喀什进行统治,而黑山派在叶儿羌进行统治。③

无论这一分裂的真正起因是什么,从16世纪末起和17世纪的75年间,双方(不仅有个人的敌对,还存在着宗教争端)在喀什噶尔都享有实权。白山派在伊犁地区的吉尔吉斯—哈萨克人中寻求支持;黑山派在天山南部的喀喇吉尔吉斯人中寻求支持。察合台家族的世俗汗国逐渐处于这两派穆斯林教士的控制之下,直到大约1678年喀什末代可汗伊斯迈尔对他们采取行动时。他驱逐

---

① 《拉失德史》第371页。
② 《拉失德史》第395页。
③ 考朗特《17—18世纪的中亚》第50页。

了白山派领袖哈司刺·阿巴克和卓,阿巴克到准噶尔人(或西蒙古人,即卡尔梅克人)中寻求帮助,准噶尔人进入喀什,俘获了伊斯迈尔,任命阿巴克取代他的位置。准噶尔人的援助还使阿巴克战胜了对于——叶儿羌的黑山派,并使叶儿羌成了他的都城。于是,喀什噶尔又重新统一起来,但是,它是处在"穆斯林神权"之下,并且是作为准噶尔人建立的新蒙古帝国的一个保护国。[1]

---

[1] 参看马丁·哈特曼的文章"Ein Heiligeustaat im Islam", *Islam. Orient* I,195。总的来说,成吉思汗后裔在与中国环境不同的环境下从喀什噶尔消失了,然而,内在的原因不会不同,在 14 世纪上半叶,忽必烈的孙子们使佛教获得了某些强烈的影响,引起了中国儒家们的敌视。在喀什噶尔,察合台的孙子们成为虔诚的伊斯兰教徒,被伊斯兰教的"神圣家族"排挤。正如我们下文将要看到的那样,后来在 17 世纪,西藏喇嘛教对鄂尔多斯人、察哈尔人,甚至喀尔喀蒙古人同样有使之柔弱的影响。昔日的这些野蛮人,当他们改变信仰时,开始以满腔热情信仰伊斯兰教,或佛教;但是,在改宗时,他们可能失去了一些"优点",或者至少是丧失了好战的本性。我们并不否认佛教和穆斯林神秘性的美德,我们必须承认这一事实,即在蒙古地区,喇嘛教使蒙古精神迟钝,正像伊斯兰教使喀什噶尔的最后一批蒙古人失去了独立民族的地位一样,使他们陷入偏执、这为他们的退位铺平了道路,有利于机灵的和卓们。

第十五章 15至18世纪蒙古境内的最后一批帝国

1. 1370年后蒙古的混乱

蒙古大汗忽必烈在中国建立的帝国已经于1368年被中国的起义推翻了。忽必烈后裔妥欢帖睦尔被中国人赶出北京之后,在哀痛这一巨大的灾难中于1370年5月23日在沙拉木伦河畔的应昌(或开鲁)去世。明朝(1368—1644年)的中国人在把成吉思汗后裔驱逐出国境之后,立即追随蒙古人进入了蒙古地区。

妥欢帖睦尔之子爱猷识里达腊获悉父亲去世的消息后,在哈拉和林称汗,并于1370至1378年间统治其地①,徒劳地盼望着有朝一日重登中国王位。然而,他非但没有实现这一愿望,还面临着深入到蒙古地区的中国人的攻击。1372年,明朝杰出将领徐达向哈拉和林进军,但是,在土拉[土兀剌河]河畔受阻②。爱猷识里达

---

① 1370年妥欢帖睦尔(顺帝)死,子爱猷识里达腊嗣位,称毕里克图可汗,蒙古人谥为昭宗,立年号为宣光,仍称国号为元,即历史上所称的北元。——译者
② 1372年明军分三路大举攻入漠北,东西二路明军获小胜利,然中路军在杭爱岭北为扩廓帖木儿指挥的蒙军所败,明军损失惨重,死亡数万人,因此,明军短期内不敢深入蒙古草原。——译者

腊去世后，其子脱古思帖木儿在蒙古帝国都城哈拉和林继位（1378—1388年），①现在蒙古帝国已缩小到它最初的规模。1388年，一支由10万人组成的中国军队又进入蒙古地区，在合勒卡河和克鲁伦河之间、贝尔湖南岸的一场大战中打败了脱古思军，脱古思在这次灾难之后被他的一位亲戚暗杀。②

这次再度丢脸的结果是忽必烈家族丧失了信誉，以至于大多数蒙古部落宣布自治。反叛没落的忽必烈后裔的主要部落首领鬼力赤，根据萨囊彻辰的记载，他是克呼古特部王公，③即蒙古语的乞儿吉斯部王公，乞儿吉斯人④当时分布在叶尼塞河上游沿岸，直到库苏泊一带。鬼力赤否认了忽必烈后裔额勒伯克大汗的宗主权，于1399年打败并杀死了他，取得了统治各部的霸权。

中国皇帝，明朝第三个和最杰出的君主永乐皇帝对这次篡位自然很高兴，它增加了蒙古内部的纠纷，由于在蒙古推翻了忽必烈家族，解除了中国人担心的成吉思汗蒙古人报复的噩梦。因此，他承认了鬼力赤。然而，据《明史》记，鬼力赤当时被两个反叛部落的首领，即阿苏特部的阿鲁台（汉译名）和卫拉特

---

① 1378年爱猷识里达腊去世，其子脱古思帖木儿嗣位（1378—1388年）。建年号为天元。——译者

② 脱古思帖木儿兵败逃亡，中途被其部下也速迭儿杀，也速迭儿是阿里不哥的后裔。——译者

③ 考朗特著《中亚》第11页，认为鬼力赤不是乞儿吉斯部王公，而是卫拉特四部之一的土尔扈特部王公。对此，可参看萨囊彻辰书第143—155页。

④ 乞儿吉斯人在中国古籍中译为黠戛斯，以后他们中迁往河中者，译为吉尔吉斯人。——译者

部首领马哈木打败。① 阿苏特人是阿兰人（或阿速人）的蒙古名称。他们属伊朗种（更准确地说，是斯基泰—萨尔马提亚人），起源于高加索（库班和捷列克），13 世纪，在元朝蒙军中有一支由他们组成的大军团，1275 年，由阿兰人组成的蒙古军团在镇巢被中国人击溃，为忽必烈家族服务的另一些阿兰族部于 1336 年从北京写信给教皇。② 1400 年的阿苏特人无疑是随同忽必烈后裔从中国撤退到蒙古的阿兰氏族中的一支，他们已经与蒙古人同化，并与他们同舟共济。应该记住，卫拉特部是森林蒙古人中的一个强大部落，在成吉思汗时代定居在贝加尔湖西岸。从 17 世纪起，卫拉特部似乎已经形成了 4 个小部落，它们是绰罗斯部、杜尔伯特部、和硕特部和土尔扈特部。王室属于绰罗斯部，至少在当时是这样。③

阿鲁台和马哈木为了强调他们完全独立于另一些觊觎王位的蒙古人，决心直接向北京朝廷表示效忠，这种正式表态既表明了他

---

① 我采用伯希和的观点，即蒙古史家萨囊彻辰的 Aruqtai 在语音上相当于《明史》中的阿鲁台。事实上，《明史》表明，在萨囊彻辰提到的 Aruqtai 正被监禁时，《明史》上的阿鲁台在各种事务中正在起着很大的作用。霍威斯《蒙古人史》Ⅰ，353）以此为根据，他认为《明史》上的阿鲁台不是阿苏特部首领 Aruqtai，而是科尔沁部首领阿台。这一认定在语音上似乎是站不住脚的，无论如何，《明史》这一部分似乎有某些混淆。在有关卫拉特部首领马哈木的篇幅中，《明史》与《蒙古源流》上也发现了类似不一致的地方。《蒙古源流》说，15 世纪最初几年掌权的卫拉特部首领是把秃罗（Batula），大约在 1415，或 1418 年，把秃罗之子，外号脱欢（Toghou）的巴哈木（Bakhamu）继位。而据《明史》，相当于把秃罗的人叫马哈木，马哈木之子名脱欢。

② 伯希和《通报》1914 年第 641 页。穆勒《中国的基督教徒》第 260 和 264 页。

③ 有人认为（比丘林），14 世纪末，在准噶尔游牧的有卫拉特三大部，即绰罗斯、和硕特和土尔扈特。这三部组成联盟，并让绰罗斯部的代表马哈木当首领。后来当杜尔伯特从绰罗斯部分离出来之后，卫拉特联盟就有四个部。巴托尔德也认为，卫拉特联盟于 14 世纪末形成，他认为该联盟自形成时就有四部，即绰罗斯、和硕特、土尔扈特和辉特。据中国史料，到 18 世纪，卫拉特联盟有六部。——译者

们自己的主权，又赢得了明朝的支持。显然，卫拉特部利用这一形势将其霸权扩张到从贝加尔湖西岸到额尔齐斯河上游的整个西蒙古，还抱有朝伊犁方向进一步向西南扩张的目的（正像我们在《拉失德史》中不久会看到的那样）。但是，蒙古中部和东部将仍然处于混乱局面，因为，根据萨囊彻辰的记载，鬼力赤之子额色库坚持要与阿鲁台和马哈木争夺最高汗国，直到他于1425年去世时。

然而，在1403—1404年，以额勒伯克之子为代表的成吉思汗汗国复辟了。蒙古史家萨囊彻辰称额勒伯克的这个儿子为额勒锥·特穆尔，《明史》仅以其佛教梵文名本雅失里称呼他。① 不久，阿鲁台聚集在这位正统代表者一边。可以理解，北京宫廷为忽必烈家族在中国的再现而深感不安，永乐帝试图要本雅失里作出臣属的明确表态。一经遭到拒绝，永乐帝就进入蒙古，直抵成吉思汗故地，鄂嫩河上游平原，击溃了本雅失里和阿鲁台的军队（1410—1411年）。这次失败对本雅失里来说是致命的，因为它使他丧失了权威。卫拉特部首领马哈木向他进攻，并击溃他，夺取了霸权（约1412年）。

直到此时，马哈木一直与明朝永乐皇帝保持着友好关系，因为卫拉特人（或西蒙古人）寻求北京朝廷的支持以对付忽必烈后裔和东部的其他蒙古首领是很自然的，但是，卫拉特部首领一旦强大起来，相信自己可以把霸权强加于蒙古各部和蒙古王室时，就毫不犹豫地与明朝皇帝断交。永乐帝越过戈壁向他进军，但是，马哈木使

---

① 萨囊彻辰的 oljäi 与《明史》上的本雅失里似乎是指同一个人，尽管两书的编年（相当混乱）并不一一相符。

中国军队遭到严重损失，然后，他溜走了，到达土拉河以西（1414，1415年）。这些游牧民，直到不久前才因中国式的悠闲和宁静的生活变得松散和温和，随着他们返回草原故乡，又恢复了古老的坚韧。况且，他们是卫拉特人，即来自森林的西部落，①由于他们比克鲁伦河和鄂尔浑河沿岸的游牧民较少地与成吉思汗征服的成果相联系，无疑保留着更多的民族活力。不过，马哈木的威信由于中国人的入侵暂时受损，因为他也未能阻止明朝军队进入蒙古草原。

据《明史》记，阿鲁台后来又出现在政治舞台上，他拥立本雅失里即额勒锥·特穆尔为大汗（约1422年）。他洗劫甘肃边境，直抵宁夏，后来，当永乐皇帝匆忙赶来回击时，他又穿过戈壁向北撤走，逃之夭夭。《明史》接着说，其后不久，阿鲁台处死了额勒锥·特穆尔，自称大汗。永乐皇帝不止一次地（1424，1425年）发动对他的战争，但是，毫无结果，尽管还得到了有利的牵制力量，即卫拉特部首领、马哈木之子和继承人脱欢帖木儿反对阿鲁台的霸权，并打败了他。

以上是中国史书《明史》的记载。然而，恐怕《明史》的作者在阿鲁台一名之下混淆了蒙古史家萨囊彻辰明确区分的两个人，即阿苏特部首领阿鲁台，他的活动我们已经叙述到1414年（1414年前，两部史书的记载多少有些一致），另一位名叫阿台的王公，在萨囊彻辰书中是科尔沁人的首领。② 科尔沁人是一支东蒙古部落，

---

① 卫拉特，或译瓦剌，在词根中含有蒙古语"卫拉"，即"亲近"的意思，把卫拉特理解为同盟者。有些学者（多尔日·班扎罗夫）认为，卫拉特不是来自"卫拉"（亲近），而是"卫·阿拉特"，即"森林中百姓"（班扎罗夫《关于卫拉特人和维吾尔人》第一卷，喀山，1849年版，第26页）。——译者

② 在成吉思汗的军事术语中，科尔沁人是指卫队，即"箭筒手"参看伯希和《亚洲杂志》1920年，第171页和《通报》1930年第32页。莫斯特尔特《鄂尔多斯地区》第41页。

居住在兴安岭以东、满洲边境的嫩江附近。科尔沁人的首领是成吉思汗弟弟铁穆耳斡赤斤,或者哈撒儿的后裔。据萨囊彻辰记述,科尔沁首领阿台于1425年占领汗国(至少是在蒙古东部),阿台得到了阿鲁台的支持。这就清楚地证明了此处涉及的是两个人,而不像《明史》所指的是一个人。阿台及其属臣阿鲁台一起发动了对卫拉特人和中国的战争,而卫拉特人又采取惯用的"钟摆的运动",再次接近永乐皇帝。永乐皇帝在蒙古进行的反阿台的最后一些战役中(1422—1425年),支持这些卫拉特反对派反对孛儿只斤部人的合法汗国。

2. 第一个卫拉特帝国:脱欢

明朝伟大的永乐皇帝所贯彻的政策,即为了打倒忽必烈家族而扶持年轻的发展中的卫拉特势力,是在他死后才见效的。在1434至1438年间,卫拉特首领、马哈木之子和继承人脱欢杀阿台。这是萨囊彻辰的记载。《明史》记述,他杀阿鲁台。无论如何,脱欢为自己夺取了对蒙古各部落的霸权。然而,忽必烈家族的一个王子、额勒伯克之子、额勒锥·特穆尔的兄弟阿占在此时被正统王权的拥护者们宣布为大汗(1434年或1439年)。事实上,蒙古的帝国已经转到了卫拉特人手中。

中国宫廷必定因此革命而暗自庆贺,这次革命使仍然具有威胁性的成吉思汗家族和东蒙古人(他们由于与中国更加接近,因此更具有威胁性)跌落而有利于因远离中国而显得不那么令人害怕的西蒙古人。成吉思汗汗国的噩梦结束了。草原的这些新君主是一支没有显赫历史的民族,他们在成吉思汗汗国的历史上所扮演的是不明显的和未被颂扬的角色。12世纪的中国人正是以这种思想愚蠢地庆幸过女真人取代契丹人。但是事实上,西蒙古人——如他们自称的那样:卫拉特人或同盟者,或像他们在喀什噶尔的突厥邻居称呼他们的那样,卡尔梅克人——正是抱有野心,要继承成吉思汗汗国的传统,并且为了他们的利益由他们来恢复大蒙古帝国,这个帝国是退化了的忽必烈后裔们愚蠢地让它从他们的掌握之中失去了的。①

卫拉特人以牺牲蒙兀儿斯坦的察合台后裔,或者说牺牲那些统治伊犁河和裕勒都斯河以及库车和吐鲁番地区的成吉思汗国诸汗的利益为代价,开始在西南方向扩张。卫拉特部首领脱欢进攻察合台系的歪思汗(1418—1428年在位)。战场是随着卫拉特人的侵犯从伊犁流域转到吐鲁番省,在战争中,卫拉特人始终占上风。脱欢之子额森台吉俘虏了歪思汗,正如《拉失德史》所记,由于他的成吉思汗血统,额森对他相当尊敬。在吐鲁番进行的另一次战斗中,额森又俘虏了歪思汗,这次他提出要歪思汗把其妹妹马黑秃木·哈尼木公主留下,成为他家族中的成员,然后才释放了他。

---

① 据萨囊彻辰(施米特法译本151页),卫拉特首领脱欢于1439年由于成吉思汗显灵,以一种神秘莫测的方式去世。成吉思汗因剥夺其后裔的篡夺者的狂言而生气显灵。《〈汉译蒙古黄金史纲〉第58页记道:"既已篡夺蒙古的权力,脱欢太师便掌握了大统。拜谒了主上的八室,表示了"来取汗位"的意图。朝拜之后,做了可汗。脱欢太师蒙受主上的恩惠和陶醉,却酒后狂言:'你若是福荫圣上,我便是福荫皇后的后裔。'撞倒了〈八室〉的金柱子,正要转身出去,脱欢太师口鼻流血,搂抱着马的鬃颈,'这是什么缘故?'抬眼一看,只见主上装满撒袋的鹫翎箭冒着鲜血,众目睽睽之下尚在颤动着。脱欢太师说:'雄的圣上显了威灵,雌的福荫之裔的脱欢太师我,生命结束了。"——译者)

显然，卫拉特人不是成吉思汗系，他们极其重视这一联姻。

当额森台吉（中国史家笔下的也先）继承其父脱欢时，卫拉特国（或卡尔梅克国）正处于权力的顶峰时期（1439—1455年），当时它的疆域从巴尔喀什湖延伸到贝加尔湖，又从贝加尔湖延伸到长城附近地区。原蒙古都城哈拉和林也是帝国的领土之一。额森还占领了哈密绿洲，并于1445年占有中国兀良哈省（相当于后来的热河省）。5年之后，他向中国公主求婚，正像早些时候他要求察合台公主嫁给他一样。北京宫廷许婚，后又悔婚。于是，额森蹂躏了山西北部、大同附近的中国边境。明帝英宗及太监王振前往迎战。在河北西北（今察哈尔）、宣化附近的土木展开战斗。额森给明军灾难性的打击，杀10万多人，俘英宗帝（1449年）。然而，因不善围攻战，额森无法攻陷该地的设防城市大同和宣化，于是，带着俘虏英宗帝返回蒙古①。三个月以后，他卷土重来，进军至北京，在北京西北郊扎营，但是，他发动的各次进攻都被打退，不久他的粮草也快用完了。中国人的援军从辽东赶来。由于额森在主攻中失败，并在一次重要的行动中受挫之后，现在他受到优势兵力的威胁，他沿居庸关（南口城）仓皇撤退。此后不久，额森决定释放英宗帝（1450年），并于1453年与中国议和。

《明史》还记道，额森承认了一个名叫脱脱不花的成吉思汗系的傀儡为大汗，脱脱不花娶额森的妹妹为妻，额森希望这一婚姻所生的儿子被承认为正统的成吉思汗国的继承人。脱脱不花拒绝

---

① 萨囊彻辰证实俘虏皇帝曾受到优待："也先把皇帝托付给爱里马丞相照看，令其留养于6000乌济叶特人中，这是一个冬天气候温和的地区。"英宗皇帝一获释，就送给乌济叶特人大批礼物，以示感谢。

了,于是额森杀了脱脱不花。以后(1453年)他宣布自己是中国的属臣,这一行动表明他抛弃了成吉思汗国宗主权的假象,他把自己看成是一个独立的可汗①。1455年轮到他被暗杀。

据《拉失德史》,额森之子阿马桑赤台吉继其父为卫拉特国(或卡尔梅克国)首领。在1456至1468年间的难以确定的某年中,阿马桑赤入侵蒙兀儿斯坦的察合台汗国,在伊犁河附近打败了在位的羽奴思汗。羽奴思汗被迫逃到突厥斯坦城。该书还记道,察合台系的皇后马黑秃木·哈尼木(额森早些时候把她引入卫拉特家族)在此制造混乱。她是一位狂热的穆斯林,按伊斯兰教抚养她的两个儿子亦不刺忻·王和也里牙思·王。后来,这两兄弟与阿马桑赤发生冲突,据说,经过某次内乱后,两兄弟到中国避难②。

卫拉特人中尽管发生了这些内乱,但是,在长期内仍发动定期性的攻击威胁邻近各族,特别是在西南方。在这些地方有游牧的吉尔吉斯—哈萨克人的地盘,吉尔吉斯—哈萨克人是一支相当伊斯兰化的野蛮突厥人,其部落游牧于伊犁河下游、楚河、萨雷河和图尔盖河一带,在哈斯木汗(大约1509—1518年)和谟麻失汗(约1518—1523年)统治时,他们成为河中昔班朝惧怕的人③事实上,谟麻失汗的继承者塔希尔汗(约1523—1530年)因独裁统治而触怒了这些不驯服的游牧民,据海达尔·米儿咱记述,许多氏族纷纷离去④。然而,在泰外库勒汗统治下,吉尔吉斯—哈萨克汗国又重

---

① 1451年也先起兵杀脱脱不花,自称大元田盛(即"天圣"之意)可汗,建年号为天元。也先所建的蒙古汗国,其疆域东至建州、兀良哈,西至哈密以西地区。——译者
② 《拉失德史》第91页。该段叙述不清,或有误。
③ 参考《拉失德史》第272页。
④ 《拉失德史》第273页。

新建立起来,但是,在1552—1555年,卫拉特人如旋风一般从科布多地区来到伊犁河流域,在卫拉特人侵入之前,泰外库勒汗被迫逃跑了。于是,巴尔喀什湖畔大草原上的突厥族游牧民是河中定居民的威胁,但他们自己却被阿尔泰山来的蒙古族赶跑了。海达尔·米儿咱说,河中大城市内文明化的居民们所承受的这种恐惧几乎是不必要的。泰外库勒汗逃到塔什干,在地区昔班朝统治者老奴思·阿合木处避难。在他的客人提出要求帮助时,老奴思答道:"像他们这样的王公甚至10个也对付不了卡尔梅克人(即卫拉特人)"[1]。大约1570年,卫拉特人仍统治着从叶尼塞河上游到伊犁河流域之间地区。

简言之,尽管在额森台吉死(1455年)后,卫拉特人在东方对东蒙古的成吉思汗后裔们显得黯然失色,但是,在西方,他们仍然对伊犁河到里海之间的草原造成了威胁。

3. 成吉思汗系最后的复辟国:达延汗和阿勒坦汗

东蒙古的成吉思汗后裔们并未立即从卫拉特人(即西蒙古人)势力的跌落中获利。当时,他们正在消耗力量的家族战争中互相残杀。成吉思汗的第27代继承人满都古勒大汗[2]在讨伐他的侄孙和继承人博勒呼济农[3]的一次战争中去世(1467年)。博勒呼济

---

[1] 参考巴托尔德在《伊斯兰百科全书》中的"卡尔梅克人"条目,第743页。
[2] 满都古勒,《明史》作满都鲁。——译者
[3] "济农"(jinong)《明史》作"吉囊"等于副王之职,即是"亲王"的音变。——译者

农在他能够称汗之前也被暗杀（1470年）。一度人丁兴旺的忽必烈家族中，现在仅剩下一个5岁的男孩、博勒呼济农之子达延，"他被所有的人遗弃，甚至他的母亲也遗弃了他，改嫁。"① 满都古勒的年轻遗孀满都海赛音可敦把他置于自己的保护之下，并宣布他为汗。后来，满都海赛音可敦统率忠实的蒙古人打败了卫拉特人。1481年她与年轻的达延汗结婚。这位英勇的女人（她的举止使人想起成吉思汗的母亲月伦额格）于1491至1492年"又被描述为一支军队的首领，这支军队击退了卫拉特人的进攻"。传说中把打垮卫拉特人优势和恢复东蒙古人霸权的荣誉给予了她。

如果在东蒙古部落重新组合时，只是按传统划分成向东的左翼和向西的右翼②的话（整个阵势是朝南），那么，达延汗的长期统治（1470—1543年，经历了他未来的妻子摄政皇后的有力治理和后来他自己的积极统治）标志着成吉思汗国统治的复兴。左翼由可汗直接统率，右翼由可汗从他的兄弟，或儿子中选出来的一位济农统率。左翼由察哈尔人（君主所在的一支）、喀尔喀人和兀良哈人组成，右翼包括鄂尔多斯部、土默特部③和永谢布部，也叫喀喇沁部④。达延在整编各部的过程中，并非没有使用暴力。一些右翼土默特人（即西部的土默特）杀了达延汗的一个儿子，达延派他

---

① 考朗特《中亚》第6页。
② 右翼和左翼在《秘史》中分别写作"Bara'um－ghar,je'un－ghar"。参考莫斯特尔特的《鄂尔多斯地区》第49—50页。
③ 土默特（Tümet或Tümed）表示"万"的意思。
④ 考朗特著《中亚》第7—9页。这些部落中的大多数延续至今；即山西北部长城以北的察哈尔人；蒙古高原北部，从乌布萨泊到贝尔湖之间的喀尔喀人；达延汗亲自废除的兀良哈人；仍居于鄂尔多斯的（黄河河套）的鄂尔多斯人；黄河河套东部的土默特人；河北北部、热河南的喀喇沁人。

第十五章 15至18世纪蒙古境内的最后一批帝国

到该部作酋长。"结果,两翼蒙古人之间展开了激战。最初达延被打败,后来由于科尔沁部的支持取得了胜利。科尔沁部来自嫩江流域,他们服从成吉思汗弟弟哈撒儿的后裔。达延汗追击反叛者直至青海,在此他接受了反叛者的投降。后来,他把他的第三个儿子巴尔斯博罗特(1512年)派给他们,成为他们的济农。"达延汗还平息了兀良哈人的一次叛乱,他将该部解散归并入其他五部。后来,从1497年到1505年间,他对从辽东到甘肃的中国边境地区进行了一系列卓有成效的攻击。

1543年达延汗去世之后,其子孙们瓜分了这些部落。察哈尔各部落归长支之首博迪汗,他是达延的孙子并成了大汗。博迪汗驻在张家口和多伦诺尔,该地至今仍是察哈尔人领地的中心。1544—1634年蒙古最高汗国一直是属于察哈尔王室的,历经博迪汗(1544—1548年)、库登汗(1548—1557年)①、图们札萨克图汗(1557—1593年)、彻辰汗(1593—1604年)②和林丹汗(1604—1634年)③,林丹汗是被满洲皇帝们废黜的。达延汗的第三子巴尔斯博罗特,以及巴尔斯博罗特之子衮必里克墨尔根(死于1550年)统率鄂尔多斯部,在黄河河套扎营(大约1528,1530年)。衮必里克墨尔根之弟阿勒坦汗(《明史》作俺答)是达延汗孙子中最杰出者,他统领土默特部,驻于河套东北部,中心在呼和浩特(或称归

---

① 库登汗,《明史》作打来孙。——译者
② 图们札萨克图,明朝时称土蛮汗。蒙古文书作图们台吉,为达赉孙库登汗长子。彻辰汗明人记不燕台吉,或不言台住。——译者
③ 林丹库图克图汗,明人称虎墩兔憨。——译者

化城)①。最后,达延许的幼子格综森札斡惕赤斤获得对喀尔喀各部的统治权,据考朗特记述,当时喀尔喀各部一定是集中在合勒卡河、贝尔湖和克鲁伦河下游一带。喀尔喀人赶走了在他们之前的卫拉特人(或卡尔梅克人)后,从这些地区一直向西发展到乌布萨泊。

在土默特部首领阿勒坦汗的亲自率领下,以及在鄂尔多斯王公、阿勒坦的侄孙库图克图彻辰洪台吉②的援助下,达延汗王朝中团结一致的蒙古人取得了把卫拉特人赶回科布多地区的各次征服的胜利。卫拉特人在几次遭遇战中被打败之后,于1552年失去了哈拉和林,该地是蒙古帝国君权所在地,即是蒙古帝国的象征。他们中的两部,土尔扈特部与和硕特部被达延汗朝军击溃之后一直被赶到乌伦古河和黑额尔齐斯河一带,他们开始了向西迁移。

阿勒坦汗的统治年代是1543—1583年,但是,甚至在其祖父达延汗统治期间,他已在战场上闻名,特别是在对明朝的战争中,1529年他掠夺了山西北部的大同地区,1530年先后蹂躏了甘肃宁夏地区和北京西北部的宣化。1542年他杀明将张世忠,据说俘虏了20万人和200万头牲畜。从此,他几乎每年都经大同或宣化寇掠中国边境,他正在恢复原成吉思汗的传统。1550年,他向北京的大门挺进,放火烧了城郊。在返回之前,他蹂躏了保定地区。不过,这位精明能干的成吉思汗后裔除了战争外,还考虑到其他事

---

① "都城"即是阿勒坦在归化城没有围墙的营地,以后称"板升"城。参看莫斯特尔特《鄂尔多斯地区》第37页。
② 库图克图彻辰洪台吉,明人称"切尽黄台吉",是《蒙古源流》作者萨囊彻辰的曾祖父(有书说是其祖父)。——译者

情。他于1550年和1574年两次要求中国应该在边境上建立市场，以利蒙古人的牲畜与中国货物之间的交换。在他的各次远征中都得到他的侄孙、鄂尔多斯王公库图克图彻辰洪台吉的积极支持，库图克图彻辰洪台吉生于1540年，死于1586年，他几次蹂躏了宁夏与榆林之间的中国边境。库图克图彻辰的曾孙子、蒙古史家萨囊彻辰对他的各次战役都有记载。

4. 达延帝国的分裂：鄂尔多斯人与喀尔喀汗国

这些蒙古民族的最大弱点是他们实行瓜分家族遗产的习惯。虽然达延汗帝国几乎没有实现对外国的征服，它的扩张仅限于蒙古境内，但是，帝国的组织却与成吉思汗汗国的没有什么不同。当帝国的创建者死后，帝国变成一种联邦式的家族国家，国内的各级首领，都是兄弟，或堂兄弟，他们承认以察哈尔部为代表的一支领导者的最高权力。这种肢解导致了比成吉思汗继承者们所经历过的更彻底的分裂。鄂尔多斯国的建立者衮必里克墨尔根济农便是一例，他是一个强大的统治者。在他于1550年去世时，他的部落在他的九个儿子中彻底地分割[1]。长子那颜达拉只得到四圈"旗"，即今天的郡王部[2]。

---

[1] 他的九个儿子是：那颜达拉济农、巴义山格呼儿、斡亦答马、那蒙塔尼、布颜格呼赖、班家拉、巴德马沙布黑威、阿穆尔达喇和鄂克拉罕。（参看莫斯特尔特《鄂尔多斯地区》第28页。）

[2] 上引书，第51页。

联邦的纽带也很松弛，原则上是要服从被赐予最高汗位的支系。在此又发生了类似于削弱成吉思汗直接继承人权力的过程。从13世纪中叶起，其封地离和林最远的那些宗王俨然是独立的君主。卢布鲁克指出，钦察汗拔都实质上与蒙哥大汗地位相等。20年后，忽必烈大汗甚至不能使叶密立汗海都顺从。达延汗朝的后裔们也经历了同样的事。当喀尔喀诸王把卫拉特人赶回科布多，占领了克鲁伦河与杭爱山之间的广袤地区后，那些离察哈尔境最远的宗王们实际上享有独立。喀尔喀王格综森札的曾孙硕垒乌巴什洪台吉便是这种人，他在大约1609年占领原卫拉特国的中心地，即吉儿吉思湖和乌布萨泊地区，他把卫拉特人从此地赶到黑额尔齐斯河和塔尔巴哈台（1620年，1623年）。他自称阿勒坦汗，建阿勒坦汗国，该汗国一直延续到大约1690年。另一位喀尔喀王公，即阿勒坦的堂兄弟赉瑚尔汗，也战胜了卫拉特人，居阿勒坦汗之东，在乌里雅苏台以西，他的儿子素巴第取札萨克图汗号，并用该名来称呼这一汗国。第三位喀尔喀王公、格综森札的孙子图蒙肯在鄂尔浑河源、翁金河上游和色楞格河畔建赛音诺颜汗国。图蒙肯的兄弟阿巴台是土谢图诸汗的祖先，他们的汗国以鄂尔浑河为界，与赛音诺颜汗国分界，包括土拉河流域，即被称为库伦（乌兰巴托）的地区。按家族顺序的排列，赛音诺颜家族应该是土谢图汗国的藩属，直到1724年该家族才摆脱土谢图汗国，获得独立平等的地位。最后，格综森札的曾孙，也名叫硕垒，驻在克鲁伦河畔，他称车臣汗，并将该名给予了喀尔喀人的第五个汗国[1]。

---

[1] 考朗特著《中亚》第27页及其后，据《东华录》。

虽然上述五位可汗都是格绛森札的后代,但是,他们之间并不时常保持紧密的团结。阿勒坦汗罗卜藏(约 1658—1691 年在位)于 1662 年进攻他的近邻札萨克图汗,俘虏并处死了他。结果,土谢图汗与其他蒙古王公们结成联盟,迫使阿勒坦汗逃走。由于外国的支持(准噶尔的卫拉特人和北京宫廷),阿勒坦得以暂时复位,但在 1682 年,他又遭到新的札萨克图汗的袭击,并被俘,1691 年他消失了,随他一起他的汗国也消失了。喀尔喀汗国中这个最西边的汗国的消失,正如我们将要看到的那样,使原卫拉特人(或卡尔梅克人)报了仇,他们夺回了后来称为科布多省的阿勒坦领地①。

513

达延汗朝的蒙古帝国(在有限的地区内,可以说是成吉思汗国的复辟)像它的前者一样,在家族的纷争中崩溃了。在一百年内,察哈尔的大汗们只对鄂尔多斯部汗王们和肯定不会超过四位(如果有这么多的话)幸存的喀尔喀王公们保持着纯粹是名义上的最高权力。于是,东蒙古人又陷入了与达延汗时代以前一样的混乱状况。

5. 东蒙古人皈依喇嘛教

在这一时期,东蒙古人正处于改革后的西藏黄派喇嘛教的强烈影响之下。这些蒙古人在此以前一直是萨满教徒,或者是稍微带有一些旧派喇嘛教(红派)的色彩,他们避开了佛教的影响,在元朝时期,他们在中国的前辈们曾经受到过佛教的强烈影响,以至于在他们被驱逐出中国后必然感到了某种知识匮乏。但是,15 世纪

---

① 考朗特《中亚》,第 31 页

初由宗喀巴在西藏创立的黄派喇嘛教现在的目标是对这些民族进行精神上的征服,并将他们视为可能的保卫者。

1566年,鄂尔多斯人率先崇信喇嘛教①。其中一位首领、乌审旗济农库图克图彻辰洪台吉②于该年在一次远征西藏时带回了许多喇嘛,他们开始了使蒙古人改宗的工作③。1576年,轮到库图克图彻辰劝说其叔祖父、土默特部强大的首领阿勒坦皈依喇嘛教,阿勒坦当时正处于极盛时期④。接着,鄂尔多斯部和土默特部决定在蒙古人中,以黄教的形式正式恢复喇嘛教。毫无疑问,正如我们将要看到的那样,在这一政策上他们受到了其祖先忽必烈和八思巴喇嘛先例的鼓舞。阿勒坦汗和库图克图彻辰甚至从西藏请来了黄教首领、大喇嘛锁南坚错。他们在青海湖畔以盛大的典礼迎接他,与他举行了一次会议,会上,蒙古教会正式成立(1577年)。阿勒坦回忆说,他是忽必烈的化身,而锁南坚错是八思巴的化身。阿勒坦授予锁南坚错"达赖喇嘛"的称号⑤,从此,他的继承

---

① 鄂尔多斯境内似乎仍残存着汪古部时期的聂斯托里安教。额尔克固特部便是一事实,该部名是成吉思汗时代的蒙古语的"基督教徒"。参看莫斯特尔特《鄂尔多斯地区》。

② 库图克图彻辰洪台吉生于1540年,死于1586年。他是历史学家萨囊彻辰的曾祖父。

③ 蒙古史料说,第一位与西藏喇嘛教头面人物接触的蒙古人,是库图克图彻辰洪台吉。他于红虎年(1566年)远征西藏,并给当时的三位主教一份声明。声明说:"尔等若归附于我,我等共此经教,不然即加兵于尔。"(《蒙古源流》第175页),西藏最高喇嘛收到声明三天后投降。库图克图彻辰在三位西藏喇嘛陪同下回到鄂尔多斯。——译者

④ 参看莫斯特尔特《鄂尔多斯地区》第56页。

⑤ 锁南坚错是喇嘛教中格鲁派,即黄教的首领,阿勒坦汗授予他达赖喇嘛称号后,黄教首领始称达赖喇嘛,后人追认锁南坚错以前的两世黄教主教为第一、第二世达赖,锁南坚错为第三世。——译者

者们都沿袭这一称号,于是,黄教使达延和阿勒坦复辟的成吉思汗汗国成为神圣不可侵犯的帝国,反过来,精神上获得新生的蒙古人为教会服务。

锁南坚错在返回西藏时,把一位名叫惇果尔文殊师刊呼图克图的"活佛"留在蒙古,他在库库河屯的阿勒坦附近的地方住下。阿勒坦汗死(1583年)后,锁南坚错于1585年返回土默特部主持了他的火化仪式。

接着是察哈尔大汗图们札萨克图(1557—1593年在位)崇信喇嘛教,并以佛教教义为基础颁布了一部新的蒙古法典。他的第二代继承人、林丹大汗(1604—1634年在位)还建立了一些寺庙,并让人把《甘珠尔经》[即《大藏经》的半部]从藏文译成蒙古文。喀尔喀人早在1558年就已经开始信奉西藏佛教,1602年,另一位"活佛"迈达里·胡土克图①与他们一起住在库伦地区,在那里,他的灵魂转世代代相传,直至1920年。②。

阿勒坦汗和达延系的其他王公们在与其人民一起皈依西藏佛教时,他们认为他们正在追随忽必烈的脚步。但是,当忽必烈崇信佛教时,蒙古人对中国的征服几乎已经完成。然而,尽管阿勒坦汗不止一次地攻入长城,火烧北京城郊,但是,他所做的仅此而已,蒙古的征服不得不又从头开始。不过,喇嘛教的盛行对东蒙古人产生了立即见效的松弛作用。鄂尔多斯部和土默特部,察哈尔部和

---

① 迈达里·胡土克图,又译满达里呼图克图和沃契达拉呼图克图。又名彻甘诺门汗。西藏大喇嘛派他到土拉河沿岸观察蒙古局势。他实际上成了蒙古汗和王公的政治顾问。——译者
② G.胡特《蒙古地区的佛教史》II,第200页以下,221,326。G.舒勒曼《达赖喇嘛史》(海德堡,1911年)第110页以下,121页以下。考朗特《中亚史》第13页。

喀尔喀部,特别是前者,在虔诚的西藏教权主义的影响下,他们很快丧失了阳刚之气。这种佛教,曾经把唐朝的可怕的吐蕃人改造成了宗喀巴的梦想者和创造奇迹者,它将使近代蒙古人更衰落,因为他们缺乏任何富于哲理性的品质,除了偏执和教权主义外,从新宗教中他们一无所获。15世纪末宣布要再现成吉思汗国史诗的人们,现在突然停止了脚步,陷入顺从的惰性,除了给他们的喇嘛提供奢侈的生活外,无所关心。正如鄂尔多斯部王公萨囊彻辰所记录的那样,[①]他们的历史表明他们已经忘掉了世界征服者及其光荣,他们只梦想征服灵魂。

当获得了这种精神超脱和达到神圣境界之后,东蒙古人被卡尔梅克人,或者是满族人征服的时机已经成熟。正像考朗特所评论的那样,唯一的问题是两者中,谁将使东蒙古人跌落。

6.满族对中国的征服

正如我们所见,通古斯人占据着亚洲东北部的一个非常大的地带:满洲(有满族、达呼尔族、高丽族、玛尼基尔族、比拉尔族和金人)、俄属沿海省(奥罗奇人)、叶尼塞河中游东岸和西伯利亚地区的中通古斯卡河和下通古斯卡河流域(叶尼塞人和恰波吉尔人)和勒拿河与石勒喀河之间的维季姆地区(奥罗楚恩人)、从黑龙江到堪察加半岛附近的鄂霍次克海周围地区(基列人、萨马吉尔人、奥

---

① 萨囊彻辰属乌审旗鄂尔多斯王室成员(成吉思汗系和达延家族),1634年从鄂尔多斯长支(王旗)首领额璘臣济农接受额克彻辰洪台吉称号。他于1662年完成他的东蒙古史。他去世的时间仍不清楚。

第十五章　15至18世纪蒙古境内的最后一批帝国

尔恰人、涅格达人、拉列基尔人、伊卡基尔人、拉穆特人、乌楚尔人等民族)。与人们长期相信的事实相反,这些民族在远东的古代史上没有发挥作用,直到12世纪以前的中世纪初期亦如此,惟一的例外是通古斯人中的一个部落在7世纪末所建的渤海国。它一直维持到926年,它的疆域包括整个满洲和高丽最北部,甚至在那时,渤海国组成的部分原因是由于那些将文化传给了这些靺鞨通古斯人的高丽移民。渤海国的都城在松花江支流、忽尔卡河(即牡丹江)畔宁古塔(宁干)南的忽汗城,渤海国代表了通古斯人的第一个文明的政治实体。如上文所提到的,它于926年被契丹(即一支蒙古族人)征服者阿保机灭亡。

随着女真人的崛起,通古斯人第一次跻身于历史主流,通古斯人的女真各部落居住在山林中的乌苏里江流域,这片山林地穿过后来成为满洲国的东北部,然后穿过俄属沿海省。12世纪最初几年中,这些女真人在完颜氏族的一位能干首领、名叫阿骨打的人的率领下(1113—1123年),征服了包括满洲、察哈尔和中国北部的契丹国(1122年),从中国宋朝手中夺取了长江以北中国的几乎所有省份,建立了通古斯人的第一个帝国,即金国;北京是金国的都城之一,金国从1122年起一直延续到1234年时被成吉思汗的蒙古人最后灭掉。中国编年史记载了女真人的勇敢精神,最后一批女真人以这种精神与成吉思汗及其子窝阔台奋力争夺每一寸土地,因此,将他们的失败推迟了几乎25年。这些编年史还记载了蒙古将军们常常对这种绝望的英雄主义和忠诚惊叹不已[①]。

---

① 参看梅拉书 IX,133—156。

中国的蒙古帝国灭亡之后,明初,女真人(或像他们不久将要被称呼的那样,满族人)居住在松花江和日本海之间,他们或多或少地承认了明朝的宗主权。像他们11世纪的祖先一样,他们是一群与文化主流隔绝、靠渔猎为生的森林氏族①。1599年,他们能干的首领努尔哈兹(汉译名努尔哈赤)开始把7个女真部落重新统一为一个汗国,并于1606年建立了历史上有名的满族国。王室的第一个大本营是鄂多理,位于松花江支流忽尔卡河河源边,在后来的宁古塔城附近;但是,甚至他在此以前,努尔哈赤已经在更南方、沈阳东北的长春居住,该地有努尔哈赤四代祖先的墓地。直到当时,满族各部仍使用古女真文,他们把这种文字归功于12世纪的金国,它源于中国的表意文字,不过这种古汉式女真文字不足以表达通古斯语音,大约1599年,努尔哈赤的满族人对源于古回鹘字的蒙古字母做了某些修改后加以利用。

努尔哈赤不久就发现在万历皇帝统治时期(1573—1620年)的明朝中国已经陷入衰落状态,他于1616年称帝。1621—1622年,他夺取了当时称为沈阳(今天称为盛京)的边境重镇,1625年他在此建都。1622年,他占领辽阳。1624年,他接受了蒙古族科尔沁部的归顺,科尔沁部游牧于兴安岭以东和松花江拐弯处以西的地区。到努尔哈赤死时(1626年9月30日),他已经使满洲成为一个具有严格军事组织的坚实的国家。

努尔哈赤之子、继承人阿巴亥(1626—1643年在位)继续父

---

① 关于原满族部落,参看 E.海涅士《古满族氏族》(《夏德纪念文集》第171—184页)。

业。当满族人正在实现他们的统一之时,蒙古人却在破坏他们中尚存的统一。察哈尔汗林丹(1604—1634年在位),获得了对整个东蒙古人的大汗的称号,他徒劳地试图保持他对这些部落的宗主权。鄂尔多斯部和土默特部起来反对他的霸权。鄂尔多斯首领额璘臣济农家族在喀喇沁和阿巴噶两部的援助下打败了林丹(1627年),鄂尔多斯部和土默特部不愿服从察哈尔汗(即与他们同族的首领),他们转向满族君主阿巴亥表示效忠。满族人进攻林丹汗,迫使他逃往西藏,并于1634年死于西藏。后来,察哈尔部也屈服于阿巴亥,阿巴亥允许林丹家族继续为他们的首领。林丹的儿子中主要的一个是额哲洪果尔,他于1635年承认自己是阿巴亥的属臣。同年,阿巴亥还接受了鄂尔多斯部首领额璘臣济农的归顺。1649年,鄂尔多斯部重编成6个旗,每一旗都由出身于成吉思汗后裔、衮必里克墨尔根济农家族的宗王统治[1]。于是,整个内蒙古已被圈入了满族帝国之内,从此,察哈尔、土默特和鄂尔多斯诸汗以忠诚的纽带和封建的效忠誓言与满族王朝联系在一起,这种联系一直延续到1912年清朝灭亡为止。

严格地说,明朝中国不是亡于满族的攻击,而是自取灭亡。明崇祯帝(1628—1644年在位)只是一个文人学者而已。勇敢的冒险者李自成使自己成了河南和山西(1640年及其后)的统治者,最后,于1644年4月3日占领北京,而倒霉的崇祯皇帝为避免落入李自成之手而上吊自尽。明朝还剩下最后一支军队,它在山海关地区与满族人作战。这支军队的首领吴三桂首先想惩办李自成,

---

[1] 莫斯特尔特《鄂尔多斯地区》第26、39页。

开始与满族人达成一项协议,在满族军队的支持下袭击北京。在永平的门槛边打了一次胜仗之后,吴三桂把这位篡位者赶出了北京。接着,他对满族辅助军表示感谢,并客气地敦促他们撤退。但是,满族人一旦进入了北京,俨然以北京君主的身份行事。他们的阿巴亥汗于1643年9月21日去世,他们拥立他6岁的儿子顺治为中国皇帝。被他们愚弄了的吴三桂现在不可避免地成了他们的同伙,从他们那里接受了在陕西境内的一个公国,后来,又被赐予在四川和云南境内的一个范围较大然而远离中原的总督区。顺便提一下,正是他们除掉了唯一能够抵制满族入侵(1644年)的中国军事首领李自成。

于是,满族人不是通过征服,而是用计谋成了中国北部的君主。他们将需要更长的时间去征服中国南部,然而,他们所遇到的抵抗完全不能与宋朝对成吉思汗蒙古人的抵抗相比,那次抵抗持续了半个世纪(1234—1279)。当时有一位明朝王子已经在南京称帝。满族人夺取了南京,称帝的这位王子自溺而死(1645年)。明朝另外的三位王子:鲁王、唐王和桂王,分别在更南方的浙江杭州、福建福州和广州地区竭力地组织抵抗。但是,他们之间的不和对入侵者有利。1646年,满族人战胜了鲁王和唐王,征服了浙江和福建。桂王永历(或永明)在广西桂林安居下来,他的随从们大部分是基督教徒,他们抗战有力。他的将军、英勇的瞿式耜(也是一个基督教徒)粉碎了满族军对桂林的第一次进攻(1647—1648年)。但是,满族军在中国支持者们的帮助下,消灭了这一小支忠义军,占领了广州,而明朝最后一批统治者们逃往云南(1651年)。

第十五章　15至18世纪蒙古境内的最后一批帝国

现在，满族人成了全中国的主人，像在他们之前的蒙古人一样，甚至更彻底地使他们自己适应于中国环境。其首领们：顺治（1643—1661年在位），顺治死后以其年幼之子康熙名义进行统治的摄政王们（1661—1669年），特别是康熙本人的长期统治（1669—1722年在位），接着是康熙之子雍正（1723—1735年在位），以及雍正之子乾隆（1736—1796年在位），全都是以地道的中国传统中"天子"的身份行事。无疑，他们比忽必烈及其孙子们更能够献身于这一角色。13和14世纪在中国的成吉思汗族的皇帝们，甚至在成为天子之后还一直是蒙古大汗，当他们成为中国19个朝代的继承者时，他们仍是成吉思汗的继承人，仍是突厥斯坦、波斯和俄罗斯诸汗国的宗主，在那些汗国是由他们的堂兄弟察合台家族、旭烈兀家族和术赤家族统治。另一方面，满族人除了他们贫瘠的满洲故地（该地当时是一片森林和林中旷地）外，专心致力于中国的帝国，这就是为什么他们能够比忽必烈家族在精神上更少保留地、更加彻底地汉化。事实上，满族人从未像忽必烈后裔那样被驱逐出中国，他们被同化了。当1912年中国人推翻他们的王朝时，原满族征服者们已经长期被同化，并融入了中国主体，尽管帝国法令企图保护他们种族的纯洁性，但是，同化不仅发生在中国的土地上，而且发生在满洲本土上，在那里，通古斯人已经全部被来自河北或山西的居民同化或淘汰。以至于人种地理学地图表明该地区完全是中国人的。通古斯人的领地只是从黑龙江开始。这种渗入的结果，是从沈阳到哈尔滨和从哈尔滨到海龙的天子之国的移民们把满洲森林统统砍光而改种了稻子和大豆。

7. 17世纪的西蒙古人

东蒙古人,或者更准确地说,内蒙古的蒙古人由于1635年(即满族人占领北京前9年)给予满族王朝的支持,对满族王朝的胜利作出了贡献。此后,当满族的统治已经巩固时,这些东蒙古人中的一部分作了重新考虑。忽必烈后裔长支之首、察哈尔汗布尔尼试图发动东蒙古人反对康熙帝的大起义。他于1675年先从其邻部土默特人开始,但是,他太晚了。布尔尼被清军击败,并被俘。这是在内蒙古发生的最后一次骚动,从此,内蒙古地区的各旗成为驯服的臣民。

威胁着中国的满族帝国的真正危险是在其他地方。它不是曾经令人害怕的、现在已处于绝望的衰落之中的东蒙古人;而是西蒙古人,他们由于东蒙古人的衰落而受益,他们企图为自己恢复成吉思汗帝国。

西蒙古人(或如他们自称的那样:卫拉特人,即同盟者,突厥人称他们为卡尔梅克人)[①]在15世纪中所起的重要作用已经受到人们的注意。他们从1434年到大约1552年间,统治着整个蒙古地区,此后,他们被以土默特部首领阿勒坦汗为代表的东蒙古人打败,并被赶回科布多地区。甚至在科布多,他们也受到一位喀尔喀王公阿勒坦汗的驱赶,被推向了更西方,进入了塔尔巴哈台。

---

① 关于卡尔梅克一词的起源,参看巴托尔德"Kalmucks"条目,《伊斯兰百科全书》第743页。

第十五章　15 至 18 世纪蒙古境内的最后一批帝国

除此之外,卫拉特联盟自从他们的额森台吉汗去世(约 1455 年)以后,就瓦解了。长期以来组成西蒙古汗国的四个盟邦民族重新获得了他们的独立。下面将要叙述这四个民族的历史(按乾隆帝时期提供的材料)他们是:绰罗斯部、杜尔伯特部、土尔扈特部与和硕特部,还有臣属于杜尔伯特部的辉特部[①]。以上四部尽管在政治上各不相属,但仍聚集在"四联盟",即杜尔本·卫拉特的总称号之下。他们还被称为"左翼民族",按字意是"左手",即准噶尔人,西方由此得出 Dzungars 一名。正像乾隆声明的那样,该名最初可能是适用于四部。尽管后来它只限于统治部落绰罗斯部[②]。人们还知道,绰罗斯部、杜尔伯特部和辉特部诸王属于同一个家族。至于土尔扈特,其名称来自蒙古字(Torghaq,复数 Torgha'ut),意"卫队"、"哨兵",他们服从于至今仍夸口是古克烈王后裔的一个王朝[③]。最后,和硕特统治家族宣称他们是成吉思汗弟哈撒儿的后裔。统治部落是绰罗斯部,也被称为厄鲁特部,西方著作家们由此拼作 Eleuthes,由于错误的词源,该名有时被贬义地用来指整个四部卫拉特人[④]。

在这一期间,西蒙古人不仅在政治上表现出动荡不安(对此仍要讨论),在知识领域内也有新的活动。正是在大约 1648 年,通过扎雅班第达的改革,西蒙古人完善了古回蒙字母,为了利于蒙古语

[①] 考朗特《中亚》第 6 页。
[②] 参看伯希和《亚洲杂志》II,1914 年,187)注意考朗特引起的某些混乱。
[③] 伯希和"'突厥斯坦'评注"(《通报》1930 年第 30 页)。
[④] 参看伯希和《亚洲杂志》1914 年,II,187)和 J. 德尼"蒙古语言"(《世界语言》第 223 页)。考朗特有时不是把 Olöt(厄鲁特)认定为 Choros,而是与 Khoshot 等同起来。

音的转写,他依靠区分符号引进了七个新的字母①。

8. 卡尔梅克人的迁移

17世纪初,阿勒坦汗率领的喀尔喀人对卫拉特四部所产生的压力,使他们一部推着另一部,导致了各民族的大转移。阿勒坦汗在把绰罗斯部从科布多向西赶到叶尼塞河上游时,迫使土尔扈特人进一步向西移动。正是这时土尔扈特首领和鄂尔勒克放弃了准噶尔地区(1616年),踏上了向西的道路,穿过了咸海和里海以北的吉尔吉斯—哈萨克草原。小帐的吉尔吉斯—哈萨克人和诺盖部试图把他们先后阻拦在恩巴河西岸和阿斯特拉罕附近。和鄂尔勒克打败了这两部。他的影响向北直达托博尔河上游,他把女儿嫁给失必儿汗国昔班朝末代可汗库程之子伊施姆汗(1620年)。向南,在入侵过程中,他的部落民于1603年掠夺了希瓦汗国,这种入侵在希瓦汗阿拉不·穆罕默德一世(1602—1623年在位)和伊斯芬迪亚(1623—1643年在位)统治期间又重新开始。在西南方,土尔扈特人从1632年起开始定居在伏尔加河下游。和鄂尔勒克于1639年征服了里海以东的曼吉什克半岛山区的土库曼人,就在此后,该地区一直臣属于和鄂尔勒克家族。1643年,和鄂尔勒克将其部落约5万帐迁到阿斯特拉罕附近,但是,他在与地区居民的一次战斗中被杀②。

---

① 德尼"蒙古语言"第231页。
② 考朗特《中亚》第40页。

尽管发生了这一不幸的事件，土尔扈特人继续占领了从伏尔加河河口到曼吉格什拉特半岛之间的里海北部草原，他们由此继续去掠夺希瓦汗国诸城：赫扎拉斯普、柯提和乌尔根赤。在和鄂尔勒克的孙子明楚克汗（1667—1670年）统治期间，土尔扈特人把三个土库曼部落从曼吉什拉特半岛驱逐到高加索①。另一方面，土尔扈特人已经获得了俄罗斯的友谊，并不止一次地承认了俄国的宗主权（1656，1662年）。明楚克之子阿玉奇汗（1670—1724年在位）加强了亲俄的政策。1673年2月26日，他在阿斯特拉罕拜访了莫斯科长官，承认自己是沙皇的属臣，得到盛大的接待。土尔扈特人是佛教徒，俄国的政策旨在用他们对付克里米亚的穆斯林汗国，以及同样是穆斯林的乌拉尔河畔的巴什基尔人和库班的诺盖人。广义而言，这就是所发生的事情。然而，俄国人与卡尔梅克人之间也发生过一些纷争，如在1682年，当俄国人要求阿玉奇交出一个人质时，阿玉奇反叛俄国，并发动了一次对喀山的掠夺性远征，此后，他又成为沙皇的属臣。1693年阿玉奇以俄国人的名义先后发动了对巴什基尔人和诺盖人的成功的战役。彼得一世于1722年肯定了他的功劳，在萨拉托夫隆重地接见他②。

总之，在俄国的保护下，土尔扈特汗国繁荣昌盛。当1770年某些俄国代理人的愚蠢行为使渥巴锡汗率其部向中亚撤退时，汗国的疆域已是从乌拉尔河到顿河，从察里津到高加索之间。土尔扈特大喇嘛确定撤退的日期是1771年1月5日。7万多户卷入

---

① 巴托尔德"Mangishlak"条目，《伊斯兰百科全书》第259页。
② 考朗特《中亚》第44—45页。

了这次出迁。土尔扈特人渡过乌拉尔河,经历了千辛万苦之后抵达图尔盖。在图尔盖,他们先后受到奴儿·阿里汗率领的小帐和阿布赖率领的中帐吉尔吉斯—哈萨克人的骚扰。最后,这些不幸的移民在到达巴尔喀什湖之后,又受到进一步的攻击,这次是喀喇吉尔吉斯人(或称布鲁特人)对他们发动进攻。幸存的人最终抵达伊犁河谷,在那里,他们得到中国政府的给养和安置[①]。

9. 柴达木和青海地区的和硕特汗国,西藏教会的保护者

当土尔扈特人在咸海—里海草原上去创建自己的帝国时,卫拉特人(或卡尔梅克人)的另一支把目光转向西藏。

在17世纪的最初25年中,喀尔喀人的压力从后面把"杜尔本·卫拉特人"推向西方,这一压力的结果,和硕特部在额尔齐斯河畔、斋桑湖周围(即今塞米巴拉金斯克地区)扎营,其范围一直延伸到雅米谢威斯克。大约1620年,他们的首领拜巴噶斯巴图尔崇信西藏黄派喇嘛教。他十分虔诚,以至于在他的热心鼓动下,另外的三个卡尔梅克王:绰罗斯部首领哈剌忽剌、杜尔伯特部的达赖台吉和土尔扈特部首领和鄂尔勒克,各派遣他们的一个儿子到西藏学习喇嘛教。以后拜巴噶斯的两个儿子继承其位,鄂齐尔图(车臣汗)统治着斋桑湖地区,阿巴赖台吉统治着塞米巴拉金斯克地区的额尔齐斯河流域。阿巴赖台吉与其父一样,是一位热诚的佛教徒,

---

① 考朗特《中亚》第134—136页。

他在额尔齐斯河以西的塞米巴拉金斯克和塔拉之间建了一座喇嘛寺庙。

拜巴噶斯的弟弟顾实汗于1636年到青海附近去碰运气[1]，在青海周围和柴达木为自己开辟了一块领地。他在喀木，或者说西藏东部扩大自己的地盘，使该地区服从于他的世俗权力和黄教的精神权威。因为顾实汗像和硕特部的所有诸王一样是热诚的喇嘛教徒。在当时，黄教受到了一大危险的威胁，原红教的保护者、西藏第巴藏巴王占据了拉萨（1630—1636年）。黄教首领达赖喇嘛阿旺·罗卜藏请求顾实汗的帮助，顾实汗立刻前来组织了一个"神圣同盟"保卫黄教。参加该联盟的有卡尔梅克人其余各支的所有王公：顾实汗的侄儿、斋桑湖地区和塞米巴拉金斯克的鄂齐尔图和阿巴赖台吉；绰罗斯部首领巴图尔洪台吉，他当时统治着乌伦古河流域、黑额尔齐斯河流域和塔尔巴哈台的叶密立河流域；甚至连土尔扈特首领和鄂尔勒克也加入了，当时他正在夺取咸海和里海以北草原。但是，只是顾实汗与他的兄弟昆都仑乌巴什实际担负着圣战的任务。在第一次远征（大约1639年？）时，他进入西藏，并打败了达赖喇嘛的所有敌人，无论是红教的支持者，还是原本教巫师。在第二次战役中，他捉住第巴藏巴（约1642年？），占领拉萨，宣布达赖喇嘛阿旺·罗卜藏为西藏中部（乌斯藏）的君主。作为和硕特部王授予他世俗权力的标志，罗卜藏在原西藏诸王王宫，

---

[1] 拜巴噶斯弟图鲁拜琥（后称顾实汗）与巴图尔洪台吉发生冲突，冲突虽很快得和解，但此后不久，图鲁拜琥和其余的大部分和硕特执政者放弃了塔尔巴哈台一带，转移到东南部的青海一带，在那里建立了独立的和硕特国家。按中国史书，和硕特人在青海定居是1636至1638年间。——译者

即拉萨的布达拉宫地址上建立住所(1643—1645年)。反过来,已经成为青海、柴达木和北部西藏君主的顾实汗得到大祭司的承认,作为拉萨地区黄教的保护者和世俗权力的代表人,直到他于1656年去世以前,他确实如北京宫廷所称呼的那样,是"西藏的可汗"[①]。

青海和柴达木的和硕特王国,及其在西藏的保护国,在顾实汗死后传与其子达延汗(1656—1670年在位),以后又传给他的孙子达赖汗(1670—1700年在位),达赖汗之子拉藏汗(1700—1717年)也表现出是一位黄教的热诚保护者;他恪尽职责,召集会议选举"活佛"。因此,他不得不干涉西藏事务,反对专权的大臣桑结嘉措,该大臣在年幼的达赖喇嘛的名义下,以黄教首领的身份实施统治。拉藏汗于1705—1706年进入拉萨,处死了这位可怕的大臣,废掉错误选举出来的小达赖喇嘛,以一位更加顺从的人取代了他(1708—1710年)。青海和塔里木地区的和硕特部统治者,从顾实汗到拉藏汗,与西藏"教廷"的关系有些像丕平和查理大帝与罗马教廷的关系。

由于黄教在中亚和远东事务中的影响是如此重要,和硕特部首领们的这种崇高地位必将会遭到嫉妒。卡尔梅克人的另一支部落,即绰罗斯部,已经成为准噶尔地区最重要的一支,他们的目的是要确保本部所拥有的这种关键地位。绰罗斯部首领大策凌敦多卜于1717年进军西藏。连续三个月内,拉藏汗把绰罗斯人堵在纳

[①] 胡特《佛教史》II,248,265(据 Jigs-med-nam-mka),《东华录》,转自考朗特《中亚》第23—25页。舒勒曼《达赖喇嘛史》第133页。W.罗克希尔《拉萨的达赖喇嘛》(《通报》1910年,第7页)。

木措湖以北,后来,由于兵力悬殊而被迫退往拉萨。大策凌敦多卜于12月2日占领拉萨,拉藏汗被赶出拉萨。拉藏汗坚守布达拉宫到最后,以后,他在逃跑时被杀①。于是,和硕特对西藏的保护权结束了;然而,被顾实汗从额尔齐斯河带来的和硕特部民仍然形成了柴达木地区居民中的基本成分,与他们同种族的另外三个部族仍继续生活在青海东北部和西部,以及青海东南部的索克巴地区的鲁仓和拉加寺。

留在斋桑湖附近的额尔齐斯河畔的和硕特人在鄂齐尔图彻辰和阿巴赖两兄弟的统治下遭受了兄弟之间互相倾轧之苦。阿巴赖被打败后迁出该地,并与土尔扈特人争夺乌拉尔河与伏尔加河之间的草原,捉住了土尔扈特首领明楚克(约1670年)。但是,土尔扈特人立即进行了报复,他们捉住阿巴赖,并驱散了他的部落。留在斋桑湖一带的鄂齐尔图受到绰罗斯部首领噶尔丹的攻击,并于1677年被处死,噶尔丹使他的一些部民归顺,而其余的人投奔定居在柴达木和青海地区的和硕特人②。

10. 绰罗斯王朝下的准噶尔王国:巴图尔洪台吉的统治

像土尔扈特部和和硕特部一样,卫拉特部落(或者称卡尔梅克

---

① 胡特《佛教史》II,269。舒勒曼《达赖喇嘛史》第161—170页。罗克希尔《拉萨的达赖喇嘛》(《通报》1910年第20期)。考朗特《中亚》第10页。在梅拉书,XI,216中有精彩的篇章。

② 考朗特《中亚》第37页。

人，或者称准噶尔部，因此这三个名字都指同一族），即绰罗斯人和杜尔伯特人，已经被喀尔喀人赶出蒙古西北部，甚至被推向更远的西方。绰罗斯人在后来成为科布多省的乌布萨泊地区与喀尔喀人的阿勒坦汗进行了一场苦战之后，大约于1620年被迫解散[1]。其中一些人与杜尔伯特部的一部分人一起朝北进入西伯利亚[2]，进入了乌拉拉周围的鄂毕河上游山区，在那里，以后苏联人组成了一个"卫拉特自治共和国"，有的人甚至朝更远的北方，向着今天称为巴尔瑙尔的地区迁移，来到楚麦什河和鄂毕河汇合处。但是，绰罗斯人中的大多数，以及跟随他们的杜尔伯特同盟者，最终在塔尔巴哈台周围，在黑额尔齐斯河、乌伦古河、叶密立河和伊犁河流域定居。绰罗斯人力量的源泉（这种力量维持了他们对另一个卫拉特部的霸权）是他们仍与蒙古的故乡之地保持着联系，而土尔扈特部和和硕特部已经分别迁往里海以北和青海地区。因此，绰罗斯人的可汗们，与他们的杜尔伯特部和辉特部属臣们一起，能够重建卫拉特国，或者像此后将被称呼的那样，准噶尔国。准噶尔一名将指绰罗斯人及其联盟者，即服从绰罗斯诸汗的杜尔伯特部人和辉特部人[3]。

---

[1] 据《俄蒙关系资料》（1607—1636年）第99—105页，阿勒坦汗与卫拉特人的战争不晚于1619年。1620年10月从卫拉特来的人谈到，在他返回乌法之前，阿勒坦汗的军队又攻打卫拉持人，打败卡尔梅克兀鲁思，杀了许多人，俘虏两个台什。在秋明也有关于卫拉特与喀尔喀战争的消息。游牧在秋明郊外的卫拉特人谈到，卡尔梅克人现在都沿卡麦什洛夫河游牧，因为阿勒坦的部众逼迫他们退却。参看《准噶尔汗国史》第146页。——译者

[2] 1621年从托博尔斯克得悉："目前许多台什率卡尔梅克人迁到了西伯利亚各城市附近，现在游牧在伊希姆河上游与托博尔河之间的地区"（《俄蒙关系资料》1607—1636年，第78页）。——译者

[3] 蒙古语dz在卡尔梅克语中转变成z，结果Dzungar（准噶尔）一词变成了Zungar，因此，考朗特拼写成"Soungar"。参看考朗特"蒙古各族的语言"《世界语言》第224页。

第十五章 15至18世纪蒙古境内的最后一批帝国

在前往重新征服蒙古之前,遏制住绰罗斯部民的瓦解,并将他们安置在塔尔巴哈台地区的第一位绰罗斯部首领是哈喇忽剌,据巴托尔德记述,他死于1634年[①]。他的儿子巴图尔洪台吉继承了他(1634—1653年在位),并继续他的事业[②]。他希望把准噶尔人安置在塔尔巴哈台,他在叶密立河畔的和布克赛尔[③](即今楚固恰克)附近建立了一座用石砌成的首都。考朗特说,他有时住在新都城内,有时在伊犁河畔或科布多西南地区扎营,他很乐意隆重地接见外国王公的使者们和西伯利亚巡抚的使者们,这位游牧的武士正在转变成一位立法和发展农业和贸易的王公[④]。

巴图尔洪台吉对游牧地在西起突厥斯坦城,东至伊犁河之间的大帐吉尔吉斯—哈萨克人发动了几次胜利的远征。在反大帐可汗伊施姆的第一次远征期间,他于1635年捉住了该汗的儿子叶汗吉尔。但是,他的俘虏逃走了。1643年,巴图尔再次进攻叶汗吉尔,当时叶汗吉尔已经成为苏丹。在和硕特部首领鄂齐尔图和阿巴赖的帮助下,巴图尔又打败叶汗吉尔,因此,吉尔吉斯这些游牧的突厥人(他们是十分肤浅的伊斯兰教徒,布哈拉的定居各族曾在

[①] 参看《东华录》(考朗特《中亚》第49页引文)。
[②] 洪台吉一词来自汉语"皇太子"。(参看伯希和"'突厥斯坦'评注",《通报》1930年,第44页)。
[③] 和布克赛尔,即今新疆维吾尔自治区和布克赛尔蒙古自治州首府。——译者
[④] 考朗特《中亚》第46页。
巴图尔洪台吉在1640年召开七旗和四卫拉特大会。会上制定了一系列法规,文献中称之为《1640年蒙古—卫拉特法规》。法规的原本落到了伏尔加河卡尔梅克汗国,18世纪发现后,已译成俄文发表。巴图尔洪台吉注意发展农业和手工业。他曾于1638年12月遣使到托博尔斯克,向俄国将军要用于繁殖的母猪十头,公野猪三头,雄火鸡和雌火鸡各一只,以及十只小巴儿狗(参看米勒《西伯利亚史》第二卷,第45页)。这一要求在1642年夏季得到了满足。——译者

他们面前发抖)现在遭到了比他们更灵活的另一些人群的袭击,这些人在种族上是蒙古族,宗教上是佛教徒。由于巴图尔洪台吉是一位虔诚的佛教徒,上文已经提到,他在1638年时如何援助青海和柴达木地区的和硕特部王顾实汗进行神圣战争的情况,这次战争把西藏黄教从它的压迫者手中解放出来①。

11. 噶尔丹的统治(1676—1697年): 准噶尔帝国的建立

根据波兹尼夫的看法,在巴图尔洪台吉于1653年去世时,他的一个名叫僧格的儿子夺取了准噶尔部王位(大约1653—1671年在位)。大约1671年僧格被他的两个兄弟车臣汗和卓特巴巴图尔杀害。② 巴图尔洪台吉的第四个儿子噶尔丹③(生于1645年)曾被送到拉萨的达赖喇嘛处,他在拉萨成了寺院教士。大约1676年,在从达赖喇嘛那里获得了宗教特许权后,他从拉萨返回,杀死他的

---

① 考朗特《中亚》第47页。
② 一个从准噶尔返回库兹涅茨克县的居民向地方当局报告说:"僧格是去年,即178(1670年),被杀,凶手是其同胞兄弟卓特巴图尔,当时是深夜,僧格在帐篷里睡着了。他被杀后,僧格的另一位兄弟噶尔丹聚集重兵杀卓特巴图尔,并打败其兄车臣台什和楚琥尔台什的孩子们。"(中央国家古代文书档案库,西伯利亚衙门卷宗,第623卷,第350页。参看《准噶尔汗国史》第229页)。1670年末僧格被杀与噶尔丹即位的史实在许多俄国文件中得到证实。例如,托博尔斯克的列普宁将军在给莫斯科的一复文中说,1671年末"控制了僧格兀鲁思的格根呼图克图(即噶尔丹)从黑卡尔梅克人的僧格兀鲁思遣使来克拉斯诺亚尔斯克,使者们在聚会厅对阿历克赛说,僧格被他的弟兄巴图尔杀害,而格根呼图克图杀死巴图尔,现在控制了僧格的兀鲁思……"。(参考《准噶尔汗国史》第230页)。——译者
③ 《新疆简史》上册第232页上,噶尔丹是巴图尔洪台吉的第七子,生于1645年(清顺治二年)。——译者

兄弟车臣汗,并赶走了另一位兄弟卓特巴巴图尔,被承认为绰罗斯人的可汗和其他准噶尔部落的宗主①。

噶尔丹的胜利是由于得到了斋桑湖地区的和硕特部汗鄂齐尔图的支持。然而,他于1677年毫不犹豫地转而进攻鄂齐尔图,打败并杀死了他,兼并了他的领土和他的一些部民,把其余的部民朝甘肃方向驱赶。②

这次政变之后,噶尔丹成了一个牢固建立起来的准噶尔国的君主,其疆域从伊犁河到科布多以南,国内有杜尔伯特部人、和硕特部残余和辉特部人——简言之,所有还未迁走的卫拉特人——都很守纪律地服从于绰罗斯人的王室。同样地,成吉思汗曾经把13世纪的所有蒙古人都统一在孛儿只斤部下。既然他在祖传之地塔尔巴哈台周围也有可以随意调遣的可靠臣民,于是,噶尔丹开始征服中亚。

他的第一个行动是在喀什噶尔。在这一地区,宗教和卓家族③日益削弱了察合台诸汗的权力并且狡猾地替代之,或者是将一种穆斯林教权或伊斯兰教神权添加进这个原成吉思汗国内,于是,该地的两个和卓家族,即白山派和黑山派,掌握着实权,前者在喀什城,后者在叶儿羌。大约1677年,察合台末代汗伊斯迈尔起

---

① 巴图尔洪台吉去世与噶尔丹继位之间发生的事件仍有些不清楚。在《东华录》《圣武记》、梅拉书和《中国的记忆》中的记载互相矛盾。考朗特《中亚》第48页注①。

② 考朗特《中亚》,第49页(根据《东华录》)。

③ 和卓一名是伊斯兰教头面人物自我标榜的称呼。他们自称是穆罕默德的后裔。和卓有两种,一种是和卓色伊ешаатасаン一系,他们有证书,能证明他们确属哈里发后裔;另一种是和卓赘巴里一系,他们的证书已经遗失了,因此只能借助于传说和名声来自树和卓的身份。新疆地区的和卓是出于后一种。——译者

而反抗，迫使白山派首领哈司剌·阿巴克和卓逃离喀什。① 阿巴克逃往西藏，在那里他乞求达赖喇嘛的帮助。当人们考虑到佛教的僧侣政治与穆斯林之间的鸿沟时，阿巴克的这一举动可能显得奇怪。但是，在政治领域内，不论哪一种教义，两种形式的教权主义都是一致的。这位"佛教教皇"仍认为他从前的"唱圣歌的童子"噶尔丹会忠实于他的命令，邀请他使穆罕默德的代表在喀什复位。噶尔丹是极其热心地服从他，因为这一使命除了使他能够在喀什噶尔建立准噶尔人的保护国这一事实外，还使他成为喇嘛教会和伊斯兰教会两者的卫道士。

于是，以下事情发生了。噶尔丹顺利地占领了喀什噶尔，他捉住伊斯迈尔汗，并送往伊犁河畔的固尔扎监禁（1678—1680年）。他不仅仅满足于使阿巴克和卓作为喀什长官复位，还侵占了另一支和卓家族、敌对的黑山派的利益，把叶儿羌也给了阿巴克。于是，喀什噶尔成了一个准噶尔人的保护国，在这一保护国内，和卓们只不过是绰罗斯汗的地方官。在阿巴克死后，白山派和黑山派之间又恢复了昔日的争吵时，这一点变得明朗了。准噶尔人监禁了两派首领，即白山派的阿哈玛特和卓②和黑山派的丹尼雅尔和卓，由此达成了总协议。后来丹尼雅尔被选为喀什噶尔长官（1720年），其住地在叶儿羌，但条件是他必须到住在固尔扎的准噶尔洪台吉面前作出谦卑的臣属的表示。此外，准噶尔贵族们在喀什噶

---

① 参考哈特曼 *Chinesisch-Turkestan*（哈雷，1908）第17、45页。巴托尔德"kashgar"条目，《伊斯兰百科全书》第835页；考朗特《中亚》第50页；《圣武记》。

② 阿哈玛特是按照维文的原音的译名，《皇朝藩部要略》《外藩蒙古王公表传》都用此名。但《西域图志》《圣武记》则译成"玛罕木特"。——译者

尔占有广大的领地。

征服喀什噶尔之后（显然在1681年之后），噶尔丹又占有了吐鲁番和哈密，在此以前，吐鲁番和哈密无疑是由东察合台后裔的一支居住。

噶尔丹现在的目标是重写成吉思汗国的史诗。他激励所有蒙古人去参加夺取满族人（这些暴发者的女真族祖先们曾经被成吉思汗打倒过）的远东帝国。"我们会成为曾经由我们统率的那些人的奴隶吗？这个帝国是我们祖先留下来的遗产！"①

为了把蒙古人团结起来，现在，噶尔丹不得不把四位喀尔喀汗纳为他的属臣。喀尔喀汗之间的争吵，特别是扎萨克图汗和土谢图汗之间的敌对，有利于他这样做。他站在扎萨克图汗一边反对土谢图汗，不久就找到了进行干涉的最合法的理由。土谢图汗察珲多尔济的部队，由其弟哲布尊丹巴统率，打败了扎萨克图汗沙喇，沙喇在试图逃跑时被淹死，接着，该军侵入准噶尔领地，杀了噶尔丹的一个兄弟。②

噶尔丹迅速作出反应。1688年初，轮到他入侵土谢图汗领土，在鄂尔浑河支流塔米尔河畔歼灭了土谢图汗军，任其部下掠夺建在哈拉和林的成吉思汗族人的额尔德尼昭寺庙：这是准噶尔人正在取代东蒙古人成为蒙古各族首领的明显标志。从噶尔丹那里逃跑之后，土谢图汗与另外几位喀尔喀汗（其中包括被土谢图汗杀死的末代扎萨克图汗的兄弟和继承人策妄扎布）逃到库库河屯附

---

① 考朗特《中亚》第54页。
② 考朗特《中亚》第33—34页，55页。

近、即山西西北边境的土默特部境内避难，该地已处于清朝的保护之下，他们恳求满族人康熙皇帝给予帮助。噶尔丹在征服了鄂尔浑河和土拉河地区之后，继续南下到克鲁伦河流域，直达满洲的边境地区（1690年春）。喀尔喀人全境都被准噶尔人征服，从此，准噶尔帝国的疆域从伊犁河一直延伸到贝尔湖。噶尔丹甚至沿着从库伦到张家口之路，冒险向内蒙古进军。

康熙皇帝不可能让这个新的蒙古帝国就在中国的门槛边崛起。他迎战噶尔丹，把他堵在张家口和库伦之间、离北京80里格①的乌兰布通。耶稣会士们为康熙制造的火炮非噶尔丹所能应付，这位新的成吉思汗仓皇失措，逃离喀尔喀境（1690年底）。1691年5月，康熙在多伦诺尔召集会议，会上以土谢图汗和车臣汗为首的喀尔喀部主要首领们承认他们自己是中国——满族帝国的属臣，并同意纳贡，作为对此的回报，他们将得到帝国国库的一笔津贴。他们以个人效忠的纽带进一步承认了他们对清朝的义务，个人效忠后来由于两个家族的联盟而不断加强。在此可以提一下，尽管这种制度是以中国处理"蛮族"的管理经验为基础，但是，它主要是建立在蒙古可汗们附属于满洲大汗的、游牧民对游牧民的形式上。因此，当1912年满清王朝灭亡、中华民国取代之时，蒙古王公们认为他们解除了他们的效忠誓言，宣布独立。

1695年，噶尔丹与清朝之间的战争再次爆发。噶尔丹又穿过喀尔喀境，长驱直入克鲁伦河流域，目的是要与嫩江边的科尔沁人

---

① 考朗特《中亚》第57页，该战斗发生于1690年阴历7月29日（即9月2日）。（一里格等于4.83公里。乌兰布通实际距北京七百里。——译者）

取得联系,他想怂恿科尔沁人摆脱清朝藩属的地位。但是,科尔沁人将此阴谋通报了北京朝廷。1696年春,康熙皇帝率领全军前去讨伐,他们从张家口直逼克鲁伦河,然后沿河而上追击敌人。① 这位准噶尔汗企图避开康熙,但是,康熙的主要将领费扬古率先头部队在土拉河畔追上了他,由于再次使用了火炮和滑膛枪,于1696年6月12日在库伦南的昭莫多打败了噶尔丹。噶尔丹的妻子被杀,她的随从被俘,她的牧民们也留在清军手中。这位准噶尔领导者在损失了半数军队之后,向西逃,而康熙皇帝凯旋地回到北京。清朝的胜利使喀尔喀人重新获得了他们的领地,在第二年夏天,康熙正在准备再发动一场战争把准噶尔人赶回塔尔巴哈台时,得知噶尔丹在病后不久于1697年5月3日已经去世。②

满清帝国从这次胜利中获得的最大利益是在喀尔喀人中建立了一个永久性的保护国。康熙从准噶尔统治下解救出来的四位喀尔喀汗对他是唯命是从,清朝官员住在他们之中,在喀尔喀境内的中心地库伦有一支清朝驻军。此外,在世界观上康熙仍是地道的满族人,能够理解游牧民的心理,慎重地避免干涉东蒙古人的民族组织。他尊重该地区内原部落、军事和行政的划分,即划分为扎格兰(议会或盟),爱马克(部或军团),库西昆("旗")和苏木("箭"或"骑兵中队")。③

在鄂尔多斯人中也发生了类似的事情。老莫斯特尔特记道:

---

① 在这次战争中,与康熙帝一起的有佩尔·热比荣,梅拉书(XI,95节及其后)生动的描述就是他提供的。
② 考朗特《中亚》第56—63页。
③ 德利《蒙古语》《世界语言》第221页)。

"各部按满族八旗的模式分编成为旗,尽管大多数部落仍由原统治家族的王公们统治,但是一些部落,如察哈尔部和归化城的土默特部失去了他们的首领,处于满族官员的统治之下。……属于同一旗中的个人又分属一定数量的苏木之中,依次又分为若干营,苏木受制于章京,营由扎兰统领,这一体制致使贵族(台吉,来自太子)与其部属之间团结的纽带松弛了,缩小了曾经使这些贵族与平民(哈拉抽)区别的鸿沟"。①

从疆域的观点来看,康熙帝由于劝哈密的穆斯林王公、阿布杜拉·塔尔汗伯格承认了他的宗主地位,从而控制了新疆南部商路的起点。

12. 策妄阿拉布坦统治下的准噶尔汗国(1697—1727年)

康熙皇帝满足于已经确立了的对喀尔喀人的保护权,这一保护权又因噶尔丹的死而得到保证,他没有打算征服塔尔巴哈台的准噶尔国。他任随噶尔丹的侄子、僧格之子策妄阿拉布坦登上了绰罗斯部王位。况且,噶尔丹一度曾企图处死策妄阿拉布坦,最后,策妄阿拉布坦反叛了他的叔叔,②因此,北京朝廷认为准噶尔各部现在是由中国的一位盟友在统治。事实是,如考朗特清楚地

---

① 莫斯特尔特《鄂尔多斯地区》第221页以下。
② 噶尔丹把他的前任僧格的长子策妄阿拉布坦视为眼中钉,一直想除掉他。策妄阿拉布坦于1688年与僧格的7位旧臣逃到额林哈毕尔噶山(今尼勒克、和静北界之依连哈比尔尕山),后又迁往博尔塔拉。——译者

第十五章　15至18世纪蒙古境内的最后一批帝国

指出,策妄阿拉布坦在采取他叔叔的反中国的政策之前,需要巩固他在塔尔巴哈台和伊犁地区的地位。伊犁地区对于新汗将具有特殊的利益,他似乎选定固尔扎为他的都城,把叶密立城留给他的兄弟大策凌敦敦罗卜。[①]

在伊犁河地区,准噶尔人的霸权与吉尔吉斯—哈萨克人发生了冲突。[②] 吉尔吉斯—哈萨克人是一支信奉伊斯兰教的突厥族游牧民,他们统治着从巴尔喀什湖到乌拉尔河之间的地区。他们的三个部之间保持着某些松散的联系,但仍服从于同一个汗,即头克汗(死于1718),据巴托尔德说,头克汗被看成是其民的立法者。[③] 在他的统治下,这些终年过着游牧生活的人有了一些小规模的组织,并开始稳定。大约自1597—1598年起,在泰外库勒汗的统治下,吉尔吉斯—哈萨克人就从乌兹别克人即布哈拉的昔班汗国手中夺取了突厥斯坦城和塔什干城。一百年以后,头克汗在突厥斯坦城里接见来自俄国(1694年)和卡尔梅克人(1698年)的使者。[④] 由于头克汗处于如此强大的地位,他能够利用由于准噶尔人与中国冲突在准噶尔人中所产生的混乱,他毫不犹豫地让人处死了大批准噶尔使者,尤其恶劣的是,还杀害了随行的500人。[⑤]

---

① 参考考朗特《中亚》第64、67页。
② 在噶尔丹统治时期,准噶尔就吞并了哈萨克,并提到准噶尔在塔什干派了官员:"塔什干城内,向日驻扎回人阿奇木一员,厄鲁特哈尔罕一员。此系策妄阿拉布坦时相沿旧制。"——译者
③ 头克汗是哈萨克族历史上著名的人物之一。据说,他把哈萨克古老的氏族习惯集中起来,首次著之于法,被称为《头克法典》。——译者
④ 参看巴托尔德在《伊斯兰百科全书》上的"吉尔吉斯"条目,第1085页。考朗特《中亚》第65页。
⑤ 考朗特《中亚》第66页,根据《东华录》。

17世纪末发生在伊犁河和锡尔河之间草原一角的这桩杀害使团所有成员的事件,显然是游牧部落间的另一种斗争。然而,在它的后面掩盖着的是古老的种族冲突和宗教冲突。西部的草原帝国是属于突厥人呢还是属于蒙古人呢?是属于穆斯林呢还是属于佛教徒呢?正是后者最终取得了胜利。策妄阿拉布坦进攻头克汗并打败了他(1698年)。中帐首领布拉特汗于1718年继承了头克汗,他甚至更不走运。准噶尔人从吉尔吉斯—哈萨克人手中夺取赛拉木城、塔什干城和突厥斯坦城(1723年)。吉尔吉斯—哈萨克人的三个部落因战败而分裂,各自东西。大帐和中帐的一些首领们承认了策妄阿拉布坦的宗主权;喀喇吉尔吉斯人,或者说伊塞克湖边的布鲁特人也承认了策妄阿拉布坦的宗主权。策妄阿拉布坦还维持了其前任噶尔丹所确立的准噶尔人对喀什和叶儿羌的统治。在北方,其兄弟大策凌敦罗卜(其统治地在斋桑湖和叶密立)率军攻打俄国人,曾一度使俄国人退出了叶尼塞河畔的雅米谢威斯克(1716年)要塞。1720年春,一支俄国惩罚性的远征军与策妄阿拉布坦之子噶尔丹策零在斋桑湖附近发生冲突;尽管双方武器悬殊:弓箭对付火器,但是,噶尔丹策零还是成功地率2万准噶尔战士堵住了俄国人。斋桑湖盆地仍是准噶尔人的领地。俄国与准噶尔人的边界最终固定以乌斯季卡缅诺哥尔斯克要塞为界,该要塞是俄国人于当年(1720年)在叶尼塞河畔、北纬50°处建立的。①

策妄阿拉布坦未待西部的帝国巩固,就在东部开始实行其叔叔噶尔丹的反满清中国的政策。西藏教会中发生的政治—宗教的

---

① 考朗特《中亚》第68页。清朝文献称"铿格尔图拉"。——译者

17—18世纪的北亚

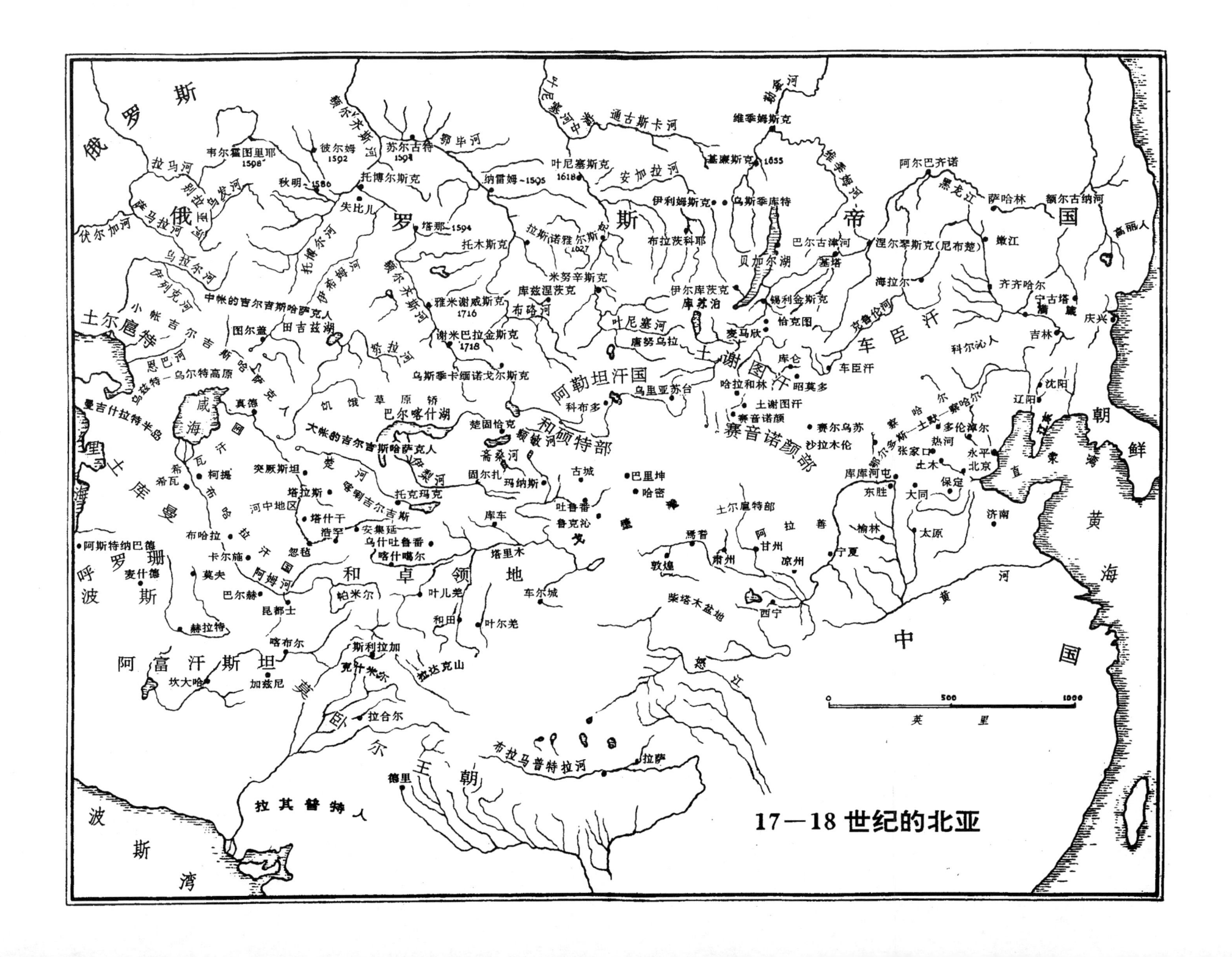

第十五章 15至18世纪蒙古境内的最后一批帝国

动乱给了他机会。自从达赖喇嘛阿旺·罗卜藏于1680—1682年间去世以后,喇嘛教会一直被世俗的第巴桑结嘉措操纵。他为所欲为,先以已故达赖喇嘛(他公开宣称这位达赖喇嘛仍在世)之名统治,后来(1697年)他又在他指定为新达赖喇嘛的一个幼童的名义下进行统治。① 第巴桑结嘉措站在准噶尔人一边反对中国。康熙煽动青海地区的和硕特部拉藏汗反对他,拉藏汗于1705—1706年进入拉萨,处死桑结嘉措,废黜年幼的达赖喇嘛。② 在使用了一些复杂计谋之后,拉藏汗和康熙提名了新的达赖喇嘛,并得到中国的正式批准(1708—1710年)。

策妄阿拉布坦心怀叵测地注视着这些变化,西藏教会在蒙古的精神影响是太强烈了,他不能让清朝利用它。大约1717年6月,他派其弟大策凌敦多卜率军入西藏。大策凌敦多卜从和阗出发,经过空前大胆的翻越昆仑山和荒漠高原的行军,然而直奔那曲地区,在那里有和硕特部拉藏汗,即中国一方的代表,他正在打猎娱乐。虽然拉藏汗受到袭击,但是,他还是在那曲和腾格里湖之间的一个隘口(肯定是在桑雄拉关隘)堵住了敌人,直到10月,当他被迫撤往拉萨时,大策凌敦多卜军尾追着他。1717年12月2日,叛乱者们向大策凌敦多卜打开了拉萨的大门,准噶尔军连续三天屠杀了中国方面的所有支持者们(无论是真的还是被怀疑的)。拉萨汗曾试图守住布达拉宫,后来在逃跑时被杀。圣殿布达拉宫遭

---

① 西藏的达赖五世去世后,第巴桑结嘉措秘不发表,专政多年。康熙皇帝于1696年讨伐噶尔丹时,得知这一情况,便致书责问桑结嘉措,桑结嘉措于同年立仓央嘉措为六世达赖,以其名进行统治。——译者
② 参考胡特《佛教史》II,269;舒勒曼《达赖喇嘛史》第161—170页。罗克赫尔的"拉萨的达赖喇嘛"(载《通报》,1910年第20—36页)。梅拉书 XI,216。

到掠夺。考朗特惊奇地发现,准噶尔人,这些虔诚的喇嘛教徒,洗劫他们自己的宗教圣城,而以掠夺来的宝物去装饰固尔扎的喇嘛寺庙,然而,中世纪基督教世界的威尼斯人在亚历山大堡和君士坦丁堡的行为不也是如此吗?并且,"遗骨之战"不正是可以追溯到佛教的初期吗?

与此同时,康熙不愿意让准噶尔人占有西藏,或者说,他不能容忍一个其疆域从斋桑湖和塔什干延伸到西藏的准噶尔帝国存在。1718年,他命令四川长官进军西藏,但是,这位长官在到达那曲时被准噶尔军击败杀死。1720年,另外两支清军入藏;一支又从四川进军,另一支从柴达木进入。第二支军打败了准噶尔军,这些准噶尔军在西藏已经引起了藏民们的仇恨,现在(1720年秋)被迫仓皇逃出西藏。大策凌敦多卜带着不到半数的军队退回准噶尔地区。一位亲清政府的达赖喇嘛被扶上位,两位清朝高级官员被派到西藏;担负着操纵黄教政策的任务。[①]

策妄阿拉布坦在戈壁地区也不走运,他的军队未能从清朝驻军手中夺取哈密(1715年)。现在轮到清军发起攻势,于1716年占领巴里坤。然后,两支清军分两路进攻策妄阿拉布坦,一支从巴里坤出发;另一支的活动在更北方,他们占领吐鲁番,并于1720年底,又在乌鲁木齐打败准噶尔军。虽然中国人未能久留在乌鲁木齐,但是,他们在吐鲁番设立了一个军屯区。注意到以下事情是很有趣的,即吐鲁番的穆斯林反对准噶尔人的统治的起义,便利了清

---

① 参考考朗特《中亚》第77页(根据《东华录》);舒勒曼《达赖喇嘛史》第171页;罗克赫尔"拉萨的达赖喇嘛"(《通报》,1910年,第38—43页);海涅士的"中国历史节译:厄鲁特侵入西藏"(《通报》1911年第197页。)

第十五章　15至18世纪蒙古境内的最后一批帝国

朝的行动。①

有过远征尝试的康熙皇帝很可能将会发动对准噶尔本地的征服,但是,他于1722年12月去世,他的儿子、不爱习武的雍正继位,使清朝廷于1724年与策妄阿拉布坦议和。② 然而,这次和平只不过是一次休战而已。因为当策妄阿拉布坦于1727年底去世前,他已经通过占领吐鲁番又恢复了对清朝的攻势,吐鲁番的穆斯林居民已逃到中国境内的敦煌。

13. 噶尔丹策零的统治(1727—1745年)

策妄阿拉布坦之子噶尔丹策零继位。新准噶尔王从一开始就表现出对中国非常的敌视,以致雍正皇帝于1731年与他们重新开战。一支清军从巴里坤前往乌鲁木齐,③击溃了集结在那儿的敌军。但是,清军没有留在乌鲁木齐。再往北,另一支清军一直来到科布多,甚至越过科布多、进入了准噶尔腹地;④但在两个月之后被击败,几乎全军覆没,雍正皇帝灰心丧气,下令军队撤出科布多和吐鲁番两地。

噶尔丹策零企图利用清军这次失败,派其叔叔大策凌敦多卜入侵喀尔喀境。⑤ 大策凌敦多卜从已经得解放的科布多出发,一直推进到克鲁伦河,但是,喀尔喀人进行了坚决的抵抗,他们

---

① 考朗特《中亚》第79页(根据《东华录》)。
② 上引书,第84页上认为,该事大约在1724年已经发生。
③ 1731年阴历7月(即8月)。
④ 1731年夏,阴历5月(即6月)。
⑤ 1731年阴历10月(即11月)。

在拜塔里克河、土拉河和翁金河的各渡口设防(据《东华录》记),准噶尔人在1731年底以前都未能在喀尔喀立住脚。1732年春,那些离开乌鲁木齐前往哈密去驱逐清朝驻军的准噶尔人没有取得大的进展。同年夏末,一小支正在进攻喀尔喀部境内的准噶尔军在和林附近受到一位喀尔喀王的突然袭击,部分人被杀。① 现在轮到清军采取攻势。他们于1733—1734年夺取地处杭爱山中心的乌里雅苏台,兵锋直至黑额尔齐斯河。甚至科布多也被夺回。②

清朝尽管取得了这些胜利,并且明显地仍占领着(也许是暂时)乌里雅苏台和科布多,但是雍正皇帝于1735年提出与噶尔丹策零缔约,通过该条约,中国将保留杭爱山以东地区(即喀尔喀部境),而准噶尔人将得到该山脉以西和西南地区(即准噶尔和喀什噶尔)。在此基础上达成了不言而喻的休战协议,雍正去世(1735年)以后,其子、继承人乾隆皇帝于1740年认可了这一条约。这次和平一直维持到1745年底噶尔丹策零去世时。③

14. 清朝合并准噶尔地区

噶尔丹策零去世后,紧接着是准噶尔国内的动乱时期。噶尔丹策零之子策妄多尔济·那木扎尔(约1745—1750年在位),是一个放荡而残忍的年轻人,他被贵族们弄瞎了眼关在阿克苏。众人

---

① 1732年阴历8月5日(9月23日)。
② 根据《东华录》,摘自考朗特《中亚》第86页。
③ 考朗特《中亚》,第87—89页。

不服新汗喇嘛达尔札(1750—1753年在位)的统治。① 已经臣服于绰罗斯部洪台吉一个世纪之久的杜尔伯特部、和硕特部和辉特部威胁要摆脱绰罗斯部而独立。统一丧失了,准噶尔国也随之而消失。最后在1753年,一位名叫达瓦齐的能干首领、即策凌敦多卜的孙子,在辉特部王、噶尔丹策零的女婿阿睦尔撒纳的支持下,进军固尔扎,处死了达尔札。② 达瓦齐被拥立为汗(1753—1755年在位)后,现在不得不与他昔日的盟友阿睦尔撒纳展开了争夺,阿睦尔撒纳住在伊犁河畔,表现得俨然像一位独立的王公。达瓦齐打败并驱逐了他。

阿睦尔撒纳与辉特部、杜尔伯特部与和硕特部的许多首领一起逃到清朝境内避难(1754年),在那里,他为乾隆皇帝效劳。乾隆在热河隆重地接见了他,把他置于自己的保护之下,并于1755年春,由满族将军班第率清军护送他返回准噶尔。班第兵不血刃地进入固尔扎。达瓦齐逃走,但其后不久在阿克苏被发现,并被交给班第,班第把他送到北京,他受到乾隆皇帝的优待,1759年他在北京善终。③

与此同时,清将班第现在作为抚远大将军驻守固尔扎,他立即宣布准噶尔人政治上解体,并且给绰罗斯部、杜尔伯特部、和硕特部和辉特部各部都提了一位汗王的名,阿睦尔撒纳原希望至少可以获得达瓦齐遗产的一部分,现在非常失望。班第为控制他的愤

---

① 噶尔丹策零死后,留下三个儿子:长子达尔札是个喇嘛,因是婢女所生,故众不服,后被阿睦尔撒纳杀死。——译者
② 达尔札被处死和达瓦齐被立为汗是在1753年阴历5月(6月2日起)以前。考朗特《中亚》第99页,据《东华录》记。
③ 《东华录》第99—103页。

怒,强迫他前往北京。然而,阿睦尔撒纳在途中逃跑,返回固尔扎,煽动准噶尔人反对清统治。班第已轻率地缩减了他的军事力量,现发现自己已被敌人包围,因毫无被营救的希望而自杀(1755年夏末秋初)。①

一位名叫兆惠的能干的满族将军挽救了这一形势。1756年冬天,他被围在乌鲁木齐,他一直坚持到从巴里坤来的援军的到来。1757年春,他深入塔里巴哈台的叶密立河畔,而另一些清军被派去收复固尔扎。阿睦尔撒纳四面受敌,逃到西伯利亚俄国人那里避难(1757年夏季)。②

到此,准噶尔人的独立结束了。广言之,准噶尔地区,即科布多地区、塔尔巴哈台、伊犁流域或称固尔扎省直接并入中国帝国。甚至该地区居民成分也发生了变化。准噶尔人民,主要是绰罗斯部民和辉特部民(杜尔伯特部遭受的磨难较轻)几乎全部被根除。清朝以来自各地的移民充实其地,其中有吉尔吉斯—哈萨克人,来自喀什噶尔的塔兰奇人,或穆斯林,来自甘肃的东干人(或回民),察哈尔和喀尔喀居民,图瓦族的兀良哈人(或称索约特人),甚至有来自满洲的锡伯族和高丽族移民。1771年,另一批移民即土尔扈特人来到,土尔扈特在其汗渥巴锡率领下,离开伏尔加河下游,又返回故地伊犁流域。乾隆皇帝在北京接见了渥巴锡,并给予最隆重的欢迎,并为他疲惫不堪的人民提供粮食,同年,把他们安置在

---

① 班第于1755年阴历8月29日(即10月4日)自杀,据《东华录》记,第105—106页。
② 有关这次斗争的资料来自《东华录》,这次战争是采用游击战和反游击战的形式,伴随着清军采取的残酷镇压的方式(《东华录》,第106—114页)。

固尔扎东部和南部,在裕勒都斯河谷和乌伦古河上游河谷,[1]在那里,他们有利于填补因他们的兄弟部落绰罗斯部和辉特部被消灭而造成的空地。

15. 西蒙古人的厄运

准噶尔汗国的灭亡结束了蒙古人的历史。如果按狭义上的蒙古人一词而言(即把那些有可能是,或者肯定是属蒙古种的古代民族,如柔然和契丹,排除在外),真正蒙古人的历史始于12世纪末,是随着成吉思汗而开始的。很快蒙古人就达到其顶峰,成吉思汗在当选为汗之后只需要20年(1206—1227年)就统一了草原,并开始对中国和伊朗采取行动。在以后的50年里,继续征服了中国和伊朗的其余地区,除印度以外(由于山脉的阻碍,印度自成一大陆),蒙古帝国成了囊括亚洲大陆的帝国。这种统治的崩溃几乎像它的崛起一样迅速。到1360年时,蒙古人已经丧失了中国和伊朗,事实上也失去了河中,他们在亚洲所保住的是蒙古地区和蒙兀儿斯坦,后来蒙兀儿斯坦构成了中国新疆塔里木盆地的北部。

不过,成吉思汗国的征服和成吉思汗帝国只是由东蒙古人完成的,即生活在鄂嫩河、克鲁伦河和鄂尔浑河畔的那些蒙古人。西蒙古人,即卫拉特人或卡尔梅克人,以同盟者的身份汇入了成吉思汗史诗之中,只起着从属的作用。结果,在灾难性的羞辱(在成吉思汗后代的心目中,蒙古人被赶出中国是从未有过的

---

[1] 《东华录》第137页,参考阿尔伯特·赫尔曼的《中国地图集》第67图。

丢脸)之后,西蒙古人试图从衰落中的东蒙古部落手中夺取草原帝国,像成吉思汗一样,完成对中国的征服。他们几乎获得了成功,因为他们于1449年捉住明朝皇帝。但是,由于他们从未能攻占北京,他们的胜利没有产生任何效果。不到50年之后,第一卫拉特帝国就崩溃了,随着达延及其孙子阿勒坦汗的出现,在东蒙古一个令人吃惊的成吉思汗国复辟了。这一复辟汗国当时给人们造成了很深的印象,致使中国人认为成吉思汗时代又来到了。然而,正像阿勒坦不是忽必烈一样,达延也不是世界征服者,这个复辟汗国在西北部几乎没有超过科布多,在东南部几乎没有越过长城,并且,汗国末期已把精力转向宗教目标,正处于蒙古人全面皈依西藏黄教的佛教的高峰。觉醒中的蒙古精神又蛰伏于喇嘛祈祷者的哞哞声中。清朝将顺利地驯服这些沉湎于祈祷中的僧侣似的武士们。

因此,主角又落到了西蒙古人身上,他们处在阿尔泰山荒凉的山谷之中,仍然十分顽强好战。17世纪初,他们卷入了扩张的大浪潮中。土尔扈特人跟随着拔都即金帐汗国的脚步,向南俄罗斯、阿斯特拉罕附近的伏尔加河下游迁移。和硕特部居住在青海,其统治一直达到西藏的拉萨。绰罗斯部,或称准噶尔部,统治着从俄国的西伯利亚边境,一方面到布哈拉汗国边境,另一方面到中国边境之地,还统治着从科布多到塔什干和从科布多到克鲁伦河之间的地区。他们的"都城"、科布多和固尔扎,似乎注定要取代和林。况且,作为时代的标志,他们已经掠夺了成吉思汗圣殿。首先是由于噶尔丹采取的政治活动,后来又由于策妄阿拉布坦和大策凌敦多卜进行的战争,他们已经成了拉萨的统治者。在拉萨,喇嘛教的

第十五章 15至18世纪蒙古境内的最后一批帝国　　729

宗教权力也在他们的操纵之下。在喀什和叶儿羌，和卓们（伊斯兰教牧师）同样也成为他们手中的工具。在一百多年中，他们一直是亚洲大陆的真正主人。他们的领导者，巴图尔洪台吉、噶尔丹、策妄阿拉布坦，噶尔丹策零，都显示出是足智多谋的政治家，勇敢而有远见，同样又是顽强的战士，善于使用马上弓箭手们无处不在的极端灵活性，弓箭曾使成吉思汗赢得了胜利。这些都接近了成功。他们如何才能避免失败呢？这要靠他们早几年出现，即出现在满族统治把新的活力和军事结构带到旧中国以前。明朝晚期的中国已经十分腐朽，以致任何民族（蒙古人、日本人、或满族）都可能夺取它。但是，一旦满族王朝牢固的登上天子的王位，中国又注入了新的生命，又继续了150年。第一批满族皇帝们是明智和积极的，他们摆脱了陈腐偏见，为这个国家的更新作出了一系列努力，耶稣教会神父们为他们制造的大炮对此作了证明。噶尔丹和策妄阿拉布坦，这些与成吉思汗精神一致，而又与路易十四同时代的人，即前一个时代的落伍者们，既要对付东戈壁的清朝的大炮，又要对付叶尼塞河畔俄国人的火器。这是13世纪与18世纪的碰撞，这种较量是不平等的。最后，一个蒙古帝国在它崛起的时候就衰落了，因为它是一个历史上不合时代的帝国。

16. 清朝合并喀什噶尔

喀什噶尔以叶儿羌为都，于1775年前，在黑山派和卓家族的统治下形成了一个伊斯兰教国家，成为准噶尔诸汗实际的保护国。黑山派丹尼雅尔和卓去世之后，准噶尔汗噶尔丹策零（1727—1745

年)把死者的领地分给和卓的四个儿子:札甘得到叶儿羌;玉素甫分得喀什;阿优布在阿克苏行使统治;阿布德·阿拉赫占有于阗。在准噶尔觊觎王位者们的内战时期,热诚的穆斯林玉素甫趁机使喀什噶尔摆脱了"异教"的宗主(1753—1754年)。在阿睦尔撒纳还与清将班第和好的时候,于1755年计划以释放另一个和卓家族,即黑山派的宿敌白山派,以平息黑山派的叛乱,自1720年起,白山派已经被准噶尔统治者半监禁似地围在固尔扎。① 白山派首领包尔汉丁(即大和卓)和他的弟弟霍集占(即小和卓)热情地接受这一计划。包尔汉丁率领从阿睦尔撒纳和清军那里借来的一小支军队,先后从黑山派手中夺取了乌什·吐鲁番、喀什,最后夺得叶儿羌,也就是说,夺取了整个喀什噶尔。

包尔汉丁和霍集占一旦占领了喀什噶尔,就利用阿睦尔撒纳与清朝政府之间刚刚爆发的战争宣布独立,摆脱了准噶尔人和清朝的控制。他们屠杀了一支清军(1757年春末)。② 但是,好景不长,当中国人兼并准噶尔地区后,他们转而对付大、小和卓。1758年一支由兆惠将军率领的清军从伊犁河南下到塔里木。霍集占在库车附近被打败后,躲到叶儿羌,在那里,他进行了顽强的抵抗。③ 与此同时,包尔汉丁蜷缩在喀什,经过一场艰苦的围攻战(清军在围攻期间,反遭到包围),在1759年初,由于富德派来援军,兆惠才能重新采取攻势。叶儿羌首先投降(尽管不是在霍集占逃跑之

---

① 白山派首领阿哈玛特曾因反抗准噶尔被噶尔丹策零拘禁在伊犁,他死后,他的儿子们,即大、小和卓仍被囚禁在伊犁。——译者
② 大、小和卓叛乱时,清派副都统阿敏道率一百多人前往招服,大、小和卓不但不服,反杀阿敏道一百多人。——译者
③ 该事发生于1758年阴历5和6月(即6和7月)。

前);接着喀什投降,同样,也是在包尔汉丁离去之后(1759年)。①

大、小和卓都逃到巴达克山避难,尽管有穆斯林的团结一致,但是,地区酋长慑于中国的威力,他处死了这两位逃难者,并把霍集占的首级送给清军将领富德。② 兆惠将喀什噶尔并入满清帝国(喀什噶尔成了满清帝国的"新的边疆地"即新疆),兆惠在处理穆斯林居民中表现得十分老练。

乾隆皇帝对伊犁流域和喀什噶尔的吞并,标志着实现了中国自班超时代以来的18个世纪中实行的亚洲政策所追随的目标,即定居民族对游牧民族的、农耕地区对草原的还击。

---

① 1759年阴历6月(即8月)清军占领喀什。关于这些事件,《东华录》是最好的史书。参看考朗特《中亚》第115—120页。
② 参看阿不都·哈林书,舍费尔译本《中亚史》第285,286页。

索　引

（索引页码是原书页码，即本书边码）

Aachen［地］亚琛，见 Aix-la-Chapelle
Abagha［族］阿巴噶部，517
Abakan［地］阿巴坎草原，558 注
Abakhai［人］阿巴亥（努尔哈赤之子），517，518
Abaqa［人］阿八哈，296，304，305，333，334—335，366—372，398
Abares, Abaroi［族］阿瓦尔人，见 Avars
Abatai［人］阿巴台，512
'Abbas (the Great)［人］阿拔斯大帝，485
Abbasids (Baghdad caliphate)［朝］阿拔斯王朝（巴格达哈里发王朝），xxx，141，147，150，151，158，169，189，237-238，245，261，269，282，312，349，353，354-356，357，359，398
Abbaswali［人］阿布兹瓦力沙，421
'Abd al-'Aziz［人］阿布阿兹，488
'Abd al-Karim［人］阿布都·哈林，500
'Abd-Allah［人］阿布都拉（死于 1452 年），460
'Abd-Allah［人］阿不德·阿拉赫（活跃于 1750 年），541
'Abd-Allah II (1557-98)［人］阿不德·阿拉赫二世，485，487
'Abdallah ibn-Qazghan (Mirza 'Abdallah)［人］米儿咱·阿布达拉赫，343，345，409
'Abd-Allah Tarkhan-beg［人］阿布杜拉·塔尔汗伯格，531
'Abd al-Latif［人］阿不都·拉迪甫（死于 1450 年），460
'Abd al-Latif［人］阿不杜拉迪甫（拉失德的长子）（活跃于 1540 年），499
'Abd al-Malik I,［人］阿布德·阿尔-马立克一世，143
'Abd al-Malik II［人］阿布德·阿尔-马立克二世，144
'Abd al-Mu'min［人］阿布德·穆明，485，486
'Abd ar-Rahman［人］奥鲁剌合蛮，268，271-272
'Abd ar-Rashid［人］阿不都·拉失德，499-500
'Abd ar-Razzaq［人］阿布德·拉扎克，390
'Abd ar-Razzaq Samarqandi *Matla' es-sa'dein*,［书］《两幸福之会合》作者阿布德·拉扎克·撒马尔干第，459，624 注
Abeskun［地］阿贝什昆，240
'Abish-khatun［人］阿必失可敦，366
Ablai (Ablai-taiji)［人］阿布赖台吉，522，523，525，526
Abraham, Mar［人］马·雅巴拉哈，见

Mar Abraham

Abramovka［地］阿布拉莫威卡，4

Abu'Ali［人］阿布·阿里，143-144

Abu Bakr［人］阿布·巴克尔(1231-60)，353，354，359

Abu Bakr［人］阿布·别克尔(活跃于1298年)，335

Abu Bakr［人］阿布·巴克尔(活跃于1403年)，435，451，456，458

Abu Bakr［人］阿布·巴克尔(活跃于1460-1514年)，494，495，497

Abu'l Faiz［人］阿布勒费兹，486

Abu'l Fath Muhammad［人］阿布儿·法斯·穆罕默德，588注

Abu'l Ghazi,［人］阿布·哥志，486

Abu'l Ghazi Bahadur, *Shajare-i Turk*,［人］阿布哈齐,《突厥世系》，214，252，406，487-488

Abu'l Khair［人］阿布海儿，460，479，480-481，489，615注

Abu'l Muzaffar Yusuf［人］阿布儿·穆扎菲·玉素甫，588注

Abu Sa'id［人］不赛因(1317-34年)，387，389，396

Abu Sa'id［人］卜撒因(死于1469年)，460-462，463，464，479

Achaemenids［朝］阿赫门尼德王朝，9，12，13，15，28，545注-546注

A-chu［人］阿术，286-287

Acre［地］阿迦，305，349，360，363，364，373

Adai［人］阿台，505，506

Adaj［地］阿台，254，392

Adana［地］阿达纳，370

Adrianople［地］亚德里亚堡，157，174，184

Adriatic［地］亚德里亚，267

Adzai［人］阿占，506

Aëneolithic period［专］铜石并用时期，5

Aetius［人］埃提乌兹，76

Afghanistan［地］阿富汗地区(参看伽色尼王朝,古尔王朝,克尔特人)，346，409，411，412，414，419，429，456，457，487；参见 Ghaznavids；Ghorids；Kerts

Agni［地］焉耆(喀拉沙尔)，见 Kara Shahr

A-ha-ma［人］阿哈马·费纳客式，见 Ahmed (1486/87-1503)；Ahmed Fenaketi

Ahmed［人］阿黑马德(活跃于1089年)，147，153

Ahmed［人］帖古迭儿(活跃于1282年)，见 Tekuder

Ahmed［人］阿合木(活跃于约1387年)，431，432，433

Ahmed［人］阿黑麻(活跃于1460-81年)，470-471，489

Ahmed［人］阿黑麻(1469-94)，463，464，494

Ahmed［人］阿赫麦德(A-ha-ma；1486/87-1503)，482，495，496

Ahmed (the Durrani)［人］阿黑麻，488

Ahmed al-Khalidi［人］阿赫麦德·哈里迪，377

Ahmed Fenaketi (A-ha-ma)［人］阿合马·费纳客式，297，601注

Ahmed Jelair ibn-Uweis［人］阿合木·札剌儿·伊本·乌畏思，390，429，430，433，434，435，437，447，450，456

Ahmed-khoja［人］阿哈玛特和卓，528

Ahmed Razi［人］阿哈木拉齐，500

Ahura-Mazda［宗］(阿乌兹达神)阿胡拉马兹达神,见 Ormazd

Aibeg［人］艾伯格，348-349

Ai-buqa［人］爱不花，301，302，303，599注

Ailah [地] 伊犁河,见 Ili
'Ain Jalud [地] 艾因贾卢特,364,398,446
'Aintab [地] 加济安特普,447
Ai-sie [人] 爱薛(伊萨),见 'Isä
Ai tängridä qut bulmysh alp bilgä [人] 爱登里啰汩没蜜施合毗伽可汗,122
Aix-la-Chapelle (Aachen) [地] 埃克斯—拉—夏佩勒,175
Ajanta [文] 阿旃陀,51,52,96
'Ajlun [地] 阿杰伦,363
Akcay [地] 阿克恰伊,623 注
Akhshunwar (Akhshunwaz) [人] 阿克希瓦,68
Akhsi [地] 阿赫昔,482,496
Akhtanizovka [地] 阿赫坦尼诺夫卡,16
Akhtuba [地] 阿赫图巴,442
Akmolinsk [地] 阿克摩棱斯克,254,392
Aksaray [地] 阿克萨赖,350,359
Aksehir [地] 阿克谢希尔,382,451
Aksu (river) [地] 阿克苏河,369,398
Aksu [地] 阿克苏城(参看姑墨、拨换城),40,43,44,46,47,95,101,114,344,422,426,460,461,482,493,494,496,497,498,500,537,538,541
Aktyubinsk [地] 阿克纠宾斯克,254,394,440,460,478,480
A-ku-ta [人] 阿骨打,134,136,515-516
'Ala ad-Din [人] 阿拉丁(火炮手,工程师)(活跃于 1272 年),287
'Ala ad-Din [人] (苏丹)阿拉丁(活跃于 1390 年),452,623 注
'Ala ad-Din (Tarmashirin;约 1326-33 年) [人] 答儿麻失黑,341,387
'Ala ad-Din Juvaini [人] 志费尼,见 Juvaini
'Ala ad-Din Kai-Qobad (Kaybobad) I [人] 凯库巴德一世,261

'Ala ad-Din Khilji [人] 阿拉丁·哈勒吉,339,443
'Ala ad-Din Muhammad (Muhammad of Khwarizm) [人] 摩诃末,167-169,234,236-240,244,245,418,589 注
Alaghai-bäki [人] 阿剌该别吉,227,301
Alai [地] 阿赖山,41
Alaka [人] 阿剌加(迪杰拉克),见 Jaylak
Ala-Kul [地] 阿拉湖,424
Al'altun (Altun-bäki) [人] 阿勒屯别吉,234,330
Alamut [地] 阿剌模式,354,364
"A-lan [地] 阿兰塞,"210
Alan-qo'a [人] 阿兰豁阿,193
Alans (As; Asod) [族] 阿兰人(阿速人),29,72,73,74,75,78,172,246,265,281,304,402,442,503,504,505,552 注,559 注;参见 Asianoi;Asioi
Alaqmaq [地] 阿拉喀马克,272,273,394
Alaqush-tigin [人] 阿剌忽失的斤,213,227,250,301
Alashan [地] 阿拉善,xxii,55,132,226,247
Alatagh [地] 阿拉塔黑,359
Ala-Tau, [地] 阿拉套,xxiii,272,423
Alba-Iulia [地] 阿尔巴尤利亚,267
Albatu [专] 部属,530-531
Albistan [地] 阿尔比斯坦,370
Alchidai (Alchidai-noyan) [人] 阿勒赤歹,210,215-216
Alchi Tatar [族] 按赤塔塔儿部,208
Alchun [族] 金人,见 Kin
Aleksandrov [地] 亚历山德罗夫,246
Aleppo [地] 阿勒颇,152,154,155,349,360,361,362,365,371,382,398,447
Alexander (mountains) [地] 亚历山大山,见 Krighiz
Alexander Nevsky [人] 亚历山大·涅维

斯基,395
Alexandretta [地] 亚历山大里塔,155
Alexandria [地] 亚历山大里亚,398,533
Alexandropol [地] 亚历山大堡,10,16
Alexius Comnenus [人] 阿历克塞·科蒙勒努斯,184
Alghu (Alughu) [人] 阿鲁忽,286,331-332,336,397,420
'Alim [人] 爱里木汗,488
Alima [人] 爱里马丞相,629 注
'Ali Mu'ayyad [人] 阿里·穆雅德,428
Alinjaq [地] 阿林加克,434
'Ali Shir [人] 察儿·阿里·失儿·纳瓦依,见 Mir 'Ali Shir Newa'i
'Ali-tigin [人] 阿里特勤,146,149
Aljigidai [人] 晏只吉带,242
Alma-Ata (Verny) [地] 阿拉木图(韦尔内),422
'Ali (Of Astrakhan;活跃于 1516 年) [人] (阿斯特拉罕的)阿里,473,475
'Ali (Ha-li;活跃于 1473 年) [人] 阿力,494,627 注
'Ali (of Kipchak;活跃于 1501 年) [人] (钦察汗)阿里,471
'Ali (of Meshed;死于约 1513 年) [人] (麦什德的)速勒坦·阿里,见 Sultan 'Ali
'Ali (of Samarkand;活跃于 1498) [人] (撒麻耳干的)阿里,464,481
'Ali (son-in-law of the Prophet) [人] (先知的女婿)阿里,447,448
'Ali beg [人] 阿里别克,428
Almalik [地] 阿力麻里,234,235-236,238,244,282,292,305,312,319,326,331,341,342,353,400
Alp Arslan ibn Chagri-beg [人] 阿尔普·阿尔斯兰·伊本·查基尔拜格,147,152,184

Alp Qutlugh (Ho Ko-tu-lu) [人] 阿尔普·骨咄禄(合骨咄禄),121,122
Alptigin [人] 阿尔普特勤,143
Alquibula'a [地] 阿勒忽不剌,207
Altai (Altun) [地] 阿尔泰山,xxi,xxiii,xxiv-xxv,xxvi,14,18,19,25,39,81,83,93,109,114,189,208,214,215,222,234,235,280,338,424,479,508,540
Altaic languages [文] 阿尔泰语系(参看蒙古语、通古斯语、突厥语),xxv,189,544 注;参见 Mongol language; Tungus languages; Turkic language
Altai-Su [地] 阿尔泰河,214
Altan (Altan-ochigin) [人] 阿勒坦(阿勒坦·斡赤斤),198,202,208,209,211,212,581 注
Altan-khan (khanate) [朝] 阿勒坦汗国,见 Altynkhan (khanate)
Altan-khan (person; Yen-ta) [人] 阿勒坦汗(俺答),510,513-514,520,539,540,587 注
Altan-ordo [朝] 金帐汗国(阿尔坦斡耳朵),见 Golden Horde
Altan uruk (imperial or golden clan) [族] 黄金氏族,217,221
Alti-shahr [地] 阿尔蒂沙尔(喀什噶尔),见 Kashgaria
Altun [地] 阿尔泰山,见 Altai
Altun-bäki [人] 阿勒屯别吉,见 Al'altun
Altun-ordu [朝] 金帐汗国(阿尔浑斡耳朵),见 Golden Horde
Altyn-khan (khanate) [朝] 阿勒坦汗国,512
Altyn-khan (person) [人] 硕垒乌巴什洪台吉,见 Shului Ubasha khongtaiji
Alughu [人] 阿鲁忽,见 Alghu
A-lu-t'ai [人] 阿鲁台,见 Aruqtai
Aman (clemency) [专] 阿门(宽恕),434

Amankoh（Ishkalcha）［地］阿曼科赫堡（伊斯卡察），386，427
Amasanji（Amasanji-taiji）［人］阿马桑赤台吉，493，507，508
Amaterasu［专］（日）天照大神，134
Ambaqai［人］俺巴孩，198，200，228
Amid［地］阿米德（迪亚巴克尔），见Diyarbakir
Ammianus Marcellinus［人］阿米安努斯·马尔克里努斯，74-75，190
Amroha［地］阿姆罗赫，339
'Amr ibn el-Laith［人］阿马尔·伊本·埃－勒斯，142
Amu Darya（Oxus）［地］阿姆河（亚克苏斯河），xxix，30，83，85，142，146，147，158，164，166，167，168，239，240，244，282，331，333，334，340，342，343，345，353，366，393，412，414，418，438，484，485，486，487
Amul［地］阿模尔，429，432
Amur［地］黑龙江，xxvi，192，515，519
Amurdara［人］阿穆尔达喇，629注
Amursana［人］阿睦尔撒纳，537-538，541
Anacargou［地］哈拉－土尔盖河，见Kara-Turgai
Anagai［人］阿纳盖，85，173
Anakast［人］阿纳卡斯特，84
A-na-kuei［人］阿拉环，80，81
Ananda［人］阿难答，294，299，300，321，605注
Ananino［文］安纳尼诺文化，14，15，73
Anapa［地］阿纳帕，16
Anash［地］阿纳什，558注
Anatolia［地］安纳托利亚，152，154，155，157，164，385，387，389
Anchialus［地］安齐阿卢斯，174，177
Anda（sworn brothers）［专］安答（结义兄弟），201

Andalo da Savignano［人］安德鲁·沙维格纳诺，313
Andereb［地］安德里布，343
Andersson, J. G.［人］安德森，13
Andizhan［地］安集延，169，423，426，463，482，492
Andkhoi［地］安德·克霍，168，343
André de Longjumeau［人］安德烈·德·朗朱米，273，349
Andrew（活跃于1290年）［人］安德鲁，见Chagan
Andrew（of Nassio）［人］安德鲁，304
Andrew（of Perugia）［人］（佩鲁贾的）安德鲁，314，605注
Andronicus II［人］安德努尼卡斯二世，374，385
Andronovo［文］安德罗诺沃文化，5
Androphagi［人］安德罗法吉人，10，11
Angaraland［地］安加拉，xxi
Angevins［专］安哲文舰队，374
Anhwei［地］安徽，58，138，287
Ani［地］阿尼，263
Animal art［文］动物艺术，4-5，12-17各处，24-26，50，176，547注
Ankara［地］安卡拉，450，451，452
Anking［地］安庆，287，310
An Lu-shan［人］安禄山，120，128
Annam［地］安南国，284，289，290
Annam, French［地］安南国（法属），见Annam；Champa
An Shih-kao［人］安世高，49
Ansi［朝］安息，47，98
Antes［族］安特人，173
Antioch［地］安条克，40，155，349，360，361
Antiochos VII［人］安提柯七世，31
Anyang［地］安阳，5，8
Ao-lo po-ki-lie［人］阿罗·波吉乃，197-

198
A-pao-ki（Ye-lü A-pao-ki）［人］阿保机，128,129,515
Ap-ili［地］伊犁河流域,423
Aq-khoja［人］阿克霍札,372
Aq-ordu［朝］阿黑・斡耳朵（白帐）,见 White Horde
Aq-Qoyunlu（White Sheep）［朝］阿克科雍鲁朝（白羊王朝）,160,391,459,462
Aqsu［人］（察合台汗）阿克苏,492
Aqsu［地］阿克苏河,见 Aksu
Aqtagh［地］埃克塔山,84
Aqtaghlik［朝］白山派,501,527-528,541
Aquchu（A'uchu）［人］阿忽出,582 注
A Qudu［人］忽都,595 注
Aquileia［地］阿奎洛尼亚,76,78
'Arab Muhammad［人］阿拉不・穆罕默德,487,521
Arad（commoners）［专］阿剌抽（平民）,195,222
Aragon［专］阿拉贡舰队,374
Arakhosia［地］阿拉霍西亚,31
Aral Sea（Lake Aral）［地］咸海,xxix,38,55,67,72,73,80,82,85,126,155,165,166,185,264,335,393,420,521,523
Aramaean language［文］阿拉米亚文,113
Ararat, Mount［地］亚拉腊山,359
Aras（Araxes）［地］阿拉斯,261,347,348,462
Arban（army captain）［专］阿尔班（十夫长）,222
Arbela（Erbil）［地］埃尔比勒,262,368,379,383
Arcadiopolis［地］阿卡迪奥波利斯（卢累布尔加兹）,见 Luleburgaz
Archers（*qorchin*）［专］箭筒士（豁儿赤）,582 注
Archers, mounted［专］马上弓箭手,7,8,

23,75,223,224,553 注-554 注
Ardashir Togachi［人］阿答乞儿・脱花赤,459
Ardebil［地］阿尔德比勒,246
Arghasun（Harqasun）［人］阿尔哈森,608 注
Arghun［人］阿鲁浑,296,304,308,309,313,367,372-376 各处,379
Arghun Agha［人］阿儿浑阿合,269,281,352,376
Argun［地］额尔古纳河,192,207,211,255
Arimaspi［族］阿里玛斯波伊人,547 注
Arin-taize［人］阿林太子,582 注
Ariq-bögä［人］阿里不哥,280,281,285-286,291,331,332,363,397,456
Ariq-qaya［人］阿里海牙,286,287
Arjish［地］阿尔吉斯,见 Ercis
Ärkägün（ärkä'ün；Nestorian priests），［专］也里可温,300,602 注
Arlad［族］阿鲁剌惕部,见 Arulat
"Armalech［地］阿力麻里,"见 Almalik
Armavir［地］阿尔马维尔,16,73
Armenia［地］亚美尼亚,152,431,449；大亚美尼亚,263,430,433；小亚美尼亚（西里西亚）,8,9,263,264,269,271,281-282,305,312,347,360,361,362,363,370,371,379,382,384
Armenians［族］亚美尼亚人,357,358,360,361,362,364,371
Arne W. J.［人］阿勒,24,26
Arnulf［人］阿尔鲁尔弗,178
Arpa［地］阿尔帕,423
Arpad（family）［族］阿尔帕德家族,178
Arpad（9th cent.）［人］阿尔帕德（9 世纪人）,178
Arpagaon（Arpakawan）［人］阿尔巴合温,389

Arqai［人］阿尔凯,588 注
Arran (Karabakh)［地］阿兰（卡拉巴赫）草原,261,262,263,347,348,353,359,430,437,450,462,594 注
Arrian［人］阿里安,547 注
Arshal Atar［地］阿沙尔阿塔,423
Arslan（活跃于 726 年）［人］阿尔斯兰,117
Arslan（1156-72）［人］阿尔斯兰,166,167
Arslan（活跃于 1211 年）［人］阿尔斯兰,234,238
Arslan Ahmed［人］阿尔斯兰·阿黑马德汗,164
Arslan Ilek Nasr［人］阿尔斯兰·伊列克·纳斯尔,144,145,146
Arslan Isra'il［人］阿尔斯兰·伊斯莱尔,149
Arslan-khan（约 1032-55 年）［人］阿尔斯兰汗,147
Arslan-khan（活跃于 1130 年）［人］（哈拉汗朝地区汗）阿尔斯兰汗,159,573 注
Arslan-khan（活跃 1211）［人］阿尔斯兰,见 Arslan
Arslan-shah（1161-75）［人］阿尔斯兰·沙赫,158,159
Artebanus II［人］阿尔班努斯二世,31
Artena-oghlu［族］阿尔特纳—乌鲁氏族,391
Artsakh［地］阿特沙赫,608 注
Arulat (Arlad)［族］阿鲁剌惕部,194,200,223
Aruqtai (A-lu-t'ai)［人］阿鲁台,503,504,505,628 注
Aru-rarja［地］拉加寺地区,见 Lakiashih
As［族］阿息人（参看阿兰人）,见 Alans
Ascelin［人］阿瑟林,348,349
Asha-gambu［人］阿沙甘不,247

A-shih-na Hien［人］阿史那献,114,115
A-shih-na Mi-shö［人］阿史那弥射,103
A-shih-na Pu-chen［人］阿史那步真,103
A-shih-na Shö-eul［人］阿史那社尔,99,100,101-102
Ashkuz［族］斯基泰人,见 Scythians
Ashraf（死于 1343 年）［人］阿失剌甫,389,405
Ashraf, al-（活跃于 1230）［人］阿尔·阿昔剌夫,261
Ashraf Musa, al-［人］阿什拉夫·穆萨,362
Asianoi,29,30,［族］阿息洛伊人;参见 Alans
Asioi,29,30,552 注,553 注［族］阿息人（阿兰人）;参见 Alans
Askys［地］阿什克什河,558 注
Asod［族］阿苏特部（看阿兰人）,见 Alans
Asparukh［人］阿斯帕鲁赫,177
Assassins［宗］暗杀派,见 Isma'ilis
Assur［族］亚述人,7
Assyria［朝］亚述帝国,6,7,8-9,11,12
Assyrian art［文］亚述艺术,4,11-12,13,15
Asterabad［地］阿斯特拉巴德,428,429,464,484,485
Astrakhan (Hajji-tarkhan)［地］阿斯特拉罕,441,442,471,472,473,475,486,521,522,540
Astrakhanids (Janids)［朝］阿斯特拉罕王朝,486,488
Ata (father; as title)［专］阿塔（父亲,一个称号）,316
Atabeg［专］阿塔卑（封建主）,158,169
Atagaroghai［地］阿塔合儿灰（卡拉图尔盖河）,见 Kara-Turgai
At-Bashi［地］阿忒八失河,423
Atelkuzu［地］阿特尔库祖,177,178,181,

182

Atrek［地］阿特里克河,429

Atrek-Kul［地］（巴尔喀什湖）阿特里克湖,见 Balkhash,Lake

Atsiz［人］阿特西兹,159,160,166,573 注-574 注

Attali［朝］阿塔鲁王朝,157

Attila［人］阿提拉,38,75-76,78,248, 267-268

Ätügän (Ïtügän)［地］於都斤山,561 注

A'uchu［人］阿忽出,见 Aquchu

Augsburg［地］奥格斯堡,179

Aulie-Ata［地］奥李·阿塔,见 Talas (town)

Aunjetitz［地］奥涅提兹,4

Aurelian［人］奥列里安,73

Aurel Stein［人］奥瑞尔,斯坦因,见 Stein, Sir Mark Aurel

Aurignacian culture［文］奥瑞纳文化,3

"Aurignacian Venus"［文］奥瑞纳女神像,3

Austrasia［朝］奥地利,173,174

Avak［人］（梯弗里斯牧师）阿瓦克,358

Avares, Avari［族］阿瓦尔人,见 Avars

Avaria［地］阿瓦尔人之地,175-176

Avars (Abares; Abaroi; Avares; Avari)［族］阿瓦尔人,xxiii-xxiv, xxviii, 67, 79,82,84-85,171-177 各处,193,546 注

Avicenna［人］阿维森纳,244

Ayamish［人］阿牙迷失,302

Ayas［地］剌牙思(拉齐卡),见 Lajazzo

Aydin［地］艾登,449,451,452

Ayil (camps)［专］阿寅勒,196

Ayman, aymaq (tribes or army corps)［专］爱马克(部,或军团),516,530

Ayoshka［地］阿约什卡,558 注

Ayuka［人］阿玉奇,522

Ayurparibhadra［人］爱育黎拔力八达,见 Buyantu

Ayurshiridhara［人］爱猷识礼达腊,324, 325,502

Ayyub［人］阿优布,541

Ayyubids［朝］阿尤布王朝,189,261,359- 365 各处

Azerbaijan［地］阿塞拜疆(阿哲儿拜占), 151,155,158,169,240,245,260,261, 262,263,309,315,334,339,359,361, 366,368,389,390,398,405,429,430, 437,456,458,459,461,462

'Aziz, al-［人］阿尔·阿吉兹,360

Azov (town)［地］亚速(城)(参看塔那), 见 Tana

Azov, Sea of［地］亚速海,15,79,80, 172,173,176,177,181,182,246,407, 436

Baalbek［地］巴勒贝克,447

Ba'arin［族］八邻部,194,202,218,599 注

Ba'atur (as title)［专］巴阿秃儿(称号), 194,222

Ba'atur (Ba'atur-khongtaiji)［人］巴图尔洪台吉,523,526,540

Babulsar［地］麦什德·萨尔,见 Meshed-i-Sar

Baber［人］巴布尔,417,464,482,483, 484,497,498

Babur-mirza［人］巴布儿·米儿咱,460, 461

Babylon［地］巴比伦,7,9

Bachanak［人］佩彻涅格人,见 Petchenegs

Bacninh［地］北甯,290

Bactra (Balkh)［地］巴尔赫,巴里黑城, xxi,40,68,85;参见 Balkh (city)

Bactria (Balkh; Ta-hsia; Tokharistan)

［地］巴克特里亚(大夏,吐火罗斯坦),xxii,28-32各处,51,67-71各处,82-83,85,93,172;参见 Balkh(region);Tokharistan

Badai［人］把带,210

Badakhshan(Badascian)［地］巴达克山,65,69,70,71,305,312,340,346,409,411,414,542

Badi' az-Zeman［人］巴迪·匝曼,465,481

Badma Sambhava［人］巴德马沙布黑威,629注

Badr ad-Din Lulu［人］别都鲁丁卢卢,263-264,359,366

Baga-tarkhan［人］莫贺达干,115,566注

Baghatur(as title)［专］巴哈秃儿(称号),194

Baghdad［地］巴格达,报达,151,355-356,357,359,367,368,389,390,397,420,426,429,430,433,434,435,450,456,458,462

Baghdad,caliphate［朝］巴格达哈里发朝,参看阿拔斯王朝,见 Abbasids

Bägi(as title)［专］别乞(称号),195

Bagrach,Lake(Bagrach Kol)［地］博斯腾湖,46,424

Bagrat V［人］伯格拉特五世,430

Bahmanids［朝］巴赫曼小苏丹国,444

Bahram Chobin［人］巴赫拉姆·楚宾,85,141

Bahram Gor［人］巴赫拉姆·哥尔,67-68

Bahram-shah［人］巴赫拉姆沙赫,159

Bai［地］拜城,426,492,497

Baibars［人］拜巴斯,364,366,370,398

Baibuqa［人］台不花,见 Taibuqa

Baida, al-［地］拜达城(参看伊提尔),见 Itil

Baidar(Peta)［人］拜答儿,264,266

Baidarik［地］拜塔里克河,536,581注

Baidu［人］拜都,377,378

Baiju［人］拜住,263,271,281,282,347,348,349,350,355,359,361,596注

Baikal, Lake［地］贝加尔湖,xxii,xxvi,xxvii,25,114,192,194,205,208,479,503,504,507,544注

Bailey, H. W.［人］贝利,30

Baiqara［人］拜哈拉,456,457,458

Bairam Khwaja［人］拜拉姆·瓦加,391

Baishing［地］板升,629注

Baitistan(Great Pulu)［族］巴蒂斯坦,大勃律,118

Bajazet(Bayezid;Bayazid)［人］巴耶塞特,435,448,450-451,452

Bajazet II［人］巴耶塞特二世,483

Bäk-chor［人］默啜,见 Mo-ch'o

Bakhchisarai(Qirq-yer)［地］巴赫切萨拉伊,471,475

Bäki(as title)［专］别乞(称号),195

Bala(活跃于1222)［人］八刺(札刺儿部那颜),242

Bala(Bela;活跃于1252)［人］八拉,330

Baladitya［人］槃罗迭多,71

Balakalva［地］巴拉克拉瓦,406

Balamir(Balamber)［人］巴拉米尔(巴拉贝尔),38,73

Balanjar［地］巴伦加尔,180

Balasagun［地］八拉沙衮,133,144,145,147,164-165,233,234,236,312

Balc［地］巴里黑城,巴尔赫,见 Balkh(city)

Baljuna［地］班朱尼河,211,415,583注

Balkan Mountains［地］巴尔干山脉,175,176,184-185

Balkh(city;Balc)［地］巴尔赫城,巴里黑城(参看巴克特里亚),116,142,143,146,166,240,243,305,312,340,346,

409,411,412,414,415,431,456,457,460,461,481,485,486,487;参见 Bactra

Balkh (region) [地] 巴尔赫地区（参看巴克特里亚和吐火罗斯坦），117,153,160,414;参见 Bactria;Tokharistan

Balkhash, Lake (Atrek-Kul) [地] 巴尔喀什湖,xxiii,53,55,67,72,80,95,113,114,115,119,120,148,234,238,255,270,275,277,326,335,424,425,480,489,507,508,522,531

Baltic [地] 波罗的海,395

Bamian [地] 巴米安,范延,50-51,97,167,241,271,329,334

Baniyas [地] 巴尼亚斯,363

Banjara [人] 班家拉,629 注

Baqi Muhammad [人] 巴基·穆罕默德,486

Baraghun-ghar (bara' un-ghar or qar; barun-ghar; right or west wing) [专] 右翼军,223,509,629 注

Baranduk [人] 巴兰都黑,480

Baraq (Ghiyath ad-Din) [人] 八剌,292,327,332,333-334,369,401,606 注

Bara' un-ghar (qar) [专] 右翼军,见 Baraghun-ghar

Barca [人] 别儿哥,见 Berke

Barchuq [人] 巴而术,233,234,238,329-330

Bardhaa [地] 巴尔德哈,437

Barghu (Barghuchin; Barquchin; Barqujin) [地] 八儿忽真隘,205,208,582 注

Bar Hebraeus [人] 巴赫布拉攸斯,191,362,367,377,396

Barkiyaruk [人] 巴尔基雅鲁克,155

Barkol [地] 巴里坤,42,48,55,126,536,538

Bar Kol, Lake [地] 巴里坤湖,47,126,569 注

Barla [族] 巴鲁剌部,见 Barula

Barlas [人] 巴鲁剌思部哈吉,见 Hajji Barlas

Barnaoul [地] 巴尔瑙尔,525

Baroghil Pass [地] 巴罗吉尔山口,119

Barquchin, Barqujin [地] 八儿忽真隘,见 Barghu

Barquq [人] 贝尔孤格,433,434,441,446-447

Barsa-bolod [人] 巴尔斯博罗特,509,510

Bartan-ba'atur [人] 把儿坦巴阿秃儿,198

Bartatua [人] 巴塔图亚,8-9

Barthold, V. V. [人] 巴托尔德,113,120,126,145,149,154,165,179,181-182,194,195,198,201,222,238,239,253,272,275,277,328,333,341,377,380,395,397,400,407,421,440,441,442,479,480,525,531

Barula (Barla) [族] 巴鲁剌部,194

Barun-ghar [专] 右翼军,见 Baraghun-ghar

Bashkirs [族] 巴什基尔人,403,472,522,576 注

Basil II (Byzantine emperor) [人]（拜占庭皇帝）巴西尔二世,182

Basil II (the Blind; Russian ruler) [人]（罗斯统治者,瞎子）巴西尔二世,470

Basil III (Vasili Ivanovich; Russian ruler) [人]（莫斯科大公,瓦西里·伊凡诺维奇）巴西尔三世,473

Basmil [族] 拔悉蜜,112,113,569 注,588 注

Basra [地] 巴士拉,315,458

Bastarnae [族] 巴斯塔尔尼人,72-73

Batchman [人] 八赤蛮,264

Bateni [地] 巴捷尼,18

Battle of the Marshes [专] 麦什德之战,412

Battle tactics［专］战术,9,23,24,74-75,224-226,228,229,242-243,245,283；artillery,529,530,540,625注；大象,use of,290,308,339,340,445,447,451,572注；火器,530,532,540；骑兵射手,7,8,23,75,223,224,553注-554注；围攻机械,283,287,450

Batu (*Sain-khan*)［人］拔都（赛恩汗）,254,264-276,281,282,350,392-396,512,594注,596注

Bayan（活跃于582）［人］巴颜,173-174

Bayan（活跃于650）［人］巴颜（保加尔人首领）,176

Bayan (Nayan；1301-09)［人］伯颜（白帐汗）,335,403

Bayan (Po-yen；活跃于1276)［人］伯颜（将领）,286,287,292,294,599注

Bayan（死于1340）［人］（权臣）伯颜,323

Bayan-chor［人］默延啜,见Mo-yen-cho

Bayan Selduz［人］（速勒都思部）巴颜,343,345,346,409,410

Baya'ut［族］伯牙吾惕,194

Bayazid, Bayezid［人］拜牙即（迷里拜牙即）见Bajazet；Mir Bayezid

Bayirku［族］拔野古,109,110

Bayisangghur［人］巴义山格呼儿,629注

Baysonqor (Baysonkur)［人］拜孙哈尔,464

Begjik［人］别克吉,411

Beha ad-Din (Beha ad-Din Muhammad)［人］贝哈哀丁,367,609注

Beha ad-Din Marghinani［人］火者·巴海乌丁,329

Beha ad-Din Razi［人］贝哈哀丁拉齐,588注

Beit Abe［地］拜特·阿比,357

Bek (mayor of the palace)［专］伯克（宫廷侍长）,577注

Bekter［人］别克台尔,199,200

Béla IV (of Hungary)［人］（匈牙利王）贝拉四世,266,267

Bela［人］八拉,见Bala

Bela Vezha, Belaya Vezha［地］白城（沙克尔）,见Sarkel

Belgrade (Singidunum)［地］贝尔格莱德（辛吉杜姆）,76,174

Belgutai［人］别里古台,199,293

Belisarius［人］伯里沙留斯,79

Belor［人］波罗,见Bolor

Benaket［地］别纳客忒,238,338

Benedict XII, Pope［人］本尼狄克十二世,304,319,341-342,404

Benedict de Goës［人］鄂本笃,500

Bengal［地］孟加拉,70,444

Benveniste, Émile［人］贝文尼斯特,10

Berdibeg［人］别儿迪别,405

Berke (Barca)［人］别儿哥,264,265,274,305,332,363,365,366,369,394,397-400各处,420,615注

Berkejar［人］别儿克贾,333,401

Besasiri［人］贝撒希瑞,151

Berry (France)［地］贝里（法国）,178

Beshbaligh (Dzimsa；Kiu-shih；Kucheng；Peiting)［地］别失八里（吉木萨,车师,古城,北庭）,42,44,46,47,48,95,100,112,113,114,125,126,144,164,197,233,272,282,305,312,326,327,329,330,331,335,351,400,569注

Bessarabia［地］比萨拉比亚,4,9,174

Beth Garmai［地］伯斯卡迈,368

Beya［地］别亚,18

Bezeklik［地］伯子克力克,52,96,98,124

Bhamo［地］八莫海峡,290,308

Bhanugupta［人］巴奴茇多,70

Bhatnair［地］帕特奈尔,444

Bichura［地］比丘拉,558注

Bichurskoye [地] 比楚尔斯科雅,551 注
Bihar [地] 比哈尔,70;参见 Magadha
Bihzad [人] 毕赫札德,465
Bilgä (as title) [专] 必勒格,195
Bilik ("sayings") [专] 必里克(箴言),221
Bilqas [地] 比勒加斯,362
Binhdinh [地] 平定,290,309
Birar [族] 比拉尔族,515
Birecik [地] 比雷吉克,361
Birkeh-i Gurian [地] 比耳哈·古里安,423
Bistam [地] 比斯坦,390
Bithynia [地] 比萨尼亚,385,452
Bitlis [地] 比德里思,262
Black Irtysh [地] 黑额尔齐斯河,也儿的石河,也儿的石河上游,82,190,255,312,338,424,425,479,510,512,523,525,537
Black Sea [地] 黑海,8,73,173,177,185,268,276,374,392,405
Black Sheep [朝] 黑羊王朝,见 Qara-Qoyunlu
Bleda [人] 布勒达,75
Blue Mongols (Kökä Mongol) [专] 蓝蒙古人,或青蒙古人,xxv,585 注
Blue Turks (Kök Türk) [专] 蓝突厥人,或青突厥人,86,585 注;参见 T'u-chüeh
Bocolabras (shaman; sorcerer) [宗] 男巫,172
Bodi (Bodi-khan) [人] 博迪汗,510
Bodunchar [人] 孛端察尔,193
Bögä (shaman) [宗] 巫师,172,195
Bogdo Ala [地] 博格达拉山,95
Bogdo-khan [人] 土谢图汗,见 Tushetu-khan
Boghorchu [人] 博尔术,见 Bo'orchu
Boghul (slaves; vassals) [专] 孛斡勒(奴隶、属臣),195,222
Bögü [人] 匐俱,110
Bogurji [人] 博尔术,见 Bo'orchu
Bohemia [地] 波希米亚,175
Bohemund VI [人] 波赫蒙德六世,360,361,362,363
Boibeghus Ba'atur [人] 拜巴噶斯巴图尔,523
Bokhan [人] 波汗,85,173
Boleslav IV [人] 博列思老四世,266
Boleslav V (the Chaste) [人] (贞洁者)博列思老五世,399
Bolgar (town; Bolgarskoye; Bolgary; Uspenskoye) [地] 保加尔人的城市(今波尔加利,乌斯平斯科伊),264,393,401,594 注
Bolgars [族] 保加尔人,见 Bulgars
Bolgarskoye, Bolgary [地] 波尔加利城,见 Bolgar (town)
Bolghai [人] 孛鲁合,275,285,286
Bolkho *jinong* [人] 博勒呼济农,509
Bolod (活跃于 1285) [人] 孛罗(丞相),304,378,381
Bolod (约 1407—12) [人] 不刺汗,见 Pulad
Bolod (place) [地] 普拉德,见 Pulad
Bolod Temür [人] 孛罗帖木儿,324
Bolor (Belor) [地] 波罗,306
Bon-po sorcery [宗] 本教,523
Bonus [人] 波鲁斯,174
Bo'orchu (Boghorchu; Bogurji) [人] 博尔术,200,206,210,223,589 注
Boraqchin [人] 博刺克斤,397
Boraq Hajjib [人] 霍吉勒博剌克,260,353
Bordeaux [地] 波尔多,375
Bordei-Herastrau [文] 波德·希拉斯特安文化,6
Boris [人] 鲍里斯,177

Borjigin [族] 孛儿只斤部, 193, 199-200, 207, 217, 505
Bor Nor [地] 贝尔湖, 捕鱼儿湖, 192, 198, 203, 210, 502, 510, 529
Borodino [地] 博罗季诺, 4
Boroqul [人] 博罗浑, 206, 210
Borotala [地] 博罗塔拉, 102, 554 注
Borovka, G. I. [人] 波罗夫卡, 14, 16
Börte [人] 孛儿帖, 200, 201, 218, 219, 220, 394
Börte-cino [人] 孛儿帖公主, 554 注
Bosporus (city) [地] 博斯普鲁斯城, 见 Panticapaeum
Bosporus (strait) [地] 博斯普鲁斯海峡, 174, 175
Bosporus, Cimmerian [地] 博斯普鲁斯, 见 Cimmerian Bosporus
Boucher, Guillaume [人] 布歇, 纪尧姆, 280, 281
Bronze age [专] 铜器时代, 4-5, 6
Brussa [地] 布鲁萨, 见 Bursa
Buchin [人] 布金, 334
Budaq [人] 沙·布达克, 481
Buddha (Buddha Sakyamuni; Sagamoni Burcan) [宗] 佛陀, 308; relics, 298, 308, 533
Buddhagupta [人] 佛陀笈多, 70, 71
Buddhism [宗] 佛教(参见喇嘛教), xxiii, 32, 48, 49, 51, 60, 63, 65, 66, 70, 95, 96, 98, 99, 101, 111, 118, 125, 220, 237, 275, 276, 277, 290, 297-300, 327, 367, 379, 383, 527, 628 注; 和尚, 602 注; 翻译文本 49, 59, 96, 97, 124, 299; 道人, 597 注, 602 注; 参见 Lamaism
Buddhist art [文] 佛教艺术, 48-53, 64, 65, 70, 96-99, 122, 124
Buerova Mogila [人] 布诺瓦, 16
Bug (river) [地] 布格河, 5, 10, 392

Bughra-khan Harun [人] 博格拉汗哈仑, 144, 145, 147
Bughra Sali Tutuq [人] 博格拉·萨利·吐吐克, 568 注
Bugur [地] 布吉尔, 344
Bujai [人] 布贾, 386
Bukhara [地] 布哈拉, 不花剌(城), 96, 116, 117, 118, 120, 141, 142, 144, 145, 146, 147, 149, 165, 168, 169, 239, 243, 244, 254, 255, 305, 326, 327, 328, 332, 333, 335, 340, 344, 345, 370, 412, 413, 438, 464, 465, 481, 483-489, 496, 498, 531, 540
Bukharia [地] 布哈拉地区, 486, 526
Bukovina [地] 布科维纳, 4
Bulaji (Puladshi) [人] 播鲁只, 344, 422
Bulan [人] 布兰可汗, 577 注
Bulat (Pulad) [人] 布拉特, 532
Bulgaria [朝] 保加利亚国, 178, 268, 402, 403, 449; Great Bulgaria, 176
Bulgarians (Bulgars) [族] 保加利亚人(保加尔人), 399, 402
Bulgar language [文] 保加尔语, 577 注
Bulgars (Bolgars) [族] 保加尔人, 保加利亚人, xxviii, 174, 175-176, 177, 185, 186, 247, 264, 392, 393, 441
Buluk [地] 布鲁克, 549 注
Bumin (T'u-men) [人] 布明(土门), 81, 82, 86
Bunchagan, Lake [地] 布察干湖, 581 注
Buqa Timur [人] 不花帖木儿, 355
Burgas [地] 布尔加斯, 174, 177
Burgundians [族] 勃艮第人, 56, 60, 449
Burgundy [地] 勃艮第, 178
Burhan ad-Din [人] 布汉哀丁, 391, 449
Burhan ad-Din (Great Khoja) [人] 包尔汉丁(大和卓), 541-542
Büri (活跃于 1240) [人] 不里, 264, 265,

275,607 注
Büri（活跃于 1270）［人］不里,334,338,607 注
Buri-bökö［人］不里字阔,204
Buri-tigin（Tamgatch-khan）［人］贝里特勤,147,572 注
Burma（Mien）［地］缅甸,290-291,308
Burni［人］布尔尼,519-520
Burqan Qaldun［地］不儿罕合勒敦山（肯特山）,见 Kentei
Bursa（Brussa）［地］布鲁萨,420,451
Burut［族］喀喇吉尔吉斯,见 Kara-Kirghiz
Buscarel de Gisolf［人］布斯卡尔,375,376
Bushang［地］布格申,427
Butkhanaha（pagan temples）［地］异教寺庙,359
Bu'ura［地］布拉河（不兀剌川）,201
Buyang-ghulai［人］布颜格呼赖,629 注
Buyan-quli［人］巴颜合里,343
Buyan Shiban［人］布颜昔班,301
Buyan Temür［人］卜颜帖木儿,325
Buyantu（Ayurparibhadra）［人］普颜笃（爱育黎拔力八达）,321,340
Buyids［朝］布威朝,143,150-151,152,153,354-355
Buyiruq［人］不亦鲁,205,208,215,584 注
Buyur, Lake［地］捕鱼儿湖,206
Buzar［人］布札儿,234,235
Byskar［地］拜什卡尔,558 注
Bytom［地］比托姆,399
Byzantine Empire［朝］拜占庭帝国,57,62,82-85,153,172,173-175,177,179-180,182,184,186,385,399,401,402,452
Byzantium［地］拜占庭,参看君士坦丁堡,见 Constantinople

Cacianfu［地］河间府,见 Hokien
Caesarea［地］凯撒里亚,154,273,349
Caffa（Feodisiya）［地］喀发（费奥多西亚）,319,342,403,404,405,407,471,472,473
Cahen, G.,［人］卡亨,402
Cahun, Léon［人］卡洪,224,247
Cail（Kayal）［地］卡亚尔,311
Cailac［地］海押立,见 Qayaligh
Cairo［地］开罗,364,387
Caitan, Çaiton［地］刺桐,（泉州）,见 Chüanchow
Cambaluc［地］汗八里,（北京）,见 Peking
Cambay, Gulf of［地］坎贝湾,309
Cambodia［地］柬埔寨（高棉）,见 Khmer
Campiciu［地］甘州,见 Kanchow（Kansu）
Campsay［地］杭州,见 Hangchow
Campus Mauriacus［地］莫里亚库斯驻地,76
Camul［地］哈密,见 Hami
Cansay［地］杭州,见 Hangchow
Canton（Sincalan）［地］广州（辛迦兰）,287,290,305,308,309-310,315,323,324,518,605 注
Cappadocia［地］卡帕多细亚,8,9,154,155,157,370,391,449
Carachoço［地］哈剌火州（吐鲁番）,见 Turfan
Caragian（kingdom）［朝］云南国,见 Yunnan
Caragian（town）［地］（云南；大理城）哈剌章,见 Tali
Caraian［朝］云南（王国）,见 Yunnan（kingdom）
Caramoran［地］黄河,见 Yellow River

Caria [地] 卡里亚, 452
Carl, Jean [人] J. 卡尔, 51
Carnatic [地] 卡纳蒂克, 311
Carnuntum, [地] 卡农图姆, 175
Carolingians [族] 加洛林王朝人（也参看查理曼）, 60, 158, 178; 参见 Charlemagne
Carpathian Mountains [地] 喀尔巴阡山脉, 73, 75, 176, 177
Carpini [人] 迦儿宾, 见 Piano Carpini
Cascar [地] 喀什城, 见 Kashgar
Casimir IV (of Poland) [人] （波兰的）卡西米尔四世, 470
Caspian Sea [地] 里海, 8, 93, 185, 245, 400, 508, 521, 523, 525
Catalonia [地] 加太罗尼亚, 74
Cathay [地] 契丹, 306, 309
Catherine II (of Russia) [人] （俄国的）叶卡捷琳娜二世, 477
Catholic Church [宗] 天主教教会, 见 Christianity 条下
Cattaro [地] 科托尔, 见 Kotor
Caucausus [地] 高加索, 6, 8, 9, 11, 176, 181, 240, 246, 263, 366, 376, 392, 397, 419, 433, 442, 522
Cavalry [专] 骑兵, 见 Archers, mounted; Horse
Ceylon [地] 锡兰国, 298, 308, 311, 315
Chaban [地] 佛誓, 见 Vijaya
Chadak [地] 哈达克, 488
Chagan [人] 察罕, 223
Chagan (Zagan; Andrew) [人] 察甘, 376
Chagatai [人] 察合台, 见 Jagatai
Chaghan [人] 察罕, 259
Chaghan-ordo [朝] 白帐汗国（查罕·斡耳朵）, 见 White Horde
Chaghan Tatar [族] 察罕塔塔儿部, 207-208

Chaghan Temür [人] 察罕帖木儿, 323, 324
Chagri-beg [人] 查基尔拜格, 150
Chagri-khan Jalal ad-Din [人] 恰格里汗·贾拉尔·阿德·丁, 574 注
Chahar (people) [族] 察哈儿人, 509-514, 517, 519, 530, 538, 629 注
Chahar (place) [地] 察哈尔, xxii, xxv, 25, 164, 285, 288, 507, 516
Chaka (Jeku) [人] 术客, 402, 403
Chakravartin (as title) [宗] 查克拉瓦蒂（佛教词汇中为"宇宙之君主"）, 298
Chalcedon [地] 卡尔西登, 174
Chalish [地] 察力失（焉耆, 喀拉沙尔）, 见 Kara Shahr
Chäm (Jäm) [地] 剑河, 584 注
Champa (Ciamba; Cyamba) [朝] 占婆, 289-290, 308, 315
Champagne (region) [地] 香巴尼地区, 178
Chandrapida [人] 真陀罗秘利, 118-119
Chandu [地] 上都府, 见 Shangtuho
Changan (Fengyuanfu; Kingchaofu; *Qanbaliq*; Quegianfu; Sera metropolis; Sian) [地] 长安（京兆府）, xxix, 34, 38, 41, 56, 57, 58, 59, 61, 63, 66, 81, 83, 89, 90, 92, 100, 120, 126, 127, 232, 307, 599 注, 604 注, 605 注
Chang Ch'uen [人] 张骞, 30, 34
Changchow [地] 常州, 287
Ch'ang-ch'uen [人] 长春真人, 见 Kiou Ch'ang-ch'uen
Changchun [地] 长春, 516
Chang Hiao-sung [人] 张孝嵩, 117
Ch'ang Huei [人] 常惠, 37
Chang Kuei [人] 张珪, 299
Changping [地] 昌平, 107
Changsha [地] 长沙, 284, 287

索　引

Chang Shih-ch'eng [人] 张士诚, 323, 324
Chang Shih-ch'ung [人] 张世忠, 511
Chang Shih-kie [人] 张世杰, 287
Chang Shuen [人] 张顺, 287
Changteh [地] 彰德 (参看邺城), 65, 130, 137, 232; 见 Ye
Chang-ti [人] 汉章帝, 42, 44
Changyeh [地] 张掖, 35, 41
Chan Kue [人] 张贵, 287
Chao [朝] 赵国, 20
Ch'ao (paper currency) [专] 钞 (纸币), 297, 310, 377
Chao, Hou- [朝] 后赵, 见 Hou-Chao
Chao, Ts'ien [朝] 前赵, 见 Ts'ien-Chao
Chaochow [地] 潮州, 287
Chaochow [地] 赵州, 108
Chao Huei [人] 兆惠, 538, 541
Chao Hung [人] 赵珙, 199
Chao K'uang-yin [人] 赵匡胤 (宋太祖), 见 T'ai-tsu
Chao Meng-fu, school of [文] 赵孟頫画派, 223
Chao-modo [地] 昭莫多, 530
Chao Pao [人] 赵彪, 54
Chao Pao-ki (Li Ki-ts'ien) [人] 赵保机 (李继迁), 132
Chao P'o-nu [人] 赵破奴, 35
Chao Ssu-wen [人] 赵思温, 129
Chao Tö-ming [人] 赵德明, 133
Chaoyang [人] 朝阳, 557 注
Chao Yüan-hao [人] 赵元昊, 133
Chäpär [人] 察八儿, 295, 335, 336, 338, 384
Chapogir [族] 恰波吉尔人, 515
Charchan [地] 车尔城, 见 Cherchen
Charin [地] 察里恩河, 460
Charkhlik [地] 恰克里克城 (参看罗布), 见 Lop

Charlemagne [人] 查理曼, 82, 158, 175
Charpentier, Jarl [人] 查尔彭蒂尔, 29, 30
Cha'ur-bäki [人] 察兀儿别吉, 209
Chavannes, Édouard [人] 沙畹, 42
Che Ch'an [人] 支谶, 49
Che-che [人] 致支, 37, 38, 55, 72
Che-che yun-tu, Mount [地]《元史》折折运都山, 212
Chekiang [地] 浙江, 137, 287, 308, 323, 324, 518
Che K'ien [人] 支曜, 49
Chenab [地] 杰纳布河, 446
Chenchow [地] 镇巢, 304, 503, 599 注
Cheng Ki [人] 郑吉, 37
Ch'eng T'ang [人] 陈汤, 38
Chengting [地] 正定, 108, 130, 132, 229
Chengtu (Sindufu) [地] 兴都府, 307, 310, 598 注
Chenkiang (Cinghianfu) [地] 镇江, 137, 139, 302
Chen-kin (Chinkim) [人] 真金, 302, 321
Ch'en Mu [人] 陈睦, 43, 46
Chen-tsung [人] 宋真宗, 132, 133
Ch'en Yu-liang [人] 陈友谅, 323, 324
Cherchen (Charchan; Ciarcian) [地] 车尔城, 306
Cheremis [族] 切列米斯人, 472
Cherman [地] 起儿漫, 见 Kerman
Chernigov [地] 切尔尼戈夫, 10, 246, 265
Chernoziom [地] 切尔诺桑姆, 547 注
Chernyakhov [地] 切尔尼亚霍夫, 73
Chersonesus, 85; [地] 刻松城, 参见 Kherson
Chertomlyk [地] 切尔托姆雷克, 7, 10, 546 注
Ch'eu Ou [人] 崔瑀, 599 注
Chi [地] 蓟 (今天的北京), 见 Peking
Ch'i, Pei- [朝] 北齐, 见 Pei-Ch'i

Chiangmai（Xiengmai；Pape）［地］清迈，291，600 注
Chia Ssu-tao［人］贾似道，284，286
Ch'i-chia-p'ing［文］齐家坪文化，3
Chichow［地］池州，287
Ch'ien Han Shu［书］《前汉书》，21，29，30-31
Ch'ien-lung［人］乾隆，xxx，518，520，537，538-539，542
Chihli, Gulf of［地］直隶湾，14，230
Chihtan［地］志丹（保安），见 Paoan
Chih Tao［人］（傅安）之道，见 Fu An
Chila'un［人］赤老温，200，206
Chilgerbökö［人］赤勒格儿力士，201
Chilperic［人］查尔帕里克，58
Chimbai［人］赤不拜，200
Ch'in［朝］秦朝，20，26-27
Chin (12th-13th cent.)［朝］金国，见 Kin
Chin, Hou-［朝］后金，见 Hou-Chin
Ch'in, Hou-［朝］后秦，见 Hou-Ch'in
Ch'in, Hsi-［朝］西秦，见 Hsi-Ch'in
Chin, northern or western［朝］晋（北晋或称西晋），54，55
Chin, southern or eastern［朝］晋（南晋或东晋），56-57
Ch'in Ts'ien-［朝］前秦，见 Ts'ien-Ch'in
China, Republic of［朝］中华民国，323，519，529
China Sea［地］中国海，308
Chinaz［地］契纳兹，412
Chinggis-khan［人］成吉思汗，见 Jenghiz Khan
Chingintalas［地］欣斤塔剌思，603 注
Chingiz［地］青吉兹，215
Chin Huai-ti［人］晋怀帝，56
Chinkiang［地］镇江，287
Chinkim［人］真金，见 Chen-kin
Chin Min-ti［人］晋愍帝，56

Chinqai［人］镇海，257，268，270，272，274，351
Ch'in Shih Huang-ti［人］秦始皇，20，26，101
Chintimur,［人］真帖木儿，351
Chios［地］希俄斯岛，452
Chirchik (Parak)［地］奇尔奇克河（帕拉克），244，463，496
Chigirin［地］奇吉林，15
Chita［地］基塔，25，37，551 注
Ch'iu-chiu-ch'üeh［人］邱就却，见 Kujula Kadphises
Chiu Shih-ssu［人］瞿式耜，518
Chkalov［地］奥伦堡，见 Orenburg
Chmielnik［地］赫梅尔尼克，266
Chochow［地］涿州，131，132，570 注
Chofang［地］朔方，34-35
Chöl［族］沙陀，见 Sha-t'o
Choligh-buqa［人］绰里吉不花，301
Chopan (Juban)［人］出班，385，387
Chormaghan (Chormaqan)［人］绰儿马罕，261-262，263，347-348，350，351，359
Choros (Olöt；Tsoros)［族］绰罗斯部，503，520-521，523-528 各处，531，537，538，539，540；参见 Oirat
Chosroes I Anoshirvan［人］库思老一世（阿奴细尔汪），82，83
Chosroes II Parviz［人］库思老二世（帕维兹），51，85，174
Chou, Hou-［朝］后周，见 Hou-Chou
Chou, Pei-［朝］北周，见 Pei-Chou
Chou Ta-kuan［人］周达观，291
Chowkowtien［地］（北京）周口店，3
Christianity［宗］基督教，165，179，180，186，220，263，281，282，300，312，313-314，319，341-342，348，356-358，360，361，363，377，379，401，402，404；主教，300；参见 Jacobites；Nestorianism

Chu [地] 楚河,38,67,82,102,133,144,
 145,165,189,204,233,236,244,254,
 277,326,343,395,397,423,425,508
Chüanchow（Caitan；Caiton；Zayton）
 [地] 泉州（刺桐）,287,291,305,308,
 310,311,312,314,319,604 注
Chuchow（Cugiu）[地] 处州,308
Chufut-Kale [地] 基尔基,见 Kirki
Chuguchak [地] 楚固恰克,xxiii,95,164,
 424,526
Ch'u-lo [人] 处罗,89
Ch'u-mi [族],处蜜,100
Ch'u-mu-kuen [族] 处木昆,115
Chumysh [地] 楚麦什河,525
Chung [人] 忠,43,45
Ch'ung-cheng [人] 崇祯帝,517
Ch'ung-fu-ssu（government department）
 [专] 崇福司,300
Chung-hei [人]（金王）永济,140,227,230
Chunghing [地] 中兴府（参看宁夏）,见
 Ningsia
Chungli（Fengyang）[地] 钟离（凤阳）,65
Chungshan（Tingchow）[地] 中山（今保
 定南部的定州）,59,60
Chung-tu [地] 中都（北京）,见 Peking
Chuong-duong [地] 升隆,290
Chu Sho-fu [人] 竺朔佛,49
Chuvash（people）[族] 楚瓦什人,177,
 472,559 注
Chuvash（mountain）[地] 楚瓦什山,489
Chuvash language [文] 楚瓦什语,577 注,
 559 注
Ch'u Wen [人] 朱温,127
Chu Yüan-chang [人] 朱元璋,见 Hung-
 wu
Ch'u-yueh [族] 处月部,见 Sha-t'o
Cialis [地] 察力失（喀拉沙尔）,见 Kara
 Shahr

Ciamba [地] 占城,见 Champa
Ciangli [地] 滋阳,见 Tsiyang
Cianglu [地] 长卢,见 Tsanglu
Ciarcian [地] 车尔城,见 Cherchen
Cilicia（Little Armenia）[地] 西里西亚
 （小亚美尼亚）,8,9,263,264,269,271,
 281-282,305,312,347,360,361,362,
 363,370,371,379,382,384
Cimmerian Bosporus [地] 辛梅里安人的
 博斯普鲁斯,xxvi,18,25,39
Cimmerians [族] 辛梅里安人,v,4-5,6,8,
 9,10,11,25,545 注
Cinghianfu [地] 镇江,见 chenkiang
Circassia [地] 塞卡西亚,376,442
Circassians [族] 契尔克斯人,246
Clavijo [人] 克拉维约,453
Clement V, Pope [人]（教皇）克力门五
 世,314,384
Clovis [人] 克洛维,63
Coal, mining of [专] 煤矿,309
Cocachin [人] 阔阔真,见 Kökächin
Coigangiu [地] 淮安,见 Hwaian
Coilum [地] 奎隆,见 Quilon
Colchis [地] 科尔奇斯,8
Confederates [族] 卫特特人,见 Oirat
Confucianism [宗] 儒教,64,299,300
Confucius [人] 孔子,64
Constantine V [人] 君士坦丁五世,177
Constantine VII（Porphyrogenitus）[人]
 君士坦丁七世,177,178,182,577 注
Constantine X（Ducas）[人] 君士坦丁十
 世,185
Constantine Diogenes [人] 康士坦丁·台
 吉勒斯,182
Constantine Tych（of Bulgaria）[人] 君士
 坦丁泰奇,399
Constantinople（Byzantium）[地] 君士坦
 丁堡（拜占庭）,xxviii,xxix,56,57,174,

176,182,184,276,319,374,399,449,452,453,533
Cordier, Henri［人］考狄尔,316
Corlu［地］乔尔卢,184
Costume［专］服饰,7,8,20,21,51,52,74,97-98,124,223
Cotan［地］于阗(和田),见 Khotan
Council of Lyons［专］路易斯宗教委员会,370
Courant, Maurice［人］考朗特,510,515,526,531,532
Coyat［人］科亚特,277
Cracow［地］克拉科夫,266,399
Crimea［地］克里米亚,13,15,39,73,85,180,182,247,276；热那亚和威尼斯银行家,247,312,374,403-407,442,471；汗国,470,471,472,473,475,477；可萨里亚,180,314,401,403
Croatia［地］克罗地亚,267
Croats［族］克罗地人,175
Cromerus［书］《克罗麦鲁斯编年史》,399
Crusades and crusaders［专］十字军,245,246,349,449,451,452；参见 Jerusalem
Csanad［地］琼纳德,266
Csongrad［地］琼格拉德,176
Csuny［地］琼尼,176
Ctesiphon［地］泰西封,68
Cubuk［地］丘布克,451
Cucuteni［地］库库特尼,4
Cugiu［地］处州,见 Chuchow
Cumanian language［文］库蛮语,280
Cumans［族］库蛮人,钦察人,见 Kipchaks
Currency: coins［专］钱币(怯伯币,纸钞),380,393,401；硬币,341；纸币,297,310,377
Cyamba［朝］占婆,见 Champa
Cyandu［地］上都府,见 Shangtuho
Cyaxares［人］奇阿克撒列,9

Cyprus［地］塞浦路斯,281
Cyril, St.,［人］圣·西利尔,180
Cyrus［人］居鲁士,9

Dacia［地］达西亚,45,72,73
Dagestan［地］达吉斯坦,179,182
Daha［地］帕哈,见 Kediri
Dahur［族］达呼尔族,515
Dai-Sechen［人］德薛禅,200,206
Dalai khan［人］达赖汗,524
Dalai Lama (Tale-Lama; as title)［专］达赖喇嘛,514,581 注
Dalai Nor (Hulun Nor)［地］达赉诺尔(呼伦池),54,210,582 注
Dalai taiji［人］达赖台吉,523
Dalmatia［地］达尔马提亚群岛,267
Damascus［地］大马士革,154,155,261,360,361,362,363,365,382,419,447-448
Damghan［地］达姆甘,240,428,461
Damietta［地］达米埃塔,245,373
Damna［地］达蒙纳,41
Dandanaqan［地］丹丹坎,147,150
Dandan-Uilik［地］丹丹一乌里克,52,96
Daniel (of Galicia)［地］(西里西亚的)丹尼勒,265,395,399
Danishmend (Muslim doctors)［专］达失蛮(回教僧侣),602 注
Danishmend Behadur［人］答尼失蛮·巴黑都儿,385,386
Danishmendids［朝］丹尼什门德王朝,154
Danishmendiya［人］答失蛮察,343
Daniyal-khoja［人］丹尼雅尔和卓,528,541
Danube［地］多瑙河,4,72,74,75,76,78,79,148,173-178,181,182,184,185,267,268,295,399

Dao-tu Ki［人］陶子奇,290
Daquqa［地］达古格,245
Daritai（Daritai-noyan；Daritai-ochigin）［人］答力台—斡赤斤,202,208,212,213
Darius［人］大流士,9-10,23
Darja［人］达尔扎,537
Darqan（darqat；as title）［专］答儿罕（称号）,222,586 注-587 注
Darugachi（daruqachi；official）［专］达鲁花赤（地方官）,243,259
Daud［人］道特,149
Daulet Girei III［人］道勒特·格来,477
David（活跃于 1248）［人］大卫,349
David Lasha［人］大卫·拉沙,269,272,350
David Narin［人］大卫·纳林,269,272,350
Dawaji（Tawaji）［人］达瓦齐,537,538
Dawud-khoja［人］达乌德火者,315,340,386
Dayan［人］达延汗,509-510,539,540
Dayan khan［人］达延汗,524
Dayir Usun［人］带儿兀孙,215
Daylam［朝］戴拉木王朝,355
Daxata［地］达克沙塔,41
Dbus［地］乌斯藏,524
Deccan［地］德干高原,69,311,444
Delhi［地］德里,242,260,339,341,417,419,420,443,444,445,446
Denev［地］德勒夫,10
Dengizich（Dinzigich）［人］顿吉兹奇（丁兹吉克）,78-79
Denha［人］腆合,304
Denha, Mar［人］马·德赫,见 Mar Denha
Derbent［地］打耳班,8,246,281,282,366,369,376,398,430,437,441

Derestuisk［地］德瑞斯特斯克,25,37
Dervish［人］德尔维希,475
Desna［地］德斯纳河,11
Dewatdar［专］副掌印官,357
Dilshad Agha［人］迪勒沙·阿哈,423
Dimitrii Donskoi［人］德米特里·顿斯科伊,405-406,407
Dinzigich［人］（顿吉兹奇）丁兹吉克,见 Dengizich
Dio Cassius［人］狄奥卡修斯,547 注
Diyarbakir（Amid）［地］迪亚巴克尔,261,262,263,360,433,456,459,462
Dizful［地］迪兹富勒,432
Djaylak［地］迪杰拉克,见 Jaylak
Djenkshi［人］靖克失汗,见 Jenkshi
Dnieper［地］第聂伯河,4,10,73,177,178,181,182,246,392,402,471
Dniester［地］德聂斯特河,72,73,268,392,407,436
Doab［地］多阿布,69,443,444
Dobrogea（Dobruja）［地］多布罗加,78
Dobun-mergen［人］朵奔蔑儿干,193
Dolonnor［地］多伦诺尔,上都府,见 Shangtuho
Don［地］顿河,72,73,80,172,178,180,181,312,392,402,404,406,441,442,471,472,522
Donets［地］顿涅茨河,392,402
Dongkur Manjusri khutukhtu［人］惇果尔文殊师刊呼图克图,514
Donskoi, Dimitrii［人］德米特里·顿斯科伊,见 Dimitrii Donskoi
Doquz-khatun［人］脱古思可敦,356,357,358,361,367
Dörben［族］朵儿边部,见 Dörböt
Dörben Oirat［族］杜尔本·卫拉特,见 Oirat
Dörben Qoriya（Wang）［族］"四圈"旗,郡

王部,511
Dörböt (Dörben; Dörböd; Turbet) [族] 杜尔伯特,194,206,207,208,213,503,520,523,525,527,537,538;参见 Oirat
Drangiana [地] 德兰吉亚那,31
Dristra (Durostorum; Silistra) [地] 锡利斯特拉,xxiv,184
Drosakhe [地] (希腊地理学家们的)酒泉,41
Dughlats (Duqlats) [族] 杜格拉特人,344,412,422,425,453,459,463,491-495,497,498,499
Dukhtar-i-Noshirvan [地] 杜克塔—依—奴细尔汪,51
Dülün-Boldaq [地] 跌里温盘陀山,199
Dunapentele [地] 杜纳彭特勒,176
Duqaq Timuryaligh [人] 杜卡克·帖木耳雅里赫,148
Duqlats [族] 杜格拉特人,见 Dughlats
Dürbäljin (square script) [文] 都尔巴金字(方块字),298
Durbelji [族] 杜尔伯斤,25,549 注
Dungan [族] 东干人,538
Dürlükin [族] 都儿鲁斤部,194
Durostorum [地] 锡利斯特拉,见 Dristra
Dust Muhammad [人] 笃思忒·马黑麻,461,463,493
Duwa [人] 都哇,294,295,303,334,335-336,338,339,384,403
Duwa-Timur [人] 笃来帖木儿,341
Dzasagtu-khan (khanate) [人] 扎萨克图汗,512
Dzasagtu-khan (person) [人] 扎萨格图汗,见 Shara; Subati
Dzhambul [地] 江布尔(塔拉斯城),见 Talas (town)
Dzimsa [地] 济木萨(别失八里)见 Beshbaligh

Dzungar (Jungar) [族] 准噶尔人(也名卡尔梅克人),501,512,520,525-539 各处,541,630 注,参见 Kalmucks; Oirat
Dzungaria [地] 准噶尔地区,82,89,102,114,479,521,524,536,537,538,542

Eastern Roman Empire [朝] 东罗马帝国,拜占庭帝国,见 Byzantine Empire
"East Iranian" language [文] 东伊朗语,xxiii,29,40,49,96
Ebejesu [人] 伊伯杰苏,191
Ebi Nor [地] 艾比湖,102,331,344,491
Ebuskun [人] 也速伦,329
Ecbatana [地] 埃克巴坦那(哈马丹),见 Hamadan
Edeco [人] 埃德科,78
Edessa [地] 埃德沙,361
Edward I (of England) [人] (英格兰的)爱德华一世,370,371,375,376
Edward II (of England) [人] (英格兰的)爱德华二世,384
Egrigain [地] 宁夏,见 Ningsia
Egypt [朝] 埃及王朝(参看马木路克朝),355,359,364,365,参见 Mamelukes (dynasty)
Ekaterinburg [地] 埃卡特林贝尔格,11,547 注
Ekaterinoslav [地] 埃卡特林罗斯拉夫,16
Ekaterinovka [地] 埃卡特罗夫卡,548 注
El [人] 名,颉利,见 Hie-li
Elbek [人] 额勒伯克,503
Elephant, use in battle [专] 战象,290,308,339,340,445,447,451,572 注
Eleuthes [族] 厄鲁特部,521
Elias, Ney [人] 埃尼亚斯,423,497,500
Elizavetovskaya [地] 伊里扎威托夫斯卡亚,13,15,16

Eljigidäi [人] 野里知吉带,271,274
Eljigidäi [人] 燕只吉带,341,348,349-350,586 注
Ellac [人] 埃拉卡,78
Elqutur [人] 燕儿火脱,582 注
Eltäbir (as title) [专] 颉利发,565 注
Elterish [人] 颉跌利施(骨咄禄),见 Qutlugh
Elya [人] 也里牙,304
Emba [地] 恩巴河,148,181,394,521
Emnedzar [人] 恩勒德扎尔,78
Engels [地] 恩格尔斯(波克罗夫斯克),见 Pokrovsk
Enos [地] 埃诺斯,184
Ephesus [地] 以弗所,452
Ephtha (Ye-ta) [族] 㧱哒,67
Ephthalites (Hayathelites; Ye-tai; White Huns; Huna) [族] 㧱哒人(白匈奴人,厌带夷栗陀),65,67-72,80,82,172,173,193,217,417; 参见 Avars "Equius,"277
Eran [地] 伊兰,71
Erbil [地] 埃尔比勒,见 Arbela
Ercis (Arjish) [地] 阿尔吉斯,262
Erdeni [人] 额尔德尼,见 Irdana
Erdeni Dzu [地] 额尔德尼昭寺庙,528
Eregli [地] 埃雷利(参看赫拉克利庞蒂亚),见 Heraclea Pontica
Erginul, Ergiuul [地] 凉州(马可记法),见 Liangchow
Eric (of Friuli) [人] (弗留利大公)伊里克,175
Erinchin [人] 额璘臣济农,517
Erkegüd [族] 额尔克固特部,630 注
Erke-khongor [人] 额哲洪果尔,517
Erkene-qun [地] 额儿古涅昆,193
Erke-qara [人] 额尔客合剌,204,206,581 注

Erküt [专] 也里可温(近代写法),见 Erqüt
Ermak [人] 叶尔马克,489,490
Ermanarich [人] 亥耳曼纳奇,73
Ermenak [地] 埃尔梅内克山区,385
Ernac [人] 埃尔纳克,78
Erqüt (Erküt) [专] 也里可温的近代形式,602 注
Erzerum [地] 额尔哲鲁木城,263,430,449,450
Erzincan [地] 埃尔津詹,261,263,281,382,430,449,450,462
Esen (Esen-taiji; Ye-hsien Taichi) [人] 额森台吉,也先台吉,491,492,506,507,508,520
Esen-buqa (Esen-bugha) [人] 也先不花,315,338-339,340,386
Esen-buqa II (Esen-bugha) [人] 也先不花二世,460-461,480,492-493
Esen Temür (Yesen Temür; Essan-temür) [人] 也先帖木儿,308
Eskisehir [地] 埃斯基谢尔城,385
Essantemur [人] 也先帖木儿,见 Esen Temür
Essekü [人] 额色库,504
Esztergom [地] 埃斯泰尔戈姆城堡,见 Gran
Eternal Heaven [宗] 长生天,腾格里,见 Tängri
Etsin Gol [地] 额济纳河,36,212
Etzina [地] (马可记哈拉霍屯城)额济纳,见 Karakhoto
Eukratides [人] 幼克拉蒂斯,29
Euphrates [地] 幼发拉底河,295,361,365,371,385,446
Euphrosyne [人] 欧菲柔细纳,400
Eurasia, Sea of [地] 欧亚海,xxi
Eutychios [人] 攸提开俄斯,84

Fadl Allah Rashid ad-Din Tabib［人］拉施特（法德尔·阿拉赫·拉施特），见 Rashid ad-Din
Fakhr ad-Din Kert［人］法黑剌丁,380,385-386
Fancheng［地］凡城,287
Fang Kuo-chen［人］方国珍,323,324
Faraj［人］法赖吉,447
Fars［地］法尔斯,151,158,169,260,261,353,354,359,366,382,390,426,431,433,456,457,459,461
Fatimids［朝］法提玛王朝,154
Fedor (of Ryazan)［人］（里亚赞的）费多尔,616 注
Fedulovo［地］费杜罗沃,16
Fei-yang-ku［人］费扬古,530
Fenek［地］费内克,176
Fengsiang［地］凤翔,257
Fengyang［地］凤阳（钟离）见 Chungli
Fengyüanfu［地］奉元府（长安）,见 Changan
Feodosiya［地］喀发,见 Caffa
Fergana (Ta-yüan)［地］费尔干纳（大宛）,xxii,8,28,29,36,40,43,48,116,117,142,144,234,344,423,426,438,463,464,482,486,488,492,494,496,497,498,554 注
Fettich, Nandor［人］弗蒂奇·南朵尔（著有《战国》）67,176, "Fighting States", 见"Warring States"
Finance［专］财政,见 Crimea, Genoese and Venetian bankers; Currency; Taxation
Finno-Ugrian Languages［文］芬兰－乌戈尔语,xxv
Finno-Ugrians［族］芬兰－乌戈尔种人,10-11,14,15,73,177,178
Firdausi［人］费尔多希,243

Five Hordes［族］五部落,56
Flor des estoires d'Orient［书］《海顿行纪》（参看海顿）,见 Hayton
Fokuru［地］富库鲁,8
Four Confederates［族］四同盟者,参看卫拉特,见 Oirat
Four Garrisons［地］四镇（焉耆、喀什、于阗和库车）,见 Kara Shahr; Kashgar; Khotan; Kucha
"Four Tughri"［地］四塔沟里,551 注,568 注
Francesco da Podio［人］弗朗希斯科,319
Francis (of Alexandria)［人］弗朗希斯,342
Franks［族］法兰克人,56,60,62,173,174,175,178,359-360,364,371,449;参见 Syria
Friuli［地］弗留利,174
Fu An (Chih Tao)［人］傅安（之道）,353,459
Fu Chien［人］苻坚,59,300
Fuchow (Fugiu)［地］鄜州,232,287,305,308,311,518,603 注
Fukien［地］福建,287,304,307,308,323,324,518
Fu-li (as title)［专］附离（称号）,87
Fundukistan［地］法杜克斯坦,51
Funerary customs［专］葬礼,8,21,23,87,129,546 注,591 注
Fungchow［地］丰州,见 Yülin
Fung Fung-shih［人］冯奉世,37
Fur trading［专］皮毛贸易,403
Fu-shö Sin［人］伏阇信,101
Fu-te［人］富德,542
Fu-ting［人］福定,603 注

Gaikhatu［人］海合都,309,373,377,612 注
Galatia［地］加拉底亚,157
Galdan［人］噶尔丹,525-531,540,541
Galdan Tsereng［人］葛尔丹策零,532,536-537,540,541
Galicia (Galich)［地］加利西亚(或加利奇),6,8,246,265,266,395
Galicia, Spanish［地］(西班牙的)加利西亚,74
Galilee［地］加利利,364
Gandhara［地］犍陀罗,49,65,69,70,71
Gandharan art［文］犍陀罗艺术,48-49,64,70
Ganges［地］恒河,69,71,146,168,419
Ganja［地］刚加,151,363
Ganja-Karabakh［地］甘扎—卡拉巴克赫,5,545 注
Gardizi［人］迦尔迪齐,177,185,549 注
Garni［地］哈儿尼,见 Karni
Gaul［地］高卢,63,74,76
Gaza［地］加沙,362,364
Gazaria［地］可萨尼亚,见 Khazaria
Genoa［地］热那亚,374,375
Genoese：在希俄斯［族］热那亚人,452；在克里米亚,247,312,374,403-407,442,471；在特拉布松,374
George (1235-42)［人］阔儿吉思(乔治),见 Körgüz
George (死于1298年)［人］阔里吉思,见 Körgüz
George (son of 'Isä)［人］阔里吉思,304
Georgia (and Georgians)［地］格鲁吉亚,谷儿只,5,186,245,246,260,263,272,347,350,358,360,364,371,430,433,434,450
Georgios Tzoulos［人］乔治·佐勒斯,181
Gepidae［族］吉别达伊人,73,75,78,173

Ger (tents)［专］廓尔(帐篷),196
Gerard［人］格拉德,314
Geray［朝］格来王朝,见 Girei
Gerbillon, Père［人］热比荣,631 注
Geresandza (Geresandza Ochigin)［人］格森札斡惕赤斤,510,511
Germania［地］日耳曼尼亚,173,179
Germanic tribes［族］日耳曼部落,55,56,57,60,72-77,82,173,174,175；民族大迁徙,16,54
Gestes des Chiprois［专］(提尔的)圣殿骑士,见 Templar of Tyre
Getae［族］盖特人,548 注
Ghajawan［地］加贾湾,484
Ghazan［人］合赞,309,373,376-383,396,613 注
Ghazaniyeh［地］加赞尼耶,384
Ghaznavids,［朝］伽色尼王朝,xxvii,143-147,149-150,159,167-168
Ghazni［地］加兹尼城,143,144,159,167-168,170,241,242,382,387,431
Ghiugiu［地］衢州,见 Küchow
Ghiyath ad-Din (活跃于1174年)［人］吉雅斯·阿德丁,168
Ghiyath ad-Din (活跃于1224年)［人］嘉泰丁,260
Ghiyath ad-Din (活跃于1270年)［人］八剌,见 Baraq
Ghiyath ad-Din Kert (活跃1307年)［人］嘉泰丁,386,387,389
Ghiyath ad-Din II Pir 'Ali［人］嘉泰丁二世皮儿·阿里,427
Ghor［地］古尔山区,167,168,352,382,427
Ghorids［朝］古尔王朝,167-168,236,339,352-353,574 注
Ghurek (Ikhshedh Ghurek)［人］伊克谢德·胡拉克,116,117,118

Ghuta［地］姑塔,447
Ghuzz［族］古兹(参看乌古思),见 Oghuz
Gilgit (Little Pulu)［族］吉尔吉特(小勃律),118,119
Gilotto［人］基罗托,342
Giorgi III Lasha［人］吉奥吉尔三世拉沙,245,260
Giorgi VI［人］乔治六世,434
Giovanni da Marignolli［人］约翰·马黎诺里,319,342,404
Giovanni da Montecorvino［人］约翰·孟德科维诺,302,313,314,317,318,319,605 注
Girei (Geray)［朝］格来王朝,471,472,473,475,477
Girei, Hajji［人］哈吉·格来,见 Hajji Girei
Girines［地］吉里勒斯,267
Gisolf, Buscarel de［人］布斯卡尔,见 Buscarel de Gisolf
Gliadenovo［地］格里亚德罗夫,548 注
Gobi Desert［地］戈壁滩,xxii,xxv,34,61,62,132,133,138,191,196,203,212,234,286,318,424,425,504,505,536;绿洲,参见 Tarim
Godan［人］阔端,259,593 注,595 注
Godard, Madame［人］哥达德夫人,51
Göduk Ahmed-pasha［人］哥杜克阿赫麦德(帕夏),471
Goës, Benedict de［人］鄂本笃,见 Benedict de Goës
Gokcha (Sevan), Lake［地］哥克察克湖(塞凡湖),348,430
Gold (people)［族］金人,515
Golden Horde (Altan-ordo; Altunurdu)［朝］金帐,参看钦察汗国,395-407,419,420,436,440,441,452,469-471,479;参见 Batu; Kipchak khanate

Görgüz［人］阔里吉思,见 Körgüz
Gorki［地］下诺夫哥罗德(高尔基),见 Nizhni Novgorod
Gorodcheskaya［地］哥罗切斯卡亚,558 注
Gorodets［地］戈罗杰茨,470
Goshi［人］完颜希尹,见 Wan-yen Wu-shih
"Gothia"［地］哥特人之地,406
Goths［族］哥特人(吉别达伊人,东哥特人,西哥特人),16,56,73;参见 Gepidae; Ostrogoths; Visigoths
Gran (Strigonium; Esztergom)［地］格兰城堡,267
Grand Canal［地］大运河,309,310
Great Armenia［地］大亚美尼亚,263,430,433
Great Bulgaria［朝］大保加利亚国,176
Great Horde (Ulu-jüz)［朝］大帐(参看吉尔吉斯－哈萨克人),480,488,499,526,532,625 注,参见 Kirghiz-Kazakhs
Great Moravia［朝］大摩尔维亚,175,178
Great Pulu［朝］大勃律,见 Baitistan
Great Wall (of China)［地］长城,xxiv,20,26,34,61,80,85,227,324,507,514,540
Great Yüeh-chih (Ta Yüeh-chih)［族］大月氏,29
Greco-Buddhist art［文］希腊－佛教艺术,48-49,50,52,96,99;参见 Gandharan art
Greco-Roman art［文］希腊－罗马艺术,16,18,39,48
Greco-Scythian art［文］希腊－斯基泰艺术,8,13,15,18
Gregory X, Pope［人］(教皇)格列高利十世,307,308-309,370,371
Gregory (of Tours)［人］(图尔的)格里戈

索　引

利,174,575 注
Grenard, Fernand [人] 格纳德,190,194, 223,245,482
Griaznov, M. P. [人] 格里亚兹诺夫(使团),18
Grillo, Antonio [人] 安东尼奥·格利洛, 404
Guichard (of Cremona) [人]（克里莫纳的）吉查德,348
Guilds [专] 商会,309-310
Guillaume da Prato [人] 纪尧姆·波拉特,319
Guillaume de Hévésy [人] 纪尧姆·赫威塞,见 Hévésy, Guillaume de
Guillaume de Munte [人] 纪尧姆·蒙特, 451
Guinzai [地] 杭州,见 Hangchow
Guiwarguis, Mar [人] 马·基瓦尔古斯,见 Mar Guiwarguis
Gujarat [地] 吉莱特,32,444,445
Gün Biliktü Mergen [人] 衮必里克墨尔根,510,511
Gupta [朝] 芨多王朝,69,70
Gurbesu [人] 古儿别速,212,214
Gurgan [地] 古尔甘,390,464
Gurganj [地] 玉龙杰赤(乌尔根奇),见 Urgench
Gurjara [族] 瞿析罗人,72
Gur-khan (as title) [专] 古儿罕,165, 206,233
Gur-khan (person) [人] 菊儿罕,192, 199,206,578 注
Gushi khan [人] 顾实汗,523,524,526
Gushu (banner; administrative division) [专] 旗,517,530
Guy (Guillaume) de Longjumeau [人] 盖依,273,349
Güyük [人] 贵由,217,264,265,267-273,

329,347,348,349,350,352,581 注,595 注,596 注
Gwalior [地] 瓜廖尔,71,146

Haband [地] 哈本德,608 注
Hackin, J. [人] 哈辛,41,50,51-52,96
Hadda [地] 哈达,52,99
Hafiz (活跃于 1329 年) [人] 哈菲兹,390
Haidarmirza [人] 海达尔·米儿咱,穆罕默德·海达尔二世,见 Muhammad Haidar II
Hailar [人] 海剌儿,255
Hailung [地] 海龙,519
Hajji Barlas [人] 巴鲁剌思部哈吉,343, 345,409,410
Hajji Girei [人] 哈吉·格来,471
Hajji Muhammad [人] 哈吉·穆罕默德, 487
Hajji-tarkhan [地] 哈只·塔儿塞(阿斯特拉罕),见 Astrakhan
Hakozaki (Hakata) Bay [地] 博多(筥崎)湾,289
Halachar [地] 兴庆府,132
Ha-li [人] 阿力,见 'Ali (活跃于 1473 年)
Hallong-osso [地] 贺垅·欧沙,25
Hallstatt culture [文] 哈尔希塔特文化, 6,10,11
Hama [地] 哈马城,362,442
Hamadan (Ecbatana) [地] 哈马丹,40, 155,158,167,240,245,246,355,359, 426,433,456
Hami (Camul) [地] 哈蜜(伊吾),xxii,42, 55,64,83,85,89,95,166,305,312, 400,453,494,495-496,497,499,507, 528,531,536,537;参见 Yiwu
Han (river) [地] 汉水,138,227,258, 282,287

Han, early［朝］前汉（西汉），xxx,13,25, 26,27,34-38
Han, late (A.D. 25)［朝］东汉,xxiii,39, 41-48,54
Han, late (947)［朝］后汉,见 Hou-Han
Han, Pei-［朝］北汉,见 Pei-Han
Hančar, Franz［人］弗朗兹·汉卡,11
Hanchung (Nancheng)［地］汉中（南郑）, 58,258
Hanefites［宗］哈纳菲派（伊斯兰教派别）,400
Hangchow (Campsay; Cansay; Guinzai; Khansa; Khanzai; Khingsai; Khinsa; Quinsai)［地］杭州,137,138,189,282, 287,305,308,310,316,518,604 注
Hankow［地］汉口,259,284,302
Hanoi［地］河内,284,290
Hanyang［地］汉阳,286,323
Han Yen-huei［人］韩延徽,129
Haran［地］哈兰,361
Harbin［地］哈尔滨,128,136,137,138, 519
Hari Pushpa［人］诃黎布失毕,见 Ho-li Pu-shih-pi
Harqasun［人］阿尔哈森,见 Arghasun
Harun ar-Rashid［人］哈仑拉施特,181, 241
Hasan 'Ali［人］哈散阿里,462
Hasan Brosh［人］哈森·布鲁希,356,360
hasan Buzurg (Hasan the Jelair)［人］大哈森·布朱儿（札剌儿部哈森）,389, 390
Hasan Küchük［人］小哈森·库楚克,389
Hasan-tigin［人］哈森特勒,159
Harsha［人］（印度皇帝）戒日王,72
Ha-shen［人］罕慎,495-496
Hattin-sum［地］哈屯森,25
Hayathelites［族］壹哒人,见 Ephthalites

Hayton (Hethum)，*Flor des estoires d'Orient*［人］海顿,282,361,363,371, 373,378
Hazrat Apak (Afak)［人］哈司剌·阿巴克（白山派首领）,501,527,528
Hazrat Makhdumi Nura［人］哈司剌·马黑杜米·奴烈,500
Heaven［宗］长生天,腾格里,见 Tängri
Hecatompylos (Shahrud)［地］赫卡托姆皮洛斯（和椟城）,40
Hei-ssu［人］黑厮,304
Heliocles［人］赫利克勒斯,30
Hellenistic art［文］希腊艺术 xxvi,12, 18,25,39,48
Helmand［地］赫尔曼德河,428
Henry III (of Castile)［人］亨利三世,453
Henry I (of Cyprus)［人］亨利一世,271
Henry (of Silesia)［人］亨利,266
Heraclea Pontica (Eregli)［地］赫拉克利庞蒂亚（埃雷利）,174
Heraclius［人］希拉克略,174,179
Herat［地］赫拉特,哈烈,也里,68,85, 116,167,168,241,242,334,340,343, 352,354,369,370,380,385,386,390, 426,427,428,445,457,459,461,465, 481-482,484,485,498
Herodian［人］赫洛店,84
Herodotus［人］希罗多德,8,9,10,21, 23,392,545 注-549 注,552
Herrmann, Albert［人］赫尔曼·阿尔伯特,20,35,41,42,172,214
Herzfeld, E.［人］赫兹菲德,50
Hethum I［人］海屯一世,263,264,269, 271,281-282,360,361,362,363
Hethum II［人］海屯二世,379,382
Hethum (monk)［人］海顿和尚,见 Hayton
Heu Kiun-tsi［人］侯君集,98

Heves [地] 赫淮什,8
Hévésy, Guillaume de [人] 纪尧姆·赫威塞,xxv,576 注
Hezarasp [地] 赫扎拉斯普,159,488,521
Hie-li (El) [人] 颉利,90,92
Hien [人] 贤,43
Hierapolis [地] 海俄拉城,见 Menbij
Hieu-ch'u [族] 休屠部,35
Himalayas [地] 喜马拉雅,xxi
Hinchow [地] 忻州,107
Hinduism [宗] 印度教,315,417,443,445,446
Hindu Kush [地] 兴都库什山,68,69,71,85,93,241,244,343,346
Hirado-shima [地] 平卢岛,289
Hissar [地] 喜萨尔,464,484
History of the Conqueror of the World [书]《世界征服者史》,见 Juvaini
Hiu K'ang-tsung [人] 许亢宗,134
Hizen [地] 肥前省,289
Hochow (Hochwan) [地] 合州（合川）,284
Hochung (Puchow) [地] 河中（浦州）,137,233,257
Hochwan [地] 合川（合州）,见 Hochow
Hojo Tokimune [人] 北条时宗,289
Hokien (Cacianfu) [地] 河间,130,132,137,229,230,308,604 注
Ho K'iu-ping [人] 霍去病,35
Ho Ko-tu-lu [人] 合骨咄禄,见 Alp Qutlugh
Ho-lien [族] 赫连部,61
Holin [地] 和林,见 Karakorum
Ho-li Pu-shih-pi (Hari Pushpa) [人] 诃黎布失毕,99-100,101
Ho-lo-ma [人] 合剌,138,139
Ho-lu [人] 贺鲁,102-103
Holwan [地] 霍尔湾,169,355

Holy Land [宗] 圣地,373-376; 参见 Crusades and crusaders; Jerusalem
Homs [地] 霍姆斯,362,365,371,378,382,447
Honan [地] 河南,4,57,58,59,61,65,137,138,227,232,255,257,258,259,283,517
Honoria [人] 荷罗丽娅,76
Honorius IV, Pope [人]（教皇）霍诺留斯四世,373,374
Hopei [地] 河北,xxvi,3,19,25,54,57,58,59,60,65,106,108,127,128,129,131,136,137,138,164,229,230,232,284,325,507,519
Hormuz (Ormuz) [地] 霍尔木兹,忽里模子,305,309,312,313,315
Horse [专] 马手,xxvi,12,223,549 注,554 注, stirrup,8,176,546 注; 参见 Archers, mounted
Ho-shang (Buddhist monks) [宗] 和尚,602 注
Ho-ti [人]（东汉）和帝,42
Hotien [地] 于阗,和田,见 Khotan
Hou-Chao [朝] 后赵,57-58
Hou-Chin [朝] 后金,127,129-130
Hou-Ch'in [朝] 后秦,59
Hou-Chou [朝] 后周,130,131
Hou-Han [朝] 后汉,130
Hou Han Shu [书]《后汉书》,30,31,32
Hou-Liang (4th-5th cent.) [朝] 后梁(4—5 世纪),60
Hou-Liang (10th cent.) [朝] 后梁(10 世纪),126
Hou-T'ang [朝] 后唐,127
Hou-Yen [朝] 后燕,59,60
Howorth, H. H. [人] 豪沃思,439,440
Hoyin-irgen (forest hunters) [专] 槐因·亦儿坚(林中人),195

Hsailaihsien［地］怀来县（妫州），见 Kweichow

Hsia［朝］夏朝，61

Hsia, Hsi-［朝］西夏，见 Hsi-Hsia

Hsiang-shan［人］香山，603注

Hsiao-shih［人］肖氏，131

Hsia Yüeh-chih［族］小月氏，28-29

Hsi-Ch'in［朝］西秦，60

Hsien［朝］速古泰国，见 Sukhotai

Hsien-pi［族］鲜卑人, xxiv, xxviii, xxix, 39, 46, 47, 53-54, 55, 61, 89, 193, 283, ; 参见 Mu-jung；T'u-yü-huen

Hsien-sheng（Taoist monks）［宗］先生（道教和尚），602注

Hsien-yün［族］獯狁（匈奴），见 Hsiung-nu

Hsi-Hsia［朝］西夏，26, 132, 133, 189, 212, 226-227, 247, 330

Hsi-Hsia script［文］西夏文，133

Hsiung-nu（Hsien-yün；Hsiun-yü），［族］匈奴人（獯狁、荤粥），xxii, xxiv, xxviii, 8, 13, 15, 17-21, 23-29, 32, 34-39, 41-48, 50, 53-54, 55, 56, 61, 72, 75, 76, 81, 176, 217, 224, 256, 283, 417, 546注, 553注-554注；参见 Hou-Chao；Hu（tribe）; Huns；Ts'ien-Chao

Hsi-Wei［朝］西魏，65, 66, 81

Hsi-Yen［朝］西燕，59

Hsüan-ti［人］汉宣帝，38

Hsüan-tsang［人］玄奘，70, 85, 93, 94, 95-96, 98, 99, 100-101, 116, 315

Hsüan-tsung［人］唐玄宗, 111, 112, 114, 117, 118, 120, 128, 565注

Hsü Chou-huei［人］徐寿辉，323

Hsü Ta［人］徐达，325, 502

Hu（queen）［人］胡太后，65

Hu（tribe）［族］胡人，19-20；参见 Hsiung-nu

Huai-jen［人］怀仁可汗，见 Qutlugh Bilgä

Huang Ch'ao［人］黄巢，126

Hu-ch'u-ch'uan［人］呼厨泉，56

Hudud Al-Alam［书］《世界境域志》，148, 177

Huen-shih［族］浑邪部，35

Hu-han-ch'eng［地］忽汗城，515

Hu-han-ye［族］呼韩邪，37-38

Hui-tsung［人］宋徽宗，134, 136-137

Hu-kie［族］呼揭，38

Hulägu（Hulaku）［人］旭烈兀，282, 285, 296, 305, 331, 349, 353-367, 372, 397-398, 419, 609注

Hulägu, house of［族］旭烈兀家族，311, 327, 333, 334, 339, 386, 387, 396

Hulaku［人］旭烈兀，见 Hulägu

Hulun Nor［地］呼伦诺尔，见 Dalai Nor

Humayun［人］胡马云，484

Humi［地］护密（瓦罕），见 Wakhan

Huna［族］参看嚈哒，见 Ephthalites; Huns

Hunan［地］湖南，284, 287, 323

Hungarian language［文］匈牙利语言，177

Hungarians［族］匈牙利人，马扎尔人，见 Magyars

Hungary［地］匈牙利, xxiii, 8, 72, 174, 176, 266-267, 395, 449

Hungchow［地］洪州（南昌），见 Nan-chang

Hung-wu（Chu Yüan-chang）［人］洪武帝（朱元璋），323-324, 325, 453

Huni（Kunni）［族］昆尼部，171, 172；参见 Uarkhonites

Hunni［族］参看匈人，见 Huns

Hunnic art［文］匈奴艺术，12, 13-14, 17, 18, 19, 24-26, 37, 50, 176

Hunnugur（Viguri）［族］昆奴格尔，172

Huns（Huna；Hunni）［族］匈人, xxiii,

索 引

xxvi,7-8,19,21,23-24,55,72-76,78-79,80,190,224;参见 individual tribes

Huns, White［族］白匈奴（嚈哒人）见 Ephthalites

Hunting［专］狩猎部落,195,224,226

Hupeh［地］湖北,137,259,284,287,323

Hu-pi-lie［人］忽必烈,见 Kublai

Hurka（Mutan）［地］忽尔卡河,515,516

Husain（活跃于 1280 年）［人］哈散,601 注

Husain（活跃于 1326 年）［人］胡赛因,387

Husain（Mir Husain;活跃于 1360 年）［人］迷里忽辛,346,409,411-416

Husain-i Baiqara［人］速檀·忽辛·拜哈拉,243,417,464-465,481

Husain Jelair［人］胡赛因·札剌儿,390,429

Husain Kert［人］穆兹哀丁·胡赛因,见 Mu'izz ad-Din Kert

Husain Sufi（活跃于 1360 年）［人］胡赛因·苏菲,421

Husain Sufi（活跃于 1505 年）［人］胡赛因·苏菲,481

Hu San-sheng［人］胡三省,570 注

Hu-sha-hu［人］胡沙虎,197,230

Huvishka［人］胡韦斯迦,32

Hu-yen［族］呼衍,42,47,48

Hwai［地］淮河,58,59,64,65,137,138,139,227,308

Hwaian（Coigangiu）［地］淮安,308

Hwaining［地］会宁,138

Hwangchow［地］黄州,137,259,287

Hweichung［地］回中皇宫,34

Hyacinthus［人］雅琴夫,210

Iaci［地］押赤,见 Yunnan（town）

Ianzu［地］扬州,见 Yangchow

Ibak［人］伊巴克,471,489

Ibaqa-bäki［人］亦必合别吉,212,583 注

Ibn al-Athir［人］伊本·艾西尔,186,245,262,573 注,590 注

Ibn'Arabshah［人］伊本·阿拉不沙,431,435,442,448,451,470,623 注

Ibn-Batuta［人］伊本·白图泰,311

Ibn-Fadhan, Risala［人］伊本·法德罕,181

Ibn Hajar Asqalani［人］伊本·哈扎尔·阿斯卡拉尼,442

Ibn-Khaldun［人］伊本·哈尔顿,447-448

Ibrahim（死于 1156 年）［人］易不拉欣,574 注

Ibrahim（活跃于 1468 年）［人］易不拉欣,473

Ibrahim ibn-Inal［人］易不拉欣·伊本·伊纳尔,150,151

Ibrahim Ong（Wang）［人］亦不剌忻·王,508

Iconium［地］伊康,153

Idakou, Idaku［专］亦都护（称号）,见 Idiqu

Idigutschai［人］亦都护集乃,122,563 注

Idiqu（Idakou;Idaku;Yedigei）［人］亦敌忽,440,442,470,622 注

Idiqut（iduq-qut;as title）［专］亦都护,588 注

Iduq-qut［专］亦都护,见 *Idiqut*

Igor（活跃于 944 年）［人］伊戈尔,182

Ikhshedh Ghurek［人］伊克谢德·胡拉克,见 Ghurek

Iki-ögüz［族］埃基·乌古思人,277

Ikirä［族］亦乞剌思部,194,207

Iki-shima［地］壹岐岛,289

Ilamish［地］伊拉米什草原,169

Ilanjouc［地］吉兰乞克河,见 Jilanchik

Ilbars [人] 伊勒巴斯, 487
Ilbars II [人] 伊勒巴斯二世, 488
Ilbilgä [人] 颉利毗伽可敦, 103
Ildegiz [人] 伊尔第吉兹, 158
Ilduchi, Thomas [人] 托马斯·伊尔杜奇, 384
Ilek [地] 伊列克河, 394, 478
Ilek Nasr [人] 伊列克·纳斯尔 (阿尔斯兰·伊列克·纳斯尔), 见 Arslan Ilek Nasr
Ilham [人] 伊尔哈姆, 473
Ili (Ailah) [地] 伊犁河, xxiii, xxix, 29, 37, 38, 45, 53, 67, 82, 83, 89, 109, 114, 115, 117, 118, 119, 120, 144, 145, 147, 165, 172, 233, 234, 235, 236, 254, 270, 272, 277, 286, 292, 293, 305, 312, 319, 326, 327, 332, 333, 338, 341, 342, 344, 409-413, 417, 420, 422, 423, 424, 425, 460, 461, 463, 482, 491, 492, 493, 495, 497, 499, 501, 504, 506, 507, 508, 522, 525, -529, 531, 532, 537, 538, 542, 626 注
Ilibaligh [地] 亦里八力, 453
Il-khan (as title) [专] 伊儿汗 (称号), 296
Ilkhe-Alyk [地] 埃里克, 25, 549 注
Ilqa [人] 亦剌合 (参看桑昆), 见 Sängün
Iltutmish [人] 伊勒特迷失, 260
Ilyas [人] 伊牙思, 452
Ilyas-khoja [人] 也里牙思火者, 346, 410, 411-412, 422
Ilyas Ong [人] 也里牙思王, 508
Imeretia [地] 埃麦利蒂亚, 272, 350
Imil [地] 额敏河, 叶密立河, xxiii, 38, 82, 114, 164, 255, 269, 270, 272, 273, 277, 286, 291, 293, 295, 312, 332, 333, 349, 424, 523, 525, 526, 531, 532, 538
Inal (as title) [专] 亦纳勒 (称号), 191
Inalchiq (Qadir-khan) [人] 亦纳乞克 (哈亦儿汗), 238, 589 注
Inanch-bilgä [人] 亦难赤必勒格, 190-191, 192, 204, 205, 213
India [地] 印度, 32, 49, 69, 70, 71-72, 80, 146, 168, 241, 242, 260, 311, 315, 339, 340, 341, 417, 419, 420, 434, 443-446, 484, 498, 499
Indian art [文] 印度艺术, 48, 49, 50, 96; 参见 Buddhist art
Indian Ocean [地] 印度洋, 311
Indigirka [地] 因迪吉尔卡河, xxv
Indochina [地] 印度支那, 284, 289-290
Indo-European languages [文] 印欧语, xxiii, 28, 40, 96
Indo-European oases [地] 印欧绿洲 (塔里木盆地), 见 Tarim
Indo-Scythians [族] 印度—塞人 (贵霜人, 月氏人), 27, 28, 49; 参见 Kushan; Yüeh-chih
Indravarman IV [人] 因陀罗诺曼四世, 290
Indus [地] 印度河, 71, 241, 340, 444
Inju (revenue) [专] 引主 (税收), 253
Inkagir [族] 伊卡基尔人, 515
Innocent IV, Pope [人] 教皇英诺森四世, 217, 270, 348, 349
Iogauristan [地] 畏兀儿斯坦, 见 Uiguristan
Ionia [地] 伊洛尼亚, 452
Ionians (Yavana) [地] (希腊人称) 大宛 (费尔干纳), 554 注
Ipsala [地] 伊普萨拉, 184
Iranjin [人] 伊剌金, 383
Irano-Buddhist art [文] 伊朗—佛教艺术, 51-52, 96, 97-98
Iraq ʿAjami [地] 伊剌克·阿只迷, 150, 151, 158, 159, 160, 167, 236, 240, 260, 261, 351, 353, 354, 372, 381, 389, 420,

429,453,457,458,459,461,462
Iraq 'Arabi［地］伊剌克阿拉比,151,158,
169,245,315,433,434,456,458,461
Irdana (Erdeni)［人］额尔德尼,488
Irene (wife of Constantine V),［人］伊拉
尼皇后,179
Irgen（tribe）［专］亦儿坚(部落),579 注
Irgiz［地］伊尔吉兹河,149,394,478
Iron age［专］铁器时代,6,11,17-18
Iron Gates［地］铁门,86,93,342,411
Irrawaddy［地］伊洛瓦底江,290,291,308
Irtysh［地］额尔齐斯,也儿的石河,61,
109,119,148,185,215,244,254,268,
292,478,489,490,504,523,524；参见
Black Irtysh
Isa［人］伊萨,452
'Isä (Jesus; Ai-sie)［人］伊萨,304
Isfarain［地］亦思法拉因,428,485
Isfendiyar［人］伊斯芬迪亚,521
Isfendiyar-oglu［族］伊斯芬迪亚家族,452
Isfijab［地］伊斯法吉勒(赛拉姆城),见
Sairam
Ishim-khan［人］伊斯姆汗,521,526
Ishkalcha［地］伊斯卡察(阿曼科赫堡),
见 Amankoh
Ishkapai［人］伊斯卡帕,8
Isho［人］伊索,见 Yi-sho
Ishthakri［人］伊斯塔克里,182
Iskander (活跃于 1400 年)［人］米儿咱·
伊斯堪答儿,见 Mirza Iskander
Iskander (活跃于 1429 年)［人］昔干答
儿,456,457,458,459
Iskander (1560-83)［人］伊斯坎德尔,
485,486
Isker［朝］失必儿国,见 Sibir
Islam［宗］伊斯兰教,114,115,118,120,
121,142,145,180,220,235,243,244,
281,297,300,312,328,330,344,359,
360,361,379,383,396,397,405,416-
417,443,445,446,453,522,527,628
注；哈纳菲派,400；圣战,152,237,297,
416,450,451-452；499；易司马仪派,
353,354,367；Shafi'ites,400；法典,
416；什叶派,142-143,150,151,390,
483,484；逊尼派,142-143,145,150,
152,390,483,484
Islam Girei II［人］伊斯兰·格来,472
Isma'il (活跃于 1272 年)［人］伊斯迈尔,
287
Isma'il (活跃于 1510 年)［人］伊斯迈尔,
483
Isma'il (活跃于 1678 年)［人］伊斯迈尔
汗(萨菲朝沙赫),500,501,527,528
Isma'il II (活跃于 1540 年)［人］伊斯迈
尔(波斯沙赫),485
Isma'il ibn-Ahmed［人］伊斯迈尔·伊
本·阿赫默德,142
Isma'ilis（Assassins）［宗］易司马仪教
派,353,354,367
Ispahan［地］伊斯法罕,xxix,151,153,
260,261,390,391,431,432,433,436,
456,457,458,459,461,462
Isra'il［人］伊斯莱尔,149
Issedones［族］伊赛多涅斯人,10-11,547
注
Issedon Scythica［地］伊塞顿·斯基卡,41
Issedon Serica［地］伊塞顿·塞里卡,41
Issyk Kul［地］伊塞克湖,xxiii,xxvi,83,
87,93,95,102,114,115,119,120,133,
145,148,149,159,164,165,189,233,
236,254,272,273,312,326,340-344,
422,425,460,491,494,499,532
Istämi（Shih-tie-mi；Sinjibu；Silzibul）
［人］室点蜜,82,83,84,86
Itil (river)［地］伊提尔河(伏尔加河),见
Volga

Itil（town; al-Baida; Sarigh-shin; Saqsin）[地]伊提尔城,180,577注
Ïtügän[地]於都斤山,见Ätügän
Ivailo（Lakhanas）[人]伊凡洛（拉汗纳斯）,402
Ivan I[人]伊凡一世,404
Ivan III（the Great）[人]伊凡三世（大帝）,395,470,471
Ivan IV（the Terrible）[人]伊凡四世（伊凡雷帝）,475,489
Ivane[人]伊万涅,261,263
Izmir[地]士麦那,见Smyrna
Izmit（Nicomedia）[地]伊兹米特（尼科美底亚）,184
Iznik[地]伊兹尼克（尼西亚）,见Nicaea

Jacobites[宗]雅各派,357,361,368
Jaffa[地]贾法,360
Jagambu（Jaqambu）[人]札阿绀孛,204,205,206,212,581注
Jagan[人]札甘,541
Jagatai（Chagatai）[人]察合台,229,238,239,254-255,269,326,328,589注,592注,606注
Jagatai, house of[族]察合台家族,271,273,274,292-296,303,305,306,315,319,326-336,338-346,358,366,382,384,386,397,401,403,409-411,413,417,419,421,424,453,460,461;参见Mogholistan
Jaghun（army captain）[专]札温（百夫长）,222
Jägün-ghar[专]左翼军,见Jegün-ghar
Jagiello[人]雅杰罗,441
Jahangir[人]只罕杰儿,421,423,456
Jahan Shah[人]只罕沙,459,461-462
Jahan Soz[人]贾汗·索兹,167-168

Jajirat（Juirat）[族]札只剌惕,194,201,207,213,215
Jalal ad-Din Manguberti（Mänguberti）[人]札兰丁·曼古伯惕,xxvii,237,241-242,259-261,262,347,418,590注
Jalan[人]扎兰,530
Jalish[地]察力失（喀拉沙尔）,见Kara Shahr
Jäm[地]剑河,见Chäm
Jamahar（rattle）[专]象声词牟牟,377
Jamal ad-Din Mahmud[人]贾马阿丁·马合木,598注
Jamal Qarshi[人]贾马尔·喀什,332,334
Jaman Aq-köl[地]贾曼阿克库尔,439
James（of Florence）[人]（佛罗伦萨的）詹姆斯,608注
James, Mar[人]马·詹姆斯,见Mar James
Jami[人]札米,465
Jami-ut-Tavarikh[书]《史集》,见Rashid ad-Din
Jammu[人]朱木拿大公,446
Jamuqa[人]札木合,201,202,203,206-207,209,212-216,584注
Jan[人]札尼伯,486
Jan 'Ali[人]杰·阿里,475
Janggin[专]章京,530
Janibeg（1340-57）[人]札尼别汗,389,400,405
Janibeg（活跃于约1460年）[人]札你贝,479-480
Janids[朝]札尼家族,见Astrakhanids
Janizaries[专]雅内萨里（近卫军）,451
Jaochow[地]饶州,324
Jaqambu[人]札阿绀孛,见Jagambu
Japan[朝]日本,289
Japan, Sea of[地]日本海,516

Jarliq［专］札里雅黑,见 *Yarligh*
Jasa［专］扎撒,见 *Yasaq*
Jasak（prince）［专］宗王,517
Jasaq［专］扎撒,见 *Yasaq*
Jasrat［人］贾斯腊特,444
Jaunpur［朝］札温普儿王国,444
Java［地］爪哇,291,311,315
Jaxartes［地］锡尔河,见 Sy'r Darya
Jayagatu（*jaya'atu*）［专］（蒙古语）天国在地上的代表或使者,585 注
Jayan-buqa［人］者燕不花,603 注
Jaylak（Djaylak；Alaka）［人］迪杰拉克,402
Jazira, Al［地］阿勒贾兹拉,361
Jazyges［族］贾兹基人,72
Jean de Carcassonne［人］让·德·卡尔卡松,273,349
Jean sans Peur［人］琼·桑·普尔,449
Jebe［人］者别（哲别）,207,214,228,229,236,240,245-246,247,260,264,582 注
Jegün-ghar（*jägün-ghar*；*je'un-ghar*；*jun-ghar*；*segon-ghar*；left or east wing）［专］左翼军,223,509,520,629 注
Jehol（Wu-liang-ha）［地］热河,xxii,25,54,83,108,112,127,136,138,164,285,507,538
Jeje'er Undur［地］杰杰儿·乌都儿,212,583 注
Jeku［人］术客,见 Chaka
Jelairs［族］札剌儿部人,194,197,201,389-390,391,405,420,426,429,430
Jelme［人］者勒蔑,207,214
Jend,［地］真德（今波罗威斯附近）,149,238
Jenghiz Khan（Temujin；Chinggiskhan）［人］成吉思汗（铁木真）,xxiv,xxvi-xxvii,xxviii,20,78,169,170,186,193-194,195-196,199-244,247-252,259-260,301,320,328,394,414,417,419-420,516,539,580 注,581 注,586 注,591 注;之死,248;说明,199,249-250;法典,格言,221;军旗,210,216,217;死后土地分配,253-256
Jenkshi（Djenkshi）［人］靖克失汗,341
Jerome（of Florence）［人］（佛罗伦萨的）捷罗姆,314
Jerqabchiqai［地］杰哈齐海峡谷,583 注
Jerusalem［地］耶路撒冷城,302,303,360,361,368,369,374
Jesusabran, Mar,［人］马·耶稣沙布兰,见 Mar Jesusabran
Je'un-ghar［专］左翼军,见 *Jegün-ghar*
Jihun［地］古浑河,370
Jilanchick（Ilanjouc）［地］吉兰乞克河,439
Jinong（as title）［专］济农（称号）,509
Jnanagupta［人］阇那崛多,562 注
Jöchi［人］术赤,198,201,209,229,238,239,247,253-254,351,392,394,589 注
Jöchi, house of［族］术赤家族,272,273,339,393,394,398;参见 Kipchak khanate
John（of Brienne）［人］约翰王,245-246
John II（Comnenus）［人］约翰二世,185
John VI（Patriarch of Baghdad）［人］约翰六世,191
John VII（Palaeologus）［人］约翰七世,452
John XXII, Pope［人］（教皇）约翰二十二世,404
Joinville, Jean de［人］约因维尔,252
Jordan（river）［地］约旦河,364
Jordanes［人］约丹尼斯,xxix,73,74,76,78
Joseph（活跃于 948 年）［人］约瑟,181
Juan-juan（Ju-juan；Kermikhions）［族］

柔然,xxiv,xxix,60-64,66,67,80,81-82,171,172,173,176,193,216,217,231,417,575注;参见 Avars
Juban [人] 出班,见 Chopan
Ju-chen [族] 女真人,见 Jurchid
Judaism [宗] 犹太教,180-181,379
Juirat [族] 札只剌惕部,见 Jajirat
Ju-juan [族] 参看柔然,见 Juan-juan
Julien (of Sidon) [人] (西顿的)儒连,364
Jumna [地] 朱木那河,445
Jung, Pei- [族] 北戎,见 Pei-Jung
Jungar [族] 准噶尔,见 Dzungar
Jungdu [地] 中都,见 Peking
Jun-ghar [专] 左翼军,见 Jegün-ghar
Jungshiyabo [族] 永谢布,见 Kharachin
Juning [地] 汝宁(蔡州),见 Ts'aichow
Jurchedäi (Jurchedäi-noyan) [人] 主儿扯歹,210,583注
Jurchid (Ju-chen; Jurche; Jurchen) [族] 女真人,xxvi,xxviii,66,128,130,133,134,136-140,164,189,190,196,231,233,288,515-516;参见 Kin
Jurchid script [文] 女真文,516
Jurjan [人] 朱尔赞,428
Jurkin (Jurki) [族] 主儿乞部(主儿金部),202,204,581注
Justin II [人] 查士丁尼二世,83-84
Justinian [人] 查士丁尼,79,172,173
Justinian II [人] 查士丁尼二世,177,179
Juvaini ('Ala ad-Din Juvaini), *Ta'rikh-i Jahan-gusha* (*History of the Conqueror of the World*) [人] 志费尼《世界征服者史》,168,190,236,239,266,267,326,329,367,396,397,574注,589注,609注
Jüz [专] 玉兹(帐)625注
Juzjani, *Tabaqat-i-Nasiri* [人] 朱兹贾尼(《宗教保卫者一览表》),199,396,588注,589注

Kabadian (Mikoyanabad) [地] 米高扬纳巴德,342
Kabaka [地] 卡巴卡,626注
Kaba-matan (Mitan) [地] 卡巴·马坦,411
Kabars [族] 卡巴尔人,178
Kabil-shah [人] 哈比勒·沙,见 Kabul-shah
Käbtäül (*käbtäwüt*, *käbtä'üt*; army guards) [专] 值夜班者,222
Kabul [地] 喀布尔,32,50,68,69,70,71,80,119,143,241,340,346,409,411,412,414,426,456,457,483,484
Kabul-shah (Kabil-shah) [人] 哈比勒·沙,411,416
Kadphises I [人] 卡德菲斯一世,见 Kuju-la (Kujolo) Kadphises
Kadphises II [人] 卡德菲斯二世,见 Vima Kadphises,32
Kaesong [地] 开城,259
Kaichow [地] 开州(澶州),见 Shenchow
Kaifeng (P'ien; Taliang) [地] 开封(汴),xxix,57,127,130,132,133,137,138,227,230,232,257,258,259,296,310,323,324
Kai-Kawus II [人] 凯卡兀思,272,350,354,359,399-400
Kai-Khosrau [人] 凯库思老,263
Kai-Khosrau III [人] 凯库思老三世,370
Kai Kia-yun [人] 盖嘉远,115
Kailu [地] 开鲁(应昌),见 Yingchang
Kai-Qobad II [人] 凯库巴德二世,382
K'ai Yüan [人] 海云,276
Kakheth [地] 卡希什,434
Kakhetia [地] 卡希底亚,356

Kakrak [地] 卡克拉克,50-51
Kalgan [地] 张家口,25,230,510,529,530
Kali [地] 卡里,18
Kalka (Kalmius) [地] 迦勒迦(卡尔米乌斯)河,246,247,407,436
Kalmucks [族] 卡尔梅克人(卫拉特人),487,488,501,506,515,520-525,531;参见 Dzungar; Oirat
Kaluga [地] 卡卢加,73
Kama [地] 卡马河,176,177,247,264,392,393,472
Kamala [人] 甘麻剌,294,600 注
Kamchatka [地] 堪察加半岛,515
Kamennaya baba [地] 卡曼纳雅·巴巴河(额尔齐斯河上游),556 注
Kamil Muhammad, al- [人] 卡米勒·穆罕默德,360-361
Kanchow (Campiciu; Kansan; Kutsang; in Kansu) [地] 甘州(在甘肃境内),35,61,112,125,133,286,302,306,318,499
Kanchow (Kiangsi) [地] 赣州(江西),见 Kienchow
Kanda [地] 坎塔(撒马尔罕),见 Samarkand
Kandahar [地] 坎大哈,31,32,69,143,340,429,456,457
Kandikh [人] 坎迪赫,172
K'ang-hsi [人] 康熙,xxx,518,519,529-533,536
Kanghwa [地] 江华岛,259,289
K'ang-kiu [地] 康居(索格底亚那),见 Sogdiana
Kanishka [人] 迦腻色迦,32
Kanjur [书] 《甘珠尔经》,514
Kankhli [族] 康里突厥人,165
Kansan [地] 甘肃,见 Kanchow (Kansu)

Kansu [地] 甘肃,xxiii,3,4,27,28,32,35,37,44,47,48,53,54,59,60,66,112,118,125,128,133,189,226,247,251,283,286,294,302,303,312,321,369,496,499,505,510,527,538
Kan Ying [人] 甘英,47
Kaochang [朝] 高昌(吐鲁番),见 Turfan
Kao Hing [人] 高兴,291
Kao-kiu [族] 高车,61,81;参见 Tölach
Kaoliang [地] 高粱河,131
Kao Sien-chih [人] 高仙芝,115,119,120
Kao-ti [人] 汉高帝(汉高祖),27
Kao-tsung (650-683) [人] 唐高宗,102,103,106,107
Kao-tsung (12th cent.) [人] 宋高宗,137,138
Kapal [地] 卡帕尔城,272,277
Kapisa (Ki-pin) [朝] 迦毕试国(罽宾),69,119
Karabakh [地] 卡拉巴,见 Arran
Karabalgasun [地] 哈喇巴喇哈森,xxiv,114,121,122,124,128,256,568 注
Karahisar [地] 卡拉希沙尔,452
Karakhanids [朝] 哈拉汗朝,133,144-149,152-153,159,164-166,168,169,235,237
Kara-Khitai [族] 喀喇契丹,(黑契丹),xxix,159-160,164-169,186,189,204,215,233-236,326
Kara-khoja [地] 哈拉火州(哈剌火州),见 Turfan
Karakhoto (Yi-tsi-nai; Etzina) [地] 哈拉霍托(古名亦集乃城),133
Kara-Kirghiz (Burut) [族] 喀喇吉尔吉斯人,501,522,536
Karakol [地] 克拉科尔,18,110,491
Karakorum (Holin) [地] 哈拉和林(和林),xxiv,20,34,83,114,191,214,256,

259,269,272,276,280,281,282,285,
286,288,292,294,312,321,326,336,
338,350,502,507,510,511,528,537,
540,592 注
Kara-Kum［地］卡拉库姆沙漠,xxii,107
Karaman（dynasty）［朝］卡拉曼朝,160,
382,385,389,391,449,452
Karaman（place）［地］卡拉曼（拉兰达），
见 Laranda
Kara Muren［地］卡拉木仑河（黄河），见
Yellow River
Kara Sengir Tughai［地］卡拉森吉尔角,
481
Kara Shahr（Agni；Chalish；Cialis；Jalish；Yenki）［地］喀拉沙尔（焉耆・察力失）,xxii,xxiii,28,40,41,43,45,46,
48,52,59,61,62,95,98-99,103,107,
114-115,125,144,233,420,424,491,
493,497,498,563 注
Karashahri language［文］焉耆语,28,40,
96
Kara-Su［地］卡拉苏河,376
Karasuk［文］卡拉苏克文化,5
Kara-Tal（Qaratal）［地］哈拉塔尔,425,
436,491,621 注,625 注
Kara-Tau［地］卡拉套山,393
Kara-Turgai（Ataqaroghai；Anacargou）
［地］卡拉图尔盖河（阿塔合儿灰，阿纳
哈儿浑）,439
Kara-yus（Pisannaya gora）［地］卡拉攸斯
（皮沙那亚戈拉谷地）,556 注
Karbala［地］卡尔巴拉,433
Karchin［族］喀喇沁部,见 Kharachin
Karlgren［人］卡尔格林,24-25
Karni（Garni）［地］哈儿尼 260
Kars［地］卡尔斯,263,281,430
Karshi（Qarshi）［地］卡尔施城,341,342,
345,412,438,457

Kartlia［人］卡特利亚,272,350
Karun［地］哈尼,240
Kashan［地］卡尚城,305
Kashgar（Shufu；Cascar）［地］喀什城（疏
附）,xxii,xxiii,xxv,28,29,40,41,43,
44,45,50,52,95,96,100-101,103,107,
114-115,133,145,147,164,165,235,
303,306,312,327,344,422,425,426,
460,461,463,485,491-495,498,500,
501,527,528,532,540,541,542
Kashgari（person）［人］喀什噶里,185
Kashgaria（Alti-shahr）［地］喀什噶尔,
xxv,8,43,46,48,133,142,144-145,
147,148,149,159,164,165,189,233,
235,236,255,277,292,293,303,326,
338,344,368,422,425,448,485,491,
494,497,499,500,501,527,528,537,
538,541,542
Kāshik（guard）［专］怯薛（护卫军）,213,
222
Kashmir［地］克什米尔,71,118,119,
446,498,499
Kasimov［地］卡西莫夫城,472
Kasinskoye［地］卡西斯科耶,16
Kastamonu［地］卡斯塔莫努,449,452
Katanda［地］卡坦塔,18,19
Kath［地］柯提,421,487,521
Kavadh［人］喀瓦德,68
Kaveripatnam［地］加韦里伯德讷姆,311
Kayal［地］卡亚尔,见 Cail
Kayseri［地］开塞利,263,281,370,389,
391,449,451
Kazakhs［族］哈萨克人（吉尔吉斯－哈萨
克人）见 Kirghiz-Kazakhs
Kazakhstan［地］哈萨克斯坦,5,393
Kazan（person）［人］哈赞,342
Kazan（place）［地］喀山,13,73,176,
405,441,470,471,472,473,475

索　引

Kazerun［地］卡泽伦，366
Kazvin［地］可疾云（加兹温），142，240，245，312，372，458
Kazyr［地］克孜尔河，558 注
Kebek［人］怯别，295，338，339-340，341，386
Kebek II［人］怯别二世，463，493
Kebeki（coins）［专］怯别币，341
Kediri（Daha）［地］谏义里，291
Kedrala［地］卡德拉拉，549 注
Ke'er-un irgen（steppe herdsmen）［专］草原游牧民，195
Kelat［地］克拉特，428
Kelermes［地］克勒尔姆斯，4，11-12，15
Kemal Atatürk, Mustafa［人］穆斯塔法·克马尔·阿塔特克，164
Keng K'uei［人］耿夔，46，47
Keng Kung［人］耿恭，44
Keng Ping［人］耿秉，42，46
Kentei（Burqan Qaldun）［地］不儿罕合勒敦山（肯特山），189，199，200，219，248
Kerayit［族］克烈部，xxiv，xxv，191-192，199，200，203-213，216，217，220，227，300，417，578 注
Kerch［地］刻赤（潘蒂卡派），15，52，85，173，405，549 注，554 注；参见 Panticapaeum
Kergüd［族］乞儿古斯部，503
Keriya（Pem）［地］克里亚，306
Kerman（Cherman；Kirman）［地］起儿漫，151，152，153，260，261，269，305，309，353，382，390，431，432，433，459，461，462
Kermanshah［地］克尔曼沙赫，355
Kermian［地］克米安，449，451，452
Kermikhions［族］柔然，见 Juan-Juan
Kerts［族］克尔特人，339，343，352-353，380，385-386，390，426-428

Kerulen［地］克鲁伦河，怯绿连河，xxii，xxiii，20，109，110，192，193，200，212，248，255，273，274，321，502，504，510，512，529，530，536，539，540
Kesh（Shahr-i Sebz）［地］渴石（沙赫里夏勃兹），343，345，346，409-414
Keszthely［地］凯斯特海伊，176
Khagan（*qân*；*qaan*；as title）［专］合罕（称号），61，216，217，221，560 注，585 注
Khaganos（sovereign）［专］可汗罗斯（称号），577 注
Khailar［地］海拉尔，3
Khairkhana［地］海尔哈纳，51
Khaishan［人］海山，294，299，321，338
"Khaladjin-alt"［地］合兰真沙陀，210
"Khala-goun-ola"［地］哈拉一果翁一俄拉，210
Khalil［人］哈里勒，456，457
Khalka（people）［族］喀尔喀人，66，509，510，512，513，514，521，523，525，628，529，530，531，536，537，538，629 注
Khalka（river）［地］合勒卡河，210，510
Khamdo［地］喀木，523
Khan（as title）［专］汗，可汗（称号），61，216，560 注
Khanbaligh（*Khan-baligh*；*qanbaliq*）［地］汗八里（长安，北京），599 注；参见 Changan；Peking
Khangai［地］杭爱山（参看於都斤山），20，102，189，214，294，321，335，479，512，537；参见 Otükän
Khanka［地］汗卡要塞，488
Khansa［地］参看杭州，见 Hangchow
Khanzade［人］罕匝答，421
Khanzai［地］杭州，见 Hangchow
Kharachin（Jungshiyabo；Karchin）［族］喀喇沁（永谢布人），509，517，629 注

Khara Kula［人］哈剌忽剌,523,526
Khara Usu, Lake［地］哈拉乌兹湖,214
Khavalynsk［文］哈瓦伦斯克文化群,6
Khazaria (Gazaria)［地］可萨里亚,180, 314,401,403
Khazar language［文］可萨文,557 注
Khazars［族］可萨人,哈扎尔人,xxiv,xxviii,176,178-182,396,577 注
Kherson［地］刻松城,73
Khewra［地］库腊,71
Khidr-shah［人］希德尔沙,452
Khilat［地］起剌特,261,263
Khilok［地］希洛克河,194,551 注
Khingan［地］兴安岭,xxii,xxvi,39,53, 54,55,86,192,194,208,210,505,517
Khingsai, Khinsa［地］杭州,见 Hangchow
Khionites［族］希奥尼特人,68
Khitan (Khitai; Kitat)［族］契丹人,xxiv,xxviii,66,83,88,106,108,112,125, 127-134,136,146,148,164-165,186, 190,196,220,228,231,233,250,251-252,283,306,516;参见 Kara-Khitai
Khitan language［文］契丹语,193
Khitan script［文］契丹文,133-134,570 注
Khiva［地］希瓦(花剌子模),见 Khwarizm
Khizr khan［人］希兹尔汗,446
Khizr-khoja［人］黑的儿火者,422,424, 425
Khmer (Cambodia)［地］高棉,290,291
Khocho［朝］高昌,见 Turfan
Khodzhent［地］忽毡,117,165,166,238, 332,338,345,410,411,419,423,438, 482,497
Khoi［地］忽伊,359
Khoit［族］辉特部,520,525,527,537, 538,539;参见 Dzungar
Khojas［专］和卓,500-501,527-528,540, 541,628 注
Khojo Jan (Little Khojo)［人］霍占集, 541-542
Khokars［族］科卡尔,444
Khondemir［人］宽德密尔,465
Khongtaiji (prince imperial)［专］洪台吉 (王子称号),630 注
Khorchin (Qorchin)［族］科尔沁人,505, 509,516-517,529,629 注
Khortitsa［地］霍蒂萨,246
Khoshot［族］和硕特部,487,503,510, 520,523-527,532,537,538,540;参见 Oirat
Khosrau Firuz ar-Rahim［人］库思老·卑路支·拉希姆,150-151
Khotan (Cotan; Hotien; Yotkan)［地］于阗(和田,约特干),xxii,40,41,43,45, 48,52,54,95,96,101,103,107,114-115,147,165,235,303,306,312,327, 332,424,426,491,494,497,500,533, 541
Khshevan (as title)［专］(粟特语称号) 王,68
Khudaidad［人］忽歹答,422,425,459-460
Khulm［地］胡勒姆,412
Khurasan［地］呼罗珊,68,87,116,142, 143,144,146,147,149,150,153,155, 159,160,166-167,236,240,260,261, 305,309,334,340,345,351,352,353, 368,369,372,373,376,381,386,387, 390,410,413,415,417,427,428,456, 459,461,463,464,481-485,492
Khutuktai Sechen Khongtaiji［人］库图克图彻辰洪台吉,510-514
Khu Urluk［人］和鄂尔勒克,521-522, 523

索　引　771

Khuzistan［地］胡齐斯坦,169
Khvalinsk［地］克瓦林斯克,5
Khwarizm (Khiva)［地］花剌子模（希瓦）,xxviii,9,116,150,158,159,160,166-170,189,233,234,236-242,247,254,260,261,301,330,332,335,351,354,355,392,397,420-421,426,479,481,487-488,521
Kialing［地］嘉陵江（四川）,258,284
Kian［地］长江,见 Yangtze
K'iang［族］羌人,28-29,47,48
Kiangchow (Kiukiang)［地］江州（九江）,137,323
Kiangsi［地］江西,137
Kiangsu［地］江苏,58,138,287,302
Kichow［地］冀州（大名）,见 Taming
Kidara (Ki-to-lo)［人］基达拉（寄多罗）,68,69
Kidarites［朝］基达里王朝,68,69
Kien［人］贤,43
Kienchow (Kanchow)［地］虔州（赣州）,137
Kienkang［地］建康（南京）,见 Nanking
K'ien-k'u［族］坚昆人,38
Kienning［地］南京,见 Nanking
Kienshih［地］监氏城,30
Kiev［地］基辅,乞瓦,10,73,181,182,224,246,265,270,271,395,436
Kigi［地］基伊,462
Ki-kou-kuan［地］岐沟关,132
Kikow［地］歧沟,570 注
Kile［族］基列人,515
Kimäks［族］基马克人,148,185
Kin (Alchun; Chin)［族］金（参看完颜部）,136-140,164,170,189,190,191,192-193,197,198,203,204,226-233,257-259,283,301,516;参见 Wan-yen
King (river)［地］泾河,90

Kingchaofu［地］京兆府（长安）,见 Changan
Kingchow［地］荆州,122
Kin-ling-fu［地］金陵府（南京）,见 Nanking
Kinshan［地］金山岛,67,139
Kin-tsung［人］钦宗,136-137
K'iou Ch'ang-ch'uen (K'iou Ch'u-ki)［人］邱长春（邱处机）,244,249,255,590 注
Kipchak khanate (Golden Horde; White Horde)［朝］钦察汗国（金帐汗国,白帐）,186,246,264,268-276,281,282,292,304-305,312,314,319,332,335,342,350,358,365-366,368,376,387,389,393-408,419,420,421,426,430,432,435-443,591 注;参见 Golden Horde; White Horde
Kipchaks (Cumans; Komanoi; Kun; Polovtsy; Qoun; Qumani)［族］钦察人,xxiv,xxviii,148,184,185-186,246,264,392,395,396
Ki-pin［朝］罽宾（迦毕试国）见 Kapisa
Kirakos (of Ganja)［人］(刚加的)基拉罗斯,282,342,356,357,360,363,367,396
Kirghiz (people)［族］黠戛斯,乞儿吉思,吉尔吉斯人,xxiv,19,106,109,124,125,128,148,196,205,216,418,473,478,483,485,549 注,625 注,参见 Kara-Kirghiz; Kergüd
Kirghiz (Alexander; mountains)［地］吉尔吉斯山,xxiii,154,155,161,191,237,244
Kirghiz-Kazakhs (Qazaqs)［族］吉尔吉斯—哈萨克人,148,478,480,481,485,488-489,495,499,500,508,521,522,526,531,532,538,625 注

Kirgis Nor [地] 吉儿吉思湖, 512
Kirin [地] 吉林省, 255, 269
Kirki (Chufut-Kale) [地] 基尔基, 402
Kirman [地] 起儿漫, 见 Kerman
Kishi-jüz [族] 小帐, 见 Little Horde
Kishiliq [人] 乞失力, 210
Kishmain [人] 乞失麦, 330, 606 注
Kiskörös [地] 小克勒什, 176
Kitat [族] 契丹, 见 Khitan
Kitbuqa [人] 怯的不花, 355, 356, 361-365
Ki-to-lo [人] 寄多罗(基达拉), 见 Kidara
K'iu [族] 麴氏, 98
Kiuchüan [地] 酒泉, 28
Kiukiang [地] 九江(江州), 见 Kiangchow
K'iu-li [地] 渠犁, 37
Kiu-ma [地] 拒马河, 132, 570 注
Kiun-ch'en [人] 军臣单于, 34
K'iu Pai-ya [人] 麴伯雅, 89, 98
Kiu-pi-shö [族] 车鼻施, 119
Kiu-shih [地] 车师(别失八里, 吐鲁番), 见 Beshbaligh; Turfan
K'iu-tsu [地] 龟兹, 见 Kucha
K'iu Wen-t'ai [人] 麴文泰, 98
Kiu-yen [地] 居延, 36
Kiu-yung-kuan (Nankow) Pass [地] 居庸关(南口), 106, 507
Kiyat [族] 乞颜氏族, 193, 194, 198, 201
Kizil [地] 克孜尔, 50, 51-52, 96, 97-98, 101
Kizil Irmak [地] 克孜尔·伊尔马克, 350
Kizilkaya (Qyzyl-qaya) [地] 克孜勒卡亚, 549 注
Knights of Rhodes [专] 罗德的骑士们, 451
Koban [地] 科本, 5, 11
Kobdo [地] 科布多, 61, 92, 113, 190, 205, 214, 479, 508, 510, 512, 513, 520, 521, 525, 526, 527, 536, 537, 538, 540

Köbegün (princes) [专] 王子, 221
Koblevo [地] 科布勒沃, 6
Kobluk [人] 古卜鲁克, 见 Kuilek
Kochkar [地] 库什卡尔, 423, 561 注
Köchkünji [人] 速云赤, 484, 485
Ködä'ä-aral (Kötö'ü-aral) [地] 阔帖兀阿兰, 274
Kögmän [地] 曲漫山, 见 Tannu-Ola
Koh-i-Baba [地] 霍伊巴巴, 465
Koirijak [人] 科利贾克, 469, 622 注
Kökächin (Cocachin) [人] 阔阔真, 308, 309
Kokand [地] 浩罕, 482, 486, 488-489, 496
Kök-böri [专] 灰狼, 544 注
Kökchü (Täb-tängri) [人] 阔阔出, 195, 217-218, 219, 585 注, 591 注
Köke-khoto [地] 库库河屯, 见 Kuku Hoto
Kökö däbtär ("blue books"; registers) [专] 青册, 220
Koko Nor [地] 青海湖, 47, 65, 89, 118, 509, 513, 523, 524, 525, 526, 532, 540
Kökö Temür [人] 扩廓帖木儿, 324-325
Köksegu (Kökse'u) Sabraq [人] 可苦速, 205
Kökshün Orkhon [地] 鄂尔浑河的科克沁, 112
Kollam [地] 奎隆, 见 Quilon
Ko-lo [人] 葛勒, 默延啜, 见 Mo-yen-cho
Kölö, Lake [地] 曲烈湖, 206
Kolomna [地] 科罗姆纳, 265
Kolyma [地] 科雷马河, xxv
Komanoi [族] 钦察人, 见 Kipchaks
Kona Shahr [地] 科纳·沙尔, 493
Konchaka [人] 科恩恰哈, 617 注
Kondurcha [地] 昆都尔察河, 440
Kondurchinsk [地] 孔杜尔恰斯克, 440
König, F. W. [人] F. W. 库利格, 11

索 引

Konya (Lycaonia) [地] 科尼亚（利考尼亚）xxix, 155, 157, 261, 263, 272, 281, 382, 385, 387, 389, 452, 573 注

Korea [朝] 朝鲜, 高丽, 128, 133, 259, 289, 515, 599 注

Körgüz (约死于 1244 年) [人] 阔儿吉思, 269

Körgüz (George; 1235-42) [人] 阔儿吉思（乔治）, 351-352

Körgüz (Görgüz; George; d. 1298) [人] 阔里吉思, 294, 301-302, 306, 314, 318, 335

Koshang [地] 科尚 (看托克托)，见 Toqto

Kosho-Tsaidam [地] 和硕·柴达木, 85-86, 87, 92-93, 101, 103, 106, 108-109, 110, 112-113, 192, 566 注, 578 注

Ko Shu-han [人] 哥舒翰, 118

Kosogol, Lake [地] 库苏泊, 124, 479, 503

Kosovo [地] 科索沃, 449

Kostromskaya [地] 科斯特罗马斯卡雅, 12, 13, 15

Ko-tjong [人] 王皞, 259, 288, 599 注

Kotor (Cattaro) [地] 科托尔, 267

Kötö'ü-aral [地] 阔帖兀阿兰, 见 Ködä'ä-aral

Köyitän [人] 阔亦田, 207, 582 注

Közädagh [地] 柯塞山, 263

Kozel [地] 科泽尔, 546 注

Kozlov, P. K. [人] 科兹洛夫, 25, 39, 133

Krasnoyarsk [地] 克拉斯诺亚尔斯克, 5, 14

Krikor (Gregory) [人] 克利科尔, 358

Krum [人] 克鲁姆, 177

Kuang [地] 两广, 324

Kuangku [地] 广固, 557 注

Kuang-tö [地] 广德, 43

Kuang Wu-ti [人] 光武帝, 39

Kubak-sari [地] 和布克赛尔, 526

Kuban [地] 库班, 4, 10, 11, 12, 15, 16, 72, 73, 74, 176, 180, 182, 392, 442, 472, 503, 522

Kublai (Hu-pi-lie; Qubilai; Qubilay; Qublay) [人] 忽必烈, xxiii, xxviii, xxx, 59, 63, 214, 272, 274, 275, 282-300, 304, 305, 307, 308-309, 311, 320, 321, 331, 332, 333, 336, 363, 371-373, 374, 396, 397, 401, 419, 456, 502, 512, 514, 598 注

Kublai, house of [族] 忽必烈家族（看元朝），见 Yüan

Kucha (K'iu-tsu; Kuche; Kuchi) [地] 库车, xxii, xxiii, 28, 40, 41, 43-49, 52, 54, 59, 62, 95-100, 103, 107, 114-115, 117, 119, 125, 144, 164, 173, 189, 212, 233, 312, 326, 329, 340, 344, 426, 460, 491, 492, 497, 498, 506, 542, 555 注, 556 注

Kuchean language ("Tokharian" A and B) [语] 库车语（吐火罗语 A 和 B）, xxiii, 28, 40, 49, 96, 97, 124, 125, 562 注

Kucheng [地] 古城（看别失八里），见 Beshbaligh

Küchlüg [人] 屈出律, 190, 215, 233, 234, 235-236, 330, 584 注

Küchow (Ghiugiu) [地] 衢州, 308

Kuchu [人] 阔出, 259, 268

Kuchuk Muhammad [人] 库楚克·马哈麻汗, 470, 472

Kuchum [人] 库程汗, 489, 490

Kudang [人] 库登汗, 510

Kuei-shuang [族] 贵霜人, 见 Kushans

Kuibyshev [地] 古比雪夫（萨马拉），见 Samara

Kuilek (Kobluk) [人] 古卜鲁克, 403

Kujula (Kujulo) Kadphises (Kadphises I; Ch'iu-chiu-ch'ueh) [人] 卡德菲斯一世（邱就却）, 32, 45-46, 561 注

Kuku Hoto (Köke-Khoto) [地] 库库河屯

(呼和浩特,归化城绥远城),35,136, 510,514,529;参见 Kweihwacheng; Suiyuan (town)
Kül-Bulat［人］库尔布鲁特,609 注
Kuldja［地］固尔扎,234,235,282,292, 312,319,326,424,528,531,533,538, 539,540,541
Kule［地］库莱,184,
Ku-li (as title)［专］谷蠡王(称号),20
Kulikovo［地］库里科沃,405-406,407
Ku-ki P'ei-lo［人］骨力裴罗,见 Qutlugh Bilgä
Kul Oba［地］库尔·奥巴,7,13,15
Kul-tegin［人］阙特勤,85-86,108-112, 116
Kuma［地］库马,392
Kumaragupta［人］鸠摩罗芨多,69
Kumarajiva［人］鸠摩罗什,49-50,59
Kumiss (*qumiz*)［专］忽迷思(马奶酒), 219,276,568 注,587 注
Kumo［地］阿克苏城(姑墨),见 Aksu (town and province)
Kumtura［地］库姆吐拉,52,96,97,98
Kun［族］看钦察人,见 Kipchaks
Kün-buqa［人］孔不花,259,301,302, 303,599 注
Künchow (Yüchow)［地］钧州(今禹州), 258
Kundelung Ubasha［人］昆都仑乌巴什, 487-488,523
Kundjuk［人］宽阇,见 Kunjuk
Kunduz［地］昆都士,82-83,85,93,116, 117,119,143,342,346,409,411,412, 414
Kunduzcha［地］孔杜尔恰,440
Kungas (Kungkas)［人］孔加士,68
Kungchang (Lungsi)［地］关中(陇西), 283

Kungei［地］昆格山,500
Kunges［地］空格斯,424,491
Kungkas［人］孔加士,见 Kungas
Kung-ti［人］恭帝(宋),286
Kungyueh［地］弓月城,564 注
Kunjuk (Kundjuk)［人］宽阇,338
Kunlun［地］昆仑山,533
Kunni［族］昆尼,见 Huni
Kün tängridä ulugh bulmysh kütshlug bilgä ch'ung-tö［人］登啰羽录没蜜施 句主毗伽可汗,122
Kuo Hiao-k'o［人］郭孝恪,95,99,100
K'uo-li-ki-ssu (George; name)［人］阔里 吉思(乔治),301
K'uo-li-ki-ssu (George; person)［人］(镇 海之子)乔治,593 注
Kuo-shih (as title)［专］国师(称号),298
Kupehkow［地］古北口,129
Kura［地］库拉河,261,347,369,398, 399,430,437,462
Kurdistan［地］库尔德斯坦,263,361, 430,433
Kurds［族］库尔德人,379,383
Kurdzhips［地］库尔德泽普斯,16
Kuriyen (circles)［专］古列延,196
Kusala［人］和世瓎,321
Kushans (Kuei-shuang)［族］贵霜人,32, 45-46,68-69
Kusmehan［地］库什麦罕,68
Kustanai［地］库斯坦赖,439
Kutahya［地］屈塔希亚,451,452
Kutaisi［地］库塔伊思,263
Kutan［人］忽滩,246,264
Ku-to-lu Pei-kia k'iu［人］骨咄禄毗伽阙 可汗,见 Qutlugh Bilgä
Kutrigurs［族］库特利格尔人,79,80, 172,174,176
Kutsang［地］姑藏(甘州),见 Kanchow

索　引

(Kansu)
Ku-tu (as title) [专] 骨都侯 (称号), 21
Kuvrat [人] 库弗拉特, 175, 176
Kwachow [地] 瓜州, 35
Kwangping [地] 广平, 325
Kwangsi [地] 广西, 284, 287, 518
Kwangtung [地] 广东, 287
Kwantao [地] 馆陶, 325
Kwei [人] 桂王, 518
Kweichow (Hsailaihsien) [地] 妫州 (怀来县), 106
Kweihwacheng [地] 归化城, 25, 106, 301, 306, 510, 530, 参见 Kuku Hoto; Toqto
Kweilin [地] 桂林, 284, 287, 518
Kweiteh [地] 归德, 258
Kweitung [地] 水洞沟, 3
Kyakhta [地] 恰克图, 25
Kyozwa [人] 莎茸, 291
Kyushu [地] 九州, 289
Kyzyl-Kum [地] 克齐尔库姆沙漠, xxii
Kyzyl-Su, [地] 克孜尔河, 41
Kzyl-Orda [地] 克孜勒奥尔达 (看波罗威斯克), 见 Perovsk

Ladakh [地] 拉达克山, 497, 499
Ladislas (活跃于1287年) [人] 拉迪斯拉斯, 401
Lahore [地] 拉合尔, 168, 339, 443
Laikhor-khan [人] 赉瑚尔汗, 512
Lajazzo (Latakiap; Layas; Ayas) [地] 剌牙思, 305, 312, 313, 370
Lakhanas [人] 伊凡洛 (拉汗纳斯), 见 Ivailo
Lakiashih (Aru-rarja) [地] 拉加寺地区, 525
Lalegir [族] 拉列基尔人, 515
Lamaism [宗] 喇嘛教, 220, 298, 299, 319, 323, 383, 513-515, 523, 564 注, 628 注; 红教, 513, 523; 黄教, 513, 514, 523, 524, 526, 532, 533, 536, 540
Lamut [族] 拉穆特人, 515
Lanchi [地] (浙江) 兰溪, 308
Lanchow (Yüan-ch'uan) [地] 兰州 (苑川), 35, 60, 107
Langson [地] 谅山, 290
Lao-shang [人] 老上单于, 21, 27, 28
Lao-tse [人] 老子, 见 Taoism
Laranda (Karaman) [地] 拉兰达 (今卡拉曼), 391, 452
Lasha, David [人] 大卫·拉沙, 见 David Lasha
Lasha, Giorgi III [人] 吉奥吉尔三世拉沙, 见 Giorgi III Lasha
Latakia [地] 剌牙思, 见 Lajazzo
Latsang khan [人] 拉藏汗, 524, 532-533
Laurence (of Ancona) [人] 劳伦斯, 342
Law codes [专] 法典, 见 Shari'a; Yasaq
Layas [地] 剌牙思, 见 Lajazzo
Lazica [地] 拉齐卡, 84
Le Coq, A. A. von [人] 勒柯, 96, 97, 122
Legdan (Lingdan) [人] 林丹汗, 510, 514, 517
Legnica [地] 里格尼兹, 见 Liegnitz
Lelvar [文] 勒尔瓦尔文化, 5, 545 注
Lena (river) [地] 勒拿河, xxv, 515
Leo, St. (Leo the Great) [人] 圣利奥, 76
Leo III (of Cilicia) [人] (西里西亚的) 利奥三世, 371
Leo IV (the Khazar; Byzantine emperor) [人] (拜占庭皇帝) 利奥四世, 179
Leo VI (Byzantine emperor) [人] (拜占庭皇帝) 利奥六世, 178, 180
Levedia [地] 列维底亚, 177, 178, 182
Levedian culture [专] 列维底亚文化, 67, 549 注

Levunion, Mount [地] 列瓦尼恩山, 184
Lezghians (Lezginy) [族] 列兹基人, 246
Lhasa [地] 拉萨 (布达拉宫), 523, 526-527, 532, 533, 540; Potala, 524, 533
Li An-ch'uan [人] 李安全, 226, 227
Liang [朝] 梁, 59, 64
Liang, Hou- [朝] 后梁, 见 Hou-Liang
Liangchow (Erginul; Ergiuul) [地] 凉州, 35, 54, 112, 306
Liang K'in [人] 梁懂, 47
Liang Shu [书]《梁书》, 68
Liao (dynasty) [朝] 辽代 (契丹), 见 Khitan
Liao (river) [地] 辽河, 39, 54, 61, 83, 127, 128, 164, 196, 228, 293
Liaosi [地] 辽西, 53-54, 57, 88, 108, 112, 230
Liaotung [地] 辽东, 39, 53, 57, 58, 128, 250, 507, 510
Liaoyang [地] 辽阳, 131, 136, 138, 139, 227, 228, 229, 516
Li Chih-ch'ang [人] 李志常, 249, 275-276, 590 注
Liegnitz (Legnica) [地] 里格尼兹, 266
Li Ki-lung [人] 李继隆, 132-133
Li Ki-ts'ien [人] 李继迁 (赵保机), 见 Chao Pao-Ki
Li K'o-yung [人] 李克用, 126-127
Li Kuang-li [人] 李广利, 36
Li Ling [人] 李陵, 36
Linchow [地] 灵州, 568 注
Lingchow (Lingwu) [地] 灵州 (灵武), 108, 126, 132, 226, 247, 568 注
Lingdan [人] 林丹汗, 见 Legdan
Lingkiu [地] 灵丘, 107, 108,
Lingwu [地] 灵武 (灵州), 见 Lingchow
Linhwang [地] 临潢, 130, 136
Lintao [地] 临洮, 517 注

Li-pien-a-ta [人] 列边阿塔, 见 Rabban-ata
Li Po, *The Man of the Marches* [人] 李白《行行且游猎篇》, 102
Li-p'o-chuen [人] 栗婆准, 99
Li Shih-min [人] 李世民 (唐太宗), 见 T'ai-tsung
Li Shih-tsi [人] 李世笃, 92
Lithuania [地] 立陶宛, 399, 407, 436, 443, 469
Lithuanians [族] 立陶宛人, 471
Li Tsin-chung [人] 李尽忠, 108
Li Tsing [人] 李靖, 92
Li-tsung [人] 宋理宗, 259
Li Ts'un-hsü [人] 李存勖, 127, 128
Little Horde (Kishi-jüz) [族] 小帐 (吉尔吉斯 — 哈萨克), 478, 480, 485, 521, 522, 625 注; 参见 Kirghiz-Kazakhs
Little Pulu [朝] 小勃律, 见 Gilgit
Little Yüeh-chih (Hsia Yüeh-chih) [族] 小月氏, 28-29
Li Tzu-ch'eng [人] 李自成, 517, 518
Liu Chih-yüan [人] 刘知远, 130
Liu Fu-t'ung [人] 刘福通, 323
Liu Ts'ung [人] 刘聪, xxviii, 56, 57
Liu Wei [人] 刘伟, 453
Liu Yüan [人] 刘渊, 56
Li Yi [人] 李袆, 118
Lobdzang [人] 罗卜藏, 512
Lob Nor [地] 罗布泊, xxii, 35, 37, 40, 41, 42, 52, 96, 303, 306, 312, 344, 424; 参见 Shanshan; Yiwu
bLo-bzang (Nag-dbang bLo-bzang) [人] 阿旺·罗卜藏, 523-524, 532
Loehr, Max [人] 马克思·劳尔, 4
Loire [地] 卢瓦尔河, 74
Lo-Lo [族] 罗罗人, 283-284
Lombards [族] 伦巴德人, 60, 173, 174
Longjumeau [人] 安德烈·德·隆朱米,

见 André de Longjumeau; Guy (Guillaume) de Longjumeau
Loni［地］洛尼,444
Lop (Charkhlik)［地］罗不,306
Lore［地］罗耳,260
Lorraine［地］洛林,178
Louis IX (St. Louis)［人］路易斯九世,圣·路易斯,273,276,277,281,349
Louis the Child［人］孩童路易斯,178
Loulan［朝］楼兰,35,37,40,41,42
Loyang［地］洛阳,xxix,41,48,49,56,57,58,59,61,63,65,120,121,122,126,127,259,558注
Lu［人］鲁王,518
Lucalongo, Petrus da［人］彼得鲁斯,见 Petrus da Lucalongo
Lüders, Heinrich［人］吕德斯,29
Lugar［地］卢卡尔河,590注
Lugovskoye［地］卢戈伊什科耶,558注
Lu-ho (Luke; name)［人］鲁合,301
Lukchun［地］鲁克沁,42,47
Luke (son of 'Isä)［人］鲁合,304
Lu Kuang［人］吕光,50,59,60
Luleburgaz (Arcadiopolis)［地］卢累布尔加兹,76,184
Lung［地］龙庭,34
Lungcheng［地］龙城,557注
Lungmen［地］龙门,64,65
Lungsi［地］陇西,见 Kungchang
Lungtö,［地］隆德,248
Lur［族］罗耳人,432
Luristan［地］卢里斯坦,11,169,355,430,432
Lü Shih-chung［人］刘时中,284
Lutsang［地］鲁仓,525
Lü Wen-huang［人］吕文涣,287
Lwanping［地］滦平,24,25
Lycaonia［地］利考尼亚（科尼亚）,见

Konya
Lycia［地］吕基亚,452
Lyons［地］里昂,270

Macedonia［地］马其顿,449
Madali［人］马达里（穆罕默德·阿里）,见 Muhammad 'Ali
Madyes［人］马代斯,9
Maes Titianos［人］马厄斯·梯梯安洛斯,40,48,313
Magadha［朝］摩揭陀,71
Magdalenian culture［文］马格德林文化,3,13
Maghas (Mankas; Monkas)［地］葰怯思,265
Maghreb［地］马格里布,355
Magnesia ad Sipylum (Manisa)［地］马格尼西亚,453
Magyars［族］马扎尔人,xxviii,174,177-179,181,182
Mahamu［人］马合木,503,504,628注
Ma-hei-ma［人］马黑麻,见 Muhammad (活跃于 1560 年)
Mahmud (of Ghazni; 死于 1030 年)［人］(加兹尼的)马赫穆德,144,145-146,149,150
Mahmud (1487-93)［人］马合木,481
Mahmud (1487-1508)［人］马哈木,463,482,496-497
Mahmud (1494-95)［人］马合谋,464
Mahmudabad［地］马哈茂达巴德,462
Mahmud-beg［人］马合谋伯格,382,385
Mahmudek［人］马赫穆提克,472
Mahmud ibn Muhammad［人］马赫默德·伊本·穆罕默德,158
Mahmud khan［人］马合谋汗,416
Mahmud Shah II［人］马茂德·沙二世,

444,445
Mahmud Yalavach［人］马合谋·牙剌洼赤,250-251,272,328,352
"Mahone"［专］马霍恩贸易公司,452
Maikop［地］迈科普,545 注
Maiyafariqin［朝］蔑牙法里勒异密国,360
Maikhan(tent)［专］迈克罕,196
Maikop［地］迈科普,4,16
Maitreya khutukhtu［人］迈达里·胡土克图,514
Majapahit［朝］满者伯夷国,291
Majd ad-Din Baghdadi［人］马扎德丁·巴格达第,589 注
Makikha［人］马基哈,356,357
Makhmet-kul（Muhammad-quli）［人］马赫麦特·库耳,489
Makhtum khanim［人］马黑秃木·哈尼木,506,508
Ma K'ing-siang［人］马金襄,593 注
Malabar［地］无离拔,315
Malaya［地］马来亚,311
Malayu［地］马拉尤,600 注
Malazgirt（Manzikert）［地］曼吉克特,152,184
Malfuzat-i Timuri［书］《帖木儿名言录》,444-445
Malik(as title)［专］马立克（称号,意为王）,352
Malikshah［人］马立克沙赫,147,152-153,154,155,158
Mal-kal Tungus［族］靺鞨通古斯人,515
Mallu Iqbal［人］马鲁·伊黑巴勒,444,445
Malta（nr. Irkutsk）［地］马尔塔,3
Ma Lung［人］马隆,54
Malvan［地］马尔瓦（印度）,32
Malwa［地］马尔瓦（印度）,69,70,71,146
Malyi-Terek［地］马尔义特列克,558 注

Mamai（Mamaq；1361-80）［人］马麦,405-406,407,436
Mamai（活跃于1523年）［人］马迈（诺盖汗）,473
Mamelukes［专］马木路克人（奴隶）,153,155,245,263
Mamelukes（dynasty）［朝］马木路克王朝,364-365,366,368,370,371,373-376,Mamelukes（dynasty）(cont.)382,384-385,387,398,400,403,404,405,433,434,446-448
Manas（river）［地］玛纳斯河,100,342,344,422,491
Manchouli［地］满洲里,3
Manchu（dynasty）［朝］清朝,63,66,510,515-520,528-533,536-542
Manchu（people）［族］满族人,515,516
Manchukuo［朝］满洲国,515
Manchuria［地］满洲,80,85,128,134,136,137,211,227,228,229,293,294,515,516,517,519,529,538
Mandaghol［人］满都古勒,509
Mandasur［族］曼达索尔家族,71
Mandughai［人］满都海赛音,509
Manegir［族］玛尼基尔人,515
Mangala［人］忙哥剌,307,605 注
Mangit［族］曼吉特部（诺盖部）,见 Nogai (tribe)
Mangu Timur（Mongka Temür）［人］忙哥帖木儿,292,333,366,371,401,606 注
Mangyshlak Peninsula［地］曼吉什拉特半岛,521,522
Maniak［人］曼尼亚克,184
Maniakh［人］马尼亚克,83
Manichaean art［文］摩尼教艺术,122,124
Manichaeanism［宗］摩尼教,121,122,

124-125,197,304,319

Manisa［地］马格尼西亚，见 Magnesia ad Sipylum

Mankas［地］蔑怯思，见 Maghas

Manqud［人］忙古惕，194,210

Mansur（死于1393年）［人］曼苏尔,431, 432-433

Mansur（Mansur-khan；1503-43）［人］满速儿汗,497,499

Mansur I ibn-Nuh［人］曼苏尔一世（伊本·努赫）,143

Mansurov［人］曼苏罗夫,475

Manzi［朝］蛮子国,309,311

Manzikert［地］曼吉克特，见 Malazgirt

Mao-tun［人］冒顿单于,27,28

Mao'undur［地］卯温都儿,210

Mar Abraham［人］马·雅巴拉哈,369

Maragheh［地］蔑剌合,245,262,359, 367,368,377,379,382；望楼,384；蔑剌合,373,379,383

Marawsik-ila［地］马拉什克亦拉,326

Mar Denha［人］马·德赫,367,368,369

Mardin［地］马尔丁,433

Mar Guiwarguis［人］马·基瓦古斯,303

Marguz（Marcus）Buyiruq［人］马儿忽思不亦鲁,191

Marhasia（Christian bishops）［专］马儿哈昔,300

Maria（sister of Andronicus II）［人］（拜占庭皇帝安德罗尼卡斯二世的妹妹）马利亚,385

Marignolli, Giovanni da［人］约翰·马黎诺里，见 Giovanni da Marignolli

Marinus（of Tyre）［人］（提尔的）马里努斯,40

Maritsa［地］马里查山谷,184

Mariupol［地］马里乌波尔,246,407,436

Mar James［人］马·詹姆斯,369

Marj as-Soffar［地］马尔杰·索法尔,382

Mar Jesusabran［人］马·耶稣沙布兰,369

Mark（活跃于1248年）［人］马克,349

Markanda［地］马尔干达，撒麻耳干，见 Samarkand

Märkit［族］蔑儿乞部,192,195,201,204, 205,207,208,213,215,216,234,578注,584注

Mar Koka［地］马科卡,368

Markus［人］麻古思，见 Mar Yahballaha III

Marquart Josef［人］马迦特,68,171,180, 182

Mar Särgis（Ma Sie-li-ki-ssu）［人］马薛里吉思,302

Mar Sehyon［地］马塞坊,368

Mar Shalita［地］蔑剌合，见 Maragheh 条下

Martinovka［地］马提诺威卡,575注

Martonocha［地］马尔托查查,10

Maruta, St.［人］圣·马鲁塔,361

Mary（daughter of Michael Palaeologus）［人］（迈克尔·佩利奥洛格斯的女儿）马丽公主,368

Mar Yahballaha III（Markus）［人］马·雅巴拉哈三世（麻古思）,301,302-303, 336,368-369,372,373,377,379,383

Mashhad［地］麦士德（图斯），见 Tus

Ma Sie-li-ki-ssu［人］马薛里吉思，见 Mar Särgis

Maspero, Georges［人］马斯佩罗,19-20

Massagetae［族］马萨革泰人,9,547注

Mas'ud（1030-40）［人］马苏德,146,149

Mas'ud（1133-52）［人］马苏德,158

Mas'ud（活跃于1495年）［人］麻素提,464

Mas'ud II［人］马苏德二世,382,387

Mas'udi［人］马苏第,181

Mas'ud Yalavach (Mas'ud-beg)［人］麻速忽·牙剌洼赤（麻速忽伯格）,269,328,331-335,352

Ma'sum Shah Murad［人］马桑·沙·穆拉德,486-487

Ma-ta-ku［人］麻达葛,139-140,227

Matarka［地］马他喀贸易据点,180

Mathura［地］孔雀城（摩突罗）,32,146

Matla' es-sa'dein［书］《两幸福之会合》,见 'Abd ar-Razzaq Samarqandi

Maurice (Byzantine emperor)［人］（拜占庭皇帝）毛里斯,562 注

Mazanderan［地］马赞德兰,351,353,354,390,428,432,464

Mazdaism［宗］马资达教,7,84,101,219

Mecca［地］麦加,244,373,414,430

Medes［族］米底人,7

Media［地］麦地那,9,11,31

Megujin se'ultu［人］蔑古真·薛兀勒图,204

Mehmed II［人］穆赫默德二世,471

Meimundiz［地］麦门底司堡,354

Melankhlenes［族］米兰克尼勒斯人,10,11

Melgunov［地］麦勒古罗夫,10

Melitopol［地］美利托波尔,15,546 注

Menander［人］弥南,173

Menbij (Hierapolis)［地］门比杰,40,361

Meng Kung［人］孟珙,282

Mengli Girei (Geray)［人］明里·格来,470,471,472

Meng T'ien［人］蒙恬,26-27

Mentese［地］门泰斯,449,451,452

Merhart, J.［人］麦哈特,16-17,25,37

Merovingians［朝］墨洛温王朝（人）,60

Merv［地］莫夫（马里）,xxi,40,67,68,80,85,116,117,144,147,150,159,160,164,167,191,240,242,243,312,334,369,483,487

Meshed［地］麦什德（图斯）,见 Tus

Meshed-i-Sar (Babulsar)［地］麦什德·萨尔,432

Mesia［地］麦西亚,78

Mesopotamian art［文］美索不达米亚艺术,4,11-12

Metz［地］梅斯,76

Michael Palaeologus［人］迈克尔·佩利奥洛格斯,368,399,400

Middle Horde (Orta-jüz)［朝］中帐,478,480,522,532,625 注,参见 Kirghiz-Kazakhs

Mien［朝］缅甸,见 Burma

Mihaeni［地］米赫埃尼,8

Mika'il［人］米凯尔,149

Mikhailovka［地］米海洛夫卡,6,8

Mikirakula［人］摩醯逻矩罗,71,248

Mikoyanabad［地］米高扬纳巴德,见 Kabadian

Milan［地］米兰,56,76

Mindor［地］闵多儿,260

Mindszent［地］明曾特,176

Ming［朝］明朝,319,323,324,325,424,453,456,459,488,494,496,498-499,502-507,510-511,512,516,517,518,540

Ming-an［人］明安,588 注

Mingchow［地］明州（宁波）,见 Ningpo

Mingghan (army captain)［专］敏罕（千夫长）,222

Ming-lak［地］明拉克,626 注

Ming-shih［书］《明史》,494,495,496,499,503-507,510

Ming-ti［人］明帝,42,43

Minorsky, V. F.［人］米诺尔斯基,146,172,180,185

Min Shan [地] 鸣沙山, 108
Minteke [地] 明铁盖达坂, 41
Miraj [地] 米拉杰, 445
Minusinsk [地] 米努辛斯克, xxiii, xxv, 24, 28, 66-67, 124, 216, 549 注, 556 注, 558 注, 艺术 4, 5, 6, 14, 15, 17-19, 66, 176
Mir 'Ali Shir Newa'i [人] 察儿·阿里·失儿·纳瓦依, 465
Miran [地] 米兰, 41, 49
Miranshah [人] 米兰沙, 427, 430, 433, 434, 437, 456, 458
Mir Bayezid [人] 迷里拜牙即, 410
Mirdasid dynasty [朝] 米尔达西朝, 152
Mir Husain [人] 迷里忽辛, 见 Husain (活跃于 1360 年)
Mirkhond [人] 米尔空, 67, 245, 464, 465
Mirza 'Abdallah [人] 米儿咱阿布达拉赫, 见 'Abdallah ibn-Qazghan
Mirza Iskander [人] 米儿咱·伊斯堪答儿, 426
Mitan [地] 卡巴·马坦, 见 Kaba-matan
Mithridates II [人] 密特里达提二世, 31
Mitrovica [地] 米特洛维察 (锡尔米蒙), 见 Sirmium
Mizuki [地] 麦诺基, 289
Mobarek-shah [人] 木八剌沙, 332, 334
Mo-ch'o (Mo-cho; Bak-chor; Qapagan-khagan) [人] 默啜, 107-108, 109, 110, 116, 127-128, 565 注
Moesia [地] 麦西亚, 174, 177
Mogholistan [地] 蒙兀儿斯坦, 342-346, 419, 420, 422, 424, 425, 426, 438, 459, 460-461, 463, 480, 482, 490-501, 506, 507
Mogholtai [人] 蒙古台, 332
Mohi [地] 莫希, 266
Mo-ho [族] 靺鞨 578 注

Mojak, moje [专] 慕阇 (称号), 见 Mu-shö
Mo-ki-lien [人] 默棘连, 110-111, 112, 113, 565 注
Moldavia [地] 摩尔达维亚, 4, 6, 181, 268
Mologa [地] 莫洛加河, 265
Mongka [人] 蒙哥, 264-65, 267, 272-276, 280-284, 288, 298, 300, 320, 329, 330, 349-350, 352, 353, 354, 357, 363, 394, 395, 397, 512, 596 注, 598 注, 606 注
Mongka Temür [人] 忙哥帖木儿, 见 Mangu Timur
Mong-ku [族] 萌古, 197
Mongol language [文] 蒙古语, xxv, 228, 277, 544 注, 579 注-580 注
Mongol script [文] 蒙古文, 252, 298-299; Uiguro-Mongol, 516, 521
Mong-wu (Mong-wa) [族] 蒙兀, 579 注
Monkas [地] 蔑怯思, 见 Maghas
Mon-Khmer [族] 纯高棉种人, 290
Montecorvino, Giovanni da [人] 约翰·孟德科维诺, 见 Giovanni da Montecorvino
Morava [地] 摩拉瓦河, 76
Moravia [地] 摩拉维亚 (大摩拉维亚), 266, 395; Great Moravia, 175, 178
Mordvian culture, so-called [文] 摩尔达维亚文化, 11
Mordvinians [族] 摩尔多维亚人, 472
Morosova [地] 摩罗索瓦, 549 注
Moscow [地] 莫斯科, 265, 404, 405, 407, 436, 470, 472, 473
Mostaert, Father A. [人] 老莫斯特尔特, 530-531
Mosul [地] 摩苏尔, 158, 263-264, 347, 349, 355, 366, 391
Mo-yen-cho (Bayan-chor; Ko-lo; Moyun-chor) [人] 默延啜 (葛勒), 120, 121, 565

注,567 注
Mozhaisk［地］莫扎伊斯克,407,436
Mstislav (the Bold)［人］勇士密赤思腊,246
Mubariz ad-Din Muhammad［人］穆巴里克·丁·穆罕默德,390-391
Mugan［地］木干草原,245,261,262,263,271,281,347,357,359,456,594 注
Muhammad (Prophet)［人］(先知)穆罕默德,500
Muhammad (1105-18)［人］穆罕默德,158
Muhammad II (活跃于 1403 年)［人］穆罕默德二世,452
Muhammad (Ma-hei-ma;活跃于 1560 年)［人］马黑麻,499
Muhammad (活跃于 1603 年)［人］麻法默德,500
Muhammad Hajji［人］哈吉·穆罕默德,见 Hajji Muhammad
Muhammad (of Ghor)［人］希哈布·阿德丁·摩诃末,见 Shihab ad-Din Muhammad
Muhammad (of Khwarizm)［人］摩诃末(阿拉·阿德丁·摩诃末),见'Ala ad-Din Muhammad
Muhammad 'Ali (Madali)［人］穆罕默德·阿里(马达里),488-489
Muhammad Amin［人］穆罕默德·阿明,473
Muhammad Bughra-Khan［人］博格拉汗·穆罕默德,147
Muhammad Girei［人］穆罕默德·格来,473
Muhammad Haidar I［人］穆罕默德·海达尔一世,463,494
Muhammad Haidar II (Haidarmirza)［人］穆罕默德·海达尔二世,497,498,499,

627 注;《拉失德史》344,416,423,424,425,480,481,482,491-495,497,499,500,504,506,507,508
Muhammad ibn-Tughlugh［人］穆罕默德·本·图格卢,341,443
Muhammad-khan［人］马黑麻汗,425,619 注
Muhammad-quli［人］马赫麦德·库耳,见 Makhmet-kul
Muhammad Sam［人］穆罕默德·沙姆,386
Muhammad Shaybani［人］穆罕默德·昔班尼,464,465,481,482,483,486,487,497-498,615 注
Muhammad Timur［人］穆罕默德·帖木儿,483
Muhammad 'Umar［人］穆罕默德·奥玛尔,488
Muhammad Yusuf［人］马黑麻·亦速甫,500
Mu-han［人］木杆可汗,82
Mu-ho［人］莫何,88
Mu'in ad-Din Suleiman［人］穆因哀丁·苏来曼,370
Mu'izz ad-Din Husain Kert［人］穆兹丁·胡赛因,343,390,426
Mu-jung［族］慕容氏(前燕、后燕国),57,58,61,577 注;参见 Hou-Yen; Ts'ien-Yen
Mu-jung Ch'uei［人］慕容垂,59
Mu-jung Tsiun［人］慕容儁,58
Mukachevo［地］穆卡切沃,见 Munkacs
Mukden［地］沈阳,516,519
Mukri［族］(拜占庭作家记)蔑儿乞人,578 注
Muktapida［人］木多笔,118-119
Multan［地］木尔坦,242,340,443,444,446

Mumash [人] 谟麻失汗, 508
Mu'min, al- [人] 阿布德·穆明, 见 'Abd al-Mu'min
Munda languages [文] 穆恩答语, 576 注
Mundzuk (Mundiukh) [人] 蒙杜克, 75
Munglik [人] 蒙力克, 217, 218, 585 注
Munkacs (Mukachevo) [地] 穆卡切沃, 266
Munte, Guillaume de [人] 纪尧姆·蒙特, 见 Guillaume de Munte
Muqali (Muquli) [人] 木华黎, 202, 203, 206, 223, 232-233, 247, 588 注
Mures [文] 穆里斯文化, 6
Murgab (place) [地] 穆耳加布, 386
Murgab (river) [地] 穆耳加布河, 340, 461, 465
Murtuk [地] 穆尔吐克, 52, 96, 98, 124
Mus [地] 穆什, 391, 430, 431, 459, 462
Musa [地] 穆萨, 149
Muscovy [地] 莫斯科维, 395, 407, 436, 438, 441, 452, 470, 471, 473, 475, 489, 522, 540
Mu-shö (*mojak, moje*; as title) [专] 慕阁, 121
Musta'sim, al- [人] 穆斯台耳绥姆, 354, 355-356
Mu'tamid [人] 穆塔米德, 142
Mutan [地] 忽尔卡河, 见 Hurka
Mütügen [人] 木阿秃干, 241, 271, 329, 334
Muzaffarids [朝] 穆扎法尔朝, 343, 390-391, 426, 431, 432, 433
Muzaffar-i Kashi [人] 穆札菲·喀什, 431
Muzart [人] 穆扎尔特, xxiii, 555 注
Mylapore [地] 马八儿, 313, 315, 319
Mysia [地] 麦西亚, 453

Nablus [地] 纳布卢斯, 362
Nadir-shah [人] 纳迪尔沙, 486, 488
Nagchu [地] 那曲, 533
Nag-dbang bLo-bzang, 见 bLo-bzang
Nagy Czeks [地] 纳吉·者克斯, 267
Naiman [族] 乃蛮部, xxiv, xxv, 126, 190-191, 204-208, 212-217, 233, 234, 235-236, 301
Naissus (Nis) [地] 尼什, 76
Nakhichevan [地] 纳希切万, 281, 348, 378, 430, 434, 458
Nakhsheb (Nasef) [地] 那黑沙不, 341
Naksh-i Jahan [人] 纳黑失只罕, 425, 619 注
Na-li [人] 那利, 100
Namghin [地] 安庆（或开封）（马可记）, 310
Na-mo [人] 那摩, 275, 276, 298
Nam Tso [地] 纳木错（腾格里湖）, 见 Tengri Nor
Nanchang (Hungchow) [地] 南昌（洪州）, 122, 137
Nancheng [地] 南郑（汉中）, 见 Hanchung
Nanchow [朝] 云南国, 见 Yunnan
Nangin [地] 南京, 310
Nan-kia [专] 南家（金人称宋朝）, 593 注
Nangkiyas (Nang-kiyas; nikasa) [人] 宁甲速, 593 注
Nanking (Kienkang; Kienning; Kinling-fu; Quelinfu) [地] 南京（建康，金陵府）, 57, 62, 64, 68, 132, 137, 287, 308, 316, 323, 325
Nankow (Kiu-yung-kuan) Pass [地] 南关（居庸关）, 106, 507
Nanshan [地] 南山, 28, 35
Nanyang [地] 南阳, 258
Nan-Yen [朝] 南燕, 557 注
Naples [地] 那不勒斯, 319, 374

Narasihapati［人］那罗梯诃波帝,290

Narasimhagupta［人］纳罗新哈·笈罗,70,71

Narin, David［人］大卫·纳林,见 David Narin

Naryn［地］纳林河,423

Nasawi［人］奈撒微（《札兰丁传》的作者）,241,589注

Nasef［地］纳黑沙布,见 Nakhsheb

Nasir, an-（1180-1225）［人］（哈里发）纳昔儿,237-238

Nasir an-（活跃于1320年）［人］纳绥尔（埃及马木路克王朝苏丹）,404

Nasir ad-Din［人］纳速剌丁,601注

Nasir ad-Din 'Ubaidallah［人］纳昔儿·丁·乌拜达拉赫,495

Nasir Yusuf, an-［人］纳绥尔·玉素甫,360,361-362,362-363

Nasr ibn-Ahmed［人］纳斯尔·伊本·阿赫默德,141-142

Nasr II ibn-Ahmed［人］纳斯尔二世（伊本·阿赫默德）,142

Nauruz［人］捏兀鲁思,352,376-380

Nauruz Ahmed［人］老奴思·阿合木,508

Naya［人］那雅,215,223

Nayan（活跃于1287）［人］乃颜,293

Nayan［人］伯颜,见 Bayan（1301-09）

Nazar［人］那札儿（吉尔吉斯汗）,499

Negda［族］涅格达人,515

Nehavend［地］尼哈温,116,432

Nejm Sani［人］纳吉姆·沙尼,484

Nemesvolgy［地］内麦斯沃尔吉,176

Neolithic period［专］新石器时期,3

Nepryadva［地］涅普里亚德瓦河,406

Nesef［地］内塞弗,457

Nessa［地］奈撒,241,243

Nestorian art［文］聂思托里安教艺术,26,124

Nestorianism［宗］聂思托里安教（景教）,125,142,189,190,191,197,220,237,263,270,271,277,280,300-304,306,315,327,341,342,368,369,383,396,397,597注；教士,300,602注；也里可温,300,602注

Neustadt［地］诺伊施塔特,267

Nevsky, Alexander［人］亚历山大·涅维斯基,见 Alexander Nevsky

Ngan-tö［人］安得,42,44

Nghean［地］义安,290

Nicaea（Iznik）［地］尼西亚（伊兹尼克）,153,350,385,451

Nicephorus I［人］黎塞弗留斯一世,177

Nicholas IV, Pope［人］（教皇）尼古拉四世,313,336,373,375,376

Nicholas, Friar［人］（修士）尼古拉,319

Nicolo di Pagana［人］尼可洛·迪帕加纳,404

Nicomedia［地］尼科美底亚（伊兹米特）,见 Izmit

Nicopolis［地］尼科堡,449,452

Nicosia［地］尼科西亚,349

Nien-mo-ho［人］粘没喝,136,137

Nikolayev［地］尼科拉耶夫,4,5

Nikolayevka［地］尼古拉耶夫卡,73

Nikov P.［人］李柯夫,402

Nikpai Oghul［人］捏古伯,334,607注

Nilqa［人］亦剌合（桑昆）,见 Sängün

Nine Oghuz［族］九姓乌古思,见 Toquz Oghuz

Nine Tatar［族］九姓鞑靼,见 Toquz Tatar

Ningan［地］宁干（宁古塔）,见 Ninguta

Ningkiang［地］宁江州,136,137

Ningkwo［地］宁国,287

Ningpo（Mingchow）［地］宁波（明州）,137

索 引

Ningsia (Chunghing; Egrigaia) [地] 宁夏（中兴府）, 108, 126, 132, 226, 247-248, 299, 302, 303, 306, 504, 510, 511

Ninguta (Ningan) [地] 宁古塔（宁干）, 515, 516

Ningwu [地] 宁武, 133

Ningyüan, [地] 宁远, 567 注

Nin-kia-su [人] 宁甲速, 257, 258, 593 注

Nirun [族] 尼鲁温部, 193, 194

Nis [地] 尼什, 见 Naissus

Nishapur [地] 尼沙普尔, 146, 149, 150, 160, 240, 241, 305, 334, 369, 380, 390, 427, 485

Nisibin (Nusaybin) [地] 尼西比斯（努赛宾）, 262, 361, 368

Niya (Niyang) [地] 尼雅, 41, 49

Nizam al-Mulk [人] 尼查姆·乌尔·莫尔克, 152, 153, 154

Nizhni Novgorod (Gorki) [地] 下诺夫哥罗德（今高尔基）, 5, 470

Noeldeke, T. [人] 诺尔德克, 67

Nogai (Mangit; tribe) [族] 诺盖部, 470, 486-487, 490, 521, 522

Nogai (Noghai; person) [人] 诺盖, 366, 369, 398-403, 405

Nogai (region) [地] 诺盖地区, 472, 473, 475

Noin Ula [地] 诺恩乌拉, 12, 18, 25, 26, 39

Nöku (nökud; warriors; free men) [专] 那可儿（武士，自由人）, 195, 222

"Nomad Horsemen" [专] 游牧骑士风格, 66-67, 176

Nomokhan (Nomoqan) [人] 那木罕, 292, 401

Nomtarni [人] 那蒙塔尼, 629 注

Nonni [地] 嫩江, 39, 208, 505, 509, 529

North Vietnam [朝] 安南, 北越, 见 Annam

Novgorod [地] 诺夫哥罗德, 265

Novo Alexandrovka [地] 新亚历山德罗夫卡, 546 注

Novocherkask [地] 新切尔卡斯克, 16

Novogrigorievsk [地] 诺沃格里格鲁夫斯克, 5

Nowairi [人] 诺瓦里, 401, 403

Noyan (as title) [专] 那颜（称号）, 194, 222, 586 注

Noyandara [人] 那颜达拉, 511, 629 注

Nuh II ibn-Mansur [人] 努赫二世, 曼苏尔, 143, 144

Nuh I ibn-Nasr [人] 努赫一世（纳昔）, 143

Nur 'Ali [人] 奴儿·阿里汗, 522

Nur Daulet [人] 努儿道剌特, 471

Nurhachi (Nurkhatsi; Nu-ul-ha-ch'e) [人] 努尔哈赤, 516-517

Nusaybin [地] 努赛宾（尼西比斯, 见 Nisibin）

Nu-shih-pi [族] 努失毕部, 95, 102, 103, 109

Nutuq (grazing lands) [专] 努士克（牧场）, 195, 221-222

Nu-ul-ha-ch'e [人] 努尔哈赤, 见 Nurhachi

Ob [地] 鄂毕河, 148, 185, 490, 525

Oboq (clan) [专] 斡孛黑（氏族）, 193

Ochigin (otchigin; as title) [专] 斡赤斤（称号）, 255

Oder (Odra) [地] 奥德河, 266

Odessa [地] 敖德沙, 13

Odoli [地] 鄂多理, 516

Odorico da Pordenone [人] 鄂多立克, 216, 306, 312-320 各处

Odra [地] 奥德河, 见 Oder

Oelun-eke [人] 月伦额格, 199, 217, 218,

256,585 注
Ogädäi, Ögedei [人] 窝阔台, 见 Ogödäi
Oghlaqan [人] 鄂克拉罕, 629 注
Oghul [人] 沙·斡兀立, 见 Shah-Oghul
Oghul Qaimish [人] 斡兀立·海迷失, 272-274,330,349,596 注
Oghuz (Ghuzz; Torks; Ouzoi; Uzes) [族] 乌古思(古兹,乌泽人,奥佐伊人), xxix,148,149,151-155 各处,157,160, 164,167,181,182,185-186,237,240, 393,565 注-566 注;九姓乌古思,106, 110,126,145,565 注,566 注
Oghuz-name [书]《乌古思名》,544 注, 565 注-566 注
Oglakty [地] 俄格拉克提村,16,19,549 注
Ogödäi (Ogädäi; Ögedei) [人] 窝阔台, 210,229,232,238,239,251,254-259, 261,262,263,264,267,268,273,282, 300,328,330,347,351,352,353,516, 592 注,593 注
Ogödäi, house of [族] 窝阔台家族,273, 274,280,286,291,292,294,295,296, 329,330,338,394,401,403
Ogor [族] 乌戈尔种,171
D'Ohsson [人] 多桑,210,215,272,330, 338
Oirat (Confederates; Four Confederates or Dörben Oirat Oirad; Oyirad) [族] 卫拉特,斡亦剌惕,192,195,207,213, 215,479,491,492,493,499,503-510 各处,512,513,520-521,522,525,539;参见 Choros; Dörböt; Dzungar; Kalmucks; Khoshot; Torghut
Oirotin [地] 奥罗丁,18
Oiskaya [地] 奥伊什卡亚,558 注
Oka [地] 奥卡河,11,470,472,473
Ökächi [人] 鬼力赤, 见 Ugechi

Okhotsk, Sea of [地] 鄂霍次克海,515
Okin-barqaq [人] 斡勒巴儿合黑,198, 202,228
Oktar [人] 鄂克塔,75
Olbia [地] 奥尔比亚城,73
Olcha [族] 奥尔恰人,515
Oljäi Temür (Punyasri; Pen-ya-shöli) [人] 本雅失里,504,505,629 注
Oljaitu (Nicholas) [人] 完者都,315,340, 368,372,383-386,396
Olkhui [地] 奥尔克浑河,583 注
Olomouc (Olmütz) [地] 奥洛摩茨,266
Olöt [族] 绰罗斯部, 见 Choros
Olugh-beg [人] 兀鲁伯,243,417,457, 459,460,461,492
Omar Khayyam [人] 奥玛尔·卡雅姆, 161
Omurtag [人] 奥慕尔塔克,177
Onegesis [人] 奥尼吉斯,78
Ongirat [族] 弘吉剌部, 见 Qongirat
Ongkin [地] 翁金河,34,35,36,191,286, 512,536
Öngüt [族] 汪古部, xxv,26,213,220, 227,228,250,300-302,306,318,400, 571 注
Onoghundur (Onogur) [族] 乌基杜尔人 (乌基尔人),176,177-178
Onon [地] 鄂嫩河(斡难河),193,194, 199,200,201,206,216,219,248,255, 273,282,504,539
Oppeln [地] 奥珀伦,399
Oqaylids [朝] 鄂克里德朝,154
Oradea [地] 奥拉迪亚,266
Orda [人] 斡儿答,264,393,394,397, 406,615 注
Ordos (people) [族] 鄂尔多斯人,509-514 各处,517,530-531,629 注
Ordos (region) [地] 鄂尔多斯(鄂尔多斯

257,271,272,298,301,303,304,305,307,318,347,348,349
Pem [地] 克里亚,见 Keriya
Pengcheng (Sinhsien) [地] 彭城,64
Pen-ya-shö-li [人] 本雅失里,见 Oljäi Temür
Pepin [人] 丕平,175
Peregrino [人] 帕莱格里努,314
Perm [地] 帕姆森林,15,548 注
Perovsk (Kzl-Orda) [地] 波罗威斯克(今克孜勒奥尔达),149,238
Peroz [人] 卑路支,68
Persepolis [地] 帕赛波里斯,7
Persian art [文] 波斯艺术,122,124,311,367,457,467
Persian language [文] 波斯语,157,243,604 注
Pervane (chancellor) [专] 丞相,370
Perwan [地] 八鲁湾,241,242,590 注
Peschanaia [地] 雅米谢威斯克,见 Yamishevsk
Peshawar [地] 白沙瓦,69
Pest [地] 佩斯,266,267
Peta [人] 拜塔,见 Baidar
Petchenegs (Bachanak; Patzanakitai) [族] 佩彻涅格人,xxiv,xxviii,178,181,182,184-185,186
Peter, Brother [人] 彼得,342
Peter (of Crempa) [人] 彼得(克雷蒙巴的),399
Peter (of Florence) [人] 彼得(佛罗伦萨的),314
Peter (Metropolitan of Moscow) [人] 彼得(莫斯科主教),617 注
Peter the Great [人] 彼得一世,475,522;珍宝,13,16,548 注
Pétis de la Croix [人] 佩替·德·拉·克鲁阿,439

Petreny [地] 彼特里尼,4
Petronas [人] 帕特罗纳斯,180
Petrovsk [地] 彼得罗夫斯克,577 注
Petrus da Lucalongo [人] 彼得鲁斯,313,314
Phags-pa [人] 八思巴,298-299,513
Phanagoria [地] 法纳戈里亚,180
Philippopolis (Plovdiv) [地] 菲利普波利斯,76
Philip the Fair [人] 金发菲利普,374,375-376,384
Phocaea [地] 福西亚,452
Phraates II [人] 弗拉亚特斯二世,31
Phrygia [地] 弗里吉亚,8,155,157,385,452,453
Pi [人] 比,39
Pianfu [地] 平阳府(平阳)见 Pingyang
Pianobor [专] 皮亚诺波尔文化,73
Piano Carpini [人] 普兰·迦儿宾,7,216,221,224-225,257,270,271,272,348,395,396
Piatigorsk [地] 皮亚蒂戈尔斯克,5
P'ien [地] 汴(开封),见 Kaifeng
Pinchow [地] 豳州,90
Pingcheng (Tai) [地] 平城(代郡),27,57,60,63,65
Pingchüan [地] 平川,128
Pingliang [地] 平凉,248,257
Pinglu [地] 平卢,128
Pingtinghsiang [地] 平定乡(善阐),见 Shanshan
Pingyang (Pianfu) [地] 平阳,56,57,229,232,257,307
Pir Budaq [人] 皮儿·布达克,461
Pir Muhammad ibn-Jahangir [人] 皮儿·马黑麻·伊本·只罕杰儿,456,457
Pir Muhammad ibn-'Umar-shaikh [人] 皮儿·马黑麻,444,456,457

Pisannaya gora［地］卡拉苏河，见 Karayus
Pishpek［地］（谢米列契耶）皮什比克，见 Semirechye
Plovdiv［地］菲利普波利斯（普罗夫迪夫），见 Philippopolis
Podgortsa［地］波德戈尔扎，6
Podio, Francesco da［人］弗朗希斯科，见 Francesco da Podio
Pohai［朝］渤海国，128,515
Pohuan［地］拨换城（阿克苏），见 Aksu (town and province)
Pokrovsk (Engels)［地］波克罗夫斯克，5
P'o-juan［人］婆囯，102
Poland［地］波兰，李烈儿，266,395,399
"Po-lo"［族］薄罗人，69
Polo, Maffeo［人］马弗·李罗，304-309, 313
Polo, Marco［人］马可，波罗，216,252, 290,293,296,297,298,302,305-313, 320,371
Polo, Niccolo［人］尼古拉·李罗，304-309,313
P'o-lo-men［人］婆罗门，81
Polovtsy［族］波洛伏齐人（钦察人），见 Kipchaks
Poltava［地］波尔塔瓦，407,436
Polybius［人］波里比乌（史家），15
Pompeius Trogus［人］彭沛乌斯·托古斯 30,31
Pontis［地］彭蒂斯，8,9,18,182,449
Pordenone, Odorico da［人］鄂多立克，见 Odorico da Pordenone
Port Arthur［地］旅顺港，128
Po Shuen［人］帛纯，50,59
Postal service［专］帝国邮政，318
Potemkin［人］波特金，477
Poyang, Lake［地］鄱阳湖，137,323,324

Po-yao-ho［人］波姚河，227,301
Po-yen［人］伯颜（将领），见 Bayan（活跃于1276年）
Pozdneev［人］波兹尼夫,526
Prabhakara［人］波罗羯罗,72
Prabhakaramitra［人］波罗颇迦罗密多罗,94
Prato, Guillaume da［人］纪尧姆·波拉特，见 Guillaume da Prato
"Prester John"［专］约翰长老,191,306, 318
Priscus［人］普里斯卡斯,78
Priscus（活跃于600年）［人］普利斯卡斯（拜占庭将军）,174
Prokhorovka［地］普罗霍罗夫卡,15
Protoshilovo［地］普罗托什洛沃,558注
Provence［地］普罗旺斯,178
Prut［地］普鲁特河,392
Pseudoavars［族］假阿瓦尔人,171,172
Ptolemy［人］托勒密，xxiii,28,40,41,306
Puchow［地］浦州（河中），见 Hochung
P'u Hung［人］苻洪,58
Pulad（活跃于1718年）［人］布拉特，见 Bulat
Pulad (Bolod；活跃于1407-12年)［人］不刺汗,470
Pulad (Bolod; place)［地］普拉德,331
Puladshi［人］播鲁只，见 Bulaji
Pul-i Sengi (Stone Bridge)［地］普勒伊森格,411
Pulu, Great［朝］大勃律，见 Baitistan
Pulu, Little［朝］小勃律，见 Gilgit
Punjab［人］旁遮普,32,49,69,71-72,80, 146,167,168,315,339,443,444,445, 446
Puntsuk-Monchak［人］明楚克汗,521-522,525
Punyasri［人］本雅失里，见 Oljäi Temür

Puragupta［人］普罗·笈多,70
Pu-su-wan［人］耶律诗（普速完）,见 Ye-lü Shih
Puszta［专］"无树平原",267
Pusztatoti［地］普兹塔托蒂,176
Puyanghsien［地］濮阳县（澶州）,见 Shenchow

Qaan［专］合罕,罕,见 Khagan
Qabul (Qabul-khan; Qabul-khagan)［人］合不勒汗,138,197,202
Qachi'un［人］哈赤温,199,218,255
Qada'an［人］哈丹,264,266,267,274,293,294,593注,599注
Qadagin［族］哈答斤部,见 Qatakin
Qadaq［人］合答黑,270,274
Qadirkhan［地］兴安岭,见 Khingan
Qadir-khan (person)［人］哈亦儿汗（亦剌乞克）,见 Inalchiq
Qadir-khan Jibra'il［人］喀迪尔汗·贾布拉伊尔,159
Qadir-khan Yusuf［人］喀迪尔汗·玉素甫,146,147
Qadisiya［地］卡迪西亚,116
Qaidu［人］海都,63,194,197,200,264,266,274,286,291-296,303-304,305,308,321,332-336,338,376,401,403,512,606注-607注
Qa'im, al-［人］阿尔·哈伊木,151
Qaisar (as title)［专］凯撒,450
Qal'a-i-Sefid［地］喀拉伊舍弗德,432
Qalaqaljit-elet ("Qalaqaljit-elet")［地］合兰真沙陀,210,211
Qalawun［人］嘉拉温苏丹,371
Qam (shaman)［专］昆木（萨满）,195
Qamar ad-Din［人］哈马儿丁,344,422,423,424,425

Qan［专］罕,合罕,见 Khagan
Qan-baliq［地］汗八里,见 Khanbaligh
Qanqli［族］康里,237,247
Qapagan-khagan［人］默啜（突厥碑文上记）,见 Mo-ch'o
Qara-buqa［人］哈剌不花,599注
Qarachu (commoners)［专］哈拉抽（平民）,195,222,531
Qara-Hulägu［人］哈剌旭烈兀,271,274,329
Qarai［人］克烈,479-480
Qarakuchum［人］哈拉库楚姆,470
Qara-Muhammad Turmush［人］哈拉·马合木·吐穆斯,431
Qara-Qoyunlu (Black Sheep)［朝］喀喇-科雍鲁（黑羊王朝）,160,391,430-431,433,434,435,449,458,459,461-462
Qarataghlik［朝］黑山派,501,527-528,541
Qaratal［地］卡拉套山,见 Kara-Tal
Qara'un Qabchal［地］喀拉昆·巴查尔,578注
Qara'utai tergen (wheeled wagons)［专］哈剌兀台·帖儿坚（轮车）,196
Qara-Yusuf［人］哈拉·玉素甫,391,433,434,435,449,458,459
Qariya (administrative division)［专］（行政机构）营,530
Qarluq［族］葛逻禄人,95,109,110,113,114,119-120,145,165,233,234,238,565注
Qarshi［地］卡尔施城,见 Karshi
Qasaq-tergen (wheeled wagons)［专］合撒黑·帖儿坚,196
Qasar［人］哈撒儿,199,200,206,214,217-218,229-230,255,256,580注,586注
Qasim (of Astrakhan; 死于 1469 年)［人］

卡西姆,472

Qasim（of Kazan；活跃于1466年）[人]卡西姆（金帐汗库楚克·马哈麻之子）,472

Qasim（约1509-18）[人]哈斯木,480,508,626注

Qatakin（Qadagin；Qatagin）[族]哈答斤部,194,206,207,208,213

Qatwan [地] 卡特文,160,165,333

Qawurd [人] 喀乌德,152,153

Qayaligh（Cailac）[地] 海押立,234,238,272,277

Qazaqs [族] 哈萨克人,见 Kirghiz-Kazakhs

Qazghan [人] 迦慈罕,342-343,409,426,427

Qilich Arslan IV [人] 乞立赤·阿尔斯兰四世,269,272,350,354,359

Qilich Tamgatch-khan Mas'ud [人] 乞尼克·桃花石汗·马苏德,574注

Qiniqs [族] 乞尼黑部,148

Qirq-yer [地] 奇尔克耶城（巴赫切萨拉伊）,见 Bakhchisarai,471

Qobaq [地] 霍博,273,349

Qöl（center of army）[专] 中军,中翼军,223

Qongirat（Ongirat；Qongarat；Qongrad）[族] 弘吉剌惕部,194,200,206,207,210

Qongrad [族] 弘吉剌惕部,见 Qongirat

Qorchi [人] 火儿赤,202

Qorchin（tribe）[族] 科尔沁部,见 Khorchin

Qorchin（bodyguard of quiver bearers）[专] 豁儿赤（箭筒士）,582注

Qorla（Qorola）[族] 火鲁剌思,194,207

Qorqonaq Jubur [地] 合儿郭纳黑·朱布儿,201,202

Qorisü-bäki [人] 火力速八赤,212,214

Qoshun, qosighun（banners；administrative divisions）[族] 库西昆（旗）,530

Qoun [族] 看钦察人,见 Kipchaks

Qubilai, Qubilay, Qublay [人] 忽必烈,见 Kublai

Qucha [人] 忽察,273,274

Quchar [人] 火察儿,203,208,212

Qudatqu bilig（Yusuf Khass Hajjib）[人]（霍吉勒）玉素甫·喀什（《福乐智慧》的作者）,148

Qudu'udar [人] 忽都塔儿,582注

Quegianfu [地] 京兆府（长安）,见 Changan

Quelinfu [地] 金陵府（南京）,见 Nanking

Quian [地]（马可记）长江,见 Yangtze

Quilon（Coilum；Kollam）[地] 奎隆,309,311,312,319

Quinsai [地]（马可记）杭州,见 Hangchow

Qulan [人] 忽阑,215

Qulan-Bashi [地] 忽兰巴什,244

Qulbar [人] 忽儿巴儿,582注

Qum [地] 库木,245,590注

Qumani [族] 库蛮（钦察人）,见 Kipchaks

Qumiz [专] 忽迷思,见 Kumiss

Qungrad [族] 昆吉剌部,421

Qurban Telesut [人] 库尔班·特勒苏特,578注

Quriltai（assembly）[专] 库里勒台（部落大会）,213,216,217,221,256,259,269-270,273,274,282,284,285,328,333,338,353,358,584注-585注

Quriqan [人] 骨利干,106,564注,578注

Qurjaquz（Cyriacus）[人] 忽儿察忽思,192

Qutadmish [人] 忽塔德迷失,302

Qutaiba [人] 库泰拔,116-117

索　引

Qutb ad-Din［人］忽特哀丁，353

Qutb ad-Din Habash 'Amid［人］哈巴什·阿密德，328，329

Qutlugh (Elterish)［人］骨咄禄，103，106，107

Qutlugh Bilgä (Ku-li P'ei-lo；Ku-to-lu Pei-kia k'iu；Huai-jen)［人］骨咄禄毗伽阙可汗，113-114

Qutlugh-buqa［人］忽特鲁格不花，406

Qutlugh-khan (dynasty)［朝］忽特鲁汗朝，260

Qutlugh-khoja［人］忽都鲁·火者，339，382

Qutlugh-shah (dynasty)［朝］忽特鲁沙王朝，353，366

Qutlugh-shah (person)［人］忽特鲁沙，382

Qutlumish［人］库吐尔米希，见 Qutulmish

Qutui-khatun［人］忽推可敦，371，372

Qutula［人］忽图剌，198，201，202，208

Qutulmish (Qutlumish)［人］库吐尔米希，150，152

Qutuqa-bäki［人］忽都花别吉，213

Qutuqtu (as title)［专］呼图克图(崇敬的，神圣的)，297-298

Qutuz［人］忽都思，364，365

Quyildar (Quyildar-sechen)［人］忽亦勒答儿，210

Quyash［地］虎牙思，326

Qyzyl Arslan［人］凯佐尔·阿尔斯兰，155，158

Qyzyl-bash, Lake (Ulyungur Nor)［地］克孜尔巴什湖，205

Qyzyl-qaya［地］克孜勒卡亚，见 Kizilkaya

Raab［地］拉布河，175

Rabban-ärkägün (Christian priests and monks)［人］列班—也里可温僧，300

Rabban-ata (Simeon；Li-pien-a-ta)［人］列班·阿塔，263，270，347-348，594 注

Rabban Sauma［人］列班·扫马，301，302-303，313，336，368，369，372，374-375，377，612 注

Raden Vijaya［人］拉登·韦查耶(土罕必阇耶)，291

Radkan［地］拉德坎，390

Rahiba［地］拉希巴，385

Rai (Rhagae)［地］剌夷，雷伊，40，142，143，150，151，155，167，240，245，261，312，453，457，461，462，590 注

"Rajputs"［族］拉其普特部，72

Rajyavarhana［人］罗伽伐弹那，72

Rashid ad-Din (Fadl Allah Rashid ad-Din Tabib)［人］拉施特哀丁(《史集》的作者)，381，384，387；*Jami-ut-Tavarikh*，193，198，205，215，219，231，248，250，264，266，271，321，333，354，355，357，364-365，365-366，378，381-382，383，393，397，403，404，478，589 注

Ratibor［地］拉蒂博尔，266

Rawak［地］剌窝，48

Ray Dul Chand［人］拉伊·杜尔·查德，444

Reindeer［专］驯鹿，18

Rémusat, A.［人］雷慕沙，251

Rhagae［地］剌夷，雷伊，见 Rai

Rheims［地］兰斯，178

Rhine［地］莱茵河，76，78

Rhodes［地］罗德斯岛，477

Richard of Burgundy［人］(勃艮地的)李嘉德，342

Rinchenpal［人］懿璘质班，321

Rogerii carmen miserabile［书］《可怜的诺基里·卡曼》，267

Roman (of Ryazan) [人] 罗曼, 265
Roman Empire [朝] 罗马帝国, 47, 55, 56, 57, 60, 74-76, 78-79
Roman Empire, Eastern [朝] 东罗马帝国（拜占庭帝国）, 见 Byzantine Empire
Romanus Diogenes [人] 狄根尼斯·罗曼努斯, 152, 184
Romanus Lecapenus [人] 罗曼努斯·尼卡彭努斯, 181
Rome [地] 罗马, 57, 305, 374, 375
Ross, Denison [人] 罗斯·丹尼斯, 423
Rostovtzeff [人] 罗斯托夫采夫, 15, 16
Roxolani [族] 罗克索兰人, 72
Ruas (Rugas; Rugila) [人] 卢噶斯, 75
Rubruck, William of [人] 卢布鲁克, 7, 94, 190, 197, 216, 226, 274, 276-277, 280-281, 315, 392-397, 400, 512, 579 注, 585 注, 596 注, 597 注
Ruffo, Marco [人] 马可·拉菲, 470
Rugas, Rugila [人] 卢噶斯, 见 Ruas
Rui [人] 沙哈鲁, 51
Rukh, Shah [人] 沙哈鲁, 243, 417, 432-433, 456-460, 492
Rukh, Shah (活跃于 1710 年) [人] 沙·鲁克, 488
Rukn ad-Din Khoja [人] （起儿漫的）鲁肯哀丁火者, 353
Rukn ad-Din Kurshah [人] 鲁肯丁库沙, 354
Rukn ad-Din Mahmud [人] 鲁肯·阿德丁－马赫默德, 159, 165, 574 注
Rumania [地] 罗马尼亚, 395, 446
Rus [朝] 罗斯, 265
Russia [朝] 罗斯, 俄罗斯, 181, 182, 224, 247, 260-261, 265, 270, 271, 395, 396, 404, 405-406, 407, 419, 420, 433-434, 436, 469-473, 475, 477, 486-490, 522, 532, 538, 540

Rustam (person) [人] 罗思檀, 456, 457, 458
Rustam (place) [地] 拉斯塔姆, 428
Rum [地] 罗姆, 153, 450, 614 注
Rusudan [人] 鲁速丹, 260, 263, 350
Ryazan [朝] 里亚赞, 265, 395, 470

Sa'adi [人] 撒迪, 161
Sabaria [地] 沙巴里亚, 175
Sabir (Sabiri) [族] 沙比尔人, 172
Sabran [地] 扫兰, 406, 435, 438
Sächä-bäki [人] 撒察别乞, 202, 203, 204
Saciu [地] 沙州（敦煌，马可所记）, 见 Tunhwang
Sa'd [人] 赛德, 359
Sa'd ad-Daula [人] 撒菲·倒剌, 372-373, 377
Sa'd ibn-Zengi [人] 撒德·伊本·赞吉, 260
Sadovets [人] 沙多威兹, 575 注
Sadr-jihan (minister) [专] 沙狄尔·吉汗（大臣）, 377
Safa Girei [人] 沙法·格来, 475
Safarids [朝] 萨法尔王朝, 142
Safavids [朝] 萨菲王朝, 462, 482, 483, 484
Sagamoni Burcan [宗]（佛陀）释迦穆尼, 见 Buddha
Sahib Girei [人] 沙希布·格来, 473
Sa'id (Sa'id-khan) [人] 赛德汗, 497, 498, 499, 500
Saif ad-Din [人] 赛福丁, 330
Sahib-divan (as title) [专] 沙黑勃迪万（理财大臣）, 351
Sain-khan (as title) [专] 赛恩汗（意为好汗）, 254, 395
Sain-khan (person) [人] 撒因汗, 赛因汗,

见 Batu
Sain Noyan［地］赛音诺颜,53,107,191,512
Saint-Denis, abbey of［地］圣丹尼勒(教堂),374
St. Michael of Tarel (nr. Nisibin)［地］圣米切勒修道院,368
St. Thomé［地］圣托马斯,315
Sairam (Isfijab)［地］赛拉木(伊斯法吉勃),235,423,460,463,482,492,495,496,532
Sairam Nor［地］赛里木湖,331
Sajo［地］撒岳河(《元史》作潮宁河),226,266
Saka (Sakai; Shaka; Sse)［族］萨迦,塞人(萨迦伊),xxiii,7,8,16,28-32,36,40,100,545注-546注;参见 Scythians
Saka language［文］塞语,萨迦语,xxiii,29
Sakaraulai (Saka Rawaka; Saraucae)［族］萨迦劳赖人,30,31
Sakastana［地］萨迦斯坦纳,31
Sakmara (Semmur)［地］萨克马拉河,439
Saladin［人］萨拉丁,360,362
Salbak-Turkan［人］萨尔贝克突干,236
Salendi［人］萨伦迪,330
Salghurids［朝］萨尔古尔王朝,169,260,353,354,366
Sali-Sarai［地］萨里·萨莱,342,412,413
Salji'ut (Saljigut)［族］散只兀惕部,194,206,207,208,213
Saljük［人］塞尔柱克,见 Seljuk (ruler)
Salmony, Alfred［人］阿尔弗雷德·沙尔莫尼,26
Salonika［地］萨洛尼卡,449
Salt Range［地］盐山,71,444
Samagir［族］萨马吉尔人,515
Saman［族］萨曼家庭,141
Samandar［地］萨曼塔尔,181,577注

Samanids［朝］萨曼王朝,141-144,149
Samara (Kuibyshev)［地］萨马拉(古比雪夫),5,440
Samaria［地］萨马里亚,362
Samarkand (Kanda; Markanda)［地］撒马尔罕,撒麻耳干(坎塔,马尔干达),xxv,xxix,30,96,116,117,118,120,141,142,146,147,153,159,160,165,168,169-170,234,237,239,243,244,253,254,255,312,326,327,328,331,332,333,335,338,340,344,345,353,369,411,412,413,421,423,425-429,432,433,435,439,445,448,453,457,459,460,461,463,464,465,481,483,484,485,492,494,496,498
Samnan［地］西模娘,240,428,461
Samuqa ba'atur［人］三木合巴儿秃,232,588注
Samur［地］萨穆尔山,441
Sanang Sechen［人］萨囊彻辰,297-298,503,504,505,506,511,515,630注
Sanatroikes［人］沙拉特洛伊克斯(辛剌特拉克斯),见 Sinatrukes
Sandilkh［人］桑第克,79
Sandomierz［地］桑多梅日城,266,399
Sanga (Sang-ko)［人］桑哥,297,601注
Sangari Isaac［人］伊沙克·圣格里,180-181
Sängim［地］圣吉木,96,98
Sang-ko［人］桑哥,见 Sanga
Sangs-rgyas rgya-msho［人］桑结嘉措,524,532
Sängün (Ilqa; Nilqa)［人］桑昆(亦剌合,圣公),205,206,209,210,211,212,582注
Saniz-mirza［人］米儿咱·桑尼司,494
Sanjar［人］桑伽,xxix,159-160,161,165,166,237,240,241,418,573注-574注

Sanskrit [文] 梵文, 49, 59, 96, 97, 101, 124
Sapurgan [人] 沙拉特洛伊克斯(辛剌特拉克斯), 见 Sheburgan
Saqsin [地] 沙利格·欣(沙克新)伊提尔城, 见 Itil
Saracens [族] 萨拉逊人, 374
Saraga [地] (托勒密记) 洛阳, 41
Sarai [地] 萨莱, 281, 304, 312, 393, 400, 402, 403, 407, 420, 436, 437, 441, 442, 470, 471
Sarakhs [地] 萨拉赫斯, 167, 427
Saratov [地] 萨拉托夫, 5, 10, 522
Saraucae [族] 萨迦劳赖伊, 见 Sakaraulai
Sarban [人] 撒里蛮, 292
Sarbedarians [族] 赛尔巴朵尔人, 343, 390, 426, 427, 428
Särbi [族] 鲜卑族名来源, 557 注
Särgis [人] 萨吉斯, 349
Särgis (Sergius), St. [人] 吉·薛儿吉斯, 191
Särgis, Mar [人] 马薛里吉斯, 见 Mar Särgis
Sari [地] 萨里, 429, 432
Sarigh-shin [地] 沙利格·欣城(伊提尔城) 见 Itil
Sarikol [地] 萨里豁勒河, 236
Sari-Uigur [族] 萨里回鹘, 125
Sarkel (Bela Vezha; Belaya Vezha) [地] 沙克尔(白城), 180, 181, 577 注
Sarkis (Serge) [人] 萨尔吉斯, 358
Sarmatians [族] 萨尔马特人, xxiii, 7, 10, 13, 15-17, 19, 25, 28, 40, 52, 72, 73, 78, 548 注; 参见 Alans; Saka; Scythians
Sarosios [人] 萨罗秀斯, 172
Sar-Otar (Tar-Ussar; Zahidan) [地] 沙尔-奥塔尔(塔尔乌沙, 扎希丹), 620 注
Sartaq [人] 撒里答, 277, 396-397, 592 注, 615 注
Sartes (Sarta'ut; Sartaghol) [族] 萨尔特人, 589 注
Saruhan [地] 萨鲁汉, 449, 451, 452
Sary-Su [地] 萨雷河, 148, 149, 393, 403, 406, 435, 439, 478, 479, 480, 485, 508
Sas-Kya [人] 萨斯迦, 298, 595 注
Sassanids [朝] 萨珊王朝, xxx, 50-51, 52, 67-68, 82-84, 85, 96, 116, 141, 142
Satilmish-beg [人] 萨替尔密什·伯克, 335
Satoq Bughra-khan [人] 博格拉汗萨图克, 145
Sauma, Rabban [人] 列班·扫马, 见 Rabban Sauma
"Sauromatians" [族] 撒乌罗玛泰伊人, 548 注
Sava [地] 萨瓦河, 174, 175
Savignano, Andalo da [人] 安德鲁·沙维格纳诺, 见 Andalo da Savignano
Sayan [地] 萨彦岭, xxv
Sayyid 'Abd-Allah-khan [人] 赛义德·阿拉汗, 488
Sayyid Ahmed [人] 赛义德·阿合木, 624 注
Sayyid Ajall (Shams ad-Din 'Umar) [人] 赛夷阿扎儿, 赛哀丁乌马儿, 297, 601 注
Sayyid 'Ali [人] 赛义德·阿里, 461, 492, 493, 624 注, 626 注
Sayyid Muhammad-mirza [人] 赛义德·马黑麻·米儿咱, 499
Sayyid Muhammad Rahim-khan [人] 赛义德·穆罕默德·拉希姆汗, 488
Sayyids [朝] 赛义德王朝, 432
Schefold, K. [人] 舍夫德, 13
Schipenitz [地] 斯奇彭尼兹, 4
Scythia [地] 斯基泰人之地, 276, 392
Scythian art [文] 斯基泰艺术, 7, 11-15, 18

Scythians (Ashkuz; Skythai) [族] 斯基泰人, xxiii, xxvi, 4-12, 15-16, 17, 19, 21, 23, 28, 29, 40, 72, 546 注; 参见 Saka; Sarmatians
Sebeos [人] 亚美尼亚史学家, 561 注
Sebüktigin [人] 赛布克特勤, 143, 144
Sebzewar (Shindand) [地] 撒卜兹瓦儿, 343, 345-346, 390, 410, 426, 428, 485
Sechen (as title) [专] 薛禅 (称号), 194-195
Sechen (person) [人] 薛禅汗, 510
Sechen-khan (khanate) [人] 车臣汗 (车臣汗国), 512
Sechen-khan (死于 1676 年) [人] 车臣汗 (僧格之弟, 准噶尔部人), 526, 527
Sechen-khan (死于 1691 年) [人] 车臣汗 (喀尔喀部), 529
Secret History (of the Mongols; Manghol un Niuca Tobca'an) [书]《秘史》(蒙古人的), 190, 197, 198, 201-205, 209, 210, 212-216, 218, 247, 250, 415, 544 注, 601 注
Segon-ghar, 见 Jegün-ghar [专] 左翼军
Seima [地] 色玛, 5
Seistan [地] 锡斯坦, 31, 32, 411, 415, 428, 429
Selenga [地] 色楞格河, 113, 191, 192, 193, 194, 205, 479, 512
Selenginsk [地] 色楞金斯克, 558 注
Seleucia [地] 塞琉西亚, 357, 368, 369
Seleucids [朝] 塞琉古王朝, 31, 157
Selitrennoe [地] 谢利特连诺耶, 400
Seljuk (Saljük; ruler) [人] 塞尔柱克, 148-149
Seljuks [族] 塞尔柱克人, xxviii, 147-155, 157-161, 164, 165, 166-167, 184, 185, 189, 236, 240, 245, 261, 263, 272, 281, 305, 312, 347, 350, 354, 355, 370, 377, 382, 385, 572 注
Seljuk-shan [专] 塞尔柱克沙赫, 366
Semipalatinsk [地] 谢米巴拉金斯克, 254, 392, 478, 523
Semirechye (Pishpek) [地] 谢米列契耶, 80, 114, 236, 272, 341, 424, 566 注, 607 注
Semmur [地] 萨克马拉河 (《武功记》中记法), 见 Sakmara
Sempad [人] 森帕德, 269, 271
Sempad Bagratuni [人] 森帕德 (巴格拉德尼), 561 注
Sengge [人] 僧格, 526
Sens [地] 桑斯, 178
Seoul [地] 汉城, 259, 289
Sera metropolis [地] (托勒密记) 长安, 41
Serbia [朝] 塞尔维亚, 449
Serbs [专] 塞尔维亚人, 451
Seret [地] 谢列特河, 177
"Serica" [地] 塞里斯, xxiii; 参见 Issedon Serica
Serindia [地] 西域, xxi
Setsen (as title) [专] 薛禅或薛层 (称号), 194-195
Setserlik-mandal [地] 车泽尔里克曼达勒, 53
Sevan, Lake [地] 塞凡湖 (哥克察克湖), 见 Gokcha, Lake
Sevata (of Kachen) [人] (卡城的) 塞瓦塔, 360
Seven Brothers tumuli [专] 七兄弟墓, 15
Seyhan [人] 塞伊汉, 361
Sha [地] 沙河, 132
Sha-ch'a Chung-yi [人] 沙吒忠义, 108
Shachow [地] 沙州 (敦煌), 见 Tunhwang
Shad (as title) [专] 设 (官名), 87
Shad al-Mulk [人] 夏德·穆尔克, 457
Shadi-beg [人] 沙狄汗, 443, 469-470

Shafi'ites [宗] 沙菲派,400
Shahi [朝] 沙赫王朝,119
Shahin Girei [人] 沙希因·格来,477
Shah-khan [人] 沙·汗,499
Shah Namah [书]《帝王史记》,97,159
Shah-Oghul [人] 沙·斡兀立,338
Shahrbaraz [人] 沙赫巴拉兹,174
Shahr-i Sebz [地] 沙赫里夏勃兹,见 Kesh
Shahrud [地] 和椟城(赫卡托姆皮洛斯),见 Hecatompylos
Shajare-i Turk [书]《突厥世系》阿布哈齐著,见 Abu'l Ghazi Bahadur
Shaka [族] 萨迦人,塞人,见 Saka
Shama-i Jahan (Sham-i Jahan) [人] 沙迷查干,425
Shamakha [地] 沙马哈,246
Shamanism [宗] 萨满教,23,84,86,172,190,195,197,208,215,220,513
Shams ad-Din II (活跃于 1279) [人] 沙姆斯哀丁二世,370
Shams ad-Din II (活跃于 1329) [人] 沙姆斯哀丁二世,390
Shams ad-Din Juvaini [人] 沙哀丁·志费尼,367
Shams ad-Din Muhammad Kert [人] 沙姆斯哀丁·穆罕默德,334,352-353,354,369-370
Shams ad-Din 'Umar [人] 赛丁乌马儿(赛夷阿扎尔),见 Sayyid Ajall
Shams al-Mulk Nasr [人] 沙姆·乌尔·莫尔克·纳赛尔,147,152-153
Shan [专] 掸邦,291
Shang [朝] 商朝,5
Shangkiu [地] 上谷,35
Shang-shung-la [地] 桑雄拉关隘,533
Shangtuho (Chandu; Cyandu; Dolonnor; Tolun Nor) [地] 上都府,多伦诺尔,3,285,288,298,307,324,325,510,529

Shanhaikwan [地] 山海关,127,517
Shan-man (shaman) [宗] 萨满,195
Shanshan (Pingtinghsiang; Yunnanfu) [地] 善阐(平定乡;云南府),鄯善(罗布泊),42-43,46,47,49,54,59,62,95,96,284;参见 Lob Nor
Shansi [地] 山西,19,20,25,27,34,35,47,54,56-60,63,65,90,106,107,127,129,130,131,133,137,138,164,213,227,228,232,233,301,303,307,324,325,507,510,517,519,529
Shantung [地] 山东,57,58,59,64,65,137,138,229,232,308,316
Shaohing [地] 绍兴,122
Sha-po-lo [人] 沙钵略,88
Shanyü (town) [地] 单于都护府(绥远城),见 Suiyuan (town)
Shan-yü (Ch'eng-li Ku-t'u Shan-yü; as title) [专] 单于(撑犁孤涂单于),20,23
Shara (Dzasagtu-khan) [人] 扎萨克图汗,528,529
Shara Muren [地] 沙拉木伦河(辽河),54,127,128,130,136,325,502
Shari'a (law code) [专] 沙里亚法,416
Sharif ad-Din [人] 歇甫里丁,410,414,434,451
Sharkhiyan [地] 沙尔希延,146
Shash [地] 柘析,见 Tashkent
Sha-t'o (Chöl; Ch'u-yueh) [族] 沙陀人(处月),100,126-127,569 注
Shaukam [专] 少监,233
Shayban (活跃于 1240 年) [人] 昔班,264,266,267,393-394,478
Shaybani [人] 昔班尼,见 Muhammad Shaybani
Shaybanids [朝] 昔班王朝,xxviii,394,460,471,478-490,508,614 注-615 注
Sheburgan (Sapurgan) [地] 沙普甘,305,

343

She-hu (yabghu) [专] 合候(称号), 30

Shenchow; Kaichow; Puyanghsien; Shenyüan [地] 澶州(满族地名开州,今濮阳县), 132, 133, 570 注

Shensi [地] 陕西, 20, 25, 34, 53, 54, 57, 58, 59, 61, 66, 132, 136, 138, 232, 257, 283, 284, 285, 307, 518

Shen-wen (Simeon; name) [人] 西蒙, 301

Shenyang (Mukden) [地] 沈阳, 516

Shenyüan [地] 澶渊(澶州), 见 Shenchow

She-wei [族] 室韦, 578 注

Shibe [地] 希柏, 18

Shigi-qutuqu [人] 失吉忽秃忽, 220, 231, 241, 242, 587 注-588 注, 593 注

Shihab ad-Din Muhammad (Muhammad of Ghor) [人] 希哈布·阿德丁·摩诃末, 168

Shih Chung-kuei [人] 石重贵, 130

Shih Hu [人] 石虎, 58

Shih King-t'ang [人] 石敬瑭, 127, 129-130

Shih-kuei [人] 射匮, 89, 93

Shih Lei [人] 石勒, 57-58

Shih-li-mang-kia-lo (Sri Mangala) [人] 失里忙伽罗, 119

Shih-pi [人] 始毕, 89, 90

Shih Pi [人] 史弼, 291

Shih-pu-ch'eng [地] 石堡城, 118

Shih-tie-mi [人] 室点密, 见 Istämi

Shi'ites [宗] 什叶派(伊斯兰教派), 142-143, 150, 151, 390, 483, 484; 参见 Islam

Shiktur (Shinktur) [人] 势都儿, 293

Shilka [地] 石勒喀河, 515

Shimonoseki Strait [地] (日本)下关, 289

Shindand [地] 撒卜兹瓦尔, 见 Sebzewar

Shinktur [人] 势都儿, 见 Shiktur

Shirämön [人] 失烈门, 268, 273, 274

Shiratori, Kurakichi [人] 白鸟库吉, 24

Shiraz [地] 泄剌只, 设拉子, 151, 260, 343, 353, 390, 391, 419, 431, 432, 433, 436, 445, 456, 458, 462, 492, 495

Shirki [人] 昔里吉, 292

Shir Muhammad [人] 失儿·马黑麻, 459

Shirvan [地] 失儿湾, 246, 398, 437, 441

Shisdai [人] 希斯达伊, 181

Shö-luen [人] 社仑可汗, 61

Shoping (Yuyü) [地] 朔平(右玉), 57, 107, 136

Shtetkovo [地] 斯特科夫, 4

Shuen-chih [人] 顺治, 518

Shuen-ti [人] 汉顺帝, 48

Shu-an (John) [人] 术安, 314

Shuentö [地] 顺德, 见 Siangkuo

Shufu [地] 疏附(喀什), 见 Kashgar

Shuja [人] 沙舒贾, 391, 431

Shului (Sechen-khan) [人] 硕垒(车臣汗), 512

Shului Ubasha khongtaiji (Altynkhan) [人] 硕垒乌巴什洪台吉, 512, 520, 521, 525

Shushtar [地] 苏什塔尔, 432

Sialkot [地] 锡尔科特, 71

Sian [地] 西安(长安), 见 Changan

Siangkuo (Shuentö) [地] 顺德, 57, 132

Siangyang [地] 襄阳, 138, 259, 282, 287, 307

Siao-t'ang-shan [地] 小汤山, 554 注

Siara-osso-gol [地] 萨拉乌苏河, 3

Sibir (Isker) [朝] 失必儿国, 489, 490, 521

Sidon [地] 西顿, 364

Sidonius Apollinaris [人] 西多尼斯·阿波林纳黑斯, 75

Sieg, E., [人] 西格, 40

Siegling, W., [人] 西格林, 40

Sienyang [地] 咸阳, 35

Sie-p'o A-na-che［人］薛婆阿那支,99
Sie Wan-pei［人］薛万备,101
Sigebert［人］希格贝特,173,174
Sigismund (of Hungary)［人］（匈牙利的）西斯基蒙德,449
Signakhi［地］塞格纳克城,238,393,406,407,435,436,438,460,479,480
Sikander-shah［人］伊斯坎达尔沙,446
Silesia［地］昔烈西亚,266,395
Siling［地］涞源县,570 注
Silistra［地］锡利斯特拉,见 Dristra
Silk Road［地］丝绸之路,xxii-xxiii,35,37,39-41,45,48-52,95-98,306,312
Silk trade［专］丝绸贸易,310,311-312
Silzibul［人］室点密(叶护),见 Istämi
Simeon［人］西蒙,见 Rabban-ata
Simeon (of Bulgaria)［人］（保加利亚大公）西蒙,178
Sinatrukes (Sanatroikes)［人］辛剌特拉克斯（沙拉特洛伊克斯）,31
Sincalan［地］辛加兰（广东）,见 Canton
Sindufu［地］成都,见 Chengtu
Singidunum［地］（贝尔格莱德）辛吉杜蒙,见 Belgrade
Singiumatu［地］新州马头（山东）,见 Tsining (Shantung)
Sinhsien［地］彭城,见 Pengcheng
Sining［地］西宁,118,302,568 注
Sinjibu［人］叶护（室点密）见 Istämi
Sinkiang［地］新疆,126
Sinlo［地］新乐,132
Sipo［族］锡伯族人,538
Sira-ordo (Golden Residence)［专］昔剌斡儿朵,269,270,271
Sirsuti［地］锡尔苏蒂,444
Sirmium (Mitrovica)［地］锡尔米蒙（米特罗维察）,173
Sis［地］西斯,370

Sisian (Sitiens)［地］锡西安,608 注
Sita (Siti; Syas)［地］锡塔河,265
Sitiens［地］锡西安,见 Sisian
Siuan-ti［人］汉宣帝,37
Siuni［地］锡尤尼,608 注
Siun-ki, Mount［地］浚稽山,36
Sivas［地］锡瓦斯,154,263,305,391,449,450
Siverskaya［地］锡韦尔斯卡亚,16
Siwalik［地］西瓦利克山,445
Six Dynasties［专］六朝,26,76
Skandagupta［人］塞建陀罗笈多,69,70
Skull, use as drinking cup［专］作饮酒器用的头盖骨,21,27,28,176,483
Slave trade［专］奴隶贸易,403
Slavs［族］斯拉夫人,175,177,178；参见 Antes; Croats; Slovenes; Wends
Slovenes［族］斯洛文尼亚人,173
Smolensk［地］斯摩棱斯克,246
Smyrna (Izmir)［地］士麦那（伊兹米尔）,184,419,451,452
Sobo Nor［地］索波湖,552 注
Soche［地］莎车(叶儿羌),见 Yarkand
Sod-nams rgya-mts'o［人］锁南坚错,513-514
So-fei Su-tan［人］琐菲速檀,见 Sufi-sul-tan
Sögätü (So-tu)［人］速客秃（唆都）,287,290
Sogdiana (K'ang-kui; Transoxiana)［地］索格底亚那（康居,河中粟特）,xxii,xxv,30,31,38,44,45,67,80,82,83,116,117,118,119,124,141；参见 Transoxiana
Sogdian language［文］索格底亚那语,粟特语,96,113,124
Sogok Nor［地］索戈克湖,552 注
Sok［地］索克河,440

索　引

So-ko［人］沙葛可汗,109
Sokpa［地］索克巴,525
Solang［族］肃良合人,192
Soldaia［地］苏达克城,见 Sudak
Solhat（Solgat）［地］索勒哈特,402
Solokha［地］索罗克哈,10,15
Solon［族］高丽人,192,208,515,538
Somnath［地］索姆纳特,146
Sonqor［人］失克秃儿,361
Sorcery［宗］看萨满教,见 Shamanism
Sorghaqtani（Soyurghaqtani）［人］唆鲁禾帖尼（莎儿合黑塔尼）,212,255,272,273,275,280,358,596 注
Sorqan-shira［人］锁尔罕失剌,200,582 注
Sosnovaya Maza［地］索斯诺瓦雅·马札,6
So-tu［人］唆都(速客秃),见 Sögätü
South Vietnam［朝］南越,见 Champa
Soyot［族］(兀良哈人)索约特人,见 Uriangqai
Soyurghaqtani［人］莎儿合黑塔尼(唆鲁禾帖尼),见 Sorghaqtani
Soyurghatmish［人］锁咬儿哈的迷失,416
Spalato［地］斯普利特,见 Split
Spice trade［专］香料贸易,310,311,312-313,315
Split（Spalato）［地］斯普利特,267
Sri Mangala［人］失里忙伽罗,见 Shih-li-mang-kia-lo
Sse［族］塞人,见 Saka
Ssu-ma［专］司马,54
Ssu-ma Ch'ien［人］司马迁,20,30,36
Stalingrad［地］斯大林格勒(察里津),见 Tsaritsyn
Staromishastovskaya［地］斯特拉米沙斯托夫卡雅,4-5
Stavropol［地］斯塔夫罗波尔,16

Stein, Sir Mark Aurel［人］奥瑞尔·斯坦因,29,48-49,52,53,96,97,306
Stephen（Vaik）, St.,［人］圣·斯提芬（瓦伊克）,179
Stephen（of Serbia）［人］斯提芬,451
Stone Bridge［地］石桥,见 Pul-i Sengi
Strabo［人］斯特拉波,8,28,30,155,157,573 注
Strigonium［地］斯特里戈里姆堡,见 Gran
Stroganov［地］斯特罗甘诺夫,489
Süanhwa（Süan-tö）［地］宣化,24,25,108,229,507,510,511
Subati（Dzasagtu-khan）［人］素巴第（札萨克图汗）,512
Sublime Porte［专］土耳其政府,见 Ottomans
Sübötäi［人］速不台,207,214,216,226,240,245-246,247,258,260,264,266-267,395,582 注,584 注
Suchow（Succiu; Sugiu）［地］肃州,35,107,133,302,306,308,310,312,499
Sudak（Soldaia）［地］苏达克城,247,276,398,400,406,591 注
Suddhipala［人］硕德八剌,321
Suevi［地］苏尔维,74
Su-fa［人］苏伐(姓),见 Swarna
Su-fa Pu-shih（Suvarna Pushpa）［人］苏伐勃驶,99
Su-fa Tie（Swarnatep; Suvarna Deva）［人］苏伐叠,99
Sufi-sultan（So-fei Su-tan）［人］琐非速檀,499
Sugiu［地］苏州,见 Suchow
Sugunjaq（Sunjaq）［人］孔札黑,355,361
Sui［朝］隋朝,66,85,88,89,90
Suiyuan（province）［地］绥远,213,301,303,318

Suiyuan (Shanyü; town), [地] 绥远, 25, 106; 参见 Kuku Hoto
Sukhotai (Hsien) [朝] 速古泰国, 291, 600 注
Sulak [地] 苏拉克, 180, 549 注, 556 注
Sulamish [人] 苏拉米什, 382
Sulde (guardian genius) [专] 保护神, 217
Suldu [族] 速儿都思, 194, 200
Suleiman ibn Qutulmish [人] 苏里曼·伊本·库吐米施, 153, 154
Sultan 'Ali of Meshed [人] (麦什德的) 速勒坦·阿里, 465
Sultaniyeh [地] 苏丹尼耶, 305, 368, 385, 387, 429, 458, 462
Sultan-shah (死于 1193 年) [人] 苏丹·沙赫, 167
Su-lu [人] 苏禄, 114-115, 118
Sumatra [地] 苏门答腊, 309
Sumun (squadrons) [专] 苏木 (骑兵中队), 530
Sung [朝] 宋朝, 63, 131-132, 133, 134, 136-138, 139, 189, 258, 259, 282-284, 286-288, 296, 297, 304, 305, 516, 518, 593 注
Sungari [地] 松花江, 136, 515, 516, 517
Sung Yün [人] 宋云, 65, 67, 69, 70, 71
Sunjaq [人] 孔札黑, 见 Sugunjaq
Sunnites [宗] 逊尼派, 142-143, 145, 150, 152, 390, 483, 484; 参见 Islam
Sunzumatu [地] 索家马头 (新州马头) 即山东济宁, 见 Tsining (Shantung)
Suqnaq-tigin [人] 苏格纳黑特勤, 236, 238
Suri Afghans [朝] 苏里阿富汗, 167
Su Ting-fang [人] 苏定方, 102-103
Sutlej [地] 萨特莱杰河, 444
Su-tsung [人] 肃宗, 120-121
Suvarna [族] 苏伐家族, 见 Swarna
Suvarna Deva [人] 苏伐叠, 见 Su-fa Tie

Suvarna Pushpa [人] 苏伐勃驮, 见 Su-fa Pu-shih
Suyunitch [人] 苏英尼奇, 335
Suzdal [地] 苏兹达尔城, 265, 395, 407
Suzdalia [朝] 苏兹达里亚公国, 265
Svetoslav (Bulgar) [人] 斯维托斯拉夫, 402, 403
Sviatopolk [地] 斯威阿颇尔克, 175, 178
Sviatoslav (of Kiev) [人] 斯维托斯拉夫, 181
Svishtov [地] 斯维什托夫, 76
Swarna (Suvarna; Su-fa; family) [族] 苏伐家族, 99
Swarnatep [人] 苏伐叠, 见 Su-fa Tie
Syas [地] 锡塔河, 见 Sita
Syr Darya (Jaxartes) [地] 锡尔河, xxix, 29, 30, 67, 142, 149, 169, 235, 238, 244, 247, 305, 312, 393, 397, 406, 407, 412, 421, 435, 436, 438, 460, 464, 479, 488, 493, 532
Syria [地] 叙利亚, 40, 152, 154, 155, 261, 282, 300, 312, 349, 355, 359-365, 370, 371, 373, 374, 375, 376, 382, 398, 419, 447-448, 450; 参见 Mamelukes (dynasty)
Syr Tardush [族] 薛延陀, 92, 93, 565 注
Szechwan [地] 四川, 132, 258, 259, 282, 283, 284, 285, 307, 518, 533
Szentes [地] 森特什, 176
Szakald [地] 扎卡尔德, 267
Szilagyi-Somlio [地] 舍拉吉—索姆利欧, 8, 176

Tabaqat-i-Nasiri [书] 朱兹贾尼著《宗教保卫者一览表》, 见 Juzjani
Tabari [人] 塔巴里, 83, 117
Tabaristan [地] 塔巴里斯坦, 142

Tabgatch［族］拓跋,见 Toba

Tabriz（Tauris）［地］大不里士,桃里寺（元）,xxvii,xxix,151,169,224,245,260,261,262,281,305,309,312,313,315,348,359,368,377,379,381,389,390,391,405,419,426,430,437,445,453,456,458

Täb-tängri［人］帖卜腾格里（阔阔出）,见 Kökchü

Tadzhiks［族］塔吉克人,161,237,277,327,344,381,426

Taganrog［地］塔甘罗格,16

Tagarskoye［地］塔格尔斯科耶,17

Taherten［人］塔黑屯,430,449,450

Tahir-khan［人］塔希尔汗,508

Tahmasp［人］塔马斯普,484-485

Ta-hsia［地］大夏（巴克特里亚）,见 Bactria

Tai［地］代郡（看平城）,见 Pingcheng

Taianfu［地］太原,见 Taiyüan

Taibugha［人］台不花别吉,见 Taibuqa

Taibuqa（Taibugha; Baibuqa; *Tayang*）［人］台不花,205,212,213,214,215,216

Taichow［地］代州,108

Taichu［人］泰出,204

Taiji（as title）［专］太子（称号）,582 注

Taijigot, Taiji'ut［族］泰赤乌惕部,见 Tayichi'ut

Taiping［地］太平,137,287

Taishi（as title）［专］太子（称号）,即王子,195

T'ai-tsi（as title）［专］太子（称号）,即王子,195

T'ai-tsu（Chao K'uang-yin）［人］太祖（赵匡胤）,131

T'ai-tsung（Sung emp.）［人］太宗（宋朝）,131

T'ai-tsung（Li Shih-min; T'ang emp.）［人］唐太宗,李世民,90,92,93,94,95,98,99,100,101,102,111,134

T'ai-wang, t'ai-yang（as title）［专］大王,太阳（称号）,205

Taiyiji（nobles）［专］台吉（贵族）,530

Taiyüan（Taianfu; Tsining; Tsinyang）［地］太原（冀宁,晋阳）,27,56,59,60,107,122,126,130,131,136,229,232,307,324,325

Takash（活跃于 1084 年）［人］塔卡什,153

Takash（活跃于 1172-94）［人］塔喀什,167

Taka-shima［地］鹰岛,289

Taklamakan［地］塔克拉玛干大沙漠,xxii

Talamba［地］德伦巴,445

Talas（river）［地］怛逻斯河,38,67,82,83,87,120,142,145,233,234,236,244,254,273,326,327,340,342,343,386,395,422,425

Talas（Aulie-Ata; Dzhambul; Tankip; Yangi; town）［地］怛逻斯,（奥李阿塔,养吉,江布尔）,67,84,93,120,141,142,147,169,277,303,312,338,423,461,492

Talekan［地］塔里寒,68

Tale-Lama［地］大理国（看云南）,见 Dalai Lama

Tali（kingdom）［地］大理城,见 Yunnan

Tali（Caragian; town）［地］大理,284,307

Taliang［地］大梁,见 Kaifeng

Taliku［人］塔里忽,338

Tallgren, A. M.［人］塔尔格伦,4,5,6,10-11,14,17

Ta-lo-pien［人］大逻便,88

Talysh［文］塔里锡文化,5,545 注

Tamagha [专] 塔马合,见 *Tamgha*
Taman Peninsula [地] 塔曼半岛,10,180, 181,182,
Tambov [地] 坦波夫,471
Tamerlane (Timur *lenk*) [人] 帖木儿, 248,300,325,328,345,346,390,391, 400,406,408-453,456,479;特点,414- 415,434; cruelty,428,430,431,442, 444-445,450
Tamgatch-khan [人] 贝里特勤,见 Buri-tigin
Tamgha (*tamagha*; seal) [专] 塔马合 (印),220,586 注
Tamghaj [专] 拓跋,见 Toba
Taming (Kichow) [地] 大名,132,137, 229,232,588 注
Tämir [地] 塔米尔河,294,528
Tana (Azov) [地] 塔那(亚速夫海附近), 15,16,312,313,404,405,441,442,475
Tanduc [地] 托克托,见 Toqto
Tang [人] 唐王,518
T'ang [朝] 唐朝,xxx,66-67,88,90,98, 99,101-103,106-109,111-115,117-122, 124-125,126-128,302
T'ang, Hou- [朝] 后唐,见 Hou-T'ang
T'ang Hiu-ying [人] 唐休璟,118
Tang-hu [专] 当户(称号),21
Tängri (khagan) [人] 登利可汗,113
Tängri (Heaven), cult of [宗] 腾格里(天国),20,23,84,86,106,179,217,219-220,228,244,266,270-271,354,561 注,585 注
Tängri bilgä [人] 腾里野合俱录毗伽,122
Tängridä bulmysh alp qutlugh ulugh bilgä [人] 爱腾里逻羽録没蜜施合胡禄,122
Tängridä bulmysh külüg bilgä [人] 爱登里逻汩没蜜施俱録毗伽可汗,122
Tängrida qut bulmysh il ytmish bilgä qaghan [专] 可汗名下赞誉之词,意为从天国获得的至高无上的权力,567 注
Tängri-yin kuchundur [专] 凭借长生天的力量,380
T'ang Shu [书]《唐书》,90,93-94,101, 106
Tangut [族] 唐兀惕(西夏),125,132, 133,294,299,302,303,306,321,369, 400;参见 Hsi-Hsia
Tanki [地] 看怛逻斯城,见 Talas (town)
Tannu-Ola (Kögmän) [地] 唐努乌拉, 109,216,549 注
Tannu-Tuva [地] 唐努图瓦,544 注
Tan-shih-huai [人] 檀石淮,53
Taoism [宗] 道教(先生),63,111,220, 244,275,276,297,298,299,300; *hsien-sheng* (monks),602 注
Tao-jen [宗] 道人,见 T'o-yin
Ta-pu-yen [人] 塔不烟,166
Tara [地] 塔拉,523
Taranchi [族] 塔兰奇人,538
Tarbagatai [地] 塔尔巴哈台,xxiii,xxvi, 89,92,95,114,119,164,215,255,273, 280,286,291,295,333,349,424,479, 512,520,523,525,526,527,530,531, 538
Tardu (Ta-t'ou) [人] 达头,84-85,88, 89,173,562 注
Tardu-shad [人] 达度设,93
Targhutai Kiriltuq [人] 塔儿忽台乞邻勒, 200,206,580 注,582 注
Ta'rikh-i Jahan-gusha [书] 志费尼《世界征服者史》,见 Juvaini
Ta'rikh-i Rashidi [书]《拉失德史》,见 Muhammad Haidar II
Tarim [地] 塔里木,xxii,xxiii,28,37-54, 59,92,93,95-101,103,107,114-115, 118,119,303,306,542;参见各绿洲条

Tarkhan (*tarkhat*; as title) [专] 答儿罕,达干(称号), 222, 582 注, 586 注-597 注
Tarmashirin [人] 塔儿麻失里, 见 'Ala ad-Din (Tar-mashirin)
Tarn, W. W. [人] 塔恩, 30, 31
Tarqu [地] (其他史料中的)萨曼塔尔, 577 注
Tarsa (Christian designation) [专] 迭屑(基督教徒), 300
Tarsus [地] 塔尔苏斯, 370
Tartar [族] 塔塔儿人, 见 Tatar
Tar-Ussar [地] 塔尔乌沙, 见 Sar-Otar
Tash Arighi [人] 塔什·阿里希, 411
Tashkent (Shash) [地] 塔什干(柘析), 29, 89, 96, 103, 116, 117, 119, 142, 235, 238, 244, 312, 338, 345, 411, 413, 415, 418, 419, 423, 425, 438, 439, 457, 463, 480, 481, 482, 484, 485, 488, 489, 492, 494, 495, 496, 508, 531, 532, 533, 540
Tash Kurghan [地] 塔什库尔干, 41, 306
Tashtyk [专] 塔锡蒂克文化, 19
Tatar [族] 塔塔儿(三十姓鞑靼, 九姓鞑靼), 139, 191-192, 193, 198-199, 203-204, 206, 207-208, 213, 227; 称作蒙古人是不对的, 472, 585 注; 参见 Otuz Tatar; Toquz Tatar
T'a-t'a-t'ung-a [人] 塔塔统阿, 190, 216, 220, 232, 250, 584 注
Tating [地] 大宁, 136, 138, 227
Ta-t'ou [人] 达头, 见 Tardu
Ta-ts'in [地] 大秦(罗马帝国, 见 Roman Empire)
Tatta, Lake [地] 塔塔湖盆地, 157
Tatu [地] 大都(北京), 见 Peking
Tatung (Yünchow) [地] 大同, xxiv, 20, 27, 57, 58, 60, 63, 126, 129, 131, 133, 136, 138, 227, 229, 324, 507, 510, 511
Taugast [族] 桃花石(拓跋), 见 Toba

Tauris [地] 桃里士(大不里士), 见 Tabriz
Tawaji [人] 达瓦齐, 见 Dawaji
Tawakkul [人] 泰外库勒汗, 508, 531
Taxation [专] 税收(制度), 251, 253, 256-257, 275, 300, 351, 352, 586 注, 602 注
Tayang (as title) [专] 大王, 太阳, 蒙古语塔阳, 190, 205
Tayang (person) [人] 塔阳(台不花), 见 Taibuqa
Tayanku (Tayanku-Taraz) [人] 塔延古·塔拉兹, 168-169, 234
Tayichi'ut (Taijigot; Taiji'ut) [族] 泰赤乌惕部, 194, 195, 200, 206, 207
Tay Kiet [地] 特基特湾, 290
Ta-yüan [地] 大宛(费尔干纳), 见 Fergana
Ta Yüeh-chih [族] 大月氏, 29
Tbilisi [地] 第比利斯(梯弗里斯), 见 Tiflis
Tbilisskaya [地] 第比利斯卡亚, 73
Tebes [地] 特伯斯, 485
Tegin (*tekin*; as title) [专] 特勤(称号), 71, 87
Teilhard de Chardin, Pierre [人] 查尔丁, 3
Tekes [地] 特克斯河, 93, 491
Tekin [专] 特勤, 见 Tegin
Tekke [地] 泰凯, 452
Tekrit [地] 提克里特, 见 Tikrit
Tekuder (Ahmed) [人] 帖古迭儿, 367, 371-372
Teletz [人] 泰勒兹汗, 177
Temeyen-ke'er [地] 特木因—基也尔, 213
Temir [地] 铁米尔, 336
Templar of Tyre, *Gestes des Chiprois* [专] 提尔的圣殿骑士《奇普洛瓦故事集》, 361, 363

Temuge (Temuge Ochigin) [人] 铁木哥 (铁木哥·斡赤斤),199,213,218,230, 255,269,271
Temujin [人] 铁木真(成吉思汗),见 Jenghiz Khan
Temür (Temür Oljaitu) [人] 铁穆耳(铁穆耳完泽笃),xxx,290,291,294,295, 299,302,313-314,320,321,335,336, 338,380,384,403
Temür-buqa [人] 帖木儿不花,325
Temutai [人] 铁木台,259
Tengkow [地] 定州,108
Teng-li Meu-yu [人] 登里牟羽,121
Tengri hills [地] 腾格里山,340
Tengri Nor (Nam Tso) [地] 腾格里湖(纳木错),524,533
Teplukhov [人] 特普鲁科夫,19
Terek [地] 捷列克河,5,72,74,180,366, 387,392,398,441,472,503
Tereshcenko [人] 特里斯圣科,442
Termez [地] 帖尔木兹,159,342,414
Terter, George [人] 乔治·特尔特,402
Tervel [人] 泰弗尔,177
Tes [地] 特斯,18
Tesh (Ti-shö) [人] 蒂赊,567 注
Teu Hien [人] 窦宪,46
Teu Ku [人] 窦固,42
Teutonic Knights [专] 条顿骑士团,266
Thagouri [族] 塔沟里人,28
Thagouron [地] 塔沟拉城,28
Thai [族] 傣族(罗罗人),291;参见 Lo-Lo
Thaleqan [地] 塔里寒城,241
Thana [地] 塔纳,312,315
Thanesar (Thaneswar) [地] 塔内瑟尔, 72,146,599 注
Thanhoa [地] 清化,290
Theodora (wife of Justinian II) [人] (查士丁尼二世之妻)塞俄多拉皇后,179

Theodore (khangan) [人] 塞俄多尔,175
Theodoric (Visigoth) [人] 狄奥多里克, 58,76
Theognostes [人] 塞俄罗斯特斯,401
Theophilus, (Byzantine emperor) [人] (拜占庭皇帝)狄奥菲勒斯,180
Theophylactus Simocattes [人] 塞俄菲拉克特斯·西摩卡塔,84,171,172,560注,561 注,575 注
Thessalonica [地] 塞萨洛尼基,185
Thiän-tak [地] 天德(托克托),见 Toqto
Thinae [地] (托勒密记)洛邑,41
thirty Tatar [族] 三十姓鞑靼,见 Otuz Tatar
Thogara [地] (希腊史家记的张掖)塔沟拉城,28,41
Thogay [人] 托盖,304
Thomas (of Florence) [人] 佛罗伦萨的托马斯,314
Thomsen, V. L. P. [人] 汤姆森,86
Thoroana [地] 塞洛亚那,41
Thozan [地] 东胜(托克托),见 Toqto
Thrace [地] 色雷斯,6,8,9,76,157,174, 182,184,399,449
Thraco-Phrygians [族] 色雷斯—弗里吉亚种人,4,10
Three Kingdoms [朝] 三国,54,55
Three Quriqan [族] 三个骨利干部(联盟),578 注
Thunderbolt Goddess [专] (一种游戏)劈雷女神,134
Thuringia [地] 图林,173
Tiberius II [人] 提比留斯二世,84
Tibet (T'u-fan) [族] 吐蕃 [地] 西藏, 103,107,114,115,118,119,126,189, 284,319,367,522-524,532-533,536;参见 K'iang; Lamaism; Tangut
Tibetan script [文] 藏文,298

T'ie-mai-kai [地] 帖麦该川,213
T'ien [文] 汉语"天",指天神之意,219
T'ien-ho (Denha; name) [人] 腆合,301
T'ien Shan [地] 天山,xxi,xxiii,28,40, 84,96,423,424,495,497,501
T'ien-tö [地] 天德(托克托),见 Toqto
Tiflis (Tbilisi) [地] 梯弗里斯,179,245, 246,260,263,348,399,434
Tigris [地] 底格里斯河,355,357,433
Tigris [地] 伏尔加河(马可记伏尔加河),见 Volga
Tikrit (Tekrit) [地] 提克里特,433
Ti-ku-nai [人] 迭古乃,138,139
Timur [人] 帖木儿(帖木兰),见 Tamerlane
Timur (活跃于1415年) [人] 帖木儿,470
Timurid art [专] 帖木儿朝艺术,457,465
Timurids [朝] 帖木儿王朝,xxviii,158, 243,342,416,418,456-465,479,480, 481,483,484,485,492
Timur lenk [人] 跛子帖木儿,见 Tamerlane
Timur-malik [人] 帖木儿灭里,238,406-407,435
Timur Qutlugh [人] 帖木儿·忽特鲁格, 440,442,443,469,622注,624注
Timur-shah [人] 帖木儿·沙,487
Timurtash [人] 帖木儿塔什,387,389, 447,614注
Tingchow [地] 定州(中山),见 Chungshan
Tingiu [地] 德化,见 Tö-hua
Ti-ping [人] 宋帝昺,288
Tirnovo [地] 特尔诺沃,403
Ti-shö [人] 蒂赊,见 Tesh
Tisza [地] 蒂萨河,72,174,266
Titus [宗] 提多,49
Toba (Tabgatch; Tamghaj; Taugast)

[族] 拓跋人,xxviii,xxix,57,58,60-66, 81,283,288,300,558注,560注,561注;参见 Wei
Toba Hung [人] 拓跋弘,64-65
Toba Hung II [人] 拓跋宏,65
Toba K'iao [人] 拓跋恪,65
Toba Kuei [人] 拓跋珪,60
Toba Siun [人] 拓跋濬,64
Toba Ssu [人] 拓跋嗣,61
Toba Tao [人] 拓跋焘,61,62-64
Tobol [地] 托博尔,439,478,489,521
Tobolsk [地] 托博尔斯克,479,489,490
Töchow [地] 德州,132
Tödöyän-Girte [人] 托多颜·昔惕,200
Togachar [人] 脱格察儿,599注
Togachi [人] 秃合合赤,340
Toghan Temür (1333-70) [人] 妥懽帖睦尔,319,321,323,324,325,502
Toghon (Toghan; 活跃于1285年) [人] 脱欢(忽必烈之子),290
Toghon (Toghon Temür; Toghan; 活跃于1434年) [人] 脱欢(马合木之子), 491,505-506,629注
Toghrul-beg [人] 吐格利尔拜格,见 Togrul-beg
Togh Temür [人] 图帖睦尔,321
Toghul Timur [人] 吐格帖木儿,390
Togortak [地] 托加尔塔克,184
Togrul (Wang-khan) [人] 脱斡邻勒(王罕), 192, 199, 200-201, 203-212, 216, 578注
Togrul III [人] 吐格利尔,158-159,167
Togrul-beg (Toghrul-beg) [人] 吐格利尔拜格,147,149-150,151-152,158,159
Tö-hua (Tingiu) [地] 德化,604注-605注
Tokat [地] 托卡特,263,449
Tokhari [族] 吐火罗人,27-28,31;参见 Tukhara

Tokharian languages［文］吐火罗语，见 Kuchean language

Tokharistan［地］吐火罗斯坦，116,117,118,119,143,参见 Bactria

Tokharoi［人］(希腊人的)吐火罗人,28,30,31

Tokhta-qiya［人］脱黑脱乞牙,406,435

Tokien［地］乾城,46

Tokmak［地］托克玛克 93,94,96,114,115,423,491

Tö-kuang［人］德光,129,130

Töläch (Tölös)［族］铁勒,60,81,89,92,93,100,565 注；参见 Kao-kiu; Uigurs

Tolbiacum［地］托尔比阿克,63

Tölös［族］铁勒族,见 Töläch

Tolui［人］拖雷,212,229,239-243,255,258,593 注

Tolui, house of［人］拖雷家族,272,273,274,292,295,329,380,394

Tolun Nor［地］多伦诺尔(上都府),见 Shangtuho

Tomsk［人］托木斯克,490

Tonkin［地］东京平原,289,290

Tonyuquq (Toñuqouq)［人］暾欲谷,106,110,111,112

T'o-po［人］他钵,88,562 注

Toqtai (Toqta; Toqtoa)［人］脱脱,384,402,403,404

Toqtamish［人］脱脱迷失,393,406-408,430,435-443,469,479,615 注

Toqtemür［人］脱脱木儿,292

Toqto (Koshang; Tanduc; Thiän-tak; Thozan; T'ien-tö; Toshang; Tung-sheng)［地］托克托(科尚,东胜,天德),213,301,303,306,307,318,570 注；参见 Kweihwacheng

Toqtoa［人］脱脱,见 Toqtai

Toqto'a (Toqto'a-bäki)［人］脱脱别乞,201,205,208,213,215,582 注

Toqtoa-buqa［人］脱脱不花,507

Toquz Oghuz (Nine Oghuz)［族］九姓乌古思,106,110,126,145,565 注,566 注

Toquchar［人］脱合察,241,584 注

Toquz Tatar (Nine Tatar)［族］九姓鞑靼,110,192

Toquz Temür［人］脱古思帖木儿,502-503

Törägänä［人］脱列哥那,268-269,271,330,352,595 注,615 注

Toramana［人］多拉马那,71

Torbitashi［人］托比塔石,583 注

Torghaq (guard)［专］卫队,哨兵,520

Torghut (Törghüt)［族］土尔扈特人,488,503,510,520-522,523,525,538-539,540；参见 Oirat

Torii［人］托利,53

Torks［族］托克人(乌古思),见 Oghuz

Toru Haneda［人］托鲁·汉勒达,30

Toshang［地］东胜(托克托),见 Toqto

Tötsing (Tsingfeng)［地］德清军(清丰县),132

Tovinsk［族］图瓦族,538

T'o-yin (tao-jen; tuinan; Buddhist monks)［宗］道人,597 注,602 注

Trade［专］贸易(指丝绸贸易),309-313,403；参见 Silk Road

Trajan［人］图拉真,45,72

Tran Nhon-ton［人］陈仁宗,290

Transbaikalia［地］外贝加尔地区,13,25,37,208

Transcaucasia［地］外高加索地区,179,376,437

Transoxiana［地］河中地区,141-147,149,152-153,159,160,165,168,169,172,189,233,236,238,239,242,255,269,292,293,305,326,333,334,335,

336,338,340,342,343,344,345,352,
369,370,376,387,390,406,408-419,
421,422,423,425,426,428,432,435,
438,440,453,456,457,460,463,464,
465,479,481-488,492-496,500,508;参
见 Sogdiana
Transylvania［地］特兰西瓦利亚,173,
178
Tran Thaitong［人］陈日煚,284
Travancore［地］特拉万可,309,311
Treaty of Belgrade［专］贝尔格莱德条约,
475
Treaty of Karlowitz［专］卡尔洛维茨条
约,475
Treaty of Kuchuk Kainarji［专］库楚克—
凯纳尔吉条约,475,477
Treaty of the Prut［专］普鲁特条约,475
Trebizond（city）［地］特拉布松,309,
312,313,314,374,453
Trebizond（empire）［王朝］特拉布松国,
312,449,591 注
Trifonova［地］特里波利耶,18
Tripitaka［书］《三藏》,49
Tripoli（county）［地］特里波利郡,360
Tripolye［地］特里波利耶,4
Troitsk［地］特洛伊茨克,558 注
Troitskosavsk［地］特洛伊茨科沙夫斯
克,25,37
Troyes［地］特鲁瓦,76
Tsaghan-gol［地］柴汗沟,549 注
Tsagun Dorji（Tushetu-khan）［人］察珲
多尔济(土谢图汗),528,529
Ts'aichow（Juning）［地］蔡州,258
Tsaidam［地］柴达木,212,523,524,525,
526,533
Tsang（gTsang）［地］乌斯藏,298,523,
524
Tsanglu（Cianglu）［地］长芦,308

Ts'ao Pei［人］曹丕,54
Ts'ao Pin［人］曹彬,131
Ts'ao Ts'ao［人］曹操,54
Tsarev［地］察列甫,400,442
Tsaritsyn（Stalingrad；Volgograd）［地］
察里津(斯大林格勒),247,522
Tsereng Dondub［人］大策凌敦多卜,
524,531,532,533,536,540
Tsewang Dorji Namgyal［人］策妄·多尔
济·那木札尔,537
Tsewang Rabdan［人］策妄阿拉布坦,
531,532,533,536,540,541
Tsewang Shab［人］策妄扎布,529
Ts'ien-Chao（Pei-Han）［朝］前赵（北
汉）,56
Ts'ien-Ch'in［朝］前秦,58
Ts'ien-Yen［朝］前燕,58,59
Tsifeng［地］赤峰,136
Tsinan［地］济南,137,229,232
Tsingchow（Yitu）［地］青州（益都）,557
注,571 注
Tsingfeng［地］清丰（德清军）,见 Tötsing
Tsingshui［地］清水河,248
Tsining（Shansi）［地］冀宁（山西）（太
原）,见 Taiyüan
Tsining（Singiumatu；Sunzumatu；in
Shantung）［地］济宁（山东）,308,316
Tsinyang［地］（晋阳）看太原,见 Taiyüan
Tsiyang（Ciangli）［地］滋阳,308
Tsi-Yung［人］祭肜,39
Tsong-kha-pa［人］宗喀巴,513,514
Tsoros［族］看绰罗斯部,见 Choros
Tsotba Ba'atur［人］卓特巴巴图尔,526,
527
Tsuglan（Diets or leagues）［专］扎格兰,
530
Tsu-k'iu［人］沮渠(北凉),见 Pei-Liang
Tsushima［地］对马岛,289

Tuan Hing-chih［人］段兴智,284
Tuan Kung［人］段颎,48
T'u-chüeh（Blue Turks；Kök Türk）［族］突厥人,xxii,xxiii,xxiv,8,23,79-90 各处,92-95,99,100,103,106-114,116-117,120,126,127-128,171,172,173-174,176,196,216,217,224,231,256,326,417,546 注,585 注；参见 Nu-shih-pi；Tu-lu（tribes）
T'u-ch'i［专］屠耆王,20
Tuda Mangu［人］脱脱蒙哥,401-402
Tudun（as title）［专］吐屯,87,175
T'u-fan［族］吐蕃（看藏族）,见 Tibet
Tughan［人］托甘汗,133,146
Tugha Timur［人］秃花·帖木儿,428
Tughlugh（活跃于 1274 年）［人］秃忽鲁哥,308
Tughlugh（活跃于 1305 年）［人］吐格鲁格,339,340
Tughlugh Timur［人］秃忽鲁帖木儿,344-345,346,409-410,411,422
Tughri［地］四塔沟里,见"Four Tughri"
Tugshada［人］吐格沙达,116,117
Tuinan［宗］参看道人,见 *T'o-yin*
Tukhara［族］吐火罗人,28,40,68,69；参见 Tokhari
Tu-k'i-che［人］突骑支,99
Tula［地］土拉河（土兀剌河）,35,106,110,191,200,212,247,255,502,504,512,529,530,536
Tula-buqa［人］秃剌不花,401,402
Tu-lan［人］都兰,88,89
T'u-li［人］突利,88,89,92
Tulik［人］吐利克,344
Tultu［地］吐尔吐,551 注
Tu-lu（person）［人］咄陆,95
Tu-lu（tribes）［族］咄陆部,95,102,103,109,114

Tulugma（heading-off movement）［专］拦截运动,224
Tulun-cherbi［人］咄伦·切必,589 注
T'u-man［人］头曼,27
Tümed［族］土默特部,509,510,513,514,517,519,529,530,629 注
T'u-men［人］土门（看布明）,见 Bumin
Tumen（army division）［专］土绵（万夫长）,222,587 注
Tumengken［人］图蒙肯,512
Tümen Sasaktu［人］图们札萨克图汗,510,514
T'u-mu［地］土木,507
T'ung-chien-k'ang-mu［书］《通鉴纲目》,132
Tungchow［地］通州,325
Tungge（Tungeli）［地］董哥泽,583 注
Tung hua lu［书］《东华录》,536
Tung-ko, Lake［地］董哥泽,210
Tungkwan［地］潼关,232,257,258
Tung-nu［族］东胡,27
Tungsheng［地］东胜（看托克托）,见 To-qto
T'ung Shih-hu［人］统叶护,93,94-95
Tungus［族］通古斯人,xxiv,xxv,53,78,128,189,514,515-516,519；参见 Jurchid；Kin
Tungus languages［文］通古斯语,xxv,127,193
Tunguska［地］通古斯卡,515
Tungwan［地］统万城,61
Tung-Wei［朝］东魏,65,66,82
Tunhwang（Saciu；Shachow）［地］敦煌（沙洲）,xxii,35,36,41,52,96,133,302,305,306,312,499,536
Tupshi［地］吐帕施,36
Tuq（army division）［专］（十万人的组织称为）纛,587 注

Tuq（standard）［专］纛（旗子），210,216,
217,293
Tuqa Timur［人］秃花帖木儿,334
Tuqiti-khatun［人］秃乞台可敦,358
Toqulqu-cherbi［人］秃忽鲁忽切儿比,593
注
Tuqugan［人］秃罕,见 Tutuqan
Tura［地］图拉河,479,489
Turan［地］图兰,252
Turan-shah［人］图兰沙,362
Turbat-i-Jam［地］土尔巴特·杰姆,484
Turbet［族］杜尔伯特,见 Dörböt
Turfan（Carachoço；Kaochang；Karakhoja；Khocho；Kiu-shih）［地］吐鲁番（高昌,哈拉火州,车师）,xxii,xxiii,28,35,
37,38,40,42,44,46,47,48,59,62,64,
89,93,94,95,98,100,122,124,125,
144,164,189,197,233,252,305,312,
326,329,424,425,453,491,492,493,
494,496,497,498,499,506,528,536,
603注,艺术,52,96,98,122,124
Turfanese language［专］吐鲁番语,96
Türgäch［族］突骑施,见 Türgish
Turgai（region）［地］图尔盖,254,392,
394,403,460,478,479,522
Turgai（river）［地］图尔盖河,8,19,148,
393,394,439,485,508
Turghai［人］图盖,339
Turghaq（*turgha'ut*；army guards）［专］
土儿合兀惕（值日班者）,222
Türgish（Türgäch）［族］突骑施,107,
109,114-115,118
Turkan-khatun［人］秃儿罕可敦,237
Turkestan（Yasy；town）［地］突厥斯坦城（雅西城）,238,438,439,479,480,
481,488,492,493,496,507,526,531,
532
Turkic language［文］突厥语,xxv,327,

465,544注,579注-580注
Turkic script［文］突厥文,113,124
Turkman［族］土库曼人,见 Turkoman
Turkmenistan［地］土库曼斯坦,164
Turkoman（Turkman）［族］土库曼人,
148,149,153,155,157,158,160,161,
164,185,382,385,391,418,430,431,
521,522,572注
Tus（Mashhad；Meshed）［地］图斯（麦什德）,167,240,241,351,352,368,376,
387,425,483,484,485
Tusculum［地］图斯卡鲁姆,375
Tushetu-khan（person）［人］土谢图汗
（察珲多尔济）,见 Tsagun Dorji
Tushetu-khan（Bodgo-khan；khanate）
［人］土谢图汗,53,512,528
Tu-tsung［人］宋度宗,286
Tutuq（as title）［专］（突厥语）都督,582
注
Tutuqan（Tuquqan）［人］秃罕,401
Tutush［人］突吐施,154,155
T'u-yu［人］突欲,129
T'u-yü-huen［族］吐谷浑,64-65,89
Tver［地］特维尔城,265,395,404
Tyawka［人］头克汗,531,532,625注
Tyre［地］提尔,360,361
Tyumen［地］秋明,406,443,489,490,
614注
Tyutshta［地］秋兹塔,66,558注
Tzelgu［人］翟尔古,184
Tzu-ch'uan［地］酒泉,35,41

Uar（Var）［族］瓦尔部,171,172
Uarkhonites（Ouarkhonitai；Uarkhuni；
Varchonitae）［族］瓦尔和昆尼,82,
171,173
'Ubaidallah［人］奥贝都剌汗,485

Ubasha [人] 渥巴锡汗,522,538-539
Ubsa Nor [地] 乌布萨泊,190,510,512,525
Uch Ferman [地] 乌什吐鲁番,见 Uch Turfan
Uchirtu-sechen [人] 鄂齐尔图（车臣汗）,523,525,526,527
Uchiyeds [族] 乌济叶特人,629 注
Uch Turfan (Uch Ferman; Wensu) [地] 乌什·吐鲁番,40,425,541
Uchur [族] 乌楚尔人,515
Udine [地] 乌迪内,319
Udiyana [地] 乌阇衍那,65
Ufa [地] 乌发,548 注
Ugä [人] 乌介,见 Wu-kiai
Ugechi (活跃于 1267 年) [人] 忽哥赤,308
Ugechi (Ökächi; 活跃于 1399 年), [人] 鬼力赤,503,628 注
Ugra [地] 乌格拉河,470
Uigur [族] 回纥、回鹘、畏兀儿,xxiv,60,81,89,100,102,110,113-114,120-122,124,125-126,128,133,144,149,164,171,180,189,190,196,197,212,216,217,220,231,233,234,250,251,252,277,319,327,417,424,425,565 注-566 注；参见 Sari-Uigur; Töläch
Uiguria [地] 回鹘地区（畏兀儿地区）,244,326,329,330,335,367,417,482,493,496；参见 Beshbaligh; Kucha; Turfan
Uiguristan (Ioguristan) [地] 畏兀儿斯坦,305,424,461,463,491,493,495-499
Uigur language [文] 回鹘语、畏兀儿语,220,243
Uigur script [专] 回鹘文、畏兀儿文,113,124,125-126,220,252,277,298-299,351,601 注 Uiguro-Mongol,516,521

Ukenj [人] 斡根赤,330,606 注
Ukraine [地] 乌克兰,265,266
Ulala [地] 乌拉拉,525
Ulan Bator [地] 乌兰巴托,见 Urga
Ulan-put'ung [地] 乌兰布通,529
Ulaqchi [人] 兀剌黑赤,397
Uliassutai [地] 乌里雅苏台,20,479,512,537
Ulja [地] 斡里札,203
Üllö [地] 于勒,176
Ulski [地] 乌尔斯基,15
Ulu-jüz [族] 大帐,见 Great Horde
Ulu Muhammad [人] 乌鲁·穆罕默德,472
Ulus (tribe; small nation) [专] 兀鲁思（部落、小民族）,193,253,579 注
Ulus-begi (as title) [专] 兀鲁思别吉,344,422
Ulus-irgen (organized nation or state) [专] 兀鲁思—亦尔坚（国家）,197,579 注
Ulu-Tau (Ulugh tagh) [地] 兀鲁塔山,215,393,406,435,439,478,479,485
Ulyungur Nor [地]（克孜尔巴什湖）乌伦古尔湖,见 Qyzyl-bash
Umai [宗] 乌迈,86
'Umar-mirza [人] 乌马儿·米尔咱,456,458
'Umar-shaikh (死于 1391 年) [人] 乌马儿·沙黑（帖木儿之子）,425,433,438,456
'Umar-shaikh (1469-94) [人] 乌马儿·沙黑,463,494
Umehara, Sueju [人] 梅原末治,24
Ummayads [朝] 倭马亚王朝,116-117
Unaghan boghul [专] 乌拉干,孛斡勒（奴隶、属民）,见 *Boghul*
Unggur [人] 乌格尔,588 注

Ungvar（Uzhgorod）[地] 乌日哥罗德, 266
Uquna [人] 兀忽纳,238
Ur [地] 乌尔,8
Ural（Yaik；river）[地] 乌拉尔河（扎牙黑河）,6,181,182,186,277,392,394,407,439,471,472,478,479,480,486,522,525,531
Urals（mountains）[地] 乌拉尔山,xxv,8,78,177,247,264,393-394,478,489
Uralsk [地] 乌拉尔斯克,254,392
Ura Tyube [地] 乌拉秋别,36,464
Urban V, Pope [人] 教皇乌尔班五世,319
Urga（Ulan Bator）[地] 库伦（乌兰巴托）,xxi,512,514,529,530
Urgench（Gurganj）[地] 乌尔根奇,玉龙杰赤,160,237,239,241,243,254,335,394,421,479,485,521,589注
Uriangkhai（place）[地] 乌梁海地区,549注
Uriangkhans [族] 兀良哈人,509,629注
Uriangqai（Soyot；people）[族] 兀良哈人（索约特人）,538,579注,582注
Uriangqatai（Uriankqadai）[人] 兀良哈台,28,284,598注
Urianqut [族] 兀良忽人,582注
Urmia, Lake [地] 乌尔米亚湖,359
Urtupa [地] 乌尔吐帕,440
Uruk-khatun [人] 兀鲁克可敦,373,383
Urumchi（Urumtsi）[地] 乌鲁木齐,95,536,537,538
Urungu [地] 乌伦古河,61,81,89,119,205,255,272,312,479,510,523,525,538
Urus [人] 兀鲁思,406,435
Uru'ud [族] 乌鲁尔德部,194,210,583注

Ushin Banner [族] 乌审旗,513
Uspenskoye [地] 乌斯平斯科伊,见 Bolgar（town）
Usrushna [地] 乌拉秋别,见 Ura Tyube
Ussuri [地] 乌苏里江,128,133,134,515
Ust-Kamenogorsk [地] 乌斯季卡缅诺哥尔斯克堡,532
Ust-Labinskaya [地] 乌斯拉宾斯卡亚,16
Ust-Urt [地] 乌兹特—乌尔特,164
Usun [人] 兀孙,218
'Uthman（of Tekke）[人] 乌斯曼,452
'Uthman I（Osman）[人] 奥斯曼一世,385,389
Uthman ibn Ibrahim [人] 乌斯曼·伊本·易不拉欣,168,169,237
Uturgurs（Utrigurs）[族] 乌特格尔人,79,80,172,173
Uweis [人] 乌畏思,390,391
Uzbeks（özbegs）[族] 乌兹别克人,460,464,465,479-486,488,500,531；参见 Shaybanids
Uzes [族] 乌泽人,见 Oghuz
Uzgen [地] 乌兹根(讹迹邗),144,234,423,460,479
Uzhgorod [地] 乌日哥罗德,见 Ungvar
Uzindur [地] 乌金杜尔,78
Uzun Hasan [人] 乌宗·哈桑,459,462,470

Vaik [人] 瓦伊克（圣斯提芬）,见 Stephen
Vais（Vais-khan）[人] 歪思汗,491,492,506
Vakhsh [地] 瓦赫什河,346,411
Valens [人] 瓦伦丁,48
Valentinian III [人] 瓦伦丁三世,76
Valentinos [人] 瓦伦丁,84,85,88,172,173,

Van（town）［地］凡城,431,433
Van,Lake［地］凡湖,261
Var［族］瓦尔部,见 Uar
Varchonitae［族］瓦尔昆尼人,见 Uarkhonites
Vartan［人］瓦尔坦,356-357,358,360,361
Vartopu［文］瓦尔特浦文化,6
Varus［人］瓦努斯,36
Vasellus,James［人］瓦舍鲁斯·詹姆斯,371
Vasellus,John［人］瓦舍鲁斯·约翰,371
Vasili Ivanovich［人］瓦西里·伊凡洛维奇（巴西尔三世）,见 Basil III
Vasudeva［人］韦苏特婆,32
Venetians［族］威尼斯人,533；在克里米亚,247,312,403,404,405,442
Venice［地］威尼斯,309,314
Verkhneudinsk［地］上乌金斯克,13,558 注
Verny［地］韦尔内,见 Alma-Ata
Viatka［地］维亚特卡,473
Vidjaya［人］尉迟,见 Vijaya
Vienna［地］维也纳,419
Vietnam［朝］越南（安南国占婆）,见 Annam；Champa
Viguri［族］昆奴尔人,见 Hunnugur
Vijaya（Vidjaya；Chaban）［地］佛誓,290,309
Vima Kadphises（Kadphises II）［人］维马·卡德菲斯二世,32
Vimalaksha［人］卑摩罗义,50
Visigoths［族］西哥特人,60,73-74,75,76
Vistula［地］维斯杜拉河,73,266
Vitautas［人］维托夫特,见 Witowt
Vithimir［人］威塞米尔,73
Vitim［地］维季姆,515
Vitovt［人］维托夫特,见 Witowt

Vladimir（place）［地］弗拉基米尔,247,265,395,407,436
Vladimirtsov,B.Y.［人］弗拉基米尔佐夫,193,194-195,201,202,204,207,215,217,222,247
Vladivostok［地］海参崴（符拉迪沃斯托克）,128
Vocan［地］瓦罕,见 Wakhan
vogul［族］窝古尔人,177,489
Vogul language［文］窝古尔语,576 注
Volga（Itil）［地］伏尔加河（伊提尔河）,10,14,72,73,173,180,181,182,186,247,264,268,270,271,276,281,282,304,312,392,393,396,397,400,402,403,419,436,440,442,472,486,521,525,540
Volgograd［地］伏尔加格勒,见 Tsaritsyn
Völkerwanderung［专］民族大迁徙,16,54
Voronezh［地］沃罗涅什,7,10
Vorskla［地］沃尔斯克拉,443,469
Votiak［族］沃加克族人,489
Vozdvizhenskoye［地］沃兹德维任斯科耶,73
Vozha［地］沃查,405
Vugiu［地］婺州（浙江）,见 Wuchow（Chekiang）

Wahlstatt［地］瓦尔斯塔特,266
Wajih ad-Din Mas'ud［人］瓦吉黑哀丁·马苏德,390
Wakhan（Humi；Vocan）［地］瓦罕,41,118,306
Wali［人］瓦力,428,429
Wa-li-pu［人］斡离不,136
Wallachia［地］瓦拉儿亚,6,75,174,175,176,184,268

索　引

Wang (as title) [专] "王"(称号),204
Wang (tribe) [族] 王部,见 Dörben Qoriya
Wang An-shih [人] 王安石,296
Wang Chan [人] 王振,507
Wang Chung-tsu [人] 王忠嗣,118
Wang-khan (as title) [人] 王罕(称号),192
Wang-khan (person), [人] 王罕(脱斡邻勒),见 Togrul
Wangtu [地] 望都,128
Wan Li [人] (明)万历皇帝,516
Wan Tu-kuei [人] 万度归,62
Wan-yen [族] 完颜部,134,136,516,571 注;参见 Kin
Wan-yen Ch'eng-huei [人] 完颜承晖,230
Wan-yen Wu-shih (Goshi) [人] 完颜希尹,139
Warfare [专] 战术,见 Battle tactics
"Warring States" ("Fighting States") [朝] 战国时代,20,24-25,26
Wassaf [人] 瓦撒夫,333,338,384
Water, reverence for [专] 崇拜河水,84,219,220
Waterways [专] 水路,309,310
Waziristan [地] 瓦济里斯坦,169
Wei (dynasty) [朝] 北魏,60;参见 Toba
Wei (river) [地] 渭河,92,138,232,257,258,283
Wei (state) [朝] 魏国,54,55
Wei, Hsi- [朝] 西魏,见 Hsi- Wei
Wei, Tung- [朝] 东魏,见 Tung-Wei
Wei-ch'ö [人] 尉迟,101,115
Wei-chö Cheng [人] 尉迟胜,567 注
Wei-ch'ö Fu-shö [人] 尉迟伏师,115
Weichow (Yüchow) [地] 蔚州(幽州),106-107,108
Wei Ts'ing [人] 卫青,34,35

Wenchow [地] 温州,137
Wends [族] 文德人,173
Wensu [地] 温宿(乌什·吐鲁番),见 Uch Turfan
Wen-tjong [人] 王倧,288
White Horde (Chaghan-ordo; Aqordu) [族] 白帐(查罕·斡耳朵,阿黑·斡耳朵),335,393,403,406-407,421,435,436,438,439,469,478-479,615 注;参见 Kipchak khanate; Orda
White Huns [族] 白匈奴(㤙哒),见 Ephthalites
White Sheep [朝] 白羊王朝,见 Aq-Qoyunlu
Wieger, Léon [人] 威格尔,21
William (of Nassio) [人] (纳昔奥的)威廉,304
William (of Rubruck) [人] (卢布鲁克村的)威廉,见 Rubruck, William of
Witowt (Vitovt; Vitautas) [人] 维托夫特,443,469
Wolf (böri) [专] 狼(附离),xxvii,81,87,544 注,560 注
Wuchang (Wuchow; Hupeh) [宗] (图腾)狼,[地] 武昌(湖北),武州,284,285,287,323
Wu-che-lo [人] 乌质勒,107,109
Wuchow (Hupeh) [地] 武州(湖北省)(看武昌),见 Wuchang
Wuchow (near Shoping) [地] 武州(朔平附近),136
Wuchow (Vngiu; Chekiang) [地] 婺州(浙江),308
Wu-chu [人] 兀术,137
Wu Hou (Wu Tsö-t'ien) [人] 武后(武则天),107,108,127
Wuhu [地] 芜湖,287
Wu-huan [族] 乌桓,39,54

Wu-kiai (Ugäq)［人］乌介可汗,569 注
Wu-k'i-mai［人］吴乞买,136,571 注
Wu-lei［地］乌垒,37
Wu-liang-ha［地］乌梁海(热河),见 Jehol
Wu-ling［人］赵武灵王,20,550 注
Wu-lo［人］乌禄,139
Wu San-kuei［人］吴三贵,517,518
Wu-sun［族］乌孙,29,30,34,37,38,40,45,53,552 注
Wutai［地］五台山,133
Wu-ti［人］武帝,34,35,36,101
Wu Tsö-t'ien［人］武则天,见 Wu Hou
Wu-tu-pu［人］吾睹补,230
Wuwei［地］武威,35,54

Xiengmai［地］清迈,见 Chiangmai

Yabghu (as title)［专］叶护,82,87,560 注-561 注;参见 She-hu
Yachy［地］押赤(看云南)见 Yunnan (town)
Yadigar (Yadiyar)［人］雅迪格尔汗,475,489
Yaghma［族］样磨,572 注
Yahballaha, Mar［人］马·雅巴拉哈三世,见 Mar Yahballaha III
Yahya［人］牙黑牙,431,432,433
Yaik［地］扎牙黑河(乌拉尔河),见 Ural (river)
Yaishan［地］厓厓山,288
Ya-ku (James; name)［人］雅各,301
Yakut［人］雅库特,xxv,544 注
Yalavach, Mahmud［人］马合谋·牙剌注赤,见 Mahmud Yalavach
Yalavach, Mas'ud［人］麻速忽·雅剌注赤,见 Mas'ud Yalavach

Yamishevsk (Peschanaia)［地］雅米谢威斯克,523,532
Yang Chien［人］杨坚,88
Yangchow (Ianzu; Yangiu)［地］扬州,122,139,302,308,310,316,323
Yangi［地］养吉,见 Talas (town)
Yangi-Hissar［地］英吉沙尔城,495
Yangiu［地］扬州,见 Yangchow
Yang-shao-ts'un［地］仰韶村,4
Yang-ti［人］隋炀帝,89-90,98,99
Yangtze (Kian; Quian)［地］长江,57,137,138,139,259,283,284,287,293,302,304,309,310,323,516
Yang Ye［人］杨业,131
Yao Ch'ang［人］姚苌,59
Yao Chu［人］姚枢,283
Yao-shu-mu (Yoshmut)［人］尤斯姆,593 注
Ya'qub［人］雅库伯,452
Yarkand (Soche; Yarcan)［地］叶儿羌(莎车)(鸭儿看),xxii,37,40,41,43,45,48,52,95,96,101,306,426,460,485,491,494,495,497,498,500,501,527,528,532,540,541,542
Yarligh (jarliq; imperial edict)［专］札儿里黑(敕令),282,597 注
Yar Muhammad［人］雅尔·穆罕默德,486
Yaroslav (of Kiev)［人］(基辅的)雅罗斯拉夫,182
Yaroslav (of Sternberg)［人］雅罗斯拉夫,266
Yaroslav (of Vladimir)［人］雅罗斯拉夫(弗拉基米尔的),269,395,615 注
Yaroslavl［人］雅罗斯拉夫,265
Yaroslavskaya［地］雅罗斯拉夫斯卡雅,73
Yär-su［专］天地之精灵,见 Yer-sub

Yasaq（*jasa*；*jasaq*；*yasa*；law code）
［专］札撒（法典），221，230-231，252，256，275，312，328，416，418，586注
Yasd［地］耶斯特，见 Yezd
Yasodharman［人］亚琐德哈尔曼，71
Yassawur［人］牙撒吾儿，340，386
Yassy［地］亚色，423
Yasun（subclan）［专］牙孙（小氏族），193
Yasy［地］雅西城（突厥斯坦城），见 Turkestan（town）
Yavana（Ionians）［地］（希腊人称呼）大宛，554注
Yazi［地］雅吉，423
Ye［地］邺城，58，59，60；参见 Changteh
Yedigei［人］亦敌忽，见 Idiqu
Yehangir［人］叶汗吉尔，526
Ye-hsien, Ye-hsien Taichi［人］也先台吉，见 Esen（Esen-taiji）
Yelets［地］耶列兹城，441，471
Ye-li-k'o-wen（priests）［专］也里可温，300，602注
Yellow River（Caramoran；Kara Muren）［地］黄河，xxvi，27，35，55，60，61，132，133，136，138，176，226，232，233，257，258，283，308，510，604注
Yelmish［人］叶儿迷失，301
Ye-lü A-pao-ki［人］耶律阿保机，见 A-pao-ki
Ye-lü Chih-lu-ku［人］耶律直鲁古，166，233，234，235
Ye-lü Ch'u-ts'ai［人］耶律楚材，231-232，250，251，256-257，258，268，593注
Ye-lü Hiou-ko［人］耶律休哥，131-132
Ye-lü Hsien［人］耶律贤，131
Ye-lü King［人］耶律璟，130
Ye-lü Lü-ko［人］耶律留哥，228，250
Ye-lü Lung-sü［人］耶律隆绪，131，132
Ye-lü Shih（Pu-su-wan）［人］耶律诗（普速完），166，167
Ye-lü Ta-shih［人］耶律大石，164，165，166，574注
Ye-lü Tö-kuang［人］耶律德光，见 Tö-kuang
Ye-lü Yen-hsi［人］耶律延禧，136
Ye-lü Yi-lie［人］耶律夷列，166
Ye-lü Yüan［人］耶律阮，130
Yen, Hou-［朝］后燕，见 Hou-Yen
Yen, Hsi-［朝］西燕，见 Hsi-Yen
Yen, Nan-［朝］南燕，见 Nan-Yen
Yen, Pei-［朝］北燕，见 Pei-Yen
Yen, Ts'ien-［朝］前燕，见 Ts'ien-Yen
Yenching, Yenchow［地］燕京，燕州（今北京），见 Peking
Yenisei（people）［族］叶尼塞人，515
Yenisei（river）［地］叶尼塞河，xxiv，3，40，66，109，113，124，125，148，166，191，205，216，286，503，508，515，521，532
Yenki［地］焉耆（喀拉沙尔），见 Kara Shahr
Yen-lo［人］奄罗，88
Yenmen［地］雁门，34，57，90
Yen-ta［人］俺答（阿勒坦汗），见 Altankhan
Yer-sub（*yär-su*；genies）［专］天地之精灵，86
Yesen Temür［人］也先帖木儿，见 Esen Temür
Yesugän［人］也速根，208
Yesugei［人］也速该，192，198，199，203，578注
Yesui［人］也速亦，208，248
Yesun Temür［人］也孙铁穆耳，299，314，317，318，321
Yesut［族］叶苏特部，207
Ye-tai［族］嚈哒人，见 Ephthalites

"Ye-tai-i-li-t'o"［人］叶太伊里窦，68
Yezd（Yasd）［地］耶斯特，305，309，315，390，431，432，433
Yezdegerd II［人］耶斯特二世，68
Yezdegerd III［人］叶斯德奇特三世，116
Yi-che-shih［人］伊稚斜单于，35
Yichow［地］易州，132，570注
Yi-jan［人］伊然可汗，113
Yingchang（Kailu）［地］应昌（开鲁），325，502
Yingpan［地］营盘，42
Ying-tsung［人］（明）英宗皇帝，507
Yi-sho（Isho；Jesus；name）［人］伊索，301
Yissu-Mangu［人］也速蒙哥，271，274，329
Yissu-Temür［人］玉昔帖木儿，293
Yi-sun［地］伊循，37
Yi-tsi-nai［地］（哈拉霍托）亦集乃，见 Karakhoto
Yitu［地］益都（青州），见 Tsingchow
Yiwu（Hami or Lob Nor?）［地］伊吾（哈密），42，47，48
Yo Fei［人］岳飞，138
Yo-nan（John；name）［人］约南，301
Yotkan［地］约特干（于阗），见 Khotan
Yüan［朝］元朝，xxx，288-321，323-325，327，339，367，396，502，503，513，519；参见 Kublai
Yüan-ch'uan［地］苑川（兰州），见 Lanchow
Yüan Shih［书］《元史》，198，205，206，208，212，213，214，215，229，231，588注
Yüchow［地］禹州（看钧州），见 Kunchow
Yu-ch'u-kien［人］於除鞬，46
Yüeh-chih［族］月氏人（看贵霜），27-32，34，35，40，45，46，49，68，69，551注；参见 Kushans

Yulduz［地］裕勒都斯，xxiii，46，67，80，83，84，93，173，338，413，419，422，424，425，460，461，463，493，495，497，498，506，539
Yülin（Fungchow）［地］榆林，25，107，511
Yümen［地］玉门，35
Yümen Kuan［地］玉门关，41
Yüncheng［地］郓城，301
Yünchow［地］云州（大同），见 Tatung
Yunchung［地］云中，106
Yung-cheng［人］雍正皇帝，518，536，537
Yung-li（Yung-ming）［人］永历（永明），518
Yung Lo［人］永乐皇帝，453，456，459，503，504，505
Yung-ming［人］永明（永历），见 Yung-li
Yungping［地］永平，108，127，230，517，557注
Yunkang［地］云岗，64
Yunnan（Caragian；Caraian；Nanchow；Tali；kingdom）［朝］云南国，283-284，307-308，518，598注
Yunnan（Iaci；Yachy；town）［地］云南，307
Yunnanfu［地］云南府（善阐），见 Shanshan
Yunus［人］羽奴思，461，463，480，481，492，493-494，494-495，497，498，507
Yüqunan［人］玉忽南，583注
Yüräk［人］玉剌克，301
Yuriel［地］尤利城，407，436
Yurii（of Ryazan）［人］（里亚赞的）尤里，265
Yurii（of Vladimir）［人］（弗拉基米尔）尤里，247
Yurii II（of Suzdalia）［人］（苏兹达里亚大公）尤里，265

Yuri Konchakovich [人] 尤里·科思察科维奇,591 注
Yurt (grazing land) [专] 禹儿惕(牧地), 221-222,253
Yusuf [人] 玉素甫,541
Yusuf Khass Hajjib, *Qudatqu bilig* [人] (霍吉勃)玉素甫·喀什《福乐智慧》,148
Yusuf Sufi [人] 玉素甫·苏菲,421
Yuyü [地] 右玉(朔平),见 Shoping

Zabdat at-Tavarikh [书]《史记实录》,499
Zabergan (Zamergan) [人] 扎伯干,79
Zafer-name [书]《武功记》,342,343, 345,410,411,413,414,415,418,423, 424,427,430,431,433,435-444 各处, 448,449,451
Zagan [人] 察甘,见 Chagan
Zagros [地] 扎格罗斯山,169
Zahidan [地] 扎希丹(沙尔-奥塔尔),见 Sar-Otar
Zain al-'Abidin [人] 赞·阿比丁,431,432
Zaisan, Lake [地] 斋桑湖,190,215,523, 525,527,532,533
Zamergan [人] 扎伯干,见 Zabergan
Zaranj [地] 扎兰季,428
Zaya Pandita [人] 扎雅班第达,520
Zayton [地] 刺桐(泉州),见 Chüanchow
Zemarchos [人] 蔡马库斯,84
Zenjan [地] 赞詹,240,245,391
Zerin [地] 泽林,364
Ziebil [人] 札比尔可汗,179
Ziyad ibn-Salih [人] 齐雅德·伊本·萨里,119-120
Znamenka [地] 兹纳缅卡,18
Zodan [人] 佐登,175
Zoroastrianism [宗] 琐罗亚斯特教,7
Zubov [地] 祖波夫,16
Zurulum (Corlu) [地] 祖鲁姆(乔尔卢), 174,184

译 后 记

在20世纪即将结束之际,《草原帝国》一书中文本的出版意义重大。在本世纪中,关于欧亚大草原的通史性著作有两本。一本是20世纪初期,东方学者巴克尔的《鞑靼千年史》;另一本就是1939年格鲁塞写的《草原帝国》。

格鲁塞在四十多年中完成了许多著作,如《蒙古帝国史》、《亚洲史》、《远东史》和《东方文明史》等。在20世纪中叶,他把欧亚大陆的历史加以整理,成为《草原帝国》一书。《草原帝国》一书之后,欧亚大陆史才成为一种系统的学问。

《草原帝国》一书,其范围除大中亚外,还包罗了波兰以东的东欧诸国,即东欧草原、俄罗斯草原、西亚草原、中亚草原和北亚草原。还有草原近邻的许多高原山地,西起多瑙河,东达贝加尔湖,北起西伯利亚,南到巴基斯坦的广大地区。现在,联合国教科文组织编的《中亚文明史》(六卷本)包罗的地区,正是格鲁塞《草原帝国》的范围,可以窥见格鲁塞这部著作影响的一个侧面。

本书史事,上起新石器时代,草原文化的黎明期,下迄公元18世纪晚期蒙古诸汗国。作者对草原各地各国的政治、经济、社会、文化、民族复杂、政治纷乱、朝代更迭和关系错综的历史,加工钻研,清理精到,牵出一条中亚史的线索和脉络,披荆斩棘,独辟蹊

译 后 记

径,开创格局,格鲁塞是启蒙者,是开路人。

该书于50年代译成英译本。此中译本是参据1978年沃尔福德的英译本(芝加哥版)翻译的。1983年至1985年,我曾将该著作作为研究生学习外文翻译的习作,由蓝琪、李一新、马骏骐和许序雅四人分译,译文已刊登在内部刊物《中亚史丛刊》第七期上。我于1988年指定由蓝琪重译本书。历时七载,于1995年译完全书。译者在重译过程中曾分别参考过李一新、马骏骐和许序雅的译文。

项英杰

1997年12月

图书在版编目(CIP)数据

草原帝国/(法)勒内·格鲁塞著;蓝琪译.
北京:商务印书馆,2025.--ISBN 978-7-100-24470-1

Ⅰ.K289

中国国家版本馆 CIP 数据核字第 20259Q4M32 号

权利保留,侵权必究。

草 原 帝 国
〔法〕勒内·格鲁塞 著
蓝 琪 译
项英杰 校

商 务 印 书 馆 出 版
(北京王府井大街36号 邮政编码100710)
商 务 印 书 馆 发 行
三河市中晟雅豪印务有限公司印刷
ISBN 978-7-100-24470-1

2025年4月第1版	开本 880×1230 1/32
2025年4月第1次印刷	印张 26¼ 插页 7

定价:110.00元